Geldpolitik und Stabilität
des Bankensystems

Hohenheimer Volkswirtschaftliche Schriften

Herausgegeben von
Prof. Dr. Michael Ahlheim, Prof. Dr. Thomas Beißinger, Prof. Dr. Ansgar Belke,
Prof. Dr. Rolf Caesar, Prof. Dr. Harald Hagemann, Prof. Dr. Klaus Herdzina,
Prof. Dr. Walter Piesch, Prof. Dr. Ingo Schmidt, Prof. Dr. Ulrich Schwalbe,
Prof. Dr. Peter Spahn, Prof. Dr. Jochen Streb, Prof. Dr. Gerhard Wagenhals,

Band 57

PETER LANG
Frankfurt am Main · Berlin · Bern · Bruxelles · New York · Oxford · Wien

Michael Knittel

Geldpolitik und Stabilität des Bankensystems

Das Liquiditätsproblem aus Sicht der Theoriegeschichte und der gegenwärtigen Finanzmarktentwicklung

PETER LANG
Frankfurt am Main · Berlin · Bern · Bruxelles · New York · Oxford · Wien

Bibliografische Information der Deutschen Nationalbibliothek
Die Deutsche Nationalbibliothek verzeichnet diese Publikation in der Deutschen Nationalbibliografie; detaillierte bibliografische Daten sind im Internet über <http://www.d-nb.de> abrufbar.

Zugl.: Hohenheim, Univ., Diss., 2007

D 100
ISSN 0721-3085
ISBN 978-3-631-56770-8

Internationaler Verlag der Wissenschaften
Frankfurt am Main 2007

www.peterlang.de

Für meine Frau
Sybille

Vorwort

Die vorliegende Arbeit wurde von der Fakultät Wirtschafts- und Sozialwissenschaften der Universität Hohenheim im Mai 2007 als Dissertation angenommen.

Mein herzlicher Dank gilt meinem Doktorvater, Herrn Prof. Dr. Peter Spahn, der die Arbeit angeregt und betreut hat; er stand mir während des gesamten Promotionsprojekts beratend und betreuend zur Seite; seinen Anregungen verdankt die Dissertation wichtige Impulse; außerdem danke ich ihm für die Freiheiten, die er mir während der gesamten Zeit als wissenschaftlicher Mitarbeiter gewährte sowie für seine Unterstützung bereits während der Studienzeit.

Weiterhin danke ich Herrn Prof. Dr. Harald Hagemann für die Übernahme des Zweitgutachtens sowie für seine Beratung und Förderung während der Promotions- sowie Studienzeit.

Herrn Prof. Dr. Klaus Herdzina möchte ich für die Mitwirkung am Promotionsverfahren danken.

Außerdem geht mein Dank an Prof. Dr. Uwe Swoboda, der mich stets motivierte, die vorliegende Arbeit zugig zur Vollendung zu bringen.

Zu danken habe ich ferner meinen Kollegen und Kolleginnen am Lehrstuhl – insbesondere Felix Geiger, Arash Molavi Vasséi und Sybille Sobczak – für die kritische Durchsicht einzelner Manuskriptteile sowie die Bereitschaft zur fachlichen Diskussion.

Außerdem danke ich meinen Eltern, die durch materielle und immaterielle Unterstützung zum Erfolg der Promotion beigetragen haben.

Nicht zuletzt gebührt ein großes Dankeschön meiner Frau, die mich mit großem Verständnis während der Erstellung der Arbeit begleitete und mich stets in meinem Vorhaben ermunterte.

LBBW
Stiftungen
Landesbank Baden-Württemberg

Abschließend gilt mein Dank der Stiftung Landesbank Baden-Württemberg, die die Veröffentlichung dieser Arbeit großzügig gefördert hat.

Stuttgart-Hohenheim, im Juni 2007

Michael Knittel

Inhaltsverzeichnis

Abbildungsverzeichnis

Tabellenverzeichnis

Abkürzungsverzeichnis

AG	Aktiengesellschaft
AkA	Ausfuhrkredit-Gesellschaft mbH
BaFin	Bundesanstalt für Finanzdienstleistungsaufsicht
BBL	Bank Brussel Lambert
BfG	Bank für Gemeinwirtschaft
BIP	Bruttoinlandsprodukt
BIS	Bank for International Settlement
BIZ	Bank für Internationalen Zahlungsausgleich
BoE	Bank of England
BoJ	Bank of Japan
BSHC	BLUESTONE Holding
bzw.	beziehungsweise
c.p.	ceteris paribus
ca.	circa
CEBS	Committee of European Banking Supervisors
d.h.	das heißt
DD	Diamond, Dybvig
DM	Deutsche Mark
ECOFIN	Rat der Europäischen Union in der Zusammensetzung "Wirtschaft und Finanzen"
ECU	European Currency Unit
EDV	Elektronische Datenverarbeitung
EG	Europäische Gemeinschaft
ESZB	Europäisches System der Zentralbanken
etc.	et cetera
EU	Europäische Union
EWG	Europäische Wirtschaftsgemeinschaft
EWR	Europäischer Währungsraum
EWU	Europäische Währungsunion
FAO	Food and Agriculture Organisation (of the United Nations)
FAZ	Frankfurter Allgemeine Zeitung
FDIC	Federal Deposit Insurance Corporation
FED	Federal Reserve System
FIERRA	Financial Institutions Reform, Recovery, and Enforcement Act
FIM	Finnische Mark
FSF	Financial Stability Forum
FSLIC	Federal Savings and Loan Insurance Corporation
HGB	Handelsgesetzbuch

IADB	Inter-American Development Bank
IADI	International Association of Deposit Insurers
i.d.R.	in der Regel
i.e.	id est
IFRS	International Financial Reporting Standards
IKT	Informations- und Kommunikationstechnologie
IMF	International Monetary Fund
IWF	Internationaler Währungsfonds
ING	Internationale Nederlanden Group (Bank)
JDIC	Jamaica Deposit Insurance Corporation
KWG	Gesetz über das Kreditwesen/Kreditwesengesetz
Likobank	Liquiditäts-Konsortialbank
LOLR	Lender of Last Resort
LTCB	Long-Term Credit Bank
LTCM	Long-Term Capital Management
M&A	Merger and Acquisitions
Mio.	Millionen
MoU	Memorandum of Understanding
Mrd.	Milliarden
NordLB	Norddeutsche Landesbank
NPL	Non Performing Loan
NSDAP	Nationalsozialistische Deutsche Arbeiterpartei
OECD	Organisation for Economic Co-operation and Development
p.a.	per annum
ROA	Return on Assets
ROE	Return on Equity
RTGS	Real-Time Gross Settlement
S&L-Krise	Savings&Loan Krise
S.W.I.F.T.	Society for Worldwide Interbank Financial Telecommunication
SEB	Akandinaviska Enskilda Banken AB
sog.	sogenannt(e/er)
SSC	Sequential Service Constraint
TARGET Transfer	Trans-European Automated Real-time Gross Settlement Express
u.a.	unter anderem
US	United States
USA	United States of America

vgl.	vergleiche
WestLB	Westdeutsche Landesbank
z.B.	zum Beispiel
ZEW	Zentrum für Europäische Wirtschaftsforschung

1. Einleitung

In der Vergangenheit war es lange Zeit still um die Frage, ob ein monetäres System einen Lender of Last Resort (im weiteren LOLR) benötigt oder nicht. Wurde diese Frage im 18. und 19. Jahrhundert heiß diskutiert, so schenkte man ihr bis Ende des 20. Jahrhunderts keine größere Bedeutung; nach der Weltwirtschaftskrise im Jahre 1929 blieb die Weltwirtschaft längere Zeit von derlei Wogen verschont. Nachdem jedoch in jüngster Vergangenheit gleich mehrere Finanz- bzw. Währungskrisen – wie die in Südostasien, Japan oder Lateinamerika, um nur einige zu nennen – auftraten, erlangte das Thema um den LOLR neue Bedeutung.

Bevor näher auf die Ausgestaltung und die Arbeitsweisen des LOLR eingegangen wird, gilt es erst einmal zu klären, was hinter dieser Bezeichnung steht. Der LOLR ist der *Kreditgeber der letzten Instanz*; er ist der Geldgeber, der in der Lage ist, Kredite zu vergeben und Zusammenbrüche von Banken zu verhindern in Perioden, in denen kein anderer Geldgeber entweder in der Lage oder bereit ist, Liquidität in ausreichendem Maße zur Verfügung zu stellen, um Finanzpaniken und -krisen zu verhindern oder zu beenden.[1] Er ist ein Agent oder eine Institution, die auf dem Kreditmarkt selbst aktiv wird oder um Hilfe gebeten wird. Er kann hierbei entweder als sogenannter crisis lender oder aber als crisis manager auftreten.[2] Im ersten Falle gewährt er selbst die benötigten Darlehen, während er im letzteren lediglich die Rettungsaktion koordiniert, ohne dabei selbst Kredite zu vergeben, da ohne seine Koordination keine konzertierte Rettungsaktion anlaufen würde; als eines der prägnantesten Beispiele dafür gilt das Eingreifen des Federal Reserve System/der US-amerikanischen Notenbank (Fed) beim befürchteten Bankrott des Hedgefonds Long-Term Capital Management (LTCM), einem privaten Investmentfonds mit dem Ziel der Profitmaximierung für Anteilseigner durch Handel von Werten. Da durch einen potentiellen Zusammenbruch des Fonds drastische Auswirkungen auf die Realwirtschaft befürchtet wurden, intervenierte die Fed, indem sie ein Hilfspaket derart zusammenstellte, dass unter ihrer Initiative vierzehn Finanzunternehmen in den Fonds investierten und damit seinen Kapitalstock aufrechterhielten. Es handelte sich hier allein um ein Krisenmanagement der Fed, da sie selbst kein Kapital zur Verfügung stellte, sondern allein Koordinierungsaufgaben anbot.[3] Aber auch Depositenversicherungen, Regulierung und Überwachung können unter Krisenmanagement als Teil eines breit angelegten Sicherheitsnetzes subsumiert werden.[4]

Dieses Beispiel macht allerdings nicht nur das verschiedenartige Maßnahmenspektrum eines LOLR deutlich, sondern zeigt auch Probleme des heutigen Finanzmarktes auf, wie die Erweiterung des Finanzmarktes durch beispielsweise Hedgefonds oder die Überlegung, dass Finanzmarktunternehmen mit nationalen und internationalen Finanzverflechtungen als zu groß und damit für die Wirtschaft als zu bedeutsam angesehen werden, als dass sie aufgrund von Insolvenz geschlossen werden dürften.

Der Grund für den überaus herausragenden Status des LOLR in der Geschichte der Banken- und Geldpolitik ist dabei trotz dieser modernen Problematiken eng ge-

[1] Vgl. Krugman, Obstfeld (2004), Seite 831.
[2] Vgl. Viotti (2000), Seite 46f.
[3] Vgl. Dowd (1999), Seite 2ff.
[4] Vgl. Hoggarth, Soussa (2001), Seite 167.

knüpft an den Nutzen und die Funktion von Geld und Notenbanken. Das Aufkommen von Geld im Bankengeschäft ist es auch, was die *Mikroebene*, ob eben eine *einzelne* Bank vor dem Konkurs gerettet werden soll, mit der *Makroebene*, der Frage nach der Stabilität des *gesamten* Finanzsystems, verbindet.[5]

Regeln, Normen und die verschiedenen Standpunkte bezüglich der richtigen Vorgehensweise eines LOLR, die sich im Laufe der Zeit herausgebildet haben, spiegeln die institutionellen Eigenartigkeiten der geschichtlichen Etappen im Zentralbankwesen wider.[6]

Es gilt also, ein ganzes Fragengeflecht im Bezug auf die Rolle des LOLR zu beantworten: Hat er eine banken- oder eine geldpolitische Funktion zu erfüllen, oder gar beide? Ist diese Funktion dann mikro- oder makroökonomischer Natur? Ist der LOLR durch die Einführung einer 100%igen Reservehaltung entbehrlich oder reicht gar eine reine Marktlösung auch ohne diese Bedingung aus, so dass auf die Zentralbank als LOLR verzichtet werden kann?

Ein zentraler Punkt wird sein, wem gegenüber sich der LOLR zu verantworten hat: Dem Markt als Ganzem oder einzelnen Banken?

Der Ansatz wird aber noch dadurch erschwert, dass gerade in den letzten Jahren von Nichtbank-Finanzinstitutionen, oder gar von ganzen Ländern, welche unter finanziellen Misslichkeiten oder Überschuldung gelitten haben, finanzielle Hilfe angefordert und ihnen auch gewährt wurde. Brisant wird die Frage nach Unterstützung dann, wenn eine Finanzkrise die nationalen Grenzen überschreitet. Dann besteht möglicherweise die Notwendigkeit eines internationalen/europaweiten LOLR.[7]

An dieser Stelle gilt es zu bedenken, dass sich der Begriff „Bank" beziehungsweise, was man darunter versteht oder subsumiert, bis zur Gegenwart stark ausgedehnt hat im Vergleich zu der Zeit, als der Begriff LOLR erstmals aufkam; dies hat notwendigerweise zur Folge, sich mit der Frage der Inanspruchnahme desselben seitens der Banken genauer zu beschäftigen, da heute der Begriff Bank „allumfassender" ist.[8]

Eine darüber hinausgehende Frage ergibt sich im Bezug auf die Organisation eines LOLR in Euroland. Hier wird die Diskussion über den Verursacher und im Weiteren der Streit um die Verteilung der Lasten auftauchen.

Man könnte sich außerdem noch fragen, ob es auch eine Verpflichtung zur Hilfe für fallierende Unternehmen gibt, bzw. wie kann eine Rettungsaktion von international verstrickten Unternehmen aussehen, existiert hierfür so etwas wie eine konzertierte Rettungsaktion der beteiligten Länder?

In allen möglichen Fällen bewegt sich ein LOLR immer auf einem schmalen Grat. Er muss zwei an sich konfligierende Ziele vereinen: Einerseits muss er vermeiden, dass der Wohlstand, die Produktion und auch die Beschäftigung einer ganzen Ökonomie unter dem Zusammenbruch eines einzelnen Marktteilnehmers leiden, andererseits muss er die Glaubwürdigkeit eines marktwirtschaftlichen Systems – in dem es eben sehr wohl zum Fallieren einzelner Insolventer kommen kann – wahren.

---

[5] Vgl. Gersbach, Wenzelburger (2003), Seite 2ff.

[6] Vgl. Healey (2001), Seite 20ff.

[7] Vgl. Schoenmaker (2005), Seite 398ff.

[8] Vgl. Cabral, Dierick, Vesala (2002), Seite 8.

Im Anschluss wird in Kapitel 2 dargelegt, warum ein Banken- und Finanzsystem einen Kreditgeber der Letzten Instanz benötigt. Da dies eng mit dem Auftreten von Bankenkrisen zusammenhängt, wird zunächst dargestellt, was man sich unter dem Begriff der Bankenkrise – auch im Unterschied zu einer Bankenpanik oder einem Bank Run – zu verstehen hat. Bankenkrisen werden durch ein systemisches Risiko bedingt, das durch die Sonderstellung der Banken im Wirtschaftsgefüge bedingt wird. In diesem Zusammenhang werden auch verschiedene empirische Studien vorgestellt, anhand derer Bestimmungsgründe und Indikatoren bestimmt werden, mittels derer Krisen vorhersagbar gemacht werden sollen.

Weiter wird aufgezeigt, dass ein adverser Schock ausgelöst durch das systemimmanente Risiko sich schnell im Bankensystem verbreiten kann, auch wenn der Schock anfänglich nur eine Finanzinstitution betroffen hat. Eine derartige contagion im Bankensystem kann dann schwerwiegende Probleme auch auf realwirtschaftlicher Ebene hervorrufen wie einen drastischen Outputverlust, hohe Budgetdefizite und ein Verlust des öffentlichen Vertrauens in das Finanzsystem.

Um die Entwicklungen innerhalb des Finanzsystems besser darlegen zu können, wird sich im Anschluss mehrerer modellhafter Darstellungen bedient, welche einerseits Bank Runs als *zufällige* Ereignisse (unter anderem das Modell des sunspot-Bank Runs von Diamond und Dybvig (1983)), andererseits als *informationsbedingte* Gegebenheiten (unter anderem das Modell von Jacklin, Bhattacharya (1988)) erklären. Da sich diese Theorien allein auf einen einzelnen Bank Run beziehen, werden im Weiteren auch andere Modellierungen berücksichtigt, die das Problem der contagion vor allem über den Interbankenmarkt in den Vordergrund stellen (unter anderem Allen und Gale (2000)).

Da Modelle allein nicht sämtliche Facetten umfassen können, die im Laufe einer Bankenkrise eintreten können bzw. die den Grundstein für eine Bankenkrise legen können, wird der idealtypische Verlauf einer derartigen Krise in fünf Phasen ausgehend von Krisenverstärkern über Krisenauslöser bis hin zu den Auswirkungen auf die Ökonomie aufgezeigt und durch drei Länderstudien unterlegt. Dabei werden die Bank Run-Modelle an entsprechender Stelle in die einzelnen Phasen eingefügt.

In Kapitel 3 wird dann im Detail dargelegt, welche Entwicklungen des britischen Bankenwesens und der Entstehung der Bank von England (im Weiteren BoE) letztendlich zu den traditionellen Theorien über einen Lender of Last Resort gemäß Thornton (1802) und Bagehot (1873) geführt haben, auf welche in diesem Kapitel ebenfalls detailliert eingegangen wird. Hierbei kommt zutage, dass der LOLR eng mit der Gründung einer Notenbank und dem Entstehen des Geldwesens verbunden ist.

Kapitel 4.1. befasst sich mit den „moderneren" Theorien um den LOLR. Hierbei wird erstens der money view vorgestellt, der Offenmarktoperationen als das „richtige" Eingriffsinstrument betont, und zweitens der banking view, der Maßnahmen über das Diskontfenster bevorzugt, da eine Unterscheidung zwischen Insolvenz und Illiquidität in der Realität kaum möglich ist. Dies führt weiter zur Frage des too big to fail, da gewisse Banken als zu bedeutsam für die Ökonomie angesehen werden, als dass man sie „untergehen" lassen könnte. Da bei allen LOLR-Maßnahmen, jedoch besonders bei denjenigen, die einen stärkeren Einfluss auf das Bankenverhalten haben, negative Anreizeffekte wie die Übernahme höheren Risikos ersichtlich sind, wird anschließend auf die Folgen der LOLR-Aktivitäten genauer eingegangen.

Kapitel 4.2. befasst sich mit den möglichen Alternativen bzw. komplementären Instrumenten zum LOLR. In diesem Zusammenhang werden einerseits weitere reaktive Maßnahmen wie die Einführung einer Depositenversicherung, andererseits auch mögliche proaktive Vorkehrungen wie Eigenmittelvorschriften gemäß des Baseler Akkord oder auch im Sinne eines Narrow Banking dargelegt. Des Weiteren wird kurz auf den Vorschlag des gänzlichen Verzichts eines staatlichen LOLR eingegangen, da eine private Lösung zum selben Ergebnis führen könne.

Kapitel 4.3. befasst sich dann mit der heutigen Situation des LOLR und des Bankensystems. In diesem Zusammenhang wird unter anderem der Frage nachgegangen, ob ein Bankensystem heutigen Couleurs noch von einem hohen systemischen Risiko betroffen ist, oder ob die Entwicklungen der letzten Jahre – wie Konzentrationstendenzen im Finanzsektor und der Übergang zur Allfinanz – das Risiko noch erhöht haben.

Um diese Frage beantworten zu können, wird zunächst die Entwicklung des deutschen Bankensystems und des finanziellen Sicherheitsnetzes in Deutschland betrachtet, um anschließend kurz die gesamteuropäischen Tendenzen aufzuzeigen. In diesem Rahmen wird deutlich, dass die bestehenden Konzentrationsbestrebungen auf paneuropäischer Ebene ein europaweites Sicherungssystem aus LOLR, Überwachungsorganen und möglicherweise einer europaweiten Depositenversicherung erstrebenswert erscheinen lassen. Daher wird eine mögliche Ausgestaltung dieser Sicherung auf Europaebene genauer vorgestellt und mögliche Probleme dargelegt.

Kapitel 5 schließt mit einem Resümée.

2. Die Notwendigkeit des LOLR

Die Entstehung des LOLR ist verwoben mit dem Aufkommen von *Geld und Banken.*[9] Eng damit verbunden ist, dass die Einrichtung eines LOLR auf zwei Eigenschaften zeitgenössischer Währungssysteme fußt: Zum einen dem fractional reserve banking-System und zum anderen der Regierungshoheit bzw. Notenbankmonopol zur Ausgabe des gesetzlichen Zahlungsmittels,[10] deren Existenz immer wieder als latente Ursache für das Auftreten von Krisen im Bankensektor verantwortlich gemacht wird, auch wenn das auslösende Moment andere Hintergründe hat.[11]

Ursprünglich wurde Geld aus Edelmetallen wie Silber oder Gold hergestellt, typischerweise in Münzform – das sogenannte Warengeld (commodity money). Dieses kann gänzlich (receipt money) oder teilweise (fractional money) gedeckt sein. Als Synonym für Letzteres tauchen immer wieder die Begriffe Bankgeld (bank money) oder Buchkredit (book credit) auf. Eine noch extremere Form des Geldes wäre das fiat money; hierbei wird auf eine Deckung vollständig verzichtet. Das heute weit verbreitete Papiergeld (paper money) kann die Form einer dieser Geldarten annehmen; es wird aber häufig als Synonym für fractional money, also im Sinne eines nur teilweise gedeckten Papiergeldes, benutzt.[12]

In der Entwicklung eines LOLR spielte die BoE – wie weiter unten im historischen Teil der Arbeit (Kapitel 3) gezeigt werden wird – eine entscheidende Rolle. Bis sie diese „Rolle" allerdings übernahm, verging einige Zeit; jedoch spielte sie im Zusammenhang mit der Stabilisierung von Finanzkrisen im 18. und 19. Jahrhundert eine herausragende Rolle. Mit dem Ende des 19. Jahrhunderts waren Bankpaniken/Bankenkrisen (Definition siehe Kapitel 2.2.) in Europa mehr oder weniger „ausgerottet"; so trat in Großbritannien die letzte echte schwere Panik im Jahre 1866 auf, auch wenn Bankenprobleme in modernen Zeiten noch immer zu erkennen sind, wie das Beispiel des Konkurses der Baring Bank 1995 infolge von Spekulationen zeigt.[13]

Die USA hingegen wurden noch wesentlich länger von Krisen heimgesucht. Das dortige Zentralbankensystem (Federal Reserve System, im Weiteren Fed) wurde um das Jahr 1914 etabliert, wobei man dann noch nicht von einem funktionsfähigen System sprechen konnte. Erst mit seiner Reformierung 1933, infolgedessen der Fed ein höheres Maß an Macht zugestanden und Depositenversicherungen eingeführt wurden, ging das Ausmaß der wiederkehrenden Bankenkrisen zurück.[14]

Trotz dieser wenigen eher positiven Beispiele kann noch lange keine Rede davon sein, dass Bankenpaniken gänzlich verschwunden sind; im Gegenteil: In ca. 73% der Mitgliedsländer des International Monetary Funds (im weiteren IMF, auch Internationaler Währungsfonds IWF) traten zwischen 1980 und 1996 Bankenkrisen auf.[15]

---

[9] Vgl. Knittel, Sobczak, Spahn (2006), Seite 258.
[10] Vgl. Hülsmann (2004), Seite 48ff.
[11] Vgl. Humphrey, Keleher (1984), Seite, 97f.
[12] Vgl. Nuri (2002), Seite 3.
[13] Vgl. Herring (2005), Seite 18f.
[14] Vgl. Economides, Hubbard, Palia (1999), Seite 15ff.
[15] Unterschiedliche Werte ergeben sich, aufgrund unterschiedlicher Messung. Die genannten Prozentzahlen beziehen sich allein auf eine Untersuchung von Allen und Gale (1998). Vgl. Allen, Gale (1998), Seite 1245ff.

Man sollte sich aber die Frage stellen, warum eine derartige Hilfe nur auf Banken beschränkt werden sollte. Was macht diese so besonders? Denn nicht nur Finanzunternehmen, sondern auch alle anderen Nicht-Finanzinstitute können zusammenbrechen, und zwar wenn diese in Produkte und Prozesse investieren, die im Laufe der Zeit einen geringeren Rückfluss als erwartet generieren, so dass Verbindlichkeiten und Schulden nicht mehr bezahlt werden können und möglicherweise der Nettowert dieser Unternehmung unter Null fällt. Einige dieser Entwicklungen sind natürlich auch Folge von betrügerischen Handlungen; aber dies ist nicht neu und wird auch noch in Zukunft eintreten.

Aus diesem Grund ist zu klären, warum der Sonderstatus von Banken im Wirtschaftsgefüge besonders hervorgehoben wird und die Eingriffe eines LOLR begründet, wobei es im Anschluss zu definieren gilt, was man unter Bankenproblemen, Bankenkrisen etc. versteht.

2.1. Die besondere Stellung der Banken innerhalb des Wirtschaftsgefüges und das systemische Risiko

Die gesetzliche Definition von Banken und die ihnen erlaubten Aktivitäten unterscheiden sich zwar von Land zu Land, dennoch sind ihre entscheidenden Merkmale dieselben, denn sie nehmen ungesicherte Depositen der Wirtschaftssubjekte in großer Zahl in ihr Portfolio auf.[16] Seit den 60er Jahren des 20. Jahrhunderts sehen Ökonomen den Begriff der Bank und anderer Finanzinstitutionen als *Intermediäre* an, die spezielle Funktionen erfüllen, indem sie Gelder von Akteuren mit einem Überschuss an finanziellen Mitteln zu Wirtschaftssubjekten mit einem Mangel an diesen übermitteln.[17]

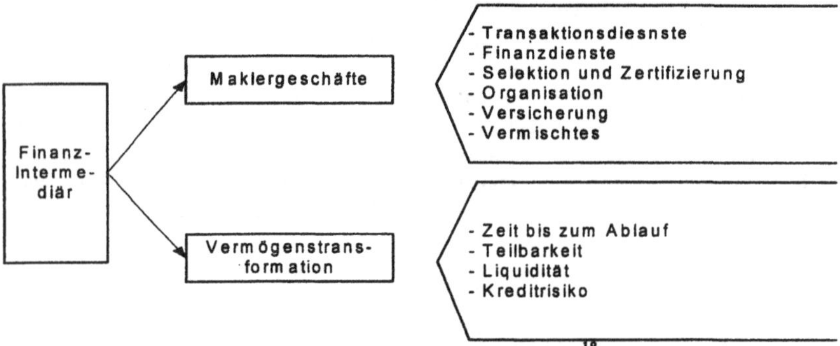

Abbildung 1, Quelle: Bhattacharya, Thakor (1993), eigene Darstellung.[18]

[16] Vgl. Lindgren et al. (1996), Seite 6.
[17] Vgl. Stillhart (2002), Seite 105ff.
[18] Vgl. Bhattacharya, Thakor (1993), Seite 8.

Ein herausragendes Merkmal ist dabei die Transformationsfunktion der die Depositen annehmenden Finanzinstitutionen. Arrow und Debreu folgend würden diese unter der Annahme perfekter Märkte als redundante Institutionen gelten.[19] Daher müssen Finanzmarktunvollkommenheiten zur Erklärung ihrer Existenz herhalten. In diesem Zusammenhang stehen zwei Erklärungslinien bereit:

Zum einen finden Finanzintermediäre ihre Berechtigung in der Reduktion von Transaktionskosten – damit sind die Kosten gemeint, die bei der Suche nach geeigneten Transaktionspartnern entstehen, um die Präferenzen von Kreditnehmern und Kreditgebern bezüglich Zeitrahmen und Kreditmengen in Einklang zu bringen, indem sie eine *Fristentransformation* vollziehen.[20] Die Unzulänglichkeiten des Finanzmarktes machen nach dieser Ansicht also die Einzigartigkeit der Banken aus, da diese den kostengünstigsten Austausch von Vermögen in einer Volkswirtschaft ermöglichen.[21] Dagegen könnte man natürlich einwenden, dass keine Notwendigkeit besteht, die Hereinnahme von Depositen und die Kreditvergabe in einer einzelnen Institution zu bündeln.

Zum anderen existiert eine Argumentationsrichtung, die ihre Aufmerksamkeit auf Marktunvollkommenheiten im Sinne von asymmetrischen Informationen richtet.[22] Banken spezialisierten sich damit auf die Bereitstellung von Informationen über die Qualität von Investitionsprojekten, die Kreditgebern ansonsten nur unter erheblichen Kosten zur Verfügung stehen würden. Durch Finanzintermediäre werden also informationsrelevante Kosten vermindert (was letztlich eine Erweiterung des Transaktionskostenansatzes bedeutet). Darüber hinaus können die Dienstleistungsfunktionen der Intermediäre als natürliche Komplemente angesehen werden.[23] Diese Dienstleistungen können in der modernen Bankenwelt in vier Kategorien eingeteilt werden: Portfoliodienstleistungen, die auf der Diversifikation der Kreditrisiken von Kreditnehmern beruhen, Überwachungsdienstleistungen der Kreditnehmer, Liquiditätsdienstleistungen, die auf der Diversifikation der Liquiditätsrisiken der Kreditgeber beruhen und letztendlich Zahlungsdienstleistungen. Da Banken ihre Kreditnehmer mittels der ihnen zur Verfügung stehenden Informationen auswählen und überwachen können, sind sie in der Lage relativ sichere Vermögensportfolios zusammenzustellen, besser als jeder einzelne Privatmann für sich. Man spricht dabei auch von delegated monitoring nach Diamond (1984, 1996), der herausarbeitete, dass ein Intermediär die Investitionsprojekte der Kreditnehmer zwar nicht viel besser überwachen kann als ein einzelner privater Kreditgeber aber wesentlich kostengünstiger, und dass die Erträge dieses Intermediär größer sind aufgrund der Möglichkeit zur Risikodiversifikation des Portfolios, infolgedessen der Intermediär als „delegierter Überwacher" den Fall einer Direktfinanzierung dominieren würde.[24] Dagegen kann wiederum eingewendet werden, dass auch eine Nichtbank Überwachungsfunktionen übernehmen kann, so dass Banken ihre Daseinsberechtigung aus der Tatsache entnehmen müssen, dass ihre Überwachung effizienter

[19] Vgl. Freixas, Rochet (1997), Seite 8ff.
[20] Vgl. Kaufman (2001), Seite 3.
[21] Vgl. Bhattacharya, Thakor (1993), Seite 2ff.
[22] Vgl. Dell' Ariccia (1998), Seite 4f.
[23] Vgl. Campbell, Kracaw (1980), Seite 863ff.
[24] Vgl. Bhattacharya, Thakor (1993), Seite 7ff.; Burghof (1998), Seite 174ff.; Kaufman (1994), Seite 127.

als die einer Nichtbank sei. Überwachung setze sich aus ex post-Überwachung der Projektergebnisse, ex ante-Überwachung der Kreditwilligen sowie Interims-Überwachung während des Projektverlaufs zusammen. Für jede Unternehmung – Banken oder Nichtbanken – ist ein derartiges Vorgehen unumgänglich, nur haben Banken einen leichteren Zugang und Überblick über die Transaktionen ihrer Kreditnehmer (via Konten), so dass Banken doch die effizientere Überwachung durchführen können und zwar im Bereich der Interims-Überwachung.[25]

Aus der Tatsache heraus, dass Kleinsparer unvorhergesehene Konsumwünsche in der Zukunft besitzen, können Banken zudem als Überwindungshelfer dieser Problematik angesehen werden, indem sie dazu betragen, dass das einzelne Wirtschaftssubjekt nicht mehr darauf angewiesen ist, selbst soviel Liquiditätsreserven zu halten und außerdem Kreditrisiken abzusichern.[26] Dies wurde im Laufe der Weiterentwicklungen der Theorie ergänzt und in ein Modell überführt, das heute noch als Benchmark gilt – das Modell von Diamond und Dybvig (1983): Darin wird die Bank als Koalition von Sparern angesehen, die ihre Konsumwünsche gegenseitig versichern. Es herrscht per Definition eine Bankendominanz. Als Kritik sollte an dieser Stelle Folgendes besonders angeführt werden: In der Realität spielen weitere (Nichtbank-) Finanzinstitutionen bei der Liquiditätsbeschaffung und -bereitstellung eine Rolle und schränken damit die dominante Rolle der Banken in diesem Gebiet ein. Eine Dominanz von Banken wäre dann nur noch bei Mängeln in Märkten für Direktfinanzierungen und hohen Transaktionskosten zu rechtfertigen.[27]

Allgemein muss allerdings hingenommen werden, dass der Begriff „Bank" insgesamt ein breites Spektrum an verschiedenartigen Institutionen umfasst, welche – unter gesetzlichen Einschränkungen – sich in einer Vielzahl finanzieller und auch nicht-finanzieller Aktivitäten engagieren.[28] Banken unterscheiden sich zudem von anderen Finanzinstitutionen und Nichtbank-Unternehmen infolge ihrer Tätigkeit und der für die Wirtschaft übernommenen Dienstleistungen in mehrfacher Art, so dass diese von Zusammenbrüchen und Paniken mehr als andere Unternehmen betroffen sind. Vor allem der Verlust an Informationen über Kreditnehmer und Einleger und die hohen Kosten der Neubeschaffung derartiger Informationen begründen den Erhalt der Banken für die Volkswirtschaft. Es besteht also hier unter gewissen Umständen die Notwendigkeit einer diskretionären Bereitstellung von Liquidität durch die Zentralbank, um einen anormalen Anstieg der Nachfrage nach Liquidität im Privatbereich nach einem adversen Schock zu begegnen, wenn dieser Bedarf nicht durch andere Quellen befriedigt werden kann.

Man kann also schließlich folgern, dass ein finanziell gesundes Bankensystem von Bedeutung ist durch die Bereitstellung von Intermediation und Fristentransformation, einer Erleichterung bei Zahlungsströmen und Kreditallokation, der Verbesserung der Ressourcenallokation und dem Erhalt von Finanzdisziplin unter den Darlehensnehmern, womit sie positive Externalitäten erzeugen.[29] Liegt dazu ein nur

[25] Vgl. Diamond (1996), Seite 3ff.
[26] Vgl. Bryant (1980), Seite 338f.
[27] Vgl. Jacklin (1987), Seite 31f.
[28] Vgl. Büschgen, Börner (2003), Seite 97ff.
[29] Vgl. Bossone (2000), Seite 5f.; Krahnen (2006), Seite 2f.

wenig entwickelter Finanzmarkt vor, so sind Banken zumeist die *einzigen* Institutionen, die zur Intermediation notwendige Informationen bereitstellen und zur besseren Überwachung von Unternehmen dienen. Auch in Industrieländern wie Deutschland stehen aus der Tradition heraus Banken noch immer im Zentrum finanzieller Aktivitäten (bank based economies).[30]

Die besondere Stellung der Banken liegt dabei im Rahmen ihrer Aufgaben in dem in sie gesetzten Vertrauen der Marktakteure.[31] Banken sind damit durch asymmetrische Informationen von Schwierigkeiten betroffen, da sie nicht nur die Risikobewertung von Projekten übernehmen müssen, sondern auch das Vertrauen von Kreditgebern und Depositoren trotz der Gefahr der Illiquidität, Intransparenz der Vermögenswerte oder Insolvenz erhalten müssen, dessen Verlust zu schwerwiegenden Abzügen von Depositen führen kann (= Bank Run). Denn gerade die Attraktivität von Depositen als meistgenutztes und leicht zugängliches Zahlungsmittel hängt in hohem Maße vom Vertrauen der Depositoren in das System an sich, der sofortigen Möglichkeit des Zugangs zu ihren Depositen und von den Kosten dieses Dienstes ab.[32] So müssen die Banken den schmalen Grad zwischen der Investition der Depositen in sichere, wenig ertragreiche Projekte und in ertragreichere, aber riskantere Projekte meistern.

Anhand obiger Argumente bleibt es müßig, die Bedeutung von Banken für die gesamte Wirtschaftstätigkeit und auch den Schaden der Störung dieser Aktivitäten weiter hervorzuheben. Die Bankencharakteristiken und -aktivitäten selbst helfen, das öffentliche Interesse an einem effizienten Funktionieren des Bankensystems zu klären und die Frage zu beantworten, warum Banken als „speziell" angesehen werden.[33] Eine besondere Stabilisierung des öffentlichen Vertrauens in den Erhalt der Bankaktivitäten ist auch erforderlich aus der Tatsache der Fristentransformation und des fractional reserve banking-Systems (siehe unten), so dass Banken einen geeigneten Liquiditätszugang erhalten müssen, um Kundenwünsche befriedigen zu können. Gerade aus dieser Verwundbarkeit infolge erheblicher Liquiditätsengpässe von Banken erfolgte die Evolution von Zentralbanken und damit letztlich die LOLR-Funktion für das Bankensystem in Situationen, in denen eine bedeutende systemische Störung des Makrogefüges nicht auszuschließen ist.

Diese Bereitschaft der Notenbanken, in Krisenzeiten den Banken Hilfe anzubieten, regt ihrerseits die Intermediationsfunktion der Banken an und wirkt damit wie eine Art Subvention, die durch das öffentliche Interesse an Finanzstabilität gerechtfertigt erscheint; auch im Hinblick auf die Wahrung des Vertrauens der Öffentlichkeit in das reibungslose Funktionieren des Systems.[34] Auch die vermehrte Übernahme einer Fristentransformation und eines sonst nicht tragfähigen Risikos wird für die Banken erleichtert, natürlich nicht unter Ausschluss der Möglichkeit von Moral Hazard, einer Verhaltensänderung beim Wegfall von Risiko – bei Banken sowie ihren Kunden.

Die *makroökonomische* Verantwortung der Zentralbank die Stabilität des Bankensystems betreffend, bedeutet natürlich auch, dass ein besonderes Interesse ihrer-

---

[30] Vgl. Guitián (1997), Seite 50; Hoggarth, Reis, Saporta (2002), Seite 827.
[31] Vgl. Schmidt (2001), Seite 256.
[32] Vgl. Caruana (2006), Seite 81f.
[33] Vgl. Krümmel (1968), Seite 247ff.; Möschel (1985), Seite 248ff.; Stützel (1964), Seite 9ff.;
[34] Vgl. Andersson, Viotti (1999), Seite 73.

seits an den aus der Verwundbarkeit der einzelnen Banken resultierenden Risikomerkmalen besteht. Darüber hinaus wurden in nicht allzu ferner Vergangenheit Banken unter formelle Überwachung gestellt und Depositoren erhielten einen beschränkten Schutz für ihre Depositen mittels Depositenversicherungen.[35] Derartige Übernahme *mikroökonomischer* Verantwortung für einzelne Banken hilft zusätzlich, die Gefahr finanzieller Instabilitäten zu minimieren, und selbst eine in der Höhe beschränkte Depositenversicherung hilft, die Gefahr von panikartigen Depositenabzügen zu verringern,[36] wobei auch hier die Gefahr von Moral Hazard nicht ausgeschlossen werden kann, sofern die betreffende Unterstützung mit einer Blankogarantie gleichgesetzt wird. Jedoch bietet natürlich sowohl Überwachung als auch Depositenversicherung individuellen Depositoren einen gewissen Grad an Schutz gegen den plötzlichen Verlust ihrer liquiden Vermögenswerte.

Insgesamt gesehen liegt also im *Vertrauen in das reibungslose Funktionieren des Bankensystems* und im *Vertrauen in den jederzeitigen Erhalt seiner Einlagen* der Schlüssel zu einem stabilen Bankensystem: Dass Banken nicht mehr ihrer Funktion nachkommen könnten, wenn einmal das Vertrauen in den Bestand der Einlagen erschüttert wurde, entsteht aus der Tatsache, dass das moderne Bankensystem *fraktioneller* Natur ist, woraus sich dann allerdings ein systemisches Problem ergeben könnte.[37] Wenn nun von einem fractional reserve banking-System gesprochen wird, muss auf die für Geschäftsbanken typische Bilanzstruktur näher eingegangen werden. Übersetzt heißt dieses soviel wie *Bruchteil*; und um eben diesen geht es: In einem solchen System behalten die Geschäftsbanken nur ein (Bruch-)Teil der Einlagen (als Reserve), um Abhebungen befriedigen zu können, während sie den Rest (der Einlagen) dazu verwenden, Darlehen gegen Zinsen zu vergeben. Dieses Zinseinkommen dient der Bank als Einkommen, welches zum einen herangezogen wird, um den Einlegern auf ihre Einzahlungen Zinsen zu gewähren, und zum anderen, um den Bankeigentümern einen Profit auszuschütten.[38]

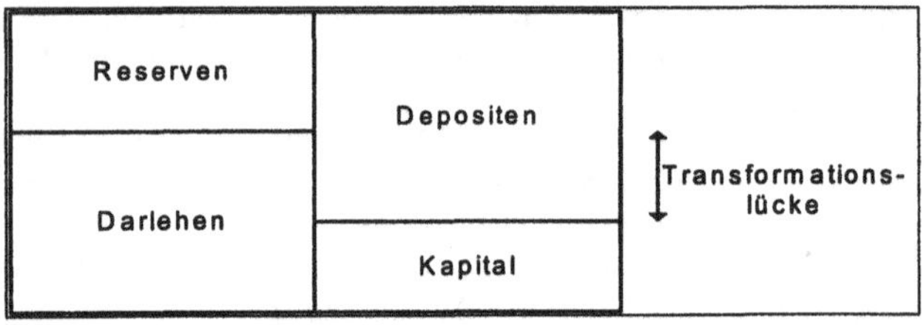

Abbildung 2: eigene Darstellung.

Genau dieser *Bruchteil* ist es, warum ein derartig konstituiertes (Finanz-)System grundsätzlich zu Instabilitäten neigt. Betrachtet man die Bilanz einer beliebigen Geschäftsbank, so steht auf der Aktivseite der Posten „liquide Reserven", der typischer-

[35] Vgl. Gjedrem (2005), Seite 13.
[36] Vgl. Laeven (2004), Seite 1f.
[37] Vgl. Kaufman (2001), Seite 9.
[38] Vgl. Thornton (1939), Seite 171

weise kleiner ausfällt als die Anzahl der Depositen auf der Passivseite, aus denen ja eine Vielzahl *langfristiger* Kredite[39] generiert werden.[40]

Es kollidieren hier also zwei unterschiedliche *Zeithorizonte*: Die langfristig gebundenen, illiquiden, Darlehen (auf der Aktivseite) und die Möglichkeit des Abzugs der liquiden Einlagen (auf der Passivseite) durch die Depositoren. In normalen Zeiten reicht die von der Geschäftsbank gehaltene Menge an Geldbasis völlig aus, sowohl im Hinblick auf die übliche Geldnachfrage, als auch auf die Mindestreservevorschrift. Mit dieser Intermediation leisten die Geschäftsbanken wertvolle Leistungen, wenngleich latent stets die Gefahr eines Bank Runs[41] besteht, währenddessen eine Vielzahl von Einlegern oder gar alle *gleichzeitig* – aus welchen Gründen sei an dieser Stelle unberücksichtigt – ihre Depositen abziehen möchten.

An dieser Stelle kommt nun das *systemische* Problem im Bankenbereich zum Tragen, welches sich durch die bloße Haltung dieses Bruchteils ergibt: Es wird unter Umständen versucht, mehr Geld abzuheben, als die Bank an liquiden Mitteln momentan besitzt.[42] Dies führt zu einem *Liquiditätsproblem* auf Seiten der Geschäftsbank und unter gewissen Umständen zur Zahlungsunfähigkeit beziehungsweise im schlimmsten Fall zum Konkurs der betroffenen Bank. Um dennoch liquide zu bleiben, hat die betroffene Bank die Möglichkeit, Teile ihrer an sich nicht marktfähigen Vermögenswerte im Rahmen von Notverkäufen (fire sale) zu liquidieren.[43] Als Konsequenz solcher Notverkäufe sinkt der Marktwert der angebotenen Titel (teils drastisch), so dass andere Geschäftsbanken, die in ihrem Portfolio die gleichen Vermögenswerte halten, ebenfalls unter dem sinkenden Marktwert leiden und somit Vermögenseinbußen hinnehmen müssen, wenngleich sie an sich „gesund“ sind. Unter anderem bezeichneten Minsky (1972, 1982, 1991) und Kindleberger (1978) aus diesem Grund Geschäftsbanken als inhärent instabil.[44]

Eine Geschäftsbankenbilanz birgt also neben einer (kurzfristigen) *Illiquidität* eine noch schwerwiegendere Gefahr: Die *Insolvenz*. Sie kann dadurch eintreten, dass eine größere Anzahl von Vermögenswerten (insbesondere Kredite), welche im Gegensatz zu den nominal fixierten Depositen[45] im Wert schwanken können, abgeschrieben werden müssen, wenn die Schuldner nicht in der Lage sind, ihre Darlehen zurückzu-

---

[39] Diese können nicht von heute auf morgen zurückgefordert werden.

[40] Vgl. Rochet (2003), Seite 144.

[41] Die Gefahr eines Bank Runs „beweist“, dass das Wohlergehen einer Bank nicht alleine von der (richtigen) Wahl profitversprechender Investitionsobjekte bei der Vergabe von Krediten abhängt, sondern auch vom Vertrauen der Depositoren in die Erfolgsaussichten der gewährten Kredite und noch vielmehr von ihrem Vertrauen darauf, dass andere Depositoren nicht auf die Idee kommen, einen Run auf die Bank auszulösen. Vgl. Diamond, Dybvig (1983), Seite 409f.

[42] Die Geschäftsbanken können einem solchen Run aber gar nicht vorbeugen, da sie sich in einem Dilemma befinden, denn die Sicherheitsreserve ist immer zu klein und gleichzeitig immer zu groß: Zu klein deswegen, weil jedwede Reserve unter 100% zu klein ist im Falle eines Bank Runs; zu groß, weil jede Reserveeinheit grundsätzlich weniger Zins erwirtschaftet als eine Einheit Darlehen. (siehe auch Diskussion um 100% Reserve Banking Kapitel 4.2.2.).

[43] Vgl. Coval, Stafford (2005), Seite 1f.

[44] Vgl. Minsky (1982), Seite 24f.

[45] Die nominelle Fixierung der Depositen folgt aus dem unvollkommenen Einlagenvertrag, in dem die Depositoren im Gegenzug auf jegliche Mitbestimmung bei der Anlage ihrer Mittel verzichten. Vgl. Hellwig (1997), Seite137ff.

zahlen, so dass das Eigenkapital der Bank ebenfalls (bilanztechnisch) zurückgehen muss.[46] Die Vermögenswerte der Geschäftsbank decken die Verbindlichkeiten nicht mehr; sie kann die Schulden und Einlagen nicht mehr begleichen, sie ist insolvent. Insolvenz kann aber auch dadurch zustande kommen, dass an sich gesunde Geschäftsbanken unter dem sinkenden Wert ihrer Portfolios leiden, da andere Banken Notverkäufe durchführen, die allgemein zu einer Senkung des Wertes von Assets führen, wodurch dann eben auch die finanziell gesunden Banken Schaden tragen und eine entsprechende Neubewertung ihres Eigenkapitals durchführen müssen.[47] Ein Sinken des Nettowertes der Bank kann nicht nur aus den gerade beschriebenen Änderungen der relativen Preise resultieren, sondern auch aus einer Veränderung des allgemeinen Preisniveaus, welche etwa durch Goldbewegungen im bis 1914 herrschenden Goldstandard oder durch diskretionäre Politik hervorgerufen werden kann. Man spricht in diesem Zusammenhang von *externen* Faktoren, die eine(n) Bankeninsolvenz und -zusammenbruch hervorrufen.[48] Daneben existieren aber auch noch eine Reihe *interner* Faktoren, die zur Insolvenz führen wie Missmanagement, Fehleinschätzungen oder unehrenhaftes Verhalten.[49] Somit ist die Konstituierung eines fractional reserve banking-Systems ein wesentliches Element,[50] das sich für die *Fragilität* und Anfälligkeit des Finanzsystems für das systemische Risiko nachhaltig als verantwortlich zeigt.[51] Begünstigt wird diese Fragilität zudem durch die besondere Art der Verschuldung und der Fristentransformation von Banken. So müsste man sich eingestehen, dass bei einer vertraglichen Festlegung der Fälligkeit der Verbindlichkeiten der Banken die Möglichkeit eines ungeplanten Abzugs der Depositen und damit die Fragilität der Institution zurückgeht, womit natürlich wieder andere Probleme wie „was passiert bei ungeplantem, kurzfristigen Mittelbedarf“ und „was passiert, wenn die Bankmanager Gelder missbrauchen oder unterschlagen“ in den Mittelpunkt der Diskussion rücken. Andererseits wäre denkbar, die Fragilität durch die Organisation der Bank im Sinne eines *Investmentfonds* abzumildern, so dass einerseits die jederzeitige Abhebung der Sichteinlagen gewährleistet ist, andererseits der Wert der Sichteinlagen mit der (marktbewerteten) Qualität des Fonds schwankt, so dass panikartige Abzüge der Einlagen von der Sache her unnötig sind, da das Problem des Verlustes beim „Zuspätabheben“ aus-

---

[46] Illiquidität bedeutet einen Mangel an greifbaren, leicht verwertbaren (flüssigen) Mitteln, weshalb Zahlungsverpflichtungen nicht (mehr) fristgerecht erledigt werden können. Insolvenz/Zahlungsunfähigkeit bedeutet das auf dem Mangel an Zahlungsmitteln fußende, nach außen erkennbare, voraussichtlich andauernde – also nicht nur temporäre – Unvermögen des Schuldners, seinen fälligen Verpflichtungen nachzukommen. Sollte die Illiquidität länger andauern, so führt dies oftmals zur Insolvenz. Vgl. Diamond, Rajan (2002), Seite 2f.; Oort (1990), Seite 452.

[47] Vgl. Freixas, et al. (2000), Seite 63f.

[48] Einen Schutz gegen den Verfall des Wertes des Portfolios infolge von relativen Preisänderungen kann eine Portfoliodiversifizierung bieten; diese können Banken durch den Aufbau eines Filialsystems (branch banking system) in verschiedenen Regionen mit unterschiedlichen Portfolios. Im Krisenfall können dann die verschiedenen Filialen die Portfolioeinbußen der Betroffenen abfedern. Vgl. Carlson, Mitchener (2005), Seite 4.

[49] Vgl. Bordo (1990), Seite 18f.

[50] Die beiden anderen Elemente sind die Vernetzung der Banken beziehungsweise Finanzinstitutionen untereinander über den Interbankenmarkt und die Zahlungs- und Abrechnungssysteme auf der einen und die Informations- und Kontrolldichte auf der anderen Seite (siehe Kapitel 2.4. Phase 1).

[51] Vgl. Benston, Kaufman (1995), Seite 212f.

bleibt,[52] und gleichzeitig die Risiken an die Kapitalgeber weitergegeben werden.[53,54] Auch hier stehen allerdings andere Probleme entgegen, wie die mangelnde Akzeptanz derartiger Anteilsscheine beim täglichen Gebrauch als Zahlungsmittel, da der echte Wert der Anteile stark schwanken kann und kurzfristige Informationen kaum zu erhalten sind.[55]

Da derart andere Ausgestaltungsvarianten von Geschäftsbanken dennoch denkbar gewesen wären, kann die heutige Form von Banken allein aus ihrer historischen Entwicklung begründet werden, mit der man sich heutzutage zu arrangieren hat.[56]

Das Fallieren einer einzelnen Bank ist dabei eine Seite der Medaille, doch durch die enge Verflechtung, die zwischen den Geschäftsbanken bestehen, kann der Fall einer einzigen Bank zu einem Art Dominoeffekt führen und schnell andere Kreditinstitute in Mitleidenschaft ziehen, woraus sich eine handfeste systemische Krise entwickeln kann, die die Realwirtschaft tangiert.

Dabei erstreckt sich die zugrunde liegende Problematik – das *systemische Risiko* – weit über die Verwundbarkeit einer einzelnen Bank hinaus und hat mit dem spe-

---

[52] Ein panikartiger Run entsteht aus der Tatsache, dass die Einleger fürchten, ihr Geld nicht mehr zurückerhalten zu können, wenn das Vermögen der Bank an andere, weiter vorne in der Schlange stehenden Einleger bereits verteilt ist.

[53] Eine weitere Möglichkeit Bank Runs abzuwenden, wäre die Einführung einer Wicksellschen Idealbank folgender Couleur: „... stehen die Bankkunden direkt miteinander in Geschäftsverbindung, so braucht das Geld die Bank erst gar nicht zu verlassen, sondern die Abrechnung kann durch eine einfache Übertragung von der Bankrechnung des einen auf die des anderen (somit durch Girieren) geschehen. [Bei Konzentration derartiger Geschäfte auf eine einzige Bank würde sich der ganze Münzvorrat des Landes] ...in den Gewölben der Bank ansammeln und dort ... als absolut unbewegliche Masse bleiben: alle Auszahlungen würden durch Anweisungen auf das Bankguthaben der betreffenden Person bewerkstelligt werden; aber diese Anweisung oder dieser Scheck würde niemals ein Herausziehen aus der Bank veranlassen, sondern nur eine Übertragung auf das Konto des Verkäufers oder des Scheckempfängers in den Rechnungsbüchern der Bank." Wicksells Idee ist also eine Bank mit ausschließlich bargeldlosem Zahlungsverkehr ohne Abhebungen und damit ohne ein Liquiditätsproblem, bei der alle Wirtschaftssubjekte ein Konto unterhalten. Denkbar wäre dieser Vorschlag allein nur bei Vorhandensein einer einzigen „Weltbank". Vgl. Wicksell (1922), Seite 95f.

[54] Das Konzept der Wicksellschen Idealbank wurde im weiteren von Hicks (1989) übernommen und durch Finanzintermediäre erweitert, welche von superioren Informationen über reale Investitionen verfügen, also einen Informationsvorsprung gegenüber anderen Akteuren, also auch der Idealbank, besitzen. Damit übernehmen sie eine Art Vermittlerfunktion zwischen Idealbank und Investitionsprojekten. Durch die Einbeziehung der Finanzintermediäre kommen dann auch unterschiedliche Zinsen (Einlagenzins, Darlehenszins [von Idealbank an Finanzintermediär], Kreditzins [von Finanzintermediär an Investor] und erwartete Ertragsrate) zustande. Das über die erwartete Ertragsrate hergestellte Gleichgewicht ist aber durchaus fragil, da Größen wie eine unsichere Zukunft Fluktuationen hervorrufen. Die Idealbank hat nun die Aufgabe der Kontrolle, wobei ihre Möglichkeiten um so größer sind, je geringer der Abstand zwischen Darlehenszins und erwarteter Ertragsrate ist. Vgl. Hicks (1989), Seite 108ff. Dieser Ansatz bleibt allerdings sehr fragwürdig. So bleibt unklar, warum die Einbeziehung von Finanzintermediären notwendig ist und nicht Kredite direkt von der Idealbank an die Investoren vergeben werden. Gleichzeitig bleibt unverständlich, warum die Einleger ihre Gelder nicht direkt bei den Finanzintermediären anlegen können, sondern den Umweg über die Idealbank machen müssen. Derartige Schwächen können damit nicht das System der Idealbank von Instabilitäten und der Notwendigkeit des LOLR beseitigen. Vgl. Hagemann (1993), Seite 172.

[55] Vgl. Goodhart (1993), Seite 27ff.; Hellwig (1997), Seite 127ff.

[56] Vgl. Goodhart (1988), Seite 86ff.

ziellen Charakter von Banken zu tun. Unter systemischem Risiko versteht man dabei ganz allgemein das Risiko, dem ein ganzer Finanzmarkt[57] oder ein ganzes System und nicht nur einzelne Marktteilnehmer ausgesetzt sind; realisiert sich dieses Risiko, so spricht man von einem *systemischen Event*. Im *engeren* Sinne ist es die Tatsache, dass die Verbreitung von schlechten Nachrichten über eine Bank oder gar das Gerücht über deren Zusammenbruch erhebliche, negative Konsequenzen für eben diese Bank, bis hin zu deren tatsächlichem Konkurs, aber auch für einige ganz andere, von der Sache her noch unbeteiligte Banken, mit sich bringt. Ein systemisches Ereignis ist dabei *stark ausgeprägt*, wenn Institutionen in der „nächsten Runde" oder später als Konsequenz des ursprünglichen Schocks fallieren, obwohl sie ex ante fundamental solvent waren. Diese Tatsache bezeichnet man dann als *contagion*. Schlägt sich der externe Effekt nicht in einem Konkurs nieder, so spricht man von einem *schwachen* systemischen Event.[58]

Im *weiteren* Sinne versteht man darunter simultane adverse Effekte auf eine große Zahl von Banken als Folge von einem schweren und weit um sich greifenden systemischen Schock.[59] Oft liegt das Problem eines um sich greifenden Schocks auch darin, dass die Marktakteure nur schwer zwischen insolventen und illiquiden Banken unterscheiden können, weshalb auch ein Überschwappen auf solvente Institutionen stattfinden kann. Andererseits können im Zuge des Runs die Vermögenspreise an Wert verlieren, weshalb dann infolge von Vermögenseinbußen an sich solvente Banken insolvent werden können. Im Gegensatz dazu spricht man nicht von einem systemischen Event, wenn der bloße Rückgang von Vermögenspreisen zum Fall einer einzelnen Bank führt.[60]

Dabei kann schlussendlich nur als „echtes" systemisches Event angesehen werden, wenn die Krise des Bankensektors im Anschluss einen substantiellen Rückgang der gesamtwirtschaftlichen Aktivität zur Folge hat. Wichtige Messgrößen hierbei sind Output, Konsum, Arbeitslosenrate oder Eigenheimverkäufe, die spürbare Veränderungen erfahren.[61] Ein solches Event kann nur einen bestimmten Sektor des Finanzsystems – wie beispielsweise sämtliche Sparkassen – treffen, sondern sich über das gesamte System erstrecken und –, wenn es eine *beachtliche* Zahl von Banken tangiert, und dies in *schwerwiegender* Weise, so spricht man von einer *systemischen Krise* – eine Finanzkrise auslösen.

Die Unterscheidung zwischen systemischen Events aus zufälligen Ereignissen (sunspots), die keinen Zusammenhang zu Ereignissen in der Realwirtschaft bieten, oder systemischen Events infolge der Schwankungen im Konjunkturzyklus sind dabei zwei Hauptansätze zur Erklärung systemischer Ereignisse.

---

[57] Im Zuge eines weltweiten Integrationsprozesses verwischen die Grenzen der regionalen Teilmärkte zusehends, was die Notwendigkeit bedingt, die Finanzmärkte nach alternativen Kriterien zu strukturieren. Die häufigste Differenzierung erfolgt nach dem Kriterium der Laufzeit. Demgemäß werden die Segmente Geld- und Kapitalmarkt unterschieden. Die Banken erfüllen hierbei die Funktion der Fristentransformation, indem sie einen Ausgleich zwischen den Marktsegmenten hinsichtlich unterschiedlicher Bindungsfristen vornehmen.

[58] Vgl. De Bandt, Hartmann (2000), Seite 10f.; Krümmel (1984), Seite 479.

[59] Vgl. Zimmermann, Bubb (2004), Seite 4.

[60] Vgl. Bordo (1990), Seite 19

[61] Vgl. IMF (1998), Seite 92f.

2.2. Die Bankenpanik/Bankenkrise: Eine Definition

Der Begriff Bankenpanik wird in der Literatur vielfältig und für den Leser oft verwirrend verwendet; denn es existiert keine einheitliche Definition, nur ein breites Spektrum an von verschiedenen Ökonomen verwendeten Begriffen wie contagion, Finanzkrise, Bankenkrise, Bank Run oder Bankenpanik.[62] Diese werden oft synonym für Ereignisse verwendet, wenn es zu Störungen im Bankenmarkt aufgrund eines negativen Schocks kommt, auch ohne Vorliegen einer „echten Bankenpanik", d.h. dem Abziehen von Depositen aus dem Bankensystem.[63] Darüber hinaus bleibt zumeist unklar, welcher Zeitraum als Bankenpanik klassifiziert werden kann.

Ein sehr weit gefasster Begriff bzw. Zustand ist an sich zwar nicht uninteressant, jedoch bleibt er nicht auf den Bankenbereich beschränkt. Vielmehr von Interesse sind Phänomene, die konkret mit der Struktur der Bankenkontrakte und Kapitalstrukturen der Banken verknüpft sind. Ein Versuch der Definition von Bankenpanik kann dabei zwar nur eher unpräzise bleiben, ist aber für den Gang der Arbeit unerlässlich.

Die Passivseite der Bankenbilanz besteht zum Großteil aus kurzfristig abrufbaren Einlagen (demand deposits).[64] Diese Art der kurzfristigen Verbindlichkeiten, denen in der Regel ein hoher Betrag langfristiger Kredite gegenübersteht, erlaubt es den Haltern der Depositen – die sich gegenüber der Bank in einer Gläubigerposition befinden – diese jederzeit in Bargeld einzutauschen. Dies generiert an sich eine Ursache von Instabilität im Bankenbereich.[65] Daraus lässt sich wie folgt die Definition einer Bankenpanik ableiten: Zwar haben die Depositoren im Normalfall keine Befürchtungen, dass die Bank ihre Liquiditätswünsche nicht befriedigen kann, da sie ansonsten ihre Mittel bei der Bank auch nicht angelegt hätten. Wenn sie aber einen ausreichend großen Vermögensverlust der Bank erwarten, bietet dies einen Anreiz, ihre Mittel sofort bei der Bank abzuziehen.[66] Eine *Bankenpanik* bricht dann aus, wenn die Gläubiger aller oder vieler Banken (im jeweils betrachteten Bankensystem) plötzlich, (mehr oder weniger) zeitgleich, aufgrund derselben Ängste – sei es *ohne echten Liquiditätsbedarf* oder weil sie sich ihrerseits im Verlauf einer Krise *bereits in finanziellen Engpässen* befinden[67] – auf ihr Recht bestehen, ihre Depositen in Bargeld einzutauschen und zwar in einer Höhe, in der die Banken ihre Konvertibilitätsfähigkeit einbüßen, also höher als die kurzfristigen Kredite.[68]

Diese Definition hat drei gewichtige Inhalte: Erstens, wenngleich in der Literatur die Begriffe Bankenpanik und Bank Run zumindest bei panikbasierten Bank Runs synonym verwendet werden – was mit der gerade geschilderten Logik, in der von allen beziehungsweise mehreren Banken die Rede ist, nicht konform geht – bedeutet der

---

[62] Vgl. u.a. Bordo, (1986), Seite 190ff.; Donaldson (1992), Seite 277f.
[63] Vgl. Marion (1999), Seite 474ff.
[64] Vgl. Benston (2004), Seite 15f. Vor allem trifft dies auf vergangene Zeiten zu; siehe auch Kapitel 3.
[65] Vgl. Rochet (2003), Seite 144f.
[66] Vgl. Diamond, Dybvig, (1983), Seite 408.
[67] Das Auftreten solcher Liquiditätsknappheiten war unter anderem auch im Verlauf der Weltwirtschaftskrise zu beobachten.
[68] Vgl. Gorton (1988), Seite 752f.

Abzug der Depositen von nur *einer* Bank (also ein *Bank Run* auf diese Bank) und ihr Fallieren noch keine Bankenpanik.[69]

Zweitens müssen die Abzüge für eine Panik *groß genug* sein. Solange nur eine Bank bzw. eine Gruppe von Banken an nur einem Ort von starken Abzügen betroffen sind, können sie die Konvertibilität solange aufrechterhalten, wie sie Liquidität von nicht betroffenen Banken und/oder Regionen bekommen.[70]

Drittens reicht auch ein reiner Transfer von Depositen von schwachen zu starken Banken während eines Bank Runs ohne eine Veränderung der Präferenzen von Wirtschaftssubjekten bezüglich der Haltung von Noten für eine Panik nicht aus.[71]

Aufgrund dieser relativ engen Definition wird zugleich deutlich, dass Paniken und Bank Runs im Verhältnis zu nachfolgend definierten „Krisen" heutzutage in der Realität eher seltene Ereignisse darstellen.

Gleichzeitig gilt festzuhalten, dass der Versuch, einen Bank Run/Bankenpanik empirisch allein anhand eines Anstieg des Verhältnisses von Noten zu Depositen zu definieren,[72] ungenau sein kann, da eine Suspendierung der Auszahlungen dieses Verhältnis verfälschen kann[73] und in der Realität ein Anstieg des Quotienten auch ohne eine Panik beobachtet werden konnte. So sollte man sich zusätzlich auf eine Definition anhand historischer Ereignisse und Besonderheiten des Bankenbereichs stützen.

Eine *Bankenkrise* ist im Vergleich zur reinen Bankenpanik ein ebenso schwerwiegendes Ereignis, auch wenn sich die Literatur hauptsächlich auf Bank Runs/Bankenpaniken konzentriert. Eine Bankenkrise bezeichnet dabei eine Situation, in der ein *erheblicher Teil* des Bankensektors *insolvent* ist, und es zu Bank Runs oder Notmaßnahmen wie dem Einfrieren von Einlagen, Bankenschließungen oder allgemeinen Einlagengarantien des Staates kommen kann.[74] Eine derartige Bankenkrise kann dabei solch schwerwiegende Ausmaße annehmen, dass sie systemische Züge annimmt. Systemische Finanzkrisen[75] sind in diesem Zusammenhang überaus starke Störungen der Finanzmärkte, welche durch Störung der Effektivität ihrer Funktionen große adverse Effekte auf die Realwirtschaft haben können, und zwar ohne dass es tatsächlich zu panikartigen Abzügen der Bankeinlagen kommen muss.[76]

Genau daran setzt die Kritik von Schwartz (1986) an, die Krisen ohne das Vorhandensein von Bank Runs als Pseudo-Finanzkrisen ansieht.

> „A widely belief in the United States and the world financial community is that the default of major debtors – whether companies or municipalities or sovereign countries – could lead to bank failures that would precipitate a financial crisis.... A financial crisis is fuelled by fears that means of payment will be unobtainable at any price and, in a fractional reserve banking-System, leads to a

[69] Vgl. Madiès (2006), Seite 1832; Straub (1998), Seite 195.
[70] Vgl. Benston, Kaufman (1995), Seite 211ff.
[71] Vgl. Wicker (1996), Seite 17.
[72] Vgl. Gorton (1988), Seite 755f.
[73] Vgl. Ennis, Keister (2006), Seite 2.
[74] Vgl. Demirgüc-Kunt, Detragiache (1997), Seite 2.
[75] Hiermit ist im Folgenden stets eine Bankenkrise gemeint. Es gilt dabei der Schluss, dass eine Bankenkrise immer auch eine Finanzkrise sei, wobei der Umkehrschluss nicht gilt. Auch Währungs- oder Budgetkrisen fallen unter die Definition einer Finanzkrise.
[76] Vgl. Gavin, Hausmann (1996), Seite 2..

scramble for high-powered money. It is precipitated by actions of the public that suddenly squeeze the reserves of the banking system. In a futile attempt to restore reserves, the banks may call loans, or resort to selling assets.... The essence of a financial crisis is that it is short lived, ending with a slackening of the public's demand for additional currency. A disinflation or deflation may long be drawn out. Nominal wealth may decline, real debts may rise, but there are no financial crises."

Schwartz (1986)[77]

Hierbei betont Schwartz die immense Bedeutung von Bankenpaniken, die sie als Hauptursache für Einschränkungen des Geldangebotes und für starke Kontraktionen der Wirtschaftsaktivität sieht. Damit sehen die Monetaristen auch die herausragende Rolle von Notenbanken als LOLR gerechtfertigt, um die monetäre Instabilität zu beseitigen.

„I conclude that manias, panics, and crashes reduce wealth. They are not per se financial crises unless the shift from tangible or financial assets leads to a run on banks. The lender-of-last-resort can forestall such a development, so I agree with Kindleberger that there is an important role for such an entity..."

Schwartz (1986)[78]

Auch dieser Ansatz zur Erklärung bzw. Definition von Finanzkrisen zeigt Schwächen auf, da er sich als zu eng erweist, indem nur die Rolle von Bankenpaniken und der daraus resultierenden Reduktion des Geldangebotes betont wird.

So bleibt aber auch eine reine Bankenkrise ohne Vorkommnis eines Bank Runs im Interessenzentrum der Untersuchung, auch aus dem Grund, dass die meisten Bankenprobleme der letzten Zeit nicht der Seite der Verbindlichkeiten in den Bankbilanzen entspringen. Gerade in den Krisen innerhalb der Industrieländer – Finnland, Norwegen und Schweden in den späten 80er und frühen 90er Jahren, Spanien in den frühen 80ern und Japan in den 90ern – kam es zu Bankenproblemen ohne einen Bank Run/eine Bankenpanik. In Entwicklungs- und Schwellenländern – Argentinien in den 80ern und 90ern, Philippinen, Thailand, Türkei, Uruguay und Venezuela, als auch Korea und Indonesien – dagegen wurden Bankenkrisen öfter durch große Abzüge an Depositen und Bank Runs begleitet. Schaut man sich diese Beispiele genauer an, könnte man dabei behaupten, dass Bank Runs eher das Resultat als die Ursache von Bankenproblemen sind.[79]

Bankenkrisen haben ihre Ursache also eher auf der Vermögensseite der Bankenbilanz, nämlich in einer Störung der Qualität der Vermögenswerte. Dies empirisch anhand bestimmter Variablen bestimmen zu können, ist jedoch außerordentlich schwierig, da notwendige Daten in vielen Ländern nicht zeitnah zur Verfügung stehen oder unvollständig sind, so dass eine Untersuchung nur lückenhaft sein könnte.

Jedoch unabhängig von der Definition werden die Sorgen über das Zustandekommen einer Bankenkrise zumeist dadurch gerechtfertigt, dass Banken eine Art öffentliches Gut – im Sinne der Bereitstellung eines Zahlungssystems – zur Verfügung stellen. Dieses ist eng mit dem traditionellen Bankengeschäft verbunden, das die Ent-

---

[77] Schwartz (1986), Seite 11f.

[78] Schwartz (1986), Seite 24f.

[79] Vgl. Beim (2001), Seite 5.

gegennahme von Depositen und die Vergabe von Darlehen beinhaltet und infolge der unterschiedlichen Fristen Probleme verursacht.[80]

2.3. Das finanziell gesunde Bankensystem und die empirischen Bestimmungsgrößen von Bankenkrisen

Anhand der Definition der Bankenkrise kann nun abzuleiten versucht werden, inwieweit heutzutage anhand vorliegender Daten ein finanziell gesundes bzw. ungesundes Bankensystem bestimmt werden kann und welche Maßnahmen, also auch LOLR-Hilfe, unternommen werden müssen, um dieses zu erhalten, was das Hauptthema der folgenden Kapitel darstellt.

Ein finanziell gesundes Bankensystem kann dadurch definiert werden, dass die darin befindlichen Banken (zumindest diejenigen Banken, die den Großteil der Verbindlichkeiten und Forderungen des Systems halten) solvent sind und aller Voraussicht nach auch in Zukunft solvent bleiben und eine effiziente Allokation der Ersparnisse in Investitionen bereitstellen.[81]

Mit großer Wahrscheinlichkeit wird daher eine Bank solvent bleiben, solange sie profitabel wirtschaftet, professionell geführt wird und mit ausreichend Kapital ausgestattet ist, um adversen Effekten entgegenstehen zu können.[82]

Ineffektiv arbeitende Banken werden durch wenig profitable Projekte Verluste erleiden und daher möglicherweise insolvent werden, wenn Ineffektivität und mangelnde Profitabilität in dynamischen Märkten Hand in Hand gehen. Dabei sind vorwiegend diejenigen Banken schneller von Insolvenz betroffen, die darüber hinaus nur einen niedrigen Kapitalwert aufweisen können, da bei diesen ein adverser Schock schneller anschlagen wird.

Allerdings sind Bankensysteme zu verschiedenen Zeiten unterschiedlich stark betroffen, so dass sie in bestimmten Zeitabschnitten möglicherweise schlecht abschneiden, in anderen Jahren jedoch relativ gut agieren, ohne Anzeichen einer späteren Krise zu zeigen. Aus diesem Grund ist es sehr schwierig, ein System als *grundsätzlich* „gesund" oder „ungesund" einzustufen. Oftmals zeigt sich erst in einer Krise selbst, welche grundlegenden Probleme im Bankenbereich bereits vor dem Ausbruch der Krise bestanden haben. Allerdings können die in Phase 1 (Kapitel 2.4.) dargelegten Merkmale des Prozesses einer Bankenkrise ein grundlegendes Verständnis für mögliche Frühwarnzeichen geben.

Auch Fallstudien können natürlich nicht das gesamte Ausmaß der Bankenkrisen abdecken, sollen aber einen kleinen Einblick geben. Um ihre gemeinsamen Faktoren besser verstehen zu können, wurde deshalb in den 90er Jahren des letzten Jahrhunderts anhand großer Datensätze und vieler Länder begonnen, ökonometrische Untersuchungen durchzuführen, um mögliches Vorhersagen und frühzeitiges Gegensteuern bei finanziellen Krisen daraus ableiten zu können.[83] Da allgemein angenommen wird, dass Variablen wie ein Abschwächen der Wirtschaftstätigkeit, hohe Inflation, hohe bzw. ansteigende Realzinsen, eine zu starke Kreditexpansion, einen Rückgang der Vermö-

[80] Vgl. Bossone (2000), Seite 5f.; Phillips (1997), Seite 510.
[81] Vgl. Das, Quintyn, Chenard (2004), Seite 5f.; Guitián (1997), Seite 49.
[82] Vgl. Kaufman (2001), Seite 34; Lindgren et al. (1996), Seite 9ff.
[83] Dies ging zum Großteil auf Anstrengungen des Internationalen Währungsfonds zurück.

genspreise oder eine Finanzmarktliberalisierung ohne genügende Überwachung und Kontrolle als eng mit Finanzmarktfragilität verbunden angesehen werden, beinhalten die meisten Untersuchungen makroökonomische, bankenspezifische oder bankensektorbezogene Variablen.

So einfach es jedoch scheint, in den betroffenen Ländern tatsächlich anhand der realisierten Bedingungen eine Bankenkrise ex post deuten zu können, ist das Problem der Identifizierung einer derartigen Krise nicht zu unterschätzen.

So sollte als Erstes für eine empirische Studie eine deutliche Unterscheidung von Event und tatsächlicher Krise getroffen werden, wie es bereits Eichengreen, Rose und Wyplosz (1994, 1995, 1996) dargelegt haben, indem sie auf die Schwierigkeiten hingewiesen haben, dass Marktgeschehnisse zur Identifikation von Krisen nicht unbedingt zum Erfolg führen können. Zwar berufen sie sich auf Zahlungsbilanzkrisen, ihre Warnung kann jedoch leicht auch auf Bankenkrisen übertragen werden.

Wie bereits aufgezeigt ist eine Bankenkrise eine Situation, in der möglicherweise Bank Runs und weit um sich greifende Zusammenbrüche von Banken, zur Aussetzung der Konvertibilität der Bankverbindlichkeiten führen oder öffentliche Stellen veranlassen, in großem Maße im Bankenbereich zu intervenieren.[84] Gemäß dieser Definition könnten dazu operationale Kriterien aufgestellt werden, die eine Identifikation möglich machen. So beziehen sich veröffentlichte Studien auf obige Marktgeschehnisse zur Aufdeckung von Krisensituationen, wie Bankenschließungen, Bankenzusammenschlüsse, Bank Runs oder Notfallmaßnahmen wie die Zusicherung von Depositengarantien.

In diesem Zusammenhang haben Demirgüc-Kunt und Detragiache (1997) im Zeitraum von 1980-1994 etwa 45 bis 65 Länder mit Bankenkrisen ermittelt, wobei sie diese anhand mindestens *einer* der folgenden, erst nach Ausbruch der Krise beobachtbaren Bedingungen ausgemacht haben:[85] Entweder wenn das Verhältnis von uneinbringlichen Krediten im Verhältnis zur Bilanzsumme im Bankensystem des betreffenden Landes 10% überschreitet.[86] Oder wenn die Kosten der Rettungsaktion mindestens 2% des BIP des entsprechenden Landes betragen. Oder wenn die Probleme des Bankensektors in großem Umfang zu einer Verstaatlichung der Banken führen. Oder schließlich, wenn mehrere Bank Runs stattfanden, und es zugleich auch zu Notfallmaßnahmen wie der Einfrierung von Depositen, der Einführung eines „Bankenfeiertages“ kommt oder allgemeine Depositengarantien durch verantwortliche Stellen zugesichert wurden.

Ähnlich gingen Kaminsky und Reinhart (1996 bzw. 1999) vor, die allerdings nicht eine Bankenkrise als Ganze zu ermitteln versuchten, sondern vielmehr den Beginn und die Hauptphase der Krise identifizieren wollten, was im Rahmen derartiger Untersuchungen eher eine Ausnahme bildet; dabei bilden ihrer Einschätzung nach *zwei*

[84] Oft zitierte empirische Untersuchungen über Bankenkrisen, die auch eine detaillierte Übersicht bieten, sind diejenigen von Caprio und Klingebiel (1996) und Lindgren, Garcia und Saal (1996). Auch sie geben unumwunden zu, dass eine Datierung einer tatsächlichen Insolvenz von Banken äußerst schwierig ist.

[85] Vgl. Demirgüc-Kunt, Detragiache (1997), Seite 12.

[86] Vgl. auch Bernauer, Koubi (2004), Seite 9.

unterschiedliche Merkmale den Beginn der jeweiligen Krise:[87] Erstens kommt es nach ihrer Einschätzung zu mehreren Bank Runs, welche zweitens in der Folge Schließungen, Zusammenschlüsse oder Übernahmen von Banken durch den öffentlichen Sektor bedingen. Dabei reicht es aus, wenn nur eine einzelne für die Ökonomie bzw. den Staat wichtige Bank geschlossen, mit einer anderen Bank fusioniert oder finanzielle Hilfe durch öffentliche Stellen gewährt wird, sogar wenn es zu keinem Bank Run auf die entsprechende Bank gekommen ist, weil diese Situation den Startpunkt für den Run auf andere Banken anzeigen könnte.

Infolgedessen zeigt sich der Höhepunkt der Bankenkrise für die Autoren als Periode mit den stärksten öffentlichen Hilfeleistungen oder den meisten Bankenschließungen.

Lindgren, Garcia, Saal (1996) sehen infolge einer umfangreichen Studie über die Mitglieder des IMF in den Jahren 1980-1996 Bankenkrisen ebenfalls als Situationen an, in denen es zu Bank Runs, Zusammenbrüchen von Finanzinstitutionen oder massiven Regierungsinterventionen kam, wobei auch hier wiederum die Merkmale erst (lange) nach Ausbruch der Krise, wenn nicht gar erst nach Beendigung ersichtlich werden.[88]

Aber nicht nur diese angeführten Kennzeichen spielen eine Rolle bei der Bestimmung von Bankenkrisen, auch die untersuchte Zeitperiode ist bedeutsam, um zusätzliche, geeignete Variablen festlegen zu können.[89]

Bei der Analyse historischer Bankenkrisen wie in der Gründungszeit der ersten Zentralbanken (17. und 18. Jahrhundert) waren enorme Abzüge von Depositen zu erkennen, so dass dieses Merkmal die Identifizierung von Bankenkrisen ermöglichte. In den letzten Jahren traten allerdings vor allem in Industrieländern (bspw. Japan, Finnland) Bankenkrisen ein, in denen man erstens eine derartige systemische Krise im Bankensektor nie vermutet hätte,[90] und die zweitens unter anderem aufgrund vorhandener Depositenversicherungen nicht durch Abzüge von Depositen und Bank Runs gekennzeichnet waren.[91]

Heutzutage ist der plötzliche Abzug großer Depositenbestände vorwiegend noch in Schwellen- und Entwicklungsländern beobachtbar, so dass auch auf den *Entwicklungszustand* eines betroffenen Landes bei der Untersuchung und Bestimmung von Bankenkrisen gesondert Rücksicht genommen werden muss.[92] Insgesamt gesehen ist das Merkmal des Verhältnisses von Depositen zu BIP, wie es zum Teil in Untersuchungen verwendet wurde, von schlechterer Güte und kein geeignetes Maß für die Be-

[87] Vgl. Kaminsky, Reinhart (1996), Seite 5f.
[88] Vgl. Lindgren, Garcia, Saal (1996), Seite 10ff.
[89] Vgl. Hoggart (2001), Seite 123.
[90] Vgl. Schmidt (2001), Seite 243. Des Weiteren hätte früher kein Wissenschaftler mit einer Zunahme der Häufigkeit von derartigen Krisen in der letzten Zeit (seit Anfang der 80er Jahre) gerechnet.
[91] Wie ein massiver Depositenabzug sich auf das Bankensystem auswirken kann und ob eine Depositenversicherung dagegen Abhilfe schaffen kann, soll in Kapitel 4.2.1. geklärt werden. Da in den Anfangsphasen der Entwicklung eines LOLR noch keine Depositenversicherungen existierten, ist eine gesonderte Betrachtung dennoch für den Fortgang der Arbeit unerlässlich, zumal er auch in heutiger Zeit in einigen Ländern der Welt noch immer auftritt.
[92] Vgl. Kaminsky, Reinhart (1996), Seite 5.

stimmung von Bankenkrisen, da ein Missverhältnis von Depositen zu BIP auch durch einen starken Rückgang des BIP in einer Rezession beeinflusst wird.[93]

Da empirisch auch ein starker Rückgang der Vermögenswerte vor einer Bankenkrise oft auszumachen war, können als Ersatzindikatoren die Anzahl uneinbringlicher Kredite oder (Bank-)Geschäftsschließungen als Maßgröße für die Schwere einer Bankenkrise herangezogen werden. Diese Vorgehensweise wählten Goldstein, Kaminsky und Reinhart (2000) in ihrer Untersuchung und auch Kaminsky und Reinhart (1996), wobei Letztere zwischen Bankenproblemen differenzieren, die entweder auf der Seite der Verbindlichkeiten der Bankenbilanz (Passivseite) oder auf der Aktivseite der Bankenbilanz beruhen;[94] dabei ist erstere Situation mit Bank Runs und Depositenabzügen gleichzusetzen, zweite Situation mit einer zunehmenden Verschlechterung der Qualität der Vermögenswerte.[95] Bei der Bestimmung der Güte dieser Indikatoren muss allerdings berücksichtigt werden, dass Banken derartige Geschäftssituationen bzw. Probleme so lange wie möglich vor der Öffentlichkeit verbergen möchten,[96] so dass der Indikator als eher schlechter angesehen werden sollte.[97],[98]

So wie auch der Beginn einer Krise oder auch deren Hochphase schwierig zu bestimmen ist, stößt auch die Determinierung des Endpunktes einer Krise auf einige Unstimmigkeiten bzw. Schwierigkeiten, so dass dies bislang kaum in Studien Berücksichtigung findet. Kaminsky und Reinhart (1996) oder Goldstein, Kaminsky und Reinhart (2000) bilden hierbei eine Ausnahme, wobei sie ebenfalls zugeben, dass die Bestimmung des Schlusspunktes einer Krise eines der schwierigsten, ungelösten Probleme in der empirischen Literatur über Krisen sei.[99]

Als mögliche Merkmale dieses Zeitpunktes könnten dabei allein die Rückkehr der Bankenaktivitäten zu ihrem normalen Vorkrisenniveau oder der Rückgang des Ausmaßes an uneinbringlichen Krediten herangezogen werden. Allerdings scheinen auch die jeweiligen Autoren keinen Konsens über geeignete Kriterien gefunden zu haben. Selbst definieren sie das Ende einer Bankenkrise als das Ende von großen, öffentlichen Hilfestellungen. Der IMF (1998) oder auch Bordo, Eichengreen, Klingebiel und Martinez-Peria (2001) dagegen definieren dieselbe Begebenheit mit dem Anstieg des jährlichen BIP-Wachstums zum Niveau vor der Krise.[100]

Diese Unstimmigkeiten respektive Differenzen zwischen den einzelnen Autoren zeigen dabei bereits zahlreiche Probleme auf, wenn mittels direkt beobachtbarer

---

[93] Vgl. Demirgüc-Kunt, Detragiache, Gupta (2000), Seite 6.

[94] Eine derartige Unterscheidung ist allerdings schwierig, wenn nicht gar müßig, da – wie bereits dargelegt – in Krisenzeiten infolge der bereits angesprochenen Fristentransformation auch eine solvente Bank zu Verlustverkäufen ihrer Vermögenswerte gezwungen sein kann

[95] Kaminsky und Reinhart argumentieren in diesem Zusammenhang, dass die Bankenkrisen in neuerer Zeit eher nicht von der Seite der Verbindlichkeiten herrühren, sondern vielmehr durch den Zusammenbruch von Immobilienwerten oder Unternehmenspleiten herbeigeführt werden, wie es das Beispiel Japans zeigte. Vgl. Kaminsky, Reinhart (1996), Seite 5.

[96] Vgl. Caprio, Klingebiel (1996), Seite 1; Nakaso (2001), Seite 30f.

[97] Vgl. Kaminsky, Reinhart (1996), Seite 15.

[98] Vgl. Lindgren et al. (1996), Seite57f.

[99] Vgl. Goldstein, Kaminsky, Reinhart (2000), Seite 95ff.; Kaminsky, Reinhart (1996), Seite 6.

[100] Vgl. Bordo, Eichengreen, Klingebiel, Martinez-Peria (2001), Seite 52ff.

Marktgegebenheiten auf Bankenkrisen geschlossen wird. Es bestehen noch weitere Ungereimtheiten:

Die Identifikation mittels beobachtbarer Zustände lässt keine zeitgenaue Identifikation der Krise zu, da bei Beobachtung und Kenntnisnahme der Merkmale durch die Bevölkerung oder auch durch öffentliche Stellen die Krise bereits mitten am Laufen ist.[101] Ein für die zu späte Identifikation prädestiniertes Kriterium ist beispielsweise die Rate an uneinbringlichen Krediten oder auch die Kosten der Rettungsaktion, wie sie Demirgüc-Kunt und Detragiache (1997) in ihrer Arbeit verwenden, da diese erst ersichtlich werden, wenn die Krise schon lange Zeit ausgebrochen ist. Zugleich werden derartige Daten erst mit einer Zeitverzögerung zur Verfügung gestellt, so dass sie auch nicht als Indikatoren für eine inhärente Schwäche des Bankensystems dienen können. Auch andere Merkmale wie die Verstaatlichung von Banken etc. treten erst ein, wenn die Krise bereit voll in Gang ist und deren Stärke bereits abgeschätzt werden kann.

Jedoch könnte in Abhängigkeit der gewählten Parameter auch die Schwere der Krise deutlich unterschätzt werden,[102] vor allem, wenn die Probleme der Banken nicht in Schließungen von Banken münden, da Probleme auch durch zeitnahe öffentliche Maßnahmen erfolgreich bekämpft werden können.[103]

Verstärkt wird dieses Problem dadurch, dass die unterschiedlichen Autoren in ihren Methoden nicht gleich, d.h. mit derselben Datengrundlage, vorgehen. So werden in den meisten ökonometrischen Untersuchungen Jahresdaten als Basis zugrunde gelegt. Da dabei jedoch der genaue (monats- oder wochengenaue) Ausbruch einer Krise nicht vorhergesagt werden kann bzw. dadurch verpasst wird, wird dann aber auch die Interpretation der Regressionsergebnisse erschwert.[104] Obwohl auch Autoren Daten auf monatlicher Basis ihren Untersuchungen zugrunde legen (siehe Kaminsky und Reinhart (1996)) bleibt es dennoch offen, ob eine tagesgenaue Datenbasis (welche jedoch kaum zur Verfügung steht) nicht die besseren Ergebnisse liefern würde, da plötzliche Ereignisse und keine schleichenden Veränderungen zumeist zu Krisen führen und damit der Beginn einer Krise auch einem Tag zugerechnet werden könnte.[105]

Zusammengenommen führen diese Schwierigkeiten zu uneinheitlichen Ergebnissen, wie sie in Tabelle 1 dargelegt sind. Sie beinhaltet Krisenzeitpunkte, wie sie in sieben verschiedenen Untersuchungen ermittelt wurden. Diese sind: Bodo, Eichengreen, Klingebiel und Martinez-Peria (2001), Glick und Hutchinson (2001), Bordo und Schwartz (2000), Kaminsky und Reinhart (1996/1999), Demirgüc-Kunt und Detragiache (1997), Caprio und Klingebiel (1996), sowie Lindgren, Garcia und Saal (1996), wobei viele Studien sich auf die Datengrundlage der beiden meist zitierten Untersuchungen von Demirgüc-Kunt, Detragiache (1997) und Lindgren, Garcia, Saal (1996) beziehen. Trotz dieser sich überschneidenden Datengrundlagen bilden sich dennoch große Differenzen zwischen den verschiedenen Ergebnissen heraus:

---

[101] Vgl. Caprio, Klingebiel (1996), Seite 2.
[102] Vgl. Caprio, Klingebiel (1996), Seite 2.
[103] Dasselbe Argument gilt bei Währungskrisen, da nicht jede spekulative Attacke zu Veränderungen des Währungssystems führt.
[104] Probleme können dabei unter anderem bei der Bestimmung der Kausalitätsrichtung zwischen abhängiger und unabhängiger Variable auftauchen.
[105] Vgl. Kaminsky, Reinhart (1996), Seite 5.

Vergleich unterschiedlicher empirischer Studien über Bankenkrisen:

	Bordo, Eichen- green, Klin- gebiel, Martinez- Peria (2001)	Glick, Hutchin- son (2001)	Bordo, Schwarz (2000)	Kaminsky, Reinhart (1999/1996)		Demirgüc- Kunt, Detra- giache (1997)	Caprio, Klinge- biel (1996)	Lind- gren, Garcia, Saal (1996)
				Beginn	Höhepunkt			
Unter- suchungs- periode	1972-1998	1975- 1997	1973- 1999	1970-1995	1970-1995	1980-1994	Ende 1970er- 1995	1980- 1996
Ägypten	1981 1990	1980- 1985 1991- 1995				nein	frühe 1980er 1990- 1991	1991- 1995
Äquatori- al-guinea		1983- 1985						1983- 1985 1995
Argenti- nien	1980 1985 1989 1995	1980- 1982 1989- 1990 1995- 1997	1980 1985 1989 1995	März 1980 Mai 1985 Dezember 1994	Juli 1982 Juni 1989 März 1995		1980- 1982 1989- 1990 1995	1980- 1982 1989- 1990 1995
Australien	1989		1989			nein	1989- 1990	1989- 1992
Bangla- desch	1987	1987- 1996					späte 1980er-*	1980er-*
Benin								1988
Bolivien		1986- 1987 1994- 1997	1985	Oktober 1987	Juni 1988		1986- 1987	1986- 1987 1994-*
Brasilien	1990 1994	1990 1994- 1997	1990 1994	November 1985 Dezember 1994	Novemb. 1985 März 1996		1994- 1995	1994-*
Burundi		1994- 1997				nein		1994-*
Chile	1976 1981	1976 1981- 1983	1976 1981	September 1981	März 1983	nein	1976 1981- 1983	1981- 1987
Costa Rica	1987	1987 1994- 1997					mehrere Male	Mitte 1994-

Dänemark	1987	1987-1992		März 1987	Juni 1990	nein		1987-1992
Deutschland	1977	1978-1979				nein	späte 1970er	1990-1993
Dominikanische Republik		nein						1992-*
Ecuador	1981	1980-1982 1996-1997	1981			nein	frühe 1980er	1995-*
El Salvador		1989				nein		1989
Elfenbeinküste							1988-1991	1988-1990
Fidschi		nein						1995-*
Finnland	1991	1991-1994				1991-1994	1991-1993	1991-1994
Frankreich	1994	1994-1995		September 1991	Juni 1992	nein	1994-1995	1991-1995
Ghana		1982-1989 1997					1982-1989	1983-1989
Griechenland		1991-1995				nein		1991-1995
Großbritannien		1975-1976 1984				nein	1974-1976	
Guatemala		1991-1992				nein		
Guinea							1985 1993-1994	1980-1985
Guinea-Bissau		1995-1997						1988-*
Guyana		1993-1995				1993-1995		1993-1995
Haiti		nein						1991-*
Hongkong		1982-1986					1982-1983 1983-1986	
Indien		1993-1997				1991-1994	1994-1995	1991-*

Indone- sien		1994 1997	1992 1997	November 1992	Novemb. 1992	1992-1994	1994	1992-*
Irland		nein				nein		1985
Island		1985- 1986 1993						1985- 1986 1993
Israel			1977	Oktober 1983	Juni 1984	1983-1984	1977- 1983	1983- 1984
Italien		1990- 1995				1990-1994		1990- 1995
Jamaika		1994- 1997				nein		1994-*
Japan	1992	1992- 1997				1992-1994	1990er	1992-*
Jordanien		1989- 1990				1989-1990		1989- 1990
Kamerun		1987- 1993 1995- 1997					1987-*	1989- 1993 1995-*
Kanada	nein	1983- 1985				nein		1983- 1985
Kenia		1985- 1989 1992- 1997				1993	1985- 1989 1992 1993- 1995	1993
Kolum- bien	1982	1982- 1987	1982	Juli 1982	Juni 1985	1982-1985	1982- 1987	1982- 1985
Kongo						nein	1980er 1991	1994-*
Korea	1997 1998	1997	1997			nein		Mitte 1980er
Kuwait							1980er	Mitte 1980er 1990- 1991
Laos		1991- 1994 1997						frühe 1990er
Madagas- kar		1988					1988	1988 1991- 1995

Malaysia	1985 1998	1985- 1988 1997	1985	Juli 1985	August 1986	1985-1988	1985- 1988	1985- 1988
Mali		1987- 1989				1987-1989		1987- 1989 1995
Maureta- nien							1984- 1993	1991- 1993
Mexiko	1981 1994	1981- 1991 1995- 1997	1981 1994	September 1982 Ok- tober 1992	Juni 1984 März 1996	1982 1994	1981- 1982 1995	1982 1994-*
Mosambik		1987- 1997					1987-	1988- 1993 1994- 1995
Nepal		1988- 1994				1988-1994	1988	späte 1980er-*
Neusee- land	1987	1987- 1990	1987			nein	1987- 1990	1989- 1990
Niger						nein		1983-*
Nigeria	1991	1993- 1997				1991-1994	1990er	1991- 1995
Norwegen	1987	1987- 1993		November 1988	Oktober 1991	1987-1993	1987- 1989	1987- 1993
Pakistan	nein	nein						1980-*
Panama		1988- 1989						1988- 1989
Papua- Neuguinea						1989-1994		1989-*
Paraguay	1995	1995- 1997	1995			nein	1995	1995-*
Peru	1983	1983- 1990	1983	März 1983	April 1983	nein		1983- 1990
Philippi- nen	1981 1998	1981- 1987 1997	1981	Januar 1981	Juni 1985	1981-1987	1981- 1987	1981- 1987
Portugal	nein	1986- 1989				1986-1989		
Sambia		1995				nein	1995	1994-*
Schweden		1990- 1993		November 1991	Septemb. 1992	1990-1993	1991	1990- 1993
Senegal						1983-1988	1988- 1991	1983- 1988

Simbabwe		1995- 1997						1995-*
Singapur	1982	1982	1982			nein	1982	
Spanien	1977	1977- 1985		November 1987	Januar 1983		1977- 1985	1977- 1985
Sri Lanka	1989					1989-1993	1989- 1993	frühe 1990er
Südafrika	1977 1985	1977 1985 1989	1977			1985	1977	1985 1989-*
Swasiland		1995				nein		1995
Tansania						1988-1994	1987 1995	1988-*
Thailand		1983- 1987 1997	1983 1997	März 1979 Oktober 1983	März 1979 Juni 1985	nein	1983- 1987	1983- 1987
Togo						nein	1993 1994 1995	1989- 1991
Tschad							1980er 1990er	1979- 1983 1992
Türkei		1982- 1985 1991 1994- 1995	1982 1992 1994	Januar 1991	März 1991	1991 1994	1982- 1985	1982 1991 1994
Uganda		1994- 1997				1990-1994	1994	1990-*
Uruguay		1981- 1984	1981	März 1971 März 1981	Dezemb. 1971 Juni 1985	1981-1985	1981- 1984	1981- 1985
USA						1981-1992	1984- 1991	1980- 1992
Venezuela		1978- 1986 1994- 1997	1980 1993	Oktober 1993	August 1994	1993-1994	1980? 1994- 1995	1994-*
Zaire						nein	1991- 1992	1991-*
Zentra- lafri- kanische Republik							1980er 1994	1976- 1992 1995-*

* Bankenkrise dauert über den Untersuchungszeitraum hinweg an.

Anmerkung: Caprio und Klingebiel (1996) stellen ihre Datenbasis aus öffentlichen Ressourcen oder Experteninterviews gleicher Perioden zusammen. Demirgüc-Kunt und Detragiache (1997) benutzen folgende Datenbasis: Caprio und Klingebiel (1996), Drees und Pazarbasioglu (1995), Kaminski und Reinhart (1996), Lindgren, Garcia und Saal (1996) und Sheng (1995). Glick und Hutchinson (2001) verwenden folgende Datenbasis: Caprio und Klingebiel (1996) und Demirgüc-Kunt und Detragiache (1997). Bordo und Schwartz (2000) arbeiten mit den Krisendaten des IMF World Economic Outlook von 1998, Kapitel IV. Bordo Eichengreen, Klingebiel und Martinez-Peria (2001) nutzen folgende Datenbasis: Caprio und Klingebiel (1996, 1999) und IMF (1999). Kaminsky und Reinhart (1996/1999) arbeiten mit folgender Datenbasis: American Banker (mehrere Ausgaben), Caprio und Klingebiel (1996), New York Times (mehrere Ausgaben), Sundararajan et al. (1991) und Wall Street Journal (mehrere Ausgaben).

Tabelle 1, Quelle: Von Hagen, Kho (2004); eigene Darstellung.

Man erkennt daran, dass die Zeitpunkte des Beginns einer Krise bis zu zwei Jahre voneinander abweichen können (z.B. Australien, Benin, Indien, Nigeria, USA). Aber nicht nur bezüglich der Startzeitpunkte der Krise sind sich die Autoren uneinig, auch das Ende der Krisen weicht in den einzelnen Ländern/Analysen stark voneinander ab.[106] Aber es wurden in einigen Untersuchungen auch Bankenprobleme bzw. Bankenkrisen entdeckt, die in anderen nicht als solche erkannt wurden; so führten beispielsweise Demirgüc-Kunt und Detragiache (1997) weniger Krisen auf als Lindgren, Garcia und Saal (1996) oder auch Caprio und Klingebiel (1996), obwohl Erstere teilweise die Datenbasis der beiden Letztgenannten übernommen haben. Als Beispiel kann hier Deutschland angeführt werden: Lindgren, Garcia und Saal (1996) unterstellen in den Jahren 1990-1993 ein(e) Bankenproblem/-krise in Deutschland, wohingegen Glick und Hutchinson (2001) 1978-1979 eine Bankenkrise ermittelt haben, Demirgüc-Kunt und Detragiache (1997) gar kein Problem aufdeckten.

Aber nicht nur die Frage, ob Krise oder nicht, bleibt eigentlich ungeklärt, sondern es bestehen auch Unterschiede darin, ob lange andauernde Perioden noch zu derselben Krise gehören oder die Zeitspanne zwei Krisen umfasst; so beschreiben Caprio und Klingebiel (1997) die Bankenprobleme in Kamerun seit 1987 bis zum Ende der Untersuchungsperiode mit einer einzigen Krise, während Lindgren, Garcia und Saal (1996) in Kamerun zwei separate Bankenkrisen unterstellen: Die Erste von 1989 bis 1993 und die Zweite von 1995 bis zum Ende ihrer Untersuchungsperiode.

Ersichtlich wird also dabei, dass keine dieser Zeitspannen miteinander übereinstimmen. Dies lässt sich aus den unterschiedlich verwendeten Krisenindikatoren ableiten, da die Methode der Verwendung beobachtbarer Ereignisse jederzeit die Möglichkeit lässt, subjektive Bewertungen in die Untersuchung mit einfließen zu lassen.

Die Frage ist nun, welche Bestimmungsvariablen insgesamt herangezogen werden können und in einer Studie erfasst werden sollten, um Bankenkrisen besser zu erfassen. Hierbei sollen im Folgenden allein eine theoretische Darlegung möglicher Variablen und auch deren Verfügbarkeit erfolgen, wobei die Variablen der einzelnen Studien[107] und auch die Merkmale der Phasen des Krisenverlaufs (siehe Kapitel 2.4.) mit eingehen, wohingegen auf eine empirische Überprüfung verzichtet wird.

[106] Vgl. nur u.a. die Industrieländer Deutschland, Finnland, Frankreich und die USA.

[107] Hierbei wird zumeist auf Demirgüc-Kunt und Detragiache (1998) Bezug genommen.

Bevor man auf die einzelnen Variablen eingeht, sollte man sich noch einmal darüber klar werden, wie Bankenkrisen allgemein charakterisiert werden: Bankenkrisen sind analog zu vorhergehenden Autoren durch mögliche Depositenabzüge in großem Umfang, direkte Hilfeleistungen durch öffentliche Stellen und auch einem Anstieg der kurzfristigen Zinsen gekennzeichnet,[108] gemessen durch die Menge an Depositen im gesamten Bankensystem, die Liquiditätsversorgung durch die Staatsgewalt und kurzfristige Realzinsen, also Variablen, die ein Zuviel an Liquiditätsbedarf im Geldmarkt verdeutlichen, da es an geeigneten Alternativen mangelt.[109]

Da eine Bankenkrise der Definition nach eine allgemeine Einschränkung an Liquidität im modernen Finanzsystem darstellt, zeigt sich natürlich eine Übernachfrage nach Liquidität zuerst auf dem Interbankenmarkt. Während einer Krise müssen Banken zusätzliche Mittel aufbringen, um entweder ihre Verluste oder die abgezogenen Depositen zu decken. Im Falle, dass die Liquiditätsreserven der Banken das operative Ziel der Notenbank seien, muss ihr Gesamtangebot konstant gehalten werden.

Wenn nun in einer Krise Banken mehr Liquidität benötigen, um ihre Verluste abzudecken, wird wahrscheinlich auch die Menge an verfügbaren Mitteln auf dem Interbankenmarkt zurückgehen, da in Situationen mit finanziellen Problemen Finanzmarktinstitutionen aus Risikoaspekten eher Staatsanleihen anstelle von Interbankengeschäften bevorzugen,[110] was damit die Nachfrage auf dem Interbankenmarkt weiter relativ erhöht.[111]

Während einer Finanzkrise geht aber zusätzlich die durchschnittliche Qualität der Kreditnehmer zurück, und die Kreditgeber können das geschäftliche Risiko, das sie mit jedem Kredit eingehen, noch weniger einschätzen als in „normalen" Zeiten und nicht mehr zwischen „guten" und „schlechten" Kreditnehmern unterscheiden, so dass auch die Kreditzinsen ansteigen werden, was auch die Realzinsen anhebt. Jedoch können nicht unbedingt alle Kosten der Banken auf die Kreditnehmer abgewälzt werden.

Allerdings können sehr hohe Realzinsen im Falle einer völligen Kostenüberwälzung für zu hohe Belastungen der Kreditnehmer sorgen, so dass die Menge an nichteinbringlichen Krediten ansteigen wird. Aufgrund der adversen Selektion bei hohen Zinsen sind schnell und stark ansteigende Realzinsen also ein Zeichen von Bankenproblemen.[112] Auch wurde festgestellt, dass eine Zunahme der Volatilität der kurzfristigen Realzinsen ein Signal für steigendes Risiko am Markt ist.[113]

Allein an *steigenden bzw. hohen (Real-)Zinsen* ist allerdings eine Bankenkrise nicht auszumachen, so müssen weitere Merkmale analysiert werden,[114] damit eine klarere Aussage getroffen werden kann. So haben Segoviano (2005), Borio (2005), Borio, White (2004) dargelegt, dass die verlässlichsten Vorhersageinstrumente zukünftiger

[108] Vgl. Demirgüc-Kunt, Detragiache (1997), Seite 7f.
[109] Vgl. u.a. Gorton (1988), Seite 760f., Lindgren, Garcia, Saal (1996), Seite 10f.
[110] Vgl. Furfine (2002), Seite 813.
[111] Vgl. Flannery (1996), Seite 805f.
[112] Vgl. Diamond, Rajan (2002), Seite 24; Schüler (2002), Seite 13; Weller, von Hagen (1999), Seite 2. Denkbar ist allerdings auch, dass stark ansteigende Realzinsen, das Ergebnis und nicht der Auslöser einer Bankenkrise sind. So ist allein eine Korrelation und keine Kausalität zwischen Bankenkrise und Realzinsen festzustellen.
[113] Vgl. Engle, Rangel (2004), Seite 21f.
[114] Vgl. Kaminsky, Reinhart (1996), Seite 15.

systemischer Finanzkrisen die Wachstumsrate von M3 und der Bankkreditvergabe darstellt, der makroökonomische Kontext also eine bedeutende Rolle einnimmt. Aufgrund der möglichen unterschiedlichen Frühwarnzeichen ist so eine systematische Darstellung notwendig:

Erstens sind *makroökonomische Variablen* zu berücksichtigen.[115] Zunächst sollte die *Wachstumsrate des realen BIP* herangezogen werden, um mögliche adverse makroökonomische Schocks erfassen zu können. Die ökonomische Theorie legt dar, dass gesamtwirtschaftliche adverse Schocks die Menge an uneinbringlichen Darlehen ansteigen lassen und Bankenkrisen verursachen, indem die Solvenz der Kreditnehmer (über den Bilanzkanal über den Rückgang des Unternehmenswertes bzw. allgemein der Sicherheiten) in Mitleidenschaft gezogen wird. Da die Banken ihr Risiko nicht vollständig diversifizieren können, verschlechtern sich damit auch deren Bilanzen zunehmend. Dies ist konsistent mit der Beobachtung, dass Bankenkrisen mit Schwankungen im Konjunkturzyklus verbunden sind.[116] So kann festgehalten werden (siehe Kaminsky und Reinhart (1996)), dass das Nachlassen des Outputwachstums einer der besten vorlaufenden Indikatoren für Bankenkrisen sei.[117]

Zudem sollte die *Abwertungsrate des nominalen Wechselkurses* miteinbezogen werden, um zu überprüfen, ob Bankenprobleme in enger Verflechtung mit Wechselkursrisiken stehen. Dabei könnte eine unerwartete Abwertung der heimischen Währung Bankenprobleme hervorrufen, wenn die heimischen Banken in Fremdwährung Kredite gewährt bekommen haben, in heimischer Währung jedoch Kredite vergeben (vgl. die Krisen in Entwicklungsländern).[118] Daneben können auch die Kredite selbst von dem Wechselkursrisiko negativ tangiert werden, wenn nämlich durch eine Abwertung der heimischen Währung die Rate uneinbringlicher Kredite an internationale Unternehmen zum Beispiel infolge ungesicherter Lieferverträge steigt. Außerdem wird unterstellt,[119] dass auch eine *reale Überbewertung der heimischen Währung* (als Abweichung des realen Wechselkurses vom Trend) ein führender Indikator für Bankenkrisen sei; diese Variable sollte daher nicht ausgelassen werden.

Ebenso könnte ein *Anstieg der kurzfristigen Zinsen* – wie bereits kurz dargelegt wurde – zu einer Bankenkrise beitragen, wenn die Banken ihre Kosten für Depositen nicht mit den Rückflüssen aus Forderungen abdecken können.[120]

Während die *Inflationsrate* näherungsweise ein Maß für einen nominalen Schock und für fehlerhafte Anpassungen in der Wirtschaft ist, welche das Bankensystem beeinflussen, so wird Inflation in der Regel gefolgt von steigenden Nominalzinsen, wobei hohe Inflation für die Wirtschaft gefährlicher ist als eine gemäßigte Inflation, so dass auch das *Inflationsniveau* als Variable nicht vernachlässigt werden darf. Die Größe „*hohe Inflation*" aber auch die Variable „*schwere Rezession*" können damit das Ergebnis noch verbessern.[121]

---

[115] Vgl. Caprio, Klingebiel (1996), Seite 3, 15ff.
[116] Vgl. u.a. Barton, Newell, Wilson (2003), Seite 3; Gorton (1988), Seite 754f.
[117] Vgl. Demirgüc-Kunt, Detragiache, Gupta (2000), Seite 7f.; Hoggart (2001), Seite 123.
[118] Vgl. Nunnenkamp (1999), Seite 4f.
[119] Vgl. Goldstein, Kaminsky, Reinhart (2000), Seite 53.
[120] Vgl. Barton, Newell, Wilson (2003), Seite 3; Demirgüc-Kunt, Detragiache, Gupta (2000), Seite 9.
[121] Vgl. Demirgüc-Kunt, Detragiache (1997), Seite 5.

Des Weiteren sollte auch die staatliche Seite nicht vernachlässigt werden, da ein *Budgetüberschuss* die möglichen Ressourcen für ein Eingreifen während einer Bankenkrise darstellt. Eine schlechte Finanzposition eines Landes führt dabei eher zum Hinausschieben des Ergreifens notwendiger Maßnahmen für die Stärkung des Bankensektors, so dass fehlende Mittel zu Passivität und Untätigkeit führen. Eine Einbeziehung des Verhältnisses von Budget zu BIP scheint damit gerechtfertigt.[122]

Zweitens sollte im Rahmen der *Finanzmarktvariablen* das *Verhältnis von Krediten (des privaten Sektors) zum BIP* miteinbezogen werden, da es als Annäherung an den Umfang einer Finanzmarktliberalisierung erfasst werden kann. Dies ist bedeutsam, da eine unzureichend geplante und durchgeführte Finanzmarktliberalisierung zu schwerwiegenden Problemen führen kann (siehe Kapitel 2.4. Bsp. Finnland), weil sie Banken eine übermäßige Risikoübernahme ermöglicht. Ohne genügend Erfahrung in diesem Bereich und ohne ausreichende Erfahrung der staatlichen Behörden bei Überwachung und Kontrolle ist ein übermäßiges Risiko nicht ausgeschlossen. Der Risikofaktor „Finanzmarktliberalisierung" nimmt aus diesem Grund bei Kaminsky und Reinhart (1996) eine bedeutende Rolle bei der Vorhersage von Bankenkrisen ein.[123] Zugleich wird oftmals eine Bankenkrise von einem vorherigen Kreditboom begleitet, wobei die Wachstumsrate der Kredite bei weitem die des BIP in der betreffenden Zeit überstiegen hat, weshalb die *Wachstumsrate der realen inländischen Kreditmenge* und die *Wachstumsrate der Geldbasis* bzw. das *Wachstum von M3* eine besondere Rolle einnehmen sollten.[124]

Ebenfalls bedeutsam ist das Verhältnis der *Barreserven der Banken* zur Bilanzsumme im Gesamtaggregat des gesamten Bankensystems als Näherungsgröße für dessen Liquiditätszustand, da nur eine ausreichende Liquidität als Puffer gegen Schocks dienen kann. Adverse ökonomische Schocks können dabei weniger negative Auswirkungen und Bankenprobleme entfalten, wenn das System liquide genug ist. Damit wird deutlich, dass ein Run auf Depositen weniger wahrscheinlich wird, solange die Banken zu Beginn ihre Fähigkeit beweisen können, die Abzüge auch zu befriedigen.[125]

Als Drittes sollten auch *institutionelle Variablen* in eine Untersuchung miteinbezogen werden, weil es eben doch eine Rolle spielt, ob das zu untersuchende Land ein gut funktionierendes Rechtssystem hat oder nicht. Wenn nicht und wenn deshalb geschäftliche Verträge nicht eingefordert werden können, sind Bankenprobleme infolge von Betrug oder unzureichender Strafverfolgung umso wahrscheinlicher. Da jedoch derartige Variablen in der Regel nicht verfügbar sind, muss auf das *BIP pro Kopf* zurückgegriffen werden, da Länder mit höherem BIP pro Kopf auch in der Regel ein besseres Rechtssystem besitzen.[126]

Zugleich beeinflusst das *Vorhandensein einer Depositenversicherung* die Wahrscheinlichkeit auf zweierlei Art: Einerseits werden Bank Runs weniger wahrscheinlich, sobald Depositen gegen das Risiko einer Bankeninsolvenz abgesichert

[122] Vgl. Das, Quintyn, Chenard (2004), Seite 16.
[123] Vgl. Kaminsky, Reinhart (1996), Seite 3.
[124] Vgl. Borio (2005), Seite 754ff.; Kaminsky, Reinhart (1996), Seite 13ff.; Kaufmann, Valderrama (2004), Seite 105f.
[125] Vgl. Feinman (1993), Seite 1.
[126] Vgl. Demirgüc-Kunt, Detragiache (1997), Seite 24.

sind. Andererseits verleitet eine Absicherung der Depositen aber auch zu einer übermäßigen Risikoübernahme der Banken, solange die Versicherung für die Banken „zu billig" ist und das eingegangene Risiko nicht ausreichend widerspiegelt. Jedoch kann die Frage, ob die Kosten der Versicherung die positiven Effekte übersteigen so leicht nicht beantwortet werden; deshalb muss eine Näherungsgröße dafür bestimmt werden: Möglich ist dabei die Einbeziehung der Variable *„Häufigkeit vergangener Bankenkrisen"* in die Untersuchung.[127]

Übersicht über geeignete Variablen zur Bestimmung von Bankenkrisen[128]

Makroökonomische Variablen	
	Wachstumsrate des realen BIP
	Veränderungen des nominalen Wechselkurses
	Überbewertung des realen Wechselkurses
	Realzins
	Inflationsrate
	Verhältnis von Budgetüberschuss zu BIP
	Vorhandensein einer schweren Rezession
	Vorhandensein einer hohen Inflation
Finanzmarktvariablen	
	Verhältnis von heimischen Krediten zu BIP
	Verhältnis von liquiden Bankreserven zu Bankvermögen
	Wachstumsrate der Geldbasis
	Wachstumsrate der heimischen (realen) Kredite
institutionelle Variablen	
	reales BIP pro Kopf
	Vorhandensein einer Depositenversicherung
	Häufigkeit vergangener Krisen

Tabelle 2, eigene Darstellung.

2.4. Eine detaillierte Analyse des Bankensektors und des Ablaufs von Finanzkrisen

Die geschichtliche Entwicklung bezüglich des Umgangs und der Beseitigung von Bankenkrisen hat gezeigt, dass aufgrund ihrer negativen Konsequenzen Anstrengungen unternommen werden müssen, sie zu beseitigen bzw. zu minimieren. Solche Bestrebungen sind jedoch mit erheblichen Kosten verbunden.[129] Die Frage nach einer optimalen Strategie ist daher unabdingbar, da sie als beste Reaktion auf die auftretende Krise anzusehen ist. Diese abzuleiten gilt es anhand der Realität bzw. auf einzelne Aspekte der Realität passende Modelle, um die Ursachen und Auswirkungen von Bankenkrisen/Bank Runs und ihren Abhilfemöglichkeiten (bedingt) vorhersagen zu können.

---

[127] Vgl. Beim (2001), Seite 3; Demirgüc-Kunt, Detragiache (1997), Seite 24.
[128] Vgl. Kaminsky, Reinhart (1996), Seite 12f.
[129] Vgl. Frydl, Quintyn 2000), Seite 8f.

Es wurde bereits an früherer Stelle verdeutlicht, dass das Risiko infolge der speziellen Stellung der Banken besonders hoch ist und weitreichende, wohlfahrtsreduzierende Konsequenzen nach sich ziehen kann. Dabei hängt die besondere Fragilität des Finanzsektors mit der Bankenstruktur und der Verflechtung der Kreditinstitutionen untereinander durch Kontrakte zwischen den Banken oder durch die Zahlungs- und Abrechnungsverfahren zusammen, da der Wert von finanziellen Verträgen oft von Zukunftserwartungen abhängt. Die Idee der finanziellen contagion spielt also in der Realität eine herausragende Rolle.[130]

Wie leicht verletzlich der Finanzsektor ist, sieht man daran, dass auch in jüngerer Vergangenheit immer wieder Finanzkrisen und -probleme auftreten. Allein zwischen 1980 bis 1995 traten in über 130 IMF-Mitgliedsländern (ca. 73%) signifikante Schwierigkeiten im Bankensektor auf[131] in Form weit um sich greifender Bankenzusammenbrüche, Aufhebung der Einlösbarkeit von Bankguthaben oder enormer staatlicher Beihilfen für Banken. Hieran wird deutlich, dass Probleme im Bankensektor nicht nur am Vorhandensein von Bank Runs/Bankenpaniken ausgemacht werden. Dass immense Bemühungen unternommen werden, um solche Krisen mitsamt ihren negativen Konsequenzen in den Griff zu bekommen, betont die Wichtigkeit gerade dieses Sektors für eine Volkswirtschaft. Während des 19. und 20. Jahrhunderts wurde man nie müde, im Angesicht solcher Finanzmarktkrisen geeignete „Werkzeuge" einzusetzen, um sich dieser Last zu befreien; dazu zählen neben der LOLR-Funktion der Zentralbank auch die Depositenversicherung, die Überwachung beziehungsweise Regulierung des Bankensystems oder die Einrichtung einer multinationalen Finanzvereinigung wie der IMF.

Es ist daher zu hinterfragen, durch welche Begebenheiten im Bankensystem Schwierigkeiten entstehen können.[132] Dies bedeutet aber noch nicht, dass sich daraus zwangsläufig eine für das System bedrohliche Situation – also systemische Probleme – entwickeln muss. Aus dieser Latenz kann sehr schnell auch Realität werden, so dass es letztendlich zu einem *systemischen Event* kommt.

Den Anfang eines solchen systemischen Events macht ein *adverser Schock* oder eine Serie von Schocks; allerdings müssen im Vorfeld des Schocks gewisse Begebenheiten erfüllt sein, damit er überhaupt durchwirken kann, da ansonsten der Markt diese negativen Entwicklungen selbständig abfedern könnte. Um zu zeigen, wie es letztlich zu einem systemischen Event kommt, sollen im Folgenden die Grundbedingungen und die Wirkungsweise aufgezeigt werden, die – sicher in idealtypischer Weise[133] – die einzelnen Stadien hin zur Finanzkrise beschreiben. Vorrangig werden dabei einerseits die Ergebnisse theoretischer Modelle und andererseits die Besonderheiten der Banken berücksichtigt, die durch andere, vor allem bankinterne Problembereiche, ergänzt wer-

[130] Vgl. Bieg (1983), Seite 33; Büschgen (1998), Seite 272; Kupitz (1983), Seite 161f.; Müller (1981), Seite 24ff.

[131] Vgl. IMF (1998), Seite 77.

[132] Vgl. Falkena et al. (2001), Seite 84.

[133] Dies bedeutet, dass sich die verschiedenen Stadien auch überlappen oder ein Stadium auch übersprungen werden kann. Der im Folgenden dargelegte Ablauf erhebt somit nicht den Anspruch, den Verlauf jedes systemischen Events widerspiegeln zu können.

den, so dass der spezielle Charakter der Banken explizit nicht mehr erwähnt werden muss.

In **Phase 1** spielen dabei neben den *Bedingungen* im Finanzsektor, wie deren Organisations- und Regulierungsstruktur, auch die in den realwirtschaftlichen Sektoren eine Rolle. Von ihnen hängt das Ausmaß des systemischen Risikos in entscheidender Weise ab (Krisenverstärker)[134]; daneben beeinflussen sie aber die Wahrscheinlichkeit des Ausbruchs einer Finanzkrise sowie deren mögliche Dauer und Schwere.[135] Hier sollen nun die wohl Wichtigsten genannt werden:

I. Makroökonomische Probleme und Vermögenspreisblasen[136]
Eine stark akkomodierende Geld- oder Fiskalpolitik oder auch ein kurzfristiger, vorwiegend spekulativer, Kapitalzufluss aus dem Ausland[137] gereicht häufig zu einem ausufernden Kreditvergabeboom, zu galoppierender Schuldenakkumulation bei Firmen und Haushalten oder zu einer Überinvestition in Realvermögen, was zusammen die Aktienpreise und Immobilienpreise möglicherweise über ein gerechtfertigtes Maß hinaus treibt (Bildung einer spekulativen Blase).[138]

Unter einer (spekulativen) Blase (Bubble) versteht man den nicht aufrecht zu erhaltenden Anstieg bzw. die Abweichung von *Vermögenspreisen* von ihren *Fundamentalwerten.*

Dabei soll die Bezeichnung solcher Abweichungen als Blase die Tendenz zur *Selbstverstärkung* signalisieren, wobei die Erwartungen der Wirtschaftssubjekte eine nicht unerhebliche Rolle spielen, da sie zu diesem selbst verstärkenden Mechanismus beitragen und damit auch einen tatsächlichen Einfluss auf die Assetpreisbildung haben. In Erwartung steigender Vermögenspreise steigt dann die Nachfrage nach diesen Werten, um diese später mit Gewinn/zu höheren Preisen wieder verkaufen zu können.[139] Diese Erwartung kann dabei unabhängig von der Entwicklung der zugrunde liegenden Fundamentalwerte sein. Diese von Fundamentaldaten losgelöste *Einpreisung von Erwartungen* bedeutet also: Der heutige Marktpreis von Vermögenswerten hängt zum Teil von Erwartungen über den Preis von morgen ab. Das heißt, dass – setzt man die plötzliche Nachfrage nach einem Asset zum heutigen Tage von einer Vielzahl von Wirtschaftssubjekten voraus – dieses Asset schon zum heutigen Zeitpunkt gerade durch die hohe Nachfrage in seinem Preis ansteigt; somit zahlen diejenigen, die dieses Asset heute kaufen, einen höheren Preis, der ausschließlich auf der Erwartung über den Preis von morgen beruht. Bei der Entwicklung von Bubbles spielt also Euphorie und Herdenverhalten eine nicht zu unterschätzende Rolle.[140]

Die Existenz solcher Bubbles kann die Ökonomie für einen negativen ökonomischen Schock (in Phase 2) verwundbarer machen, da bei einem Platzen einer solchen

134 Vgl. Caprio, Honohan (2002), Seite 3f.
135 Vgl. Paul, Horsch, Stein (2002), Seite 33.
136 Vgl. Demirgüc-Kunt, Detragiache (1997), Seite 5.
137 Vgl. Bisignano et al. (2000), Seite 50ff.
138 Vgl. IMF (2006), Seite 11ff.
139 Irrational exuberance. Vgl. Greenspan (1996).
140 Vgl. Llewellyn (2002), Seite 155.

Blase eine schlagartige drastische Vernichtung von Werten stattfindet.[141] Die Wahrscheinlichkeit, dass eine Blase platzt, steigt umso eher, je weiter sich der Marktpreis eines Assets von den Fundamentaldaten entfernt hat.

Hält nun eine Bank ein gewisses, nicht unerhebliches Kontingent an Aktien, und ein – nicht gerade unbedeutender – Anteil dieser Aktien löst sich von seinen Fundamentalwerten, so ist dies solange unbedeutend, wie diese Aktien im Wert steigen. Platzt jedoch eine spekulative Blase und der Wert dieser Aktien fällt *dauerhaft* bedeutend unter den Buchwert, so erleidet die betroffene Bank *Vermögensverluste*.[142] Diese Wertminderung wird besonders schwer zum Tragen kommen, wenn die Aktien erst dann erworben wurden, als sie sich schon von ihren Fundamentaldaten entfernt hatten, und somit ein relativ hoher Buchwert in der Bilanz auftaucht. Die gleichen Probleme treten im Falle einer Unternehmensbilanz auf, wodurch dann in nächster Konsequenz wieder die Kredit gewährenden Banken involviert sind, da der Wert der Sicherheiten leidet.

Dies verdeutlicht, dass die Effekte, die aus einer geplatzten spekulativen Blase resultieren noch verstärkt werden, wenn Firmen oder Haushalte Kredite aufgenommen haben, um den Assetkauf zu finanzieren, wobei die gestiegenen Vermögenswerte vermeidlich erhöhte Sicherheiten darstellen. Dann nämlich ist die Gefahr der Insolvenz seitens der Firmen oder Haushalte noch höher, da in diesem Fall nicht nur das Vermögen vernichtet wurde, sondern auch real existente Schulden getilgt werden müssen. Dann sind natürlich auch die Banken, die als Gläubiger fungieren, einem erhöhten Illiquiditäts- beziehungsweise Insolvenzrisiko ausgesetzt.[143]

Exemplarisch für diesen Prozess kann hier Japan bzw. große Teile Süd-Ost-Asiens angeführt werden, das Ende der 80er und Anfang der 90er einen rasanten Anstieg der Preise für Immobilien für Anlagezwecke und anderer Assets, eine Überhitzung der ökonomischen Aktivitäten und einen spürbaren Anstieg des Geldangebotes und der Kreditvergabe erfahren hat. Japan geriet durch das Platzen der Blase in eine Finanzkrise, in der einige Banken und Kreditinstitute in die Insolvenz gerieten oder noch heute mit uneinbringlichen Krediten zu kämpfen haben.[144]

Die aus einer spekulativen Blase in der Regel resultierende restriktive Politik – sofern der Erhalt der Preisstabilität in Gefahr sei – und die sich daraus ergebenden Korrekturen der Vermögenspreise könnten zu einem Einbruch des Wirtschaftswachstums führen.[145] Dabei können weitere Schwierigkeiten auftreten wie die Bedienung heimischer oder ausländischer Schulden, der sinkende Wert der Sicherheiten und des

---

[141] Vgl. IMF (2003), Seite 70f.

[142] Aktien sind in der Bilanz einer Bank aber genauso in einer Unternehmung gemäß den Anschaffungskosten einzubuchen. Dieser Buchwert bleibt in der Bilanz erhalten, auch wenn der Marktwert diesen übersteigt. Sinkt letzterer aber unter den Buchwert, so gilt, falls die Aktien Umlaufvermögen darstellen, das strenge Niederstwertprinzip, so dass der Buchwert sofort in der Bilanz nach unten korrigiert werden muss; stellen sie dagegen Anlagevermögen dar, so muss nur dann eine Korrektur erfolgen, falls es sich nicht um eine nur vorübergehende Wertminderung handelt. Ist aber offensichtlich, dass sie nachhaltig ist, so muss auch hier der Buchwert gemindert werden. Vgl. HGB §253$_{I,II,III}$ und §253$_{I}$. Die US-GAAP definieren das ähnlich.

[143] Vgl. Llewellyn (2002), Seite 155.

[144] Vgl. Nakaso (2001), Seite 4ff., Okina, Shirakawa, Shiratsuka (2001), Seite 399ff.

[145] Vgl. Helbling (2005), Seite 34ff.

Nettovermögens aufgrund höherer Abdiskontierung [146] und das steigende Niveau notleidender Kredite, die die Solvenz von Banken und anderen Finanzinstituten bedroht. Eine derartige kontraktive Politik kann dabei derjenige Schock sein, der ein systemisches Event auslösen kann, aber auch der Abzug kurzfristigen spekulativen Kapitals nach Erwartungsänderungen internationaler Investoren.[147]

Aus den an dieser Stelle vorweggenommenen, möglichen Folgen wird deutlich, dass spekulative Blasen ein Vorzeichen für finanzielle Probleme im Bankenbereich sein können.

II. Der Grad der Verflechtung innerhalb der Kreditinstitute:
Je höher die Abhängigkeit zwischen den einzelnen Finanzinstituten ist, desto größer wird die Wahrscheinlichkeit, dass ein Schock weit um sich greifende Solvenz- und Liquiditätsprobleme nach sich zieht, d.h. von einer Bank auf weitere Banken übergreift.[148] Die Kreditinstitute sind interdependent, sofern die Verluste des einen Verluste bei anderen verursachen, oder die Verluste des anderen der Grund für die eigenen sind. Diese Interdependenzen können *direkter* oder *indirekter* Natur sein.[149]

Direkte Verflechtungen bestehen durch Darlehen auf dem Interbankenmarkt zum kurzfristigen Liquiditätsausgleich, Finanzderivate[150] oder Kreditversicherungen, das die Institution dem Risiko des Geschäftspartners aussetzt. Wenn die direkte Verbindung einer Institution A zu einer anderen Institution B gemessen am Kapital von A relativ groß ist, dann wird das Fallieren von B das Kapital von A negativ berühren beziehungsweise zur Insolvenz von A führen.

Der Vorteil beim Interbankenkredit gegenüber einem Kredit von der Zentralbank ist eigentlich der „Preisvorteil", da eine Zentralbank – allein um die Kreditvergabe knapp zu halten – tendenziell höhere Zinsen verlangen wird als die Banken untereinender. Aus dem Vorhandensein eines (effizienten) Interbankenmarktes folgt auch die teilweise Forderung, dass Marktkräfte allein für das Funktionieren des Geldmarktes sorgen sollen und auf eine Zentralbank oder andere staatliche Sicherungssysteme verzichtet werden könnte (Näheres siehe Free Banking Kapitel 4.2.3.).[151]

Bei Problemen einer Bank allerdings wird diese die Interbankendarlehen einschränken, so dass weitere davon betroffene Banken in Mitleidenschaft gezogen werden. Besonders schnell tritt dies ein, wenn eine Bank nur wenige (große) Beziehungen zu anderen Banken aufweist. Bestehen kleinere Beziehungen zu mehreren Banken ist

[146] Vgl. Mishkin (1997), Seite 23.
[147] Vgl. Llewellyn (2002), Seite 156.; Johansen, et al. (2000), Seite 250.
[148] Vgl. George (1997), Seite 253.; Oort (1990), Seite 460.
[149] Vgl. De Vries (2004), Seite 1f., 9f.; Michael (1998), Seite 26ff.
[150] Ein (Finanz-)Derivat stellt ein verbrieftes oder unverbrieftes, handelbares Recht bezogen auf den Börsen- oder Marktwert eines zugrunde liegenden *Basisinstruments* – wie Devisentermingeschäfte, Swaps, Edelmetalloptionen, Warentermingeschäfte oder Ähnliches – dar. Einfacher gesagt: Ein derivatives Geschäft bezieht sich immer auf ein zugrunde liegendes Geschäft; so kann das Basisgeschäft zum Beispiel ein Devisengeschäft sein, und das Derivat könnte ein Termingeschäft oder eine Option sein. Derivative Geschäfte sind grundsätzlich als Kredit einzustufen. Vgl. Bugmann (1996), Seite 33
[151] Vgl. Chari (1989), Seite 5ff.; Kroszner (1995), Seite 18f.

möglicherweise der Spillover-Effekt geringer und das Bankensystem stabiler, sofern der in Phase 2 eintretende Schock nur geringer Art ist.[152]

Es gibt aber neben diesen Interbankengeschäften noch weitere direkte Geschäfte und damit direkte Interdependenzen *zwischen den Banken* wie zum Beispiel *Devisengeschäfte* oder der Handel mit *Finanzderivaten oder Kreditversicherungen* unter den Banken, *die die gegenseitigen Abhängigkeiten verstärken.*

Derivative Geschäfte beziehen sich immer auf ein zugrunde liegendes (Basis)Geschäft – auch als underlying beziehungsweise underlying value genannt. Der von Zeitraum, Risiko und Kurswert der Basisgröße abhängige Preis und die laufende Bewertung der Derivateposition sind dabei unmittelbar mit der Entwicklung des Basiswertes verknüpft, wobei die Wertentwicklung über so genannte Hebeleffekte um ein Vielfaches verstärkt auf die Derivatinstrumente einwirkt. Heutzutage wird der ursprünglichen Aufgabe dieses Marktsegmentes, nämlich der Absicherung der Handelsgeschäfte gegen Preisänderungen, nicht mehr viel Bedeutung zugemessen; die heute kurzfristigen Anlagen – ca. 80% der internationalen Kapitalbewegungen haben eine Anlagedauer von weniger als 7 Tagen[153] – mit dem Ziel der kurzfristigen Spekulation verursachen die größten Probleme für finanzielle Stabilität und verursachen zunehmend Volatilität an den Finanzmärkten, gerade vor dem Hintergrund der Zunahme von Hedgefonds und damit den Problemen, wie sie durch den Fall LTCM deutlich wurden, auch wenn Kreditderivate noch immer am stärksten im Interbankenbereich vertreten sind, wodurch eine Absicherung und Diversifizierung von Kreditrisiken möglich ist.[154]

Basis der Kreditderivate[155] ist hierbei die Bonität eines oder mehrerer definierter Kreditnehmer/Kredite. Dabei verkauft der Risikoverkäufer das Kreditrisiko, während der Risikokäufer das Bonitätsrisiko übernimmt, ohne gleichzeitig das Basisinstrument – den Kredit – zu übernehmen. Die Bedeutung dieser Geschäfte nimmt in heutiger Zeit immer mehr zu:[156]

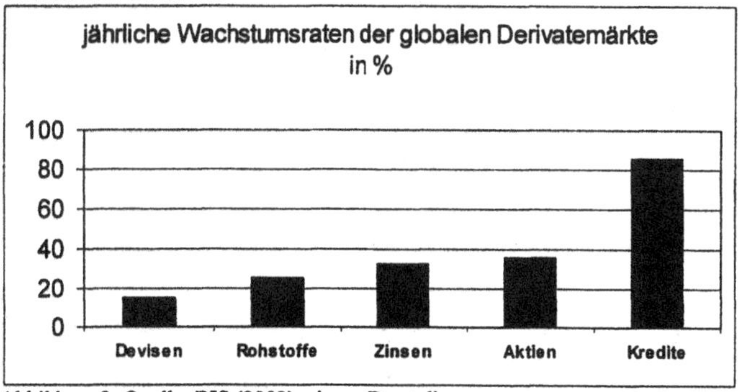

Abbildung 3, Quelle: BIS (2003), eigene Darstellung

[152] Vgl. Van Rijckeghem, Weder (1995), Seite 4ff.
[153] Vgl. BIS (2006)
[154] Vgl. Holzhausen (2004), Seite 29.
[155] Derartige Kreditderivate haben in größerem Umfang *Kreditversicherungen* abgelöst, die den Banken ebenfalls eine Absicherung ermöglicht haben.
[156] Vgl. BIS (2003), Seite 8.

Die Absicherung der Banken ist damit leichter sichergestellt, jedoch werden diese Instrumente vermehrt zu Spekulationszwecken genutzt. Der (in den letzten Jahren gestiegene) Anteil der Hedgefonds im Markt für Kreditderivate in Deutschland macht diese Gefahren deutlich.[157]

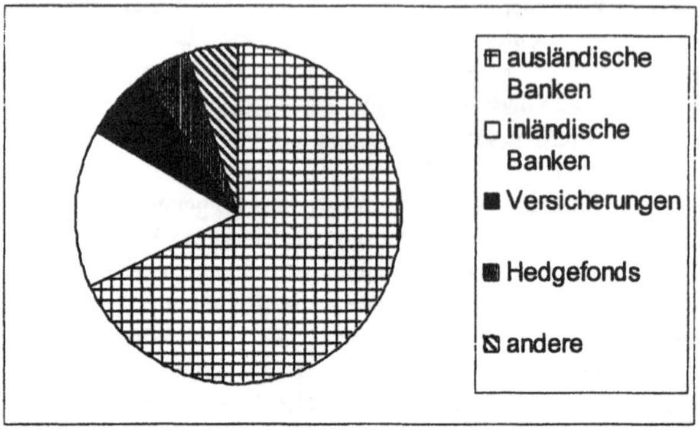

Abbildung 4, Quelle: Deutsche Bundesbank (Stand 2003), eigene Darstellung.

Indirekte Interdependenzen existieren, wenn Kreditinstitute ähnliche Berührungspunkte mit dem Nicht-Finanzsektor oder dem Finanzmarkt haben, also keine unmittelbare Verflechtung zwischen den Banken besteht, und somit ein Schock sich nicht direkt auf die andere Bank überträgt; dennoch werden die Banken vom gleichen Schock getroffen. Dabei gibt es für die indirekten Verflechtungen zwei mögliche Ursachen:[158]

Erstens können die Kreditunternehmen ähnliche vertragliche Beziehungen zu Firmen oder Haushalten unterhalten, die ihrerseits alle von einer Veränderung auf dem Finanzsektor oder auch außerhalb dessen in ähnlicher Weise (gleichgerichtet) getroffen werden. Dafür lassen sich mehrere Beispiele anführen:

Zum einen könnte man den Zusammenbruch von beinahe 6000 Banken in den 1920er Jahren in den USA erwähnen; dies waren vorwiegend kleine, im Agrarbereich tätige Banken. Sie waren durch eine Krise im Agrarbereich maßgeblich betroffen. Verstärkt wurde die Krise, in der sich die einzelnen Banken befanden, dadurch, dass es sich vorwiegend um unit banks handelte, das heißt Banken, die über kein Filialnetz verfügten. Das Problem solcher unit banks, die auf eine Region und damit oft auch eine Branche[159] beschränkt waren, besteht darin, dass sie ihre Verluste, die aus einer Krise der Branche, in der sie tätig waren, nicht über Filialen in anderen Regionen, die andere Branchen bedienten, die nicht von einer Krise betroffen waren, abfedern beziehungsweise ausgleichen konnten. Ein unit banking-System kann also wesentlich

[157] Es wird dabei geschätzt, das Hedgefonds zu 80% den weltweiten Handel mit uneinbringlichen Krediten dominieren. Vgl. WiSu (2006), Seite 1457.

[158] Vgl. Borio, Lowe (2002), Seite 47; Group of Ten (2001), Seite 135f.

[159] In unserem Fall wäre dies die Branche die Landwirtschaft; allerdings muss so eine Krise nicht die ganze Landwirtschaft betreffen, es reicht aus, wenn zum Beispiel eine Krise im Getreidebereich eintritt. Oft waren solche unit banks sehr spezialisiert, da sie sich in einer Region befanden, in der ausschließlich *ein* Produkt angebaut wird. Vgl. Calomiris, Mason (2000), Seite 4; Kindleberger (1979), Seite 98ff.

schneller in Bedrängnis geraten und die Hilfe des LOLR benötigen als ein branch banking-System mit Filialen in verschiedenen Regionen und damit Wirtschaftssektoren. Mittels eines solchen Filialsystems ist eine Portfoliodiversifizierung und damit eine Risikostreuung besser möglich.[160]

Zum anderen lassen sich die Aktivitäten vieler Banken im Südwesten der USA in den 70er und 80er Jahren des letzten Jahrhunderts anführen, die ausgiebige Kreditkontrakte[161] zur Ölindustrie unterhielten, welche aufgrund sinkender Ölpreise Verluste erfuhr, worunter dann in hohem Maße die Kredit gebenden Banken leiden mussten.[162] Konkret heißt dies: Die Vertragspartner der Banken (hier die Ölindustrie), die über den Kapitalmarkt mit der Bank verbunden sind, werden von einem Schock (sinkender Ölpreis) getroffen. Die Kreditinstitute werden nicht direkt von dem Schock betroffen, sondern indirekt über Kreditausfälle von Seiten der Kredit nehmenden Ölindustrie.

Zweitens ist eine indirekte Verbindung über eine finanzwirtschaftliche Größe möglich, wie den Notenbankzins oder Ähnliches. Der Schock in Phase 2 (eine Erhöhung des Leitzinses/ eine Erhöhung der Hypothekenzinsen wie beispielsweise in den USA (vgl. Savings and Loan- Krise)) wirkt sich damit auf alle Banken gleich aus.[163]

Dies bedeutet also, dass ein hoher Grad an Interdependenzen zwischen den Kreditinstituten die Wahrscheinlichkeit zeitgleicher Verluste oder Konkurse erhöht. Diese Tatsache erklärt, warum die gegenseitigen Verflechtungen als weiterer Grund für die Fragilität und Verwundbarkeit im Hinblick auf das systemische Risiko betrachtet werden können. Als Beispiel lässt sich die Angst vor dem Konkurs mehrerer Banken in den USA im Jahre 1984 anführen, die alle nicht versicherte Einlagen bei der insolventen Continental Illinois National Bank hielten. Um hier möglichen Insolvenzen vorzugreifen, gewährte die Regierung finanziellen Beistand zur Rettung dieses Instituts.[164]

Selbst Arrangements im Sinne von Kreditversicherungen oder Kreditderivaten können allenfalls das individuelle Risiko einzelner Kreditinstitutionen reduzieren, im Hinblick auf den Finanzsektor als Ganzes wird dieser Vorteil durch die Verflechtung und damit die Möglichkeit der Übertragung der Probleme wieder aufgezehrt: Sollte eine stattliche Anzahl von interdependenten Akteuren gleichzeitig unter Verlusten leiden bzw. fallieren, wird sich die allgemeine Unsicherheit über die Zukunft auch auf die Verbleibenden übertragen und das Verhalten von Investoren gegenüber diesen verändern, wodurch es dann selbst den Solventen schwerer fallen wird, Kredite zu bekommen (Näheres zur Übertragung siehe Phase 3).[165]

III. Riskante Geschäftspraktiken/Missmanagement:

Einige gefährliche Geschäftspraktiken, die sich vor allem durch den generell vorherrschenden Optimismus während einer Phase starken ökonomischen Wachstums herausbilden, spielen für die Existenz von systemischem Risiko und Finanzmarktfragilität

---

[160] Vgl. Bordo (1990), Seite 16

[161] Bei dieser Art von Krediten handelt es sich typischerweise um längerfristige Kontrakte.

[162] Vgl. Federal Deposit Insurance Corporation (1997), Seite 291ff.

[163] Vgl. Kaufman (2001), Seite 17.

[164] Vgl. FDIC (1997), Seite 236; Wall, Peterson (1990), Seite 78.

[165] Vgl. Mohan (2006), Seite 3.

eine nicht zu unterschätzende Rolle. Bankiers und Politiker unterliegen bei Finanzkrisen oft der Versuchung, diese den von ihnen nicht kontrollierbaren und beherrschbaren, makroökonomischen Faktoren zuzuschreiben. Tatsächlich kann schwerwiegende Rezession zu Instabilität im Finanzsektor führen, die durch ungeeignete Geld- und Finanzpolitik verschärft werden kann. Die Empirie zeigt aber oft, dass schlechtes Management den Schlüssel zu Bankenzusammenbrüchen darstellt.[166]

Für die Leiter von Finanzinstitutionen/Banken ist es eine Hauptaufgabe sicherzustellen, dass Darlehen derartig vergeben werden, dass sie einen angemessenen Ertrag erwirtschaften und auch zurückbezahlt werden. Die Beurteilung der Darlehenswilligen muss daher eine genaue Analyse ihrer Kreditrisiken beinhalten, d.h., ob der Kreditnehmer ausfällt. Gerade in den 80er Jahren des vergangenen Jahrhunderts lag die Ursache des mannigfaltigen Zusammenbruchs von Banken im systematischen Misserfolg bei der *Einschätzung von Kreditrisiken.* Der Zwang bzw. der Wille der Banken, ihren Marktanteil zu erweitern vor allem in Zeiten guten wirtschaftlichen Wachstums und finanzieller Deregulierung, führte zu einer Reduktion der Standards bei der Kreditüberwachung und zu steigenden Kreditausfällen.[167]

Gerade in Entwicklungsländern gibt es bei Genossenschaftsbanken und Kreditvereinen oft einen automatischen „Anspruch" darauf, einen bestimmten Betrag zu leihen, der seine Spareinlagen um ein Vielfaches übertrifft. Unter diesen Umständen wird natürlich nur ein Minimum an Aufwand angewendet, die Rückzahlungsfähigkeit des Kreditnehmers zu analysieren und den Darlehensumfang daran anzupassen.[168]

Ein Hauptfaktor von Risiko auch in Industrieländern, das durch Kreditbeurteilungen entsteht, kommt aus der Bewegung der Banken hin zu neuen und fremdartigen Märkten. Diversifikation führt allgemein zu einer Reduktion des wirtschaftlichen Risikos, dennoch kann man dabei einen durchaus gefährlichen Weg in unbekannte Gefilde eingehen wie im Falle einer bislang unbekannten Unternehmensfinanzierung oder Immobiliengeschäfte.[169] Ohne die notwendigen Fertigkeiten bei der Bewertung von Sicherheiten können schnell Schwierigkeiten für die Bank entstehen. Eine Diversifikation sollte daher nie ohne genaue Kenntnisse des neuen Marktes erfolgen, da eine schlecht organisierte und durchgeführte Diversifikation auch die Depositen der Sparer gefährden kann.

Es muss jedoch nicht einmal der Eintritt in neue Geschäftsbereiche betroffen sein, wie das Beispiel des Bankrotts von Jürgen Schneider zeigte, der die größte deutsche Baupleite der Nachkriegszeit durch fünf Betrugstatbestände und einen betrügerischen Bankrott im Jahre 1994 ausgelöst hat. Dies alles ist jedoch nicht ihm allein zur Last zu legen; vor allem die sehr generöse Darlehenspraxis ohne genaue Kontrolle der finanzierten Projekte durch die Deutsche Bank ermöglichte diese Misere erst. Die Bank wurde zwar von jeglicher Schuld freigesprochen, da ihr nur Stupidität, aber kein Betrug nachzuweisen war; es stellt jedoch für ein derartiges Unternehmen ein Armuts-

[166] Vgl. Fink, Haiss (1999), Seite 209ff.; Gavin, Hausmann (1996), Seite 2.
[167] Vgl. Caprio, Klingebiel (1993), Seite 3f.
[168] Vgl. FAO (1997), Seite 17.
[169] Vgl. Kaufman (2001), Seite 6f.

zeugnis dar, die Einschätzung der Kreditrisiken und die Kreditvergabepolitik nicht besser überprüft zu haben.[170]

Eine Vielzahl an Bankzusammenbrüchen rührt zumindest teilweise aus der Tatsache, dass ein großer Anteil des vorhandenen Bankenkapitals in Darlehen an wenige große Kreditnehmer konzentriert wurde.[171] Ursache davon ist oftmals politischer Druck, wie es in Ungarn der Fall war, oder absichtliche Entscheidungen des Managements der betroffenen Banken. Eine derartige Konzentration von Risiken auf einen oder wenige Kredite kann dann eine große Gefahr auch für das Gesamtsystem darstellen. Vorwiegend sind allerdings Entwicklungsländer von dieser Situation betroffen.[172] Eng verbunden ist eine derartige *Risikokonzentration* oft mit connected lending oder Insiderkrediten.

In Entwicklungsländern und Schwellenländern wie Thailand (vor seiner Finanzkrise), aber auch in Industrieländern wie zu Beginn des 19. Jahrhunderts in Neu England (USA) ist/war es Usus, dass Banken einen nicht gerade kleinen Anteil ihres Kapitals an andere mit ihr verbundene Banken (z.B. Tochtergesellschaften) (*connected lending*) vergeben.[173] Damit ist unter Umständen (d.h., wenn nicht ein entsprechendes Gesetz dies unter Strafe stellt, und auch eine Strafverfolgung stattfindet) ein nicht zu vernachlässigendes Risiko verbunden, weil dabei die Kontrolle der Kredite aus „freundschaftlichen" Gründen ausbleibt. Dementsprechend kommt es oft zu einer Kreditkonzentration, uneinbringlichen Krediten und zu permanenten roll-over-Krediten.[174,175]

Insiderkredite dagegen umfassen bevorzugte Kredite an ausgewählte Vertreter der Banken, Mitarbeiter und deren Familien sowie Geschäftspartner der Banken. Dabei existieren möglicherweise kaum ernsthafte Bemühungen, diese Darlehen bei Fälligkeit wieder zurückzuerlangen.

In Kreditgenossenschaften ergibt sich der Zugang zu Krediten als Hauptvorteil der Managementposition in der jeweiligen Bank. Derartige Kreditinstitute waren letztendlich von Insolvenz und Zusammenbrüchen betroffen, weil die gewählten „Bankbeamten" schnell wieder verschwanden und die Kredite nicht zurückbezahlt haben. Als gutes Beispiel gingen sie für ihre Nachfolger natürlich nicht voran. Der Mangel an geeigneter externer Überwachung, geheime Absprachen zwischen Verantwortlichen und die Bevorzugung von Mitgliedern vermehren die Insiderkreditvergabe und führen zu Verlusten bei Sparern.[176]

Besonders ist in den vergangenen Finanzkrisen eines der Hauptmerkmale die übermäßige Kreditvergabe im Verhältnis zu den vorhandenen Depositen gewesen. Li-

---

[170] Vgl. Stuttgarter Nachrichten vom 13.4.2004

[171] Aus diesem Grund müssen Großkredite (§ 13 KWG) der Bundesbank angezeigt werden.

[172] Vgl. Mishkin (1997), Seite 23.

[173] Vgl. Charumilind, Wiwattanakantang (2003), Seite 2; Nunnenkamp (1999), Seite 4f.

[174] Als roll-over-Kredit wird ein Darlehen bezeichnet, dessen Zinssatz (i.d.R. in einem festen Rhythmus von 6 Monaten) kurzfristig angepasst wird. Diese Form des Kredits ist auch am Euromarkt üblich. Als Kreditnehmer treten Großunternehmen und Staaten auf. Basis eines roll-over-Kredits ist der jeweils gültige Geldmarktsatz, zu dem sich ein fester Zuschlag, der sich unter anderem an der Bonität des Kreditnehmers orientiert, hinzukommt.

[175] Vgl. De Juan (1988), Seite 19ff.

[176] Vgl. FAO (1997), Seite 75; Fink, Haiss (1999), Seite 209.

quiditätskrisen sind die unmittelbare Folge, und die Lösung des Problems bedingt oft sehr hohe Zinsen für neue Finanzierungsvorhaben. Dieses *Mismatchproblem* kann dann den Grundstein für einen Bank Run legen. Daran zeigte sich, dass Kreditinstitute oftmals geschlossen werden mussten und die Finanzmittel der Depositoren verloren gingen.[177] Auch heute noch ist dieses Problem nicht zu unterschätzen, da über das Leverage (Genaueres siehe unten) die Rendite des Unternehmens erhöht werden kann.

Zusätzlich zu den Problemen bei der Kreditgewährung kann ein großer Teil der nichteinbringlichen Kredite durch zu laxe Zwänge bei der Rückzahlung der Kredite bedingt werden. Finanzinstitutionen (vorwiegend in Entwicklungs- und Schwellenländern) besitzen systematische Mängel zur Klassifizierung von Darlehen, der Einbringung von überfälligen Krediten und auch an realistischen Reserven zur Deckung uneinbringlicher Kredite. Vielmehr wurden Anstrengungen unternommen, diese Mängel zu kaschieren. So wurden viele Kredite einfach verlängert, Zinszahlungen angerechnet, egal ob entrichtet oder nicht, und neue Kredite wurden vergeben, um nicht zurückbezahlte Schulden zu decken.[178] Es sollte jedoch nicht vergessen werden, dass etliche uneinbringliche Kredite unter anderem durch staatlichen Druck entstanden sind; dennoch sind bankinterne Mängel ein schwerwiegendes Problem. In Industrieländern sind derartige bankinterne Probleme heutzutage in eher geringem Ausmaß zu beobachten, was durch gesetzliche Regelungen sichergestellt wird, wobei die Frage offen bleibt, ob oftmals die Kontrolle ausreicht.

Gemäß einer OECD-Studie[179] sind (im Jahre 1991) ca. 20% der Gesamtdarlehen auf der Welt uneinbringlich gewesen. Derartige Verluste sind kaum noch durch die Zinsdifferenz zwischen Einlagen und Krediten abzudecken, auch wenn die Zinsspreads in Entwicklungsländern in der Regel höher sind als in Industrieländern. So bleiben diese Finanzinstitute jedoch finanziell auf schwachen Beinen und damit für Depositoren unsicher bzw. nicht unbedingt vertrauensvoll, solange nicht die Anzahl der rückerstatteten Kredite zunimmt.[180]

Die Diskussion um das richtige Verhältnis von Eigen- zu Fremdkapital fußt auf dem strategischen Risikomanagement, welches sich neben der Frage um eine angemessene Eigenkapitalausstattung mit der Identifikation von Risiken in Unternehmen – und im Besonderen in Geschäftsbanken – befasst.[181] Ein falsches Risikomanagement und infolgedessen eine zu geringe Eigenkapitalausstattung vergrößern unter anderem die Konkurswahrscheinlichkeit; andererseits entstehen bei hoher Eigenkapitalausstattung hohe Kapitalkosten, was für den Unternehmenswert ungünstig ist.[182]

Der Anteil an Fremdkapital beziehungsweise das Verhältnis von Eigen- zu Fremdkapital beeinflusst das Finanzstrukturrisiko (financial leverage) nachhaltig.[183] Der zugrunde liegende *Leverage-Effekt (Kapitalstruktureffekt)* bezeichnet die Hebelwirkung des Verschuldungsgrades. Es ist letztlich die Abhängigkeit der Rentabilität

[177] Vgl. Eichengreen, Mitchener (2003), Seite 2f.; Oort (1990), Seite 453.
[178] Vgl. Caprio, Klingebiel (1996), Seite 7.
[179] Vgl. Germidis, Kessler, Meghir (1991), Seite 1ff.
[180] Vgl. Gavin, Hausmann (1996), Seite 6.
[181] Vgl. Stützel (1964), Seite 30.
[182] Vgl. Gleißner, Meier (2001), Seite 59f.
[183] Vgl. Gleißner, Lienhard, Stroeder (2004), Seite 82

des Eigenkapitals vom Anteil der Fremdfinanzierung.[184] Ist also die Rendite auf das Gesamtkapital größer als der Fremdkapitalzins und sind beide unabhängig von der Kapitalstruktur beziehungsweise vom Verschuldungsgrad, dann steigt die Eigenkapitalrendite linear mit dem Verschuldungsgrad an. Oder einfacher ausgedrückt: Je höher der Verschuldungsgrad, desto höher die Eigenkapitalrendite. In diesem Fall spricht man auch von einem positiven Leverage-Effekt.

Mit Blick auf die *Bankenbilanz,*[185] die durch Finanzanlagen und Fremdkapital geprägt ist und in der Folge Zinsen oder zinsähnliche Positionen die *Erfolgsrechnung* auf der Ertrags- wie auf der Aufwandsseite dominieren, lässt sich ein Investitions- und Finanzierungsprogramm mit dem Charakter eines durch Fremdfinanzierung geprägten Finanzbudgets in seinen Erfolgabhängigkeiten passend durch den abgebildeten Leverage-Zusammenhang darstellen. Als problematisch bei dieser Art der Berechnung der Eigenkapitalrendite ist allerdings, dass – so paradox es zunächst einmal klingen mag – die Rendite des Eigenkapitals ansteigt, wenn der Fremdkapitalanteil erhöht wird; dieser etwas trügerische Zusammenhang mag es auch sein, der die Verantwortlichen oft dahingehend beflügelt, die Eigenkapitalrendite durch eine Erhöhung des Fremdkapitals anzuheben.[186]

Dabei hat die Fremdfinanzierung durchaus ihre Berechtigung, da ohne sie eine Vielzahl von (wertvollen) Investitionsvorhaben entfallen aufgrund mangelnder Fähigkeit zur Eigenkapitalfinanzierung; kurzum sie ist ein wichtiger Motor für das wirtschaftliche Wachstum.

Nichtsdestotrotz ist es evident, dass ein allzu exzessives Leverage häufig Finanzkrisen vorausgeht.[187] Hintergrund ist, dass ein Kreditinstitut mit hohem Fremdkapitalanteil viel eher dem Risiko ausgesetzt ist bankrottzugehen, falls es nicht mehr in der Lage ist, seinen Verbindlichkeiten nachzukommen, als eines mit höherem Eigenkapitalpolster.[188]

Dass dabei die Zinsspanne ein nicht unerhebliches Risiko birgt, zeigt sich, wenn es beispielsweise nicht gelingt, erhöhte Geldeinstandskosten auf Kreditnehmer zu überwälzen oder wenn festverzinsliche Wertpapiere zu niedrigen Zinsen eingekauft wurden und bei steigendem Zinsniveau Kursverluste realisiert oder entsprechende Abschreibungen vorgenommen werden müssen.

Als eine Ursache für ein ausuferndes Leverage in der gesamten Ökonomie wird immer wieder erwähnt, dass während einer Aufschwungphase Finanzinstitutionen,

---

[184] Formal lässt sich dieser Zusammenhang wie folgt darstellen: $r_E = r_G + (r_G - i)\frac{FK}{EK}$ mit r_E als Rendite auf das eingesetzte Eigenkapital, r_G als Rendite auf das eingesetzte Gesamtkapital (interner Zinsfuß), i als Fremdkapitalzins, FK als Fremdkapital und EK als Eigenkapital.

[185] Bei Betrachtung des deutschen Bankensystems fällt auf, dass sich die Funktionen einer Universalbank, die insbesondere darin bestehen, Liquidität zu deponieren, zu tauschen, zu transportieren oder zur Verfügung zu stellen, in ihrer Bilanz widerspiegeln, so dass die Aktiva zum Großteil aus Finanzinvestitionen – und nicht wie bei Industrieunternehmen aus Realinvestitionen – bestehen, während die Passiva einen geringeren Eigenkapitalanteil – im Vergleich zu Industrieunternehmen – aufweisen.

[186] Vgl. International Monetary Fund (1998), Seite 80f.

[187] Vgl. Beck, Demirgüc-Kunt, Levine (2003), Seite 3f.; Paul, Horsch, Stein (2002), Seite 33f.

[188] Vgl. Bernauer, Koubi (2004), Seite 4; Gavin, Hausmann (1996), Seite 3f.

Unternehmen und Haushalte in eine Euphorie verfallen und daher in irrationaler Höhe Kredite nachgefragt als auch gewährt werden. Vorwiegend kommt es zu einer starken Ausweitung der Kreditvergabe, gerade weil auch in Zeiten starken Wachstums von Vermögenspreisen, diese entweder als Sicherheiten dienen oder Darlehen zu Vermögenskäufen verwendet werden und zwar vor allem im Bereich von Immobilien. Man sieht hieran auch den sehr engen Bezug zur Bildung von Vermögenspreisblasen.[189]

Somit steigt in wirtschaftlichen Boomphasen die Kreditvergabe, da aber im Verlauf auch das Zinsniveau ansteigt, steigen für die Schuldner – Firmen oder Haushalte – die Kosten für den Zinsendienst. Gleichzeitig reduziert sich aber bei gleichzeitigem Anstieg der Inflationsrate der reale Wert der Schulden, was wiederum den Anstieg des nominalen Schuldenwertes ausgleicht, und eher die Schuldenaufnahme anheizt. Aufgrund von erhöhten Markteintrittstendenzen in Boomphasen und damit verbundenen sinkenden Profitmargen gehen die Rückflüsse von Vermögenstiteln zurück, weswegen sich viele Firmen und Haushalte auf der Suche nach besseren Renditen dazu animiert fühlen, in volatilere, scheinbar ertragreichere, weniger liquide Vermögenstitel zu investieren. Diese Volatilität birgt aber auch ein höheres Ausfallrisiko, welches im Ernstfall den Haushalten und Unternehmen Verluste beschert, so dass sie wiederum Verbindlichkeiten gegenüber Banken nicht erfüllen können. Damit sind dann auch die Banken und Finanzinstitute einer Unsicherheit ausgesetzt, und zwar umso stärker, je mehr Darlehen sie vergeben haben und je mehr sie außenfinanziert sind.

Allerdings werden erst in Zeiten des Abschwungs und eines Preisverfalls Überkapazitäten deutlich, da zuvor zwar das individuelle Risiko derartiger Projekte mehr oder weniger korrekt eingeschätzt wurde, das aggregierte Marktrisiko aber nicht, indem in Zeiten von starkem Kreditwachstum und von Vermögenspreisblasen dem Wert der Sicherheiten nicht ausreichend Beachtung beigemessen wurde.

Ein starkes und schnelles Kreditwachstum ist natürlich nicht an sich gefährlich bzw. risikoreich; es kann aber als Anzeichen entstehender Probleme angesehen werden, weil nicht mehr unbedingt zwischen sicheren und unsicheren Darlehen unterschieden werden kann, insbesondere wenn Kredite in bisher unbekannte Bereiche vergeben werden und das Kreditwachstum vor allem auf spekulativen Anstiegen von Vermögenspreisen basiert.[190]

Insgesamt schließt sich also der Kreis zwischen den bislang angesprochenen Grundbedingungen des Bankenmarktes für das Zustandekommen von Problemen zwischen einer übermäßigen Kreditvergabe und dem damit einhergehenden überhöhten Leverage vor allem im Unternehmensbereich, das dann über eine schlechtere Wirtschaftslage Rückwirkungen auf die Kreditrückzahlungen hat, wobei hier eine schwache Risikoanalyse eine nicht zu unterschätzende Rolle spielt und wiederum spekulative Tendenzen und Vermögenspreisblasen anregt.[191] Die Frage ist nun, warum überhaupt derartige überhöhte Risiken eingegangen werden.

[189] Vgl. Bordo, Wheelock (2004), Seite 5f.; Kaufmann, Valderrama (2004), Seite 105f.
[190] Vgl. Llewellyn (2002), Seite 158.
[191] Vgl. Feldstein (1991), Seite 1ff.

IV. Ein zu günstig angesetztes Sicherheitsnetz des Finanzmarktes:[192]

Das Sicherheitsnetz schützt Investitionen in bestimmte Vermögenswerte vor Verlusten und beinhaltet Mechanismen, die die Verfügbarkeit von Krediten auch in Zeiten finanzieller Turbulenzen sicherstellen. Dies trägt zur Stabilität des Finanzsektors und letztlich der ganzen Ökonomie bei.[193] Ein solches Sicherheitsnetz ist zu günstig ausgelegt, wenn die geschützten Kreditinstitute durch Verhaltensweisen, die als äußerst risikoaffin einzustufen sind, Vorteile erzielen können, ohne die potenziell drohenden Kosten bezahlen zu müssen.[194] Durch Übertragung der Risiken auf Dritte – wie zum Beispiel die Regierung – werden die möglichen Kosten (zum Teil) ausgelagert, und so erhalten die Beteiligten ohne Zweifel Anreize, ein höheres finanzielles Risiko einzugehen als bei Absenz eines solchen generösen Sicherheitssystems.[195]

Anreizstrukturen und Moral Hazard-Verhalten von Entscheidungsträgern, wie Bankenmanagern, Kreditgebern oder -nehmern und Zentralbanken sind daher ein wesentlicher Bestandteil im Verständnis von Bankenkrisen. Die Anreizstrukturen innerhalb einer Bank sind dabei sehr komplex, da hierbei natürlich auch unterschiedliche Interessen aufeinanderstoßen und daher Konflikte zwischen den einzelnen Entscheidungsträgern entstehen. Es sollten eigentlich solche Anreize gesetzt werden, so dass sich Manager und Eigenkapitalgeber im Interesse des Gesamtmarktes verhalten und nicht im Eigeninteresse. Jedoch kann dies durch adverse Anreize unterlaufen werden wie:

Im Falle fester Wechselkurse wurde erwartet, dass Regierung und Notenbank unbedingt am Leitkurs festhalten, ohne notwendige Auf- und Abwertungen durchzuführen, so dass Banken und Unternehmen sich bei Fremdwährungsdarlehen nicht absichern mussten.[196]

Im Falle von Erwartungen über uneingeschränkte Hilfestellung für Unternehmen, die von Regierungen besonders begünstigt wurden, war natürlich die Gefahr des Bankrotts dieser Unternehmen besonders gering.[197]

Kommt dazu noch die Erwartung aller Wirtschaftsakteure und vor allem der Banken, dass es einen LOLR gibt – ganz gleich, welcher Art er sei – erhöht sich der Glaube an das Sicherheitsnetz in deutlicher Weise, so dass davon ausgegangen werden kann, dass Banken nicht mehr geschlossen werden. Eine besondere Art der Ausgestaltung ähnlich einer Blankogarantie trägt besonders zu einer derartigen Situation bei. Dazu mehr aber an späterer Stelle (siehe Kapitel 4.1.2.)

Es reicht an dieser Stelle darzulegen, dass Banken und Kreditinstitute, die dabei von staatlicher Seite abgesichert sind, in der Vergangenheit höhere Risiken eingegangen sind als ohne diese Absicherung. Die Gläubiger wiegen sich dementsprechend in Sicherheit, verlangen weniger Offenlegung von Seiten der Schuldner und überwachen diese entsprechend laxer.[198] Auch Banken mit höherem Risiko werden dabei von Ein-

---

[192] Vgl. Demirgüc-Kunt, Detragiache (1997), Seite 6.
[193] Vgl. Freixas, Santomero (2003), Seite 13f.
[194] Vgl. Furlong, Keely (1989), Seite 883ff.
[195] Vgl. Davies, P.E. (1995), Seite 135.
[196] Vgl. Krugman, Obstfeld (2004), Seite 436; Nunnenkamp (1999), Seite 5.
[197] Vgl. Krugman (2001), Seite 91.
[198] Vgl. Kaufman (2000), Seite 85, 116.

legern nicht gemieden. Andererseits kann natürlich das Risiko eines Bank Runs verringert werden. Je stärker dabei das Sicherheitsnetz, desto größer also das Moral Hazard-Problem.[199]

V. Unzureichende Regulierung:

Der Kerngedanke von Regulierung ist, den Institutionen, die durch das vorher beschriebene generöse Sicherheitsnetz aufgefangen werden beziehungsweise aufgefangen werden sollen, einen Anreiz zu geben, ihre Risikofreudigkeit einzuschränken sowie Missmanagement zu unterbinden.[200] Diese Regulierungen umfassen gewisse Normen wie die Eigenkapitalvorschrift für Banken sowie Beschränkungen von Aktivitäten und des Kreditrisikos.[201]

Allerdings liegt es im Bereich des Möglichen, dass solche Regulierungen ihr Ziel verfehlen und einige Institute ihr risikofreudiges Verhalten nicht aufgeben. Zu laxe oder dem gegenwärtigen Risiko unangemessene Anforderungen an die Überwachung, Fehler bei der Beurteilung des Kreditrisikos und der Risikomanagementpraktiken, das die Banken zu verantworten haben, Spaltungen in der Zuständigkeit zwischen Regierung und Zentralbank oder langsame und ineffektive Interventionsmaßnahmen, während das Risiko ansteigt und das Eigenkapital dahin schmilzt, erhöhen die Wahrscheinlichkeit, dass Firmen trotz Regulierung übermäßige Risiken eingehen und bei Auftreten adverser Schocks schwere Liquiditäts- und Solvenzprobleme erfahren.[202]

In denjenigen Ländern, die in der Vergangenheit von Krisen betroffen waren, existierte zwar ein Regulierungs- und Überwachungsmechanismus auf internationalem Standard, dies war jedoch nicht mit seiner korrekten Anwendung gleichzusetzen. Eine falsche Handhabung trägt aber zur Verschlechterung der restlichen Krisenfaktoren bei.

So wurde in den 1970er Jahren den US-amerikanischen Geschäftsbanken von Seiten der Bundesbehörden erlaubt, Schwellenländern Kredite in astronomischer Höhe zu gewähren, sogar dann noch, als 1979 das Zinsniveau und das Kredit(ausfall-)risiko anstiegen. Wegen der höheren Zinsen und der 1982 beginnenden weltweiten Rezession konnten viele dieser Länder ihren Verpflichtungen nicht mehr nachkommen, so dass der Portfoliowert vieler Banken drastisch fiel.[203]

Es zeigt sich hieran, dass erhebliche Differenzen zwischen den Vorgaben zur Kreditvergabe und der Überwachung ihrer Umsetzung beobachtet werden können – gerade aufgrund politischen Drucks/Veranlassung. Verstärkt werden kann dies durch eventuelle Gewinne aus verfehltem Bankenverhalten für Regierungen oder Anteilseignern.

Auch wurden Kapitalbestimmungen nicht effektiv durchgesetzt bzw. in unzureichender Höhe festgelegt. Ebenso wurden Vorgaben über die Qualität der Kreditnehmer oder der Sicherheiten nicht (korrekt) angewendet.[204]

---

[199] Vgl. Mundaca (2003), Seite 2; Wyplosz (1999), Seite 165.
[200] Vgl. Eichengreen (2004), Seite 5, 9.
[201] Hierbei zeigt sich der Konnex mit den bisherigen Aussagen, da eine mangelnde Regulierung die Überwachung von Kreditrisiken und die notwendige Eigenkapitalausstattung erschwert. Vgl. Saunders (1992), Seite 177ff.
[202] Vgl. Schmidt (2001), Seite 248ff.
[203] Vgl. FDIC (1997), Seite 191ff.
[204] Vgl. Mishkin (1997), Seite 24f.

Eine derartig ineffektive Regulierung hängt dabei natürlich eng mit einer unzureichenden Überwachung zusammen, welche aus der Besonderheit finanzieller Verträge erwächst. Daraus ergibt sich die Frage, wer eine notwendige Überwachung vornehmen könnte: Kunden, Anteilseigner, Ratingagenturen oder ähnliche Gruppen. Tatsächlich können Kunden bis auf wenige Ausnahmen (Großkunden) aufgrund des Problems der Informationsasymmetrien und auch aufgrund der Ausgestaltung der Sicherheitsnetze keine effektive Überwachung von Banken durchführen. So übertragen Depositoren die Aufgabe der Überwachung an Überwachungsbehörden, die in ihrem Sinne handeln sollen.[205]

Eine mangelhafte Regulierung und Überwachung ist jedoch in vielen Fällen aus der Weiterentwicklung der Märkte heraus entstanden und keineswegs Absicht der Handelnden; so war eine mangelnde Anpassung dieser Überwachungssysteme an die fortschreitende Finanzmarktliberalisierung zu erkennen, wie es im finnischen Fall deutlich wurde (siehe unten).

VI. Schwache Marktdisziplin:

Marktdisziplin bezieht sich auf die Fähigkeit von Investoren und Gläubigern einschließlich der des Interbankenmarktes – also nicht offiziellen Stellen –, Veränderungen in der finanziellen Situation und potentiellen Risiken auf Seiten der Schuldner und ihrer Sicherheiten zu überwachen, um dann gegebenenfalls Einfluss auf das Verhalten des Managements zu nehmen.[206] Damit soll die Regulierung und Überwachung offizieller Stellen gestärkt und unterstützt werden. Tatsächlich ist aber die *Informations- und Kontrolldichte* zu gering, so dass Unsicherheit vermittelt über eine Änderung der Erwartungen – was im Einzelfall durchaus individuell rational erscheinen mag – schnell zu hoher Volatilität von Assetpreisen führen kann. Gerade in Japan scheint die Kontrolle über den Markt aufgrund von Intransparenz und anderen unzureichenden Infrastrukturen im Finanzbereich nicht funktioniert zu haben.[207] Gerade Transparenz und ein Bankenmarkt unter Wettbewerbsbedingungen sind aber für eine effektive Kontrolle durch den Markt selbst von Nöten, um schlecht geführte von gut geführten Banken unterschieden zu können.

Es kann festgehalten werden, dass die oft vorhandenen Informations- und Kontrollmängel bei Finanzverträgen ein weiterer Grund dafür ist, dass Finanzmärkte im Gegensatz zu anderen Märkten fragiler sind.[208]

Fehlende Marktdisziplin hängt nicht selten mit zu generösen Absicherungen der Geldgeber von staatlicher Seite aus ab, so dass einem Konkurs gelassen entgegensehen werden kann.

Natürlich kann eine Überwachung durch den Markt selbst aufgrund ihrer natürlichen Einschränkungen, beispielsweise einer mangelnden Offenlegung oder der mangelnden Beeinflussungsmöglichkeit des Managements,[209] nicht das alleinige Überwa-

---

[205] Vgl. Burghof (1998), Seite 178ff.; Mayer (2001), Seite 1f.

[206] Vgl. Llewellyn (2001), Seite 20; Hoggart (2001), Seite 124.

[207] Vgl. Nasako et al. (2000), Seite 19.

[208] Vgl. Mishkin (2001), Seite 107ff.

[209] Aktionären oder Anleihegläubigern steht eine Einflussnahme nur in „Extremsituationen" zu. Vgl. Mishkin (2001), Seite 109

chungsinstrument sein, sollte aber dennoch eine herausragende Rolle im Gesamtsystem spielen.[210]

Die Stärkung der Marktdisziplin ist dabei einer der drei Aspekte des Basler Komitees zur Bankenüberwachung, damit starke Anreize für Banken gesetzt werden, ihr Geschäft in sicherer und effektiver Weise durchzuführen, was allerdings erst an späterer Stelle (siehe Kapitel 4.2.4.) genauer analysiert werden soll.

VII. Einflussnahme von Regierungen im Bankensektor:
In vielen Ländern – Entwicklungsländern aber auch Industrieländern –, die in den letzten Jahrzehnten von Finanzkrisen heimgesucht wurden, existierte eine lange Tradition der Einflussnahme von Regierungen im Bankensektor und der schwachen öffentlichen Kontrolle vor einer (übereilten) finanziellen Liberalisierung.[211] Zusätzlich bestanden oft keine standardisierten Darlehensregularien, und man glaubte an die immerwährende Unterstützung und Hilfe der Regierungen bei finanziellen Schwierigkeiten der Banken.

Häufig führte diese Praxis zu einer Mittelvergabe an bestimmte Industriezweige nicht unter wirtschaftlicher Maxime, sondern unter mehr oder weniger verstecktem politischem Druck, so dass in der Folge die Entwicklung einer effektiven Risikoanalyse und eines effektiven Managementsystems in den Banken unmöglich war. Ein marktwirtschaftliches Verhalten der Finanzinstitutionen existierte so gut wie nicht, es war eher sozialistischer Natur, indem Regierungen die Kreditvergabe zugunsten von Industriezweigen beeinflussten, die in das „planwirtschaftliche" Idealbild passten.[212] In diesem Umfeld der staatlichen Bevorzugung bestimmter Sektoren durften natürlich weder die geförderten Unternehmen noch deren Kredit vergebenden Banken zusammenbrechen, ohne dass auch der Staat damit in Verbindung gebracht worden wäre.[213]

Eine unbesonnene Politik der Kreditvergabe ist die logische Folge, wie das japanische Beispiel zeigt. Darüber hinaus schadet diese Politik auch der Marktdisziplin der Unternehmen, die sie selbst nicht mehr zwingt, sich selbst marktwirtschaftlich zu verhalten.

Ein derartiges Verhalten stellt eine schwerwiegende Bedingung für die Möglichkeit dar, dass in Phase 2 ein entsprechender Schock, wie die verfrühte Finanzmarktliberalisierung ohne vorherige Beseitigung der ineffizienten Marktstrukturen, drastische Probleme aufwirft.[214], da eine staatliche Politik einer durch die Regierungen gelenkten Kreditvergabe, „billiger" Kredite und des Aufbaus und der Weiterführung staatlicher, ansonsten nicht überlebensfähiger Finanzinstitutionen zur Steigerung potentieller Instabilität führt. Letztendlich werden also durch derartige Fehler auch ineffiziente Marktstrukturen aufrechterhalten und die Wirtschaftskraft geschwächt.

[210] Vgl. Lane (1993), Seite 53ff.
[211] Vgl. Weller (1999), Seite 2f.
[212] Vgl. Krugman (2001), Seite 91.
[213] Vgl. Llewellyn (2002), Seite 157.
[214] Vgl. Nunnenkamp (1999), Seite 11f.; Stiglitz (2002), Seite 109ff.

VIII. Arten der Unternehmensfinanzierung und systemimmanente Instabilität im Konjunkturzyklus

Hierbei unterstellt die Theorie von Minsky (1982) oder Kindleberger (1978) dem Bankensystem eine inhärente Instabilität aufgrund von Finanzzyklen. So argumentierte Minsky, dass kapitalistische Wirtschaftssysteme und insbesondere ihre Bankensysteme systembedingt instabil sind.

> „If economic theory is to explain financial crises, the interrelationships between financial crises and business cycles, and how finance affects system behaviour, then economic theory must examine an economy that is explicitly capitalist... Profits are a central concern of the economic theory based on an integration of Kalecki (1971) and Keynes (1936). This theory leads to the proposition that instability results from the normal functioning of a capitalist economy."
> Minsky (1982)[215]

Seine zentrale Annahme beinhaltet, dass eine kapitalistische Marktform, die mit hochwertigen Kapitalgütern ausgestattet ist, auch ein hoch kompliziertes und entwickeltes Finanzsystem besitzt. Diesem System wohnt ein immerwährendes Streben nach Einkommen bzw. Gewinn inne, was durch die Herstellung von Kapitalgütern gewährleistet wird. Neben der Finanzierung des Prozesses über einbehaltene Gewinne bedarf es darüber hinaus jedoch zusätzlicher Finanzmittel, wie über eine externe Finanzierung via Aktienemissionen, Bankkrediten etc., um überhaupt einen Anteil am Kapitalstock – also Kapitalgüter – aufbauen und besitzen zu können.[216]

Dem Erhalt der finanziellen Ressourcen in der gegenwärtigen Periode steht dagegen die Verpflichtung entgegen, diese in der Zukunft an den Finanzier zurückzahlen zu müssen. Es kommt also insgesamt zu multiplen Gläubiger-Schuldnerbeziehungen, die nach Maßgabe der Finanzierungsart unterschiedlich ausgestaltet sein und daher unterschiedliche Zahlungs- bzw. Cash Flow-Ströme auslösen können.

Die Dynamik des Systems und die inhärente finanzielle Instabilität werden damit durch die fundamentalen Faktoren des Systems – also den gesamten Cash Flow und die damit einhergehenden Finanzierungsmöglichkeiten sowie die Fähigkeit, laufenden und früheren Zahlungsverpflichtungen nachzukommen – bestimmt.[217]

Bei der Einschätzung der finanziellen Instabilität spielt damit die Liquiditätsposition eine herausragende Rolle, so dass sich von Minsky drei verschiedenartigen Finanzierungs- und Liquiditätspositionen gemäß ihrer Einkommens-Schulden-Relation bestimmen lassen, wobei allein der erwartete Cash Flow aus dem operativen Geschäft entscheidend ist.[218] Die Zahlungsverpflichtungen dagegen ergeben sich aus den vertraglich eingegangenen Schulden, die Zinszahlungen und Tilgungszahlungen umfassen.

Minsky unterstellte, dass sich Unternehmen in ruhigen Zeiten ausgewogen finanzieren, was bedeutet, dass ihr Cash Flow (der im Unternehmen verbleibende Ge-

---

[215] Minsky (1982), Seite 16ff.

[216] Vgl. Minsky (1982), Seite 16; Minsky (1986), Seite 174f.

[217] Vgl. Minsky (1982), Seite 18f.; Phillips (1997), Seite 511.

[218] Minsky selbst unterscheidet zwischen income cash flow, dem operativen Geschäftsgewinn aus Produktion nach Abzug von Lohn- und Materialkosten, dem balance sheet cash flow, bestehend aus Zins- und Tilgungszahlungen, und dem portfolio cash flow, Zahlungsströmen aus dem Kauf und Verkauf von Vermögensobjekten. Vgl. Minsky (1982), Seite 20.

winn einschließlich Abschreibungen) ausreichend ist, um jederzeit Zins- und Tilgungszahlungen abdecken können. Investitionen können dabei mit internen Mitteln finanziert werden und Zahlungsprobleme entstehen erst bei unerwarteten Problemen am Markt und damit bei einer zu hohen Gewinnerwartung.[219]

Diese Unternehmen werden von Minsky als hedge-finance unit bezeichnet, für die also gemäß obiger Erklärung gilt:[220]

$$
\begin{aligned}
&AQ_i > PC_i \quad bzw. \\
&AQ_i - PC_i > 0 \\
&mit: AQ_i = Cash-Flow \qquad (auch\ Wert\ des\ Kapitalvermögens) \\
&\quad PC_i = Zahlungsverpflichtungen \qquad (= Zins + Tilgung)
\end{aligned}
$$

Wenn jedoch die Wirtschaft wächst und sich in der Aufschwungphase des Konjunkturzyklus befindet, streben die Unternehmen nach größeren Profiten aufgrund von kurzfristigen Gewinnzielen des Managements. Es wird insgesamt erwartet, dass zumindest über den gesamten Betrachtungszeitraum hinweg der erwartete Cash Flow größer ist als die Zahlungsverpflichtungen. In den einzelnen Perioden *kann* allerdings die Zahlungsverpflichtung den Cash Flow übersteigen, so dass – annahmegemäß – zwar die Tilgung, nicht jedoch die Zinszahlung gedeckt wird. Es müssen daher kurzfristig die Verschuldung und der Fremdkapitalanteil der Unternehmen steigen, wobei dies erschwert werden kann durch steigende Zinsen und verschärfte Kreditstandards.[221]

Diese Phase wird von Minsky dahingehend beschrieben, dass sie von sogenannten speculative-finance units geprägt ist, deren Finanzstruktur folgendermaßen aussieht:[222]

$$
\begin{aligned}
&AQ_i < PC_i \qquad (mit\ i = 1,....,m, \quad wobei\ m\ klein\ ist) \\
&AQ_i > PC_i \qquad (mit\ i = m+1,....,n) \\
&dabei\ gilt\ zudem\ für\ die\ ersten\ m-Perioden: \\
&\sum_{i=1}^{m} AQ_i(y) > \sum_{i=1}^{m} PC_i(y) \\
&mit: AQ_i(y) = Netto-Cash-Flow \\
&\quad PC_i(y) = Zinsendienst
\end{aligned}
$$

Diese speculative-finance units können dabei ihren Zahlungsverpflichtungen aber nur noch nachkommen, wenn sie erfolgreiche neue Schuldverschreibungen ausgeben kön-

219 Vgl. Minsky (1982), Seite 24; Minsky (1986), Seite 206ff.

220 Der Wert des Kapitalvermögens ergibt sich aus dem Cash Flow gemäß der capital asset pricing-Methode, wobei die zukünftigen Cash Flows den Fundamentalwert von Aktienpreisen begründen. Vgl. Isenberg (1988), Seite 1046; Minsky (1982), Seite 20f.

221 Vgl. Minsky (1982), Seite 22.

222 Vgl. Isenberg (1988), Seite 1046; Minsky (1982), Seite 21.

nen oder wenn sie Geldvermögen abbauen, welches sie als Sicherheit gegen misslungene Refinanzierungen halten.[223]

Diese Spekulation entwickelt sich aber dahingehend weiter – was Minsky als eine Phase der Ponzi-Finanzierung[224] bezeichnet –, in der der Cash Flow eines Unternehmens für eine lange Zeit weder Tilgungszahlungen noch Zinszahlungen abdeckt und nur in bestimmten, wenigen Einzelperioden ausreichend groß ist und daher die Zahlungsverpflichtungen den erwarteten Cash Flow auch langfristig übersteigen. Die Verschuldung dieser Einheiten erhöht sich damit ständig:[225]

$AQ_i < PC_i$	$(mit\ i = 1,....,n-1)$	
$AQ_i >> PC_i$	$(mit\ i = n)$	*bzw.*
$AQ_i(y) < PC_i(y)$	$(mit\ i = 1,....,n-1)$	
$AQ_i(y) >> PC_i(y)$	$(mit\ i = n)$	

Eine Umschuldung ermöglicht jedoch die Ausgabe neuer Schuldverschreibungen, deren Gegenwert genutzt wird, um Zins- und Tilgungszahlungen zu leisten.

Da aber die Zinszahlungen auf Schulden ansteigen, wenn der (kurzfristige) Zinssatz steigt und der Cash Flow diese Zahlungen nicht mehr abdecken kann, sind Unternehmen, die sich gemäß diesem Ponzi-Schema finanzieren, finanziell sehr schnell verwundbar.[226]

Damit hängt insgesamt die Stabilität des Finanzsystems vom Gewicht der hedge-finance units an der gesamten Finanzstruktur ab. Je geringer dieses Gewicht ausfällt und je mehr Unternehmen eine Ponzi-Finanzierung durchführen, desto größer ist die Wahrscheinlichkeit einer Finanzkrise, wobei diese Entwicklung endogen im Konjunkturzyklus ist.[227] In der jüngsten Vergangenheit zeigt sich, dass gerade Finanzunternehmen die Instabilität beschleunigen bzw. verstärken, da neue Finanzprodukte eine Investition erleichtern. Diese Innovationen haben im Zusammenhang mit den spekulativ tätigen Fondsgesellschaften die Finanzmärkte angeheizt, wie besonders am Beispiel von LTCM deutlich wurde,[228] und zunehmende Instabilität verursacht. Auch in den letzten Jahren wurde der Immobilienpreisboom der USA fast gänzlich durch neue Finanzprodukte[229] finanziert.

---

223 Aus diesem Grund ist die Haltung dieser Geldwerte wohl negativ vom Zins abhängig.

224 Carlo „Charles" Ponzi gebürtiger Italiener, Emigrant und zu Beginn seiner „Karriere" Tellerwäscher brachte es innerhalb von sechs Monaten fertig, Millionär und wieder Tellerwäscher zu werden, indem er versprach, binnen 90 Tagen das Geld der Anleger zu verdoppeln: Viele Leute sprangen im Jahre 1919 darauf an und investierten zwischen 10 und 50.000 Dollar. Dabei finanzierten nachfolgende Anleger, die Zinszahlungen der Vorherigen, bis im Jahre 1920 sein Schneeballsystem bröckelte und nur einen Monat später vollständig zusammenbrach. Vgl. US Securities and Exchange Commission (2006).

225 Vgl. Isenberg (1988), Seite 1047; Minsky (1982), Seite 22; Papadimitriou, Wray (1998), Seite 208.

226 Vgl. Minsky (1982), Seite 23.

227 Vgl. Minsky (1982) Seite 26ff.

228 Vgl. Allen, Gale (2002), Seite 27f.

229 Vor allem durch mortgage backed securities (hypothekarisch besicherte Anleihen) und collateralized backed securities (forderungsbesicherte Wertpapiere). Vgl. Bundesbank (1997), Seite 57f.

Die Befürworter der These systemimmanenter Instabilität sehen im geschichtlichen Ablauf wiederkehrende Muster, in denen viele Bankiers den Grad der konservativen Standards der Vermögensverwaltung im Rausch der sich anbahnenden Hausse verlassen, um dann kalt erwischt zu werden, wenn der Boom kollabiert.[230] Für sie ist dabei die Instabilität Teil der Wirtschaftssubjekte selbst, wobei dann eine großzügige Regierung zur Hilfe kommt und Abhilfe schafft.

Minsky selbst stellt im Rahmen dieses Prozesses bestimmte stilisierte Fakten vor, die beobachtet werden könnten, ohne dass sie auf einem bestimmten Modell beruhen. Als Erstes kann beobachtet werden, dass während einer Phase der Expansion Kreditkontrakte zunehmen und zwar mit einer Rate höher als das Wachstum des Einkommens. Zweitens müssen nominale Vermögenspreise und laufende Zinszahlungen schnell ansteigen. Drittens muss die Fristenstruktur der Schulden kürzer werden und viertens müssen exogene Schocks eintreten, um Veränderungen der Erwartungen zu bedingen. Schließlich muss es der Regierung misslingen, eine Intervention einzuleiten, welche die Neubewertung der Vermögenspreise infolge der Veränderung der Erwartungen abfedern würde. Minsky argumentiert hierbei, dass die Fähigkeit der Intervention direkt mit der Stärke der Regierung – im Sinne von Gesetzgebung und Maßnahmen – zusammenhängt.[231] Zusammenfassend ausgedrückt beinhaltet das Modell von Minsky eine Fremdkapitalfinanzierung (Leverage) von Banken und Unternehmen, die sich im *Konjunkturzyklus* verändert.[232]

Kritik an dieser financial fragility hypothesis von Minsky blieb natürlich nicht aus; ihr wurde vorgeworfen, dass sie keine testbaren Hypothesen enthält und inkonsistent mit der Datenbasis ist (vgl. Mishkin 1991, Schwartz 1986)[233]. Dennoch kann damit gezeigt werden, wie ein spekulativer Prozess eine Wirtschaft destabilisieren kann.

IX. Die spezielle Struktur des Depositenvertrags

In einer ersten formalen Darstellung hat sich Bryant 1980 mit der Frage beschäftigt, warum sich Banken mit liquiden Sichteinlagen refinanzieren. Die spezielle Struktur der Depositenkontrakte und des Bankensystems wird hier in den Mittelpunkt gerückt, wie es bereits in der Diskussion um das systemische Risiko deutlich wurde.

Bryant wies in seinem Ansatz auf die Existenz von Finanzintermediären hin und zeigte, dass Sichtgeldkontrakte von Banken eine gegenüber herkömmlichen Tauschmärkten superiore Allokation hervorbringen, indem die Finanzintermediäre risikoaversen Marktakteuren durch Einlagenkontrakt eine Absicherung gegen Einkommens- und Vermögenseinbußen durch Bereitstellung von Liquidität feilbieten, da diese zu Anfang noch nicht wissen, zu welcher Gruppe von Konsumenten (also early diers oder late diers[234]) sie zählen werden. Dadurch wird eine pareto-optimale Risikoaufteilung erreicht.[235]

---

[230] Hier zeigt sich wieder die Verbindung zu Vermögenspreisblasen und fehlerhaftem Management.

[231] Vgl. Minsky (1982), Seite 35f.

[232] Vgl. Gavin, Hausmann (1996), Seite 2ff.

[233] Vgl. Schwartz (1986), Seite 12.

[234] Im Modell von Diamond und Dybvig wird ebenfalls zwischen diesen beiden Konsumenten unterschieden; jedoch werden sie als frühe beziehungsweise späte Konsumenten bezeichnet. Frühe Konsumenten sind aus unbekannten Gründen gezwungen, ihr Geld frühzeitig auszugeben, während späte

Die Existenz der Finanzintermediäre wird damit von Bryant durch die angenommene Risikoaversion der Wirtschaftssubjekte begründet, die sich gegen Schocks absichern wollen. Da die Geldanlage im Produktionsprozess *risikoreich* ist und gemäß den Modellannahmen die Unsicherheit bezüglich des Konsumtyps zwischen Depositoren und Finanzintermediär ungleich verteilt sind, bestehen Instabilitätstendenzen.[236]

Der bekanntere Ansatz erfolgte im Jahre 1983 durch Diamond und Dybvig (im Weiteren als DD bezeichnet), dessen Grundannahmen in fast allen Modellen über Bank Runs und contagion (siehe Phase 2 und 3) enthalten sind.

DD ist es gelungen, das Problem der Instabilität einzelner Banken im fractional reserve banking-System, welches im Auseinanderdriften der Laufzeiten der Vermögenswerte und Verbindlichkeiten einer Bank begraben liegt, und somit die Wurzel der Verwundbarkeit einer Bank darstellt, zu formalisieren: Die Banken transformieren dabei *kurzfristige* Einlagen in *langfristige* Investitionsvorhaben;[237] der kritische Punkt ist, dass die Angst über einen vorzeitigen Abzug der Depositen durch eine zu große Zahl von Einlegern einen Bank Run in Form sich selbst erfüllender Erwartungen[238] auslösen könnte.[239]

Da Finanzintermediäre eine bessere Risikoaufteilung ermöglichen, als es eine private Anlage der Akteure bedingt, werden die Konsumenten ihre Ausstattung bei der Bank einlegen, welche dann selbst über eine Investition dieser Gelder (mit hohem Ertrag R) oder eine Haltung von Barreserven in Ermahnung der (bekannten) Anteile an frühen (λ) und späten (1-λ) Konsumenten in der Ökonomie entscheiden. Unterstellt wird eine Unsicherheit für den einzelnen Haushalt (*idiosynkratisches* Risiko) nicht aber für die Gesellschaft (*keine aggregierte Unsicherheit/Risiko*), da der *Anteil* λ annahmegemäß im Voraus den Haushalten und der Bank bekannt ist, die einzelnen Konsumenten ihren Konsumtyp zum Zeitpunkt der Einlage jedoch nicht kennen.[240] Ohne

---

Konsumenten erst am Ende „ihres Lebens" konsumieren und daher ihr Geld längere Zeit in einer Bank einlegen können. Vgl. Diamond, Dybvig (1982), Seite 403.

235 Diese Risikoaufteilung ist ein Grund für die Existenz von Finanzintermediären, die dabei illiquide Forderungen (Aktiva) in liquide Verpflichtungen (Passiva) transformieren (passivseitiger Ansatz); daneben ist eine weitere Erklärung für die Existenz von Intermediären, dass diese bei der Überprüfung von Projekten (monitoring) Skaleneffekte erzielen können (aktivseitiger Ansatz), vgl. Neuberger (1994), Seite 92f.

236 Vgl. Bryant (1980), Seite 340.

237 Heutzutage wird bei dieser Funktion vom Risiko der carry trades gesprochen, wobei Banken kurzfristige Einlagen hereinnehmen, das Geld auf der nach oben geneigten Zinsstrukturkurve weitertragen (carry) und es langfristig (auf dem Weltmarkt) ausleiht (= Basisgeschäft der Kreditinstitute). Aktuell werden allzu gerne in Japan billig Kredite vor allem von Hedgefonds und Versicherungen aufgenommen und z.B. in US-Akien angelegt. Das Wechselkursrisiko ist dabei allerdings nicht zu unterschätzen.

238 Dies wird auch als sunspot bezeichnet.

239 Vgl. Diamond, Dybvig (1983), Seite 402f.

240 Inwieweit in der Realität dieser Anteil bekannt sein würde, sei es für den Konsumenten oder gar den Finanzintermediär, ist eher fraglich. Allerdings ist eine Quote der Barabhebungen für eine Bank durchaus zu ermitteln, so dass sie darauf ihre Investitionsentscheidungen aufbauen kann, zumal bestimmte Einlagen nicht vorzeitig abrufbar sind. Vgl. Wallace (1988), Seite 8f.

aggregiertes Risiko sind damit aber auch die Rückflüsse aus den beiden „Vermögensarten“ (kurzfristige Bargeldhaltung versus langfristige Investition) gesichert.[241]

Die in der Wirtschaft agierende Bank betreibt also unter diesen Voraussetzungen eine *Fristentransformation* und wird damit der Aufgabe gerecht, die Notwendigkeit von verschiedenen Fristen auf Seiten von Sparern und Investitionsprojekten miteinander in Einklang zu bringen. Das Ziel der Bank ist dabei, den Anlegern eine effiziente Verteilung des Risikos zu ermöglichen.

Da die Bank nicht weiß, welcher der Depositoren in Periode 1 seine Einlagen abhebt, ermöglicht sie es durch den Depositenvertrag *allen* Verbrauchern (frühen und späten), ihre Depositen in t = 1 abzuziehen. Alle Anleger, die also in Periode 1 bereits ihre Einlagen abziehen wollen, erhalten vertraglich eine Rückzahlung in Höhe von r (> ursprüngliche Einlage) nach einer „first come, first serve“-Regel (= sequential service constraint, im Weiteren SSC),[242] sofern der Finanzintermediär noch in der Lage dazu ist, d.h., sofern er seine langfristige Investitionen liquidieren kann.[243]

Begründbar ist das Vorhandensein des SSC und damit die Instabilitätstendenz mittels der Annahme einer räumlichen Trennung der Wirtschaftssubjekte/Depositoren. Dementsprechend könnte auch keine Koordination der Wirtschaftssubjekte bezüglich von Kontoauflösungen stattfinden.

> „... people are isolated from each other but are in contact with their bank in a way that implies the sequential service constraint.”
> (Wallace, 1988)[244]
> Und weiter:
> „with the notion that people hold illiquid assets because they may find it themselves impatient to spend when they do not have access to asset markets, in which they can sell any assets at its usual market price“ und “with the notion that demand deposits provide the holder with the possibility of spending at any time, if not also at any place, a notion which implicitly assumes that not all people are together.”
> Wallace (1988)[245]

Denn wenn Wirtschaftssubjekte nicht voneinander isoliert wären, würde es ausreichen, dass sich die Wirtschaftssubjekte zusammensetzen und absprechen, wer zu den frühen Konsumenten gehört, welcher dann in Periode 1 seine Depositen abheben dürfte.[246] Aber dies ist mit dem Vorliegen von Illiquidität im Bankenbereich nicht vereinbar, so dass die Annahme der Isolation der Wirtschaftssubjekte und damit auch das SSC zumindest für das Funktionieren des Modells aufrechtzuerhalten ist.

---

[241] Vgl. Leitner (2001), Seite 4.

[242] Diese Bedingung ist essentiell für die Instabilitätstendenz der Depositenverträge. Zusätzlich müssen die Märkte in einer bedeutenden Weise unvollständig sein, nämlich darf es den Wirtschaftssubjekten nicht erlaubt sein, ihre Ansprüche auf reale Vermögenswerte zu handeln, nachdem sie ihre Konsumpräferenz entdeckt haben. Daher sind unter anderem Aktienmärkte in diesem Fall ausgeschlossen, so dass es auch keine Unterscheidung zwischen Eigen- und Fremdkapital gibt. Dies kann im Übrigen als einer der Hauptkritikpunkte an diesem Modell angesehen werden. Vgl. Jacklin (1987), Seite 31, Wallace (1988), Seite 1.

[243] Vgl. Diamond, Dybvig (1983), Seite 408.

[244] Wallace (1988), Seite 1.

[245] Wallace (1988), Seite 7.

[246] Vgl. Wallace (1990), Seite 17.

Schaut man sich diejenigen Konsumenten an, die ihre Einlagen erst in t = 2 von der Bank abziehen, erhalten diese anteilig den Liquidationswert der Bank in Periode 2. Der Liquidationswert entspricht dabei den übrig gebliebenen Investitionen und dem Produktionsertrag, wobei der anteilige Rückzahlungsbetrag an die späten Konsumenten c.p. um so geringer ist, je größer der Anteil der Sparer ist, die ihre Einlagen bereits in Periode 1 abziehen und je höher der Rückzahlungsbetrag r ist, den diesen per Depositenvertrag zugesichert ist.[247] Dabei zahlt es sich für den späten Konsumenten *normalerweise* jedoch nicht aus, seine Einlagen bereits in t = 1 abzuheben, wenn er selbst erwartet, dass *nur* frühe Konsumenten in Periode 1 abheben wollen, da er in diesem Falle Einbußen erleidet ($r < R$). Somit ist der Depositenvertrag anreizkompatibel und optimal für die Sparer.

Die an dieser Stelle zu stellende Frage ist dabei, ob ein Bankensystem, in dem ein Teil der Kundeneinlagen langfristig investiert wird, immer stabil ist, d.h., ob die Geschäftsbanken in der Lage sind, ihre vertraglichen Verpflichtungen auch zu erfüllen. Dies ist stark abhängig vom Verhalten der geduldigen Konsumenten, was wiederum von deren Erwartung über die Sicherheit ihrer Bank abhängt (eine Veränderung der Erwartungen entspricht dem Schock in Phase 2).

Problematisch an der Annahme der Instabilität ist dabei Folgendes: Die Bank berücksichtigt beim Eingehen der Depositenverträge die Gefahr der Instabilität und der daraus folgenden Möglichkeit eines Bank Runs nicht, und gleichzeitig akzeptieren die Depositoren wider besseres Wissen[248] solche Verträge, die im Falle eines Runs nicht einlösbar sind.

Ebenfalls problematisch ist die Annahme, dass der Anteil der jeweiligen Konsumenten der Bank und den Depositoren bekannt ist.

X. Die Organisationsstruktur des Bankensystems:

Unter Einbeziehung des Depositenvertrags nach DD legen Gorton und Huang (2002) dar, dass die Organisationsstruktur des Bankensystems für seine eigene Instabilität mitverantwortlich ist. Aufgrund der unterschiedlichen Strukturen kann damit auch eine Erklärung für die Entwicklung einer Zentralbank hin zum LOLR – sowie auch die Depositenversicherung – als Sicherheitsmaßnahme gegen Instabilität im Bankensektor aufgezeigt werden (dazu mehr in Phase 4).[249]

Jede der drei untersuchten Organisationsstrukturen kann dabei durch mehr oder weniger große Instabilitäten gekennzeichnet sein, in deren Folge Depositoren in Abhängigkeit des Verhaltens der Banken ihre Einlagen abziehen.

In einem System mit *vielen kleinen (Einzel-)Banken*, denen keine Risikodiversifikation möglich ist (sie können jeweils nur in *ein* langfristiges Projekt investieren), erhalten Depositoren ein Signal über den Zustand der Wirtschaft (z.B. Boom oder Rezession) und bilden damit Erwartungen über die gehaltenen Vermögenswerte der einzelnen Banken. Je niedriger eine derartige Erwartung ist, desto eher wird annahmege-

[247] Vgl. Diamond, Dybvig (1983), Seite 409.

[248] Die Wirtschaftssubjekte wissen über die Gefahr eines Bank Runs und den damit verbundenen Folgen beim Abschluss der Kontrakte in der Realität sehr wohl Bescheid, wobei allein Vertrauen Bank Runs verhindert.

[249] Vgl. Gorton, Huang (2002), Seite 2.

mäß davon ausgegangen, dass die Banken zu Moral Hazard und betrügerischen Handlungen neigen, um über ein höheres Risiko die Ertragserwartungen zu stabilisieren. Halten die Depositoren dies für möglich, werden sie all ihre Depositen abziehen, und es kommt zur Panik und Liquidierung aller Banken. Aufgrund der fehlenden Möglichkeit zur Risikodiversifikation auf Seiten der Banken ist dabei diese Organisationsstruktur von Instabilität geprägt.[250]

Ein Bankensystem mit *wenigen großen Banken* ist dagegen stabiler. Diese Banken können ihr Risiko diversifizieren (Investition in mehrere langfristige Projekte möglich) und haben damit auch die Möglichkeit, ihr Portfolio bei Problemen nur partiell zu liquidieren. Diese Risikodiversifikation führt zudem zu einer größeren Sicherheit des Rückflusses der langfristigen Anlage(n), so dass Depositoren mit dem Zustand der Ökonomie auch genaue Kenntnis über das Ausmaß des Moral Hazard der Banken besitzen. Auch hierbei führt die Kenntnis/Erwartung des Betruges zu Depositenabzügen; es trägt jedoch nur mit geringer Wahrscheinlichkeit zu einem Zusammenbruch der jeweiligen Bank bei.[251]

Schließen sich kleine Einzelbanken zusammen, entsteht eine *Bankenkoalition* (z.B. ein Clearinghaus). In diesem System führt ein Depositenabzug zu der Liquidierung einzelner Banken, wobei die restlichen einer im Voraus bestimmten Schadenteilungsregel folgen. Der Run kann zustande kommen, wenn einzelne Banken sich nicht an bestimmte, nicht verpflichtende Vorgaben der Koalition halten und die Depositoren antizipieren, dass die Koalition nichts gegen diese „betrügerischen" Banken unternimmt. Um daher die Instabilitätstendenz zu verringern, muss die Koalition die Einleger von der Ahndung des Betruges überzeugen. Somit verhält sich die Koalition wie ein LOLR, indem sie neben der Versicherung im Sinne einer Schadensteilung auch eine Überwachung ihrer Mitglieder bereitstellt.[252]

Das Koalitionssystem ist somit eine Zwischenform zwischen kleinen Einzelbanken und Großbanken. Dabei unterscheiden sich alle drei Organisationsformen hinsichtlich ihrer Instabilitätstendenz, wobei in allen Fällen es zur Krise kommt, wenn die Erwartungen über den Zustand der Ökonomie schlecht sind. Die Effizienzreihenfolge wird daraus klar ersichtlich: Großbankensystem, Koalitionssystem, Kleinbankensystem.[253]

Die zentrale Aussage obiger, vorlaufender Krisenverstärker ist dabei, dass die hinter Bankenkrisen stehenden Probleme in einem multidimensionalen Zusammenhang stehen und einen komplexen Mix aus zusammenhängenden Schwächen des Systems bilden. Der Blick nur auf eine einzelne ursächliche Komponente allein bildet nur

---

[250] Vgl. Gorton, Huang (2002), Seite 16f.

[251] Vgl. Gorton, Huang (2002), Seite 17f.

[252] Vgl. Gorton, Huang (2002), Seite 18ff.

[253] Aus diesem Grund hat sich eine Zentralbank in denjenigen Ländern als erstes zu einem LOLR fortentwickelt, in denen ein Bankensystem mit vielen kleinen, von Instabilitätstendenzen und infolge eines Schocks von Bank Runs eher betroffenen, Einzelbanken vorlag. Dass eine staatliche Organisation im Sinne einer Zentralbank und nicht eine rein private Koalition sich allgemein als LOLR durchgesetzt hat, liegt daran, dass bei einer drastischen Nachfrage nach Geld/Zahlungsmitteln nur eine Notenbank dies auffangen kann, da eine Koalition nicht über genügend Mittel verfügt. Dieses Modell stellt damit die direkte Verbindung zwischen Bankenpaniken und der Historie bzw. Aufkommen von Zentralbanken als LOLR dar, wie es in Kapitel 3 genauer betrachtet wird. Vgl. Gorton, Huang (2002), Seite 21ff.

ein verzerrtes Bild der Wirklichkeit ab und kann zu einer falschen Politik und fehlerhaften Reformvorschlägen führen. Denn gerade das Beispiel der vergangenen Krisen hat den Fall struktureller und fundamentaler Schwächen der Ökonomien aufgezeigt, wobei fehlerhafte Anreizstrukturen, schwache Regulierung, fehlerhafte Überwachungsmechanismen und fehlende Marktdisziplin zusammengespielt haben und die Grundlage für die jeweiligen Krisen legten.[254]

Am Beispiel *Finnland* zeigt sich die Instabilität des Bankensystems anhand finanzieller Deregulierung und unzureichender begleitender Maßnahmen:[255]

Die finnischen Banken wiesen bis zum Jahre 1980 vorhersehbare Profitmargen und vernachlässigbare Verluste im Darlehensbereich auf und agierten in einem hoch regulierten und stark konzentrierten Umfeld.[256]

Nachdem in den Jahren 1982 – 1991 eine Finanzmarktliberalisierung jedoch ohne Stärkung der regulierenden und überwachenden Rahmenbedingungen stattgefunden hatte, kam es in den Jahren 1991 – 1993 in Finnland zu einer Bankenkrise, die mit relativ großer Sicherheit hauptsächlich auf diese Liberalisierung zurückzuführen war.[257] Zur Liberalisierung kam jedoch noch ein starker Boom bei Vermögenspreisen, der Zusammenbruch des Außenhandels mit der ehemaligen Sowjetunion, die Abwertung der Inlandswährung, was die Rückzahlungsmöglichkeiten von in Fremdwährung verschuldeten Kreditnehmern verschlechterte, ein starker Anstieg des Realzinses, mit den gleichen Wirkungen für Schuldner in Inlandswährung, und letztlich eine zu starke Risikoneigung, schlechtes Management und Mangel an internen Kontrollen bei Geschäftsbanken bezüglich ihrer Kreditvergabe hinzu. Damit waren die Grundbedingungen der Krisenverstärker gelegt, so dass nach diesen Maßstäben die Bankenkrise eigentlich vorhersehbar hätte sein können.[258]

Die *„Savings and Loan"-Krise in den USA* (1981-1993) hatte ihre Hauptursache in fehlerhaftem Bankenmanagement, unpassender Überwachung und schlechter Regulierung, wobei noch Makroprobleme und regional beschränkte wirtschaftliche Rezessionen zu dem Übel beitrugen.[259]

Die Grundlagen für die Probleme der amerikanischen Bausparkassen[260] und auch der Geschäftsbanken wurden jedoch nicht erst in den 1980er Jahren gelegt, sondern viel früher:[261] Bereits in den 1970ern existierten einige nationale und internationale Faktoren, die Instabilität im Bankensystem verbreiteten; so ging man zu flexiblen Wechselkursen über, und auch die Inflationsraten stiegen unter anderem aufgrund von Ölpreisschocks an, was

[254] Vgl. Gavin, Hausmann (1996), Seite 2ff.; Staikouras (2004), Seite 876.

[255] Vgl. Schmidt (2001), Seite 263ff.

[256] Vgl. Lindgren et al. (1998), Seite 95.

[257] Zumal war Finnland im System fixer Wechselkurse gebunden, so dass der starke Anstieg des Kreditvolumens und der darauf folgende Immobilienpreisboom sowie die finanzielle Überhitzung nicht durch eine entsprechende Politik gezügelt werden konnte. Vgl. Lindgren et al. (1998), Seite 48.

[258] Vgl. Fink, Haiss (1999), Seite 210f.

[259] Vgl. FDIC (1997), Seite 137.

[260] Diese wurden bis 1989 durch das Federal Home Loan Bank Board (FHLBB) reguliert – wobei dieses als Liquiditätsquelle und LOLR diente – und durch die Federal Savings and Loan Insurance Corporation (FSLIC unter dem Dach des FHLBB) überwacht und versichert wurde. Vgl. Brandenburg (1993), Seite 12f.

[261] Vgl. FDIC (1997), Seite 170.

zu starken Zinssatzschwankungen beitrug.[262] Dies allein musste allerdings noch nicht zu Bankenkrisen führen, sondern bestimmte Bedingungen des Finanzmarktes kamen noch hinzu: Die staatliche Bausparkassen-Depositenversicherung[263] ignorierte lange Zeit die problematische Finanzstruktur der Bausparkassen, indem nur einheitliche Niedrigprämien auf alle Depositen verlangt wurden unabhängig von der Risikostruktur der jeweiligen Bausparkasse. Der beobachtete Zinsanstieg zu Beginn der 80er Jahre brachte daher die Bausparkassen in große Schwierigkeiten, da sie höheren Zinsen an ihre Anleger zahlen mussten, als sie durch die Hypothekenkredite einnehmen konnten, da bis 1981 keine Hypothekendarlehen mit flexiblen Zinsen vergeben werden konnten. Zusätzlich war ihnen eine Risikodiversifikation über bundesstaatliche Grenzen hinaus nicht erlaubt,[264] so dass regionale wirtschaftliche Abschwünge sofort den Wert der Immobiliensicherheiten verminderte.[265] Auch waren sie zu Beginn der 1980er Jahre auf bestimmte Investitionsprojekte beschränkt, deren Risiko jedoch gering war.[266]

Das *japanische Finanzsystem* begann sich ab den späten 1970ern langsam zu verändern, wobei der Prozess nicht glatt verlief.[267] Verursacht wurde diese Entwicklung durch die Verlangsamung des Wirtschaftswachstums ab ca. 1975 und den daraus folgenden Veränderungen der Finanzströme in Japan selbst.[268] Bis zu dieser Zeit war das japanische Wachstum eines der höchsten auf der Welt (durchschnittlich ca. 9% von ca. 1953 bis 1973), woraus man prognostizierte, dass Japan bis zum Jahr 2000 führende Weltmacht werden würde. Und selbst nach dem Einbruch des Wirtschaftswachstums blieb man international gesehen auf einem Niveau angemessener Wachstumsraten (ca. 4%).[269]

Das stabile Wachstumsniveau wurde auf das hohe Bildungsniveau, eine hohe Sparquote, die führende Rolle des Staates (Wirtschaftslenkung, indem bevorzugten Unternehmen und Branchen Begünstigungen gewährt wurden), die Freiheit der Unternehmen vor Finanzzwängen durch das Keiretsu-System, den engen Verbund zwischen Unternehmen und Banken, in dem Rentabilitätsaspekte eine nur geringe Rolle spielten, das staatliche Einlagensicherungssystem und eine auf Verdrängung ausgerichtete Wettbewerbspolitik zurückgeführt. Im Laufe der weiteren Entwicklung wurden internationale Kapitalverkehrskontrollen aufgehoben, so dass nicht nur japanische Unternehmen und Investoren auf ausländische Finanzmärkte Zugriff hatten, sondern auch ausländische Investoren und Unternehmen auf den japanischen Finanzmarkt.[270] Zinsrichtlinien wurden entschärft und die

[262] Gerade der Südwesten der USA, insbesondere Texas, wurde von den starken Ölpreisschwankungen besonders betroffen. So profitierte er durch seine Verbindung zu Ölförderung und Industrieproduktion während des zweiten Ölpreisschocks vom einsetzenden Boom, rutschte damit aber auch infolge des anschließend einsetzenden Preisverfalls gegen 1985 in eine starke Rezession. Vgl. Brandenburg (1993), Seite 48; Feldstein (1991), Seite 12ff.

[263] Seit 1934 durch den National Housing Act für Bausparkassen ins Leben gerufen.

[264] Vgl. Lindgren et al. (1998), Seite 97.

[265] Vgl. Curry, Shibut (2001), Seite 27.

[266] Vgl. Carron, Brumbaugh (1991), Seite 1.

[267] Vgl. Cargill (2000), Seite 42f.

[268] Vgl. Vattapilli (2004), Seite 1ff.

[269] Dennoch bestand das Problem einer höheren, aber gewollten Inflation, die der Senkung der Staatsschuld dienen sollte.

[270] Vgl. Ueda (2000), Seite 67.

Entwicklung des Kapitalmarktes ermöglichte den Unternehmen Alternativen zur Bankenfinanzierung.[271]

Im Zuge des Verlustes bei größeren Unternehmen auf Seiten der Banken wurde auch die Kreditvergabe an kleine und mittlere Unternehmen immer bedeutsamer.[272] Verstärkt wurde diese Tendenz auch aufgrund der steigenden Werte der Immobiliensicherheiten, die bislang als die unbedenklichste Form von Sicherheiten galt, infolge des Grundstückspreisbooms in den 80ern, der unter anderem durch expansive Geldpolitik verursacht wurde.[273,274] Die starke Euphorie am Finanzmarkt kam allerdings etwas überraschend, da in einer Planwirtschaft, wie Japan aufgrund der Staatslenkung bezeichnet werden sollte, Vermögenspreise nicht derart ansteigen könnten. Tatsächlich waren die Vermögensgeschäfte stark spekulativer Art, in der auch die Yakuza (japanische Mafia) mitmischte. Verschärft wurde dieses Problem auch durch die hohen Überkapazitäten des Bankensektors an sich, was durch eine zu hohe Erwartung über das Wirtschaftswachstum und neue Finanzierungsformen bedingt wurde. Der Kampf um Marktanteile führte dabei zu einem Ringen um potentielle Kunden unter Vernachlässigung von Kreditstandards und damit natürlich auch zu zunehmend potentiell uneinbringlichen Krediten auch bei bislang seriösen Banken.

In **Phase 2** tritt ein *adverser ökonomischer Schock* – also ein die Ökonomie schädigendes Ereignis, das wider das eigene Interesse oder wohlfahrtsmindernd ist – auf, der unmittelbare Folgen für das Bankensystem nach sich zieht (*Krisenauslöser*) und Probleme bei den betroffenen Banken selbst verursacht.

Es kommt also zu einem unerwarteten, plötzlichen Vorkommnis, das Verluste induziert, das Risiko auf dem Finanzsektor erhöht und höhere Zinssätze zumindest für einige Kreditinstitutionen, wenn nicht gar für manche Finanzmärkte mit sich bringt.[275]

Dieser Schock kann unterschiedliche Facetten haben: Ein unerwarteter Zahlungsverzug der öffentlichen Hand oder einer für das gesamte System wichtigen Finanzinstitution bzw. Nicht-Finanzinstitution bei der Tilgung ihrer Darlehen und in der Folge große, plötzliche Verluste bei einigen Institutionen auf einem Finanzmarkt, der Einbruch der Exportnachfrage, saisonale Schwankungen, ein Desaster, das einen Funktionsausfall auf den Finanzmärkten oder dem Zahlungs- und Abrechnungssystem verursacht (wie beispielsweise die Anschläge des 11. September, auf die die Fed mit einer starken Ausdehnung der Diskontpolitik reagiert hat), eine plötzliche heftige Preisänderung eines für die Volkswirtschaft essentiellen Rohstoffs (wie zum Beispiel Öl) oder einer Sach- oder Finanzanlage (wie zum Beispiel Grundstückspreise) – man erinnere sich nur an das Platzen einer Immobilienblase –, eine (grundlegende) Änderung im Währungssystem (wie der Wechsel von einem Festkurssystem zu flexiblen Wechselkursen bzw. eine Veränderung in der Geldordnung oder destabilisierende Unstetigkeiten in der Makropolitik), eine Veränderung der Regulierungspraxis bzw. eine

[271] Vgl. Hoshi, Patrick (2000), Seite 8ff.; Krawczyk (2004), Seite 3.
[272] Vgl. Ogawa, Kitasaka (2000), Seite 162f.
[273] Der Diskontsatz wurde noch im Jahre 1989-1990 viermal erhöht. Damit kam der Schritt zu einer angemessenen restriktiven Geldpolitik zu spät. Vgl. Cargill (2000), Seite 47.
[274] Vgl. Krawczyk (2004), Seite 1; Nagashima (1997), Seite 192ff.
[275] Vgl. Paul, Horsch, Stein (2002), Seite 33.

Finanzmarktliberalisierung oder einfach nur eine neue Information – mag sie richtig sein oder nicht, veröffentlicht sein (effiziente Finanzmärkte) oder noch vor der Veröffentlichung als Signal/Gerücht Erwartungen bei den Marktakteuren hervorrufen.[276] Auch ein konjunktureller Abschwung/Rezession kann ein zentraler *Auslöser* einer Krise sein, indem es in der Folge an Kapitaldienstfähigkeit wichtiger Schuldner – gerade im inländischen Unternehmenssektor, der große Teile des Kreditvolumens auf sich vereint – mangelt, so dass es zu einem kumulierten Ausfall von Bankenverbindlichkeiten kommt. Ein möglicher konjunktureller Einbruch kann dabei zu Unternehmenspleiten führen, die ihrerseits den Bankensektor beeinflussen, indem einige hoch verschuldete Unternehmen ihren Zins- und Tilgungszahlungen nicht mehr nachkommen können. Verstärkt kann dies durch vermehrte Ausfälle von Krediten mit direktem oder indirektem Immobilienbezug werden. Sinken infolge konjunktureller Abschwünge die Immobilienpreise kontinuierlich, beeinträchtigt dies zusätzlich die Kapitaldienstfähigkeit der Schuldner, die ein Darlehen zur Finanzierung einer Immobilie aufgenommen haben oder einen Kredit mit einer Immobiliensicherheit abgedeckt haben.[277]

Eine Bankenkrise kann auch unmittelbare Folge einer Währungskrise sein, welche beispielsweise durch eine Störung der Terms of Trade, neue Informationen über die tatsächlichen Werte der Handelsbilanz oder Ähnlichem ausgelöst sein kann; [278] sie kann dabei auch definiert werden als das Auftreten einer spekulativen Attacke auf die Inlandswährung, was eine starke Abwertung zur Folge hat oder die Währungsbehörden zwingt, die Währung durch den Verzehr großer Mengen internationaler Währungsreserven oder durch große Zinsanhebungen zu verteidigen. Eine Bankenkrise muss allerdings nicht unbedingt auf eine Währungskrise folgen. Die Kausalitätslogik kann auch in die andere Richtung verlaufen oder beide Ereignisse treten zufälligerweise unabhängig voneinander auf.[279]

Diese Schocks lassen sich in zwei Formen kategorisieren: Der *idiosynkratische* Schock, der lediglich eine einzelne Institution trifft, beziehungsweise das Risiko für nur eine Institution erhöht oder den Preis für ein einzelnes Asset tangiert. Das andere Extrem ist der aggregierte – oder auch *systemische* – Schock, der alle Firmen und Märkte *gleichzeitig* befällt und eine Absicherung via Diversifikation unmöglich macht,[280] wobei wohl die meisten der in der Realität erkennbaren Schocks zwischen diese beiden (theoretischen) Extreme fallen.[281]

Im Rahmen der Diskussion um die Krisenauslöser haben sich seit den 1980er Jahren zwei unterschiedliche Theorierichtungen herausgebildet, die mittels Modellierung die Ursachen von Bank Runs zu erklären versuchen.[282]

---

[276] Vgl. Fink, Haiss (1999), Seite 210f.; Gavin, Hausmann (1996), Seite 9ff.; Oort (1990), Seite 453f., 462f.; Schmidt (2001), Seite 252ff.
[277] Vgl. Blejer, , Feldman, Feltenstein (1997), Seite 5.
[278] Vgl. Blejer, Feldman, Feltenstein (1997), Seite 4.
[279] Vgl. Miller (1998), Seite 239.
[280] Vgl. Zimmermann, Bubb (2004), Seite 5.
[281] Vgl. De Brandt, Hartmann (2000), Seite 12; De Vries (2004), Seite 2; Hoggarth, Reidhill (2003), Seite 116.
[282] Vgl. Ennis, Keister (2003), Seite 1f.

Die erste Richtung betrachtet Bankenpaniken als *zufällige Ereignisse – sunspots* –, die ungeachtet der Vorgänge in der realen Wirtschaft auftreten. Die klassische Interpretation (im Rahmen einer makroökonomischen Betrachtung) führt eine Panik auf das Auftreten einer Massenhysterie zurück – wie es unter anderen Kindleberger (1978)[283] anführt. Die Makroliteratur betrachtete bisher allerdings systemisches Risiko nur in der Art und Weise, dass ein Herdenverhalten und eine Kreditüberexpansion für spezifische Sektoren zu simultan auftretenden Problemen für viele Banken führen, sobald ein negativer Schock oder ein entsprechendes Signal die Ökonomie getroffen hat und erkennbar wird, dass das Wachstum nicht aufrechterhalten werden kann.[284] Leider kann jedoch damit nicht begründet werden, welches Ereignis ein derartiges Expansionsverhalten auslöst und was zu seinem Zusammenbruch führen kann. Darüber hinaus kann die besondere Stellung von Banken in der Volkswirtschaft – wie sie bereits an früherer Stelle dargelegt wurde – damit nicht begründet werden und ebenso wenig, warum gerade sie häufiger und stärker zu Fragilität neigen als Unternehmen anderer Branchen. Dies kann nur anhand der den Banken inhärenten Bedingungen und Aufgaben, also eher mikroökonomisch, erklärt werden.[285]

Aufgrund dieser Mängel sollte man die makroökonomische Sicht nicht von der mikroökonomischen Seite trennen. So wird ein zyklischer Abschwung zunächst ein negatives Signal für die Depositoren einer einzelnen Bank senden; in einem auf Wettbewerb ausgerichteten System das Verhalten bzw. der Zustand einer einzelnen Bank dann auf weitere Banken projiziert wird. Würde man sich zu sehr auf die makroökonomische Sichtweise konzentrieren, so würde unter dem psychologischen Argument, dass subjektive Wahrscheinlichkeiten bezüglich des Auftretens von fatalen Situationen mit der Dauer ihres Nichtvorhandenseins nach einem solchen Ereignis kleiner werden, dieses als disaster myopia bezeichnete Verhalten dann zu einer Unterschätzung der Möglichkeiten eines solchen extremen Ereignisses führen und könnte damit zur Gefährdung der Banken beitragen.[286] Die mikroökonomische Sicht macht dagegen die ständige Instabilität des Bankensystems aufgrund der bestehenden Kontraktformen sichtbar und verleitet den Leser nicht, diese Gefahren zu unterschätzen. Diese „moderne" mikroökonomische Interpretation (basierend auf mikroökonomischen Theorien), die auf Diamond und Dybvig zurückgeht, geht von sich selbst erfüllenden Erwartungen aus.[287] Obwohl Letztere dargelegt haben, dass die von der Bank eingegangenen Kontrakte, wenngleich sie als optimal gelten und damit die Existenz von Banken legitimieren, notwendigerweise zu kostspieligen Paniken führen, und dass damit Bankenaktivitäten und Bankenpaniken untrennbar miteinander verbunden sind, hat sich *in der Realität* gezeigt, dass Kontrakte über Sichteinlagen nicht immer zwangsläufig von Paniken heimgesucht werden müssen. Nichtsdestotrotz blieb die zentrale Aussage unver-

[283] Im Vergleich zu Diamond und Dybvig hat jedoch Kindleberger keinen Einzelfall betrachtet, sondern konzentrierte sich auf die unformale Darstellung eines contagion-Events.
[284] Vgl. Minsky (1982), Seite 24; Nunnenkamp (1999), Seite 7.
[285] Vgl. Allen, Gale (2000), Seite 26ff.
[286] Vgl. Herring, Wachter (2002), Seite 7.
[287] Vgl. Allen, Gale (1998), Seite 1247.

ändert, nämlich dass Paniken unerwünschte Ereignisse darstellen, die durch einen *zufälligen* Einlagenabzug verursacht werden.[288]

Die zweite Theorierichtung betont die Bedeutung von Marktstrukturen im Bankenbereich, wenn Depositoren nur *unvollständige Informationen* über bankenspezifisches Risiko besitzen, wobei – im Gegensatz zu ersterer Erklärungsrichtung – die Existenz von Banken als gegeben vorausgesetzt wird. Nach dieser Ansicht ist der Run auf Banken nur die optimale Antwort der Depositoren auf unvollständige Informationen, weil sie die individuellen Vermögenswerte von Banken nicht kostenlos bewerten können und ihre Wertentwicklung nicht im Blickfeld behalten können. Paniken sind also der Ausdruck von Kontrolle: Sind Depositoren der Meinung, dass es Banken mit schlechtem „standing" gibt, ohne zu wissen, um welche es sich handelt, können sie geneigt sein, diese Banken durch einen systemübergreifenden Run auf mögliche Insolvenz zu „testen". Obwohl auch hierbei Paniken unvorhergesehen auftreten, sind sie doch rationaler Natur.[289]

Da hierbei die Panik auf realwirtschaftlichen Entwicklungen (eben der schlechten wirtschaftlichen Performance von Banken) beruht, können sie auch als natürliche Erscheinungen im Rahmen eines *Konjunkturzyklus* angesehen werden; im Abschwung sinkt der Wert des Vermögens der Banken, weswegen sie möglicherweise ihre Verpflichtungen nicht mehr erfüllen können. Wenn die Wirtschaftssubjekte ahnen, dass eine Baisse bevorsteht, und diese mit Schwierigkeiten im Finanzsektor assoziieren, werden sie versuchen, ihre Mittel abzuziehen, und können dadurch eine Krise auslösen.[290]

In der Vergangenheit konnte beobachtet werden, dass eine Vielzahl von Bankenkrisen im Zusammenhang mit Konjunkturzyklen und aggregierten Schocks, wie Wechselkursabwertungen, Aktienmarkt-Crashs oder Zinsanstiegen, stehen. Diese Krisen sind dabei Teil des realen *Konjunkturzyklus* und damit endogen verursacht, da sie mitsamt ihrer eigenen Stärke vom Verhalten der Wirtschaft abhängen.[291]

Bedeutsam ist in dieser Hinsicht, dass Banken eine spezielle Rolle als Kreditgeber innehaben. Eine übermäßige Kreditgewährung kann dabei das Risiko im Falle eines sich umkehrenden Konjunkturzyklus verstärken, wie es bereits Minsky (1977, 1982) in einem makroökonomischen Kontext beschrieben hat, wohingegen auch hier die meisten theoretischen Überlegungen eher mikroökonomischer Natur sind.

Diese Abgrenzungen – wie auch die einzelnen Vorbedingungen und die nachfolgenden Wirkungskanäle – sind natürlich nur idealtypischer Art; in der Realität können die unterschiedlichen Schocks, Übertragungskanäle und damit auch die Art des systemischen Events nicht voneinander unterschieden werden, was natürlich dann auch aussagekräftige Schlussfolgerungen aus empirischen Untersuchungen über Finanzkrisen deutlich erschwert.[292]

---

[288] Vgl. Diamond, Dybvig (1983), Seite 409f.
[289] Vgl. Leitner (2001), Seite 2.
[290] Vgl. Allen, Gale (1998), Seite 1247f.
[291] Vgl. Borio, Lowe (2002), Seite 44..
[292] Vgl. Zimmermann, Bubb (2004), Seite 5.

Es zeigte sich aber anhand verschiedener Länderstudien,[293] dass in beinahe allen beobachteten Ländern – sowohl industrialisiert oder nicht – eine Finanzmarktliberalisierung in den 80er und 90er Jahren eine Finanzkrise unterschiedlichen Ausmaßes verursacht hat, wobei bestimmte institutionelle Gegebenheiten vor der Liberalisierung und vorhandene Marktdisziplin das Problem verringert haben und Krisen nur in der Übergangsphase eingetreten sind.[294] Ein liberalisiertes Finanzsystem an sich muss von Krisen nicht betroffen sein, solange institutionelle Bedingungen (rechtzeitig) angepasst wurden. Betrachtet man den Zeitraum zwischen 1975 und 1997 und teilt diesen in zwei Untersuchungsbereiche 1975 – 1986 und 1986 – 1997, so ist dabei erkennbar, dass im ersten Untersuchungsabschnitt mehr Finanzkrisen im Sinne von Währungs- oder Schuldenkrisen identifiziert werden konnten. In der zweiten Untersuchungsperiode dagegen wurden mehr Bankenkrisen ausgemacht, von denen angenommen werden kann, dass sie ihre Ursache in der Liberalisierung des Finanzsektors hatten.

Zeiträume von Zinsliberalisierungen zwischen 1980 und 2001

Land	Zeitraum		
Ägypten	1991-2001	Nepal	
Burundi		Neuseeland	1980 1984-2001
Chile	1980-2001	Niger	
Dänemark	1981-2001	Nigeria	1990-1993
Deutschland	1980-2001	Papua Neuguinea	1980-2001
Ecuador	1986-1987 1992-2000	Peru	1980-84 1990-2001
El Salvador	1991-2001	Portugal	1984-2001
Finnland	1986-2001	Schweden	1980-2001
Frankreich	1980-2001	Senegal	
Griechenland	1980-2001	Spanien	1980-2001
Guatemala	1989-2001	Sri Lanka	1980-2001
Indien	1991-2001	Südafrika	
Indonesien	1983-2001	Swasiland	
Irland	1985-2001	Thailand	1989-2001
Israel	1990-2001	Togo	1993-2001
Italien	1980-2001	Türkei	1980-82 1984-2001
Jamaika	1991-2001	Uganda	1991-2001
Japan	1985-2001	Uruguay	1980-2001
Kenia	1991-2001	USA	1980-2001
Korea	1984-1988 1991-2001	Venezuela	1989-2001
Mexiko	1989-2001		

Tabelle 3, Quelle: Demirgüc-Kunt und Detragiache (1999), Tabelle 1 und Glick und Hutchinson (2001), Anhang 2B, eigene Darstellung.

[293] Vgl. Williamson und Mahar (1998), Seite 53.
[294] Vgl. Kaminsky, Reinhart (1996), Seite 7.

Natürlich kann die jeweilige Bankenkrise nicht auf diese Ursache allein zurückgeführt werden, die Schocks kommen zumeist kumuliert vor und können sich gegenseitig weiter verstärken.

I. sunspots nach Diamond und Dybvig:

Ausgehend vom bereits oben beschriebenen Depositenvertrag hat der späte Konsument die Möglichkeit jederzeit seine Depositen von der Bank abzuziehen, auch wenn er seine Konsumwünsche in dieser Periode nicht realisiert. Vertraut der geduldige Konsument in die Zahlungsfähigkeit seiner Bank, wird er es aber immer bevorzugen, sein Geld erst in Periode 2 abzuziehen. Dieses ist ein „gutes" Gleichgewicht, in dem nur frühe Konsumenten ihre Einlagen abziehen. Dies führt zu einer 100%igen Solvenzwahrscheinlichkeit und zur Erfüllung der Erwartungen der Konsumenten.[295]

Daneben existiert aber noch ein weiteres Gleichgewicht, welches im Falle eines Bank Runs entsteht, wenn insbesondere auch die späteren Konsumenten in Panik getrieben zur Bank laufen, um ihre Depositen abzuheben; bei diesem handelt es sich um ein „*schlechtes*" Gleichgewicht: Die Bank wird dann *nicht* in der Lage sein, jedem r in t = 1 auszubezahlen, wenn *alle* Konsumenten auf einmal abheben möchten. Ein Bank Run ist daher von größter ökonomischer Bedeutung, da er zu echter Ineffizienz führt.[296]

Sollten es späte Konsumenten aufgrund einer plötzlichen Erwartungsänderung als optimal erachten, ihre Depositen in Periode 1 abzuziehen, dann wird bei einer großen Anzahl die Bank dazu gezwungen sein, *all*[297] ihre langfristigen Investitionsvorhaben in Periode 1 zu revidieren, wobei die verfügbaren Ressourcen nach dem first come, first serve-Prinzip an die Depositoren verteilt werden und die „zu spät Kommenden" leer ausgehen.[298,299]

Gerade in Erwartung eines antizipierten Bank Runs ist es für die Konsumenten vom Typ 2 tatsächlich die Optimallösung, sich eine Auszahlung in Periode 1 zu sichern, weil dann der ausstehende Rückzahlungsbetrag r größer ist als der Liquidationswert (= d) der Investition in t = 2. Sollten also nur hinreichend viele Sparer zusätzlich zu den Sparern vom Typ 1 abheben, verbleibt so wenig in der Investition, dass ein Konsument in t = 2 weniger erhalten würde, als er in t = 1 erhalten kann.

Sind dabei keine anderen institutionellen Vereinbarungen getroffen, wird die Bank zugrunde gehen und nichts wird für Periode 2 übrig bleiben. Somit ist es für den Einzelnen – auch wenn er ursprünglich gar nicht vorhatte, seine Depositen vorzeitig abzuheben – dennoch rational – falls andere Konsumenten ihre Guthaben zurückziehen – eben dasselbe zu tun, um der Gefahr zu entgehen, dass die Bank in Periode 2 nicht mehr zahlungsfähig ist, da alle vorhandenen Einlagen schon ausbezahlt wurden.

---

[295] Vgl. Diamond, Dybvig (1983), Seite 409.

[296] Vgl. Freixas, Rocket (1997), Seite 192ff. Jedoch entfällt damit auch die Transformationsfunktion.

[297] Die Bank wird gezwungen sein, all ihre langfristig gebundenen Investitionsvorhaben frühzeitig abzubrechen, da – sobald ein später Konsument seine Einlage vorzeitig abruft – die anderen (späten) Konsumenten nachziehen werden aus Angst, dass sie, wenn sie bis in Periode 2 warten, gar keine Einlagen mehr zurückbekommen.

[298] Vgl. Allen, Gale (1998), Seite 1247.

[299] Vgl. Diamond, Dybvig (1983), Seite 408.

In diesem Falle sind die anfänglichen Erwartungen self-fulfilling.[300] Die Schwankungen dieser Einschätzungen, die den Wechsel von einem Gleichgewicht ins andere bedingen, bleibt weitestgehend ungeklärt, wenngleich DD mehrmals verschiedene „commonly observed random variables in the economy" erwähnen, welche einen Run hervorrufen können.[301]

Exkurs: Spieltheoretische Betrachtung

An dieser Stelle soll zur Verdeutlichung das Modell von Diamond und Dybvig unter Einbeziehung von Finanzintermediären noch einmal kurz zur besseren Verdeutlichung in spieltheoretischer Form dargestellt werden. Hierbei wird davon ausgegangen, dass zwei Investoren (von denen die Bank annimmt, dass sie späte Konsumenten sind, ihnen dennoch vertraglich eine vorzeitige Abhebung garantiert), ihre Depositen bei der Bank hinterlegt haben und die Bank diesen Betrag in das langfristige Projekt investiert. Daraus ergeben sich Auszahlungen gemäß: d < r < R, da eine frühzeitige Liquidation einen geringeren Ertrag erbringt:

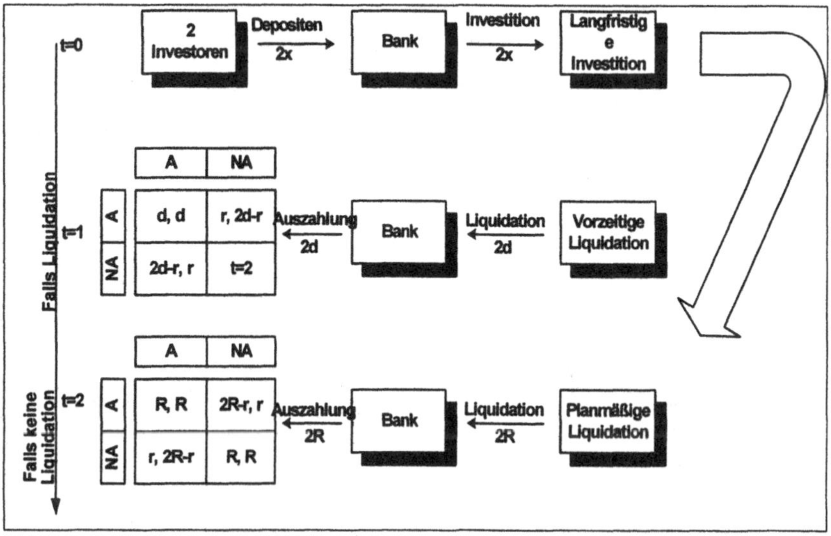

Abbildung 5, Quelle: eigene Darstellung.

Sollte im Rahmen des abgeschlossenen Vertrages ein oder beide Depositoren von ihrem Recht Gebrauch machen und seine Einlagen abziehen, so muss die Bank das Investitionsobjekt vollständig vorzeitig liquidieren.[302] Die frühzeitige Liquidation bedeutet jedoch einen Ertragsverlust, so dass eine Investition von den Depositen beider Einleger nur noch den geringeren Ertrag 2d erwirtschaftet. Wenn beide gleichzeitig eine Auszahlung verlangen, so erhält jeder den (geringen) Betrag d. Sollte dagegen nur einer der beiden (zunächst, d.h. in Periode 1) auf eine Auszahlung verzichten, so erhält der Abhebende seinen ihm vertraglich zugesicherten Betrag r, der vom Liquidationserlös abgedeckt ist, während für den Nicht-

[300] Vgl. Diamond, Dybvig (1983), Seite 410.
[301] Vgl. Diamond, Dybvig (1983), Seite 409.
[302] Vgl. Diamond, Dybvig (1983), Seite 408f.

Abhebenden nur noch der Betrag 2d-r (< r) übrig bleibt, da die Bank den Restbetrag mangels einer weiteren langfristigen Anlage ohne Gewinn in Periode 2 transferiert. Sollten dagegen beide Depositoren ihre Einlagen in Periode 1 nicht abheben wollen, so kommt es in Periode 2 zur planmäßigen Liquidation der langfristigen Investition mit dem Ertrag R pro Investitionsanteil (also insgesamt 2R). Wenn beide gleichzeitig auf ihre Auszahlung bestehen, erhalten sie jeweils den Betrag R. Dieselbe Auszahlung würde erfolgen, würden beide auf eine Auszahlung verzichten, weil die Bank in Periode 2 selbst vollständig liquidiert wird. Sollte aber nur einer der beiden Depositoren die Auszahlung „vergessen", so erhält der andere den Betrag 2R-r, da dem Ersten in diesem Falle nur sein ihm vertraglich zugesicherter Betrag r zusteht.

Diese Auszahlungen können dabei folgendermaßen *interpretiert* werden: Die frühzeitigen Abzüge (die eine maximale Höhe von r haben) weisen das klassische Rückzahlungsmuster von Fremdkapital auf, während die verbleibenden späten Konsumenten als Eigenkapitalgeber interpretiert werden können, welche den „Rest" untereinander aufteilen und damit auch das Risiko tragen.[303]

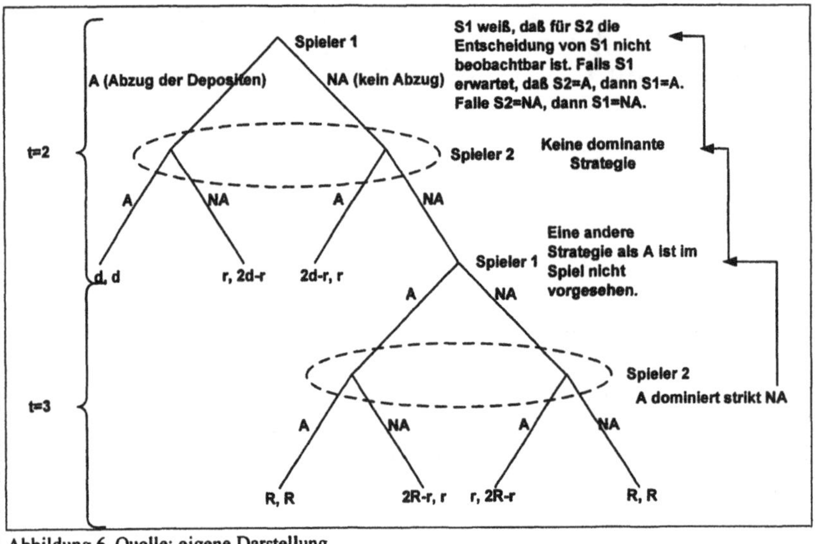

Abbildung 6, Quelle: eigene Darstellung.

Durch die Annahme *risikoloser* Projekte schließen DD Runs aufgrund fundamentaler Schwächen von Seiten der Bank allerdings aus, so dass als Erklärung für den Wechsel in den Einschätzungen der Individuen letztlich nur ein sich selbst erfüllender Mechanismus (sunspot) herhalten kann und damit allein *panikbasierte* Runs[304] erklärbar wer-

[303] Vgl. Jacklin, Bhattacharya (1988), Seite 584f.

[304] Bei einem panikbasierten Run besteht der Grund für den Abzug der Einlagen ohne Liquiditätsbedarf in einem externen Ereignis; dazu zählen zum Beispiel Gerüchte, dass auch andere Anleger ohne Liquiditätsbedarf abheben oder Gerüchte, dass die Bank zahlungsunfähig wird. Deswegen nehmen die Anleger trotz sicherer Rückflüsse aus den Bankaktiva an, dass die Bank ihre Zahlungsversprechen nicht einhalten kann. Vgl. Diamond, Dybvig (1983), Seite 409.

den, wohingegen die Annahme *riskanter* Projekte, wie sie im Folgenden teilweise unterstellt werden, zu *informationsbasierten* Runs[305] führen.[306] Dass ein panikbasierter Run nicht so sehr von der Realität entfernt ist (zumindest nicht in früheren Zeiten), erklärt seine Beschreibung durch Bagehot 1873:

> „Ordinarily discredit does not at first settle on any particular bank, still less does it at first concentrate itself on the bank or banks holding the principal cash reserve. These banks are almost sure to be those in best credit, or they would not be in that position, and, having the reserve, they are likely to look stronger and seem stronger than any others. At first, incipient panic amounts to a kind of vague conversation: Is A.B. as good as he is used to be? Has not C.D. lost money? And a thousand such questions. A hundred people are talked about, and a thousand think, – 'Am I talked about, or am I not?' And every day, as a panic grows, this floating suspicion becomes both more intense and more diffused; it attacks more persons, and attacks them all more virulently than at first."
> Bagehot (1873)[307]

Heutzutage werden Runs aber weder zufällig (d.h. stochastisch) noch wegen eines erhöhten Liquiditätsbedarfs der Konsumenten auftreten, als vielmehr aufgrund der Qualität der Finanzanlagen des Intermediärs; denn Banken wissen eine Liquidierung – infolge drastischer Abzüge – durch Refinanzierung auf dem Interbankenmarkt zu verhindern. Erst wenn andere Banken die sich momentan in Liquiditätsengpässen befindliche Bank nicht mehr als kreditwürdig erachten und Kredite am Interbankenmarkt abgelehnt werden, dann kommt es erst zum Zusammenbruch, da ein Ausgleich des Liquiditätsbedarfs nicht mehr möglich ist.[308]

Zusätzlich wurde bereits an früherer Stelle deutlich, dass die hier unterstellte, besondere Organisationsstruktur der Bank und ihre alleinige Finanzierung durch Fremdkapital und eben nicht durch Eigenkapital hauptverantwortlich für Bank Runs sei. Bei einem gewissen Anteil von Eigenfinanzierung würde im Krisenfall das Eigenkapital vernichtet und die Fremdkapitalgeber vorerst geschützt, so dass zunächst kein Bank Run notwendig sein würde.[309]

II. Erweiterungen des Diamond und Dybvig Modells

II. a. Panikbasierte Bank Runs unter aggregiertem Risiko

Kritisch an Diamond und Dybvig war unter anderem die Unterstellung, dass der Anteil der jeweiligen Haushalte λ *bekannt* war, wohingegen die Aufhebung der Annahme *aggregiertes* Risiko einführt. Allerdings wird dadurch die Implementierung von Verträgen, die eine effiziente Risikoverteilung beinhalten, schwieriger als bisher im Falle

---

[305] Bei einem informationsbasierten Run besteht der Grund für den Abzug der Einlagen ohne Liquiditätsbedarf darin, dass Anleger zusätzliche Informationen über die nun als unsicher angenommenen Rückflüsse aus den Bankaktiva haben. Fallen diese Informationen negativ aus – weil zu erwarten ist, dass nur sehr kleine Rückflüsse zu realisieren sein werden –, so kann es für den Anleger von Vorteil sein, sein Geld sofort auch ohne akuten Liquiditätsbedarf abzuheben. Diese Art von Runs bedingt ein eindeutiges, parameterabhängiges Gleichgewicht.

[306] Vgl. De Bandt, Hartmann (2000), Seite 19.

[307] Bagehot (1999), Seite 48f.

[308] Vgl. Calomiris, Kahn (1991), Seite 499, Stillhart (2002), Seite 56ff.

[309] Auch in allen im Folgenden betrachteten Bank Run-Modellen werden Aktienmärkte vernachlässigt, so dass die damit verbundene Kritik gilt. Vgl. Burghof (1998), Seite 57f.

eines idiosynkratischen Risikos, bei dem der Anteil λ der „ungeduldigen" Wirtschaftssubjekte in der Ökonomie von vornherein bekannt ist.[310]

Bei aggregiertem Risiko können Banken keine optimale Versicherung der Depositoren durch den Depositenvertrag erreichen, da sie den Anteil der frühen/ ungeduldigen Konsumenten nicht kennen.[311] Die Banken müssen daher in Periode 0, vor dem Eingehen der Verträge, einen bestimmten Wert $\tilde{\lambda}$ festlegen, auf welchem die Auszahlungen in beiden Perioden beruhen. Sind die subjektiven Einschätzungen der Banken über den Anteil der frühen Konsumenten jedoch falsch und stellt sich heraus, dass der tatsächliche Anteil größer ist als der erwartete ($\lambda > \tilde{\lambda}$), so können, selbst wenn nur frühere Konsumenten ihre Depositen in Periode 1 abziehen und selbst wenn kein Bank Run stattfindet, die Restriktionen bezüglich des optimalen Vertrags nicht mehr aufrechterhalten werden. Die Möglichkeit eines Bank Runs bzw. die Illiquidität des Bankensystems ist in diesem Fall höchst wahrscheinlich, da frühe Konsumenten auf jeden Fall ihre Depositen abfordern und so die Liquidierung der langfristigen Investitionen verursachen. Natürlich werden dann spätere Konsumenten ihre Depositen ebenfalls in Periode 1 abfordern, um Verluste zu vermeiden.[312]

Abgesehen von der Möglichkeit durch eine unbekannte Größe λ aggregierte Unsicherheit einzuführen, besteht die Möglichkeit, aggregiertes Risiko auch durch Einführung eines (zunächst) unbekannten Ertrages R der langfristigen Investition zu generieren; diese Vorgehensweise wurde unter anderem von Goldstein und Pauzner gewählt. Der Rückfluss der langfristigen Anlage ist also risikobehaftet; in ihrem Ansatz ist der Ertrag des langfristigen Projekts nicht fixiert, sondern variabel. Indem sie diese Unsicherheit über die Erträge R einbringen, ermitteln sie für jedwede denkbare Höhe von R, ob ein Bank Run anzunehmen ist oder nicht.[313]

Das Modell von Goldstein und Pauzner (2005) bezieht den Einfluss von *Gerüchten* über R ein, wobei dennoch – im Unterschied zu Modellen mit asymmetrischen Informationen (siehe unten) – der Bank Run *panikbasiert* bleibt. Diese Erwartungen über R werden durch die *potentielle* Realisation der Fundamentalwerte bestimmt. Damit bestimmten die erwarteten Fundamentalwerte die Aktionen der Wirtschaftssubjekte nicht direkt, sondern dienen als Richtlinie für die koordinierten Erwartungen über ein bestimmtes Ergebnis.

Gerüchte über den Ertrag des langfristigen Projektes führen dabei zu einer Koordination der Wirtschaftssubjekte untereinander.[314] Bank Runs können dabei durch Koordinationsfehler der Wirtschaftsakteure ausgelöst werden, indem bei guten Fun-

---

[310] Eine weitere Möglichkeit, die Ausprägung aggregierten Risikos zu untersuchen, ist unter der Annahme gegeben, dass die Auszahlung R in der zweiten Periode stochastisch ist (siehe u.a. das Modell von Goldstein/Pauzner (2000)).

[311] Vgl. Dowd (1992), Seite 115; Green, Lin (2000), Seite 4ff.

[312] Im gegensätzlichen Fall, in dem der erwartete Anteil größer ist als der tatsächliche ($\lambda < \tilde{\lambda}$), kommt es hingegen zu einer nicht optimalen (da geringeren) vertraglichen Auszahlung für die frühen Konsumenten in Periode 1. Vgl. Wallace (1990), Seite 15f.

[313] Vgl. Dowd (1992), Seite 118; Goldstein, Pauzner (2005), Seite 1294f.

[314] Vgl. Goldstein, Pauzner (2005), Seite 1295.

damentaldaten die *Erwartung* über den Abzug der Depositen anderer Akteure besteht, so dass auch Ersterer sein Konto auflöst.[315]

Es wird unterstellt, dass in Periode 1 jeder Wirtschaftsakteur ein privates Signal Θ über die Fundamentalwerte der Wirtschaft erhält. Bevor nun die Akteure eine Entscheidung über den Abzug ihrer Depositen treffen, müssen sie das erhaltene Signal interpretieren, da dieses Signal für jeden einzelnen noisy ist, d.h., für jeden Akteur mit einem kleinen (gleich verteilten) Fehler ε behaftet ist (*Gerücht*). Da alle nun unterschiedliche Informationen besitzen, hat keiner einen Vorteil bezüglich der Qualität des Signals.[316]

Ob der späte Konsument einen Bank Run auslöst, hängt nun in doppelter Weise vom erhaltenen Signal ab: Erstens enthält das Signal Informationen über den erwarteten Ertrag in Periode $t = 2$. Je größer das Signal ist, desto höher ist die Wahrscheinlichkeit einer hohen Auszahlung und je niedriger die Wahrscheinlichkeit eines Runs. Zweitens ermöglicht das erhaltene Signal einen Vergleich mit den Signalen anderer Akteure; ist das eigene Signal groß, desto mehr wird an ein ebenfalls großes Signal anderer Wirtschaftssubjekte geglaubt, was einen Run wiederum unwahrscheinlicher werden lässt.

Wenn nun in Periode 1 alle frühen Konsumenten ihre Depositen abziehen, müssen späte Konsumenten die erwartete Auszahlung in Periode 1 mit der in Periode 2 vergleichen, diese wiederum ist abhängig von ihrem Signal und dem Anteil derjenigen Wirtschaftssubjekte, die ihr Konto früh auflösen.[317]

Für sehr schlechte Zustände der Ökonomie (mit $\Theta < \overline{\Theta}$) ist der langfristige Ertrag nur sehr gering, was eine vorzeitige Kontoauflösung vorteilhaft macht, auch wenn alle anderen späten Konsumenten Periode 2 abwarten. Andernfalls (bei sehr guten Zuständen der Wirtschaft ($\Theta > \overline{\Theta}$)) schließt der hohe Ertrag in Periode 2 einen Bank Run aus. Hierbei ist es niemals für geduldige Konsumenten profitabel, ihr Konto aufzulösen, selbst wenn alle anderen späten Konsumenten dies tun würden.[318]

Bei einem mittleren Signal schließlich kann ein partieller Run entstehen, bei dem späte Einleger aufgrund ihres Signals und der Menge Abzügen in Periode 1 ihre Einlage abziehen. Entweder bleibt ein Restbetrag in Periode 2 übrig, oder der Abzug ist so groß, so dass die restlichen Einleger leer ausgehen.

Es kann nun aus dem individuellen Signal, dem gleich verteilten Fehler und den „Extremwerten" insgesamt geschlossen werden, wie viele späte Konsumenten ein zum Abzug ihrer Depositen führendes Signal erhalten haben.[319]

II. b. Informationsbasierte Bank Run-Modelle

Die mikroökonomischen Modelle der zufälligen Schocks (sunspots) waren in der Regel wenig zufrieden stellend, weil sie generell mit realen Geschehnissen inkonsistent erscheinen und weil viele Ökonomen daran zweifeln, dass Wirtschaftssubjekte rein zufällig entscheiden, ob sie einen Ansturm auf Banken einleiten, ohne dafür einen

[315] Vgl. Goldstein, Pauzner (2005), Seite 1299ff.
[316] Vgl. Goldstein, Pauzner (2005), Seite 1302ff.
[317] Vgl. Goldstein, Pauzner (2005), Seite 1303.
[318] Vgl. Goldstein, Pauzner (2005), Seite 1301ff
[319] Vgl. Goldstein, Pauzner (2005), Seite 1303.

wirtschaftlichen Grund zu haben. Neuerliche Anstrengungen im Bereich ökonomischer Modellierung haben daher Konzepte unter Einbeziehung von *Informationsasymmetrien* angewandt, um Bedingungen herleiten zu können, unter denen es für Depositoren rational sein könnte, einen Run auf Banken vorzunehmen.[320] In Modellen mit Informationsasymmetrien werden Banken für Depositoren als undurchschaubar erachtet, so dass ihre Überwachung für sie kostspielig ist. Unter unvollständigen und kostspieligen Informationen kommen dann Modelle zustande, in denen Einleger große Schwierigkeiten haben, gesunde Banken von „kranken" zu unterscheiden.[321] Jegliche Art von Schocks oder auch Neuigkeiten, die dazu führen, dass Depositoren die Risikostruktur ihrer Bank neu bewerten, verursachen (zusammen mit dem SSC), die Annahme der Depositoren, dass Banken sich risikoreicher verhalten als sie bisher angenommen haben. Unter den Umständen, aggregierte Informationen nutzen zu müssen, ist es für die Depositoren mehr oder weniger rational, ihre finanziellen Mittel von den Banken abzuziehen, als vielmehr teure Informationen zu ermitteln und zu verwerten oder zu riskieren, ohne Abzug der Einlagen ihr Geld zu verlieren. Im Rahmen dieses Ansatzes sind damit Bank Runs ein immanenter, endogener Bestandteil von Konjunkturzyklen.[322]

Wie in den vorhergegangenen sunspot-Modellen werden aber auch hier selbst keinerlei Ursachen für Schocks und damit auch keine bestimmten Gründe für das Zusammenbrechen von Banken genannt. Für gewöhnlich aber wird gemutmaßt, dass ein Schock seinen Ursprung im Kreditmarkt und im Bekanntwerden neuer, relevanter, die Qualität von Bankvermögen betreffender Informationen hat.

Gorton (1985) hat im Zusammenhang von Konjunktur und Bank Runs ein einfaches Modell aufgestellt, inwieweit das Vorhandensein asymmetrischer Informationen zu (fundamentalen) Bank Runs führen könne: Unter der Annahme identischer Präferenzen unter den Wirtschaftssubjekten erhalten diese in Periode 1 ein Signal über den erwarteten Rückfluss ihrer Depositen bezüglich Periode 2, wobei das Signal nur aus ökonomieübergreifenden Schocks kommen kann, da diese beobachtbar sind (*kein Gerücht!*), während ebenfalls auftretende idiosynkratische Schocks von den Konsumenten nicht beobachtbar seien und daher die Erwartungen der Akteure über die Bankportfolios nicht beeinflussen können. Wenn dieser aus dem Signal abgeleitete erwartete Rückfluss der Depositen nun kleiner ist als der erwartete Rückfluss einer Bargeldhaltung, so kommt es zu einem fundamentalen Bank Run.[323]

Mit uneindeutigen Informationen über den Zustand der Bankeninvestitionen kann eine Panik rational und damit *informationsbasiert* ausgelöst werden; uneindeutig deshalb, da die Befürchtung über eine schlechte Qualität der Portfolien des gesamten Bankensystems besteht, ohne dass der Akteur die einzelne Situation seiner eigenen Bank kennt. Rational deshalb, weil der Indikator wichtige bzw. entscheidungsrelevante Informationen für das einzelne Wirtschaftssubjekt beinhaltet, die mit dem Zustand der Bankeninvestitionen korreliert sind.[324]

[320] Vgl. Jacklin, Bhattacharya (1988), Seite 569.
[321] Vgl. Mishkin (1991), Seite 74.
[322] Vgl. Bernauer, Koubi (2004), Seite 3f.; Gorton (1988), Seite 754f.
[323] Vgl. Gorton (1985), Seite 181.
[324] Vgl. Gorton (1988), Seite 757.

Im Falle einer Panik kann damit aber auch eine über bessere Informationen verfügende Bank ihren Kunden signalisieren, dass das Fortführen der Investitionsprojekte von beiderseitigem Nutzen ist.[325] Dies erfolgt mit der Suspendierung der Auszahlung der Depositen; sie verhindert eine suboptimale Auswirkung der frühzeitigen Abzüge infolge von Panik beeinflusster, aber sich dennoch rational verhaltender Depositoren.[326]

Paniken werden damit aber auch zu vorhersagbaren Zuständen auf Basis früherer Informationen: Sie treten nicht mehr zufällig auf, sondern sind eine Reaktion auf Veränderungen in den erwarteten Rückflüssen der Bankinvestitionen.[327]

In Anlehnung daran argumentierte Mishkin (1991), dass Schlüsselvariablen hilfreich sind, um die Differenzen der Einschätzungen verschiedener Depositoren über das Bankenrisiko zu erfassen. Genauer gesagt werden in Perioden von finanziellen Schwierigkeiten Unternehmen mit gutem Ruf weniger betroffen sein und die Kreditgeber werden bezüglich der Risikoeinschätzung dieser Unternehmen weniger von Unsicherheit geprägt sein als bei Unternehmen, welche einen schlechteren Ruf haben:

Innerhalb seines Szenarios wird eine Bankenkrise bzw. das Zusammenbrechen eines Finanzinstituts eingeleitet, indem ein bedeutender Schuldner falliert bzw. in finanzielle Schwierigkeiten gerät. Als Folge sieht er höhere adverse Selektion und agency-Probleme an, so dass Investitionen und aggregierte Wirtschaftsaktivität nachlassen. Da infolgedessen Depositoren Verluste befürchten, ziehen sie ihre Einlagen von den Banken ab, d.h. sie leiten eine plötzliche Verschiebung der Nachfrage der Wirtschaftssubjekte nach Liquidität ein, und bedingen einen Bank Run, der wiederum die ökonomischen Probleme verschärft. Im Gegenzug kämpfen Banken um Reserven, indem sie die Darlehensvergabe einschränken und Vermögenswerte verkaufen. Als Folge führen der Rückgang der Darlehen und die Ablehnung, Kredite zu erneuern, zu einer Reduzierung des Outputs. Der Prozess wird dann systembedrohend, wenn einer oder mehrere bedeutende Gläubiger Skepsis über die Qualität des Bankenvermögens hegen und die Marktakteure dazu verleiten, eine Portfolioumschichtung zugunsten Bargeldes vorzunehmen.[328]

Jacklin und Bhattacharya (1988) nehmen einen Vergleich zwischen panikbasierten und informationsbasierten Runs vor und bestimmen daraus die unterschiedlichen Folgen bzw. Probleme.[329] Bank Runs sind dabei nach Auffassung der Autoren rein informationsbedingt, indem informierte Einleger ein nicht perfektes Signal über die riskanten Projekte der Bank bzw. ihrem Ertrag erhalten und danach ihre Einlagen abziehen und die Bank zwingen, die Projekte vorzeitig zu liquidieren.[330]

Da sich Depositen wertmäßig durch Informationen nicht verändern, die das zugrunde liegende Projekt betreffen, während der Wert von Aktien – als eine Alternative zu Depositen – durch jegliche Information über den Ertrag der Produktion verändert wird, wird der Depositenvertrag den Investor vor kleinen Verlusten der Investition

[325] Vgl. Chen, Hasan (2006), Seite 308f.
[326] Vgl. Gorton (1985), Seite 188ff.
[327] Vgl. Gorton (1985), Seite 190f.
[328] Vgl. Mishkin (1991), Seite 74.
[329] Vgl. Jacklin, Bhattacharya (1988), Seite 585f.
[330] Vgl. Jacklin, Bhattacharya (1988), Seite 586f.

schützen und ihm aber auch nur kleine Gewinne ermöglichen; große Verluste hingegen werden aber an ihn überwälzt werden, zumindest solche, die den Finanzintermediär in die Insolvenz treiben.[331]

Folglich wird dem Depositenvertrag bei (relativ) geringem Risiko eines Bank Runs der Vorzug gegeben, wenn u.a. Projekte mit geringem Risiko finanziert werden, während bei hohem Risiko der Kauf von Aktien bevorzugt wird.

Jacklin und Bhattacharya stellten hier also die Wahl des richtigen Vertrages bzw. der richtigen Finanzierung und das Risiko von Vermögenswerten und nicht so sehr den eigentlichen Bank Run in den Vordergrund.

Chari und Jagannathan (1988) stellen im Gegensatz dazu das Problem der Deutung von Signalen in den Mittelpunkt. Sie unterstellen, dass ein Teil der Bevölkerung ein Signal über zukünftige Rückflüsse erhält, während der Rest der Marktakteure sein eigenes Handeln aus deren Handeln ableiten muss und zu mutmaßen habe, ob die beobachteten Aktionen auf einem ungünstigen Signal oder einfach auf dem Bedarf an Liquidität beruhen, und zeigen dabei, dass unter beiden Umständen ein Bank Run verursacht werden kann.[332]

Es geht hierbei also um das Problem, wie uninformierte Wirtschaftssubjekte aus dem Verhalten anderer Wirtschaftssubjekte selbst Informationen über den Wert der finanzierten Projekte herausziehen. Das Signal über die Höhe des Investitionsertrags hängt dabei auch von der Höhe der getätigten Investitionen ab, so dass hier der Konjunkturzusammenhang deutlich wird.[333]

Das ursprüngliche Modell von Chari und Jagannathan beinhaltet an sich zwar keinen Bankensektor; die Einführung eines solchen ist jedoch denkbar einfach. Die uninformierten Depositoren müssen dabei ebenso Informationen über den Investitionswert der von den Banken finanzierten Projekte aus dem Verhalten der anderen (informierten) Depositoren herausfiltern.

Dabei lösen einige Wirtschaftssubjekte in Periode t = 1 ihre Konten bei ihrer Bank auf, weil sie Informationen darüber besitzen, dass der Ertrag der von der Bank getätigten Investitionen niedrig sei und sie daher möglicherweise einen Verlust erleiden würden, wenn sie bis Periode 2 abwarten. Andere wiederum ziehen ihre Depositen ab, weil sie eben erfahren haben, dass sie zu den frühen Konsumenten zählen. Es sehen sich daher die uninformierten Typ-2-Wirtschaftssubjekte einem Informationsproblem gegenüber, weil sie eben nicht zwischen Kontenauflösungen von Typ-1-Konsumenten und Kontenauflösungen informierter Typ-2-Konsumenten unterscheiden können. Allein die Schlange vor der Bank dient ihnen als Information; und wenn die Warteschlange dabei eben besonders lang ist, liegt der Schluss nahe, dass sich die Bank in Schwierigkeiten befindet und dann lösen auch sie ihr Konto auf – ein Run entsteht.[334] Es kann hier also zu einer Bankenpanik kommen, in der jeder seine Depositen abhebt, obwohl kein Wirtschaftssubjekt eine schlechte Information über den Ertrag der Investition erhält. Ein derartiges Herdenverhalten lässt sich tagtäglich beobachten:

331 Vgl. Jacklin, Bhattacharya (1988), Seite 574ff.
332 Vgl. Chari, Jagannathan (1988), Seite 753fff.
333 Vgl. Chari, Jagannathan (1988), Seite 758f.
334 Vgl. Chari, Jagannathan (1988), Seite 759.

Dort, wo viele Menschen sich versammeln, neigt der Einzelnen dazu, sich anzuschließen.

Auch Allen und Gale (1998) untersuchen Bank Runs im Rahmen des Konjunkturzyklus.[335] Von ihnen wird aggregiertes Risiko durch die Annahme eines unbekannten Wertes der langfristigen Vermögenswerte eingeführt, wodurch sie Paniken mit den Schwankungen des Konjunkturzyklus und damit dieser Vermögenswerte verbinden.[336] Interessant ist in diesem Fall, dass ein Bank Run die Veräußerung der Vermögenswerte bei schlechten Aussichten forciert und die Vermögenspreise senkt, so dass eine Zentralbankintervention zur Verhinderung dieses Preisverfalls eine Verbesserung darstellen würde (siehe Phase 4).[337]

Resümierend lässt sich festhalten, dass die Modelle asymmetrischer Erwartungen (anders als die sunspot-Modelle) auf einer ex ante systematischen Falschbewertung von Assets oder anderem problematischen Bankenverhalten beruhen. Bank Runs werden damit rational unter der Voraussetzung, dass Veränderung von Erwartungen und Markteinschätzungen über die Qualität der Bankenassets zustandekommen, in Verbindung mit der Undurchschaubarkeit der Bankenbilanzen und der Bedienung der Kunden nach dem first come, first serve-Prinzip.

Die Liberalisierung in *Finnland* führte zunächst zu starken Veränderungen im Bankenbereich, wie zum Beispiel die uneingeschränkten Handlungsmöglichkeiten ausländischer Banken in Finnland oder die Flexibilisierung der Zinsen bei Darlehen zeigen.
Die stark in den bisherigen Mechanismus eingreifenden Liberalisierungsmaßnahmen wurden nicht durch andere Reformen begleitet, die den expansiven Effekt der Liberalisierung möglicherweise abgeschwächt hätten. Zusätzlich unterstützte die Fiskalpolitik die Kreditaufnahme von Privatpersonen und Unternehmen, so dass ein Kreditboom bisher nicht bekannten Ausmaßes entstand.[338]
Allerdings wurde die volle Tragweite der Liberalisierung am Markt kaum wahrgenommen; vielleicht auch nur, weil sie vom starken Wirtschaftswachstum in den 80ern überdeckt wurde. Aber bereits 1989 zeigten sich erste Überhitzungserscheinungen (boomende Aktien- und Immobilienpreise, Kreditausweitung).
Diese Situation veranlasste die finnische Zentralbank (Suomen Pankki) zu einer restriktiven Geldpolitik, welche die externen Schwierigkeiten (Exportschwäche insbesondere verursacht die Sowjetunion) und den Vermögenspreisrückgang noch untermauerte.
Eine *Finanzmarktliberalisierung* ohne entsprechende Anpassung weiterer Regularien war auch eine Ursache von Bankenkrisen unter anderem in: Indonesien (1992-1994), Argentinien (1980-1982), Kolumbien (1982-1987), Venezuela (1994/1995), Spanien (1977-1985), Türkei (1982-1985).[339]
Schwerwiegende Probleme kamen in den *USA* auf, als Paul Volcker, Vorsitzender des Federal Reserve Board, im Oktober 1979 infolge steigender Inflationsraten entschied, das Geld-

[335] Vgl. Allen, Gale (1998), Seite 1249.
[336] Vgl. Allen, Gale (1998), Seite 1251ff.
[337] Vgl. Allen, Gale (1998), Seite 1280.
[338] Vgl. Schmidt (2001), Seite 263.
[339] Vgl. Caprio, Klingebiel (1996), Seite 18ff.

mengenwachstum zu vermindern, was seinerseits die Zinsen in ungeahnte Höhen trieb. Zwischen Juni 1979 und März 1980 stiegen die kurzfristigen Zinsen um über 6%-Punkte von 9,06% auf 15,2% an. Dies kann als derjenige Schock betrachtet werden, der ein Kippen der instabilen Situation verursachte.[340]

Auch in Indonesien (1992-1994), auf den Philippinen (1981-1987), in Thailand (1983-1987), Estland (1992-1994), Lettland (1994), Kolumbien (1982-1987), Uruguay (1981-1984) und Venezuela (1984/1985) war eine der Ursachen für die entsprechende Bankenkrise in einem mangelhaften *Bankenmanagement* zu finden.[341]

Nachdem die Bank of *Japan* zunächst den starken Anstieg der Vermögenspreise ignoriert hatte, entwickelte sich der Boom zur Blase, die in absehbarer Zeit platzen musste: In Japan erfolgte dies 1991 nach einer heftigen restriktiven Geldpolitik (1989/90) (geldpolitischer Schock), wobei noch Mitte 1999 in 60 japanischen Städten die Grundstückspreise sanken.[342]

In **Phase 3** kommt es jetzt zur *Überwälzung des Schocks* auf andere Banken bzw. auf die Realwirtschaft. Allein die Betrachtung der Krisenauslöser in Phase 2 zeigte bereits, dass er *direkte* Verluste impliziert und Solvenzprobleme für die betroffenen Kreditinstitute, Finanzmarktinvestoren und Nicht-Finanzmarktunternehmen in sich birgt.

Wenn also – durch einen Schock ausgelöst – einer dieser Marktteilnehmer zahlungsunfähig wird oder dies selbst den Schock darstellt, so erleiden auch deren Kreditgeber Verluste indirekter Art, da sie selbst nicht direkt durch den Schock belastet werden. Diese durch den Schock ausgelösten indirekten Weiterungen werden auch als *Spillover-Effekte* bezeichnet.[343] Wenn die Verflechtung einer Institution – in Relation zu ihrem Kapital – zu einer Zahlungsunfähigen sehr ausgeprägt ist, ist die Wahrscheinlichkeit, durch Spillover-Effekte selbst in Mitleidenschaft gezogen zu werden, nicht vernachlässigbar, wie bereits an vorheriger Stelle (siehe Phase 1) bei der Betrachtung der wirtschaftlichen Verflechtungen der Banken deutlich wurde.[344]

III. contagion-Modelle und Überwälzung einer Liquiditätsverknappung:[345]

Der Fokus des Modells von Allen und Gale (2000) liegt auf der Transmission der Schocks von einer Region auf eine andere Region, wobei der *contagion*-Effekt bei Finanzkrisen besonders herausgehoben wird, indem die Transmitterrolle durch den Interbankenmarkt übernommen wird.[346] Allen und Gale beziehen sich dabei auf die Belastung von Banken in vier unterschiedlichen Gebieten (A bis D) mit jeweils einer Bank, wobei die Beziehungen zwischen diesen Regionen/Banken durch die Korrelation der Liquiditätsbedürfnisse der einzelnen Depositoren bedingt werden, wobei die Anteile der unterschiedlichen Konsumenten über die Gebiete hinweg unterschiedlich verteilt sind. Durch die Einführung des Interbankenmarktes können hier Depositen

[340] Vgl. Grossman (1992), Seite 802f.; Nölling (1994), Seite 72f.
[341] Vgl. Caprio, Klingebiel (1996), Seite 20ff.; Nunnenkamp (1999), Seite 4f.
[342] Vgl. Kawai (2004), Seite 5.
[343] Vgl. Diamond, Rajan (2002), Seite 1.
[344] Vgl. Lai (2002), Seite 2f.
[345] Vgl. Edwards (2000), Seite 1f.
[346] Vgl. Allen, Gale (2000), Seite 2.

nicht nur in eine kurzfristige oder langfristige Anlage investiert werden können, sondern auch am Interbankenmarkt verliehen oder aufgenommen werden.[347]

In Periode 1 ziehen nun Depositoren in Regionen, die aufgrund eines kleineren negativen Schocks getroffen wurden, ihre Einlagen ab. Die betroffene Bank kann dabei die Kontoabhebungen ausgleichen, indem sie zuerst die kurzfristigen Investitionen, danach ihre Interbankendepositen, die sie zuvor in einer Region (unvollkommener Interbankenmarkt) oder in allen anderen Regionen (vollkommener Interbankenmarkt) eingegangen ist, oder als letzten Ausweg ihre langfristigen Projekte liquidiert.[348]

Dieser Interbankenmarkt dient als „Versicherung“ zwischen den Banken der unterschiedlichen Regionen, da Liquiditätsschocks die Regionen zufällig treffen und *normalerweise* die Gesamtliquidität konstant bleibt.[349] Da die Verteilung der Schocks zufällig geschieht, bewirkt der Interbankenmarkt eine effiziente Verteilung der Liquiditätsrisiken und führt zu keinen Bankzusammenbrüchen. Es tritt also im Normalzustand kein Problem auf, wenn annahmegemäß Banken mit hohen Liquiditätsbedürfnissen nur mit Banken mit entsprechend geringen Liquiditätsbedürfnissen verbunden sind.

Ist die Liquiditätsversorgung in Region A aufgrund der Stärke des unerwarteten Liquiditätsbedarfs der Konsumenten nicht mehr aufrecht zu halten, wird Region A sämtliche Interbankforderungen zurückrufen müssen; muss Bank A ihre langfristigen Projekte zusätzlich liquidieren, steht ihr die Insolvenz solange nicht bevor, solange sie noch die Wünsche ihrer frühen Depositoren befriedigen kann.[350] Ist der Schock groß genug, so können in Abhängigkeit der Größe des Effektes sämtliche andere Regionen von einem Konkurs betroffen werden, je nachdem inwieweit die einzelnen Regionen jeweils zur „Abfederung“ des Schocks in der Lage sind.[351]

Dieses Modell hat allerdings rein die Beziehungen auf dem Interbankenmarkt (Kettenreaktionen) im Fokus, also reale Beziehungen, worüber direkte Reaktionen/Effekte entstehen. Der Interbankenmarkt kann dabei viele, aber nicht alle Übertragungsmechanismen erklären:

In der Regel ist ein signifikanter Abfall der *Liquidität* bei einzelnen Banken allein temporärer Natur und führt zu einer regulären – d.h. nicht LOLR-bezogenen – Ausweitung des Kredit- beziehungsweise Liquiditätsangebots von Seiten der Zentralbank (wenn Preisstabilität nicht gefährdet ist; siehe Phase 4) und vor allem von weiteren Geld-/Kreditgebern – beispielsweise über den Interbankenmarkt –[352], so dass sich der Liquiditätsengpass entspannt. Ein entscheidender „Erfolgsfaktor“ ist auch das Vorhandensein von Filialen, da Liquidität zwischen den Filialen verschoben werden kann; allerdings hilft dies im Falle einer sich über die ganze Volkswirtschaft ausgebreiteten Liquiditätsnachfrage wenig. So kann eine allzu große Einbuße an Liquidität von einer ausreichenden Anzahl von Kreditinstituten Geldgeber in ihrer „Großzügigkeit“ eindämmen, da sie eine ausufernde Illiquidität im Finanzsektor fürchten könnten

[347] Vgl. Allen, Gale (2000), Seite 6f.
[348] Vgl. Allen, Gale (2000), Seite 17f.
[349] Vgl. Allen, Gale (2000), Seite 10ff.
[350] Vgl. Allen, Gale (2000), Seite 18ff.
[351] Vgl. Allen, Gale (2000), Seite 24ff.
[352] Vgl. van Cayseele (2004), Seite 6.

und, ihnen somit eine weitere Kreditvergabe zu nervös wird; doch diese mangelnde Bereitschaft, den Markt mit ausreichend Liquidität zu versorgen, verschlimmert den Engpass an Liquidität nur noch weiter und lässt die Zahlungsunfähigkeit ansteigen.

Diese Kreditrationierung auf dem Interbankenmarkt infolge asymmetrischer Informationen wird von Flannery als Übertragungsmechanismus angeführt.[353] Er beschreibt contagion dabei als einen Zustand, in dem eine Einteilung in „gut“ und „schlecht“ auf dem Interbankenmarkt im gegenseitigen Verhältnis der Banken nicht möglich ist. Da aus Risikoaspekten jedoch nur guten Banken Geld geliehen werden soll, findet zur Differenzierung der Banken eine Anhebung der Darlehenszinsen im Interbankengeschäft statt, so dass möglicherweise selbst gute Banken ihre Verbindlichkeiten nicht mehr begleichen können und solvente (aber illiquide) Banken zugrunde gehen können.[354] In diesem Zusammenhang kann dann auch begründet werden, dass in Phase 4 ein LOLR zum Beispiel über das Diskontfenster großzügig Liquidität auch an einzelne Banken zur Verfügung stellen muss, die am Interbankenmarkt keine Liquidität mehr erhalten, auch wenn sie noch solvent sein sollten.[355]

Entsteht dabei der Liquiditätsengpass aus dem Zusammenbruch einer einzelnen Bank und führt zu Erwartungsänderungen über mögliche Bank Runs auf andere Banken, wird damit genau die Situation herbeigeführt – nämlich dass eine Vielzahl von Kreditinstituten illiquid oder insolvent wird. Diese könnte treffend als sich selbst erfüllender Mechanismus bezeichnet werden. Es findet quasi eine *„rein zufällige Ansteckung“* durch den sich selbst bewahrheitenden Liquiditätsrückgang statt (analog zu sunspot). Die Entscheidung der Wirtschaftssubjekte fällt *ohne sachliche Grundlage.* Dieser Typus der contagion resultiert aus einem Verhalten der Wirtschaftssubjekte – genauer gesagt aus den sich selbst bewahrheiteten Erwartungen der Marktakteure –, welches aus einzelwirtschaftlicher Sicht zwar rational ist, gesamtwirtschaftlich jedoch keineswegs eine pareto-optimale Situation herbeiführt, da eben die Zahlungsfähigkeit und die Liquidität der Ökonomie leiden, so dass es im Weiteren zu einer Reduktion der realen ökonomischen Aktivität kommt, da sich die Marktteilnehmer infolge der fehlenden Zukunftsaussichten in Zurückhaltung üben. Infolge der Unkenntnis über das Verhalten der anderen Akteure schwindet bei dieser *contagion*[356] das Vertrauen gegenüber dem Markt als Ganzen – eben nicht nur gegenüber einzelnen Marktteilnehmern –, und es findet ein regelrechter Run auf die Einlösung der Ansprüche statt, die gegenüber Kreditinstituten aber auch Nichtfinanzinstituten[357] bestehen. Infolgedessen kommt es zu weiteren Zahlungsverzögerungen oder zu einem Verfall der Assetpreise, der weitaus stärker ausfällt, als der die Situation einleitende Bank Runs vermuten lässt.[358] Somit ist das Risiko, dass aus dieser contagion eine Finanzkrise resultiert recht

---

[353] Vgl. Flannery (1996), Seite 805f.

[354] Vgl. Flannery (1996), Seite 815ff.

[355] Vgl. Flannery (1996), Seite 821. Dies steht im starken Kontrast zur Forderung von Goodfriend und King, begründet aber gleichzeitig die Meinung von Goodhart (Genaueres siehe Kapitel 4.1.).

[356] Vgl. Van Rijckeghem, Weder (1999), Seite 3.

[357] Beispielsweise im Sinne des Verkaufs von Aktien.

[358] Vgl. De Brandt, Hartmann (2000), Seite 14f., 44

groß. Es reicht dabei aus, dass durch das Fallieren einer einzelnen (großen) kränkelnden Bank weitere mit ihr in Verbindung stehende Banken betroffen werden.[359]

Das Verlustrisiko von Darlehen und anderen Vermögenswerten mit festgeschriebenem Ertrag in der Bilanz von Finanzinstituten wird dazu führen, dass Geldgeber und Investoren in Anbetracht der gestiegenen Risiken höhere Zinszahlungen fordern, die wiederum von den betroffenen Kreditinstitutionen, Nicht-Finanzinstitutionen und Haushalten aufgebracht werden müssen. Dadurch werden betroffene Institutionen in Folge gesunkener Kapitalausstattung und gestiegener marginaler Finanzierungskosten selbst mit der Erhebung höherer Zinsen oder mit Senkung ihrer Kreditvergabe reagieren, was letztlich die durch den adversen Schock ohnehin bestehenden negativen Effekte auf die ökonomische Aktivität nur weiter vertieft. Auch hier beruht die Übertragung auf einer reinen contagion.

Andererseits ist es auch möglich, dass infolge eines adversen Schocks „noisy" Informationen die Runde machen, die eine erhöhte Crash- oder Illiquiditäts-, aber auch Konkursgefahr auf Finanzmärkten, bei Finanzinstitutionen und Nicht-Finanzinstituten vermuten lassen. In diesem Fall kommt es dann zu einer *Falschinterpretation* der Information, die negative Entwicklungen der Vermögenswerte der Banken vermuten lassen. Geldgeber könnten dann in Anbetracht dieser neuen Nachrichten nervös werden und neue Investitionsvorhaben einfrieren oder bestehende Verbindungen mit solchen vermeidlich gefährdeten Firmen kappen oder sich gar von solchen Märkten gänzlich zurückziehen.[360] Das Resultat wären ebenso erhöhte Zinssätze und eine Reduzierung der wirtschaftlichen Aktivität. Hierbei treten bei spezifischen Institutionen oder bestimmten Märkten erst nach Bekanntwerden negativer Informationen Liquiditätsprobleme auf. Diese Art der Ansteckung nennt man *information-based contagion (informationsbasierter Kanal)*; im Gegensatz zur ersten contagion, die durch rein zufällige Ereignisse hervorgerufen wird, basiert die informationsbasierte contagion rein auf der Falscheinschätzung schlechter Nachrichten in der Ökonomie.[361, 362]

Diese contagion-Erklärungen sind allerdings von der Kettenreaktion kaum zu trennen, denn in beiden Fällen kann es dabei schnell zu einer Kreditrationierung auf Seiten der Geschäftsbanken kommen.[363] Die in der Literatur verbreitete Erklärung für die Kreditrationierung für Investoren nach Auftreten eines adversen Schocks besagt, dass die Kreditnehmer über wesentlich mehr und qualitativ aussagefähigere Informationen über ihr Vorhaben verfügen als potentielle Geldgeber. Diese *Informationsasymmetrien* werfen ein *Kooperationsproblem* auf, da der Informationsstand der Verhandlungspartner bezüglich essentieller Sachverhalte verschieden ausgeprägt ist, und ste-

---

[359] 1984 drohte in den USA die Continental Illinois Bank and Trust Company Konkurs zu gehen, wodurch bei Schließung der Bank ihre Depositoren nicht mehr als $100.000 für ihre versicherten Einlagen bekommen hätten, während viele Banken, die unversicherte Einlagen hielten, unter gewaltigen Eigenkapitalverlusten gelitten hätten und somit einige letztlich in Insolvenz geraten wären. Um dies zu vermeiden, griff damals die Regierung als Lender of Last Resort ein und gewährte der Bank finanzielle Hilfe. Vgl. FDIC (1997), Seite 251

[360] Vgl. Valderrama (2004), Seite 2ff.

[361] Allerdings haben empirische Tests herausgefunden, dass eine Unterscheidung zwischen pure contagion und information-based contagion unmöglich ist. Vgl. De Bandt, Hartmann (2002), Seite 39.

[362] Vgl. De Brandt, Hartmann (2000), Seite 14f.

[363] Vgl. Ehrmann, et a. (2001), Seite 35.

hen dem Abschluss oder gegebenenfalls effizienter Verträge – wie sie unter Vorhandensein *symmetrischer* Informationen zustande kommen – im Wege.[364]

Dieses Informationsgefälle macht es den Investoren schwer, zwischen risikoarmen und -reichen Vorhaben zu unterscheiden, und veranlasst sie dazu, die Zinsen entsprechend (hoch) auf der Basis der erwarteten durchschnittlichen Qualität *aller* Investitionsvorhaben anzusetzen.[365] Dieser Risikoaufschlag dient nur zum Ausgleich der Verlustmöglichkeiten der Bank und – ausgehend von dem Gedanken, dass Banken vom Grundsatz her risikoneutral sind – nicht zur Kompensation von Risikoaversion. Die quasi zwangsläufige Anhebung der Zinssätze wird die *adverse Selektion* bei den potentiellen Kreditnehmern erhöhen, denn das Risiko eines durchschnittlichen Projekts steigt an, weil Kreditsuchende mit weniger risikobehafteten Vorhaben eher aus dem Markt ausscheiden als höhere Zinsen zu bezahlen.[366]

Informationsasymmetrien zwischen Kreditinstituten, die Teilnehmer im *Zahlungs- und Abrechnungsverfahren* sind, können schnell zu enormen Liquiditätsengpässen infolge eines adversen Schocks führen, der einige Teilnehmer dazu zwingt, ihre Verrechnungstätigkeiten aufzugeben, was die Ausbreitung des Schocks nur weiter antreibt (hier sind dann wieder *Kettenreaktionen* im Sinne obiger Modelle im *Interbankenmarkt* vorhanden). Zahlungs- und Abrechnungssysteme stellen neben dem Interbankenmarkt in einem Finanzsektor einen potentiellen Verbreitungskanal für die Effekte einer adversen Störung dar und sind eine weitere Hauptursache für systemisches Risiko. Die Risiken vergrößern sich auf zwei Arten: Zum *einen* ist der Wert der täglich zu begleichenden Transaktionen extrem groß[367] und die Synchronisation zwischen den Zahlungen an die Gläubiger und dem Erhalt der Mittel ist ungenügend. Die teilnehmenden Institutionen kommen mit einem in Verhältnis zu ihrem Kapital riesigen Kredit- und Liquiditätsrisiko in Berührung, was, falls das Gegenüber falliert bevor die Ansprüche bereinigt sind, zu schmerzlichen Verlusten führen kann. Dieses so genannte Herstatt-Risiko[368] fußt auf der Inkongruenz der „Öffnungszeiten" der Abrechnungssysteme in Deutschland, Asien und Amerika, so dass deswegen bei grenzüberschreitenden Fremd-Währungsgeschäften, falls die überweisende Partei falliert noch bevor die

---

[364] Vgl. Dell' Ariccia (1998), Seite 5.

[365] Alternativ könnte man sich vorstellen, geeignete Maßnahmen – wie Überwachungs- beziehungsweise Kontrollinstanzen – zur Reduzierung der Informationsasymmetrien zu schaffen; diese werden als Kosten der asymmetrischen Information (dead weight loss) bezeichnet. Weiterhin besteht noch die Möglichkeit, das Problem der asymmetrischen Information mittels *anreizkompatibler Verträge* erst gar nicht aufkommen zu lassen: Dabei soll durch entsprechendes Vertragswerk eine fehlerhafte Informationsübermittlung vermieden werden. Die zwischen dieser Second Best-Lösung und der First Best-Lösung, die unter Annahme symmetrischer Informationen möglich wäre, liegende Differenz wird ebenso als Kosten der asymmetrischen Information bezeichnet.

[366] Vgl. Katz, Rosen (1991), Seite 606ff.; Mishkin (2001), Seite 71.

[367] So wurden im Jahr 2005 innerhalb des von der Bundesbank den deutschen Banken zur Verfügung gestellten Zahlungssystems vorwiegend für Großzahlungen insgesamt Zahlungsaufträge im Wert von 138.497,6 Mrd. Euro abgewickelt, worunter allein nationale Zahlungen in Höhe von 96.235,53 Mrd. Euro fielen. Vgl. Deutsche Bundesbank (2006), Seite 11.

[368] Seit dem Fallieren der Herstatt Bank bezeichnet man im Devisenhandel das Risiko desjenigen, der an einen Zahlungsunfähigen vorleistet, als Herstatt-Risiko. Vgl. Kahn, Roberds (2000), Seite 5.

Summe bei der begünstigten Partei eingegangen ist, Letztere auf dem Verlust sitzen bleibt und an Liquidität einbüsst.

Exkurs: Zusammenbruch der Herstatt Bank

Am Nachmittag des 26. Juni 1974 musste die Herstatt Bank auf Anordnung des Bundesaufsichtsamtes für das Kreditwesen ihre Schalter endgültig schließen. In einer von der Bundesbank veröffentlichten Erklärung hieß es, bei Herstatt sei „wegen starker Verluste bei Devisentermingeschäften", die in den Büchern unrichtig dargestellt worden seien, eine starke Überschuldung eingetreten.[369] Die Kölner Privatbank „Herstatt" war durch Devisenspekulationen in Turbulenzen geraten, nachdem die Spekulation auf einen (immer weiter) steigenden Dollar fehlschlug. Bis zu diesem Zeitpunkt hatten die Devisenspekulanten bei Herstatt, die mit ausdrücklicher Genehmigung der Geschäftsleitung auf eigene Rechnung Devisen kauften und verkauften, das Volumen der Devisenspekulation auf 8 Milliarden DM getrieben, so dass eine Kursschwankung von nur 1% einen Gewinn oder Verlust von 80 Millionen Mark ausmachte, was an sich noch mehr war als das haftende Eigenkapital in Höhe von 77 Millionen Mark. Die Bankenaufsicht wurde hinsichtlich der Erträge und Verluste auf Devisenspekulation durch raffinierte Buch- und Bilanzmanipulationen und frisierte Positionsmeldungen getäuscht. An dieser Stelle soll konstatiert werden, dass es vielleicht auch an der Bankenaufsicht gelegen wäre, den Gerüchten über wahnwitzige Devisenumsätze nachzugehen. So schlug die Spekulation auf einen unaufhaltsam steigenden Dollar infolge der Ölkrise fehl, der Kurs war seit Ende Januar 1974 stetig gefallen. Am 11. 4. 1974 ergab sich aus dem Devisenhandel ein Verlust von rund 400 Millionen Mark.[370] Trotz der versuchten Rettung zog am 26.6. das Bundesaufsichtsamt die der Herstatt Bank erteilte Lizenz zum Betreiben von Bankengeschäften gemäß § 35 Abs.2 Z 4 KWG (wegen Gefahr für die Sicherheit der dem Kreditinstitut anvertrauten Vermögenswerte) zurück, ordnete die Abwicklung der Gesellschaft und die sofortige Schalterschließung und Zahlungseinstellung an.[371] Am 27. 6. 1974 beantragte die Herstatt Bank die Eröffnung des Vergleichsverfahrens wegen Überschuldung. Der Zusammenbruch der Herstatt Bank war damals die größte Bankeninsolvenz der deutschen Nachkriegsgeschichte: Tausende privater Einleger verloren ihr Geld: 52.000 Kunden mit 78.000 Konten sowie 15.000 Depotkunden. Der Gesamtschaden betrug 1,2 Milliarden D-Mark.

Die während des Sanierungsversuchs eingelegten Gelder waren zum Großteil verloren. Außerdem wurden auch zahlreiche Geschäfte mit US-Banken wegen des Zeitunterschieds „gekappt", bei denen die Amerikaner ihren Teil der Verpflichtungen schon erfüllt hatten und unwiderruflich an diesem Geschäftstag Deutsche Mark an Herstatt mittels des deutschen Zahlungssystems angewiesen hatten, während die Deutschen ihren Teil schuldig blieben und die in New York am selben Tag erwarteten Zahlungen in Dollar nicht mehr leisten konnten, da die Bankenaufsicht die Geschäftstätigkeit um 10.30 Uhr vormittags New Yorker Zeit (was 15.30 Uhr deutscher Zeit entspricht und dem Ende des Bankengeschäftstages nahe kommt) einstellte, so dass die in New York ansässige und für Herstatt die Geschäfte ausführende Bank fällige Dollarzahlungen von Herstatts Konto einstellte, weswegen Herstatts Geschäftspartner

[369] Vgl. Galati (2002), Seite 55.
[370] Vgl. Kapstein (1994), Seite 31, 39ff.
[371] Vgl. Committee on Payment and Settlement Systems (1996), Seite 6.

auf Forderungen in voller Höhe der geleisteten D-Mark-Zahlungen sitzen blieben[372] Dieses ist eine Art des Kreditrisikos (credit risk)[373], welches sich aus dem Abrechnungsverfahren ergibt; daher wird das Risiko aus dem Abrechnungsverfahren nicht nur als settlement risk, sondern eben auch als Herstatt-Risiko bezeichnet.[374] Eine solche Abrechnung beinhaltet oft 2 Parteien, welche jeweils der anderen eine Leistung schuldet – man nehme an, die eine zahlt für ein Asset, die andere muss das Asset liefern. Das Risiko dabei ist, dass die eine ihre Verpflichtung erfüllt und die andere eben nicht; somit steht der Gesamtwert der Verpflichtung auf dem Spiel. In den allermeisten Fällen ist unmöglich, die exakt simultane Ausführung der Zahlungen zu arrangieren. Historisch gesehen ist von solchem Risiko besonders der Devisenmarkt betroffen, da hier im Rahmen von Fremdwährungs- oder Mehrfach-Währungs-Geschäften der Transfer immer Zeit in Anspruch nimmt und verschiedene nationale und gesetzliche Zuständigkeiten, unterschiedliche Zeitzonen und verschiedene heimische Zahlungssysteme „aufeinanderprallen". Setzt man beispielsweise zwei Zeitzonen voraus, so können einige Stunden vergehen zwischen der Zahlung in einer Währung und der Gegenbuchung in einer anderen Währung. Wenn nun unterdessen eine Partei – wie im Falle von Herstatt – ihre Geschäftstätigkeit aufgibt, bleibt die andere auf ungesicherten Ansprüchen gegenüber einer insolventen Bank sitzen. Schließlich kann solch ein settlement risk auch schnell zu einem echten Liquiditätsproblem (liquidity risk)[375] führen, da betroffene Banken gegenüber dritten Banken eventuell ihren Verbindlichkeiten nicht nachkommen können, was einen Teil des systemischen Risikos ausmacht. Darüber hinaus besteht für Banken, die mit Herstatt Geschäfte abgeschlossen haben, bei denen der Zahlungsstrom noch nicht stattgefunden hat, sondern noch in der Zukunft liegt, ein so genanntes Wiederbeschaffungsrisiko (replacement risk), welches sich dadurch definiert, dass die betroffene Bank nach der Schließung der Herstatt-Schalter zur Wiederherstellung des Vertrages – der ungesicherten Position – einen neuen Kontraktpartner am Markt suchen muss, was mit Wiederbeschaffungskosten verbunden ist. Unerwähnt sollte auch nicht bleiben, dass – wie bei jeder Bankenschließung – Geschäftspartner, die Einlagen bei Herstatt hielten, diese verloren, was als traditional counterparty credit risk bezeichnet wird.[376]

Weitere Beispiele für das Herstatt-Risiko sind der Zusammenbrüche der US Investment Bank Drexel Burnham Lambert im Jahre 1990, der Bank of Credit and Commerce International 1991 und der Baring Bank 1995.

Neben der großen Anzahl täglicher Transaktionen lässt auch die hohe Geschwindigkeit der Finanzmarktaktivitäten die Teilnehmer des Systems die indirekten Gefahren beim Eingehen offener Positionen mit ihren Geschäftspartnern nicht erkennen. Wenn nämlich infolge eines Schocks einige Transaktionspartner an der Erfüllung

[372] Vgl. Herring (2002), Seite 8f.

[373] Darunter versteht man das Risiko, dass ein Kontraktpartner eine Verbindlichkeit nicht zum vollen Wert begleichen kann, weder wenn sie fällig ist noch irgendwann später, d.h. gar nicht, erfüllen kann.

[374] Eine alternative Bezeichnung dafür ist principal risk; konkret versteht man darunter das Risiko, dass ein Geschäftspartner die verkaufte Währung bezahlt, ohne die bezahlte Währung zu bekommen. Andere geläufige Bezeichnungen sind foreign exchange settlement risk oder auch cross-currency settlement risk.

[375] Darunter versteht man das Risiko, dass ein Transaktionspartner eine fällige Verbindlichkeit zum vollen Wert am Fälligkeitstag nicht erfüllen kann, sondern zu einem unbestimmten, späteren Zeitpunkt.

[376] Vgl. Spiegel (1975), Seite 57ff.; Train (1986), Seite 12f.

ihrer Zahlungsverpflichtungen behindert werden, kann es passieren, dass andere Geschäftspartner infolge von Informationsproblemen nicht in der Lage sind, zu unterscheiden, ob es sich um kurzfristige *Liquiditätsprobleme* oder um *Insolvenz* handelt. Als Konsequenz kürzen sie dann möglicherweise den Zugang zu Mitteln oder treten von Geschäften mit *solventen* Unternehmen zurück. Dies könnte zu Notverkäufen von Vermögenstiteln führen, die zu Preisstürzen führen könnten und somit ihrerseits die Solvenz von Institutionen untergraben könnten. Im schlimmsten Fall könnte dieser Prozess zur *Selbstverstärkung* neigen, weil Konkurse neue Zahlungsverzögerungen hinsichtlich fälliger Verbindlichkeiten implizieren, was zu einer weiteren Einschränkung der Liquidität, zur abermaligen Senkung von Assetpreisen und Zahlungsverzögerungen führt.

Zusammenfassend ist zu konstatieren, dass die Unmöglichkeit einer oder mehrerer Institutionen ihren Zahlungsverpflichtungen nachzukommen (oder auch nur die bloße Furcht, dass sie diesen nicht nachkommen können) Finanzkrisen verbreiten kann.[377]

Die *finnischen* Sparkassen wurden zuerst von den Entwicklungen zunehmender Konkurse im Unternehmenssektor getroffen und die große Skopbank, welche als „Zentralbank" für den Sparkassenbereich fungierte, brach durch Probleme auf dem Interbankenmarkt zusammen (19. September 1991).[378]

In den *USA* meldeten in den Jahren 1981 und 1982 die Bausparkassen beinahe 9 Milliarden Dollar Verluste an; schlimmer noch: Mitte des Jahres 1982 wiesen sie zusammen ein negatives Nettovermögen von 100 Milliarden Dollar (gemessen am Marktwert ihrer Hypothekenkredite), was zu der Zeit etwa 15% der Industrieverbindlichkeiten entsprach.

Der Fall der Immobilienpreise in *Japan* in den frühen 90er Jahren brachte auch schwerwiegende Probleme für den Bankensektor mit sich, indem viele auf Immobilien basierten Darlehen nicht mehr eingetrieben werden konnten und die Banken auf uneinbringlichen Darlehen sitzen blieben, was allerdings der breiten Öffentlichkeit verborgen blieb, da in den frühen 90ern das Finanzministerium keine Schätzungen über die uneinbringlichen Kredite der 21 größten japanischen Banken veröffentlichte.[379]

Diese Probleme zeigten sich zuerst bei den *jûsen*, den Hypothekenkreditanstalten, welche in den 1970er Jahren von Geschäftsbanken ins Leben gerufen wurden, um den Hypothekenmarkt abzudecken.[380] Dieses Geschäft wurde jedoch im Zuge der Deregulierung der Banken mehr und mehr von ihren eigenen Gründern übernommen, so dass von den Hypothekenbanken vermehrt Darlehen an Immobiliengesellschaften vergeben wurden.[381] Somit mussten die jûsen nicht nur mit den Banken als ihren Gründern im Wettbewerb stehen, sondern waren auch von ihnen als Mittelgeber abhängig. Die verständlicherweise höheren Kosten für die Mittelaufbringung führten damit zu einem größeren Risiko im Portfolio bei den jûsen, was natürlich beim Platzen der Blase sofortige Auswirkungen zeigte.[382]

[377] Vgl. Kaufman (1995), Seite 87ff.
[378] Vgl. Schmidt (2001), Seite 264.
[379] Vgl. Cargill (2000), Seite 43f.
[380] Vgl. Ueda (2000), Seite 61f.
[381] Vgl. Krawczyk (2004), Seite 4f.
[382] Vgl. Nagashima (1997), Seite 194.

Die Gründerbanken waren nun an vorderster Front, um ihre eigenen Hypothekenanstalten zu stützen (niedrigere Zinsen, Abschreibung von Darlehen etc.), indem unter Anleitung des japanischen Finanzministeriums ein Hilfepaket zusammengestellt wurde. Mit dem weiteren Rückgang der Grundstückspreise war allerdings absehbar, dass diese Hilfe nicht ausreichen würde.[383]

Die jûsen-Krise war allerdings nicht die einzige Bankenkrise, die in dieser Zeit in Japan Schaden anrichtete: Noch inmitten der Diskussion um die Sicherung der jûsen, führten uneinbringliche Kredite zum Zusammenbruch der Hyogo Bank, der größten Regionalbank in Japan, und zweier weiterer großer Kreditgenossenschaften, infolgedessen der japanische Finanzmarkt weitere schwerwiegende Kreditprobleme im Bankenbereich nicht mehr vermeiden konnte.[384] Dies übertrug sich auf die allgemeine Stimmung, so dass es zu einzelnen Bank Runs auf Kreditgenossenschaften kam, und viele größere Banken Verluste anmelden mussten.[385]

In **Phase 4** kommt es nun zu *Reaktionen auf die gesunkene Liquidität von Seiten des privaten und öffentlichen Sektors.*[386]

Bereits Diamond und Dybvig geben drei Möglichkeiten vor, wie Bank Runs verhindert werden können bzw. wie auf einen Bank Run reagiert werden sollte:

Erstens kann das „schlechte" Gleichgewicht durch den *Eingriff eines LOLR* (in welcher Form sei an dieser Stelle dahingestellt, sei es nun eine staatliche Depositenversicherung wie sie Diamond und Dybvig vorschlagen, die Notenbank oder Ähnliches) beseitigt werden, beziehungsweise könnte a priori vermeiden werden, da die Wirtschaftssubjekte erst gar keinen Run auslösen würden, weil sie sich keine Sorgen darüber machen würden, auch noch in Periode 2 ihre Einlagen zurückzubekommen,[387] so dass der LOLR gar nicht in Anspruch genommen wird. Aufgrund der Sicherheit, in der sich die Depositoren befinden, gibt es für sie keinerlei Veranlassung ihr Geld früher als benötigt abzuziehen, egal wie sich die anderen Depositoren verhalten.[388,389]

Zweitens kann eine *Suspendierung der Konvertibilität* Abhilfe schaffen:[390] Man kann mutmaßen, dass das unerwünschte Gleichgewicht eines Runs vermieden werden kann, wenn der Intermediär das Recht hat, (in $t = 1$) die Einlösung der Sichtgeldeinlagen in Bargeld abzulehnen (*suspension of convertibility*): Wird den Anlegern, die das Geld in $t = 1$ nicht benötigen, diese Option bewusst, so werden sie keinen Anreiz ha-

[383] Vgl. Hiwatari (2000), Seite 115f.
[384] Vgl. Ito (2000), Seite 90.
[385] Vgl. Hoshi, Patrick (2000), Seite 14.
[386] Vgl. Mundaca (2003), Seite 13f.
[387] Vgl. Mundaca (2003), Seite 3f.
[388] Vgl. Diamond, Dybvig (1983), 413ff.
[389] Hier setzt aber auch schon der erste Kritikpunkt an, denn Diamond und Dybvig modellierten inkonsistenterweise den sequential service constraint nur für Banken, jedoch nicht für die Depositenversicherung. Vgl. McCulloch, Yu (1998), Seite 139f.
[390] Dieser Ansatz mag zunächst paradox klingen, denn in obigem Modell wurde angenommen, dass allein schon die Erwartung einer unzureichenden Konvertibilität zu einem Run führt. Dass nun gerade die Aufhebung der Konvertibilität Abhilfe schaffen soll, klingt widersinnig; allerdings hat sich empirisch gezeigt, dass während der Krisen im 19. Jahrhundert in England oft schon die bloße Ankündigung der Aufhebung der Konvertibilität zur Stabilisierung ausreichen sollte.

ben, ihr Geld frühzeitig abzuheben.[391] Formal kann dies wie folgt dargestellt werden: Der bisherige Kontrakt bleibt derselbe bis auf die Tatsache, dass ein jeder Anleger nichts mehr in Periode 1 erhalten kann, sobald die bisherigen Abzüge eine bestimmte Anzahl $\bar{f}$ übertreffen. Dann ergibt sich folgende Auszahlungsmatrix: r für $f_j \leq \bar{f}$ und 0 für $f_j > \bar{f}$. Sobald die Situation eintritt, dass die Anzahl der Abzüge $f_j = \bar{f}$ erreicht, wird die Konvertibilität aufgehoben.[392] Jedoch ist eine Suspendierung auch nur dann möglich, wenn der Erwartungswert der Rückzüge bekannt ist; sind sie jedoch stochastisch, so bieten Sichtgeldeinlagen keine optimale Risikoallokation mehr, da auch frühe Konsumenten unter Umständen ihre Einlagen nicht erhalten, so dass die Lösung dieses Problems mittels der Depositenversicherung gelöst werden könnte.[393]

Unter den Annahmen aggregierten Risikos ist die Lösung über eine Suspendierung der Konvertibilität wie im DD-Modell jedoch nicht möglich, denn wenn die Bank über den Anteil λ der frühen Konsumenten eine geringere als die tatsächlich zutreffende Erwartung hat und die Auszahlung der Depositen suspendiert wird, so gibt es in Periode 1 einige Wirtschaftssubjekte, die zwar zu den frühen Konsumenten zählen, jedoch keine Auszahlung in Periode 1 erhalten, sondern erst in Periode 2, was frühen Konsumenten annahmegemäß keinen Nutzen erbringt.

Wird der Schwellenwert des Auszahlungsstopps aber zu hoch angesetzt, würde die Bank erst dann die Auszahlungen stoppen, wenn nichts mehr übrig geblieben ist, so dass die Suspension selbst keinen Zweck erfüllen würde. Damit würde aber auch der Vertrag wieder der Möglichkeit von Bank Runs und des Konkurses der Bank unterliegen.

Um im Falle aggregierter Unsicherheit einen *optimalen* Depositenvertrag den Wirtschaftssubjekten anbieten können, welcher nicht (unbedingt) mittels einer Auszahlungssuspendierung herbeigeführt werden sollte, dürften die Banken die Höhe des Auszahlungsbetrages r im Vorhinein (t = 0) nicht vertraglich festlegen, sondern erst in t = 1, nachdem sich alle frühen Konsumenten zu erkennen gegeben haben, was jedoch unter der Annahme des sequential service constraint nicht möglich ist, da die Banken den bestimmten, vertraglichen Auszahlungsbetrag auszahlen müssen, solange bis alle Ressourcen der Banken zur Neige gegangen sind.[394]

Erst bei Verzicht des sequential service constraint (im Weiteren SSC) beginnt die Bank mit der Auszahlung der Depositen, nachdem alle Depositoren verbindlich geäußert haben, ob sie ihr Konto auflösen möchten oder nicht, d.h., ob sie zu den frühen oder späten Konsumenten zählen. Mit anderen Worten: Unter aggregiertem Risiko ist die Implementierung eines optimalen Depositenvertrags dann möglich, wenn bei Ausschluss des SSC die Bank die Auszahlung in Periode 1 schon bei Vertragsabschluss von den geforderten Kontoauflösungen abhängig macht. Diese Vorgehenswei-

---

[391] Vgl. Diamond, Dybvig (1983), Seite 410f.

[392] Anderlini, Engineer (1986) stellten allerdings mittels eines Modells fest, dass unter der Annahme länger als 2 Perioden laufender Verträge, bei denen die Wirtschaftssubjekte erst über die Zeit hinweg ihren Konsumtypen feststellen, eine Suspendierung der Konvertibilität die Möglichkeit eines Runs nicht mehr verhindert.

[393] Vgl. Diamond, Dybvig (1983), Seite 408, Neuberger (1994), Seite 95.

[394] Vgl. Wallace (1990), Seite 11ff.

se würde einen wie von Diamond und Dybvig unterstellten, panikbasierten Bank Run verhindern.[395]

Drittens existiert noch die (unwahrscheinliche) Möglichkeit, dass die Banken bereits vor einer Krise eine *100%ige Liquidität/Reserve* halten, womit sie allein zu einer Verwahrungsstätte von Geld degradiert werden, Depositenabzüge allerdings unnötig werden. Die Krux dabei ist, dass es der Bank verwehrt wird, Investitionsvorhaben zu tätigen, so dass sie auch keine Erträge erwirtschaften kann. Damit wird aber auch der eigentliche Sinn der Unternehmung Bank – nämlich die Intermediation mit der damit verbundenen Gewinnerwirtschaftung und der Risikominimierung für ihre Einleger – konterkariert, so dass ihre Existenz in Frage gestellt wird. Es gilt also, einen vernünftigen Mittelweg zwischen Rentabilität und Liquidität zu finden. Um den derzeit geltenden gesetzlichen Vorschriften gerecht zu werden, müssen Banken mindestens 8% haftendes Eigenkapital in ihrer Bilanz verbucht haben. Näheres über das 100%-Reserve Banking sowie den Baseler Akkord folgt in Kapitel 4.2.

Wichtige Akteure sind also die Zentralbank, die Legislative und das Finanzministerium eines Landes. Zentralbanken als wohl der bedeutendste Akteur können dem Bankensystem via Offenmarktgeschäfte oder über das Diskontfenster Liquidität zuführen. Solche Reaktionen auch bei Versagen des Interbankenmarktes sind dann typischerweise Aktionen der Zentralbank als LOLR. Es gilt, eine Kreditverknappung zu vermeiden, indem dem Markt ausreichend Notfallliquidität zur Verfügung gestellt wird. Der LOLR sollte spätestens einschreiten, wenn das Fallieren von insolventen Institutionen auf Solvente übergreift, eine Panik entsteht und dadurch reihenweise Banken zusammenbrechen, was starke negative Auswirkungen auf die Realwirtschaft haben könnte.[396] Denn keine Regierungsstelle kann ein weit um sich greifendes Ereignis von Bankzusammenbrüchen zulassen, auf ein Einschreiten verzichten und Depositoren bei systemischen Bankeninsolvenzen die Unterstützung versagen. Ein Eingreifen beinhaltet dabei sowohl politische als auch wirtschaftliche Argumente, wobei die unterschiedliche Behandlung von Banken zu anderen Unternehmensarten bedeutsam für die Ausgestaltung glaubhafter makroökonomischer Politiken ist.[397] Dies folgt aus der Bedeutung eines effizienten Bankensystems und der möglichen Schwäche des Bankensystems als Gefahr makroökonomischer Instabilität.

Auch das Vorhandensein einer Depositenversicherung und einer glaubhaften Regulierungspolitik kann in diesem Zusammenhang gesehen werden.

Schwierigkeiten macht dabei, dass sich im Falle einer Krise/Panik das Verhalten der Wirtschaftssubjekte ändert und daher weniger vorhersehbar wird. Bereits Tobin hat auf diese Problematik deutlich hingewiesen:

> „Even if bank managers act with normal perspicuity in the interests of the stockholders, even if all temptations of personal gain are resisted, sheer chance will bring some failures – insolvency because of borrowers' default or other capital losses on assets, or inability to meet withdrawals of deposits even though the bank would be solvent if assets' present values could be immediately realized. The probability is multiplied by the essential instability in depositors' confi-

[395] Vgl. Green, Lin (2000), Seite 6f.
[396] Vgl. Blejer, Feldman, Feltenstein (1997), Seite 19ff.; Bordo (1990), Seite 19.
[397] Vgl. Guitián (1997), Seite 45ff.

fidence. News of withdrawals triggers more withdrawals, sauve qui peut, at the same bank, or by contagion at others. For these reasons the banking business has not been left to free market competition bus has to been significantly regulated."

Tobin (1985)[398]

Damit werden aber auch wirtschaftspolitische Fehler wahrscheinlicher, so dass stärkere Auswirkungen in der nächsten Phase zu erwarten sind.[399]

Eine ausführliche Diskussion um das Einschreiten eines LOLR, einer Depositenversicherung oder weiterer Sicherheitsmaßnahmen kann an dieser Stelle vernachlässigt werden, da dies Thema der folgenden Kapitel ist.

Hierbei hat sich bereits in Phase 3 gezeigt, dass die Hypothese asymmetrischer Informationen also eine direkte Verbindung zwischen der gestiegenen Nachfrage nach Geld und der Verfügbarkeit von Krediten – und damit auch die Fähigkeit der Finanzierung und Aufrechterhaltung der realen Wirtschaft impliziert. Helfen dann öffentliche Stellen, solvente von insolventen Banken zu unterscheiden, schwächt sich die Panik ab, wobei dies durch Deflation zunichtegemacht werden könnte, weil dann Fishers dept-deflation-Theorie zum Tragen kommt, so dass ein rückläufiges Preisniveau und die damit einhergehende Steigerung der realen Verschuldung, die wirtschaftliche Aktivität nur weiter einschränkt.[400] Dieser Gedanke führt dann zu Phase 5.

Die Skopbank in *Finnland* wurde zwar bereits 1989 unter staatliche Überwachung gestellt und Finanzhilfe geleistet, welche sich aber bald als zu gering erwies, so dass sich 1991 eine akute Liquiditätskrise auftat, weswegen in der Folge die Zentralbank von Finnland die Kontrolle über die Skopbank übernahm.

Während noch zu Beginn der Bankenkrise ad hoc-Maßnahmen unternommen wurden, ging man später zu systematischeren Vorgehensweisen über, indem dem Bankensektor eine allgemeine Kapitalspritze „injiziert“ wurde, um eine heimische Kreditkrise zu vermeiden und damit die Banken später keine weitere Notfallhilfe brauchen.

Neben dieser Maßnahme wurde gleichzeitig der „Government Guarantee Fund“ ins Leben gerufen, welcher die Stabilität des Bankensystems und die Ansprüche heimischer und ausländischer Depositoren absichern sollte. Dieser stellte sogleich in den Jahren 1991 bis 1993 Hilfe in Milliardenhöhe (FIM) den Banken zur Verfügung.

In den *USA* führten die Verluste der Bausparkassen zu Reaktionen der Politik, die jedoch schwerwiegende Fehler aufwiesen: Es wurden zwar die oben genannten Restriktionen für die Bausparkassen gelockert, dennoch wurde die einheitliche Prämie auf die Depositenversicherung nicht abgeändert, so dass die Deregulierungsversuche das Risikoverhalten der Kassen erhöht haben.[401] Zusätzlich wurden die Kapitalstandards für Bausparkassen heruntergefahren, indem die negative Differenz zwischen Vermögen und Verbindlichkeiten als Firmenwert und damit als Kapital gezählt werden konnte. In Verbindung mit einer größeren Risikobereitschaft war die geringere Kapitalanforderung eine nicht zu unter-

[398] Tobin (1985), Seite 23.
[399] Vgl. Goodhart, Huang (1999), Seite 8.
[400] Vgl. Mishkin (1991), Seite 73; Wolfson (2002), Seite 395.
[401] Vgl. FDIC (1997), Seite 172ff.

schätzende Gefahr.[402] Kurze Zeit später (1983) wurde für die Bausparkassen die Obergrenze für eine Darlehensgewährung angehoben; sie konnten nun auf den Schätzwert einer Immobilie in Höhe von 100% Kredite vergeben, wohingegen bislang die Begrenzung bei 75% lag. Dies waren zwar nicht die einzigen Fehlentscheidungen, jedoch wohl die Schwerwiegendsten.[403]

Dem Platzen der Blase in *Japan* folgte eine sehr lange Zeit wirtschaftlicher Stagnation, zu deren Abhilfe die Bank of Japan innerhalb von nur zwei Jahren (1991-1993) sieben Mal ihre Diskontsätze reduzierte (bis auf 1,75%). Da dies keine große Abhilfe brachte, wurden zusätzliche fiskalische Maßnahmen ergriffen, die jedoch nach einer wirtschaftlichen Erholungsphase wieder aufgehoben wurden, so dass letztlich eine Rezession nicht mehr verhindert werden konnte.[404]

Damit war in der letzten Dekade die gewichtigste Aufgabe des japanischen Finanzsystems der Abbau der uneinbringlichen Kredite und implizit damit auch die Wiedererlangung der finanziellen Stabilität im gesamten System, da diese Probleme seit dem Platzen der Blase vorhanden waren. Dieses Problem blieb dabei nicht nur auf den japanischen Markt beschränkt, sondern betraf auch die ausländischen Märkte, die neben der eigenen Bevölkerung nicht mehr an den guten Zustand der japanischen Finanzinstitutionen glauben konnten. Somit wurde das System so verwundbar, dass selbst der Zusammenbruch einer einzelnen Bank für die Wirtschaft eine Gefahr darstellte und damit starke Störungen im Finanzsystem verursachen konnte. Obwohl die japanischen Finanzinstitutionen nach und nach eine große Anzahl dieser non performing loans (NPLs, uneinbringliche Kredite) abbauen konnten, bildeten sich neue infolge der lang anhaltenden wirtschaftlichen Schwäche und dem Rückgang von Erträgen der Unternehmen durch steigenden internationalen Wettbewerb.[405] Auch die zu anfangs betriebenen Maßnahmen schufen keine Abhilfe, da es beispielsweise den Behörden ohne Gerichtsbeschluss oder Zustimmung der Anteilseigner nicht möglich war, vor dem Zusammenbruch stehende Banken zu schließen, und da auch die von der Regierung vorgenommene Überwachung der Kreditgenossenschaften nur unzureichend war.

Zudem erklärte die Währungsbehörde, dass keine der 21 größten Banken geschlossen werden dürfte (too big to fail).[406] Schon kurz darauf wurde deutlich, dass diese Zusage nicht aufrechterhalten werden konnte, da sie bei den Banken zu Moral Hazard führte.[407]

Das große Ausmaß dieses Problems machte somit spezielle Maßnahmen zum Erhalt der Finanzstabilität notwendig wie die Blankogarantie der Regierung für Einlagen, um die Ängste der Depositoren zu beschwichtigen.[408]

---

[402] Vgl. Brandenburg (1993), Seite 28ff.

[403] Zu nennen wären noch die verspätete Schließung einiger Kassen, die Verschleierung der Verluste gegenüber der Öffentlichkeit und die daraus folgenden Betrugsfälle, eine verspätete Antwort der Regierung auf die Probleme und die plötzliche Kehrtwende bei der Besteuerung von Eigenheimen – zuerst niedrig ab 1981, dann hoch ab 1986. Vgl. Curry, Shibut (2001), Seite 27.

[404] Vgl. Hoshi, Patrick (2000), Seite 11f.

[405] Vgl. Kawai (2004), Seite 8.

[406] Vgl. Lindgren et al. (1998), Seite 119.

[407] Vgl. Ito (2000), Seite 92f.

[408] Vgl. Hiwatari (2000), Seite 116ff.; BoJ (2005), Seite 2.

Daneben erhöhte die Bank of Japan bestimmte Darlehen, die für die ordnungsgemäße Abwicklung von Banken nötig waren und damit der Stabilisierung dienen sollen. Sie kaufte Banken bestimmte riskante Aktien sowie über eine Sondergesellschaft Problemkredite ab[409] und gewährte kleineren Banken großzügige Unterstützungsbeträge, wenn sie sich mit anderen Banken zusammenschlossen, um der noch immer vorhandenen Überkapazität im Bankensystem gerecht zu werden.

Die Entwicklung der **letzten Phase 5** hängt entscheidend davon ab, ob die Vorgehensweise des öffentlichen und privaten Bereichs eine *weiteres Umsichgreifen* der Liquiditätsprobleme unterbinden konnte, oder ob *die ökonomische Aktivität derart nachteilhaft beeinflusst* wurde, so dass das Wirtschaftswachstum negativ wird, der individuelle Konsum stark zurückgeht, es zu historisch hohen Arbeitslosenraten kommt und auch das öffentliche Defizit immer stärker ansteigt, also eine systemische Krise vorliegt.[410] Diese wirtschaftlichen Folgen sind derartig bedeutsam, dass sie auch in der ökonometrischen Praxis angewendet werden, um überhaupt Bankenkrisen empirisch bestimmten zu können. Dabei ist weitgehend unstrittig, dass eine Bankenkrise das Wirtschaftswachstum abschwächt, eine kausale Umkehrung ist aber ebenfalls als Erklärungsansatz im Zusammenhang mit dem Konjunkturzyklus denkbar.[411]

Historisch gesehen ist es der Fed in der Weltwirtschaftskrise Ende der 1920er Jahre nicht gelungen, eine massive Bankenpanik sowie das Fallieren einer der drei größten US-Banken zu verhindern.[412]

Während noch in Finnland in den Jahren 1987-1989 das Wirtschaftswachstum bei etwa 4,5% verharrte, sank es schon im darauf folgenden Jahr auf 0% und blieb die nächsten drei Jahre (bis 1994) bei minus 4% (und einer Arbeitslosenrate von 18,4%).[413]
Zwar war die in Finnland angebotene Hilfe nur ein Tropfen auf den heißen Stein im Vergleich zu den Verlusten, die die Banken erlitten hatten, jedoch bedeutete sie, dass der feste Wille bestand, das allgemeine Vertrauen in das Bankensystem zu erhalten und Runs auf in Schwierigkeiten geratene Banken zu verhindern.

Während in den USA 1980 noch 3993 Bausparkassen existierten, brachen in der Zeit der Krise ca. 1400 Bausparkassen und zusätzlich ca. 1300 Banken zusammen. Angesichts der wachsenden Zahl überschuldeter Sparkassen und der spektakulären Fälle betrügerischer Konkurse wurde die FSLIC 1985 als insolvent erklärt[414,415]
Die Kosten der Schließung der betroffenen Bausparkassen beliefen sich auf über 160 Milliarden Dollar (weitere Schätzungen betragen ca. 180 Milliarden Dollar (ca. 3,2% des

---

[409] Vgl. Hofmann, Holzhausen (2005), Seite 23.
[410] Vgl. Krawczyk (2004), Seite 1.
[411] Vgl. Schmidt (2001), Seite 242.
[412] Vgl. Friedman, Schwartz (1963), Seite 349ff.
[413] Vgl. Lindgren et al. (1998), Seite 59.
[414] Vgl. Brandenburg (1993), Seite 42ff.
[415] Dies wurde durch das FIERRA-Gesetz [Financial Institutions Reform, Recovery, and Enforcement Act] eingeleitet, das 1989 das FSLIC auflöste, wonach die Garantie der Einlagen von ihr auf die Federal Deposit Insurance Corporation, die staatliche Einlagenversicherung für Geschäftsbanken, [FDIC] überging. Vgl. Feldstein (1991), Seite 9ff.; Nölling (1994), Seite 166ff.

BIP),[416] einschließlich 132 Milliarden Dollar, die infolge der Insolvenz der Depositenversicherung von den amerikanischen Steuerzahlern aufgebracht werden mussten.[417] Anstelle einer schnellen und an dieser Stelle falschen Deregulierung des Marktes hätte die Regierung besser Rücksicht auf die Depositoren nehmen sollen. Die Regierungsgarantien für versicherte Depositen nämlich bürdeten den amerikanischen Steuerzahlern das Verlustrisiko auf, wohingegen die teilweise aus Betrug möglichen Profite aus der Deregulierung den Eignern und Managern der Bausparkassen zugutekamen.[418]

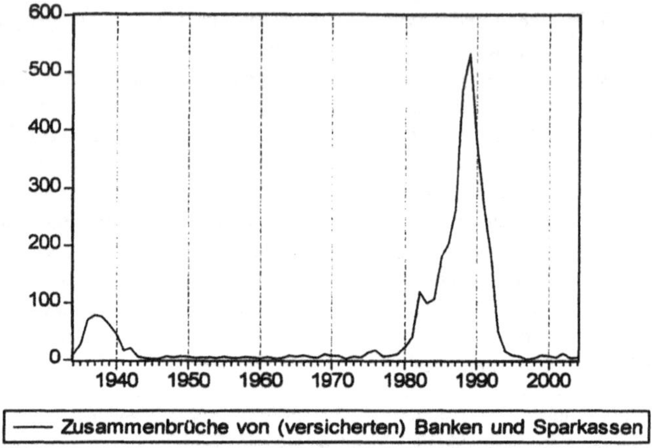

Abbildung 7, eigene Darstellung; Quelle: FDIC

Als Folge der Hilfsmaßnahmen in *Japan* kehrte sich der Haushaltsüberschuss (1991 noch 2,9% des BIP) in ein Haushaltsdefizit (1996 -4,3% des BIP).

Bis heute ist die exakte Höhe der Finanzmittel zur Überwindung der Bankenkrise in Japan nicht bestimmt.[419] Allein die direkten Finanzhilfen des Staates für den angeschlagenen Finanzsektor belaufen umgerechnet sich auf ca. 300 Mrd. Euro. Der Aufkauf von Problemkrediten wird wahrscheinlich obige Summe bei Weitem erhöhen.[420]

Ist es nicht möglich, in Phase 4 ausreichend Liquidität bereitzustellen, tritt mit großer Wahrscheinlichkeit in Phase 5 eine systemweite Krise ein, die als Ergebnis zu erheblichen Verlusten bei Investitionen, Konsum, Bruttoinlandsprodukt oder anderen Aktivitäten beispielsweise im Immobilienbereich und vor allem bei den Informationsbeziehungen führt, so dass deren Niveau deutlich unter das Niveau vor der Krise fällt, wobei die mehr oder weniger erfolgreichen Interventionen von staatlicher Seite aus auch entsprechende Budgetdefizite nach sich zogen.[421]

---

[416] Vgl. Caprio, Klingebiel (1996), Seite 20.
[417] Vgl. Curry, Shibut (2001), Seite 28ff.
[418] Vgl. FDIC (1997), Seite 33ff.
[419] Vgl. Vattapilli (2004), Seite 5.
[420] Vgl. Hofmann, Holzhausen (2005), Seite 25.
[421] Vgl. Rosengard (2004), Seite 22; Staikouras (2004), Seite 875.

Die genannten Beispiele verdeutlichen den Ablauf einer finanziellen Krisensituation, zeigen aber auch auf, dass in der Realität Rückwirkungen der einzelnen Phasen auf vorhergehende Phasen bestehen können, und damit wiederum weitere Maßnahmen einleiten können (*Feedback*prozesse). Zudem kann erkannt werden, dass in allen Fällen mehrere unterschiedlichste Grundbedingungen in der Wirtschaft sowie im Bankensystem vorhanden waren, die das Eintreten der Krise und deren Ausmaß erst möglich gemacht haben. Ebenso kann anhand dieser Fälle dargelegt werden, wie eine Übertragung der Krise in den realwirtschaftlichen Bereich stattfindet und inwieweit das Ausmaß der negativen Auswirkungen auf die Ökonomie mittels geeigneter Maßnahmen von offizieller Seite eingeschränkt werden könnte, wobei insgesamt gilt, dass reine sunsposts kaum aufzufinden sind.

3. Klassischer Ansatz: Thornton und Bagehot

Sowohl Henry Thorntons Werk „An Enquiry into the Effects of the Paper Credit of Great Britain" (1802) als auch die Veröffentlichung Walter Bagehots „Lombard Street" (1873) beschäftigte sich mit der Rolle der Bank von England (im Weiteren BoE) in periodisch wiederkehrenden Bankenpaniken. Daher entwickelten beide Autoren die Schlüsselelemente der klassischen Lehrmeinung bezüglich des LOLR, die die Notwendigkeit einer Notenbank als Geldgeber der letzten Instanz aus der Natur des fractional reserve banking-Systems herleitet und besagt, dass der Lender im Falle einer Panik, also einem Ansturm auf die Geldbasis, zwar großzügig „leihen" soll, aber nur an illiquide, an sich solvente Banken.[422] Diese Thesen wurden schon während des 19. Jahrhunderts oft diskutiert und stehen heute noch im Mittelpunkt vieler Diskussionen. Allerdings taucht der *Begriff* Lender of Last Resort weder im Sprachgebrauch von Thornton noch Bagehot auf; noch fand er im Bullion Report oder in der Currency-Banking-Debatte Verwendung. Die Autoren umschrieben allenfalls, was sie unter einem Lender of Last Resort verstanden, ohne jedoch die Bezeichnung selbst zu verwenden. Erst der parlamentarische Ausschuss aus dem Jahre 1858 bezeichnete die BoE als „the bank of last resort in case of panic".[423]

Beide, Thornton wie Bagehot, können in der Diskussion um die Aufgaben eines Lender of Last Resort unzweifelhaft als Vordenker des diskretionären geldpolitischen Ansatzes betrachtet werden. Sie hoben sich damit deutlich von der Position Ricardos und der Currency-Schule ab, die einen knappen Handlungsspielraum mit engem Regelwerk für die Zentralbank proklamierten. Es muss allerdings berücksichtigt werden, dass die Werke beider unter völlig diametralen Umständen verfasst wurden.

Thornton verfasste seinen Beitrag unter dem Eindruck der Wirren der 90er Jahre des 18. Jahrhunderts, die von Krieg gegen das revolutionäre Frankreich und Finanzkrisen geprägt waren, welche letztendlich zur Aufhebung der Goldeinlösepflicht der BoE führte. Bagehot schrieb sein Werk hingegen in einer Aura des Friedens, wohl aber vor dem Hintergrund der neuerlichen Finanzkrise des Jahres 1866, was den Schluss nahe legte, dass die Ursache von Finanzkrisen im Finanzsystem selbst beherbergt sein könnte, da man diesmal nicht Kriegswirren oder Ähnliches als Ursache mutmaßen konnte.[424] Dennoch stimmen – wie wir sehen werden – beide dahingehend überein, dass sie die Zentralbank in der Rolle des Geldgebers der letzten Instanz sehen; nur leiten sie diese Verantwortung unterschiedlich her.

3.1 Entwicklung der Bank von England bis Thornton

Die Revolution von 1688 – 1689, die Wilhelm von Oranien auf den englischen Thron brachte und das Ende der Regentschaft von Jakob II bedeutete, gaben England ein Maß an politischer Stabilität, das die hundert Jahre zuvor gänzlich unbekannt war. Denn unter der Herrschaft des Geschlechts der Stuarts wurde versucht, eine absolutistische Herrschaft einzuführen und den Engländern den Katholizismus aufzuzwingen, welcher als Symbol der Armut galt und dessen Wiedereinführung als Tyrannei emp-

---

[422] Vgl. Bordo (1990), Seite 18; Schwartz (2002), Seite 450.

[423] Vgl. De Boyer des Roches, Rosales (2003), Seite 2.

[424] Vgl. Laidler (2002), Seite 3ff.; King (1996), Seite 115.

funden wurde. Die freiheitlich orientierten Engländer lehnten sich gegen diesen Versuch auf und legten mit der Verfassung von 1689 den Grundstein für den Aufstieg Englands zur Weltmacht. Das durch die Revolution herbeigeführte neue politische System als gemischte Regierungsform aus König und Parlament hatte dabei einen entscheidenden Einfluss auf die Entwicklung der öffentlichen Finanzen während der Kriegszeit Ende des 17. Jahrhunderts (Neunjähriger Krieg gegen Frankreich (1689 – 1698) und der Spanische Erbfolgekrieg (1701 – 1714)), da im Vergleich zur bisherigen Finanzpraxis jetzt erstmalig Staatskredite unter Aufsicht eines modernen Parlaments abgeschlossen wurden, denn die parlamentarische Regierungsform unterstützte den Zugriff des Parlaments auf Einkünfte, Ausgaben und Kredite der Regierung.

Der Handel florierte in dieser Zeit, jedoch waren die öffentlichen Finanzen durch die oben beschriebenen Kriege angeschlagen und der Geld- und Kreditmarkt war ungeordnet. Denn die Goldschmiede[425], als eine Gruppe von Privatbankiers[426] und als die wichtigsten Geldgeber und Bankiers des Königs in der ersten Hälfte des 17. Jahrhunderts, erlebten eine schwerwiegende Finanzkrise, die viele in den Ruin trieb, als der König sich im Jahre 1672 aufgrund seines laxen Finanzgebarens gezwungen sah, die Tilgung und Zinszahlung der Hauptsumme seiner Schulden einzustellen: „Stop of the exchequer".[427]

Mit Beginn der neuen Regierungsform wurde auch die öffentliche Verschuldung teilweise novelliert, was den Ausbau der englischen Staatsverschuldung zuließ: Der Million Loan, der den Krieg gegen Frankreich mitfinanzieren sollte, und der die erste *langfristige* Anleihe darstellte.[428] Im Laufe der letzten Dekade des 17. Jahrhunderts rief man noch andere Arten von langfristigen Krediten ins Leben, wie z. B. die Million Lottery 1694.[429]

Die Erstellung solcher Finanzpläne war in dieser Zeit üblich. Hierzu zählten auch die Gründung von Handelsgesellschaften oder Banken, worunter sich auch der

---

[425] Berufeshalber war der Handel mit Geld bereits früh Teil ihrer Tätigkeit. Sie waren mit den Besonderheiten des Münzwesens vertraut und fungierten als Geldwechsler. Vgl. Kindleberger (1984), Seite 50f.; Melton (1986), Seite 31ff; Pohl (1993), Seite 153ff.

[426] Neben der Gruppe der Goldschmiede gab es im Bereich des privaten Bankwesens noch die Kaufleute-Bankiers und die money-scriveners.

Der Beruf der Kaufleute-Bankiers geht bis in das 15. Jahrhundert zurück. Ursprünglich befassten sie sich mit Exporten von Wolle und Tuch nach Kontinentaleuropa und erweiterten später ihre Tätigkeit mit Finanzgeschäften u. a. mit dem An- und Verkauf von Wechselbriefen. Aus diesen Kaufleute-Bankiers entwickelten sich die *Merchant Banks*, wie zum Beispiel die Baring Bank in London. Vgl. Kindleberger (1994), Seite 81f.; Pressnell, Orbell (1985), Seite xvii f.; Pohl (1993), Seite 152; Ziegler (1990), Seite 18f.

Die Zunft der scrivener befasste sich in ihrer ursprünglichen Form mit Maklertätigkeit für Immobilien. Während sie zuerst nur als Kreditmakler fungierten, gingen sie später dazu über, selbst den Käufern Geld zu leihen. Nach 1660, als die Bodentransaktionen in ihrer Menge abnahmen, verloren auch die scrivener an Bedeutung. Vgl. Michie (2000), Seite 16ff; Pohl (1993), Seite 152.

[427] Vgl. Davies (2002), Seite 252ff.; Horsefield (1982), Seite 513; Smith (1990), Seite 11.

[428] Dabei handelte es sich um den Verkauf von Leibrenten zu 14 Prozent Zinsen p.a. seitens der Regierung gegen ein bestimmtes Kapital. Vor diesen Neuerungen bestand die Staatsschuld in kurzfristigen Darlehen. Vgl. Broz, Grossman (2004), Seite 54.

[429] Dies war die erste englische Staatslotterie, die einigen Käufern durch Losziehung eine über das gängige Rentenmaß hinausgehende zusätzliche Rente bescherte. Vgl. Kindleberger (1984), Seite 164.

Vorschlag von William Paterson (1658 - 1719) – schottischer Finanzier und wohlhabender Kaufmann, der in der Londoner City großen Einfluss hatte – und anderen City-Kaufleuten zur Gründung einer nationalen oder öffentlichen Bank befand, um die nationalen Ressourcen zu mobilisieren, der schließlich vom damaligen „Finanzminister" Charles Montagu angenommen wurde.[430]

Daraufhin wurde – mit Blick auf die erfolgreiche, 1609 gegründete Wisselbank in Amsterdam – die Bank of England 1694 von dieser Gruppe von Kaufleuten gegründet, indem sie am 27. Juli 1694 durch die königliche Charta (royal charter) besiegelt wurde, was als eine Art besonderes Privileg[431] angesehen werden konnte, da eine Assoziation „privater" Aktionäre das Recht erhielt, Bankengeschäfte aller Art[432] durchzuführen. Der Anlass dieser Gründung war also nichts anderes als die extreme Finanznot des Staates, nicht zuletzt aufgrund des Krieges gegen Frankreich, denn mit der Gründung der Bank war ein Kredit an den Staat in der vollen Höhe des Eigenkapitals von 1,2 Mio. Pfund verbunden.[433] Dabei spielte natürlich der Gedanke der Unabhängigkeit von ausländischen Gläubigern auch eine wichtige Rolle. D.h., die bei der Gründung offen formulierte und bei der Aufnahme der Geschäftstätigkeit sichtbare enge Bindung der Bank an die Kreditbedürfnisse des Staates konnte als Gegenleistung für das oben beschriebene Privileg angesehen werden.[434] Als „Gegenleistung" für die Kreditbereitstellung wurden die Kaufleute um Paterson als *Govenor and Company of the Bank of England* eingetragen.

Dabei deutete keine der in der Gründungscharta auftauchenden Regelungen auf die exponierte Position hin, die die BoE in späterer Zeit einmal innehaben würde.[435]

Schon am 22. Dezember desselben Jahres konnte die Bank von England dem Staat den Kredit in voller Höhe zur Verfügung stellen, der von 1272 Anteilsnehmern aufgebracht wurde, welche sich damit das Recht der Mitbegründerschaft der BoE erworben hatten. Da damit die Bank mit ihrem Stammkapital nicht „arbeiten" konnte, wurde ihr im Gegenzug für die Kreditvergabe an den Staat die Ermächtigung eingeräumt, in Höhe des gesamten Regierungsvorschusses (also bis zu £ 1,2 Mio.) Noten auszugeben.

Ihr Betriebskapital bestand also aus den Noten in Höhe ihres Kredites an den Staat, jeweils bis zur genehmigten Höchstgrenze, und den bei ihr von privater Seite bereits kurz nach ihrer Geschäftsaufnahme eingezahlten Depositen.[436] Die Bank brachte ihre Noten, die damals noch kein Geld im heutigen Sinne darstellten, sondern ledig-

430 Vgl. Francis (1848), Seite 42ff.; Pohl (1993), Seite 161ff.

431 Dies war das Erste von Dreien, die Rechtsstellung und die Geschäftsführung der BoE bis in die Zeit der Napoleonischen Kriege hineinreichenden, bestimmenden Gesetze.

432 Die Bank durfte Depositen annehmen, Überweisungen ausführen, Geld wechseln, Edelmetall an- und verkaufen, Wechsel und Staatspapiere diskontieren, Kredite gegen Pfand vergeben, etc. Das Recht Banknoten auszugeben, wurde dagegen nicht explizit erwähnt. Vgl. Bank of England Act 1694, Section 27.

433 Man spricht in diesem Zusammenhang von einem Geburtsfehler der BoE.

434 Vgl. Bagehot (1873), Seite 249; Bank of England Act 1694, Section 19; Wendt (1948), Seite 3f.; Wolter (1917), Seite 10.

435 Vgl. Bagehot (1873), Seite 92ff.; Roberts, Kynaston (1995), Seite 9; Wendt (1948), Seite 4.

436 Diese stellten natürlich für diejenigen, die sie eingelegt haben (zum Beispiel Geschäftsbanken), eine Reserve dar. Vgl. Collins (1988), Seite 44.

lich ein Zahlungsversprechen derjenigen Bank waren, die sie in den Verkehr gebracht hatte, durch Gewährung von Darlehen, Beleihung von Waren, Ankauf von Edelmetallen oder Wechseldiskontierungen in Umlauf.[437] Diese traten ihren Siegeszug an und hatten in London alsbald eine dominierende Stellung im Bereich der zirkulierenden Handelspapiere; so machten schon im Jahre 1720 die Noten der privaten Goldschmiede(-Bankiers) nur noch einen geringen Anteil der Noten der BoE aus, bis jene gänzlich verschwanden.[438]

Der BoE wurde offensichtlich von Beginn an großes Vertrauen entgegengebracht; die Staatsfinanzierung gehörte bereits zu Beginn zu ihrem Hauptaufgabenbereich,[439] so dass sie alsbald als Regierungsbank angesehen wurde. So befand auch Adam Smith in seinem „Wohlstand der Nationen", dass die BoE „not only as an ordinary bank, but as a great engine of state" agiert.[440]

Ihr Ansehen wurde einerseits durch das Privileg des Jahres 1697, nach welchem keine andere Bankengesellschaft in England mehr durch Parlamentsbeschluss konzessioniert werden durfte, und andererseits durch königliche Lizenz aus dem Jahre 1708 erheblich gesteigert, welche besagte, dass keine private Gesellschaft von mehr als sechs Personen Bankengeschäfte treiben und Noten ausgeben durfte, was ihr damit als einziger englischer Aktienbank das Monopol zur Ausgabe von Banknoten zuerkannte („Sechs-Partner-Regel").[441] Dieses Monopol blieb bis 1825 erhalten. Dennoch war ihre Position fast während des gesamten 18. Jahrhunderts fraglich, und ihre langfristige Zukunft war eher unsicher, da es keinen breiten Konsens darüber gab, dass ihre weitere Existenz gut und wünschenswert war. Nicht nur ihre Schaffung an sich entstand aus einer Notsituation heraus, diese zeichnete auch ihre weitere Entwicklung im folgenden Jahrhundert aus: Sie wuchs in einer Phase heran, gekennzeichnet durch wiederkehrende Kriege und damit einhergehenden Krisen. Während der ersten 120 Jahre der Bank bereitete sich die englische Nation entweder auf einen Krieg vor, führte Selbigen oder litt unter seinen Nachwehen. Gerade diese Zustände bestimmten die Aktivitäten der BoE: Sie hatte dafür Sorge zu tragen, den Staat mit ausreichend Mitteln zu versorgen, im Sinne einer money-raising-machine, wie es manche moderne Historiker auszudrücken pflegen.[442]

Diese Umstände zwangen jedoch die Regierung in ein Abhängigkeitsverhältnis von der BoE und auch umgekehrt,[443] was sich bemerkbar machte im Zeitpunkt und den Bedingungen der Gesetzgebung, die die sechs kurzfristigen Erneuerungen der Bank Charta zwischen 1696 und 1781 beeinflussten; denn es herrschte in dieser Zeit kein langfristiger Frieden geschweige denn Stabilität. Die aus dieser engen Abhängig-

---

[437] Banknoten kamen in der ersten Hälfte des 17. Jahrhunderts in England in Gebrauch. Zu dieser Zeit gaben reiche Privatleute ihr Geld oder Gold und Silber z.B. einem Goldschmied zur sicheren Aufbewahrung. Über diese Einlagen (Depositen) wurden in Teilbeträge gestückelte Depositenscheine ausgestellt, die als goldsmith's note oder banker's note bezeichnet wurden.

[438] Vgl. Hildreth (1971), Seite 11f.; Pohl (1993), Seite 162f.

[439] Vgl. Broz, Grossman (2004), Seite 49; Elgie, Thompson (1998), Seite 36.

[440] Adam Smith (1776), Buch 2 Kapitel II Abschnitt 2.85.

[441] Vgl. Hildreth (1971), Seite 14; Michie (2000), Seite 56; Pohl (1993), Seite 164; Roberts, Kynaston (1995), Seite 12f., 226.

[442] Vgl. Roberts, Kynaston (1995), Seite 4f.

[443] Vgl. Elgie, Thompson (1998), Seite 36.

keit resultierenden Neuauflagen der Privilegien der BoE riefen einige Kritiker auf den Plan, die (wie später Walter Bagehot) ihren Status und ihre Funktionen angriffen, da sie eine Monopolposition einer öffentlichen innehielte.[444]

Obwohl die Entwicklung der BoE zweifelsfrei durch den kurzfristigen Geldbedarf aufgrund der Kriege bedingt war, kann man die verschiedenen Neuauflagen der Charta, ex post betrachtet, als Sicherstellung ihrer langfristigen Position bezeichnen. Jede Neuauflage ging dabei mit einer Eigenkapitalaufstockung einher. So betrug dieses im Jahre 1694 – wie oben bereits erwähnt – £ 1.200.000, während es im Jahre 1782 für die damalige Zeit exorbitante £ 11.642.000 ausmachte.[445]

Neben der Gewährung von Vorschüssen an den Staat und später der Verwaltung der Staatsschuld (national debt) wurde die BoE allmählich auch in die kurzfristige Kreditbeschaffung einbezogen, indem sie sogenannte exchequer bills[446] im Auftrag des Staates diskontiert hat. Nicht nur, dass durch die Verwaltung von Seiten der Bank und die Einlösegarantie des Parlaments die exchequer bills im 18. Jahrhundert zu einem wichtigen Instrument der Staatsschuld avancierten, diese Verwaltung brachte der BoE eine gleichsam monopolistische Stellung im Bezug auf die kurzfristige Kreditvergabe an den Staat ein. Außerdem diskontierte sie kurzfristige Wechsel, womit sie die Kaufleute unterstützte.[447]

Im Jahre 1715 verstärkte sich die Zusammenarbeit zwischen der BoE und der englischen Regierung weiter, indem die Bank vom Schatzamt die Verwaltung der gesamten Schuldverschreibungen der Regierung übernahm, so dass bereits im Jahre 1760 nur noch ca. 30% der Staatsschulden nicht von ihr verwaltet wurden.[448]

Neben den Tätigkeiten für das Schatzamt nahm die BoE ein Kredit- und Depositengeschäft mit weiteren staatlichen Ministerien auf, was ihr letztlich das unmittelbare Management der Konten und Bilanzen der Ministerien einbrachte.

Aber natürlich agierte sie daneben auch im privaten Bankengeschäft und nahm Einlagen entgegen oder gab Noten aus, wobei dies (zunächst) allerdings nicht über die Grenzen Londons hinausging. Ihre wichtigste Klientel stellten große englische Handelsgesellschaften und die führenden Kaufleute der Londoner City dar, womit sie seit ihrer Gründung die Goldschmiede-Bankiers aus ihrem Geschäft verdrängte.[449]

Aufgrund dieser kommerziellen Tätigkeit, aber auch ihrer engen Verbindung zum Staat – gerade im Hinblick auf die Finanzierung der Kriegsaktivitäten – kann man von einer Janusköpfigkeit der BoE sprechen.

Außer der BoE, die zweifelsohne den Bankenmarkt dominierte, waren im 18. Jahrhundert noch drei Gruppen im Privatbankwesen aktiv: Die *West-End-Bankiers*, deren wichtigste Klientel die Aristokratie, der kleine Landadel und der ländliche

---

[444] Vgl. Broz, Grossman (2004), Seite 50; Roberts, Kynaston (1995), Seite 6ff.
[445] Vgl. Wendt (1948), Seite 6.
[446] Die papiernen Anweisungen (exchequer bills) sind Schuldverschreibungen des Staates, die das Schatzamt für geliehenes Geld und gelieferte Waren ausgab oder als Anspruch auf zukünftige Staatseinkünfte ausstellte. Sie brachten ihren Besitzern bis zu 6% Zinsen, waren übertragbar und zirkulierten gleichsam als Staatspapiergeld. Vgl. Kindleberger (1984), Seite 164.
[447] Vgl. Hildreth (1971), Seite 13; Pohl (1993), Seite 165.
[448] Vgl. Roberts, Kynaston (1995), Seite 10.
[449] Vgl. Pohl (1993), Seite 165.

Amtsadel darstellten, denen sie auf den Landsitz abgesicherte Kredite vergaben, daneben die *City-Bankiers,* die unter anderem Diskontierungen von Wechselbriefen[450] im Auftrag von Kaufleuten und Industriellen vornahmen, Depositenkonten anboten, sich in der kurzfristigen Kreditvergabe betätigten und sich im späten 18. Jahrhundert als Agenten/Korrespondenten der aufkommenden Countrybanken entwickelten, und schließlich *Countrybankiers.*[451] Dies waren zumeist erfolgreiche Kaufleute oder Unternehmer, die neben ihren Handelsaktivitäten auch in das Finanzgeschäft eingestiegen waren, sich zunächst mit der (Handels-)Wechseldiskontierung – da Zahlungsversprechen in Form von Handelswechseln oder in Form von Eintragungen in Büchern (Handelskredit) sehr verbreitet waren[452] – beschäftigten und dann auch gegen Zinszahlung Geld von „Nachbarn“ annahmen beziehungsweise an sie Geld gegen Ausgabe *eigener Banknoten* (Depositenbestätigungen/Zettel; daher auch der allgemeine Name Zettelbanken) verliehen.[453] Seit 1750 schossen sie im Zuge der einsetzenden Industrialisierung überall in der Provinz wie Pilze aus dem Boden.[454,455]

Diese Depotbestätigungen/Zettel, die ja letztlich nichts anderes als ein Zahlungsversprechen repräsentierten, wurden sehr rasch von Goldschmieden oder Geldwechslern als Zahlungsmittel anstelle von Bargeld akzeptiert. Im Gegensatz zu heutigen Noten, auf denen aufgedruckt ist, wieviel Geld sie verkörpern, war früher darauf vermerkt, wie viel Geld (Gold- oder Silbermünzen) die jeweilige emittierende (Noten-)Bank für diese Note zu zahlen versprach. Die Zettel ließen sich stückeln und waren für den Transport wesentlich besser geeignet als Gold beziehungsweise Silber. Die Emittenten dieser Depotscheine bemerkten sehr schnell, dass ihre Zettel bald wie Geld umliefen und nur ab und zu zur Einlösung des Zahlungsversprechens vorgelegt wurden, wenn zum Beispiel Transaktionen in Gebiete getätigt wurden, in denen der Name und die Bonität des Ausstellers nicht bekannt waren, und daher auf seinen Namen emittierte Noten nicht an Geldes Statt akzeptiert wurden. Die Banknotenemittenten konnten deshalb, wenn sie die Barabhebungsgewohnheiten ihrer Kunden kannten, ent-

---

[450] Eine grundlegende Voraussetzung für den Handel mit Wechseln war, dass bekannte Kaufleute mit ihrem „guten“ Namen dafür bürgten; die Qualität eines Wechsels war zu damaliger Zeit recht offensichtlich, da sich die Kaufmannsschicht untereinander gut kannte. In früheren Zeiten benutzte man Wechsel vorwiegend deshalb, weil die umlaufenden Edelmetallmünzen in keiner Weise den Anforderungen an ein Warengeld genügten. Vgl. Spahn (2001), Seite 53.

[451] Die City-Bankiers und die West-End-Bankiers agierten innerhalb Londons, während sich die Countrybankiers außerhalb Londons befanden. Vgl. Kindleberger (1984), Seite 77ff.; vgl. Pressnell,Orbell (1985), Seite xvi.

[452] Tooke schätzte das Volumen der zirkulierenden Handelswechsel viermal größer als die umlaufenden Noten und Münzen. Vgl. Claassen (1980), Seite 17.

[453] Vgl. Collins (1988), Seite 26f.; Francis (1848), Seite 207; Pohl (1993), Seite 152, 165f.; Pressnell, Orbell (1985), Seite xvi; Thornton (1939), Seite 169.

[454] Im Jahre 1750 existierten gerade mal 12 dieser Privatbanken in der Peripherie, während es 1850 bereits 400 waren, dabei sind die etwa 150 Aktienbanken, die erst nach 1825 entstanden, noch nicht mitgerechnet. Vgl. Hildreth (1971), Seite 14; Michie (2000), Seite 67; Tilly (2003), Seite 57f.

[455] Die eigenen Banknoten dienten als örtliches Zahlungsmittel, während der Handelswechsel das überregionale Instrument zur Bereitstellung von Zahlungsmitteln und Kredit darstellte; in Zweitem liegt wohl der Kardinalbeitrag, den die Countrybanken für das englische Finanzsystem geleistet haben. Vgl. Tilly (2003), Seite 58f.

sprechend *mehr* Zahlungsversprechen ausstellen, als sie selbst erfüllen konnten.[456] Ein solches (fractional reserve banking-)System birgt naturgemäß in Baisse-Phasen Risiken für die Bankiers, wenn sich nämlich die Präferenzen der Marktakteure hin zu Bargeldhaltung verschieben; allerdings ist es auch möglich, dass die Bankiers sich durch eine übermütige Geschäftsexpansion selbst in diese Bedrängnis manövrieren. In diesem Zusammenhang wird die Frage eines Geldgebers der letzten Instanz relevant; hier spielte die BoE als letzte Zufluchtsstelle die entscheidende Rolle.[457]

Genau darauf spielt schon der Titel von Thorntons Werk: „...The Paper Credit of Great Britain" an, worin er auf den Papierkredit verweist, der aus dem Handelskredit (commercial credit) hervorgegangen ist. Während Letzterer auf Handschlag und damit auf dem gegenseitigen Vertrauen und der Kaufmannsehre basiert, wurde Ersterer durch ein „Paper"/"Note" verbrieft, was den Vorteil mit sich brachte, dass dieser paper credit im Gegensatz zum commercial credit weitergereicht werden konnte.

> „Commercial credit may be defined to bet that confidence which subsists among commercial men in respect to their mercantile affairs. This confidence operates in several ways. It disposes them to lend money to each other, to bring themselves under various pecuniary engagements by the acceptance and indorsement of bills, and also to sell and deliver goods in consideration of an equivalent promised to be given at a subsequent period...
>
> This commercial credit is the foundation of *paper credit*; paper serving to express that confidence which is in the mind, and to reduce to those engagements to pay, which might otherwise be merely verbal. It will hereafter be explained in what manner, and to how very great degree, paper credit also spares the use of the expensive article of gold; and how the multiplication of paper securities serve to enlarge, confirm, and diffuse that confidence among traders, which, in some measures, existed independently of paper, and would, to a certain degree, remain, through paper should be abolished...
>
> Notes,..., are therefore to be considered as chiefly given for sake of a convenience of another kind, which the seller finds in having them. The note, ..., is a discountable article. It may be turned, if circumstances require, into money, or into bank (of England) notes, which answer the same purpose;...
>
> When confidence rises to a certain height in a country, it occurs to some persons, that profit may be obtained by issuing notes, which purport to be exchangeable for money; and which, through the known facility of thus exchanging them, may circulate in its stead; a part only of the money, of which the notes supply the place, being kept in store as a provision for current payments. On the remainder interest is gained, and this interest constitutes the profit of the issuer. Some powerful and well accredited company will probably be the first issuers of paper of this sort, the numerous proprietors of the company exerting their influence for the sake of the dividends which they expect, in giving currency to the new paper credit."
>
> Thornton (1802)[458]

[456] Gemäß Smith sollte eine Barreserve von ca. 20% für gewöhnlich ausreichen, dementsprechend wäre der Wert des Kreditschöpfungsmultiplikators 5.

[457] Vgl. Humphrey, Keleher (1984), Seite 74f.

[458] Thornton (1802), Seite 75ff.

Aufgrund des Vorhandenseins dieser Countrybanken blieb der Notenumlauf der BoE fast gänzlich auf London beschränkt.[459] Seitdem die BoE Mitte des 18. Jahrhunderts damit begann – im Unterschied zu ihrer Anfangsphase, in der ihre Noten mit hohen Nennwerten nur mäßig zirkulierten –, kleinere Noten auszugeben,[460] besaß sie de facto auch noch ein Notenbankmonopol für London, nachdem sie durch diese Geschäftspolitik die Noten anderer Londoner Banken bis ca. 1770 verdrängt hatte, da es keiner dieser Privatbanken möglich war, ihren Noten ein nur annähernd ähnliches Prestige zu verleihen, wie es – auch aufgrund der ihr gewährten Privilegien – der BoE-Note zuteilwurde.[461] Außerhalb Londons kursierten allein Provinzbanknoten, die allerdings an Staatskassen – als Unterschied zu den Noten der BoE – nicht akzeptiert wurden.[462] Nichts desto trotz war die BoE-Note von einem nationalen Monopol noch weit entfernt.[463]

Dennoch war das Vertrauen in die von der BoE ausgegebenen Papiere hoch aufgrund ihres Ansehens und ihrer Reputation als solide Wirtschaftsinstitution, was wiederum auf ihrem guten Ruf[464] bei den Londoner Kaufleuten beruhte, die den Großteil ihrer privaten Geschäftskunden bildeten. Da sich die BoE als eine verlässliche und gut organisierte Institution herausstellte, welche die Bedürfnisse ihrer Kunden schnell und effektiv bedienen konnte, erlaubte die damit verbundene Akkumulation von Depositen der BoE, gewaltige Münzreserven aufzubauen, was seinerseits das bereits beschriebene hohe Maß an umlaufenden Noten in London ermöglichte.

Die Geschäftstätigkeit der BoE, die der übrigen Londoner Banken und die der Countrybanken können dennoch nicht völlig separat betrachtet werden, denn es gibt eine Verbindungslinie zwischen deren Aktivitäten: Die Londoner Bankiers traten im Laufe der zweiten Hälfte des 18. Jahrhunderts zunehmend als Stellvertreter der Countrybankiers auf und übernahmen Transfers von Guthaben der Countrybankiers. Aus diese Weise brachten die Londoner Agenten die Countrybankiers in Kontakt mit dem Londoner Geldmarkt, der ihnen ansonsten aufgrund des Einbankensystems in den Provinzen verschlossen geblieben wäre. In diesem Zusammenhang bildeten sich im Laufe der Zeit Wechselhändler beziehungsweise -makler heraus, die darauf spezialisiert waren, gezielt Wechsel aus „kapitalbedürftigen" Defizitregionen aufzukaufen, sei es mit eigenen Mitteln oder mit Mitteln, die sie von Londoner Banken geliehen hatten, die selbst als Korrespondenten der „Überschussregionen" fungierten.[465] „Auf diese Art

---

[459] Vgl. Thornton (1802), Seite 113, 212.

[460] Die ersten gedruckten Banknoten (seit 1725) der BoE hatten einen Nennwert zwischen £ 1.000 und £ 20, ab 1759 kamen Noten im Wert von £ 10 hinzu.

[461] Vgl. Pressnell, Orbell (1985), Seite xiv.

[462] Die Tatsache, dass die Noten der BoE in den Provinzen nicht zirkulierten, ist leicht verständlich: Die Inhaber der damaligen Banknoten legten hauptsächlich auf die Zuverlässigkeit der Noteneinlösung in (staatliches) Metallgeld wert, wobei diese Einlösung stets durch die ausgebende Bank im Bankgebäude selbst stattfand. Da die BoE jedoch keine Zweigniederlassungen unterhielt, hätte der Umtausch von Noten der BoE in Münzen in London selbst stattfinden müssen, was mit Unannehmlichkeiten, Zeit und Kosten verbunden gewesen wäre. Vgl. Wolter (1917), Seite 14.

[463] Vgl. Wolter (1917), Seite 13ff.

[464] Der gute Ruf war Spiegelbild des teuren Preises ihrer Aktien und der relativ hohen jährlichen Dividendenzahlungen.

[465] Vgl. Bordo (1990), Seite 19; Tilly (2003), Seite 59.

und Weise integrierte sich nach und nach das Privatbankwesen in London und auf dem Lande in ein nationales System. Die BoE spielte dabei die Hauptrolle"[466], sie war gleichsam der *primus inter pares*. Es handelte sich quasi um ein dreigliedriges Kredit-System: Die Banken auf dem Land erhielten Darlehen von den Londoner Banken; die Londoner Banken besorgten sich ihrerseits die Liquidität von der BoE.[467,468]

> "Bills are drawn on London from every quarter of the kingdom, and remittances are sent to the metropolis to provide for them, while London draws no bills, or next to none, upon the country. London is, in this respect, to the whole island, in some degree, what the centre of a city is to the suburbs."
>
> Thornton (1802)[469]

Dadurch, dass die Londoner Agenten für die Countrybankiers eine Art *Clearing* durchführten, entwickelte sich mit der Zeit im Bankenwesen eine gewisse Hierarchie. Einzelne Londoner Banken bildeten sich als Zentren für die Provinzialbanken im Umland heraus.[470] Um jedoch an dieser Art Clearing teilnehmen zu können, mussten die Countrybanken selbstverständlich auch über ein Guthaben bei der Londoner Bank verfügen, die das Clearing vornahm, da sie selbst zum Clearing House[471] in London nicht zugelassen waren.[472] Die Wirkungsweise dieser hierarchischen Ordnung wird dadurch deutlich, dass die Entscheidungen der BoE bis zu den Countrybanken durchwirkten: Verlor die BoE in einer Baisse Gold, so reduzierte sie die Rediskontierung[473] von Handelswechseln, wodurch die Liquidität am Geldmarkt abnahm; daraufhin sank die Bereitschaft des (Londoner) Geldmarktes, Countrybanken Liquidität zu verschaffen, worauf hin diese dann ihrerseits ihre Kreditvergabe verringerten. Wie sehr die Countrybanken letztlich am Tropf der BoE hingen, wird sich an späterer Stelle im Zusammenhang mit der Aufhebung der Goldeinlöseverpflichtung im Jahre 1797 zeigen.[474] Die Countrybanken, die aufgrund der „Sechs-Partner-Regel" über eine relativ geringe Eigenkapitalausstattung verfügten, waren für krisenhafte Entwicklungen anfällig, zumal sie häufig aufstrebenden industriellen Newcomern Kredite gewährten, was zweifelsfrei risikobehaftet war.[475] Ein Zusammenbruch derartiger Countrybanken war damit an der Tagesordnung, was aufgrund ihrer geschäftlichen Verbindung zu den Londoner Banken auch diese in Mitleidenschaft zog und führte auch nicht selten zu

---

[466] Pohl (1993), Seite 166.

[467] Damit kam ihnen, die eine Art Mittlerrolle hatten, eine besondere Bedeutung zu; sie waren für die Implementierung der Geldpolitik der BoE von Bedeutung. Vgl. Collins (1988), Seite 190.

[468] Vgl. Collins (1988), Seite 28f.; Duffy (1982), Seite 67.

[469] Thornton (1802), Seite 104.

[470] Vgl. Collins (1988), Seite 23ff.

[471] Der Wechsel wurde nach und nach durch den Scheck ersetzt. Zur Abwicklung des Zahlungsverkehrs entwickelte sich eine zentrale Verrechnungsstelle – eben das Clearing House. Vgl. Ziegler (1990), Seite 17.

[472] Vgl. Ziegler (1990), Seite 17.

[473] Die Vorlage eines Wechsels bei der BoE war eigentlich nur für solche Zeiten gedacht, wenn es am Geldmarkt zu Liquiditätsknappheiten kam. Es handelte sich damit quasi um ein „offenes Diskontfenster". Eine vernünftige Rediskontpolitik kann natürlich nur dann funktionieren, wenn der (Re-)Diskontsatz entsprechend hoch beziehungsweise höher als der Marktzins ist. Nur dann konnte sie ihrer LOLR-Funktion gerecht werden. Vgl. Stadermann (1994), Seite 72f.

[474] Vgl. Neal (1997), Seite 4; Tilly (2003), Seite 59ff.

[475] Vgl. Hoppit (1986), Seite 57f.

Konkursen in der City. In solchen Zeiten wandten sich die Londoner Kaufleute dann an die BoE, wenn ihre eigene Londoner Bank keine Wechsel mehr diskontierte, sie wurde also zunächst für die Kaufleute zur „bank of last resort".[476] Aus dieser Position heraus wuchs die BoE im Laufe des 19. Jahrhunderts auch für die Bankiers aus London und der Provinz zur „bank of last resort" heran.[477]

Die weitere Entwicklung der Aktivitäten der BoE war geprägt durch den Eintritt Englands in den Krieg gegen das revolutionäre Frankreich im Mai 1793. War die Zeit davor noch durch rege Prosperität gekennzeichnet, in der der Handel stetig zunahm, weitere Bankhäuser entstanden, um für die dafür notwendige Liquidität zu sorgen, und in ihrer letzten Phase den Charakter eines inflationären Booms annahm, so kam es im Verlauf desselben Jahres[478] zu einer im Zeitablauf immer wiederkehrenden Periode eines ökonomischen Abschwungs, der durch den Kriegsausbruch noch weiter verschärft wurde. Eine Finanzpanik war die Folge, in deren Zusammenhang nicht nur zahlreiche Provinzbanken, sondern auch ein namhaftes Londoner Bankhaus ihre Tätigkeit aufgeben mussten. Diese Entwicklung hatte auch Folgen für die BoE, indem nun nicht nur verstärkt Münzgeld sondern eben auch zunehmend ihre eigenen Noten am Markt nachgefragt wurden.[479]

Hinzu kam, dass die Regierung im Verlauf des Krieges in zunehmendem Maße Kredite bei der BoE in Anspruch nahm, um die englische Position auf dem Festland, das den Kriegsschauplatz darstellte, zu stärken; diese Kredite mussten daher größtenteils in Form von Münzgold oder Goldbarren zur Verfügung gestellt werden, was einen enormen Goldabfluss[480] aus England nach sich zog. Gleichzeitig fiel der Kurs des Pfundes dramatisch.[481] Nachdem der Goldverlust ans Ausland Ende 1795 ein gewaltiges Ausmaß angenommen hatte, ging die BoE trotz massiver Proteste von Seiten der Kaufleute und Banker zu einer Kreditrationierung über. Erschwerend kam noch im Winter 1796/97 eine durch Gerüchte über eine vermeintlich bevorstehende Landung französischer Truppen in England hervorgerufene Neigung, Noten in bares (Gold-) Geld umzutauschen, also eine Art Bank Run, hinzu, was nicht zuletzt mit dem Konkurs etlicher Provinzbanken einherging und in der Folgezeit zu einer stärkeren Beanspruchung der BoE führte.[482] Der Zusammenbruch kleinerer Banken – wie der Provinzbanken – wälzte sich zwangsläufig auf die größeren Banken und damit letztlich auf die BoE über, da jene mit diesen eng verflochten waren.[483] Somit kam zum bisher schon existierenden external drain nun auch noch ein internal drain hinzu. Um dem hohen Metallgeldbedarf Einhalt zu gebieten, beschloss die Regierung schließlich am

---

[476] Vgl. Pressnell, Orbell (1985), Seite xv f.
[477] Jene deponierten jetzt auch ihre Goldreserven bei ihr, eröffneten laufende Konten und legten in Krisenzeiten Wechselbriefe zur Rediskontierung vor. Die BoE finanzierte das Rediskontgeschäft mit konvertiblen Banknoten. Vgl. Pohl (1993), Seite 166; Pressnell, Orbell (1985), Seite xv.
[478] Die ersten Vorboten dieser Entwicklung zeigten sich eigentlich schon Ende des Jahres 1792.
[479] Vgl. Francis (1848), Seite 213ff.
[480] Während bei einem internal drain von den *heimischen* Wirtschaftssubjekten in verstärktem Maße Gold bzw. Münzgeld gehortet wird, wird dagegen ein Goldabfluss *ins Ausland* von Thornton als external drain bezeichnet.
[481] Vgl. Elgie, Thompson (1998), Seite 37; Kindleberger (1984), Seite 60f.
[482] Vgl. Thornton (1802), Seite 112, Wendt (1948), Seite 11f, Wolter (1917), Seite 22.
[483] Vgl. Wolter (1917), Seite 22.

26. Februar 1797, der BoE zu untersagen, Zahlungen in Bargeld zu leisten, d.h., die Einlösung ihrer Noten gegen ein festes Quantum Metall zu verbieten.[484] Dadurch, dass die Noteneinlösung aufgehoben wurde, folgerte die Öffentlichkeit, die BoE stehe kurz vor dem Ruin. Um dieser Besorgnis Einhalt zu gebieten und weiteren Runs vorzubeugen, ließen eine eigens dafür eingesetzte parlamentarische Kommission und die Bank selbst verlauten, dass der Vermögensbestand der BoE gesund sei, und es keinen Anlass zu Befürchtungen irgendwelcher Art gebe; dadurch nahm die BoE ihre Rolle als Geldgeber der letzten Instanz zunehmend wahr. Die Einstellung der Noteneinlösung dürfe keinesfalls mit einer Zahlungseinstellung assoziiert werden.[485] So verlautbarte die BoE am 27. Februar 1797:

> „The Governor, Deputy Governor, and Directors of the Bank of England, think it their duty to inform the Proprietors of Bank Stock, as well as the public at large, that the general concerns of the Bank, are in the most affluent, and prosperous situation; and such as to preclude every doubt as to the security of its Notes."
> Francis Martin, Secretary[486]

Zugleich wurde die Ablehnung gegen Banknoten mit sehr kleinen Nennwerten aufgegeben, um auch im Kleinverkehr das zunehmend knapper werdende Metallgeld ersetzen zu können, da man erkannte, dass die Stückelung der Banknoten den Bedürfnissen des Zahlungsverkehrs vor allem in den Provinzen nicht entsprach.[487]

Im kurz darauf folgenden Bank Restriction Act vom 3. Mai desselben Jahres wurden diese Anordnungen noch einmal unterstrichen und sogar erweitert. Um die Umlauffähigkeit der Noten der BoE zu erhöhen, wurden zudem die öffentlichen Kassen angewiesen – etwa bei Steuerzahlungen –, Noten der BoE in jeder Höhe entgegenzunehmen. Neben der Zirkulationsfähigkeit wurde dadurch auch das Ansehen dieser Noten erheblich angehoben, was auch die Londoner Kaufleute ganz klar erkannten. Die Bereitschaft, die Noten von Seiten der Wirtschaftssubjekte auch aufzunehmen, wurde durch einen Gesetzespassus herbeigeführt, der den Schuldner, welcher zur Tilgung seiner Schuld Noten angeboten hatte, von seiner Schuldhaft[488] befreit, selbst wenn der Gläubiger die Zahlung in Noten ablehnte.

Da die Noten der BoE alsbald in ausgiebiger Weise im Zahlungsverkehr anstelle des Münzgeldes (Goldgeldes) üblich geworden waren, hatten diese Noten damit aufgehört, provisorisch zu sein. Rein mengenmäßig wurde diese Entwicklung dadurch möglich, dass die Begrenzung des Notenumlaufs nicht mehr durch die Höhe der dem Staate gewährten Kredite restringiert wurde gemäß einer Gesetzesänderung von 1798. Es war also eine Papierwährung entstanden.[489]

---

[484] Vgl. Bagehot (1873), Seite 110f.; Davies (2002), Seite 293ff.; Joseph (1933), Seite 15.

[485] Vgl. Wendt (1948), Seite 12; Wolter (1917), Seite 30.

[486] Vgl. Capie (1993), Seite 50; Francis (1848), Seite 239f.

[487] Daher wurde die BoE befugt, auch kleinere Noten, mit einem Nennwert unter 5£ in Umlauf zu bringen. Noten im Wert von 2£ bzw. 1£ wurden ab dem 2. März 1797 ausgegeben, nachdem erst im Jahre 1793 begonnen wurde, Noten in Höhe von 5£ zirkulieren zu lassen. Vgl. Hildreth (1971), Seite 27ff.; Thornton (1802), Seite 191; Wolter (1917), Seite 32.

[488] Bisher konnte der Gläubiger den Schuldner in die so genannte Schuldhaft nehmen lassen, wenn dieser ihm die Schulden nicht in Münzgeld zurückzahlen konnte und stattdessen Noten anbot.

[489] Vgl. Wendt (1948), Seite 13.

Wider Erwarten hatte die Aufhebung der Noteneinlöseverpflichtung zunächst kaum negative Konsequenzen auf den Märkten; Kaufleute und Banken akzeptierten die Noten demonstrativ weiter. Die Lage in England stabilisierte sich schnell wieder, Gold floss nach England zurück und eine Barauszahlung wäre wieder möglich gewesen, wurde jedoch verschoben.[490]

Dennoch sollte an dieser Stelle noch einmal eine Verbindung zu dem weiter oben gefassten Gedanken der hierarchischen Abhängigkeit der Provinzbanken von der BoE gezogen werden: Empirisch lässt sich nach 1797 ein Wachstum im Bereich der Provinzbanken und insbesondere in der Ausdehnung der Notenemission der Countrybanken feststellen. Dabei erhärtet sich die Vorstellung, dass die Provinzbanken vom Londoner Geldmarkt (den Londoner Banken) abhängen, welche letztlich durch das Verhalten der BoE beeinflusst werden; denn es drängt sich der Gedanke auf, dass, solange sich die BoE nicht mehr im Bann von Goldkonvertibilität befindet, die Londoner Bankiers – selbst losgelöst vom engen Korsett – großspurig die Liquiditätswünsche der Provinzbanken befriedigen. Dieser Zusammenhang, der das Tor zu einer zügellosen Notenzirkulation öffnete und dadurch letztlich zur Abwertung des Pfundes,[491] zu Bankrotten und einer wirtschaftlichen Krise beitrug, war Inhalt der Bullion-Kontroverse im Jahre 1809/10.[492]

3.2. Henry Thorntons Beitrag

Henry Thornton kann als der erste Autor bezeichnet werden, der zu der Thematik des LOLR den entscheidenden (klassischen) Beitrag geleistet hat, obwohl in seinem Werk „An Enquiry into the Nature and Effects of the Paper Credit of Great Britain" aus dem Jahre 1802 der Begriff „Lender of Last Resort" selbst nie verwendet wurde. Auch Sir Francis Baring, der etwa zur selben Zeit ebenfalls eine Schrift über die BoE mit dem Namen „Observations on the Establishment of the Bank of England and on the Paper Circulation of the Country" (1797) verfasste, bezeichnete die BoE niemals als Lender of Last Resort, sondern sprach vielmehr zweimal von ihr als „dernier resort" der restlichen Geschäftsbanken.[493,494] Dabei ist die Rolle Barings weitaus unbedeutender als die von Thornton; er sieht die BoE als Verursacher der Finanzkrise des Jahres 1793, da sie die Kredite stark rationierte und dadurch eine Panik induziert wurde. Allerdings war es Thornton, der den wohl entscheidenden Ansatz lieferte, indem er konstatierte, dass ein Agieren im Sinne eines LOLR mit zeitweisen, sich wieder normalisierenden Abweichungen vom optimalen Geldangebot verbunden ist, denn eine Verweigerung einer solchen Kreditgewährung könnte in einem monetären Desaster mit noch viel größeren Abweichungen vom optimalen Pfad der Geldmenge enden.[495] Solche Abweichungen

---

[490] Vgl. Spahn (2001), Seite 73f.

[491] Betrug die Abwertung im Jahre 1803 noch etwa 3%, so wird sie im Jahre 1810 gewaltige 25% betragen. Vgl. Hildreth (1971), Seite 29f.

[492] Vgl. Duffy (1982), Seite 73; Tilly (2003), Seite 61.

[493] Vgl. Baring (1797), Seite 22, 47.

[494] Erstmals in der Literatur tauchte 1932 der Begriff Lender of Last Resort in R.G. Hawtreys Buch „The Art of Central Banking" auf, indem er sein viertes Kapitel betitelte mit „The lender of last resort", das eine Abhandlung war über den internen und den internationalen Geldgeber der letzten Instanz. Vgl. Hawtrey (1932), Kapitel 4.

[495] Vgl. Humphrey (1987), Seite 571f., Thornton (1802), Seite 186ff.

könnten ihrerseits realwirtschaftliche Störungen wie eine Beeinträchtigung der Exporttätigkeit hervorrufen und in diesem Zuge einen external drain von Gold nach sich ziehen, der mit einem internal drain in einer Finanzpanik ausufern könnte.[496]

Sein ökonomisches Verständnis reichte aber weit über die Unterscheidung der gold drains hinaus. So unterschied er auch zwischen Marktzins und natürlichem Zins sowie zwischen Nominal- und Realzinsen. Außerdem war ihm die Bedeutung der Noten der BoE im Verhältnis zu den Noten anderer englischer Banken wohl bekannt.

Selbst angesehener Bankier und Politiker und auch aus einer Bankiersfamilie stammend, besaß Thornton genügend Sachverstand im Bankenbereich, die Dinge der Zeit analysieren und beurteilen zu können. Sensibilisiert durch die Krise der Jahre 1792/93, als England mit dem zunehmenden Goldabfluss zu kämpfen hatte, setzte er sich, als es 1796/97 zu mehreren Zusammenbrüchen von Provinzbanken kam, und dies letztlich auch eine erhöhte Notennachfrage bei der BoE nach sich zog, sowohl vor dem britischen Ober- als auch Unterhaus dafür ein, eben in solchen Krisenzeiten die Goldkonvertibilität – zumindest temporär – auszusetzen, was letztlich ja auch geschah.[497]

Seine Reputation brachte ihm die Mitgliedschaft in mehreren Kommissionen ein, die sich mit Währung und Banken befassten, darunter auch eine führende Position im sogenannten Bullion Committee (1810), welches die Ursache für den Goldpreisanstieg und die inflatorischen Tendenzen in England erörtern sollte.[498]

Die Geschehnisse dieser Zeit sowie die Erkenntnis der damit verbundenen Kreditprobleme sind es, die Thornton dazu bewegt haben, seine der damaligen Zeit weit vorauseilenden Gedanken in seinem Buch „An Enquiry into the Nature and Effects of the Paper Credit of Great Britain“ (1802) niederzuschreiben.[499]

In seinem Werk behandelt er – wie noch ausführlich erörtert wird – neben den Motiven für Geldhortung die Gefahren von Goldabzügen und geht auf die Frage der Umlaufgeschwindigkeit und die Auswirkungen eines gestiegenen Geldangebotes auf die Höhe des Zinses ein beziehungsweise beschäftigt sich mit der Rolle des Zinses im Zusammenhang mit einer Einschränkung des Geldangebotes; im Zentrum seiner Arbeit steht – wie schon der Titel seines Werkes verlauten lässt – eine Untersuchung des paper credit und dessen Entwicklung aus dem commercial credit. Daneben setzt er sich mit den unterschiedlichen Erscheinungsformen des Zahlungsmittels auseinander. Eine zentrale Rolle in seiner Abhandlung nimmt die Untersuchung des englischen Geld- und Kreditwesens ein, wobei er sich erst in einem späteren Manuskript zum Zins als Mittel zur Attrahierung von Gold äußerte.

Thornton hatte die Stellung der BoE an der Spitze dieses Systems erkannt: Die Provinzbanken hielten ihre Reserven in Form von Noten der BoE und Depositen bei den Londoner Banken[500], diese wiederum hielten ihre Reserven in Form von Verbindlichkeiten der Bank von England – sei es in Form von BoE-Noten oder Einlagen bei ihr. Thornton sah hier eine gewisse Hierarchie in der Zahlungsfähigkeit der Schuldner

---

496 Vgl. Humphrey (1993), Seite 12f., Thornton (1802), Seite 122ff.

497 Vgl. Thornton (1802), Seite 28.

498 Vgl. Neal (1997), Seite 4; O'Brien (2003), Seite 4; Thornton (1802), Seite 33.

499 Vgl. Thornton (1802), Seite 28.

500 Diese waren Finanzintermediäre für Banken, Firmen und Privatmänner. Vgl. Collins (1988), Seite 25.

und der Qualität der Kreditinstrumente. Die BoE konnte mittels ihrer Politik die Kreditbasis von ganz England nachhaltig beeinflussen: Die Londoner Banken hingen quasi am Tropf der BoE; via höherer Kreditvergabe seitens der BoE schwellen ihre Einlagen bei der BoE an, über die sie allzeit verfügen können; nicht zuletzt um ihrerseits Darlehen an ihre Klientel entsprechend zu erhöhen; dieser Konnex gilt natürlich auch umgekehrt, wenn die BoE eine restriktive Kreditpolitik fährt.[501]

> „...if instead of one national bank two or more should be instituted, each having a small capital;...we should suppose such a good understanding to subsist between them as to make them act as if they were one body, and resemble, in many respects, one single institution."
> Thornton (1802)[502]

Nach Thorntons Vorstellung findet kein Tausch von Gütern gegen Güter, sondern gegen Schuldtitel, die ein in der Zukunft liegendes Zahlungsversprechen darstellen, statt. Dabei ist die Zahlungsfähigkeit der Schuldtitel, das heißt ihre Akzeptanz als kaufkraftfähiges Mittel für den Erwerb von Waren, essenziell. So sah er den Handelswechsel als einen Teil der umlaufenden Zahlungsmittel.

> "A multitude of bills pass between trader and trader in the country in the manner which has been described; and they evidently form, in the strictest sense, a part of the circulating medium of the kingdom."
> Thornton (1802)[503]

Die Herausgeber dieser Titel sind Kaufleute und Banken; durch die unterschiedlichen Herausgeber der Schuldversprechen handelt es sich um verschiedene Schuldtitel, welche auch von unterschiedlicher Qualität sind und dementsprechend unterschiedliche Risiken bergen. Ihre Besitzer erhalten dementsprechend auch nicht dieselbe „Entschädigung" im Sinne einer Zinszahlung. Wenn im Markt Zweifel an der Glaubwürdigkeit der Aussteller aufkommt, bewirkt dies einen flight to quality, worunter die Liquidität der „schlechteren" Zahlungsversprechen leidet: Kein Marktteilnehmer will diese mehr annehmen, aber jeder will sie loswerden, um sich „bessere" Schuldversprechen anzueignen. Dieses Szenario spiegelt eine Panik beziehungsweise einen Run der Provinzbanken auf die Noten der BoE respektive Gold wieder.

Die BoE solle diese „schlechten" Schuldversprechen aufnehmen und im Gegenzug ihre eigenen Schuldversprechen – also ihre eigenen Noten – herausgeben, um die allgemeine Solvenz wiederherzustellen.[504]

> „...an idea of general solvency."
> Thornton (1802)[505]

So wurde die BoE zur „ultimativen Quelle" von Liquidität, damit in kritischen Zeiten der Bedarf an Liquidität durch Bereitstellung entweder von Gold oder ihren eigenen, Gold äquivalenten Noten (also der Geldbasis) gesichert werden konnte. Begründet wurde dies durch ihre zentralen Goldreserven, auf die alle anderen Banken „zugreifen" konnten und durch die Sicherheit ihrer eigenen Noten, die äquivalent zu Gold angese-

[501] Vgl. Joseph (1933), Seite 15; Krämer (1930), Seite 6ff.
[502] Thornton (1802), Seite 127.
[503] Thornton (1802), Seite 92.
[504] Vgl. Thornton (1802), Seite 81ff.
[505] Thornton (1802), Seite 98.

hen werden konnten, da ihre finanzielle Sicherheit und allgemeine Akzeptanz unzweifelhaft waren.

> "There can no doubt that the extinction or very great diminution of bank (of England) notes would be a far greater evil, in the present circumstances of the metropolis, than the disappearing of guineas.) If guineas disappear, notes may be substituted in their place; and through that general confidence which may be inspired by the agreement of bankers and other leading persons to take them, they will not fail,..."
> Thornton (1802)[506]

Thornton stellte fest, dass die BoE nicht nur letzte Zufluchtsstätte für *Barmittel* und damit Hüterin der *Währung*, sondern auch letzte Zufluchtsstätte für *Kredit* und somit Hüterin der *Kreditstruktur* war, weswegen sich ihre Politik von einer anderen (gewöhnlichen) privaten Geschäftsbank zu unterscheiden habe.[507] Jede Bank begibt sich durch die Ausgabe von Noten in ein Liquiditätsrisiko, denn eine Banknote ist nichts anderes als die Option, zu jedem gewünschten Zeitpunkt mit dieser Note Gold „kaufen" zu können. Dieses Risiko ergibt sich aus der Tatsache, dass die Reserven nur einen *Teil* der Banknoten und Sichteinlagen decken. Dieses System des fractional reserve banking funktioniert solange, wie Abhebungen nur vereinzelt getätigt werden; werden sie allerdings korreliert – im Sinne eines Runs – unternommen, so droht eine Liquiditätskrise. Dieser gerade geschilderte Zusammenhang gilt natürlich auch oder gerade ganz besonders für die Zentralbank.[508]

Deswegen war ihm auch völlig klar, dass jedweder Goldabzug, insbesondere wenn er korreliert erfolgt, sei es infolge eines Zahlungsbilanzproblems (external drain) oder infolge sinkenden Vertrauens in die Stabilität der Provinzbanken (internal drain) letztendlich über die Verknüpfung der Provinzbanken mit den Londoner Banken bis zur BoE „vordringt", die allerdings ihrerseits die Problematik nicht weiterwälzen kann; an ihr hängt also die Problemlösung.

> „But the Bank of England has no bank to which it can resort for a supply of guineas proportioned to its wants in the same manner in which it is resorted to by the country banks;...."
> Thornton (1802)[509]

Die BoE hatte damit sicherzustellen, dass ihre Goldreserve stets größer zu sein hatte, als nur um ihre eigene Zahlungsfähigkeit zu gewährleisten, so dass sie diese bei einem drain gegebenenfalls dem Markt in jedem Fall zu Verfügung stellen konnte.[510] Sie wurde damit zur Hüterin der zentralen Goldreserven.

> "In order to secure this interchange (i.e. between gold and paper) shall at all times take place, it is important that, generally speaking, a considerable fund of gold should be kept in the country, and there is in this kingdom no other depository for it but the Bank of England. This fund should be a provision not only against the common and more trifling fluctuations in the demand for coin, but also against the two following contingencies. First, it should serve to counteract

---

[506] Thornton (1802), Seite 123.
[507] Vgl. Schumpeter (1965), Seite 850.
[508] Vgl. De Boyer des Roches, Rosales (2003), Seite 3f.; Schwartz (2002), Seite 450.
[509] Thornton (1802), Seite 123.
[510] Vgl. Humphrey, Keleher (1984), Seite 79.

the effects of an unfavourable balance of trade, for this infallibly will sometimes occur, and it is what one or more bad harvests cannot fail to cause. It is also desirably, secondly, that the reserve of gold should be sufficient to meet any extraordinary demand at home, through a demand in this quarter, if it should arise from great and sudden fright, max undoubtedly be so unreasonable and infinite as to defy all calculation. If, moreover, alarm should ever happen at a period in which the stock of gold should have been reduced by the other great cause of its reduction, namely, that of a call having been recently made for gold to discharge an unfavourable balance of trade, the powers of any bank, however ample its general provision should have been, may easily be supposed to prove insufficient for this double purpose."
Thornton (1802)[511]

Die BoE muss sich auf ihre eigenen Ressourcen verlassen können, da es ja keine ihr übergeordnete Institution gibt.

"When a Country Banker is in want of Guineas, provided he has no supply of Guineas in the neighbourhood, which in times of alarm will often be the case, he is sure of a resource in the Bank of England...on the contrary, when the Guineas of the Bank of England are nearly exhausted, it has no repository of Cash, as the Country Banks have, to which it can resort."
Thornton (1797)[512]

Dabei muss sie dann freizügig eigene Papiere ausgeben, um Paniken entgegenzuwirken, die aus dem Wunsch der Wirtschaftssubjekte entstehen, Noten der Countrybanken in Gold oder dessen Äquivalent, also Noten der BoE, zu tauschen. Sie muss in Kauf nehmen, dass sie den gleichgewichtigen Pfad des Geldmengenwachstums verlässt, um einen Rückgang des Geldangebotes zu verhindern. In dieser Hinsicht sollten die Noten der BoE im Notfall den Rückgang der Noten der Countrybanken kompensieren, so dass der Notenumlauf insgesamt im Gleichgewicht bleibt.

„It is well known that guineas are hoarded, in times of alarm, on this principle. Notes, it is true, are not hoarded to the same extent;...In difficult times, however, the disposition to hoard, or rather to be largely provided with Bank of England notes, will, perhaps, prevail in no inconsiderable degree. ...That a state of distrust causes a slowness in the circulation of guineas, and that at such a time a greater quantity of money will be wanted in order to effect only the same money payments, is a position which scarcely needs to be proved. Some observations, however, on this subject may not be useless. When a season of extraordinary alarm arises, and the money of the country in some measure disappears, the guineas, it is commonly said, are hoarded.
Thornton, (1802)[513].

Dabei sah Thornton keinen Widerspruch in den zwei – im Prinzip konfligierenden – Aufgaben, der die BoE nachzukommen hatte; es schließe sich nicht grundsätzlich aus, einerseits in Notsituationen *kurzfristig* Geldgeber der letzten Instanz zu sein und andererseits gleichzeitig die monetäre Kontrolle *langfristig* zu gewährleisten.[514]

---

[511] Thornton (1802), Seite 111f.
[512] Thornton (1797), Seite 294.
[513] Thornton (1802), Seite 97.
[514] Vgl. Humphrey (1975), Seite 3; Humphrey, Keleher (1984), Seite 81.

„To limit the total amount of paper issued, and to resort for this purpose, whenever the temptation to borrow is strong, to some effectual principle of restriction; in no case, however, materially to diminish the sum in circulation, but to let it vibrate only within certain limits; to afford a slow and cautious extension of it, as the general trade of England enlarges itself; to allow of some special, though temporary, encrease in the event of any extraordinary alarm or difficulty, as the best means of preventing a great demand at home for guineas; and to lean to the side of diminution, in the case of gold going abroad, and of the general exchanges continuing long unfavourable; this seems to be the true policy of the directors of an institution like that of the Bank of England. To suffer either the solicitations of merchants, or the wishes of government, to determine the measures of the bank issues, is unquestionably to adopt a very false principle of conduct."

Thornton (1802)[515]

Denn bei einem prompten und beherzten Eingreifen der Zentralbank im Falle einer Panik kann eine Finanzkrise abgewendet werden, ohne dass es zu einer nennenswerten Abweichung der Geldbasis von ihrem langfristigen, nicht inflationären Wachstumspfad kommen muss, da die Panik oft durch die bloße *Ankündigung* und Bereitschaft der Notenbank zu einer solchen Hilfsaktion abflaut.[516]

„The very expectation of a supply of exchequer bills, that is, of a supply of an article which almost any trader might obtain, and which it was known that he might then sell, and thus turn into bank notes, and after turning into bank notes might also convert into guineas, created an idea of general solvency. This expectation cured, in the first instance, the distress of London, and it then lessened the demand for guineas in the country, through that punctuality in effecting the London payments which it produced, and the universal confidence which it thus inspired. The sum permitted by parliament to be advanced in exchequer bills as five millions, of which not one half was taken."

Thornton (1802)[517]

Damit hatte Thornton eindeutig festgestellt, dass es über der BoE keine weitere Institution gab, die die monetären Probleme von England lösen konnte. Somit hatte er die LOLR-Funktion der BoE herausgearbeitet sowie definiert.

Zum selben Schluss kam Baring bereits im Jahre 1797:

„In such cases the Bank are not an intermediate body, or power; there is no resource on their refusal, for they are the dernier resort."

Baring (1797)[518]

So war es auch Baring, der das Wort Pivot, wie später Bagehot, für die BoE verwendete.

„…the Bank must be considered solely as the centre or pivot, …"

Baring (1797)[519]

Somit war aus Thorntons Sicht die Existenz *einer* Zentralbank, eben der BoE, mit ihrer herausragenden Stellung, die sich historisch[520] wie institutionell ergeben hatte, durch-

[515] Thornton (1802), Seite 259.
[516] Vgl. Fischer (1999), Seite 497f.
[517] Thornton (1802), Seite 98f.
[518] Baring (1797), Seite 22.
[519] Baring (1797), Seite 6.

aus wünschenswert und bei den gegebenen Marktkräften auch durchaus erforderlich.[521]

> "The accident of a failure in the means of making the cash payments of a country, trough it is one against which there can be no security which is complete, seems, therefore, to be best provided against by the establishment of one principal bank."
>
> Thornton (1802)[522]

Das entstandene System hielt er – anders als später Bagehot – für nicht unterlegen. Mit diesem Postulat beschrieb Thornton in seiner Analyse über das englische Bankensystem, wie Economies of Scale ausgenutzt wurden: Durch die Abwicklung der Zahlungseingänge wie -ausgänge durch die Londoner Banken mussten in der Summe gesehen relativ weniger Noten bezahlt werden, als es die absolute Höhe der getätigten Zahlungen vermuten lässt.

> "For, in proportion as the amount and number of payments and receipts is augmented in any particular place, the business of paying and receiving is more easily and cheaply transacted, the necessary guineas becoming fewer in proportion to the sums to be received and paid,..."
>
> Thornton (1802)[523]

Während der seit 1797 andauernden Phase der Aufhebung der Goldeinlöseverpflichtung vertraten Thornton (selbst Bullionist) wie auch andere gemäßigte Bullionisten die Auffassung, dass die beste Reaktion auf Goldabflüsse oder andere Krisen wie die der Jahre 1793 und 1797 eine Ausdehnung der Kreditvergabe im Sinne einer erhöhten Notenausgabe ist und eben nicht – wie es später in der Bullion-Debatte[524] von Ricardo gefordert wird – eine Verknappung Selbiger, auch wenn das Reserveverhältnis dadurch schwindet. Daher betont er in seinem Werk *Paper Credit* auch, die Goldeinlöseverpflichtung habe sich gegebenenfalls im Sinne der monetären Stabilität hinten anzustellen. Nichtsdestotrotz gehörte auch Thornton zu den Anhängern der Goldeinlöseverpflichtung im Sinne des Geldwertes, gleichwohl leistete er aber – im Gegensatz zu Bagehot – in keiner Weise „Vasallentreue" gegenüber dem Goldstandard.

---

[520] Historisch hat sich diese besondere Stellung durch die Finanzierung der Staatsschuld ergeben.

[521] Vgl. Hirsch, 1977), Seite 189; Solow (1992), Seite 204.

[522] Thornton (1802), Seite 127.

[523] Thornton (1802), Seite 104f.

[524] In dieser Bullion-Debatte ging es um die Frage der Goldeinlöseverpflichtung von Noten; die eine Seite bildeten die ***Bullionisten***, die für die Konvertibilität eintraten, da nur diese eine Notenüberemission und damit Inflation verhindere, – dazu zählten eben Henry Thornton, aber auch John Wheatly und David Ricardo; auf der anderen Seite standen die *Anti-Bullionisten* – wie Sir James Steuart und Adam Smith –, die Anhänger der real bills doctrine sind; sie verifizieren diese Theorie damit, dass aufgrund der zugrunde liegenden realen „Geschäfte" die Menge an Geld niemals die Nachfrage nach diesem übertreffen könne. Noten werden im Austausch gegen die Wechsel der Kaufleute ausgegeben. Solange die Rückzahlung dieser Wechsel glaubhaft ist, werden nicht mehr Noten ausgegeben, als die Kaufleute benötigen; somit könne die Bank aber auch keine Notenüberemission vornehmen. Vgl. Humphrey (1982), Seite 8f.; Schumpeter (1965), Seite 845. Sollte es einmal zu einer Notenüberemission gekommen sein, bedinge dies keine Inflation, da die Noten – gemäß dem *law of reflux* – schnell wieder zur Bank zurückfließen würden, sobald die Wechsel liquidiert würden.

„A paper circulation which is not convertible into Specie will as much maintain its Value as a paper circulation which is convertible provided its quantity is equally limited and the credit of the issuing Bank equally perfect in both cases."
Thornton (1802)[525]

Er warnt vor den Auswirkungen einer monetären Kontraktion, wie sie im Übrigen auch nötig sein wird, um die Goldeinlösepflicht wiederherstellen zu können.[526] Dabei gibt er zu bedenken, dass die allgemeine Wirtschaftstätigkeit stark reduziert wird, wenn die Ökonomie unter „Geldmangel" leidet.

"I am clearly of opinion, that, if the circulating medium had been much further reduced, many failures would have been the consequence. "
Thornton (1797)[527]

"Undoubtedly, I apprehend, moreover, that in order to prevent great commercial distress, it would have been necessary for the Bank to furnish some additional Paper circulation to the Public..."
Thornton (1797)[528]

Er beschreibt dies mit den Worten „general reluctance to buy":[529] Wenn eine Mehrzahl von Kaufleuten sich in finanziellen Schwierigkeiten befindet, werden sie versuchen, ihre Güter zügig zu verkaufen und andererseits die Bezahlung der Käufe beim Hersteller verzögern, ihn letztlich um einen Kredit bitten. Der Hersteller befindet sich aber in einer ähnlichen Situation und kann keinen Kredit gewähren. Somit werden seine Verkäufe massiv abnehmen, während – solange er weiter produziert – seine finanziellen Verpflichtungen weiter laufen; dies bedeutet letztlich, dass kein Geld eingeht, sondern nur abfließt, eben solange bis er die Produktion aufgibt.

"That a certain degree of pressure will urge the British merchants in general who buy of the manufacturers, as well as the manufacturers themselves, to sell their goods in order to raise money; and that the low price at home may tempt merchants to export their articles in the hope of a better price abroad, is by no means an unreasonable supposition. But, then, it is to be observed on the other hand, first, that this more than ordinary eagerness of all traders to sell, which seems so desirable, is necessarily coupled with a general reluctance to buy, which is exactly proportionate to it: it must be obvious, that, when the general body of merchants, being urged by the pecuniary difficulties of the time, are selling their goods in order to raise money, they will naturally also delay making the accustomed purchases of the manufacturer. They require of him, at least, that he shall give them a more than usually extended credit; but the manufacturer, experiencing the same difficulty with the merchants, is quite unable to give this credit. The sales of the manufacturer are, therefore, suspended; but though these are stopped, his daily and weekly payments continue, provided his manufacture proceeds. In other words, his money is going out while no money is coming in; and this happens at an area when the general state of credit is such, that he is not only not able to borrow, in order to supply his extraordinary need, but when he is also pressed for a prompter payment than before of all the raw

[525] Thornton (1802), Seite 315.
[526] Die Goldeinlösepflicht wurde im Jahre 1813 wiederhergestellt.
[527] Thornton (1802), Seite 280.
[528] Thornton (1802), Seite 281.
[529] Vgl. Thornton (1802), Seite 117.

materials of his manufacture. Thus the manufacturer, on account of the unusual scarcity of money, may even, though the selling price of his article should be profitable, be absolutely compelled by necessity to slacken, if not suspend, his operations. To inflict such a pressure on the mercantile world as necessarily causes an intermission of manufacturing labour, is obviously not the way to increase that exportable produce, by the excess of which, above the imported articles, gold is to be brought into the country."

Thornton (1802)[530]

So sah Thornton in einer *diskretionären Politik* die optimale, System stabilisierende Reaktion auf derartige krisenhafte Unpässlichkeiten.[531] Gleichwohl gibt Thornton nicht blindlings den pauschalen Rat, sich diskretionär zu verhalten, er sieht nicht immer den LOLR in der Pflicht; er unterscheidet strikt. Im Rahmen eines internal drain, der eben durch den Wunsch, Noten der Provinzbanken in Noten der BoE beziehungsweise Gold umzutauschen, entsteht, sollte der Geldgeber der letzten Instanz großzügig Noten an den Markt geben.[532] Sollten im Rahmen der Bekämpfung eines internal drain und der damit verbundenen Notenausgabe die monetären vermehrten Kontrollmechanismen der Notenbank versagen und ein *persistenter* external drain als Folge inflationären Drucks und damit einhergehenden Zahlungsbilanzungleichgewichten aufgrund von *Notenüberemission* auftreten, die nämlich den „Preis"/Wert des Geldes, also den der Noten und eben auch den des Goldes unter den (Welt-)marktpreis sinken lässt, empfiehlt er eine restriktive Politik.[533]

"There is, undoubtedly, much ground for the supposition ..., that the diminution of the quantity of paper has a tendency to cure this evil."

Thornton (1802)[534]

Thornton betonte daher in seinem Werk, dass die Quantität des zirkulierenden Papiers einer Limitierung unterzogen werden müsste; nur so könne sie ihren Wert erhalten. Sollte der external drain allerdings seine Ursache in *realen* Schocks haben – wie Missernten –, die die Zahlungsbilanz betreffen, handelt es sich normalerweise nur um einen *vorübergehenden* drain, der zwar auch einen Goldabfluss ins Ausland nach sich zieht, welcher aber mittels des Zahlungsbilanzautomatismus früher oder später umkehrbar ist. Für diesen Fall sollte die Notenbank eine ausreichend große Gold*reserve* bereithalten; wenn aber aufgrund des external drain bereits große Mengen Gold ins Ausland geflossen sind, und die gewünschte Umkehr des Goldstromes ausbleibt, und stattdessen der Goldabfluss weiter anhält, und somit die Notenbank also de facto nicht mehr über das nötige Gold im Inland verfügt, und sogar das *im Umlauf befindliche* Gold den Weg ins Ausland findet, dann ist es von Seiten der Notenbank angebracht, den Goldabfluss zu neutralisieren, das heißt eine expansive Geldpolitik durchzuführen, um den Umlauf der Noten der BoE dahingehend zu erhöhen, dass die Geldbasis – bestehend aus Gold und den Noten der BoE – in der Summe unverändert bleibt.[535] Würde sie nicht aktiv werden und mittels vermehrter Ausgabe von Noten – die ja das Äquivalent

---

[530] Thornton (1802), Seite 117f.
[531] Vgl. Fischer (1999), Seite 497; Thornton (1982), Seite 152.
[532] Vgl. Thornton (1802), Seite 114, 123.
[533] Vgl. Thornton (1982), Seite 150.
[534] Thornton (1982), Seite 150.
[535] Vgl. Kaufman (1991), Seite 170; Thornton (1802), Seite, 152f.

zum Gold sind – das aus dem Umlauf abgeflossene Gold zu kompensieren, würde es faktisch ohne ihr Zutun zu einer Kontraktion kommen.

Die Notenbank könnte aber unter dem Eindruck des immensen Goldabflusses auch geneigt sein, eine monetäre Kontraktion einzuleiten. In jedem Fall käme es aber zu einem „Zweitrundeneffekt" – wenn also auf den ursprünglichen *realen* Schock noch ein *monetärer* aufgesattelt wird. Diesen verurteilt Thornton zutiefst, da durch eine solche Kontraktion der eben beschriebene Geldmangel auftritt, der die heimische Produktion in eine Depression zwingt und die für den Export und damit für die Umkehr des Goldflusses notwendige Produktion verhindert.[536]

> "The bank, by proceeding to that reduction of its own paper which is necessary to bring gold into the country, may possibly annihilate, before it is aware, a part or even a almost the whole of the circulating country bank notes, and much of other paper also; and it may, in that case, have to supply gold sufficient to fill the whole void, perhaps more than the whole void, which it has created; for it may be called upon to furnish large additional sums which may forthwith be hoarded in consequence of the alarm thus occasioned. Hence, even though it should encrease the supply of gold from abroad; it may augment, in a far greater degree, the demand for it at home. For this reason, it may be the true policy and duty of the bank to permit, for a time, and to a certain extent, the continuance of that unfavourable exchange, which causes gold to leave the country, and to be drawn out of its own coffers: and it must, in that case, necessarily encrease its loans to the same extent to which its gold is diminished."
>
> Thornton (1802)[537]

Um also zu verhindern, dass der eigentliche *realwirtschaftliche* Schock durch einen *monetären* Zweitrundeneffekt verlängert wird, muss die Zentralbank dem external drain genauso wie dem internal drain mit einer vorübergehenden Ausdehnung ihrer Notenausgabe begegnen.[538]

Mit dieser im Grunde diskretionären Auffassung, die er im Übrigen auch 1810/11 entgegen dem allgemeinen Tenor im Bullion-Komitee vertrat, unterstreicht er deutlich sein Bekenntnis zur LOLR-Verantwortlichkeit einer Zentralbank; dieser Verantwortung kann sie allerdings nicht gerecht werden, wenn sie im – von Ricardo vertretenen – Regelautomatismus gefangen ist, der sich letztendlich mit der 2. Peelschen Akte von 1844 durchgesetzt hat.[539]

Dennoch darf nicht vergessen werden, dass Thornton trotz seiner diskretionären Haltung der Auffassung war, dass die Geldmenge an sich einer Limitierung unterzogen gehört. Er distanzierte sich deutlich von den Anti-Bullionisten:

> "That the quantity of circulating paper must be limited, in order to the due maintenance of its value,..."
>
> Thornton (1802)[540]

Er verschloss sich der Annahme, dass die Notenausgabe effektiv beschränkt werden könne, denn die Anzahl der für eine Diskontierung in Frage kommenden Wechsel

---

[536] Vgl. De Boyer des Roches, Rosales (2003), Seite 4; Humphrey (1989), Seite 8.
[537] Thornton (1802), Seite 152.
[538] Vgl. Goodhart (1999), Seite 228.
[539] Vgl. Thornton (1811), Seite 332.
[540] Thornton (1802), Seite 244.

hängt nicht nur vom Ausmaß der produzierten Güter ab, sondern auch von der Umschlaghäufigkeit dieser Güter und davon, wie lange der Wechsel „läuft". Wenn Güter nämlich mehrmals verkauft werden, kann jedes Mal ein Wechsel entstehen. Die Perioden, auf die der Wechsel gezogen ist, kann die Zeit bis zum nächsten Warenumschlag überschreiten. Letztlich lässt sich so auf ein und dasselbe Gut eine Vielzahl von Wechseln ziehen.

> "Suppose that A sells one hundred pounds worth of goods to B at six months credit, and takes a bill at six months for it; and that B, within a month after, sells the same goods, at a like credit, to C, taking a like bill; and again, that C, after another month, sells them to D, taking a like bill, and so on."
> Thornton (1802)[541]

Damit sei einer Notenüberemission, die weit über das für den Handel benötigte Maß hinausgeht, Tür und Tor geöffnet.

Dabei würde vergessen, dass eine monetäre Expansion die Preise ansteigen lässt, die wiederum das für den Handel benötigte Geldvolumen erhöhen, was dann wieder inflationär wirkt. Die Folge ist ein „vicious circle".

> „...forgot that there might be bounds to the demand for paper; that the increasing quantity would contribute to the rise of commodities: and the rise of commodities require, and seem to justify, a still further increase."
> Thornton (1811)[542]

Es wird durch obige Entscheidungshilfen auch deutlich, dass die BoE keineswegs versuchen sollte, die Schocks selbst zu unterbinden, vielmehr sollte sie die möglichen Symptome derartiger Schocks verhindern oder zumindest abdämpfen, damit eine Panik sich nicht weiter verbreitet; sie soll das Liquiditätsrisiko handhaben.[543]

> „If any one bank fails, a general run upon the neighbouring ones is apt to take place, which if not checked in the beginning by a pouring into the circulation a large quantity of gold, leads to very extensive mischief."
> Thornton (1802)[544]

Gleichzeitig wird noch einmal die Verantwortung der BoE als LOLR gegenüber der Öffentlichkeit unterstrichen; sie habe sich gerade nicht wie eine normale Geschäftsbank zu verhalten, die ihren Anteilseignern verpflichtet ist und daher in Krisenzeiten ihre Darlehen einschränkt, um die eigene Liquidität und Sicherheit nicht zu gefährden.[545]

> "...In the time of expected distress and danger to the mercantile world, many of the prudent Country Bankers are disposed either to lessen or to suppress the circulation of their "Notes payable to bearer or demand", because these circulate in the hands of strangers at a distance from him, and are confounded with the Notes of other Bankers;...I conceive, therefore, that in this respect the Bank of England has no such inducement to suppress or limit its Paper circulation, as a Country Banker has, since it cannot, by such suppression or limitation, secure itself from the inconvenience I have last-mentioned, in the same manner as a

[541] Thornton (1802), Seite 86.
[542] Thornton (1811), Seite 342.
[543] Vgl. Capie (1998), Seite 441.
[544] Thornton (1802), Seite 180.
[545] Vgl. Humphrey (1989), Seite 9.

> Country Banker can. I think, moreover, there is an important difference between the case of a Country Banker and the Bank of England, in this other respect: if a Country Banker thinks fit to lessen his Paper circulation, or even to reduce or relinquish his whole trade in a period of expected difficulty, he can do so, without bringing down any great evils on himself: he may possibly contribute to the general distress, by abandoning his profession, or even possibly by diminishing certain parts of his transactions; but he may consider himself as being more than recompensed for his particular share of the general distress which he occasions, by the personal case and tranquillity, or security, which he obtains. The Bank of England, on the contrary, are engaged in such large transactions, that they cannot relinquish any considerable part of their accustomed business, without giving general shock to credit, of which they themselves must, as I conceive, be some of the first victims. If they reduce materially their notes in a time of difficulty and distress, there are no other Notes which are ready to supply the deficiency in the circulation; and if it to be supplied by Guineas, those Guineas must come from the Bank..."
>
> Thornton (1797)[546]

Im Gegenteil, da die Vermutung besteht, dass ein derartiges Verhalten der BoE die Wirtschaftstätigkeit im ganzen Land negativ beeinflussen würde, muss sie gerade in Zeiten, in denen Geschäftsbanken ihre Kreditvergabe einschränken, ihre eigene Notenausgabe und Darlehensvergabe ausweiten, um die Menge und Kaufkraft des zirkulierenden Mediums in Paniken zu erhalten und für Finanzstabilität zu sorgen.

> „It is, indeed, in every respect plain that it must be important to maintain, and to maintain carefully, the credit of the country, at that time in particular, when its guineas are few, and are also leaving it;...and it belongs to the bank of England, in particular, to guard and to superintend the interests of the country in this respect. The very policy of the bank differs, in this particular, from that of the individual country banker, whose own share of the evil resulting to the country, from the sudden suppression of his own notes, is small;..."
>
> Thornton (1802)[547]
>
> "Thus the country banker by no means bears his own burthen, while the Bank of England sustains a burthen which is not its own, and which we may naturally suppose that it does not very cheerfully endure."
>
> Thornton (1802)[548]

Aus dieser Verantwortung gegenüber der gesamten Öffentlichkeit erwächst der BoE also eine Verantwortung für das gesamte Makrogefüge. Die Bereitstellung von sogenannten last resort facilities ist also ein Zugeständnis an das *System*, nicht an einzelne Banken.[549] Das heißt, dass sie allein dem Markt als Solchem und nicht einzelnen Banken in Krisenzeiten beizustehen habe, um nicht dem Fehlverhalten und Missmanagement einzelner Banken Vorschub zu leisten, die ansonsten – bei einzelnen Bailouts – einen Anreiz für eine weniger achtsame Unternehmenspolitik hätten. Mit dieser Erkenntnis hat Thornton bereits damals der Problematik des Moral Hazard Rechnung getragen. Denn um nicht durch Hilfestellung einzelner Banken wiederum andere zu

---

546 Thornton (1797), Seite 286ff.
547 Thornton (1802), Seite 122f.
548 Thornton (1802), Seite 181.
549 Vgl. Capie (1998), Seite 442; Thornton (1802), Seite 188.

falschem Verhalten zu verführen, sollte ein Kredit der letzten Instanz nur zur Verfügung gestellt werden, wenn finanzielle Schwierigkeiten innerhalb der Countrybanken weit um sich greifen, jedoch keineswegs zu günstigen Bedingungen und allzu freigiebig; denn der Zusammenbruch einer Bank alleine würde seiner Meinung nach für die gesamte Wirtschaft keinen großen Schaden verursachen. Damit wäre dem öffentlichen Interesse besser gedient, da neben durchaus negativen Effekten auch der positive Effekt einer verbesserten Ressourcenallokation entstehe.[550]

> „... that the tendency of country bank paper to produce a general failure of paper credit, is an evil which may be expected to diminish; for first, if the Bank of England, in future seasons of alarm, should be disposed to extend its discounts in a greater degree than heretofore, then the threatened calamity may be averted through the generosity of that institution.
> It is by no means intended to imply, that it would become the Bank of England to relieve every distress which the rashness of country banks may bring upon them: the bank, by doing this, might encourage their improvidence. There seems to be a medium at which a public bank should aim in granting aid to inferior establishments, and which it must often find very difficult to be observed. The relief should neither be so prompt and liberal as to exempt those who misconduct their business from all the natural consequences of their fault, nor so scanty and slow as deeply to involve the general interests. These interests, nevertheless, are sure to be pleaded by every distressed person whose affairs are large, however indifferent or even ruinous may be their state."
> Thornton (1802)[551]

Unter gewissen Umständen könnte das Fallieren einer einzelnen Bank den Zusammenbruch weiterer anderer Marktteilnehmer nach sich ziehen, so dass in einer solchen Situation der Einzelne nicht um seinetwillen unterstützt werden sollte, sondern nur deswegen, um eine *Ansteckung* und Involvierung anderer, an sich Unbeteiligter zu umgehen, also letztlich um das System als Ganzes zu erhalten.[552]

> "The failure of even an individual Banker, in such a state of things, would produce the failure of others."
> Thornton (1797)[553]

Thornton teilt – mit Bagehot – die Auffassung, dass die besondere Position der BoE historisch bedingt ist und durch Gewährung von Privilegien entstand; nichtsdestotrotz sieht Thornton ihre starke Position als gerechtfertigt an, da jedes Finanzsystem einen LOLR benötigt; daraus leitet er die Selbstverständlichkeit des Zentralbankwesens ab.

Er war sich der bedeutenden Rolle der Geschäftsbanken als Finanzintermediäre bewusst und betonte dabei ihre wichtige Funktion, die finanziellen Mittel in den Umlauf zu bringen. Deshalb sah er das Kernproblem von Bankenpaniken in der Verlangsamung der Umlaufgeschwindigkeit des Geldes und damit in der Kontraktion der dem Markt zur Verfügung stehenden Mittel. Für ihn gehörte es deshalb zu den Pflichten

---

550 Vgl. Solow (1992), Seite 205ff.
551 Thornton (1802), Seite 188.
552 Vgl. Humphrey (1989), Seite 1; Solow (1992), Seite 204.
553 Thornton (1797), Seite 282.

eines LOLR, die Instabilitäten im *Geld*angebot beziehungsweise seiner Umlaufgeschwindigkeit zu minimieren respektive zu verhindern.[554]

Daraus folgend teilte Thornton die Aufgabe des LOLR eher dem monetären Bereich als dem Bankenbereich zu, da – wie bereits erläutert – im Allgemeinen nicht der Kredit an andere Banken im Vordergrund stand, sondern die Verhinderung eines drastischen Rückgangs des Geldangebotes und damit der Erhalt der Menge an und der Kaufkraft des Geldes. Da für ihn nämlich der Kredit aus dem Vorhandensein von Gold(-geld) entsteht und nicht umgekehrt, und die (Papier-)Notenausgabe sich aus dem Kredit ableitet, kann seiner Ansicht nach auch nur eine monetäre Kontraktion und nicht eine Kreditkrise die Ursache für schwerwiegende Folgen für die Wirtschaftsaktivität sein.[555]

> "The tendency, however, of a very great and sudden reduction of the accustomed number of bank notes, is to create an *unusual* and *temporary* distress, and a fall of price arising from this distress."
>
> Thornton (1802)[556]

Für Thornton – wie auch für Baring – waren also die entscheidenden Variablen eine ausreichende Geldbasis sowie die Umlaufgeschwindigkeit; die Variable Zins gehörte somit nur eingeschränkt zu den Aktionsparametern des Lender. Dies ist eine Konsequenz der damals noch gültigen Wuchergesetze, die eine allzu kräftige Anhebung des Zinssatzes (über 5%) verboten. Obwohl Thornton niemals schriftlich von sich gab, dass die BoE ihre Zinsen in Krisenzeiten entsprechend anheben sollte, dachte er dennoch in eben diese Richtung, wie aus seinen Überlegungen im *Paper Credit* wie auch aus seinen Stellungnahmen in der Bullion-Debatte klar hervorgeht:[557] Er beschrieb, dass die Marktzinsen, also die Zinsen, die die Geschäftsbanken ansetzten, höher waren als die erlaubten 5%, was die BoE in eine unangenehme Bredouille brachte, da sie selbst die Wuchergesetze nicht missachtete.[558] Diese Marktlage rief Arbitrageure auf den Plan, die vermehrt Kredite bei der BoE (zu recht günstigen Zinsen) nachfragten, um sie am Markt (zu höheren Zinsen) zu vergeben. Die einzige Möglichkeit – wenn die Zinserhöhung ausscheidet – ist die Kreditrationierung, die allenfalls im Falle von inflationären Tendenzen im Inland angebracht ist, jedoch niemals im Falle einer Liquiditätskrise; bei einer solchen kann die Notenbank sich nicht verwehren, die geforderte Liquidität dem Markt bereitzustellen. Andererseits ist es ihr aber unmöglich, zwischen Kreditnehmern mit „guten", also berechtigten Absichten und solchen mit „bösen" zu differenzieren.

Dennoch erkannten beide die Tragweite, die diesem variablen Zins zuteilwird; so stellten sie fest, dass die BoE durch die Tatsache, dass ihr im Bezug auf die Erhöhung des Zinssatzes mehr oder weniger die Hände gebunden waren, oftmals den inflationären Tendenzen eines zu ausufernden Geldangebotes nicht Einhalt gebieten konn-

---

[554] Vgl. Thornton (1802), Seite 119.

[555] Vgl. De Boyer des Roches, Rosales (2003), Seite 4, Humphrey (1989), Seite 11.

[556] Thornton (1802), Seite 119.

[557] Vgl. Hawtrey (1962), Seite 3.

[558] Den Diskonthäusern war es derweil erlaubt, auf den von ihnen angesetzten Marktzins noch eine Provision darauf zu schlagen, was erklärt, warum der Zins den gesetzlich Zulässigen überschreiten konnte. Vgl. Stadermann (1994), Seite 64f.

te. Wenn man die Folgen von inflationären Tendenzen allerdings betrachtet, erkennt man, dass daraus ein Zahlungsbilanzungleichgewicht (in diesem Falle eben zu Ungunsten Englands) resultieren kann, was dann unter Umständen einen external drain hervorruft. Bagehot – wie wir später sehen werden – hat dem Zinssatz daher eine zentrale Rolle für die Stabilität des Finanzsystems beigemessen.[559]

Insgesamt gesehen hielt Thornton also insolvente Banken einer Unterstützung nicht würdig, wie es indirekt aus seinen Ideen ableitbar ist, und erkannte sehr wohl das mit einer unüberlegten Kreditvergabe verbundene Moral Hazard-Problem, wenngleich er die Thematik Illiquidität/Insolvenz beziehungsweise die TBTF-Problematik nicht thematisiert. Dabei ist das System als Ganzes erhaltenswert, wobei die Rolle des LOLR am besten von einer einzelnen nationalen Bank – eben der BoE – wahrgenommen werden sollte, da es dann in ihrem eigenen Interesse lag, den Markt mit ihren Noten zu versorgen, da bei Notenknappheit der Markt auf ihre Goldreserve zurückgreifen will.

Ihm ist es zu verdanken, dass sich die BoE zum Hüter der *letzten Reserve* entwickelt hat, was ihr einerseits die Macht aber auch die Pflicht auferlegt, für Krisen gewappnet zu sein mit einer ausreichenden Reserve und diese dann im Bedarfsfall *freizügig* einzusetzen.[560]

3.3. Weiterentwicklung der Bank von England bis Bagehot

Die Phase der Aufhebung der Goldkonvertibilität in England, die das Werk Henry Thorntons maßgeblich beeinflusst hat, hielt auch weitere Jahre noch an.

In dieser Zeit gab es neben den Kriegsaufwendungen noch eine ganze Reihe zusätzlicher Ursachen, die den Goldabfluss aus England noch verstärkten. Zu nennen wären unter anderem die durch Missernten hervorgerufenen Getreideeinfuhren, die den Wechselkurs des Pfundes Sterling zum Nachteil Englands beeinflussten und welcher selbst durch die Wirkungen der von Napoleon verhängten Kontinentalsperre weiter negativ beeinträchtigt wurde.[561]

Der Staat sah sich einem nicht enden wollenden Schwinden seiner Goldbestände ausgesetzt und fühlte sich nicht mehr im Stande, seine Zahlungen in Gold zu leisten. Notgedrungen beschloss sich die Regierung im Jahre 1806 eine de facto-Währungsänderung vorzunehmen, indem die Barbestände aller staatlichen Kassen bei der BoE zu hinterlegen waren. Damit würde der Staat in Zukunft seine Zahlungen durch die öffentlichen Kassen eben nicht mehr in Gold leisten, stattdessen würden die Empfangsberechtigten eine schriftliche Anweisung auf die BoE erhalten.

Die Noten der BoE wurden dadurch praktisch zu *definitivem Gelde*, da niemand etwas anderes übrig blieb, als sie zur Begleichung geldlicher Verbindlichkeiten zu akzeptieren, obwohl sie rein formal noch kein gesetzliches Zahlungsmittel darstellten. Damit war der Übergang von einem Goldwährungssystem zu einem Papierwährungssystem, das eigentlich schon seit der Aufhebung der Goldeinlöseverpflichtung des Jahres 1797 bestand, de facto vollzogen.[562]

---

[559] Vgl. Laidler (2002), Seite 14.
[560] Vgl. Thornton (1802), Seite 287f., 304.
[561] Vgl. Wolter (1917), Seite 71ff.
[562] Vgl. Spahn (2001), Seite 74.

Wich in der ersten Phase des Papierwährungssystems der Goldpreis nur marginal nach oben ab, stieg er 1809 unerwartet stark an; der Marktpreis des Goldes hatte den fixierten Münzpreis weit überstiegen. Diese Entwicklung wurde auch seitens der Bevölkerung wahrgenommen, was wiederum die schon bestehende Goldhortung und den Schmuggel ins Ausland weiter anregte und damit rückwirkend den Goldpreis nur noch weiter in die Höhe trieb.[563]

Im gleichen Zeitraum nahm die Ausgabe von Banknoten der BoE in großem Umfang zu, verursacht unter anderem auf dem Weg der Kreditgewährung durch das Diskontgeschäft.

Die mit dem Goldpreis verbundenen Entwicklungen verunsicherten nicht nur die Bevölkerung, sondern bewegten das Parlament im Jahre 1810 dazu, dafür eigens eine Untersuchungskommission zur Ursache des High Price of Gold Bullion, das sogenannte Bullion-Komitee,[564] einzusetzen. Im Zentrum stand die Frage, ob das Edelmetall Gold an Wert gewonnen habe, oder ob eine Entwertung der Banknoten stattgefunden habe. Eine Veränderung des Goldpreises, der ja in Geldeinheiten gemessen wird, konnte angebotsseitig nur auf eine Veränderung der Produktionsbedingungen beziehungsweise nachfrageseitig durch Goldfunde erklärt werden.[565] Ziel der Bullion-Kontroverse war es zu klären, wie die BoE auf Krisen reagieren solle, die realwirtschaftlichen Ursprungs sind; des weiteren stand zur Debatte, wie sie sich gegenüber der Diskussion um flexible Wechselkurse verhalten solle.[566] Diese Kommission befragte unterschiedlichste Fachleute, wie Direktoren der Bank von England, Bankiers, Großkaufleute und Handelsherren, über ihre Auffassung bezüglich der Gründe für die Goldpreissteigerung.[567] Die einzelnen Aussagen der Sachverständigen wurden anschließend in einem Gesamtgutachten der Kommission, dem so genannten Bullion-Report, dem Parlament vorgelegt. In ihm wurde die Meinung vertreten, dass die Zunahme des Notenumlaufs die eigentliche Ursache für die Steigerung des Goldpreises und auch für die zu der damaligen Zeit aufgekommenen inflatorischen Tendenz der Güterpreise sei, obgleich diese Meinung nicht von den Direktoren der BoE sowie Henry Thornton geteilt wurde.[568] Sie waren der Überzeugung, dass die Missernten die britische Handelsbilanz verschlechtert und zu einem Goldabfluss geführt haben.[569]

Die unterschiedlichen Auffassungen fußten auf einem völlig andersartigen Verständnis von Noten/Papiergeld und Kredit: Für Thornton leitete sich die Note aus dem Kredit ab, während die *Currency-Schule* – oder auch *Currency-Theorie* genannt – auf

---

[563] Vgl. Francis (1848), Seite 285ff.; Spahn (2001), Seite 74.

[564] Aus dem englischen Begriff Bullion (= Edelmetall) leitet sich der sogenannte Bullionismus ab, welcher eine Fiskal- und insbesondere Münzpolitik bezeichnet, die den Edelmetallabfluss aus einem Land verhindern und den Zufluss desselben in die Münzstätten unter anderem durch das Verbot der Edelmetallausfuhr bzw. des freien Edelmetallhandels zu fördern beabsichtigte. Der Bullionismus verkörpert damit eine Philosophie, die den Reichtum und die Macht eines Landes in seinen Edelmetallvorräten begründet sah, und kann als Vorläufer des Merkantilismus angesehen werden. Vgl. Kindleberger (1984), Seite 33.

[565] Vgl. Spahn (2001), Seite 74.

[566] Vgl. Hildreth (1971), Seite 30ff.; Laidler (2002), Seite 4f.

[567] Vgl. Elgie, Thompson (1998), Seite 37; Spahn (2001), Seite 74.

[568] Vgl. Davies (2002), Seite 223, 299ff.; Kindleberger (1984), Seite 61; Wendt (1948), Seite 16.

[569] Vgl. O'Brien (2003), Seite 4.

einer besonderen Ausprägung der Quantitätstheorie beruhte. Ihr lag eine spezifische Definition von Geld (currency) zugrunde, in der Gold – beziehungsweise Goldmünzen – und Banknoten die einzig wahre Form von Geld darstellten. Als Noten betrachteten sie dabei lediglich die Noten der BoE, welche wiederum Gold repräsentieren, so dass sie eben nicht wie jede beliebige andere Note einen Kreditanspruch darstellen; daher auch die Bezeichnung Currency-Schule. Die Theorie entstand vor dem Hintergrund der drastisch ansteigenden Preise und der Verschlechterung des Wechselkurses des englischen Pfunds während der Napoleonischen Kriege. Ihre Anhänger ließen die Argumente der Bullionisten wieder aufleben.[570] Neben Samuel Jones Loyd,[571] Walter Bagehot, Robert Torrens und George Warde Norman, James R. McCulloch und auch Thomas Joplin ist David Ricardo der bedeutendste Vertreter dieser Schule, der in seiner Schrift „The High Price of Bullion, a Proof of the Depreciation of Bank Notes" (1810) feststellte, „dass eine Entwertung des in Umlauf befindlichen Tauschmittels die notwendige Folge seiner Überfülle ist."[572] Daher forderte er, dass die umlaufenden Banknoten grundsätzlich zu 100% in Gold gedeckt sein müssten.

Das Currency-Prinzip basiert auf dem Zahlungsbilanzautomatismus[573] und macht den quantitätstheoretischen Zusammenhang zwischen Geldmenge und Preisen deutlich. Einfluss auf die Preise hätten nur Münzen und die Noten der BoE. Zu der von Ihnen definierten *Geldmenge* gehören also die Noten der BoE und Goldmünzen, nicht aber Depositen. Sie trennten daher zwischen Geld und Kredit, daher auch der Begriff der ricardianischen Dichotomie. Die Banknoten sollten gemäß Ricardo und Lord Overstone jedoch kein Papiergeld, d.h. keine Kreditansprüche sein, die als Zahlungsmittel dienen, sondern Gold repräsentieren.[574] Alle anderen Formen des Bankkredits stellten nach Meinung der Currency-Schule lediglich zweitklassige Substitute dar. Dementsprechend konnte das Preisniveau auch nur durch die Geldmenge (also Gold und Banknoten der BoE) beeinflusst werden, während Geldsurrogate ihrer Auffassung nach das Preisniveau nicht tangieren konnten, da sie sich proportional zur Geldmenge verhalten.[575] Bis 1830 glaubten die Currency-Theoretiker daran, dass die Banknoten der Provinzbanken nur gegen eine Deckung von Noten der BoE ausgegeben werden konnten.[576] Beim – bis in die erste Hälfte des 19. Jahrhunderts eher seltenen – Buchgeld nahmen sie an, dass ausschließlich eine Einlage von Goldmünzen oder BoE-Noten zur Schaffung von Sichtguthaben führen könne. Somit unterstellten die Currency-Anhänger eine Proportionalität zwischen der Geldmenge der BoE und dem Volumen an Noten der Country-Banken auf der einen Seite und dem Buchgeld auf der anderen Seite. Das zunehmende Aufkommen der Handelswechsel und der Handelskredite ließen an diesem Geldbegriff zunehmend Zweifel aufkommen. Von den Currency-

---

[570] Walter Boyd sah die Ursache für diese Entwicklung in der Aufhebung der Goldeinlöseverpflichtung von 1797.
[571] 1850 wurde er zum Lord ernannt und trug ab da die Bezeichnung Lord Overstone (1796-1883).
[572] Vgl. Ricardo (1810), Seite 11f.
[573] Vgl. Joseph (1933), Seite 19.
[574] Vgl. Spahn (2001), Seite 84.
[575] Vgl. Schumpeter (1965), Seite 849 und 894ff.
[576] Da sich diese Annahme nicht verifizieren ließ, wurde die Notenemission von Seiten der Provinzbanken drastisch beschnitten.

Theoretikern wurde diese Kritik jedoch mit der Annahme der Proportionalität zwischen Geldmenge und Handelswechseln bzw. Buchkrediten zurück. Mit einer Zunahme der Geldmenge könne ebenfalls die Menge an Krediten zunehmen.[577] In der Logik der Currency-Schule stellten Kredite nur ein Zahlungsversprechen dar; diese würden akzeptiert, da die Wirtschaftssubjekte sich auf die jederzeitige Umtauschmöglichkeit der Zahlungsversprechen in allgemein akzeptierte Zahlungsmittel (Münzen und Noten der BoE) verließen. Durch eine Bindung der Geldausgabe an die (Variation) der Goldreserve[578] glaubte man, das Inflationsproblem infolge des Geldmengenwachstums zu beseitigen. Der Kreis ihrer Logik schließt sich dadurch, dass die Geldmenge die Ausgaben und die Ausgaben die Preise terminieren.

Durch die Idee der Bindung der Geldmenge an Gold definieren sie den Geldbegriff als *endogen*, denn nur mit einer Variation des Goldbestandes ist eine Veränderung der Geldmenge möglich. Dieser Konnex zwischen Goldmenge und Geldmenge wird in der Literatur gelegentlich nicht als Endogenität, sondern – fälschlicherweise – als Exogenität dargestellt. Die voreilige Einschätzung der Geldmenge als exogen ist dabei Reflex der falsch verstandenen „Verwandtschaft" der Currency-Schule zur Quantitätstheorie, die die Geldmenge in der Tat als exogen[579] gegeben auffasst. Das Transferproblem der Autoren liegt darin, dass sie schlussfolgern, dass Gold exogen gegeben sei und daher die an das Gold gekoppelte Geldmenge implizit auch exogen zu sein hat.

Lord Overstone erklärt die Endogenität des Geldangebots wie folgt: In einem prosperierenden, wachsenden Land (also England) steigt die Nachfrage nach dem – in Gold bewerteten – zirkulierenden Medium, um die erhöhte Zahl an Transaktionen durchführen zu können. Das Medium werde knapp, dadurch nehmen sein Wert und der Wert des Goldes in England zu, in den anderen Ländern hingegen nicht. Deswegen werde Gold aus den anderen Ländern nach England importiert, wodurch die Menge des zirkulierenden Mediums entsprechend anwachsen kann.[580]

Der von ihr *eng* definierte Geldbegriff im Sinne einer besseren Regulierbarkeit der Geldmenge war zu unbedarft, denn Finanzinnovationen wie Schecks oder Überweisungen waren keinerlei Einschränkungen unterworfen. Damit begriff sie nicht, dass ein konjunktureller Aufschwung auch ohne übermäßige Notenemission entstehen konnte.[581]

Hier setzt auch die Kritik der Banking-Schule bzw. Banking-Theorie an. Diese Schule, in der sich die Kontrahenten der Peelschen Akte sammelten, entstand in der

---

[577] Vgl. Claassen (1980), Seite 19ff.

[578] Man glaubte schon in früheren Jahrhunderten, dass eine Golddeckung deswegen geeignet sei, weil der Rohstoff Gold hinreichend knapp sei, und nur knappe Stoffe gute Reserven sein könnten und deswegen eine endogene Stabilisierung stattfinde. Allerdings hatte sich gezeigt, dass durch vermehrten Goldabbau die Knappheit relativiert werden konnte und letztlich trotz Golddeckung auch Preissteigerungen auftreten können (wie im Falle Spaniens). Somit galt trotz Goldbindung der quantitätstheoretische Zusammenhang. Vgl. Spahn (2001), Seite 52f.

[579] Exogenität heißt, das Geldangebot ist unabhängig von der Nachfrage der Wirtschaftssubjekte. Vgl. Schefold (2002), Seite 73

[580] Vgl. Overstone (1972), Seite 319f.

[581] Aus diesem Grund wurden die Anhänger der Peelschen Akte der Currency-Schule zugeordnet. Vgl. Davies (2002), Seite 311f., Spahn (2001), Seite 84f.

Auseinandersetzung mit der Currency-Schule. Sie akzeptierte die real bills doctrine (zumindest später) nicht (mehr), hielten allerdings am law of reflux fest, deuteten dieses aber neu. Ihre Begründer waren unter anderem Thomas Tooke und John Fullarton; bedeutende Vertreter waren außerdem James Wilson und John Stuart Mill.[582] Sie bekannten sich durchaus zum Goldstandard, vertraten aber die Auffassung, dass eine Konjunktursteuerung mittels einer quantitativen Begrenzung der Zahlungsmittel nicht funktioniere, da man auch Depositen und andere Geldsubstitute wie Handelswechsel oder Handelskredite neben den Noten einer Regulierung unterziehen hätte müssen. Anders als die Currency-Anhänger zählten sie also auch Depositen und Geldsurrogate neben Gold und den Noten der BoE zur *Geldmenge*; sie definierten den Begriff des Geldes also *weit*. Diese Surrogate üben nahezu Geldfunktionen aus. Während die Currency-Schule also an eine Proportionalität zwischen der Geldmenge und der Menge an Geldsubstituten glaubt, lehnen die Banking-Theoretiker eine solche strikt ab. Ihrer Meinung nach konnte nicht nur Geld im engeren Sinne – also Goldmünzen und Banknoten – Geldfunktionen ausüben, sondern eben auch die Geldsurrogate wie Wechsel oder Kredite; dementsprechend konnte das Preisniveau von den verschiedensten monetären Größen beeinflusst werden. Wie bei der Currency-Theorie hängen die Preise von den Ausgaben ab und die Ausgaben wiederum sowohl vom *Geld* (Noten und Münzen) aber auch vom *Kredit* (wie zum Beispiel Handelswechsel oder Handelskredite).[583] Gemäß dieser Auffassung beschafft sich die Ökonomie die erforderliche Geldmenge selbst, wodurch sie zur *endogenen* Größe wird. Die Banken seien – so Tooke – nicht in der Lage, mehr Geld in den Umlauf zu bringen, als die Wirtschaftssubjekte benötigten bzw. nachfragten; eine Überemission würde unweigerlich den Weg zurück zur Bank finden; zunächst würde diese Überemission zwar Inflation erzeugen, diese würde zu einem Wetteifern um den Umtausch von Noten in Gold nachsichziehen, was wieder zu einer Reduzierung des Geldangebots führt.[584] Die Banking-Theorie vertrat im Gegensatz zur Currency-Schule, die eine Regulierung der Geldmenge befürwortete, eine diskretionäre Geldpolitik. Zunächst erkannte die Banking-Schule nicht, dass die von ihr geforderte Freiheit, mit der Banken berechtigt waren, Kredite zu gewähren, ausufern könnte.[585] Später allerdings war man sich einig, dass eine Deckung allein durch erstklassige Handelswechsel[586] – wie man es noch zu Zeiten der Bullion-

[582] Mill war Anhänger der Quantitätstheorie; er postulierte eine Proportionalität zwischen Geldmengen- und Preisniveauänderung. Er glaubt jedoch, dass dieser Zusammenhang nur für die lange Frist gelte, das heißt, er schrieb dem Geld in der kurzen Frist realwirtschaftliche Effekte zu. Diese Auffassung trugen vor ihm schon Hume, Thornton wie auch Ricardo. Mill gehörte anders als Ricardo aber der Banking-Schule an. Vgl. Claassen (1980), Seite 3.

[583] Vgl. Claassen (1980), Seite 20f.; Schumpeter (1965), Seite 860f., 894ff.

[584] Vgl. Tilly (2003), Seite 63, Schumpeter (1965), Seite 849.

[585] Man glaubte – gemäß Fullarton's law of reflux –, dass jede für ein Darlehen ausgegebene Note *automatisch* wieder zur Bank zurückkehren werde, wenn das Darlehen zurückbezahlt werde. Denn die Kredit gewährenden Banken stehen ja im Wettbewerb und werden nur solche Kredite vergeben, die selbstliquidierend seien und am Ende der Kreditperiode eben wieder zurückfließen würden. Diese Ansicht könnte auch als real bills-Interpretation des Bankengeschäftes verstanden werden. Vgl. Davies (2002), Seite 313; Schumpeter (1965), Seite 980f.; Tilly (2003), Seite 63.

[586] Hierbei war der Wechsel die Reserve, er diente als Sicherheit. Die Idee basierte darauf, dass eine Bank nur gute Handelswechsel diskontiere, die scheinbar durch Produkte gedeckt sind. Das Geldange-

Kontroverse glaubte – *nicht* ausreichte, da man die Problematik von nicht einlösbarem Papiergeld für die Geldwertstabilität erkannte.[587]

Die Preise hingen nach Meinung der Banking-Schule nicht von der absoluten Quantität des Geldes ab; will sagen, ein Anstieg im Geldangebot beziehungsweise eine Erhöhung des Notenumlaufs[588] sei für sich genommen nicht inflationär. Letztlich sei die effektive Nachfrage preisdeterminierend, so Tooke.[589] Die Banking-Schule glaubte, dass Inflation prinzipiell durch reale Schocks bedingt wäre – wie etwa Ernteausfälle oder Kriege. Daher sollte nach ihrer Meinung die BoE solche Schocks durch großzügige Geldversorgung lindern und eine temporäre Reduzierung ihrer Goldreserven hinnehmen. Diese Goldreserven sollten damit nicht mehr Regulativ der Geldmenge sein, als vielmehr dem Vertrauen in die Papierwährung dienen. Die Banking-Schule sah ganz klar in der BoE einen LOLR, und forderte in der Currency-Banking-Debatte, die Bank solle sich zu ihrer Rolle als „Bank der Banken" bekennen.[590] Sie stimmten der Vormachtstellung der BoE zu. Dennoch verwendete keiner der Banking-Vertreter in der Debatte jemals die Bezeichnung Lender of Last Resort, wenngleich der Inhalt ihrer Reformforderungen sich doch genau of diese Funktion der BoE bezog.

Entsprechend einleuchtend sind auch die Positionen der beiden Parteien im Bezug auf die Reform von 1844; während die Anhänger der Currency-Schule diese befürworteten, prangerte die Banking-Schule diese an, da die dadurch entstandene Zentralisierung des Bankensystems Interventionen des LOLR öfter nötig machen würde, aber eben diese durch den Regelautomatismus der Reform unterbunden werden.

Das von der Currency-Schule proklamierte Verständnis von Bankenpolitik im Sinne eines starren Verhältnisses zwischen Gold und Noten sichert nach der Ansicht der Banking-Theoretiker keineswegs die monetäre Stabilität und war in doppelter Weise kontraproduktiv: In einer Hausse-Phase nehmen nämlich durch die erhöhte Geldmenge Kredit- und Depositenvolumen gleichgerichtet zu, andererseits kommt es in einer Baisse durch den Goldabfluss zu einer Liquiditätsanspannung, die von den Wirtschaftssubjekten antizipiert wird, welche diese dann aus Nervosität weiter verstärken; eine solche Bankenpolitik wird der Liquiditätspräferenz des Marktes nicht gerecht, sie verstärkt ganz im Gegenteil eher die Unsicherheit; hier wäre eine elastische Geldversorgung angemessen gewesen.[591] Das von den Currency-Anhängern getragene

---

bot könne niemals inflationär wirken, solange es durch die Diskontierung unzweifelhaft erstklassiger Handelswechsel (commercial bill), hinter denen güterwirtschaftliche Transaktionen stehen (real bills doctrine). Solange die Banken der Doctrine folgen und nur gegen „gesunde" Wechsel Kredite verleihen, wird das Geldangebot mit dem realen Output variieren, ohne die Kaufkraft des Geldes zu verändern. Der Denkfehler liegt aber darin, dass jegliches nominelle Handelsvolumen finanziert wird, auch wenn nur erhöhte Produktionskosten dahinter stehen, das heißt, jeglicher Kostenimpuls führt zu einer Ausdehnung des Geldes, wodurch letztlich das Preisniveau indeterminiert war (real bills fallacy). Vgl. Humphrey (1982), Seite 3f., Spahn (2001), Seite 59.

[587] Vgl. Davies (2002), Seite 312f.; vgl. Kindleberger (1984), Seite 89.

[588] Die Currency-Schule und das Bullion-Komitee (außer Thornton) behaupteten das Gegenteil. Vgl. Joseph (1933), Seite 21.

[589] Vgl. Joseph (1933), Seite 21ff.; Schefold (2002), Seite 201.

[590] Vgl. Spahn (2001), Seite 85.

[591] Vgl. Spahn (2001), Seite 85.

Verständnis einer endogenen, an die Reserve gekoppelten Geldmenge impliziert zwangsläufig eine „Ziehharmonika-Politik".

Beide Schulen erkannten aber die zentrale Rolle der Zinspolitik nicht. Der Banking-Schule blieb ihr Stellenwert verschlossen, da sich aus ihrer Sicht das Angebot an Finanzaktiva ja der Marktnachfrage beuge und somit der Zinssatz als Steuerungsgröße irrelevant wird. Die Currency-Schule entdeckte den Zinssatz deshalb nicht als preisliches Steuerungselement, da die Notenmenge ja an die Reserve der Zentralbank gebunden war.[592]

Abschließend soll noch bemerkt werden, dass – obwohl hier immer wieder von „Schule" gesprochen wurde, was eine gewisse Einheit suggeriert – keineswegs innerhalb der beiden Gruppierungen Einheit herrschte. Will man dennoch an der Trennung in zwei Lager festzuhalten, so stellt man sich – unabhängig des internen Disputs – doch gravierende Unterschiede in den Denkrichtungen vor; diese gab es sicher – wie gerade beschrieben –, dennoch bestanden auch viele Gemeinsamkeiten zwischen beiden, wie das Festhalten am Goldstandard.[593]

Die Untersuchungen des Bullion-Komitees hatten – wenngleich sie teilweise widersprüchlich waren – die Folge, den Willen zur Wiederherstellung gesunder Geldverhältnisse zu fördern. Zu einer grundsätzlichen Währungsreform zwang auch schon die Tatsache, dass die Gültigkeit der Bank Restriction Act nur für die Dauer des Krieges verlängert worden war. In der Tat begann die englische Regierung kurz nach Abschluss des zweiten Pariser Friedens vom 20. November 1815, das Geldwesen in zwei Teilbereichen neu zu ordnen: Zum einen die Bereinigung des staatlichen Münzwesens und zum anderen die Wiederaufnahme der Währungskonvertibilität der BoE, die mittels einer dafür notwendigen deflationären Politik ermöglicht werden sollte. Diese wurde jedoch erst am 2. Juli 1819 in der so genannten ersten Peelschen Akte[594] beschlossen; sie sah die vollständige Einlösung der Noten in Gold auf der Grundlage des alten Münzpreises in drei Stufen bis zum Jahre 1823 vor, traf aber keine Bestimmung darüber, wie die Bank dieser Verpflichtung stets nachkommen könne.[595]

Die gänzliche Einlösung der Noten der BoE gegen Gold, also die Wiederaufnahme der ureigensten Aufgabe einer Notenbank – die Sicherung der Konvertibilität –, war aber aufgrund günstiger Wechselkurse und vor allem aufgrund der prosperierenden englischen Wirtschaft am 1. Mai 1821 möglich.[596]

Erstaunlicherweise konnte England die alte, d.h. die Vorkriegsparität, wieder aufnehmen, ohne die Ökonomie einem all zu großen deflatorischen Druck auszusetzen. Dies beruhte auf der damaligen enormen Produktionskraft Englands, da einerseits die Herstellungskosten vieler Waren aufgrund von Produktivitätssteigerungen gesenkt

---

[592] Vgl. Spahn (2001), Seite 89.

[593] Vgl. Schumpeter (1965), Seite 885ff.

[594] Sir Robert Peel war zu damaliger Zeit Vorsitzender desjenigen Unterhausausschusses, welcher die Wiederherstellung der Goldeinlösungspflicht vorantrieb. Vgl. Francis (1848), Seite 323; Spahn (2001), Seite 76; Wendt (1948), Seite 18f.

[595] Vgl. Hildreth (1971), Seite 32f.; Pohl (1993), Seite 187; Wendt (1948), Seite 25; Wolter (1917), Seite 133ff.

[596] Vgl. Collins (1995), Seite 47f.; Francis (1848), Seite 325ff.; Schumpeter (1965), Seite 846; Wolter (1917), Seite 136ff.

werden konnten und andererseits die restliche Welt für englische Produkte aufnahmefähig war, die eben auch kostenmäßig und qualitativ anderen Waren überlegen waren.[597] Dieser Exportboom fußte nicht zuletzt auch auf so aufstrebenden Ländern – im heutigen Kontext als Emerging Markets bezeichnet – wie aus Lateinamerika. Dennoch wurde – deflationsbedingt – die staatliche Schuldenlast real enorm aufgewertet.[598] Daneben zeichnete sich für die rasche Expansion Englands auch noch eine enorme Investitionstätigkeit verantwortlich, die aus verstärkten Infrastrukturmaßnahmen wie Gasbeleuchtung oder Kanalisation aufkam.[599] Die Countrybanken unterstützten dieses Wachstum mit einer laxen Kreditvergabepolitik – natürlich auch mit dem Hintergedanken, am allgemeinen Gewinn zu partizipieren –, was durch eine freizügige Gestaltung der Kreditvergabe der BoE begünstigt wurde.

Trotzdem blieb eine stabile Entwicklung aus, da es keine systematische Kontrolle der Zettelbanken noch eine systematische Zinspolitik mit Zinssätzen über 5% aufgrund der herrschenden Wuchergesetze gab und die Provinzbanken neben Gold auch die Noten der BoE als Reserve hielten.

Die nachfolgenden Jahre stellten das englische Bankensystem auf eine harte Probe; schon 1822 traten gewisse wirtschaftliche Schwierigkeiten auf, die unter anderem durch den Versuch der BoE eingeleitet wurden, den Konkurrenzkampf gegen die Geschäftsbanken mittels einer wieder freizügigeren Gestaltung ihrer *Diskontpolitik* zu gewinnen. Die BoE rediskontierte weiter zu 5%; solange die Marktzinsen entsprechend unterhalb des Rediskontsatzes liegen, ist dies unproblematisch, allerdings lagen die Zinsen am Markt oberhalb des Rediskontsatzes – wie übrigens auch in den Krisenjahren 1783, 1797 und 1813. Damit war eine sinnvolle Nutzung des Diskontfensters konterkariert.[600] Das Ergebnis war eine unbeabsichtigte Ausweitung des Kreditvolumens, die einen spekulativen Boom anheizte, woraufhin die Bank ihre Diskontierungspolitik beendete und 1825 eine heftige Krise nachfolgen ließ:[601] Die Wirtschaft hatte sich seit der Krise 1816/17 rasch erholt, der Export boomte, zum großen Teil auch in südamerikanische Länder. Ab 1824 überschwemmten südamerikanische Wertpapiere die Börse in London und galten anfangs als Geheimtipp. Durch die damals herrschende Aufbruchstimmung fanden auch hochspekulative Papiere ihre Abnehmer. Die Investition in die fernen Länder generierte wiederum Nachfrage nach englischen Produkten. Ab Mitte 1824 überhitzte sich das System, 1825 kollabierte es. Das Verheerende an diesem Crash war die Tatsache, dass viele den Wertpapierkauf mit Krediten finanzierten und darauf spekulierten, dass sie ihre Wertpapiere kurz vor der Fälligkeit ihres Kredits mit Gewinn verkaufen könnten; jetzt lagen aber die Kurse weit unter den Ankaufkursen, so dass viele ihre Verbindlichkeiten nicht mehr bezahlen konnten und dementsprechend ein Zahlungsausfall bei den Kredit gewährenden Banken auftrat. Bald litten auch bedeutende Londoner Bankhäuser unter Liquiditätsengpässen. Die Reserven der BoE schmolzen dahin.[602]

---

[597] Vgl. Hildreth (1971), Seite 64ff.; Wendt (1948), Seite 20.
[598] Vgl. Spahn (2001), Seite 78.
[599] Vgl. Bordo (1998), Seite 77.
[600] Vgl. Stadermann (1994), Seite 74f.
[601] Vgl. Joseph (1933), Seite 19; Moss (1981), Seite 540.
[602] Vgl. Neal (1997), Seite 11ff.

Im Zuge der Krise trat vermehrt aufgrund des sinkenden Vertrauens in die Provinzbanken das Bedürfnis auf, Countrybanknoten in Noten der BoE oder Gold zu tauschen. Der Panik Einhalt zu bieten, lag an der BoE.[603] So ging sie rasch wieder zu einer laxeren Diskontierung über. In diesem und dem darauf folgendem Jahr mussten allein 93 der ca. 800 bestehenden, privaten Notenbanken ihre Zahlungen einstellen.[604] Dabei muss erwähnt werden, dass bereits 1816/17 fast 90 der privaten Notenbanken in Konkurs gingen. Sie waren in Krisenzeiten besonders anfällig, da sie zum einen für einen umfangreicheren Geschäftsverkehr eine zu geringe Kapitalkraft besaßen und zum anderen die sehr große Zirkulation kleiner Noten ihnen Schwierigkeiten bereitete. Aufgrund der monetären Verknüpfung dieser Countrybanken mit der Londoner City wurden eben auch die Londoner Banken in Mitleidenschaft gezogen, wie es bereits in früheren Krisen zu beobachten war.[605]

Um den Einlösepräferenzen der Jahre 1825/26 gerecht zu werden und das Publikum zu beruhigen, befriedigte die BoE – wie gerade schon erwähnt – alle Kreditwünsche durch eine liberale Haltung im Bezug auf Sicherheiten und stützte den nationalen Geldverkehr mit ihren Noten. So wurde – wie dann auch in späteren Krisen – die Goldeinlöseverpflichtung zeitweise aufgehoben.[606] Zuvor gab es allerdings einen heftigen Streit zwischen Regierung und der Bank, wer nun als LOLR einschreiten solle; die Regierung unter Lord Liverpool weigerte sich mit dem Argument, bereits im Frühjahr 1825 den Markt und die Spekulanten gewarnt zu haben, den Bogen nicht zu überspannen, da die Regierung keine Rettungsaktionen unterbreiten werde.[607] Dies verzögerte das Eingreifen der Bank nachhaltig; doch mag ein Grund für den Widerwillen der BoE gewesen sein, dass sie befürchtete, durch die Ausdehnung des Geldangebots das Preisniveau dauerhaft in die Höhe zu treiben. Diese Befürchtung scheint jedoch haltlos, da dieses zusätzliche Geldangebot nach Beruhigung der Krise ohne weiteres wieder vom Markt abgezogen hätte werden können, bevor es sich ins Preisniveau überwälzt hat.[608]

Nach Beendigung der Krise von 1825 erkannten die Londoner Banken die Vorzüge einer Reservehaltung in Form von Depositen bei der BoE[609], um in Zukunft nicht mehr von einer ähnlichen Krise erfasst zu werden.

Aber auch der Staat versuchte aus der Krise von 1825 seine Lehren zu ziehen; er erlaubte mit dem Banking Act vom 26. Mai 1826 in England und Wales – wo die

---

[603] Vgl. Collins (1988), Seite 17, 182f.

[604] So gab im Dezember 1825 Wentworth and Company, eine der führenden Banken in Yorkshire, ihre Geschäftstätigkeit auf, gefolgt von anderen großen Londoner Häusern wie Pole, Thornton and Company, die als Agent für viele Countrybanken agierte, nur um einige wenige Beispiele zu nennen. Vgl. Collins (1988), Seite 9, 16; Michie (2000), Seite 213; Pohl (1993), Seite 187.

[605] Vgl. Hildreth (1971), Seite 36ff.; Pressnell, Orbell (1985), Seite xvi.

[606] Der Anstieg des Notenumlaufs der BoE im Dezember 1825 von 17,5 Millionen Pfund auf 25,7 Millionen Pfund unterstreicht diese These. Es wurden vorwiegend 1-Pfund-Noten ausgegeben, die zwar schon 1818 gedruckt wurden, aber bis zu diesem Zeitpunkt eingelagert waren. Vgl. Davies (2002), Seite 306; Wendt (1948), Seite 22.

[607] Vgl. Kindleberger (1984), Seite 91, 279.

[608] Vgl. O'Brien (2003), Seite 6f.

[609] Vor 1825 hielt lediglich der Staat eine beachtliche Summe an Depositen bei der BoE. Vgl. Collins (1988), Seite 28f.

BoE bisher die einzige Aktien-Notenbank war – einerseits die Gründung von Notenbanken auf Aktien (Joint-Stock-Banks) *mit Notenausgaberecht* ausgenommen in London selbst und einem Umkreis von 65 Meilen um London und solcher *ohne Ausgaberecht* in London und besagtem Umkreis, um die Finanz- und Kapitalkraft der privaten Notenbanken zu stärken,[610] ohne gleichzeitig der BoE, die seit 1751 die Staatsschuldenverwaltung und die Kassenführung für den Staat innehatte, ihre bisherige monopolartige Stellung streitig zu machen, und verbot andererseits ab dem Jahre 1829 den Umlauf von Banknoten mit einem Nennwert unter 5 Pfund, da man hierin den Hauptkrisenherd vermutete.[611] Ex post könnte man sagen, dass diese Maßnahmen letztlich den Anfang vom Ende der Countrybanken einläuteten. Zugleich animierte die Regierung die BoE, Zweigstellen auf dem Lande zu eröffnen, was nicht gerade auf Gegenliebe bei den Provinzbanken stieß, da sie eine Unterhöhlung ihrer Position fürchteten.[612]

Die zunächst auf dem Land und dann auch in London (ab 1833) neu entstandenen Joint-Stock-Banks nahmen im Gegensatz zu den führenden englischen Privatbanken[613], welche auf die Diskontierung von Handelswechseln spezialisiert waren, Einlagen zur Aufbewahrung entgegen und verzinsten diese Depositen entsprechend, gleichzeitig konnten sie diese als kurzfristige Kredite weiter verleihen. Bisher hatte der bargeldlose Zahlungsverkehr, der zwar schon seit dem Mittelalter üblich, aber gesamtwirtschaftlich unbedeutend war, eine untergeordnete Rolle gespielt, dies änderte sich mit dem Entstehen derartiger Depositenbanken. Dadurch, dass diese Aktienbanken im Gegensatz zu den Privatbanken ein relativ großes Kapital besaßen, war es für sie ein Leichtes, ein Filialnetz aufzubauen und ihren Tätigkeitsbereich weiter auszudehnen.[614] Jedoch war das weiter oben beschriebene Clearing in London zunächst noch ausschließlich von den Privatbanken dominiert, die Joint-Stock-Banks wurden erst 1854 zum Londoner Clearing zugelassen. Im Übrigen wurden alle Banken, die dem Clearing House, welches im Jahre 1773 gegründet wurde, beigetreten waren, als *Clearingbanken* bezeichnet. Allerdings war es den Aktienbanken aufgrund ihrer besseren Finanzlage eher möglich ein Filialbankensystem zu etablieren – wie oben kurz erwähnt –, was ihnen zumindest ein Clearing zwischen den Niederlassungen ermöglichte.[615]

Es war nicht nur die Gründung von Niederlassungen der BoE in den Provinzen sowie die Errichtung von Joint-Stock-Banks, die den Geldmarkt in den 1820er bzw.

---

[610] Teilweise traten die neuen Aktienbanken an die Stelle bereits bestehender Privatbanken, sei es, dass sie aufgekauft wurden, sei es, dass bestehende Privatbanken aktienrechtlich erneuert wurden. Erst nach 1880 kam es aufgrund verstärkter Konkurrenz zu Fusionen, und es entwickelte sich ein Filialbankensystem. Vgl. Tilly (2003), Seite 64.

[611] Vgl. Collins (1988), Seite 9f., 15ff.; Davies (2002), 306ff.; Francis (1848a), Seite 42ff.; Pohl (1993), Seite 187.

[612] In der Tat eröffnete sie zwischen 1826 und 1834 12 Filialen; die 13. folgte im Jahre 1840. Vgl. Collins (1988), Seite 26f.; Francis (1848a), Seite 40; 53; Kindleberger (1984), Seite 83f.; Wendt (1948), Seite 23; Roberts, Kynaston (1995), Seite 156.

[613] Das private Bankwesen hatte Mitte des 19. Jahrhunderts seinen Zenit erreicht. Vgl. Pohl (1993), Seite 220.

[614] Vgl. Bagehot (1873), Seite 76f., 243ff.; Collins (1983), Seite 377.

[615] Wurden zunächst zum Clearing Noten der BoE herangezogen, so trat später der Scheck an deren Stelle. Vgl. Kindleberger (1984), Seite 78f.

30er Jahren fundamental verändert hat; es begann nämlich in der Beziehung zwischen der BoE und dem Geldmarkt eine Wandlung, als zum ersten Mal *Bill Broker* (Wechselmakler), als Vorläufer der *Diskonthäuser,*[616] die Erlaubnis erhielten, Depotkonten bei ihr zu unterhalten, was eine Reaktion auf obige Entwicklungen war. Die Intention hinter dieser Erlaubnis war, Kreditknappheiten, die zu Krisen führen, entgegenzuwirken, indem in diesen Zeiten auch die Bill Broker sich an die BoE – als LOLR – wenden können, um einerseits über die Wechseldiskontierung (bills of exchange) Geld in den Markt bringen und andererseits ausstehende call loans[617] an die Geschäftsbanken zurückzahlen zu können, was so den Druck von ihnen nimmt.[618]

Die wieder anstehende Verlängerung der Bank-Charta im Jahre 1833 brachte eine weitreichende Veränderung mit sich: Die Noten der BoE wurden mit Wirkung zum 1. August 1834 in England und Wales endgültig zum gesetzlichen Zahlungsmittel[619] für alle Beträge über £ 5, solange die Bank in der Lage wäre, ihre Noten auf Verlangen in Gold einzulösen, was soviel bedeutet, dass die BoE nicht von ihrer Goldeinlösepflicht befreit wurde.[620]

Für die Countrybanken brachte diese Neuerung eine erhebliche Erleichterung mit sich, denn sie brauchten nun kaum mehr eigene Goldreserven halten, weil sie ja nun ihre eigenen Noten in Noten der BoE als gesetzliches Zahlungsmittel einlösen konnten. Die Konzentration der nationalen Goldvorräte wurde dadurch verstärkt.

Allumfassend könnte man für die in diesem Kapitel bisher beschriebene Zeitspanne konstatieren, dass die BoE die Hoheit über den Zahlungsmittelumlauf, die Kassengeschäfte des Staates und nun auch über die nationale Goldreserve innehatte. Kritiker warfen ihr jedoch vor, ihre damit einhergehende volkswirtschaftliche Verantwortung nur ungenügend wahrnehmen zu können, da sie eben neben den öffentlichen Interessen ja auch noch als private Bank ihren eigenen kommerziellen Interessen nachkam und genau deswegen ihre teils spekulativ ausgerichtete Kreditpolitik und Ausgabe ihrer Umlaufmittel ursächlich wäre für die immer wiederkehrenden krisenhaften Entwicklungen, beispielsweise der Jahre 1825/26 oder 1836/37/38.[621] Dass die BoE diesen konfligierenden Handlungsimperativen kaum gerecht werden kann, erkannte auch Lord Overstone und schrieb:

"A Banker...Will he, under such temptations, in no respect compromise his re-

[616] Vgl. Bagehot (1873), Seite 281ff.; Pressnell, Orbell (1985), Seite xvi, xviii.
[617] Dabei handelt es sich um Darlehen, die Geschäftsbanken an Bill Broker vergeben.
[618] Vgl. Krämer (1930), Seite 8; Ziegler (1990), Seite 16.
[619] Erst zehn Jahre später wird dann im Bank Charter Act von 1844 der wichtigste Schritt getan, damit die BoE in Zukunft das Monopol über die Notenausgabe innehaben wird: Nur noch diejenigen Banken, die bereits vor Mai 1844 Noten emittierten, durften dies auch weiterhin. Trotz der Bestimmung zum gesetzlichen Zahlungsmittel waren Bank Runs weiterhin möglich; aufgrund der Goldkonvertibilität bestand nach wie eine Angriffsfläche.
[620] Erst 11 Jahre später wurden die Noten der BoE auch in Schottland zum gesetzlichen Zahlungsmittel erklärt. Allerdings dauerte es bis 1921, bis endgültig die letzte Note emittiert wurde, die nicht von der BoE stammte. Vgl. Collins (1988), Seite 169; Davies (2002), Seite 309ff.; Francis (1848a), Seite 82f.; Wendt (1948), Seite 23.
[621] Vgl. Wendt (1948), Seite 24.

spective duties as a Banker of Issue and a Banker of Deposit and Discount?"
Lord Overstone (1857)[622]

Wie schon die Krise der Jahre 1825/26 auf Spekulationen zurückzuführen ist, so lässt sich auch die Krise von 1836 letztlich mit Spekulationen, genauer Aktienspekulationen, begründen. Die Krise begann im Jahre 1836 in England, von wo aus sie 1837 in die USA und 1838 auf das europäische Festland herüberschwappte. Ihr Ursprung lag in den in ganz Europa aufkommenden Spekulationen mit Aktien, insbesondere Eisenbahnaktien.[623] Alle Schichten der Gesellschaft wollten an diesem Erfolg partizipieren – Amateure, Pensionäre oder Kleinanleger. Viele von Ihnen verfügten aber nicht über die Liquidität, um an der Börse zu spekulieren, weshalb sie einen Kredit aufnahmen. Problematisch war in diesem Zusammenhang, dass die seit 1826 neu gegründeten Joint-Stock-Banks nur wenig auf die Bonität ihrer Klientel achteten, da sie recht schnell einen großen Kundenstamm generieren wollten. Wie schon in der Krise von 1825/26 kam es auch diesmal trotz üppiger Kreditvergabe zu einer Bargeldknappheit. Um die Kreditvergabe zu bremsen, untersagte die BoE ihren Filialen, Wechsel, die auf eine Aktienbank gezogen waren, zu diskontieren. Durch diese an sich richtige Entscheidung wollte die BoE einer ausufernden Kreditvergabe vorbeugen. Dennoch löste sie durch ihr Verhalten eine Panik aus, da viele Wirtschaftssubjekte plötzlich über wertlose Wechsel beziehungsweise Kreditverbindlichkeiten verfügten. Eine Welle von Bankrotten folgte. Da die BoE weiterhin unter Liquiditätsengpässen litt, kamen Paris und Deutschland (Hamburger Bank) mit Krediten zur Hilfe. Durch die engen wirtschaftlichen und finanziellen Verflechtungen schwappte die Krise auch auf die USA und letztlich auf andere europäische Staaten über, so dass wie schon in der Krise von 1825/26 auch diesmal die Goldkonvertibilität temporär außer Kraft gesetzt wurde.[624]

Während noch 1783 dem gefürchteten external drain mit einer Verknappung der Kreditvergabe entgegnet wurde,[625] vergaß man diese Lektion in den Krisen der darauf folgenden Jahre, wobei die BoE zumindest zum Teil für die Finanzinstabilität des Landes verantwortlich war;[626] so warfen Kritiker ihr vor, konjunkturelle Aufschwungphasen zu lange zu alimentieren und die Notenausgabe trotz abnehmender (Gold-)Reserven zu lange aufrechtzuerhalten, wenn es infolge von Importüberschüssen und übersteigerter Erwartungen zu einem Run kam.

Es wäre der BoE aber durchaus möglich gewesen, zugunsten der Stabilität als LOLR zu fungieren, da eine genügend große Geldaufschatzung als Vorsorge gegen Krisen möglich gewesen wäre; so wäre es möglich gewesen, dass ein Goldzufluss eben nicht zu einem gesteigerten Kreditvolumen, sondern zu einer Aufstockung der

---

[622] Vgl. Lord Overstone (1857), Seite 32f.

[623] In Deutschland schnellte der Kurs binnen drei Monaten nach oben und hatte sich verfünffacht, nachdem im Dezember 1835 die erste Eisenbahnstrecke in Betrieb genommen wurde.

[624] Vgl. Schefold (2002), Seite 193.

[625] "The directors had noticed that if the issues could be restricted even for a short time, the coin, instead of being exported, flowed back even more quickly than it had been withdrawn; they had thus arrived at the following rule: 'That while a drain of specie is going on their issues should be contracted as much as possible, but that as soon as the tide has given signs of ceasing, and turning the other way, it was then safe to extend their issues freely'." Andréadès (1909).

[626] „For nearly half a century there has never been a commercial crisis which the Bank has not strenuously accused either of producing or of aggravating." Mill (1871), Seite 648.

Reserve führte; umgekehrt bringt ein solches Verhalten natürlich auch die Möglichkeit mit, in Krisenzeiten – bei einem Goldabfluss – nicht gezwungen zu sein, eine Kreditverknappung vorzunehmen, was ganz nebenbei auch den Druck auf die anderen Banken mindert.[627]

An der nicht genutzten Freiheit knüpft auch die Kritik an der BoE an; zum einen warfen ihr die Anteilseigner vor, in Zeiten eines Überschusses nicht in Konkurrenz zu den anderen Banken getreten zu sein hinsichtlich der Kreditvergabe. Diese Verhaltensweise ging auf die Vorgaben Palmers zurück, der im Jahre 1832 ausdrücklich vor einem parlamentarischen Untersuchungsausschuss konstatierte, dass die Bank in Perioden geringer Kreditnachfrage ihren Leitzins nicht an den Marktzins anpassen werde und nicht in Konkurrenz zu Geschäftsbanken treten werde; auf diese Weise sollte es der Bank möglich sein, im Falle von Konjunkturschwankungen genügend Spielraum für die Erhöhung der Liquidität des Geldmarktes zu gewährleisten. Diese Einstellung könnte man dahingehend verstehen, dass die BoE sich der Pflicht des LOLR zu stellen bereit war. [628] Andererseits kann man ihr vorwerfen, dass sie nach dem Fall der so genannten Wuchergesetze, die bis 1833[629] galten und die Höhe des Diskontsatzes[630] auf 5% beschränkten, ihre neuen Möglichkeiten eher spärlich nutzte, da sie – so die Kritiker – die Zinsen in der Krise zu spät und zu zimperlich erhöht habe und somit keine volkswirtschaftlich „richtige" Kreditpolitik betrieben habe.

Durch dieses Festhalten am Diskontsatz von 5% in den Jahren 1836 und 37 geschah dasselbe wie schon 1825: Der Marktzins lag oberhalb der Diskontrate. Wie schon damals torpedierte sie unzweifelhaft ihre Position des LOLR.[631]

Als kritisch kann auch erachtet werden, dass die BoE in der Praxis Schwierigkeiten hatte zu unterscheiden, ob ein drain langfristiger Natur war oder kurzfristiger Art. Meistens hat sie jedoch die Situation zu spät aufgedeckt und die Kreditvergabe prompt eingeschränkt, was die Krise nur noch verstärkt hat.[632]

Durch die auch öffentlich getragene Kritik unterstützt, wies Samuel J. Loyd, Lord Overstone, auf das zweifache Anforderungsprofil an die BoE hin, die zum einen der (Geld-)Versorgung der Volkswirtschaft mit Liquidität und zum anderen dem Kreditgeschäft im Sinne einer Privatbank nachkomme. Man könne eben nicht verlangen, dass eine Bank ein profitabel erscheinendes Kreditgeschäft verschmähe. Einerseits sollte die Bank die Notenausgabe nicht zu sehr ausdehnen, andererseits besteht jedoch die Gefahr, dass sie es dennoch macht – wegen ihres Gewinnzieles. Und letztlich wird von ihr ja auch erwartet, dass sie es macht, nämlich dann, wenn die „Fähigkeiten" eines LOLR gefragt sind.

---

[627] Vgl. Schumpeter (1965), Seite 852; Spahn (2001), Seite 78f.

[628] Der Preis, den die BoE für diese Politik bezahlte, war ein gewaltiger Rückgang ihres Diskontgeschäftes zugunsten von Diskonthäusern und Geschäftsbanken, wobei der Rückgang ihrer Umsätze lediglich in den Krisenjahren 1836 und 1839 unterbrochen wurde. Im Jahr 1843 war schließlich der Tiefststand im Kreditgeschäft erreicht. Vgl. Ziegler (1990), Seite 81.

[629] Erst 1839 waren gänzlich alle Darlehen von den Wuchergesetzen befreit.

[630] Der Diskontsatz ist der Zinssatz, den die Kreditinstitute an die Zentralbank zu zahlen haben, wenn sie sich bei ihr Mittel durch den Verkauf von Wechseln beschaffen wollten – Rediskontierung.

[631] Vgl. Collins (1988), Seite183; Francis (1848a), Seite 98; Schefold (2002), Seite 193; Spahn (2001), Seite 79; Stadermann (1994), Seite 74f.

[632] Vgl. Bagehot (1873), Seite 46f.; 64.

So postulierte Overstone in seiner Schrift „Thoughts on the Separation of the Departements of the Bank of England" eine strengere Handhabung bei der Notenemission, was auch in der Neuauflage der Bank Charta im Jahre 1844 umgesetzt wurde.

Im Gegensatz zu den früher vorgenommenen Verlängerungen der Privilegien der BoE stellt sie eine Art Wendepunkt in der Organisationsstruktur der Bank dar und wurde deshalb auch nach ihrem Urheber, dem zu damaliger Zeit herrschenden Premierminister Sir Robert Peel, (zweite) „Peelsche Bankakte" genannt.[633]

Die Peelsche Bankakte von 1844, die eine Vielzahl von restringierenden Gedanken der Currency-Schule mit einer Hand voll diskretionärer Regeln der Banking-Schule vereinte, sah vor, um den konfligierenden Aufgaben der BoE – bestehend einerseits aus der Ausgabe papierner Zahlungsmittel gegen metallische und andererseits aus der Vergabe von Krediten an die Wirtschaft – gerecht zu werden, die Notenbank von der Geschäftsbank zu trennen und daher die Bank in zwei Abteilungen aufzugliedern, in das *Issue-Department*, welches die Bank*noten* bereitzustellen hatte,[634] und in das *Banking-Department*,[635] welches das kommerzielle *Kredit*geschäft abwickeln sollte.[636]

> "...The issue of promissory notes of the govenor and company of the Bank of England, payable on demand, shall be separated and thenceforth kept wholly distinct from the general banking business of the said govenor and company; and the business of and relating to such issue shall be thenceforth conducted and carried on by the said govenor and company in a separate department, to be called „the Issue Department of the Bank of England..."
> Bank Charter Act 1844[637]

Durch diesen Act wurde damit auch eine Separierung der Reserve geschaffen, nämlich in die *Currency-Reserve*, die aus Gold, das im Jahre 1844 etwa 28 Millionen Pfund betrug, und Wertpapieren – im Wert von 14 Millionen Pfund – bestehend beim Issue-Department[638] angesiedelt wurde und gegen ausgegebene Noten gehalten wird, und die *Banking-Reserve*, die in Krisenzeiten zur Befriedigung panikartiger Abzüge von Depositen helfen sollte und die der LOLR-Funktion dient.[639]

> „...the Bank of England keeps the sole banking reserve of the country. ...We speak not of the currency reserve, nut of the banking reserve – the reserve held against deposits and not the reserve against notes (i.e. currency reserve).
> ... whatever bank or banks keep the ultimate banking reserve of the country must lend that reserve most freely in time of apprehension, for that is one of the characteristic uses of the bank reserve, and the mode in which attains one of the main ends for which it is kept.

[633] Vgl. Spahn (2001), Seite79f.; Ziegler (1990), Seite 22.
[634] Vgl. Bank Charter Act (1844), Section 1.
[635] Vgl. Bank Charter Act (1844), Section 6.
[636] Vgl. Krämer (1930), Seite 3; Pohl (1993), Seite 189; Wendt (1948), Seite 26f.; Ziegler (1990), Seite 21ff.
[637] Bank Charter Act 1844, Section 1.
[638] Dementsprechend durften Noten im Wert von 42 Millionen zirkulieren; diese Deckung in 2/3 zu Edelmetallen sollte auch weiterhin aufrechterhalten werden. Vgl. Francis (1848a), Seite 168f.; Pohl (1993), Seite 190.
[639] Vgl. Bagehot (1873), Seite 24.

...the reserve in the Banking Department of the Bank of England is the banking reserve not only of the Bank of England, but of all London – and not only of all London, but of all England, Ireland, and Scotland too.
The ultimate banking reserve of a country (by whomsoever kept) is not kept out of show, but for certain purposes, and one of those purposes is the meeting a demand for cash caused by an alarm within the country."
Bagehot (1873)[640]

Diese Trennung der Verantwortlichkeitsbereiche spiegelt letztlich die Geisteshaltung der Currency-Schule wider, die eine strenge Trennung zwischen Noten und Kredit zog. Am Rande sollte aber erwähnt werden, dass sich die Currency-Schule nicht etwa wegen der Überzeugungskraft ihrer Argumente durchgesetzt hat, sondern vielmehr deshalb, weil ihr maßgeblicher Repräsentant, Lord Overstone, sehr gute Beziehungen zu Sir Robert Peel pflegte, Parteichef der Konservativen und seinerzeit britischer Premierminister.

Gleichzeitig half der Erlass der Bankakte, die Notenemission aller anderen Banken in England und Wales – also privater Aktienbanken und Countrybanken – außer der BoE zu reduzieren beziehungsweise zu eliminieren; so durften nur noch die Banken, die auch schon vor dem 6. Mai 1844 Noten emittierten, weiterhin Noten ausgeben; denjenigen Banken, die auf ihr Notenausgaberecht verzichteten, erlaubte die BoE, ihre (BoE-)Noten auszugeben – als Obergrenze galt der Wert ihrer bisherigen eigenen Zirkulation.[641] Dieses Verbot war der wichtigste Schritt in Richtung Notenemissionsmonopol der BoE.[642] Damit wurde sie zur einzigen Währungsbehörde des Vereinten Königreichs, da auch die schottischen Banken, die noch eigene Noten emittieren durften, ihre Noten mit Noten der BoE decken mussten. Des Weiteren wurde der maximale Wert aller ausgegebenen Noten einer Bank stark restringiert: Nach dem 10. Oktober 1844 durfte dieser Wert nicht mehr höher sein als die durchschnittlich 12 Wochen lang vor dem 27. April 1844 umlaufende Notenmenge.[643,644] Ebenso brachte die Peelsche Akte restriktivere Bestimmungen im Bezug auf Aktienbankgründungen mit sich, die erst im Jahre 1857 wieder gelockert wurden.[645]

Das Issue-Department blieb zwar ein Teil der BoE, wurde aber dem Wirkungsbereich ihrer Direktoren entzogen. Die Notenabteilung funktionierte aufgrund der strengen Regeln quasi automatisch: Der Grundanteil der umlaufenden Noten wurde bestimmt durch den festen Betrag einer alten Staatsschuld des Jahres 1844 in Höhe von rund 11 Millionen Pfund und anderen Sicherheiten in Form von Staatspapieren,

---

640 Bagehot (1873), Seite 103, 64, 31, 53.

641 Ein Wachstum der Geschäftsbanken war ab jetzt nur noch mittels der Ausdehnung von Einlagen möglich; die Peelsche Akte führte zu einer Umorientierung weg von der Notenzirkulation hin zu Depositen. Vgl. Tilly (2003), Seite 66.

642 Vgl. Francis (1848a), Seite 165ff.

643 Wenn eine Privatnotenbank ihr Ausgaberecht verlor (meist aufgrund einer Fusion mit einer Londoner Bank), konnte die BoE beantragen, 2/3 des gesetzlich möglichen Notenumlaufs eben dieser Privatbank ihrem eigenen fiduzitären Kontingent hinzu zuschlagen. Vgl. Schumpeter (1965), Seite 848ff.; Wendt (1948), Seite 28.

644 Vgl. Francis (1848a), Seite 170f.

645 Vgl. O'Brien (1996), Seite 153; Tilly (2003), Seite 66.

deren Höhe bei rund 3 Millionen Pfund lag.[646] Über diese fiduzitäre Notenmenge hinaus war es dem Issue-Department nur gegen eine entsprechende Aufschatzung von Edelmetall, also Gold- und Silberreserven[647] (marginale Deckungsquote 100%) erlaubt, Noten auszugeben, was natürlich auch gegenüber dem Banking-Department Gültigkeit hatte. Anders gesagt: Es war eine Notenzirkulation zugelassen, die um 14 Millionen Pfund höher war als die Goldreserve des Issue-Departments. Ohne Aufschatzung einer genügend großen Goldreserve wäre es aber auch nicht möglich, im Bedarfsfall als LOLR zu agieren.[648]

Der Sinn dieses engen Regulierungskorsetts, welches von der Currency-Schule propagiert wurde, in dem internationale Edelmetallbewegungen unmittelbaren Einfluss auf die heimische Geldmenge ausübten, lag darin, mittels automatischer Anpassungskräfte im Sinne des *Geldmengen-Preis-Mechanismus* eine Art Selbststabilisierung des Systems zu gewährleisten.[649,650]

Doch muss festgehalten werden, dass die Erweiterung des Notenumlaufs mit erheblichen Kosten – im Sinne einer Goldaufschatzung – verbunden war; wenn nun Banknoten das wichtigste Zahlungsmittel geblieben wären, wäre durch eine solch starre Regulierung die Entwicklung der wirtschaftlichen Leistungsfähigkeit gehemmt worden. Doch wurden die Regulierungen durch eine Reihe von Finanzinnovationen umgangen, und der bargeldlose Zahlungsverkehr trat seinen Siegeszug an, weswegen die bedeutende Stellung von Wechsel und später Scheck nicht überraschend ist.[651] Förderlich für diese Entwicklung war unter anderem, dass es nach 1838 möglich war, Joint-Stock-Banken zu gründen mit einer auf das Geschäftskapital beschränkten Haftung, welche niedriger als bisher war, die sich als *Depositenbanken* betätigten.[652]

Allerdings ist es nicht verwunderlich, dass die Konvertibilität allein nicht ausreichte, um Finanzstabilität zu gewährleisten, denn es wurde außer Acht gelassen, dass es ja außer der BoE noch eine Unmenge von anderen, ihre eigene Noten emittierende Banken gab.[653]

Das Banking-Department – gegründet als ganz normale Depositenbank – konnte – im Gegensatz zum Issue-Department, welches nun einer strengen Regelbindung unterworfen war – völlig uneingeschränkt seinen Kreditgeschäften wie eine normale Privatbank nachgehen; es hatte ja keinerlei volkswirtschaftliche Verantwortung zu tra-

---

[646] Diese Grundmenge an Noten war quasi zufällig bestimmt; sie kam zustande, da im Jahre 1844 das Volumen an Staatskrediten eben zufällig 14 Millionen Pfund betrug. Vgl. Elgie, Thompson (1998), Seite 39; Ziegler (1990), Seite 22.

[647] Mindestens ¾ der Edelmetallreserve sollte Gold sein.

[648] Vgl. Bagehot (1873), Seite 23ff.; Collins (1988), Seite 172ff.; Krämer (1930), Seite 3f.; Spahn (2001), Seite 80; Ziegler (1990), Seite 22.

[649] Vgl. Krämer (1930), Seite 4f.; Stadermann (1994), Seite 76; Wendt (1948), Seite 26.

[650] Wenn diese notwendige Reduzierung der Geldbasis beziehungsweise der Notenemission nicht stattfinde, also die BoE weiterhin oder gar vermehrt Noten ausgebe – wie sie es in den Krisenjahren 1825/26, 1837 und 1839 getan hat –, würde der Goldabfluss weiter anhalten, so die Argumentation.

[651] Vgl. Wendt (1948), Seite 43f.

[652] Vgl. Collins (1995), Seite 47ff.

[653] Vgl. Davies (2002), Seite 311.

gen.[654] Dies tat es zunächst auch, indem es nach wie vor in Konkurrenz zu den anderen Londoner Geschäftsbanken den üblichen Aktivitäten einer Kreditanstalt nachging.[655] So gehörte unter anderem die Verwaltung der Konten der Regierung, die Durchführung von Überweisungen, die Hereinnahme von Einlagen, Scheckeinlösungen, Darlehensvergabe und Wechseldiskontierung zu seinem Aufgabenbereich.[656] Seine Reserve bestand aus Noten, aufgebaut vorwiegend durch den Wertpapierverkauf am offenen Markt sowie die Attrahierung von ausländischen Einlagen, welche sie aus Finanzierungszwecken dem Issue-Department anboten.[657]

Allerdings hatte man mit Inkrafttreten von Peel's Act keineswegs ein funktionierendes zweistufiges Banksystem geschaffen;[658] vielmehr sah sich die BoE nun frei von der Wahrnehmung der Aufgaben des LOLR, denn die Währungspolitik schien ja nun automatisch zu funktionieren – sie war ja nun gesetzlich geregelt –,und dem Issue-Department waren somit ja auch die Hände gebunden; andererseits wurde diese stabilitätspolitisch wichtige Aufgabe aber auch nicht vom Banking-Department wahrgenommen, da es der Auffassung war, dass das Issue-Department sich – wie es auch in der Peelschen Akte verankert war – um die gesamtwirtschaftlichen Belange zu kümmern habe; es fühlte sich zum Kredit- und Diskontgeschäft hingezogen und strebte vielmehr nach Gewinnen als nach Liquiditätssicherung des Bankensystems.

Die Liquidität der Banking-Abteilung wurde entweder durch den Abzug von Gold aus dem Issue-Department bedroht, denn ein Goldabzug[659] bei der Issue-

---

[654] Allerdings unterschied sich das Banking-Department gegenüber anderen Geschäftsbanken gewaltig: Sein Aktienkapital und seine Liquiditätsreserve war deutlich höher als bei anderen Geschäftsbanken, außerdem verzinste es eingelegte Depositen im Gegensatz zu den anderen Depositenbanken nicht. Vgl. Collins (1988), Seite 44; Ziegler (1990), Seite 24.

[655] Schon am 2.9.1844 senkte die BoE den Diskontsatz von 4% auf 2,5 % ab, der Geldmarktzins lag zu dieser Zeit bei rund 2%. Mit dieser Maßnahme meldete sich die Bank am Geldmarkt zurück und trat in direkten Wettbewerb mit den Diskonthäusern und Depositenbanken. Ihr Kreditgeschäft stieg bis November selbigen Jahres trotz schlechter konjunktureller Lage um exorbitante 1000% an. Da das Depositengeschäft der BoE in London nur schleppend lief, was ja auch nicht verwunderlich war, da sie die eingelegten Depositen nicht verzinste, eröffnete sie im Jahre 1855 eine Filiale – die „Western Branch" – in London selbst (auf dem Land hatte sie bereits Filialen) in einem Gebiet – nämlich dem Londoner West End –, wo sie mutmaßte, dass die Klientel trotz ausbleibender Verzinsung bereit wäre, Einlagen zu tätigen, was sich auch als ganz erfolgreich herausstellte. Dies sollte nicht die einzige Filiale in London bleiben. All ihre Filialen auf dem Land waren vor Inkrafttreten der Peelschen Akte gegründet worden (erst seit 1826 war dies zulässig), allein mit dem Ziel, dass die Noten der BoE gegenüber den Noten der Countrybanken die Oberhand gewinnen. Denjenigen Provinzbanken, die ihre eigene Notenemission gänzlich aufgaben, gewährte sie einen Vorzugszins für die Rediskontierung von Wechseln. Durch die Regelungen von Peel's Act in Richtung Notenmonopol der BoE brauchte sie sich nach 1844 dahingehend nicht mehr engagieren, weswegen die Bedeutung dieser Filialen nun untergeordnet war. Jetzt konzentrierten sich ihre Bestrebungen darauf, in Konkurrenz zu anderen Geschäftsbanken zu treten. Vgl. Wolter (1917), Seite 14; Ziegler (1990), Seite 82f., 97ff.

[656] Vgl. Collins (1988), Seite 173; Ziegler (1990), Seite 22ff.

[657] Vgl. Spahn (2001), Seite 80f.

[658] Stadermann vertritt hier eine andere Meinung; er sieht bereits mit der Etablierung der Diskonthäuser die Herausbildung eines solchen zweistufigen Bankensystems. Vgl. Stadermann (1994), u.a. Seite 72.

[659] Das Issue-Department war verpflichtet, die Noten der BoE in Gold umzutauschen. Vgl. Krämer (1930), Seite 9f.

Abteilung bedingte eine entsprechende Reduzierung der Ressourcen bei der Banking-Abteilung; oder sie wurde durch eine erhöhte Kreditnachfrage gefährdet, die die (Bar-)Reserve der Banking-Abteilung schmelzen ließ. In beiden Fällen half eine Erhöhung des Leitzinses, um einerseits den Goldabfluss aus dem Issue-Department zu stoppen und andererseits die Kreditnachfrage zurückzudrängen. Sie handelte im Prinzip nicht anders als andere Geschäftsbanken oder Diskonthäuser, die einem Abzug ihrer Ressourcen (Depositen) durch eine Zinserhöhung entgegenwirkten; durch eine Erhöhung der Einlagenzinsen sollten die Depositen gesichert werden und durch eine Steigerung des Kreditzinses die Kreditnachfrage restringiert werden.[660] Der Act von 1844 hatte zwar das monetäre Problem, also das Problem der Notenausgabe gelöst – wenngleich der Ausdruck „gelöst“ den Sachverhalt nur minder reflektiert; es wäre wohl eher angemessen zu sagen „einer starren Regulierung unterworfen“. Das bankseitige Problem blieb: Durch das Vorhandensein einer zentralen Reservestätte, nämlich der BoE, ist es den anderen Finanzakteuren möglich, mit einem Minimum an Eigenreserve zu arbeiten. Letztendlich verließen sich alle (Finanz-)Akteure im Falle eines Liquiditätsengpasses auf die BoE, genauer gesagt auf das Banking-Department. Denn von nun an war dieses für die Diskontierung zuständig. Da aber die Väter der Reform von 1844 das Banking-Department als ganz normale Geschäftsbank konzipiert hatten, war die Folge eine Unterkapitalisierung, so dass es somit im Bedarfsfall nicht über eine genügend große Reserve verfügte, um als LOLR tätig zu werden. Die Aura der Illiquidität des gesamten Bankensystems kann dazu führen, dass allein aus einer (harmlosen) angespannten Liquiditätslage der Banken eine Alarmstimmung entsteht, die letztlich in einem Run und schließlich einer Krise mündet, da ja das Banking-Department nicht über ausreichend Reserven verfügt.[661]

Somit hatten – um es noch einmal zu betonen – die geldpolitischen Reformer entgegen ihren wohl gut gemeinten Absichten eben keine *Zentralbank* geschaffen, die in der Lage gewesen wäre, LOLR-Aufgaben wahrzunehmen – dazu war der im Bank Charter Act von 1844 realisierte diskretionäre Spielraum einfach zu eng –, sondern vielmehr bereits vorhandene Ansätze eines Zentralbankverhaltens bis auf weiteres beseitigt.[662] Dies kann auch die Äußerung des BoE-Direktors und Parlamentsabgeordneten Hankey, der sich mit Bagehot in deutlichem Disput über die Frage der LOLR-Funktion der BoE befand, unterstreichen:

> „Let everyone invest his own money as he pleases; let every one trade on what capital he pleases, borrow money at what rate and on what security he pleases; but the trading community must be taught … that no such establishment as the Bank of England can provide ready money beyond a certain clearly established limit, and that limit is the money left in their hands by their depositors … The mercantile and banking community … must learn that the Bank of England cannot by any expedient be made to supply that ready money beyond what, under the ordinary good management of a deposit bank, it can retain in reserve."
> Hankey (1867)[663]

[660] Vgl. Ziegler (1990), Seite 117.
[661] Vgl. De Boyer des Roches, Rosales (2003), Seite 13f.
[662] Vgl. O'Brien (2003), Seite 13; Spahn (2001), Seite 81f.
[663] Vgl. Hankey (1867), Seite 20f.

Zwar war es das Hauptanliegen der getroffenen Regulierungen, die konjunkturellen Schwankungen zu minimieren, doch war der Beitrag des Peelschen Acts daran eher dürftig. Depositenbanken als Träger des *bargeldlosen Zahlungsverkehrs* waren es eigentlich, die dem Kreditsystem seine Elastizität verliehen, um den ökonomischen Anforderungen gerecht zu werden. Die Depositenbanken selbst vertrauten auf die Leistungsfähigkeit der BoE im Krisenfall, die – wie sie absurderweise hofften – den Geldmarkt dann stützen sollte. Diese Hoffnung begründete sich allerdings mehr auf das allseits genossene Ansehen der BoE als auf ihre Leistungsfähigkeit per Gesetzeskraft.

Tatsächlich war das Regelgebilde so eng, dass es bereits im Jahre 1847 zeitweise außer Kraft gesetzt wurde;[664] die Ursache hierfür war eine Liquiditätskrise; diese bedarf einer näheren Erläuterung: Wie schon in den 1830er Jahren war der Hype um Eisenbahnaktien eine Ursache für die Krisenjahre 1847/48. Die Spekulation auf die Eisenbahnaktien funktionierte nach bekanntem Muster; d.h., abermals wird sich das Emissionssystem als Grund für die nachfolgende Krise entpuppen, denn die – meist finanziell begrenzten (Klein-)Anleger rechneten mit einem steilen Anstieg der Kurse; die Krux dabei war, dass die Anleger bei den Emissionen nur einen Teil des Emissionspreises bezahlen mussten, während der Rest durch Nachzahlungen in gewissen Abständen erfolgen sollte. Bevor die nächste Nachzahlung fällig war, konnte der Anleger sein Papier mit (Kurs-)Gewinn – den er ja einkalkuliert hat – abstoßen. Ab Ende 1846 nahmen aber die Nachzahlungsforderungen der Eisenbahngesellschaften immer mehr zu, da sie für ihre Investitionsvorhaben weitere Gelder benötigten. Die Kurse der Eisenbahnaktien stiegen langsamer, so dass die „Rechnung" der Anleger nicht aufging. Geldknappheit machte sich breit.[665] Daneben war die zweite schwerwiegende Ursache der Krise dieser Jahre die Ernten der Jahre 1845 und 1846, die sehr dürftig ausfielen und zum Teil Hungersnöte auslösten. Daher wurden die bis dato gültigen Korngesetze,[666] die die Getreideeinfuhr nach England einschränkten, 1846 aufgehoben. Ein solcher Getreideimport war dann aufgrund der Missernten auch dringend erforderlich, bedingte aber ein Leistungsbilanzdefizit. Die Getreideknappheit rief Spekulanten auf den Plan, die in Weizen spekulierten. Verschärft wurde diese Spekulation von Anlegern, die sich mit ihren Eisenbahnaktien verkalkuliert hatten und nun – um ihre Fehlinvestition im Eisenbahnbereich wieder zumindest zum Teil wettmachen zu können – in Weizen spekulierten. Diese Spekulation erreichte im Mai 1847 ihren Höhepunkt. Dann wendete sich das Blatt jedoch schlagartig, denn die Ernten im Jahre 1847 waren unerwartet ertragreich, was zu einem Getreidepreisverfall führte, welcher durch die neuerlichen Importmöglichkeiten nur noch verstärkt wurde. Spekulanten, die nicht rechtzeitig abgesprungen waren, blieb nichts als ein unermesslicher Schuldenberg; Unternehmen, die im Getreidehandel agierten, kamen zuneh-

[664] Für Kritiker des 1844-Act wie Tooke war die Ursache der Krise offenkundig: Die Schwächung der „Macht" der BoE durch die Aufgliederung in zwei Abteilungen. Vgl. Rieter (1971), Seite 147ff.

[665] Vgl. Francis (1848a), Seite 196ff.; Kindleberger (1984), Seite 221f.

[666] Diese Korngesetze restringierten seit 1815 den Getreideimport nach England und wurden erst wieder 1846 aufgrund verheerender Missernten der Jahre 1845/46 wieder aufgehoben, was einen Triumph für die Anti-Corn Law League bedeutete. Parteipolitisch hatte sich damit die liberale Partei der Whigs gegen die konservativen Tories durchgesetzt. Vgl. Marx, Engels (1972), Seite 585-590.

mend wegen der sinkenden Getreidepreise unter Druck; Firmen, die auf Getreide Darlehen vergaben, mussten Verluste hinnehmen. So fallierte eine große Bank in Liverpool, wodurch dann Wechselmakler in London in Konkurs gerieten, und somit eine allgemeine Panik ausbrach, in der die Banker Einlagen von der BoE (vom Banking-Department) abzogen, Darlehen zurückforderten und die Zinsen anhoben, was letztlich die Angst schürte, der BoE könnten die Noten ausgehen. Nachdem die BoE im Frühjahr die Zinsen zu zahm (ca. 5%) erhöht hatte, was sicherlich nicht dienlich war, einen panikartigen Run zu verhindern, erhob sie den Diskontsatz im Herbst desselben Jahres auf über 8%; da zugleich die Peelsche Akte wieder außer Kraft gesetzt wurde, beruhigte sich die Lage bis zum Dezember 1847 wieder langsam, allerdings waren bis dahin in Großbritannien einige Institutionen Pleite gegangen; dagegen erreichte die Konkurswelle das europäische Festland erst im Frühjahr 1848, was durch die internationale wirtschaftliche Verflechtung Großbritanniens mit dem Festland bedingt war.[667]

An dieser Stelle zeigte sich die Paradoxie des 1844 geschaffenen Regelwerkes: Da ja die Noten der BoE bereits 1833 zum gesetzlichen Zahlungsmittel[668] avancierten und ihre Konvertibilität als sicher angesehen wurde, ist es kaum verwunderlich, dass sich in Krisensituationen die Liquiditätspräferenz der Wirtschaftssubjekte nun weniger auf das Gold als vielmehr auf die Noten der BoE selbst richtete. Dabei muss konstatiert werden, dass die Konvertibilität der Noten in keiner Weise die Konvertibilität des Buchgeldes garantiert. So war es möglich, dass das Banking-Department aufgrund mangelnder eigener Reserven keine weiteren Noten mehr ausbezahlen konnte, während das Issue-Department über genügend Gold verfügte. Die Vertreter der Currency-Schule, wie Lord Overstone, wiesen hierbei einen Zusammenhang mit dem Akt von 1844 für die Krise vehement zurück, während andere hierzu eine etwas differenzierte Ansicht vertraten, wie Tooke, der die Krise von 1847 – wie auch Spätere – auf die Separierung der BoE zurückführte, oder wie Palmer, der in der (temporären) Aufhebung des Acts eine Nichtanerkennung desselben sah und diesen ablehnte, da er die Möglichkeiten der BoE als Geldgeber der letzten Instanz untergrabe.[669,670]

Die Regierung erteilte an die BoE einen Freibrief; so sollte es ihr möglich sein, Banknoten temporär über das fiduzitäre Kontingent hinaus zu emittieren bei gleichzeitiger Anhebung des Diskontsatzes; in diesem Sinne erhob sie „Strafzinsen" in Höhe von acht Prozent und verzichtete auf eine Kreditrationierung; der Vorteil höherer Zinsen gegenüber einer Kreditrationierung liegt darin, dass gesunde Institutionen und andere Kunden weiterhin gegen gute Sicherheiten – nur eben zu einem höheren Zinssatz – Darlehen bekommen konnten und nicht unter der Rationierung leiden mussten,

---

[667] Vgl. Redish (2001), Seite 6ff.; Stadermann (1994), Seite 87.

[668] Sie waren jetzt nicht mehr nur für England und Wales, sondern auch für Schottland gesetzliches Zahlungsmittel. Vgl. Stadermann (1994), Seite 67.

[669] Umgekehrt verringerte sich bei einem Goldabfluss gemäß dem Bankgesetz von 1844 die Notenreserve beim Banking Department entsprechend, woraufhin die Banking Abteilung zu einer Kreditverknappung überging. Die Gefahr dieser an sich zu Stabilisierungszwecken gedachten Notenverknappung lag in ihrer prozyklischen Wirkung.

[670] Vgl. O'Brien (2003), Seite 10ff.; Spahn (2001), Seite 82f.

während gleichzeitig die Darlehenswünsche zurückgehen. Der BoE war es also möglich, in dieser Situation die Funktion als LOLR wahrzunehmen.[671]

> „... and so intense was the alarm, that the executive Government issued a letter of licence, permitting the Bank, if necessary, to break the new law, and, if necessary, to borrow from the currency reserve, which was full, in aid of the banking reserve, which was empty."
> Bagehot (1873)[672]

Die Notenausgabe selbst musste aber erst gar nicht erhöht werden, denn die bloße *Ankündigung* reichte aus, um den Markt zu beruhigen und den Zahlungsverkehr zu normalisieren.[673] Dennoch prangern Kritiker immer wieder an, dass die Zinserhöhung zu spät und zu schwach gewesen sei; das Banking-Department hätte nicht mehr genug Reserven gehabt, um als Geldgeber der letzten Instanz zu agieren, was es ja – glücklicherweise – dann auch nicht zu tun musste, da die reine Ankündigung die Wogen glättete.[674]

> "This duty, up to about the year 1860, the Bank of England did not perform at all, as I shall show farther on. A more miserable history can hardly be found than that of the attempts of the Bank – if indeed they can be called attempts – to keep a reserve and to manage a foreign drain between the year 1819 (when cash payments were resumed by the Bank, and when our modern Money Market may be said to begin) and the year 1857. The panic of that year for the first time taught the Bank directors wisdom, and converted them to sound principles."
> Bagehot (1873)[675]

Da die reine Ankündigung offensichtlich auszureichen schien, entschloss sich, wie im Weiteren gezeigt wird, die Regierung, der BoE in den nächsten Krisen 1857 und 1866 ebenfalls diese Bewegungsfreiheit zuzugestehen – genutzt wurde sie nur 1857.[676]

> „Till 1857, there was an unusual calm in the money market, but in the autumn of that year the Bank directors let the banking reserve, which even in October was far too small, fall... And then a letter of licence like that of 1847 was not only issued, but used. „The ministry of the day authorised the Bank to borrow from the currency reserve in aid of the banking reserve, and the Bank of England did so borrow several hundred pounds till the end of the month November."
> Bagehot (1873)[677]

Die im Jahre 1857 ausgebrochene Finanzkrise wurde aus den USA importiert: Schon kurz nach den Krisenjahren 1847/48 kam es in den USA – wie in anderen Ländern auch – zu einem raschen Aufschwung. Die USA lieferten in weite Teile der Welt Weizen, verstärkt seit 1853, als Russland als Weizenexporteur infolge des Krimkrieges ausfiel. Nach Endes des Krieges, als sich die Russen mit billigem Weizen zu-

---

[671] Vgl. O'Brien (2003), Seite 13f.
[672] Bagehot (1873), Seite 179.
[673] Bislang gehortete Noten fanden dann plötzlich ihren Weg zurück in die Zirkulation, aber eben erst nach der Ankündigung.
[674] Vgl. Schefold (2002), Seite 210.
[675] Bagehot (1873), Seite 46f.
[676] Die Bank musste 1857 tatsächlich Noten drucken und zwar in Höhe von 2 Millionen Pfund; sie gab davon aber nur 928.000 Pfund aus. Vgl. Collins (1988), Seite 181; Davies (2002), Seite 317f.
[677] Vgl. Bagehot (1873), Seite 179f.

rückmeldeten, machte sich in den USA ein großer Überhang an Weizen spürbar; jetzt rächte sich auch die große Importtätigkeit der USA, da nun mit dem eingeschränkten Weizenexport eine Schieflage in der Zahlungsbilanz auftrat, und Gold abfloss; zudem hatten Spekulationen über die Jahre zugenommen wie zum Beispiel in Eisenbahnstrecken. Im Sommer 1857 meldete das erste Finanzinstitut in den USA Konkurs an. Es entstand eine Panik, die Menschen wollten ihre Wertpapiere loswerden. Infolge des Crashs zogen auch britische Kaufleute und Banken ihr Geld aus den Vereinigten Staaten ab.

Bis zu diesem Zeitpunkt ging es in Europa kontinuierlich aufwärts. Eine neuerliche Euphorie an den Börsen machte sich breit; diese wurde durch den Eintritt Frankreichs und Großbritanniens in den Krimkrieg am 28. März 1854 nur kurz getrübt. Als die westlichen Mächte 1855 in diesem Krieg zunehmend eine Vormachtstellung errungen hatten, wirkte dies eher stimulierend auf die Spekulationsgier der Wirtschaftssubjekte. Doch durch die Entwicklungen in den USA kippte die Stimmung in Europa, die Aktienblasen drohten zu platzen. Als Erstes war das britische Empire betroffen. Dies hing mit ausgedehnten internationalen Darlehen auf der Grundlage britischer Handelswechsel zusammen. Unternehmen wie Banken erwarteten Zahlungen aus New York, welche aber nicht flossen. Durch Zusammenbrüche im Ausland wurden diese Wechsel notleidend, wodurch Wechselhändler und Banken in Britannien fallierten. Die Bevölkerung rannte den Banken in den Großstädten die Türen ein. Die BoE durfte die Peelsche Akte außer Kraft setzen und hob den Zins zu spät und (etwas zu hoch) auf 6% - 8%[678] an. Dennoch mussten zahlreiche Banken und Diskonthäuser ihre Tore schließen.[679,680] Und wieder wiesen – wie in der Krise 1847 – Lord Overstone und die Currency-Anhänger die Schuld des Acts an der Krise zurück; sie unterbanden auch die Verkündung, dass eine LOLR-Hilfe abermals möglich wäre, womit Lord Overstone der Gefahr des Moral Hazard vorbeugen wollte.[681]

Sowohl der Krise in den 20er, als auch der in den 30er, der in den 40er und der in den 50er Jahren war also gemeinsam, dass jedes Mal die Goldeinlöseverpflichtung zeitweise außer Kraft gesetzt wurde. Allerdings unterschied sich die Krise der 50er Jahre von den anderen dahingehend, dass die Goldeinlöseverpflichtung erst aufgehoben wurde, nachdem die erhöhten Zinsen den Goldabstrom in einen Goldzustrom umgekehrt hatten, so dass letztlich die Konvertibilität nicht tangiert war.[682]

Eine Konsequenz aus der Krise von 1857 bestand darin, den Diskonthäusern/Wechselhändlern und Provinzbanken, von denen bekannt war, dass sie den Marktteilnehmern relativ einfach Geld zur Verfügung stellten, im März 1858 das Recht zu entziehen, ihre Wechsel der BoE zum Diskont vorzulegen. Diese Maßnahme sollte der Instabilität des ständig gewachsenen Diskontmarktes mit seinem ausufernden Abusus des Wechselgeschäfts Herr werden; denn der durch diese Kreditpraxis

---

678 Hinsichtlich des Diskontsatzes besteht in der Literatur zuweilen Uneinigkeit; so schreibt Wendt (1948), Seite 36 von 12%.

679 Nachdem im selben Jahr die City Bank von Glasgow ihre Zahlungen einstellte, stieg der Zins gar auf 10%.

680 Vgl. Stadermann (1994), Seite 87; Tilly (2003), Seite 81.

681 Vgl. O'Brien (2003), Seite 15.

682 Vgl. Schefold (2002), Seite 216.

hervorgerufene spekulative Boom hat nicht nur die Krise von 1857 besonders geprägt, sondern auch die der Jahre 1837 und 1847, worunter die Reserven der BoE jeweils stark gelitten haben. Letztendlich haben mit der Aufhebung dieser Rechte die Diskonthäuser ihr automatisches Last Resort-Privileg verloren.[683,684]

Dadurch, dass die BoE eine große Menge an Krediten zu hohen Zinsen zur Verfügung stellte, aber auch dass sie den Diskonthäusern die Rediskontierungsmöglichkeit nahm, wurde sie ihrer Verantwortung als LOLR gerecht; gleichwohl kann man ihr vorwerfen, dass sie zuvor dieser Rolle mehr als nicht gerecht wurde, denn es war sie selbst, die sich in den frühen 1850er Jahren an dem expandierenden Wechselgeschäft beteiligt hat und in Konkurrenz zu anderen Banken und Wechselhändlern getreten ist.[685]

Das zu dieser Zeit bedeutendste Diskonthaus Overend and Gurney, welches in den 1850er Jahren selbst Kredite an notleidende Häuser vergab und gleichzeitig der größte Konkurrent der BoE war, war natürlich von dieser Entwicklung der Beschneidung der Rediskontierungsmöglichkeiten besonders betroffen.[686]

Ein beliebtes Mittel, das nötige Grundkapital aufzubringen, war die Gründung einer Aktiengesellschaft.[687] Derartige Aktienbankgründungen konnten erst wieder ab 1857 leichter vollzogen werden. Mitte 1865 nahm auch Overend and Gurney, nachdem sie ja nun nicht mehr ihre Wechsel der BoE vorlegen konnte, um sich Liquidität zu verschaffen, den Börsengang vor. Ihre Aktien fanden zunächst reißenden Absatz. Sie finanzierte sich zum großen Teil über kurzfristige Einlagen und der Vergabe von Krediten auf Wechsel. Doch war das Bankhaus bereits zu dieser Zeit in Gefahr, denn es prüfte die Bonität der bei ihm eingereichten Wechsel kaum, nicht zuletzt, weil es teilweise 8 bis 10 Millionen Wechsel gleichzeitig in Händen hielt. Andererseits vergab es Darlehen an hochspekulative Unternehmen, deren Sicherheiten Aktien und Wertpapiere darstellten. So waren hoch riskante und gar faule Kredite keine Seltenheit. Die Kredite, die Overend and Gurney vergeben hatte, gerieten selbst in Not, als Aktiengesellschaften, mit denen sie stark verbunden war, fallierten. Daneben belasteten zahlreiche Fehlspekulationen die Bilanz des Unternehmens.[688] Die Anleger entzogen dem Markt infolge von Gerüchten durch ihre erhöhten Bargeld- und Goldwünsche Liquidität, die unter anderem vom Ende des amerikanischen Bürgerkriegs und einer latenten Kriegsgefahr auf dem Kontinent[689] herrührten. Die unsichere Entwicklung auf dem Geldmarkt führte dazu, dass das britische Parlament Peel`s Akt zeitweise außer Kraft setzte. Die durch gewaltige Geldabzüge resultierende Zinserhöhung der BoE zum Schutze der Reserven führte dazu, dass die Kosten für Overend and Gurney

683 So konnten die Diskonthäuser beziehungsweise Bill Broker nur noch Lombardkredite zur Refinanzierung in Anspruch nehmen. Die Wiederzulassung von Diskonthäusern im Jahre 1890 führte erst wieder zu einer Annäherung Selbiger zu der BoE und stellte den Beginn einer engen, geradezu durch persönliche Kontakte geprägten Zusammenarbeit dar. Vgl. Ziegler (1990), Seite 16 und 85.

684 Vgl. Collins (1988), Seite 182; O`Brien (2003), Seite 16.

685 Vgl. Tilly (2003), Seite 81.

686 Vgl. Bagehot (1873), Seite 18f., 183.

687 Vgl. Anderson, Cottrell (1975), Seite 598.

688 Vgl. Bagehot (1873), Seite 174ff.; Schwartz (1987), Seite 13.

689 Zum einen rivalisierten Preußen und Österreich um die Führung im Deutschen Bund, zum anderen stritten Preußen und Dänemark um Schleswig.

nicht mehr tragbar waren, allerdings schloss sie sich dem Anstieg der Marktzinsen infolge des Booms nach dem amerikanischen Bürgerkrieg nicht an und diskontierte folglich zu großzügig, wodurch ihre Reserven schmolzen. Den endgültigen Ausschlag zum Fallieren brachte dann die Anhebung des Zinssatzes auf 10%.[690] Der Zusammenbruch des Bankunternehmens Overend and Gurney (Mai 1866) zog weitere Unternehmen mit in den Strudel, indem deren Kurse nach Verbreitung der Overend-Pleite schlagartig abstürzten. Der Zusammenbruch von Overend and Gurney und die damit verbundene Finanzkrise 1866 wurde von der BoE in Erkenntnis deren finanzieller Lage hingenommen und sie versagte Overend and Gurney die Unterstützung wegen vermeintlich schlechter Sicherheiten, also wegen Insolvenz.[691] Gleichwohl agierte sie – nachdem die Regierung auch diesmal wieder einen Freibrief erteilt hatte – für den Rest des Finanzsystems als LOLR.[692]

Offensichtlich unterschied die BoE jetzt schon sehr genau zwischen dem Zustand der bloßen Illiquidität und der Insolvenz, wie von Bagehot später postuliert wird. Das sich daraus ergebende Problem ist nicht die Verhinderung der *Ansteckung* von solventen, liquiden Banken durch Zusammenbrüche insolventer, illiquider, sondern vielmehr Vermeidung der Übertragung auf solvente, aber illiquide Banken.[693]

Gerade die Ursache des Zusammenbruchs von Overend and Gurney nahm Bagehot als Anlass, den Finanzmarkt genauer zu untersuchen, auch im Hinblick darauf, wie sicher dieser ist.[694]

So gemein es allen drei Krisen ist, dass die Regierung jedes Mal der BoE (also dem Banking-Department) in einem (Frei-)Brief genehmigte, das fiduzitäre Kontingent zu überschreiten, so unterschiedlich ist das Verhalten der Bank in den Krisen. Handelte die Bank 1847 beziehungsweise 1857 zunächst noch so wie in der Krise 1825, indem sie ihre Kreditaktivitäten reduzierte und ihr Verhalten erst revidierte, als sie den Brief der Regierung erhielt, und daraufhin freizügiger Darlehen bei gestiegenem Zins vergab, so startete sie 1866 ihre Darlehensvergabe wesentlich schneller.[695] Unzweifelhaft war das Banking-Department in keiner dieser drei Krisen insolvent; ihm fehlte lediglich die kurzfristige Liquidität.[696] Dennoch sollte erwähnt werden, dass durch derartige Freibriefe letztendlich die Regierung als eigentlicher Geldgeber der letzten Instanz agierte.

Wäre nicht – wie in der Peelschen Akte festgeschrieben – der BoE eine Mengensteuerung aufoktroyiert worden, sondern hätte sie in den Krisen der 40er, 50er und teilweise auch 60er Jahre eine Preissteuerung über den Diskontsatz betrieben und wei-

---

690 Vgl. Collins (1988), Seite 188f.; Stadermann (1994), Seite 86.

691 Es gibt aber auch noch eine von schlechten Sicherheiten abweichende Begründung: Wie erwähnt war Overend and Gurney die schärfste Konkurrentin der BoE gewesen und hatte 1860 versucht, die BoE in Schwierigkeiten zu bringen. Damit liegt es Nahe, dass die BoE – die diesen Vorfall sicherlich nicht vergessen hat – die jetzige Notsituation von Overend and Gurney nur zu gerne nutzte, um ihr eine Replik zu erteilen. Vgl. De Cecco (1974), Seite 81.

692 Vgl. Davies (2002), Seite 340ff.; O'Brien (2003), Seite 16; Roberts, Kynaston (1995), Seite 157ff.; Tilly (2003), Seite 81f.

693 Vgl. De Boyer des Roches, Rosales (2003), Seite 7.

694 Vgl. Bagehot (1873), Seite 19.

695 Vgl. Redish (2001), Seite 8f.; Ziegler (1990), Seite 118f.

696 Vgl. Bagehot (1873), Seite 39f.

terhin Wechsel zu einem Zins oberhalb des Marktzinses rediskontiert anstatt den Diskontsatz (zunächst) auf zu niedrigem Niveau zu lassen und die Notenmenge zu restringieren, wären die Krisen dieser Jahre weniger schwer oder vielleicht vermeidbar gewesen. Ganz nebenbei hätte eine solche Politik auch zu einer besseren Allokation der Ressourcen beigetragen, so dass eben nur noch profitable Investitionen finanzier- und damit durchführbar gewesen wären; mittels einer Steuerung über den Preis können solvente Firmen weiterhin bei der Zentralbank Liquidität erhalten – nur eben zu einem höheren Preis, also Zins; es lässt sich die „Spreu vom Weizen“ trennen. Stattdessen erzwang die BoE über massive Rediskontierungen sinkende Marktzinsen, weshalb unprofitable Investitionen angeregt wurden.[697] Umgekehrt konnte der Markt die Zeichen sich ändernder Bedingungen im Geldmarkt nicht etwa über einen nach und nach anziehenden Zins erahnen, allenfalls der Drang nach dem Gold der Bank konnte als Signal gedeutet werden. Und dann erst stieg der Zins an und zwar erheblich, weshalb dann unrentable Investitionen fallierten und gute unterblieben. Der zu geringe Marktzins (als Folge zügelloser Rediskontierung) sowie der Goldabzug können durchaus als Beweis eines zu tief angesiedelten Diskontsatzes gelten. Dennoch sollte erwähnt werden, dass die Zinssteuerung in der Krise 1866 schon ganz gut funktionierte. Dass die BoE ab dann in der Folgezeit, also Ende des 19. Jahrhunderts erfolgreich operierte, kann man daran festmachen, dass sie sich nun bei der Festschreibung ihrer Rediskontsätze am Marktzins orientierte und eine Unterschreitung desselben vermied.[698]

3.4. Walter Bagehots Beitrag

In seinem Werk befasst sich Walter Bagehot, selbst Banker und aus einer Bankiersfamilie stammend, mit der Entstehung und den Gefahren eines fractional reserve banking-Systems, in dem Depositen eine zentrale Rolle einnehmen und die Reserve zentral an einer einzigen Reservestätte gehalten wird. In *Lombard Street* beschreibt er Finanzkrisen und gibt eine Anleitung zur Vermeidung Selbiger; dabei entwickelte er eine Art „Krisenmanagement“.

Im Jahre 1873, als Bagehot sein Werk „Lombard Street: A Description of the Money Market“ veröffentlichte, war die Wahrnehmung der LOLR-Hilfe durch die BoE gemeinhin bekannt, wenngleich es innerhalb der Bank noch einzelne Widerstände gab. Obgleich er in seinem Werk – wie schon im Titel – vom Money Market spricht, so nimmt der Kredit in seinen Überlegungen eine zentrale Rolle ein. Bagehot ließ dabei in seinem klassischen Werk die Erfahrungen des englischen Geldwesens seit Thornton einfließen, wobei er durch die Ereignisse der Krise des Jahres 1825 bleibend beeindruckt wurde. Er war in seiner Einstellung sehr konservativ geprägt und stand zeitgenössischen geldpolitischen Neuerungen eher skeptisch gegenüber; mit anderen Worten er teilte zu gewissen Teilen die Auffassung der Currency-Schule.[699] Darüber hinaus ließ er viele Gedanken Thorntons wieder aufleben, fügte aber wesentliche Elemente noch hinzu.

---

[697] Vgl. Bagehot (1873), Seite 115f.

[698] Vgl. Collins (1988), Seite 183f.; Stadermann (1994), Seite 82ff.

[699] Vgl. De Boyer des Roches, Rosales (2003), Seite 6 ; O'Brien (1996), Seite 143.

Bagehot bestätigt in seiner Schrift die schon von Baring getragene These, dass die BoE nicht wie jede andere Bank sei; sie unterscheide sich von den gewöhnlichen Geschäftsbanken; sie habe im britischen Finanzsystem eine privilegierte und zentrale Rolle inne, weswegen ihr beide die Bezeichnung „Pivot“ zuteilwerden ließen.[700]

> „...I conceive, that the two (i.e. the Banking Department of the Bank of England and the other banks) are not managed on the same principles.
> The practice of the Bank has, as we all know, been much and greatly improved.
> They do not now manage like the other Banks in Lombard Street...
> The position of the Bank directors is indeed most singular. “
> Bagehot (1873)[701]
>
> “...the Bank of England received from the Government, either at first or afterwards, three most important privileges.”
> Bagehot (1873)[702]
>
> „..., an immense system of credit, founded on the Bank of England as its pivot and its basis, now exists.“
> Bagehot (1873)[703]

Zu Zeiten Bagehots war die Thematik der Einlösbarkeit der Noten der BoE in Gold, wie sie einst Thornton bewegte, erledigt; dies gewährleiste der Bank Charter Act von 1844. Jetzt stand vielmehr die Frage auf der Tagesordnung, ob das separierte Banking-Department in der Lage wäre, die Depositen in Noten der BoE tauschen zu können. Waren noch zur Zeit Thorntons die Noten der BoE das Hauptelement der Geldmenge, so ist es zu Bagehots Zeit durch die Depositen, die an die Stelle der Noten traten, ersetzt worden.[704]

> "The first banks were not founded for our system of deposit banking, or for anything like it. They were founded for much more pressing reasons, and having been founded, they, or copies from them, were applied to our modern uses...
> But probably up to 1830 in England, or thereabouts, the main profit of banks was derived from the circulation, and for many years after that the deposits were treated as very minor matters, and the whole of so-called banking discussion turned on questions of circulation.
> Bagehot (1873)[705]

Zumal spielten jetzt, nach dem Act von 1844, als die Noten der BoE endgültig zum gesetzlichen Zahlungsmittel (für England und Wales) wurden, die Noten der Countrybanken keine große Rolle mehr.[706] Gleichwohl hatte sich an der zentralen Position der BoE an der Spitze der invertierten Kreditpyramide wenig geändert:[707] Die Provinzbanken hielten ihre Reserven in Form von Depositen bei den Londoner Banken, diese wiederum hielten ihre Reserven in Form von Verbindlichkeiten der BoE – zu Bagehots Zeit eben in Form von Depositen, 1797 zu Thorntons Zeit dagegen in Form von Noten

700 Vgl. Capie (1998), Seite 442.
701 Bagehot (1873), Seite 36f.
702 Bagehot (1873), Seite 95.
703 Bagehot (1873), Seite 68.
704 Vgl. Adie (1970), Seite 290.
705 Bagehot (1873), Seite 78, 85.
706 Vgl. Pohl (1993), Seite 189.
707 Vgl. Bagehot (1873), Seite 100; Rieter (1996), Seite 82.

der BoE.[708] Nach wie vor fungierte die BoE als Hüterin der ultimativen Reserve für das gesamte Finanzsystem.

> „The first duty of the Bank of England was to protect the ultimate cash of the country, and to raise the rate of interest so as to protect it."
> Bagehot (1873)[709]

Schon Thornton vertrat die Ansicht eines ausreichend großen „Puffers"; dieser diene dazu, die zirkulierende Geldmenge im Falle von gelegentlichen Goldabzügen nicht restringieren zu müssen. Thornton wie Bagehot erkannte das inhärente Konfliktpotential einer solchen Forderung: Zum einen soll die Zentralbank eine ausreichend große Reserve-Aufschatzung vornehmen, zum anderen soll sie großzügig Kredite vergeben.[710] Die Lösung schien für Bagehot wie Thornton darin, zu unterscheiden, in welcher Situation sich der Markt gerade befindet. *Bagehot* unterschied zwischen angespannten Zeiten und Zeiten, in denen Panik herrscht. Im ersten Fall, so Bagehot, sei es die Aufgabe der BoE, die Reserve in *angespannten* wie übrigens auch in *normalen* Zeiten zu verteidigen oder gar noch aufzustocken – sei es durch Kreditrestriktion oder Erhöhung des Zinses –, um den Markt zu beruhigen. Im zweiten Fall – der *Panik* – sei die einzig richtige Handlungsweise, die Kreditwünsche des Marktes zu befriedigen. Allerdings darf die Schwierigkeit der richtigen Einschätzung der Situation nicht unterschätzt werden; sollte die Zentralbank die angespannte Situation fälschlicherweise als Panik interpretieren und deshalb großzügig Kredite vergeben, so verringert sich ihre Reserve, ohne dass sich der Markt beruhigt – eher das Gegenteil wird der Fall sein.[711]

Sollte die Bank umgekehrt den zugrunde liegenden Sachverhalt dahingehend deuten, dass sie eine Panik lediglich als angespannte Situation erachtet und dementsprechend nicht freigebig Liquidität schafft, dann wird sie die bereits bestehende Panik intensivieren. *Thorntons* Differenzierung zielt zwar in dieselbe Richtung, unterscheidet sich jedoch dahingehend, dass Thornton es für unsinnig hält, die Reserve in angespannten Zeiten zu erhöhen, nur weil die Wirtschaftssubjekte sie als zu gering erachten. Er sprach sich dafür aus, die Reserven in normalen Zeiten anzusammeln. Bei der Forderung der Reservebildung – die ja allein schon aus psychologischen Gründen sinnhaft ist – thematisiert Thornton im Gegensatz zu Bagehot das Problem der mangelnden Bereitschaft der Anteilseigner für höhere Reserven, die natürlich ungern geringere Profite hinnehmen wollen. Bagehot dagegen scheint dieses Problem völlig zu ignorieren, wenn er von hohen Reserven spricht.[712]

Das Banking-Department hatte nun so viele (einlösbare) Banknoten in Reserve zu halten (Banking-Reserve), um diese dem Markt im Falle eines internal drain zur Verfügung zu stellen, sofern ihre eignen (recht geringen) Goldreserven erschöpft waren. Wenn sie nämlich nicht mehr im Besitz von Gold war, so bestand auch kein Anspruch mehr, vom Issue-Department zusätzliche Noten zu bekommen, weswegen sie

---

[708] Vgl. Bagehot (1873), Seite 163, 170.
[709] Bagehot (1873), Seite 319.
[710] Vgl. Bagehot (1873), Seite 123, 249.
[711] Vgl. Bagehot (1873), Seite 173.
[712] Vgl. Rockoff (1987), Seite 162ff.

eben neben der Goldreserve eine entsprechende Notenreserve halten musste, auf die sie sich dann verlassen können musste.[713]

> „In this constant and chronic borrowing, Lombard Street is the great go-between. It is a sort of standing broker between quiet saving districts of the country and the active employing districts..., there are whole districts in England which cannot and do not employ their own money... The savings of a country with good land but no manufactures and no trade much exceed what can be safely lent in the country. These savings are first lodged in the local banks, are by them send to London, and are deposited with London Bankers, ore with bill brokers... The money thus sent up from the accumulating districts is employed in discounting the bills of the industrial districts...
> Lombard Street is thus a perpetual agent between the two great divisions of England, between the rapidly-growing districts, where almost any amount of money can be well and easily employed, and the stationary and the declining districts, where there is more money than can be used...
> There was never so much borrowed money collected in the world as is now collected in London. Of the many millions in Lombard Street, infinitely the greater proportion is held by bankers or others on short notice or on demand;...
> No other bank (than the Bank of England) holds any amount of substantial importance in its own till beyond what it wanted for daily purposes. All London banks keep their principal reserve on deposits at the Banking Department of the Bank of England. This is by far the easiest and safest place for them to use. The Bank of England thus has the responsibility of taking care of it...
> The London bill brokers do much the same.... The London banker lends what he chooses of it, the rest he leaves at the Bank of England. You always come back to the Bank of England at last."
> Bagehot (1873)[714]

Außerdem sollte die BoE jedem,[715] der *gute Sicherheiten* vorzuweisen hat, Darlehen gewähren; unter guten Sicherheiten sind hier definitionsgemäß solche zu verstehen, die unter *normalen* Umständen, also nicht in Krisenphasen, als gut angesehen sind; es ist aber egal, von welcher Art die Sicherheiten sind, Hauptsache sie gelten als gut; denn es liegt in der Natur der Sache, dass in Krisenzeiten der Marktwert von Vermögenswerten abnimmt.[716] Davon solle sich der LOLR aber nicht abschrecken lassen, da der gesunkene Marktwert – krisenbedingt – ja nur temporär sei. Dieser Zusammenhang geht letztlich auf das Ideengeflecht von Thornton[717] zurück und wurde später durch Bagehot deutlicher zum Ausdruck gebracht.

> „They (i.e. the holders of the cash reserve) must lend to merchants, to minor bankers, to 'this man and that man,' whenever the security is good...
> That at this (high) rate these advances should be made on all good banking securities, and as largely as the public ask for them...

---

[713] Vgl. Humphrey (1989), Seite 12; Laidler (2002), Seite 7f.; Tilly (2003), Seite 63.
[714] Bagehot (1873), Seite 11f., 17, 27f.
[715] Damit ist gemeint, dass die Zentralbank keinen Unterschied machen soll, ob es sich um Kaufleute, große Banken, kleine Banken, etc. handelt.
[716] Vgl. Humphrey (1989), Seite 14.
[717] Vgl. Thornton (1802), Seite 189f.

> If it is known that the Bank of England is freely advancing at what in ordinary times is reckoned a good security – on what is then commonly pledged and easily convertible – the alarm of the solvent merchants and bankers will be stayed…
> The amount on the advance is the main consideration for the Bank of England, and not the nature of the security on which the advance is made, always assuming the security to be good.
> Bagehot (1873)[718]

Mit der Forderung *guter Sicherheiten* (im obigen Sinne) stellt Bagehot implizit den Konnex zur Solvenz einer Institution her. Wenn er voraussetzt, dass nur gegen gute Sicherheiten Kredite gewährt werden sollen, verlangt er latent auch die Solvenz der Betroffenen, denn nur wer solvent – wenn auch illiquide – ist, kann noch gute Sicherheiten bieten. Damit scheidet ganz automatisch eine Unterstützung von Insolventen aus. Daher leuchtet es auch ein, wenn er erst gar keine Unterscheidung zwischen Insolvenz und Illiquidität vornimmt.[719]

Eine Wiederherstellung der Liquidität der Banken impliziere eine Wiederherstellung der Marktfähigkeit der Vermögenswerte. Es gehe also nicht darum, einzelnen Banken Liquidität zu verschaffen, sondern dem *Markt als Ganzem*. Dabei ignoriert er mögliche Moral Hazard-Probleme.

Unzweifelhaft war es also an der BoE gelegen, im Falle eines external oder internal drain die Stabilität des Finanzsystems zu sichern.

> „Such a reserve as we have seen is kept to meet sudden and unexpected demands. If the bankers of a country are asked for much more than is commonly wanted, then this reserve must be resorted to. …these extra demands are of two kinds – one from abroad to meet foreign payments requisite to pay large and unusual foreign debts, and the other from at home to meet sudden apprehension or panic arising in any manner, rational or irrational.
> Bagehot (1873)[720]

Er erkannte, dass durch simultane Abzüge bei den Geschäftsbanken letztlich die Reserven der BoE schmelzen und die Nachfrage nach den Noten der BoE und damit nach Wechseldiskontierung, zunimmt. Auch war ihm klar, dass „normale“ Banken in solchen Situationen ihre Noten- und Kreditausgabe reduzieren werden, um wieder liquider zu werden, während die BoE genau das Gegenteil tun muss: Sie muss – auch wenn ihre (Banking-)Reserven einen Tiefststand aufweisen – sich einem erhöhten Liquiditätsrisiko aussetzen und ihre Kreditvergabe und Notenausgabe (an andere Banken) erhöhen, wodurch eine Beruhigung der Bankenpanik gelinge.[721]

Mit dieser Erkenntnis untermauerte Bagehot den Anspruch der BoE als Bank der Banken, aber noch vielmehr die sich daraus abgeleitete Pflicht der Bank an der Spitze eines solchen Systems, und unterstrich letztlich die Gedanken Thorntons, der bereits 70 Jahre zuvor die LOLR-Funktion der BoE festgestellt hatte:

---

[718] Bagehot (1873), Seite 51, 197f., 206.
[719] Vgl. Capie (1998), Seite 443.
[720] Bagehot (1873), Seite 43ff.
[721] Vgl. Bagehot (1873), Seite 44ff, 51ff., 188ff.

„... all our credit system depends on the Bank of England for its security. On the wisdom of the directors of that one Joint Stock Company, it depends whether England shall be solvent or insolvent."

Bagehot (1873)[722]

Charakteristisch für einen Geldgeber der letzten Instanz sei dabei, dass seine Profite in angespannten Krisenzeiten naturgemäß geringer sind als in Zeiten der Stabilität. Dies ist die nicht beabsichtigte Konsequenz der – durch das öffentliche Interesse geleiteten – Interventionen aufgrund der höheren Ausfallwahrscheinlichkeit der unterstützten Banken.

Bagehot kritisierte – wie schon Thornton – die restringierende Wirkung des Zahlungsbilanzautomatismus;[723] der Act von 1844 entbinde die BoE als Zentralbank von ihrer Verantwortlichkeit für die Währung und reduziere sie zu einer ganz „normalen" großen Bank.

Anders als die Reformer von 1844 argumentiert Bagehot für die LOLR-Funktion der BoE und spricht sich dafür aus, dass das Banking-Department nicht wie jede gewöhnliche Geschäftsbank zu behandeln sei.[724]

„And such a constant difference (in the amount of the reserves of the Bank of England and the other banks) indicates, I conceive, that the two are *not* managed on the same principle... rashly...it was inferred by many that the Bank had no responsibility."

Bagehot (1873)[725]

Eine Zentralbank kommt um ihre Verpflichtung als LOLR nicht herum; wenn sie diese Pflicht nicht wahrnimmt, muss – wie in den Krisenjahren 1847, 1857 und 1866 – die Regierung einschreiten und einen „Freibrief" erteilen, in dem sie das Issue-Department angewiesen hat über das fiduzitäre Kontingent hinaus dem Banking-Department Noten zur Verfügung zu stellen. Diese Aktionen sind nicht wünschenswert für Bagehot. Allerdings möchte er auch keine Beseitigung der Regeln zur Notenemission, vielmehr sieht er die Lösung in einer verbesserten Liquiditätsausstattung der Banking-Abteilung.

Insoweit gab es bisher in den Ansichten über die BoE in ihrer Rolle als Zentralbank große Schnittmengen beziehungsweise Übereinstimmungen; allerdings existiert eine Vielzahl von Überlegungen, bei denen die beiden Autoren abweichende Auffassungen tragen. So war Bagehot im Gegensatz zu Thornton ein Anhänger der Aufrechterhaltung der Goldkonvertibilität; sie war für ihn unabdingbar, weswegen er in seinem Werk „Lombard Street" erst gar nicht explizit darauf eingeht. Für die BoE habe es oberste Priorität in Krisenzeiten, die Einlösbarkeit von Verbindlichkeiten in ihre Noten und ihre Noten in Gold zum vorgegebenen Preis zu garantieren.[726]

---

[722] Bagehot (1873), Seite 35.

[723] Das Wort Automatismus impliziert eine Art mechanischen Ablauf; und genau darum geht es auch. Gemäß dieser Logik muss das Land, dem – aufgrund von Importüberschüssen – Gold abfließt, seine Geldmenge (automatisch) einschränken, wodurch letztendlich über sinkende Preissteigerungsraten eine Wettbewerbsfähigkeit generiert werden soll, die dann zu einer Erhöhung der Exporte führt. Durch diesen Automatismus sollte der Goldstrom umgekehrt werden. Vgl. Spahn (2001), Seite 65ff.

[724] Vgl. De Boyer des Roches, Rosales (2003), Seite 6.

[725] Bagehot (1873), Seite 36, 162.

[726] Vgl. Bagehot (1873), Seite 199f.

Auch sah Bagehot die Daseinsberechtigung der BoE als Zentralbank in einer Aneinanderreihung historischer Ereignisse, welche verbunden mit den ihr gewährten Privilegien und dem übrigen System auferlegten Einschränkungen letztlich zu einem eher suboptimalen monetären System mit einer zentralen Reservestätte geführt haben, wohingegen Thornton eine Zentralbank an sich als wünschenswert ansah.

> „... by privileges and monopolies, it (i.e. the Government) made a single bank predominant over all others, and established the one-reserve system...
> ...our *one*-reserve system of banking was not deliberately founded upon definite reasons; it was the gradual consequence of many singular events, and of an accumulation of legal privileges on a single bank, which has now been altered, and which no one would now defend...
> ... the natural system of banking is that of many banks keeping their own cash reserve, with the penalty of failure before them if they neglect it. I have shown that our system is that of a single bank keeping the whole reserve under no effectual penalty of failure...
> But the natural system – that which would have sprung up if Government had let banking alone – is that of many banks of equal or not altogether unequal size."
> Bagehot (1873)[727]

Bagehot sah als Alternative zur BoE mit ihrer Pivot-Stellung ein Bankensystem, welches auf einer Vielzahl von Reserven basierte – also ein Free Banking-System ohne Zentralbank –, so wie er dies in den USA zu existieren glaubte; dies sah er als „natürlich" an. Im Falle Englands habe die BoE ihre Rolle als Konsequenz der ihr im Laufe der Zeit verliehenen, monopolistischen Privilegien übernommen. Deswegen ist es auch völlig ausgeschlossen, dieses Arrangement rückgängig zu machen; dennoch sei ein System mit Wettbewerb, in dem jede Bank ihre eigenen Reserven hält, nicht nur überlebensfähig, sondern auch a priori erst einmal wünschenswert.[728] Bagehot erklärte, dass ein System – wie in England –, in dem die Goldreserven eines ganzen Landes in der Zentralbank und eben nicht verteilt auf einzelne Geschäftsbanken aufbewahrt würden, nicht „natürlich" sei und somit der Wettbewerb fehle; doch sei es unmöglich, dieses, aus der Tradition heraus gewachsene, Konstrukt zugunsten eines Neuen zu kippen.[729]

Bei seiner Sichtweise verkannte Bagehot aber damals die Tatsache, dass solche Economies of Scale sowie Netzwerkexternalitäten eindeutig dafür sprechen, Reserven in einem „einheitlichen Medium" sowie zentral zu halten. Da es bei einer dezentralen Lösung kein einheitliches Medium gibt, tendiert ein solches Konkurrenzsystem eher zu Instabilitäten, da in einer Krise eine einzelne Bank keinen Anreiz und keine ausreichenden Ressourcen hat, die LOLR-Funktion wahrzunehmen.[730]

Für Bagehot ergibt sich daher die Notwendigkeit der Wahrnehmung der LOLR-Funktion seitens der BoE durch ihre dominierende Position im britischen Finanzsys-

[727] Bagehot (1873), Seite 70, 100, 329, 67.
[728] Vgl. De Boyer des Roches, Rosales (2003), Seite 5; Laidler (2002), Seite 5ff.
[729] Vgl. Goodhart (1988), Seite 13ff.; King (1996), Seite 117.
[730] Vgl. Spahn (2001), Seite 93.

tem, die – wie schon beschrieben – sich eben als Resultat der ihr gewährten Privilegien ergeben hatte.[731]

Da sich nach seiner Ansicht die Effektivität des Bankensystems aus der Komplexität des *Kredit*marktes ergibt, glaubte er, dass Bankenpaniken dieses Netzwerk in seiner Funktionsweise torpedieren, so dass es zu den Pflichten des LOLR gehört, die damit verbundenen negativen Effekte zu minimieren. Anders als Thornton, der die Aufgabe des Geldgebers der letzten Instanz darin sah, Schwankungen beziehungsweise Kontraktionen im *Geld*angebot zu vermeiden, ist Bagehot der Auffassung, der Lender habe Instabilitäten im *Kredit*angebot zu verhindern.[732] Bagehot versteht den Kredit einer Bank als Darlehen in Form von Geld, welches sich die Banken in Form von (jederzeit abrufbaren) Einlagen attrahieren, sich quasi von anderen Marktakteuren „leihen". Da die Banken aber jederzeit mit dem Abzug von Einlagen, aus denen ja Kredit geschöpft wurde, rechnen müssen, und der Proporz zwischen Einlagen und Geld nicht mehr übereinstimmt, müssen sie eine genügend große Reserve an Geld halten, beziehungsweise sich dieses von anderen Banken mit ausreichender Reserve leihen.[733] Darüber rangiert dann die Bank der Banken; das ist, was sich Bagehot unter einem LOLR vorgestellt hat.

Dabei erkannte Bagehot messerscharf, dass die Bedeutung des *Kredit*marktes auch über das britische Bankensystem hinaus reicht und auch maßgeblich für ein reibungsloses Funktionieren des Handels und des industriellen Systems verantwortlich ist.

> "The main conclusion is very plain – that English trade is become essentially a trade on borrowed capital, and that it is only by this refinement of our banking system that we are able to do the sort of trade we do, or to get through the quantity of it. But in exact proportion to the power of this system is its delicacy – I should hardly say too much if I said its danger. Only our familiarity blinds us to the marvellous nature of the system. There never was so much borrowed money collected in the world as is now collected in London. Of the many millions in Lombard Street, infinitely the greater proportion is held by bankers or others on short notice or on demand; that is to say, the owners could ask for it all any day they please: in a panic some of them do ask for it. If any large fraction of that money really was demanded, our banking system and our industrial system too would be in great danger."
> Bagehot (1873)[734]

Er sah eine große Gefahr darin, dass – im Falle einer Panik – die Anleger, worunter sich auch etliche Kaufleute befanden, die teils über horrende Summen verfügten, ihre (kurzfristigen) Einlagen von heute auf morgen (auf einmal) abziehen könnten. Da ja alle Kaufleute letztlich mit irgendeiner Bank geschäftlich verbunden waren, und die Geschäftsbanken ihrerseits wieder mit der BoE – als Zentrum dieser Drehscheibe –, lastete am Ende die gesamte Verantwortung, auf eine Panik vorbereitet zu sein und gegebenenfalls zu reagieren, auf der BoE.

[731] Vgl. Bagehot (1873), Seite 95ff.
[732] Vgl. Debatte um Currency- versus Banking-Schule
[733] Vgl. Bagehot (1873), Seite 159.
[734] Bagehot (1873), Seite 16f.

„All banks depend on the Bank of England, and all merchants depend on some banker."

Bagehot (1873)[735]

Durch diese Erkenntnis unterstrich Bagehot abermals die Bedeutung der BoE als Geldgeber der letzten Instanz und schlussfolgerte in dem Bewusstsein, dass letztlich alle Banken am Tropf der Bank der Banken hängen, dass dementsprechend die BoE bzw. das Banking-Department eine ausreichend große Reserve[736] zu halten habe.

„...the cardinal importance of always retaining a great reserve. ...If the reserve be large, its magnitude sustains credit; and if it be small, its diminution stimulates the gravest apprehensions."

"... that a large banking reserve is necessary..."

"Too much reserve only means a small loss of profit, but too a small reserve may mean 'ruin.' Credit may be at once shaken, and if some terrifying accident happen to supervene, there may be a run on the Banking department that may be too much for it, as in 1857 and 1866, and may make it unable to pay its way without assistance – as it was in those years."

Bagehot (1873)[737]

Die Vorzüge einer großen Reserve liegen in der Fähigkeit, auf einen Goldabfluss (external drain) souverän mit dem Ziel der Wiederherstellung des Zahlungsbilanzgleichgewichts reagieren zu können, ohne Gefahr zu laufen, in die Bredouille zu geraten, dass die Reserven unter ein besorgniserregendes Minimum (apprehension minimum) fallen und das Vertrauen in das Bankensystem und die Einlösefähigkeit von Noten und Depositen in Gold schwinden, was nämlich dann die Gefahr eines internal drain nach sich ziehen würde.[738]

"The object of publishing the account of the banking department of the Bank of England is to let the nation see how the national reserve of cash stands, to assure the public that there is enough and more than enough to meet not only all probable calls, but all calls of which there can be a chance of reasonable apprehension. And there is no doubt that the publication of the Bank account gives more stability to the money market than any other kind of precaution would give...

But that object is not attained if the amount of that reserve when so published is not enough to tranquillise people. A panic is sure to be caused if that reserve (i.e. die Reserve des Banking Department, eigene Anmerkung) is, from whatever cause, exceedingly low. At every moment there is a certain minimum which I will call the 'apprehension minimum,' below which the reserve cannon fall without great risk of diffused fear;...

The Bank reserve then never ought to be diminished below the 'apprehension point.'"

Bagehot (1873)[739]

---

[735] Bagehot (1873), Seite 35.

[736] Umgekehrt ist eine zu große Reserve aber auch nicht ratsam, da dadurch das „Kapital" brachliegt und Opportunitätskosten entstehen im Sinne entgangener Zinseinnahmen.

[737] Bagehot (1873), Seite 38f., 180, 323.

[738] Vgl. Laidler (2002), Seite 13ff.

[739] Bagehot (1873), Seite 321f.

Daher gilt es, zunächst den Abfluss ins Ausland zu stoppen, indem die Zinsen im nötigen Maße angehoben würden, denn ansonsten würde die Zentralbank zunehmend „ärmer" (an Reserven) und könne erst recht nicht dem Abzug im Inland Herr werden.

Einem *external drain* – so Bagehot – soll die Zentralbank mit einem hohen Kreditzins entgegnen, denn so fließe zum einen das heimische Gold nicht mehr ab bzw. werde auswärtiges Gold angezogen; dadurch werde die Geldbasis gesichert. Zum anderen werde ein Zahlungsbilanzautomatismus ausgelöst. Diesen könnte man als „zinsinduziert" bezeichnen, da durch den erhöhten Zins das Sparen angeregt wird und durch den rückläufigen heimischen Konsum ein deflationärer Impuls ausgelöst wird, der die heimischen Produkte wettbewerbsfähiger macht und so die Bilanz ins Gleichgewicht bringt.

Einem *internal drain* hingegen solle sie mit einer freigiebigen Kreditvergabe entgegnen, so dass keinerlei Zweifel aufkämen über Fähigkeit der Bank, Darlehen bereitzustellen. Sollten nun beide drain-Arten auf einmal auftreten, so muss die Zentralbank zum einen großzügig Kredite bereitstellen und zum anderen diese zu hohen Zinsen vergeben. Diese Vorgehensweise zeichnet die Zentralbank als LOLR aus.[740]

> "No country has been exposed as England to a foreign demand on its banking reserve, not only because at present England is a large borrower from foreign nations, but also (and much more) because no nation has ever had a foreign trade of such magnitude, in such varied objects, or so ramified through the world.
>
> ...a sudden trade of import – like the import of foreign corn after a bad harvest – or (...) the cessation of any great export, causes a balance to become due, which must be paid in cash. Now, the only source from which large sums of cash can be withdrawn in countries where banking is at all developed, is a 'banking reserve'...
>
> The Bank of England must keep a reserve of 'legal tender' to be used for foreign payments if itself fit, and to be used in obtaining bullion if itself unfit. And foreign payments are sometimes very large and often very sudden... In order to find such great sums, the Bank of England requires the steady use of an effectual instrument.
>
> That instrument is the elevation of the rate of interest. If the interest of money be raised, it is proved by experience that money *does* come to Lombard Street, and theory shows that it *ought* to come.
>
> The rise in the rate of discount acts immediately on the trade of this country. Prices fall here; in consequence imports are diminished, exports are increased, and, therefore, there is more likelihood of a balance in bullion coming to this country after the rise in the rate than there was before.
>
> A domestic drain is very different. Such a drain arises from a disturbance of credit within the country, and the difficulty of dealing with it is the greater, because it is often caused, or at least often enhanced by a foreign drain. Times without number the public have been alarmed because they saw that the Banking reserve was already low, and that it was daily getting lower. The two maladies – an external and an internal drain – often attack the money market at once.

---

[740] Vgl. Humphrey (1989), Seite 12

In opposition to what might be at first sight supposed, the best way for the bank or banks who have the custody of the bank reserve to deal with a drain arising from internal discredit, is to lend freely... This discredit means, 'an opinion that you have not got any money,' and to dissipate that opinion, you must, if possible, show that you have money: you must employ it for the public benefit in order that the public may know what you have. The time for economy and for accumulation is before. A good banker will have accumulated in ordinary times the reserve he is to make use of in extraordinary times."

Bagehot (1873)[741]

Die eben beschriebene Kreditgewährung in Krisenzeiten, die also neben einem *hohen Zinssatz*[742] – der oft, aber nie von Bagehot selbst, als Strafzins (penalty rate) bezeichnet wurde – auch Freigiebigkeit erfordert, beinhaltet eine zentrale Botschaft: Der hohe Zins soll den von Liquiditätsproblemen getroffenen Wirtschaftssubjekten signalisieren, dass sie zwar Hilfe erhalten, diese aber „teuer" bezahlen müssen. Die Zuteilung der Liquidität erfolgt über den Preis – in diesem Fall eben den Zins als den Preis der Liquidität –, so wie auf jedem anderen Markt die Zuteilung knapper Güter über den Preis erfolgt. Der hohe Zins ist sicherlich allokativ effizient und distributiv gerecht, denn es leuchtet ein, dass es fair ist, wenn derjenige, der Liquidität bereitstellt und quasi seine schützende Hand über die anderen Marktteilnehmer hält – also der LOLR – dafür einen hohen Zins fordert, um auch die unterschiedlichen Kreditnehmer unterscheiden zu können.[743] Mit anderen Worten könnte man eine solche Vorgehensweise als „marktgerecht" bezeichnen.

Neben dem Stoppen des Goldabflusses und der Differenzierung der Klientel trage der erhöhte – also über dem Marktzins liegende – Zins zu einer schnellen Rückzahlung der Darlehen bei und lasse somit das erhöhte Geldangebot wieder sinken. Dieser disziplinierende Effekt sorge dafür, dass die durch die erhöhte Notenausgabe angewachsene Geldbasis wieder zu ihrem nicht-inflationären Wachstumspfad zurückkehrt. Außerdem sei der Zinssatz nicht nur ein geeignetes Instrument zur Rationierung der knappen Reserve, sondern er animiere die (Geschäfts-)Banken dazu, zunächst einmal alle ihnen zur Verfügung stehenden Möglichkeiten und Quellen auszunutzen, sich Liquidität über den Markt zu besorgen, bevor sie bei der Zentralbank vorstellig werden. An dieser Stelle wird der Gedanke des Geldgebers der letzten Instanz noch einmal sehr deutlich; die Zentralbank soll die letzte Anlaufstelle sein, wenn über den Markt keine Liquidität mehr zu bekommen ist.[744]

Schließlich würde ein hoher Zinssatz zu einer Reduzierung der von übervorsichtigen Vermögenshaltern angestrebten Kassenhaltung beitragen. Dadurch, dass der erhöhte Zins in der Krise eine aus Vorsichtsmotiven getragene Geldhortung wesentlich

---

[741] Bagehot (1873), Seite 43ff.

[742] Die Erhöhung des Zinssatzes dient dabei vorrangig, dem external drain Herr zu werden und dient weniger der Stabilisierung des internal drain. Vgl. Humphrey (1989), Seite 12.

[743] Vgl. Humphrey, Keleher (1984), Seite 94; Goodhart (1999), Seite 228f.

[744] Da Bagehot ein Bankensystem mit jeweils eigenen Reserven bevorzugt, wie es der Free Banking-Ansatz an späterer Stelle ausdrücklich vorsieht, ergibt sich an dieser Stelle eine deutliche Diskrepanz, da ein derartiges System ohne eine Zentralbank als LOLR bei einem systemweiten Liquiditätsproblem an seine Grenzen stößt.

verteuert, werden viele potentielle „Geldhorter" abgeschreckt, was die (Banking-) Reserve schont.[745]

> „... these loans should be made at a very high rate of interest. This will operate as a heavy fine on unreasonable timidy, and will prevent the greatest number of applications by persons who do not require it. The rate should be raised early in the panic, so that the fine may be paid early; that no one may borrow out of idle precaution without paying well for it; that the Banking reserve may be protected as far as possible."
> Bagehot (1873)[746]

Die Gedankengänge Bagehots und die von ihm dargelegten verschiedenen „Kanäle", über die mittels des Zinses Einfluss auf das Finanzsystem mit seinen Akteuren genommen werden kann, lassen Raum für Interpretationen; wie schon erläutert, wird der Zinssatz, den die Zentralbank für ihre LOLR-Tätigkeiten verlangt, über den Marktzinsen liegen. Man könnte daher mutmaßen und die Forderung der Zentralbank nach einem höheren Zins als Test der Solidität derjenigen Institution ansehen, die Leistungen vom LOLR erhalten möchten.[747] Daher kann ein Marktakteur, der solide ist, sich am Markt zu günstigeren Konditionen Liquidität verschaffen, und muss erst gar nicht den LOLR um Hilfe bitten. Dies lässt die Schlussfolgerung zu, dass jeder, der den LOLR in Anspruch nimmt, angeschlagen ist und kein Darlehen mehr über den Markt bekommt bzw. ein Darlehen am Markt nur mit einem Risikozuschlag erhalten kann. Wenn man allerdings die Solidität (soundness) einer Institution an diesem Test festmacht, unterstellt man, dass nur die Schwachen (weakness) – also die Insolventen – sich an den LOLR wenden werden.

Dies widerspricht aber den Aussagen Bagehots, denn er schloss ja die Hilfe des Lender an Insolvente aus, indem er die Kreditvergabe an gute Sicherheiten knüpfte, so dass sich die Hilfe also nur auf Illiquide beziehen konnte. Wer allerdings insolvent ist, bekommt – so Bagehot – auch beim Lender keine Liquidität. Damit scheidet der Zins als „Testinstrument" logischerweise aus. Für Bagehot stellt der Geldgeber der letzten Instanz die letzte Zufluchtstätte dar, an die sich *alle* richten, wenn im Markt zu wenig Liquidität ist, respektive eine Liquiditätsversorgung über den Markt aus Knappheit an Liquidität nicht (mehr) möglich ist. In diesem Fall wenden sich ja *alle* an den Lender, so dass der höhere Zins, den der Lender verlangt, ja kein Indiz für die Solidität eines Marktteilnehmers ist. Die Solvenz spiegeln die angebotenen Sicherheiten wieder.[748]

Insgesamt wird diese Regel, eben zu einem erhöhten Zinssatz, großzügig Kredite zu gewähren („lend freely at a high rate"), auch als *Bagehot's Rule* bezeichnet.[749]

> "The management of the Money Market is the more difficult, because, as has been said, periods of internal panic and external demand for bullion commonly occur together. The foreign drain empties the Bank till, and that emptiness, and the resulting rise in the rate of discount, tend to frighten the market. The holders of the reserve have, therefore, to treat two opposite maladies at once – one re-

---

[745] Vgl. Fischer (1999), Seite 496f.
[746] Bagehot (1873), Seite 197.
[747] Vgl. Humphrey (1989), Seite 14; Solow (1992), Seite 210.
[748] Vgl. Goodhart (1999), Seite 228.
[749] Vgl. Humphrey, Keleher (1984), Seite 92.

quiring stringent remedies, and especially a rapid rise in the rate of interest; and the other, an alleviative treatment with large and ready loans...

We must first look to the foreign drain, and raise the rate of interest as high as may be necessary. Unless you stop the foreign export you cannot allay the domestic alarm. The Bank will get poorer and poorer, and its poverty will protract or renew the apprehension. And at the rate of interest so raised, the holders – one or more – of the final Bank reserve must lend freely. Very large loans at very high rates are the best remedy for the worst malady of the money market when a foreign drain is added to a domestic drain."

Bagehot (1873)[750]

Hierbei wird ebenso deutlich, dass ein LOLR nicht die Aufgabe verfolgen sollte, Krisen bereits vor ihrer Entstehung zu verhindern, sondern dass es allein ihre Pflicht sei, die schlimmen Folgen dieser Krisen für die Wirtschaft abzumildern.[751] Deutlicher wird Bagehots Ansicht durch folgende Passagen:

"Any sudden event which creates a great demand for actual cash may cause, and will tend to cause, a panic in a country where cash is much economised, and where debts payable on demand are large. In such a country an immense credit rests on a small cash reserve, and an unexpected and large diminution of that reserve may easily break up and shatter very much, if not the whole, of that credit. Such accidental events are of the most various nature: a bad harvest, an apprehension of foreign invasion, the sudden failure of a great firm which everybody trusted, and many other similar events, have all caused a sudden demand for cash.

..., no cause is more capable of producing a panic, perhaps non is so capable, as the failure of a first-rate joint stock bank in London. Such an event would have something like the effect of the failure of Overend, Gurney and Co.; scarcely any other event would have an equal effect. And therefore, under the existing constitution of our banking system the government of these great banks is of primary importance to us all...

... In wild periods of alarm, one failure makes many, and the best way to prevent the derivative failures is to arrest the primary failure which causes them.

Bagehot (1873)[752]

Diese Gedankengänge induzieren zudem zwei Implikationen, die auch schon Thornton in ähnlicher Weise äußerte:

Zum einen war Bagehot der Auffassung, dass die Bemühungen des LOLR *instabilen Institutionen* nicht zuteilwerden dürften; der Geldgeber der letzten Instanz sei also *nicht* dafür zuständig *einzelnen* Akteuren beizustehen, sondern er habe die Pflicht, die aus einzelnen Zusammenbrüchen entstehenden Weiterungen, die sich in vielen Fällen über das gesamte System erstrecken und somit auch gesunde Banken in den Sog ziehen, – also das Überschwappen, die contagion – zu verhindern und somit eine um sich greifende Panik im Keim zu ersticken:[753]

„Supposing that, owing to defects in its government, one even of the greater London joint stock banks failed, there would be an instant suspicion of the

[750] Bagehot (1873), Seite 56f.

[751] Vgl. Freixas et al. (1999), Seite 27f.

[752] Bagehot (1873), Seite 122, 265f., 51.

[753] Vgl. Schwartz (2002), Seite 449f.

whole system. One *terra incognita* being seen to be faulty, every other *terra incognita* would be suspected.

Bagehot (1873)[754]

Der LOLR muss also dem *(Banken-)System als Ganzem* Liquidität zur Verfügung stellen, *nicht einzelnen (gar noch insolventen) Akteuren.*[755] Dass Bagehot Bailouts[756] einzelner Institutionen ausschließt und den Lender ausschließlich in der Pflicht sieht, die Wirkungen des Konkurses eines Einzelnen auf die Übrigen beziehungsweise den Markt zu minimieren, wird in seiner Äußerung deutlich, in der er von „arrest the primary failure" und nicht etwa von „prevent" spricht. Er macht hierbei keinen Unterschied, ob es sich bei der fallierenden Institution um eine Unbedeutende oder eine Große handelt; damit schließt er Rettungsaktionen von einzelnen bedeutenden Akteuren ebenso aus und unterwirft sich nicht dem Gedanken des *too big to fail.*[757]

Kurz gesagt: Einzelne (*Insolvente*) – die in der Minderzahl sind – dürfen zusammenbrechen, nur das Finanzsystem als Ganzes – mit seinen soliden Kaufleuten und Banken – darf keinen Schaden nehmen; den gesunden, *solventen* Institutionen mit entsprechend *guten Sicherheiten* soll beigestanden werden, dazu ist dann der Geldgeber der letzten Instanz da. Er ist aber eben nicht dafür da, die insolventen, ineffektiv arbeitenden, schlecht geführten Banken mit entsprechend *schlechten Sicherheiten* zu retten.[758] Denn die Entsagung der Kredite für marode Banken macht die Krise nicht schlimmer, im Gegenteil: Die Krise würde eher verschlimmert, falls die Zentralbank schlechte Sicherheiten akzeptiert und (deswegen) später selbst falliert bzw. große Verluste zu akzeptieren hat.

Die hinter diesen Aussagen stehende Logik zielt in dieselbe Richtung wie seine bereits dargelegte Aussage, dass der Lender nicht den das System bedrohenden auslösenden Schock verhindern soll, sondern nur dessen Wirkungen auf das System mildern soll. Gleichzeitig warnt er vor unangemessenem Beistand des Lenders und betont die Notwendigkeit der Stärke der einzelnen Geschäftsbanken: Der Geldgeber der letzten Instanz sei in keinem Fall ein Substitut für vorausschauendes, wohl überlegtes Verhalten der Geschäftsbanken. Das Bankensystem dürfe nicht auf die Verfügbarkeit der Leistungen des LOLR allzu großen Wert legen, sondern müsse auf den Ressourcen und der Zuverlässigkeit der einzelnen Geschäftsbanken beruhen.

„We should look at the rest of our banking system, and try to reduce the demands on the Bank (of England) as much as we can. The central machinery being inevitably frail, we should carefully and as much as possible diminish the strain upon it.

Bagehot (1873)[759]

Letztlich spricht Bagehot hier die Moral Hazard-Problematik an, ohne diesen Begriff zu verwenden oder weiter darauf einzugehen. Es geht ihm darum, dass die Marktakteure verstehen, dass es unentbehrlich ist, dass ein jeder eine Art Eigenverantwortung

[754] Bagehot (1873), Seite 264.
[755] Vgl. Humphrey (1989), Seite 12f.
[756] Dies beinhaltet die Schuldenübernahme der Geschäftsbanken durch die Zentralbank.
[757] Also der Aufrechterhaltung der Geschäftsbank trotz einer möglichen Insolvenz, da sie aufgrund ihrer Größe als zu bedeutsam für das wirtschaftliche Geschehen angesehen wird.
[758] Vgl. Fischer (1999), Seite 469.
[759] Bagehot (1873), Seite 74.

übernehmen muss, und nicht die Zentralbank als „zahlungskräftige Vollkaskoversicherung" angesehen wird.

In diesem Zusammenhang kann noch einmal Bezug auf einen weiter oben geäußerten Gedanken Bagehots genommen werden; wie bereits beschrieben, sieht er das in England vorherrschende *zentralisierte* Bankensystem als suboptimal an und präferiert an sich ein dezentralisiertes Bankensystem, was „natürlicher" sei, und in dem jede Bank ihre eigene Reserve hält, so dass die einzelnen Akteure eigenverantwortlich zu agieren haben.[760]

In einem solchen System ist eben jeder auf sich (allein) gestellt und nimmt (gezwungenermaßen) Eigenverantwortung wahr; man kann eben nicht auf eine zentrale Anlaufstelle zurückgreifen und deshalb die Verantwortung nicht auf die Zentrale „abwälzen". Zügelloses Verhalten fällt auf den Akteur selbst zurück, indem er seine eigene Existenz gefährdet.[761] Deshalb würden die Marktakteure in einem dezentralen System eine wesentlich größere Sorgfalt an den Tag legen und entsprechend vorsichtiger bei ihrer eigenen Kreditvergabe vorgehen, um das Ausfallrisiko zu vermindern, da sie sich ja sonst selbst gefährden würden, ohne entsprechend auf fremde Hilfe zurückgreifen zu können. In einem solchen (hypothetischen) System würden die Geschäftsbanken um ihrer eigener Überleben Willen auf den „richtigen" Proporz zwischen Depositen und Kredit achten, so dass das in den Depositen latent verborgene Risiko (auf ein Minimum) reduziert würde.

> „... a practical New York banker has no need to think of the goodness or badness of this system (i.e. this banking system in the United States) at all; he need only keep enough 'greenbacks' to pay all probable demands, and then he is fairly safe from the risk of failure."
> Bagehot (1873)[762]

Zum anderen glaubt er, dass das Eingreifen der Zentralbank schnell und energisch zu erfolgen habe, so dass die Panik innerhalb weniger Tage ausgeräumt sei; dieses prompte Eingreifen und die rasche Beendigung der Krise bedinge, dass – aufgrund der Kürze – die Notenmenge als Teil der Geldbasis überhaupt nicht signifikant von ihrem langfristigen Wachstumspfad abweichen könne.

> „A panic, in a word, is a species of neuralgia, and according to the rules of science you must not starve it. The holders of the cash reserve must be ready not only to keep it for their own liabilities, but to advance it most freely for the liabilities of others. They must lend to merchants, to minor bankers, to 'this man and that man,' whenever the security is good. In wild periods of alarm, one failure makes many, and the best way to prevent the derivative failures is to arrest the primary failure which causes them... 'We lend it (to stop the panic of 1823),' said Mr. Harman, an behalf of the Bank of England, 'by every possible means and in modes we had never adopted before; we took in stock on security, we purchased Exchequer bills, we made advances on Exchequer bills, we not only discounted outright, but we made advances on the deposit of bills of exchange to an immense amount, in short, by every possible means consistent with the safety of the Bank, and we were not on some occasion over-nice. See-

[760] Vgl. Bagehot (1873), Seite 67.
[761] Vgl. Bagehot (1873), Seite 106f.
[762] Bagehot (1873), Seite 23.

ing the dreadful state in which the public were, we rendered every assistance in our power.' After a day or two of this treatment, the entire panic subsided, and the 'City' was quite calm...

Theory suggests, and experience proves, that in a panic the holders of the ultimate Bank reserve (whether one bank or many) should lend to all that bring good security quickly, freely, and readily. By that policy they allay a panic; by every other policy they intensify it...

The usual defect then is, that the Bank of England does not raise the rate of interest sufficiently quickly. It does raise it; in the end it takes the alarm, but it does not take the alarm sufficiently soon.

Bagehot (1873)[763]

Durch seine Argumentation, dass mittels der Anhebung des Zinssatzes eine sinnvolle Maßregelung der Geschäftsbanken dahingehend erfolgt, dass diese nicht im Unmaß völlig nutzlos Liquidität nachfragen, ergänzte er die bereits existierenden Argumente für eine Liquiditätssteuerung via Zins, wie sie Thornton einst vorgebracht hatte, der den Zins als Mittel zur Eindämmung von Inflation und zur Attrahierung von Kapital/Gold aus dem Ausland gesehen hatte. Somit war für Bagehot neben der Kreditvergabe der Zinssatz ein zentrales Steuerungselement zur Sicherstellung der Stabilität des Finanzmarktes.[764] Im Gegensatz zu Thornton, der zwar auch schon auf die Bedeutung des Zinses hingewiesen hatte, konnte Bagehot eine starke Anhebung desselben fordern, ohne zugleich mit einer Obergrenze des Zinssatzes in Konflikt zu geraten, da zu Bagehots Zeiten die Wuchergesetze, die einst Thornton reglementierten, der Vergangenheit angehörten.[765]

Eine Ankündigung einer solchen Politik unterstreiche dabei ihre Effektivität, ohne dass er – im Gegensatz zu anderen Anhängern der Currency-Schule – dabei eine Gefahr des Aufkommens von Moral Hazard sieht, da mit der Ankündigung der Bereitstellung von LOLR-Fazilitäten auch die Ankündigung eines hohen Zinses einhergeht, der das Moral Hazard-Problem konterkariert.[766]

Bagehot argumentierte, der Lender habe seiner Verantwortung nicht genüge getan, indem er die gegenwärtige Krise durch Bereitstellung von Liquidität beendet hat; es gehöre auch zu seiner Pflicht, den Marktakteuren klar zu kommunizieren, ob er auch in künftigen Krisen großzügig Kredit vergeben wird. Die Verfügbarkeit der Last Resort-Fazilitäten sollte also *vorher angekündigt* sein, denn das Zeigen der Bereitschaft von Seiten der Zentralbank, reduziere die Unsicherheit im Markt und führte zu stabilisierenden Erwartungen, wodurch panikartiges Verhalten gemindert wird und eventuell künftige Krisen vermieden werden können, jedoch ohne genauere Vorgaben zu machen über das exakte Wie und Wann, um der Problematik des Moral Hazard gerecht zu werden.

„... the public have a right to know whether (the central bank) – the holders of

[763] Bagehot (1873), Seite 173, 185.
[764] Vgl. Humphrey, Keleher (1984), Seite 94.
[765] Vgl. Sechrest (1988), Seite 254.
[766] Vgl. O'Brien (2003), Seite 11.

our ultimate banking reserve – acknowledge this duty, and are ready to perform it."

Bagehot (1873)[767]

Unabhängig der Unterschiede zwischen Thornton und Bagehot, kommt auch Bagehot zu der Erkenntnis der Notwendigkeit der diskretionären Politik von Seiten der Zentralbank.

Zusammenfassend konstatiert Bagehot, dass die BoE, also das Banking-Department, nicht nur eine ausreichende Reserve für den Fall einer Panik halten muss, sondern diese auch im Bedarfsfall einsetzen muss. Denn sollte sie nicht eingreifen und alle anderen (Banken) zugrunde gehen lassen, so geht sie die Gefahr ein, selbst unterzugehen – wenn auch als letzte. Sofern die Banking-Reserve zu gering wird, kann die Banking-Abteilung diese nicht kurzfristig erhöhen, wenn eine Panik entsteht, denn sie wird während einer Panik kaum jemanden, der im Besitz von Geld ist, dazu bewegen können, dieses wieder aus den Händen zu geben.

"But, as has been explained, the Bank of England is bound, according to our system, not only to keep a good reserve against a time of panic, but to use that reserve effectually when that time of panic comes…

If the Bank reserve has once become low, there are, in panic, no means of raising it again. Money parted with at such a time is very hard to get back; those who have taken it will not let it go – not, at least, unless they are sure of getting other money in its place."

Bagehot (1873)[768]

Dennoch sollte im Rahmen dieser Diskussion um die geeignete Höhe der Reserve nicht unerwähnt bleiben, dass die Fähigkeit der Wahrnehmung der LOLR-Funktion in der Realität eher utopischer Natur ist. Die Reserve war wohl letztlich zu gering, um im Ernstfall vernünftig reagieren zu können. Das System funktionierte nur deswegen recht reibungslos, da der Markt mitspielte; will sagen: Erkannte der Markt, dass die Zentralbankreserven auf eine gewisse Untergrenze[769] sanken, reagierten die Finanzteilnehmer; sie erwarteten dann eine Leitzinserhöhung und erhöhten selbst – oft schon in vorauseilendem Gehorsam vor der Leitzinserhöhung der BoE – ihre Zinsen. Durch die Leitzinserhöhung wurde dann – wie weiter oben erwähnt – der Goldabfluss gestoppt und die Kreditnachfrage zurückgedrängt.[770]

3.5. Kernaussagen über den klassischen Lender of Last Resort und seine Anwendung

Die Entstehung eines LOLR hängt – wie wir am Beispiel der BoE gesehen haben – eng mit den institutionellen Eigenheiten von Währungssystemen zusammen: Dem System des fractional reserve banking und dem gesetzmäßigen Monopol des gesetzlichen Zahlungsmittels.

[767] Bagehot (1873), Seite 173.
[768] Bagehot (1873), Seite 187ff.
[769] Diese betrug um 1890 etwa 10 Millionen Pfund, um die Jahrhundertwende etwa 20 Millionen.
[770] Vgl. Ziegler (1990), Seite 121.

Die Monopolisierung des gesetzlichen Zahlungsmittels stellt jedoch sicher, dass die Zentralbank ultimativer Bereitsteller von nationaler Währung ist.[771] Diese Rolle ist andererseits auch mit gewissen Verpflichtungen gekoppelt, so dass die Zentralbank als Geldgeber der letzten Instanz einen – durch Panik hervorgerufenen – Zusammenbruch eines fractional reserve banking-Systems, welches ein Währungssystem verwundbar macht, wie im Falle plötzlicher, großer Nachfrage nach der am meisten akzeptierten Form von Geld – Papiergeld oder gegebenenfalls Gold in einem Goldstandard – und einen gewaltigen Anstieg nach Darlehen nach sich zieht, verhindern sollte, da sonst ein dramatischer Fall der Vermögenspreise und möglicherweise auch ein Bank Run infolge der gestiegenen Nachfrage nach Liquidität droht, wie es unter anderem Minsky (1982) bereits beschrieben hat.[772] Seiner Ansicht nach ist diese Notfallhilfe zwar die traditionelle Aufgabe, jedoch nur eine von drei Aspekten der LOLR-Funktion. Als Zweites ist die Restrukturierung der Finanzierung unterschiedlicher Organisationen nach einer Krise zu nennen, so dass das Gewicht spekulativer Finanzierung und Ponzi-Finanzierung verringert wird. Drittens dient der LOLR als Richtschnur für die Entwicklung des Finanzsystems, so dass die Notenbank stets Kontakt zum Markt hat und so den Anteil spekulativer Finanzierung und Ponzi-Finanzierung von vornherein beschränkt.

Der LOLR hat im ersten Fall – durch den Verzicht auf eine Kreditverknappung – vorrangig eine *Kreditkrise* zu verhindern, bevor diese in einer *Finanzkrise* endet. Es ist somit seine ureigenste Aufgabe und Verpflichtung, die monetäre Stabilität sicherzustellen, wobei man Verpflichtung derart interpretieren muss, dass sie sich im *makroökonomischen* Sinne als *marktweite* Verpflichtung verstehen lässt, und nicht als *mikroökonomische* Verantwortung gegenüber einzelnen Banken. Um es noch einmal klar hervorzuheben: Der klassische LOLR hat vorrangig die Liquidität des Marktes und nicht notwendigerweise diejenige einzelner Institutionen zu gewährleisten. Diese Verpflichtung darf aber auch nicht so verstanden werden, dass es die Aufgabe des LOLR ist, alle das Finanzsystem tangierende negative Einflüsse zu verhindern, sondern vielmehr dass es seine Aufgabe ist, die aus Schocks resultierenden Konsequenzen zu minimieren. Damit soll seine Tätigkeit contagion, Spillover- oder Domino-Effekte, die die Stabilität des ganzen Währungssystems gefährden, unterbinden.

Allerdings ist die Intention eines LOLR viel tiefsinniger, das heißt, er muss eine ausreichende Glaubwürdigkeit im Finanzsystem aufrechterhalten, so dass es erst gar nicht zur Hilfestellung kommen muss; denn funktioniert der LOLR effektiv, wird es erst gar nicht zu einem drastischen Nachfrageanstieg nach Darlehen und einem Vermögenspreisverfall kommen. Somit stellt der LOLR indirekt sicher, dass Banken, die zur Liquiditätsbeschaffung Vermögenswerte veräußern müssen, nicht mit (großen) Vermögensverlusten oder schlimmstenfalls mit Insolvenz rechnen müssen.

Unabdingbar ist es dabei, dass er seine Zielsetzungen *im Vorhinein* umfassend dem Markt bekannt gibt, und zwar bevor eine Krise anbricht. Eine glaubhafte Zusicherung ist unverzichtbar, um die Unsicherheit des Marktes darüber zu beseitigen, ob die Zentralbank nun Hilfe leistet oder nicht. Diese Verkündung der Vorgehensweise trägt

[771] Vgl. Bordo (1990), Seite 111f.; Humphrey, Keleher (1984), Seite 74;
[772] Vgl. Minsky (1982), Seite 33ff.

zum Vertrauen des Marktes und der Stabilisierung der Erwartungen bei, was unzweifelhaft zur Vermeidung von Paniken beiträgt.[773] Um jedoch die Moral Hazard-Probleme zu reduzieren, muss der LOLR in seiner Ankündigung klar unterstreichen, dass er *nicht* einzelnen *kränkelnden* Banken, sondern dem *Markt* Hilfe gewähren wird.[774]

Im Übrigen konfligiert die LOLR-Funktion – die der kurzfristigen Stabilisierung dient – nicht notwendigerweise mit langfristigen Zentralbank-Zielen.

Historisch gesehen ist das Einschreiten des klassischen LOLR eng verbunden mit der Existenz von *fixen Wechselkurssystemen* oder Goldstandards, bei denen das langfristige Ziel der heimischen Zentralbank weniger die direkte Kontrolle der Geldmenge, als vielmehr die Aufrechterhaltung der Währungskonvertibilität ist.[775] Folglich ist die Ausdehnung der heimischen Geldmenge an das Anwachsen der (internationalen) Reserve beziehungsweise Gold gekoppelt. Das bedeutet, dass die Zentralbank im Sinne der Beibehaltung ihrer Währungsreserven eine zügellose Ausdehnung der heimischen Notenmenge unterbinden muss, da diese sonst – via Preissteigerungstendenz – übermittelt durch eine verschlechterte Zahlungsbilanz, die einen Schwund an Reserven mit sich bringt, die Währungskonvertibilität gefährdet. Somit hat die Zentralbank unter der Prämisse der Währungskonvertibilität die heimische Kreditvergabe entsprechend knapp zu halten.

Der Notwendigkeit eines LOLR geht dabei häufig eine zu laxe Kreditvergabe voraus. So kann es passieren, dass infolge einer solchen ausufernden Kreditvergabe inflationäre Tendenzen auftreten, die eine Schieflage in der Zahlungsbilanz bedingen, was die internationalen Reserven – respektive Goldbestände – schmelzen lässt (*external drain*) und den so genannten Zahlungsbilanzautomatismus in Gang setzt; dieser soll mittels *restriktiver Geldpolitik* den Reserve- beziehungsweise Goldabfluss stoppen und die Konvertibilität wieder herstellen. Allerdings werden manche Banken, die zu eifrig und unvorsichtig bei der Kreditvergabe waren und somit „faule Kredite" in ihren Portfolios haben,[776] mit größerer Wahrscheinlichkeit aus dem Markt ausscheiden. Nun kann es passieren, dass Depositoren nervös werden, und um die Sicherheit ihrer Einlagen oder die Fähigkeit ihrer Geschäftsbank bangen, Noten gegen Gold zu tauschen, und deshalb ihre Depositen abziehen oder die Einlagen und Noten in Gold eintauschen (möchten). Sie rufen dadurch einen *internal drain* hervor. Allerdings können internal drains auch ohne Verknüpfung mit einem external drain alleine auftreten; so zum Beispiel, wenn es zu mächtigen *Bank Runs* oder zu einem Kollaps im *fractional reserve*

[773] Vgl. Bordo (1990), Seite 112.
[774] Vgl. Capie (1998), Seite 443.
[775] In einem Festkurssystem bedeutet dies die Einhaltung des Parikurses, d.h. das festgelegte Verhältnis von eigener Währung zur (internationalen) Reserve beziehungsweise zum Gold.
[776] Faule Kredite bedeutet, dass die Kreditnehmer, die in Annahme künftiger Prosperität Kredite nachgefragt haben, nun infolge der restriktiven Geldpolitik und damit nachlassender ökonomischer Aktivitäten selbst unter einem Nachfrageausfall leiden und nicht mehr in der Lage sind, die aufgenommenen Darlehen zurückzubezahlen. Somit wird die Bank als nächstes Glied in der Verkettung ebenfalls unter Ausfällen leiden müssen, es sei denn, sie kann auf entsprechende Sicherheiten der Kreditnehmer zurückgreifen; da in solchen Situationen aber sehr viele Akteure eine Liquidierung ihrer Assets vornehmen wollen, wird es ein Überangebot eben dieser geben, was zu einem Vermögenspreisverfall führt und somit nicht zur (vollständigen) Tilgung der Schulden ausreichen wird.

banking-System kommt und durch *contagion* die Solvenz von ansonsten gesunden Banken in Gefahr kommen kann.[777]

Und genau in dieser Situation ist das Auftreten eines klassischen LOLR von Nöten.[778] Im Falle eines internal drain ist es angemessen, wenn der LOLR eine *expansive Geldpolitik* betreibt und die Notennachfrage befriedigt. Dies trägt zur Verbreitung von Sicherheit im Markt, zu Unterbindung von ausufernden Bank Runs, zur Vermeidung des Kollabierens des fractional reserve banking-Systems und zur Umgehung drastischer Einschnitte beim Geldangebot bei. Treten *external* und *internal drain* gekoppelt auf, so sollte für die Zentralbank die Maxime „lend freely at a high rate" gelten: Ein hoher Zinssatz dient dazu, ausländisches Kapital anzuziehen und den external drain umzukehren; gleichzeitig trägt er dazu bei, dass potentielle Darlehensnehmer zunächst versuchen werden, sich über den Markt mit Liquidität zu versorgen und nur im Notfall zur Zentralbank kommen werden, wodurch der LOLR seiner Funktion als Geldgeber der *letzten* Instanz gerecht wird. Ein hoher Zins und damit die Knapphaltung der Kreditvergabe sorgt – ganz neben bei – auch für eine moderatere Inflationsrate. Andererseits stellt die Verfügbarkeit von Krediten sicher, dass die Geschäftsbanken einen *Vermögenspreisverfall* vermeiden können und dass bei den Akteuren ein Gefühl der Sicherheit einkehrt, so dass weitere Bank Runs oder *contagion* gering gehalten oder ausgeschlossen werden können.[779]

Aber auch in *flexiblen Wechselkurssystemen* ist der klassische LOLR kein Relikt vergangener Tage. In solchen Systemen steckt die Geldpolitik nicht mehr im engen Korsett, die Konvertibilität zu gewährleisten, so dass die monetäre Kontrolle und die Preisniveaustabilität ein direktes Zielobjekt wird. Nichtsdestotrotz bleiben auch flexible Wechselkursregime für Bank Runs oder Störungen im fractional reserve banking-System und damit einhergehenden Einschränkungen in der Geldversorgung anfällig. Die Aufgabe des LOLR ist hierbei, Kreditkrisen und im Weiteren Finanzkrisen zu unterbinden sowie Bankenzusammenbrüche und damit verbundene Einschnitte im Geldangebot zu verhindern.[780]

Unabhängig, welches Wechselkursregime man voraussetzt, ist das primäre Ziel eines Geldgebers der letzten Instanz, kurzfristige Kreditinstabilitäten im Hinblick einer langfristigen *monetären Stabilität* zu verhindern; sie herzustellen heißt, bei erhöhter Nachfrage nach Bargeld Engpässe in der Geldversorgung zu vermeiden.[781] Der Zustand monetärer Stabilität dient der Preisstabilität, verringert Schwankungen in der Kreditnachfrage, Bank Runs und sichert die Wertstabilität der Assets der Banken. Gerade zeitnahe und energische Eingriffe, respektive schon die Bereitschaft des LOLR zu solchen Eingriffen, unterbindet Paniken in kürzester Zeit, (lange) bevor das Geldangebot von seinem langfristigen Gleichgewichtspfad[782] abweicht. Kommt es dennoch zu einer Abweichung, so ist die Abweichung für gewöhnlich von geringem Ausmaß und

[777] Vgl. Bordo (1990), Seite 18
[778] Vgl. Kaufman (1991), Seite 170.
[779] Vgl. Freixas et al. (1999), Seite 34.
[780] Vgl. Humphrey, Keleher (1984), Seite 76ff.
[781] Vgl. Humphrey (1975), Seite 9.
[782] Damit ist der langfristige gleichgewichtige Wachstumspfad des Geldangebots gemeint.

kurzer Dauer. Somit ist die LOLR-Funktion der Zentralbank eine sehr *kurzfristige*; eben zur Überbrückung von Krisensituationen.[783]

Die traditionelle Sichtweise des LOLR – klassischerweise unter Annahme eines fixen Wechselkursregimes (Goldstandard) – kann zusammenfassend also folgendermaßen beschrieben werden:[784]

- Die Zentralbank ist der alleinige LOLR in einem monetären System aufgrund seines Notenausgabemonopols.
- Um illiquide Banken vor der Schließung zu bewahren, sollte die Zentralbank Notfallkredite vergeben und zwar auf Basis jeglicher Sicherheiten, die in „gewöhnlichen" Zeiten angenommen werden würden, auch wenn sie in Krisenzeiten nicht mehr marktfähig sind, weil ihr Wert infolge der Krise zu stark gesunken ist. Würde die Kreditvergabe in Notzeiten einzig auf kreditwürdige Wertpapiere beschränkt bleiben, würde mit großer Wahrscheinlichkeit keine Kreditvergabe zustande kommen. Dies soll zudem sicherstellen, dass nur illiquide, aber keine insolventen Banken überleben, so dass die Funktionsweise des Marktes bewahrt bleibt und das Risikoverhalten von Banken etwas eingeschränkt wird.
- Diese Notfallkredite sollten mengenmäßig unbeschränkt sein, sollten aber nur zu hohen Zinsen vergeben werden, damit unnötige Kredite vermieden werden und sich liquide Banken weiterhin an den Markt wenden. Gleichzeitig kann eine schnelle Rückzahlung der Kredite gewährleistet werden.
- Um Krisen schon im Vorfeld abmildern oder verhindern zu können, sollten diese Prinzipien im Voraus bekannt gegeben werden und im Notfall aber auch wie angekündigt befolgt werden.

Es stellt sich nun die Frage, ob sich historisch betrachtet, die BoE auch an die Vorgaben Bagehots (bzw. auch Thorntons) gehalten hat:

Wenn man die Evolution der BoE als Zentralbank betrachtet, fällt zunächst auf, dass die Diktion des 1844 Acts eine grundlegende Ablehnung jeglichen diskretionären Handelns im Geldwesen war. Diese Regelbindung zwang die Bank dazu, über die Konsequenzen ihres Handelns beziehungsweise Nichthandelns sehr genau nachzudenken. Sie musste unter dieser Bürde ihre ganz eigenen Techniken entwickeln, um den Geldmarkt kontrollieren zu können und wuchs mit dieser „Last" mehr und mehr zum LOLR heran. Die im Act von 1833 festgehaltene Pflicht zur Veröffentlichung ihrer Aktivitäten unterstreicht ihre Rolle als Bank der Banken – ganz im Sinne der Transparenzverpflichtung heutiger Notenbanken.[785]

War die Intention der Peelschen Akte eine kontingentierte Geldmenge, so wurde der Zins als preisliches Steuerungselement anfangs lediglich durch das Banking-Department genutzt, da sich dieses ja dem ganz normalen Geschäftskundenbereich verpflichtet sah und entsprechend seiner eigenen Notenreserve den Diskontsatz festlegte. Wie oben aufgezeigt, wurde allerdings auch im Falle der Erschöpfung der Notenreserve dennoch keine völlige Kontingentierung durchgeführt, sondern der Freibrief der Regierung erlaubte eine entsprechend höhere Notenemission. Erst ab 1860 wurde

[783] Vgl. Humphrey (1975), Seite 4f.
[784] Vgl. u.a. Goodhart (2002), Seite 228.
[785] Vgl. Collins (1988), Seite 178.

der Gedanke – getragen von Goschen und später von Bagehot – laut, den Zinssatz als Steuerungsinstrument im Krisenfall heranzuziehen.[786] Nach und nach und eher zögerlich akzeptierte die BoE ihre Rolle als Bank der Banken und nahm von ihrem privaten Betätigungsfeld Abstand und wendete sich zunehmend der Überwachung des Geldmarktes und implizit der Goldreserve zu. Anders als in der Peelschen Akte angedacht war, entwickelte sich nicht das *Issue-*, sondern das *Banking-Department* zu einer *Zentralbank* heutiger Couleur. Die Banking-Abteilung bediente sich nicht nur des Instruments der Diskontsatzvariation, sondern auch des An- und Verkaufs von Wertpapieren am Markt,[787] um die sich am Markt befindlichen Geldmittel auszudehnen oder einzuschränken. Mittels dieser Betätigung am Wertpapiermarkt konnten allzu heftige Bewegungen des Diskontsatzes vermieden werden, weshalb sich nicht zuletzt dieses Instrument zur wichtigsten bankenpolitischen Maßnahme entwickelt hat.[788]

Insgesamt gesehen erkannte die BoE ihre Pflicht als LOLR nicht explizit an, sie akzeptierte diese vielmehr in der praktischen Umsetzung. Es muss dabei aber konstatiert werden, dass sie während des 19. Jahrhunderts keine autorisierte, öffentliche Institution war, die die Verpflichtung hatte, die Währung zu managen.[789]

Ganz im Sinne ihrer Tradition als private Institution gab sie nie öffentlich bekannt, als LOLR zu agieren. Ihre inzwischen breite Akzeptanz dieser Aufgabe und nicht zuletzt die Publikation Walter Bagehots im Jahre 1873, welche die Sinnhaftigkeit eines stabilen Bankensystems unterstrich, ließen nur noch wenige an ihrer Verantwortung als Geldgeber der letzten Instanz zweifeln.[790] Ihre Bereitschaft als solcher tätig zu werden, war aber keineswegs uneingeschränkt; sie hatte sicherzustellen, dass sie durch den finanziellen Beistand ihren Eigentümern keinen finanziellen Verlust einfuhr; so gab sie in keiner Weise allen möglichen Kreditwünschen nach, sondern gewährte nur „*gesunden*" Firmen gegen *beste Sicherheiten* Darlehen.

Gleichwohl wurde ihr die Glaubwürdigkeit von Seiten der Öffentlichkeit zuteil, da registriert wurde, dass es in Zeiten von Liquiditätsengpässen und der Unsicherheit eine Institution gibt, die gegen entsprechende Sicherheiten Kredit gewährt. Ihre Position als LOLR wurde ganz besonders dadurch gestärkt, dass sie seit der Krise von 1847 dazu übergegangen war, keine Kreditrationierung mehr zu betreiben, unter der es auch vorkommen konnte, dass solvente Firmen selbst bei besten Sicherheiten einfach keinen Kredit bekommen konnten, was letztendlich eher zu einer Selbstverstärkung der Krise beitrug als diese aus dem Markt zu nehmen, sondern jede Kreditnachfrage zu befriedigen – nur eben zu einem höheren Zins.[791]

---

[786] Auch Thornton fasste bereits Gedanken in der Richtung, hielt sich aber zunächst mit der Äußerung selbiger zurück.
[787] Die Übertragung des Rechts zur Ausgabe von staatlichen Schatzwechseln erfolgte ja schon kurz nach Gründung der BoE.
[788] Vgl. Collins (1988), Seite 188
[789] Vgl. Collins (1995), Seite 50f.
[790] Vgl. O'Brien (2003), Seite 16.
[791] Vgl. Collins (1988), Seite 182.

Weder als im Jahre 1878[792] die City Bank von Glasgow in Konkurs geriet noch als 1890 die Baring Bank (Baring Brothers & Co.) – eine der größten Londoner Banken – in Zahlungsschwierigkeiten geriet, brach eine systemische *Finanzkrise* aus.[793]

Die Baring Bank, welche durch ihr eigenes unvorsichtiges Handeln mit argentinischen Wertpapieren in die Krise geriet, als die Kurse selbiger absackten, wurde unter Zutun der BoE gerettet, indem die BoE – die einen Verlust ihrer Goldreserven fürchtete – zunächst die Regierung überzeugte, für die nächsten 24 Stunden die Hälfte der Verluste von Baring zu tragen, anschließend koordinierte die Bank eine Art Konsortium, bestehend aus Londoner Banken, die die Schulden übernahmen. Mit dieser Unterstützung hat es die Baring Bank geschafft, innerhalb von 5 Jahren die Schulden mitsamt den Zinsen abzubezahlen. Auch in dieser Krise hob die BoE ihren Diskontsatz an, gleichzeitig wurde sie allerdings bei der Aufstockung ihrer Goldreserven durch die Notenbanken in Russland und Frankreich unterstützt.[794] Die BoE – so könnte man sagen – verhielt sich also in dieser Situation eher als Krisenmanager (crisis manager) und weniger als Kreditgeber der letzten Instanz (crisis lender).

Beide Krisen sind vor dem Hintergrund der seit den 1870er Jahren einsetzenden Fusionswelle und Herausbildung eines ausgeprägten Filialbankensystems zu betrachten. Schon nach der Krise von 1878 hatten die Banken in Großbritannien ihre Liquiditätspositionen deutlich und dauerhaft erhöht; dieser Schritt war ein Ergebnis der Krise von 1878, den die Aktienbanken in Ermangelung von Vertrauen in die Fähigkeit und Bereitschaft der BoE, den durch eine Krise gebeutelten Geschäftsbanken effektiv helfen (zu können), unternahmen. Nach der Krise von 1890 erhöhten die Aktienbanken abermals ihre Liquiditätspositionen aus Vorsichtsgründen; dies ist deshalb verständlich, da die BoE bei der Rettung von Baring zwar ihre LOLR-Funktion wahrnahm, aber gleichzeitig die Hauptgläubiger der Baring Bank außen vor ließ; damit handelte sie ganz und gar nicht wie ein Geldgeber der letzten Instanz, sondern sah – gefesselt in ihrer Geisteshaltung – diese als Konkurrenten an.[795]

Aber nicht nur wegen der möglichen Verweigerung von Lender-Fazilitäten schien es sinnvoll, dass sich die Geschäftsbanken auf ihre eigenen Liquiditätspositionen verlassen sollten, sondern auch deshalb weil einige Institutionen wegen des aufgekommenen Filialbankensystems im Verhältnis zur BoE so groß geworden sind, dass eine vernünftige Unterstützung schlichtweg unmöglich war.

Überhaupt könnte man sagen, dass die Zeit zwischen den 1870er Jahren bis 1914 durch Absenz von Finanzkrisen gekennzeichnet war, obwohl oder vielleicht auch weil gerade in dieser Zeit die Institutionen der Londoner City ein aufstrebendes System von multilateralen Finanzgeschäften bildeten. Sie dominierten das internationale

---

[792] Wenngleich auch manche Autoren diese Krise als Finanzkrise bezeichnen, muss festgehalten werden, dass das Fallieren der Glasgow City Bank eben nicht zu einem Überschwappen auf den Finanzmarkt führte, und es sich somit nicht um eine Finanzkrise im eigentlichen Sinne handelte. Vgl. Ziegler (1992), Seite 138.

[793] Vgl. Collins (1989), Seite 505ff.

[794] Vgl. Kindleberger (1984), Seite 281; Redish (2001), Seite 9; Schwartz (1987), Seite 14.

[795] Vgl. Tilly (2003), Seite 82f.

Kreditgeschäft, was ihnen eine relative Unabhängigkeit von der Performance der heimischen Industrie bescherte.[796]

Dass es nach 1866 zu keiner nennenswerten Finanzkrise mehr kam, wird oft dahingehend erklärt, dass die BoE ihre Rolle als LOLR akzeptiert habe und als solcher zur Verfügung stand; für diese Auffassung spricht, dass die BoE nach 1890 sich darum bemühte, ein kooperatives Verhältnis zum Londoner Geldmarkt aufzubauen, was sich darin manifestierte, dass sie den Diskonthäusern/Wechselmaklern das – ihnen 1858 entzogene – Recht wieder zubilligte, sich bei ihr zu rediskontieren.[797] Andererseits könnte man aber auch behaupten, dass nur deswegen keine bedeutenden Krisen mehr auftraten, da das 1844 verabschiedete enge Regelkorsett nicht so strikt gehandhabt wurde, beziehungsweise dass keine Situationen auftraten, die so heikel waren, dass die Fähigkeiten eines LOLR besonders herausgefordert worden wären. Aber auch deswegen nicht, da die Akteure an die Hilfsmaßnahmen der BoE glaubten und ihr dahingehend jegliches Vertrauen entgegenbrachten.[798] Hier zeigt sich wieder die Erfordernis des Vertrauens in das System, das zu seiner Stabilisierung beiträgt.

Die Vermutung eines geringeren Risikos könnte man mit dem Argument untermauern, dass sich die Geschäftsbanken aus dem risikobehafteten Bereich der Industriefinanzierung zurückzogen. Außerdem spricht gegen die Wahrnehmung der Rolle des Lenders, dass sich die BoE in ihrem Selbstverständnis nach wie vor ihren Anteilseignern verpflichtet und in Konkurrenz zu (anderen) Geschäftsbanken sah, was eine größere, ihren Verpflichtungen entsprechende (brachliegende) Noten- beziehungsweise Gold(bar-)reserve (Banking-Reserve) – als wichtigstes Handwerkszeug eines LOLR – aufgrund der damit verbundenen Opportunitätskosten – per se ausschloss.[799] Allerdings ist die Stabilität des Finanzsektors dahingehend zu beurteilen, dass der Finanzsektor selbst zu seiner Stabilität beigetragen hat, indem er sich auf seine eigenen Ressourcen verließ, ohne dass die BoE Nennenswertes dazu beigetragen hätte.[800] Die Erkenntnis, die die Zentralbanken seit Bagehot 1873 grundsätzlich gezogen haben, lässt sich wie folgt zusammenfassen: „Verleihe freigebig und zeitnah, also nicht zu spät, zwar gegen jede annehmbare Art von Sicherheiten, aber eben zu einem hohen Zins."

Sollte die Bestimmung des Peel`s Act von 1844 den äußeren Geldwert sicherstellen, so entwickelte sich London in der Folgezeit zum internationalen Finanzzentrum, so dass zunehmend mit dem Zins operiert werden konnte. London wurde zur Drehscheibe des internationalen Geld- und Kapitalverkehrs. So brauchte das innere Gleichgewicht nicht mehr länger Anhängsel des Äußeren bleiben. Umgekehrt, England war nun in der Lage – wenn die Handelsbilanz unzureichend war, weil die Preise in England zu hoch waren – den Diskontsatz zu erhöhen, um Kapitalimporte zu generieren, was zu einer Gesundung der Zahlungsbilanz gereichte.

An die Stelle der regulierten Geldmengenpolitik war im Laufe der Zeit die Diskontpolitik getreten. Diesen Diskontsatz setzte man zur Beeinflussung der Zahlungsbi-

---

[796] Vgl. Collins (1995), Seite 44ff.
[797] Vgl. Collins (1988), Seite 190f.
[798] Vgl. Collins (1992), Seite 146.
[799] Vgl. Tilly (2003), Seite 83f.
[800] Vgl. Ziegler (1990), Seite 119.

lanz beziehungsweise zur Veränderung der Goldreserven recht *diskretionär* ein. Damit haben sich im Zeitablauf in der Praxis doch eher die Leitlinien und Vorstellungen der Banking-Schule durchgesetzt. Untermauert werden kann dies durch folgendes Factum: Die Bedeutung der Handelswechsel nahm zunehmend ab; dies hing damit zusammen, dass die bedeutenden Bankhäuser Englands Zweigniederlassungen[801] eröffneten, so dass eine „Verlagerung" von Kreditmitteln mittels *Bankanweisungen* anstelle von Wechseln zwischen den Filialen stattfand. Auch der Scheck ließ den (Inlands-)Wechsel ins Hintertreffen geraten. Lediglich der Auslandswechsel (bills on London) behielt seine Bedeutung. Außerdem nahm die Bedeutung von Depositengeld zu; dieser Umstand brachte auch die Befürworter des Currency-Prinzips dazu, sich der Doctrine der Banking-Schule anzuschließen, die schon immer das Buchgeld zur Geldmenge rechnete.[802]

Eine Begleiterscheinung der gerade angesprochenen Internationalisierung Londons zeigt sich gegen Ende des 18. Jahrhunderts in der „Hilflosigkeit" der BoE im Falle von Krisen, denn einst kleine Geschäftsbanken waren zu mächtigen Institutionen herangewachsen.[803] Rückblickend kann man sagen, dass sich Zentralbanken in aller Welt die von Bagehot proklamierten Prinzipien zunächst zu eigen gemacht haben. Bereits 100 Jahre nach dem Erscheinen von Lombard Street hatten sich die Zentralbanken soweit entwickelt, dass die Kardinalgefahr nicht mehr darin bestand, dass sich die Zentralbanken ihrer Verantwortung gegenüber dem Bankensystem als Ganzen entzogen, sondern darin, dass sie auch „schlechte" Banken unterstützten; der Reflex dieser in Gehorsam zu Bagehots Leitlinien gewährten Hilfe war das Aufkeimen von Moral Hazard-Reaktionen im Geschäftsbankenbereich.

Ein sehr gutes und zugleich aktuelles Beispiel dafür, dass die von Bagehot aufgestellten Prinzipien nach wie vor Geltung besitzen, ist die Reaktion der BoE auf den Zusammenbruch der Baring Bank im Jahre 1995. Die BoE versuchte nicht, die Baring Bank selbst zu retten, sondern weitete die Liquiditätsversorgung für das Bankensystem insgesamt aus.[804]

Andererseits haben sich die institutionellen und organisatorischen Gegebenheiten des traditionellen LOLR gemäß Thornton aber vor allem gemäß Bagehot drastisch verändert, so dass die Frage nach den Überbleibseln ihrer Ansichten nicht unausgesprochen bleiben sollte:

Bagehots LOLR war im Goldstandard und in der Peelschen Bankakte von 1844 gefangen, in dem die Gefahr für die Notenbank darin bestand, selbst in Liquiditätsnöte zu geraten. Ein Vergleich mit heutiger Zeit legt nahe, dass die Organisationsform der BoE nur noch mit einem Currency Board[805] vergleichbar ist. So besteht in beiden Fäl-

---

[801] Dies ist die Folge eines in den 1870er Jahren einsetzenden Konzentrationsprozesses, mit dem eine Verlagerung der Entscheidungsmacht auf die jeweiligen Zentralen in London einherging.
[802] Vgl. Claassen (1980), Seite 23f., Tilly (2003), Seite 66ff.
[803] Vgl. Tilly (2003), Seite 71f.
[804] Vgl. Herring (2005), Seite 28; King (1996), Seite 120.
[805] Ein Currency Board stellt eine regelgebundene Geldordnung dar, bei der der Hauptteil der inländischen Geldbasis durch internationale Währungsreserven oder Gold gedeckt ist. Die Ausgabe heimischer Noten und Münzen erfolgt zu einem Fixkurs gegenüber einer international anerkannten ausländischen Währung, die als Reserve beziehungsweise Leitwährung fungiert. Die emittierende Währungsbehörde garantiert – wie damals die BoE – eine uneingeschränkte Umtauschmöglichkeit des

len die herausragende Rolle der Notenbank in der Einlösbarkeit der Währung in Gold bzw. in der entsprechenden Deckungswährung und die Vermeidung von Bank Runs. Die Stabilisierung der Inflation und die Verstetigung der Konjunkturzyklen sowie die damit verbundenen Vorzüge waren nachrangiger bzw. eher unbekannter Natur.[806]

Typischerweise sind heutige Geldwirtschaften nicht mehr mit festen Wechselkursen an eine Leitwährung gebunden, so dass Bagehots LOLR seine Hauptaufgabe eingebüßt hat, vor allem dadurch, dass Notenbanken heutigen Couleurs eigentlich kein Liquiditätsproblem mehr haben. Gleichzeitig sind (in Industrieländern) die Bankensysteme mit der Zeit zumindest durch Eigenkapitalanforderungen, Überwachungsmechanismen in Hand der Zentralbanken oder in separaten Organisationen und Depositenversicherungen im direkten Vergleich zu damaliger Zeit stabiler geworden und werden weniger von Bank Runs heimgesucht.[807] Zugleich wird damit auch die Notwendigkeit der Forderung nach hohen Zinsen bei der Notfallkreditvergabe in den Hintergrund gerückt, weil einerseits die Unterscheidung von Insolvenz und Illiquidität kaum gewährleistet werden kann und andererseits die Notwendigkeit zur Attrahierung von Goldreserven nicht mehr notwendig ist.[808]

In Thorntons Zeit bestand das Problem der Goldkonvertibilität jedoch nicht, so dass bei ihm der Vergleich mit heutiger Zeit wohl leichter fallen könnte. So lag sein Hauptaugenmerk in der Kontrolle der monetären Basis. Gleichzeitig waren ihm allerdings die Definition von heutigem Geld, die veränderten geldpolitischen Instrumentarien, wie der Übergang zu Offenmarktgeschäften, und die Steuerung der Ökonomie/der Inflation durch den kurzfristigen Zins gänzlich unbekannt.

Beiden Autoren ist gemein, dass sie den LOLR bei der Zentralbank ansiedeln, aber auch diese Ansicht kann heutzutage in Frage gestellt werden, da eher davon ausgegangen werden kann, dass nicht die Notenbank sondern der jeweilige Staat mit seiner Fiskalmacht in der Vergangenheit Krisen abgemildert hat.

Es wird also deutlich, dass die Notwendigkeit des traditionellen LOLR heutzutage in den Hintergrund gerückt, wenn auch nicht gänzlich verschwunden ist. So bleibt noch immer das Anreizproblem (Moral Hazard) übrig, so dass immer noch versucht werden sollte, eine Unterscheidung in Insolvenz und Illiquidität genau vollziehen zu wollen.

Auch spielen Depositen noch immer eine herausragende Rolle, so dass auch der Erhalt des Vertrauens in das Bankensystem durch die von der Zentralbank ausgeübte Transparenz im Vorfeld und während der Hilfeleistungen weiterhin bedeutsam bleibt. Gerade auf dem Interbankenmarkt können noch immer Situationen entstehen, in denen

---

ausgegebenen Geldes in die Reservewährung. Die Verwandtschaft zum Goldstandard ist dabei unverkennbar. Nicht nur aus Konvertibilitätsgründen, sondern vorwiegend zur Disziplinierung der heimischen Inflationsrate zieht ein Abfluss an Währungsreserven eine gleichgerichtete Änderung der Geldbasis nach sich. Das dahinter stehende logische Geflecht folgt dem Zahlungsbilanzautomatismus. Da die Währungsbehörde nur dann die Geldbasis erhöhen kann, wenn das Land Exportüberschüsse oder Kapitalimporte aufweist, kann die Notenbank regulär nicht als Geldgeber der letzten Instanz eingreifen. Vgl. Spahn (2006), Seite 280f.

[806] Vgl. Laidler (2004), Seite 6.

[807] Vgl. Beim (2001), Seite 5f.

[808] Vgl. Crockett (1996), Seite 351ff.

Vertrauen zu und Informationen über die gegnerischen Parteien in solchem Maße verloren geht, dass ein übermäßiger Liquiditätsbedarf entsteht.[809]

Während Thornton und Bagehot sich dafür aussprachen, Krisen an sich nicht durch den LOLR zu verhindern, sondern lediglich ihre Auswirkungen abzumildern, so gibt es in der Gegenwart durchaus konträre Ansichten. So wird diskutiert, Vermögenspreisblasen zu verhindern, indem im Vorfeld versucht werden sollte, Assetpreise zu stabilisieren.

Einige der angesprochenen Punkte werden nun im folgenden Kapitel genauer betrachtet.

---

[809] Vgl. Laidler (2004), Seite 15f.

4. „Moderne“ Ansätze, mögliche Alternativen und der Lender of Last Resort in der Gegenwart

4.1. Moderne Ansätze des Lender of Last Resort

4.1.1. LOLR-Hilfe mittels Offenmarktpolitik: Der Ansatz von Goodfriend/King (1988):

Der traditionelle Ansatz prägt bis heute das Verhalten von Zentralbanken, darüber hinaus hat sich jedoch das System der Geld- und Finanzmärkte – wie die erhebliche Vergrößerung von Interbankenmärkten – deutlich verändert, was Thornton und Bagehot in ihren „Vorgaben“ für das richtige Verhalten von Zentralbanken in Krisenzeiten natürlich nicht berücksichtigen konnten. Auch ist in Industrienationen der interne Kontrollmechanismus, den Zentralbanken in frühen Zeiten gegenüber den Banken aufgrund persönlicher Verbindungen im Management oder der Bildung von Clubs zwischen den Londoner Banken hatten, im Laufe ihrer weiteren Entwicklung hin zur Moderne verloren gegangen.[810] Dies gilt umso mehr, als heutzutage die Bedeutung der Noten auch im Zuge der Verstärkung des bargeldlosen Zahlungsverkehrs durch Informations- und Kommunikationstechnologien weiter zurückgegangen ist, wie eine Zusammenfassung von Forderungen und Verbindlichkeiten deutscher Banken im November 2006 aufzeigt:

Aktiva (Mrd. €)		**Passiva (Mrd. €)**	
		Bargeldumlauf	154,7
Kredite an Nichtbanken im Euro-Währungsgebiet		Einlagen von Nichtbanken	2423,5
Unternehmen und Privatpersonen	2790,3	Repogeschäfte	27,5
öffentliche Haushalte	720,6	Geldmarktfondsanteile	29,5
Aktiva gegenüber dem Nicht-Euro-Währungsgebiet	1.234,40	Begebene Schuldverschreibungen	889,7
Sonstige Aktivpositionen	187,7	Verbindlichkeiten gegenüber dem Nicht-Euro-Währungsgebiet	714,5
Summe	4933,0	Kapital und Rücklagen	337,0
		Überschuss der Inter-MFI-Verbindlichkeiten	-95,7
		Sonstige Passivpositionen	607,0
		Summe	4933,0

Tabelle 4, Quelle: Deutsche Bundesbank (2006a), eigene Darstellung.

Gleichzeitig hat sich auch das Verhalten bzw. die Arbeitsweise von Zentralbanken verändert. Ihnen stehen geänderte Mittel und Verfahrensweisen zur Verfügung, um

[810] Nur kurz zur Wiederholung: Die ersten Zentralbanken waren nicht dazu ausgelegt, moderne Funktionen wahrzunehmen, sondern wurden von den Regierungen als Hauptgeschäftsbank des jeweiligen Staates gegründet, wobei ihnen ein generelles Monopol über die Notenausgabe in speziellen Gebieten gewährt wurde, so dass sie gleichzeitig ein Monopol über die Bereitstellung von Bankengeschäften hatten, was andere Banken zu enger Kooperation zwang.

den gesamtwirtschaftlichen Prozess von der monetären Seite her besser kontrollieren zu können. So ist in Industrienationen tendenziell von flexiblen Wechselkursen auszugehen, die Geldmengensteuerung wurde durch die Zinssteuerung abgelöst, und die Finanzierungsmöglichkeiten der Geschäftsbanken sind durch Refinanzierungsgeschäfte geprägt. Die von Thornton und Bagehot vorgeschlagenen Notfallkredite über das Diskontfenster, welche traditionell die Liquidität am Markt sicherstellen sollten, sind daher inzwischen in den Hintergrund getreten. Kreditvergabe über das Diskontfenster war das Hauptwerkzeug der Zentralbank vor der Weiterentwicklung der Finanzmärkte. In diesem Zuge ist es jedoch durch Offenmarktoperationen[811] abgelöst worden.

Die Unterscheidung zwischen Diskontfenster- (borrowed reserves) und Offenmarktoperationen (non-borrowed reserves) kann am besten durch die Trennung der beiden Funktionen bei der Fed aufgezeigt werden: Das Board of Governors of the Federal Reserve System ist dabei nach Section 12a und 14 des Federal Reserve Act verantwortlich für den Diskontsatz und die Mindestreserve, wohingegen das Federal Open Market Committee – wie der Name schon sagt – gemäß Section 10b und 13 Offenmarktgeschäfte ausführt.

Mit der Gründung des U.S. Federal Reserve Systems im Jahre 1913 wurde die gesicherte Kreditvergabe durch das Diskontfenster das Hauptinstrument der Zentralbankoperationen. Damit wurden die Vorgaben der Real Bills Doctrine direkt festgeschrieben, die die Kreditvergabe der Zentralbank gegen die Sicherheit einer realen Transaktion (real bill) einschränken, um inflationären Tendenzen vorzubeugen. Eigentlich wurde das Diskontfenster durch die Weiterentwicklung auf dem Geld- und Bankenmarkt durch Offenmarktoperationen abgelöst. Dennoch spielen die Diskontkredite des Federal Reserve Systems in den USA auch heute noch eine wichtige Rolle als Sicherheitsnetz gegen aufkommenden Druck auf dem Reservemarkt.
Die Ausweitung der Diskontkredite kann Liquiditätskrisen im Bankenmarkt verringern und das Zahlungssystem in diesen Zeiten stabilisieren.[812] In diesem Rahmen existieren in den USA heutzutage drei verschiedene Kreditprogramme für Banken, die. Primärkredite (Hilfekredite für finanziell gesunde Banken, keine reguläre Finanzierungsquelle), Sekundärkredite (kurzfristige Kredite für Banken, die für Primärkredite nicht qualifiziert sind, um für eine ordnungsgemäße Abwicklung der Bank oder eine zeitnahe Rückkehr an den Markt zu sorgen) und saisonale Kredite (an sehr kleine Banken für den Ausgleich regelmäßiger saisonaler Schwankungen im Liquiditätsbedarf).[813]

---

[811] Offenmarktoperationen sind eine sehr effiziente Möglichkeit, den Markt mit Liquidität zu versorgen. Offenmarktgeschäfte dienen der Umsetzung geldpolitischer Ziele; dabei stellt die Zentralbank den Geschäftsbanken in der Regel für eine befristete Zeit Liquidität zur Verfügung (oder bietet die Möglichkeit, überschüssige Liquidität kurzfristig anzulegen). Die Initiative zur Bereitstellung von Liquidität geht hierbei von der Zentralbank aus, während sie hingegen beispielsweise bei den ständigen Fazilitäten bei den Geschäftsbanken liegt.

[812] Vgl. Fed (2006).

[813] In den letzten 20 Jahren vor der Erneuerung des Diskontkredits lag der geforderte Zins unterhalb des Zinses, den die Banken untereinander auf dem Geldmarkt fordern würden. Erst am 9. Januar 2003 wurde diese Situation geändert und der Basisdiskontsatz (primary rate) um 150 Basispunkte erhöht, so dass dieser ab diesem Zeitpunkt oberhalb des Geldmarktsatzes (federal funds rate) liegt.

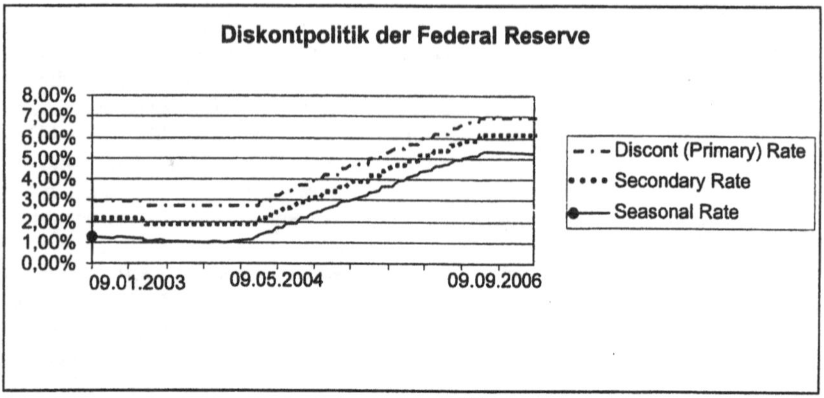

Abbildung 8, Quelle: Federal Reserve, eigene Darstellung.[814]

Als konkretes Beispiel einer derartigen Diskontpolitik kann das Handeln der Fed nach dem 11. September 2001 angesehen werden: Die Ausweitung der Kreditvergabe durch die Fed über das Diskontfenster und Übernacht-Überziehungskredite[815] waren erfolgreich, um den Banken infolge der Störung des Interbankenmarktes genügend Mittel zur Verfügung zu stellen – ganz im Sinne von Thornton, Bagehot und des Federal Reserve Act: „To furnish an elastic currency" –, nachdem bereits im Vorfeld angekündigt wurde, dass das Diskontfenster offen steht, um ausreichend Liquidität bereitzustellen; und weiter hieß es: „The Fed is the lender of Last Resort. If credit is needed to make transactions go, the Fed will provide it".[816]

Alle Diskontkredite müssen dabei über von der Fed als akzeptabel betrachtete Sicherheiten, wie Obligationen des US-Schatzamtes oder Regierungsobligationen, abgedeckt werden. Für jede dieser Sicherheiten werden darüber hinaus Bewertungsgrenzen eingerichtet, die den maximal beleihbaren Prozentsatz des Marktwertes des jeweiligen Vermögenswertes bilden, wobei in die Festlegung des Wertes auch noch die finanziellen Konditionen der betroffenen Banken mit eingehen.

Dem klassischen Anspruch nach einer Absicherung der Notfalldarlehen wird also bei der Vergabe der Diskontkredite im Federal Reserve System genügend Rechnung getragen, auch wenn Bankenprobleme in den USA vorwiegend durch Depositenversicherungssysteme und nicht durch die Zentralbank gelöst wurden. Gleichzeitig kann argumentiert werden, dass die klassische LOLR-Doktrin in einer Zeit entwickelt wurde, in der die Finanzmärkte unterentwickelt waren.[817] So stößt gerade die Diskontpolitik bei einigen Ökonomen auf Widerstand. Milton Friedman (1960) empfahl, dass die Befugnis der Fed, bestimmten Banken, privaten Institutionen und weiteren Akteuren Kredite zu vergeben, aufgehoben werden müsste, weil sie als inkonsistent mit der Geldpolitik anzusehen sei. Die auf Offenmarktoperationen beruhenden Wertpapierkäufe auf dem Offenmarkt dagegen erlauben es den in Schwierigkeiten befindlichen Kre-

[814] Vgl. Federal Reserve (2007).
[815] Dies war ungesichert möglich, weil die Banken an sich keine Probleme aufwiesen.
[816] Vgl. Lacker (2003), Seite 3, 9.
[817] Vgl. Kaufman (1991), Seite 181ff.

ditnehmern, Liquidität zu erhalten, ohne sich auf das Diskontfenster oder standing facilities verlassen zu müssen in Zeiten, in denen keiner Kredite vergeben will.[818] Tatsächlich wurde infolge der enormen Hilfeleistungen an die Continental Illinois Bank durch das Diskontfenster 1984, das Hilfeersuchen über das Diskontfenster mit der „Schande", dass man am Geldmarkt keine Liquidität mehr erhält, gleichgesetzt.

So hätten Offenmarktoperationen den Vorteil, schneller zu sein, ohne die Reservemenge innerhalb der individuellen Kreditnehmer umzuverteilen.[819] Gleich-zeitig würde durch die Anwendung der Offenmarktoperationen bei Notfallhilfe der politische Druck auf den LOLR reduziert werden, allen finanziell geschwächten Ein-heiten über das Diskontfenster Hilfe zu leisten, vor allem denjenigen nicht, die finanziell besonders geschwächt sind, aber politisch/wirtschaftlich mächtig.[820]

In der klassischen Auffassung einer monetaristischen Zentralbankpraxis definieren Goodfriend und King (1988) damit die Diskontpolitik der Notenbank als *Bankenpolitik* und nicht als *Geldpolitik*, was für sie weit reichende Folgen für die Ausübung der Diskontpolitik für Notfallkredite hat.[821]

Geldpolitik beinhaltet für sie immer Veränderungen in der Geldbasis, da Zentralbanken als Monopolisten bezüglich der Notenausgabe allein die Geldbasis beeinflussen können; eine Vergabe von Diskontkrediten, die ebenfalls die Geldbasis variieren lässt (unsterilisierte Diskontpolitik), kann damit zwar auch als Geldpolitik bezeichnet werden, ist aber, wie bereits angedeutet, der Offenmarktpolitik unterlegen, so dass diese Maßnahmen im Folgenden weiterhin unbeachtet bleiben.[822] Die Geldpolitik (*money view*) kann dabei als Verantwortung gegenüber der *Makroökonomie* verstanden werden, so dass *einzelne* Banken keinerlei Unterstützung erhalten.

Bankenpolitik dagegen bedeutet erstens Veränderungen der Zusammensetzung der Vermögensseite der Zentralbankbilanz, ohne dass deren Gesamtvolumen variiert und damit die Geldbasis Veränderungen unterliegt, und zweitens Regulierungs- und Überwachungstätigkeit der Zentralbank gegenüber Geschäftsbanken.[823]

Mittels der *Bankenpolitik* (sterilisierte Diskontkredite) verfolgt die Zentralbank eine Aufgabe, die mit der normaler Geschäftsbanken verglichen werden kann, die ebenfalls im Rahmen ihrer Aufgaben keine Veränderungen der Geldbasis hervorrufen können und ihre Kunden überwachen müssen. Bankenpolitik der Zentralbank beinhaltet also die Vergabe von Darlehen über das Diskontfenster an Geschäftsbanken, wobei die dafür notwendigen Mittel durch Verkäufe von anderen Vermögenswerten aufgebracht werden (reiner Aktivtausch). Damit erwächst aus dieser Politik eine *mikroökonomische* Verantwortung gegenüber einzelnen Institutionen. Während Offenmarktpolitik die Liquidität des Gesamtmarktes erhöhen kann, ist es durch Diskontpolitik möglich, einzelnen Banken gesonderte Unterstützung zu gewähren, ohne die Liquiditätsausstattung des Gesamtmarktes zu beeinflussen, indem die Zentralbank einen „priva-

---

818 Vgl. Friedman (1960), Seite 30ff., 84ff., 100.
819 Vgl. Humphrey, Keleher (1984), Seite 78.
820 Vgl. Kaufman (1991), Seite 181.
821 Vgl. Goodfriend, King (1988), Seite 4.
822 Dies heißt allerdings nicht, dass die Fed seit ihrem Bestehen keine unsterilisierte Diskontpolitik betrieben hat; tatsächlich wählte sie diese Vorgehensweise unzählige Male.
823 Vgl. Goodhart, Illing (2002), Seite 10.

ten" Kredit an einen Kunden (die Geschäftsbank) vergibt.[824] Diskontkredite sind damit also eine bedeutende Quelle schnell verfügbarer, kurzfristiger Kredite an einzelne Banken und nicht an das Gesamtsystem. Eine Kreditvergabe an einzelne Banken sollte allerdings so lange unterlassen werden, solange die Zentralbank nicht über bessere Informationen als der Markt bezüglich der Kreditnehmer verfügt.[825]

Da diese Kredite allerdings kurzfristig notwendig werden, hängt an der Unterscheidung(-sfähigkeit) zwischen Illiquidität und Insolvenz, das reibungslose Funktionieren dieses Diskontfensters.[826] Illiquiden Banken muss zur Seite gestanden werden und mittels (Diskont-)Krediten Liquidität vermittelt werden, insolventen Banken ist dagegen die Diskontmöglichkeit verwehrt, sie müssen ihre Geschäftstätigkeit auch aus Effizienzgründen einstellen.[827]

Wie bei privater Kreditvergabe sind die Notfallkredite der Zentralbank über das Diskontfenster aber auch abhängig von der Überwachung und Kontrolle dieser Kreditgeschäfte, um das Eingehen zu großer Risiken bei den Geschäftsbanken zu vermeiden und damit die möglichen Verluste der Zentralbank zu minimieren.[828] Zusätzlich hängt das Risiko der Diskontkreditvergabe eng mit der dargebotenen Sicherheit zusammen. In der Regel werden derartige Kredite nicht vollständig abgesichert, da eine derartige Vorgabe Kredite über das Diskontfenster unnötig werden ließe, weil die betroffenen Banken diese Sicherheiten jederzeit am Markt liquidieren könnten und sich erst gar nicht an die Zentralbank wenden müssten. Aus diesem Grund ist eine unvollständige Absicherung effektiver. Gleichzeitig ist eine korrekte Einschätzung der Sicherheiten unumgänglich, um die finanzielle Situation der Bank genau zu ermitteln. Informationen über derartige Zustände sind allerdings kostenintensiv und nicht unbedingt rechtzeitig, also sehr schnell, ermittelbar. Dann aber sieht sich die Zentralbank derselben Schwierigkeit gegenüber wie eine Geschäftsbank. Sie hat die Diskontkredite in diesem Fall einem durchschnittlichen Risiko der Kreditnehmer anzupassen, so dass „gute" Kreditnehmer unter Umständen einen zu hohen Zins entrichten müssten. Diese wenden sich dann aber an den Markt, so dass allein „schlechte", insolvente Kreditnehmer bei der Zentralbank um Diskontkredite ersuchen.[829]

Diesen Anforderungen versucht das Diskontfenster der Fed mitsamt seinen Ausprägungen Rechnung zu tragen. Zu generös dürfen Kredite nicht vergeben werden, um das Risiko nicht zu sehr zu erhöhen, andererseits darf die Vergabe auch nicht zu strengen Regeln folgen, um unnötige Schließungen von Banken zu vermeiden. Regulierung ist also wie bei privater Kreditvergabe ein notwendiges Übel.[830] Eine strenge Überwachungs- und Kontrolltätigkeit ist dabei im historischen England durch die BoE nicht in dem Maße notwendig gewesen, wie sie heutzutage notwendig ist. Durch die Herausbildung enger Bindungen infolge geschäftlicher Kontakte der BoE zu den Lon-

[824] Vgl. Goodfriend, King (1988), Seite 13ff.
[825] Vgl. Kaufman (1991), Seite 181.
[826] Vgl. Goodfriend, King (1988), Seite 8f.
[827] Vgl. Goodfriend (1991), Seite 16.
[828] Vgl. Kaufman (1991), Seite 181.
[829] Vgl. Goodfriend, Lacker (1999), Seite 9.
[830] Aus diesem Grund ist es nicht überraschend, dass Diskontpolitik und Überwachung bei Zentralbanken stets miteinander einhergehen. Vgl. Goodfriend, Lacker (1999), Seite 11f.

doner Banken und der Bildung von Clubs im Londoner Clearing-Markt bestanden bessere Informationsgrundlagen als in heutiger Zeit. So war die Effizienz des klassischen Vorschlags für einen LOLR gemäß Thornton und Bagehot „lend freely at a high rate" erfüllt.

Typischerweise werden heute in Situationen, in denen die Gesamtliquidität am Markt gestört ist, zum Erhalt dieser Offenmarktoperationen getätigt, wenngleich nicht jedes Offenmarktgeschäft als LOLR-Aktivität gewertet werden darf. Dennoch steht die *kurzfristige* LOLR-Funktion – die Verhinderung plötzlicher Abfälle in der Geldversorgung – nicht in Konflikt mit den langfristigen Zielen Preisstabilität, Wirtschaftswachstum und Beschäftigung. Die Ziele sind nicht als konfligierend, sondern vielmehr als komplementär zu betrachten.

Auch das Federal Reserve Board hat diesen Veränderungen Rechnung getragen:

> „Under present conditions, sophisticated open market operations enable the System to head off general liquidity crises, but such operations are less appropriate when the System is confronted with serious financial strains among individual firms or specialized groups of institutions.... It is in connection with these limited crises that the discount window can play an effective role as 'lender of last resort'."
>
> Board of Governors of the Federal Reserve System (1971)[831]

Ebenso spielt im Maßnahmenkatalog der EZB die Kreditvergabe an Banken in Liquiditätsnöten über die Spitzenrefinanzierungsfazilitäten nur noch eine untergeordnete Rolle; bei diesen existiert zwar keine Mengenbegrenzung, um dem Auftreten etwaiger Liquiditätsengpässe einzelner Banken über Nacht großzügig entgegenwirken zu können, gleichzeitig ist der darauf geforderte Zins ca. einen Prozentpunkt höher als bei einer Refinanzierung am Markt, um diese Hilfe tatsächlich auf Notfälle zu beschränken, so dass dem Markt der Vortritt gelassen wird, wie es Bagehot forderte.

Die Ausführungen zeigen, dass der Markt[832] ebenso effizient Kredite an illiquide Banken zur Verfügung stellen kann wie Zentralbanken; sollten darüber hinaus Geschäftsbanken am Markt keine Kredite mehr erhalten, so ist dies als Zeichen von Insolvenz und baldiger Rekapitalisierung zu werten. Die Diskontpolitik der Zentralbanken verliert damit nicht nur an Bedeutung, sondern führt über die Generierung von Moral Hazard zu ineffizienten Ergebnissen.[833]

Aufgrund der Ähnlichkeit zwischen (sterilisierter) Diskontpolitik (Bankenpolitik) und der Kreditvergabe auf privater Basis zwischen den Banken selbst kann damit auf erste Maßnahme gut verzichtet werden.[834] Nicht nur dass derartige Maßnahmen eine kostspielige Überwachung und Kontrolle der Geschäftsbanken verlangen würden, sie öffnen zusätzlich Tür und Tor für den Erhalt von Banken – auch wenn das Marktgeschehen eine Schließung derselben bedingen würde –, der nicht mehr beschränkt

[831] Board of Governors of the Federal Reserve System (1971), Seite 19.

[832] Beispielsweise über Clearinghäuser, wie sie zur Zeit vor der Gründung der Fed bestanden haben; und welche als „Vorläufer" angesehen werden können, da sie Clearing-Zertifikate als Notenersatz ausgaben.

[833] Vgl. Goodfriend, King (1988), Seite 15ff.; Goodhart, Illing (2002), Seite 11.

[834] Vgl. Goodhart, Illing (2002), Seite 11.

werden können und zu politischem Druck und Partikularinteressen beitragen.[835] Auch wird das Risikoverhalten der Geschäftsbanken gelockert, was die Wahrscheinlichkeit und Schwere zukünftiger Finanzkrisen nur noch vergrößern würde, indem darüber hinaus die Effizienz der privaten Märkte reduziert würde. Zudem kann *Bankenpolitik* in Krisenfällen eine Erhöhung der Geldbasis und damit eine Verbesserung der Liquiditätsausstattung der Gesamtwirtschaft nicht herbeiführen, während *Geldpolitik* die in Krisenzeiten notwendigen Mittel bereitstellen kann. Dabei muss bei der Betrachtung der Wirkungsweisen nicht unterschieden werden, ob Geldpolitik im Sinne einer Offenmarktpolitik oder im Sinne unsterilisierter Diskontkredite verstanden wird, wobei bereits an vorheriger Stelle nach Maßgabe der Autoren verdeutlicht wurde, dass Offenmarktpolitik der (unsterilisierten) Diskontpolitik überlegen ist.[836]

Diese Argumentation bezieht sich zwar zunächst nur auf die Notfallhilfe an einzelne illiquide Banken, kann aber nach Ansicht von Goodfriend und King auch auf systemische Bankenkrisen angewendet werden, wenn die breite Masse der Bevölkerung ihre Einlagen in Bargeld umzutauschen wünscht, so dass die Zentralbank großzügig Geld über den Offenmarkt zur Verfügung zu stellen hat.

Einer Notfallkreditvergabe des LOLR über Offenmarktpolitik hätten selbst Thornton oder Bagehot zugestimmt und auf eine Diskontkreditvergabe verzichtet, da jedoch diese Handlungsweise im England des 19. Jahrhunderts noch unbekannt war, kam die Offenmarktpolitik nicht in Frage. Hätte dagegen Bagehot in heutiger Zeit gelebt, bzw. wäre diese geldpolitische Maßnahme bereits damals zur Verfügung gestanden, hätte auch er Offenmarktpolitik als die *einzig wahre* LOLR-Maßnahme empfohlen.[837]

Diese Ansicht vertreten dabei nicht nur Goodfriend und King, sondern auch weitere Autoren wie Kaufman (1991), der ebenfalls die Meinung vertritt, dass ein LOLR nicht zur Aufgabe haben sollte, individuellen Banken zu Hilfe zu kommen, sondern dem Markt durch Bereitstellung von zusätzlicher Liquidität in Notfällen eine Finanzkrise zu ersparen, was allein durch Offenmarktpolitik sichergestellt wird, während eine Diskontpolitik immer eine Gewährung von Notfallkrediten an einzelne Banken umfasst. Dabei betont er besonders die technischen Neuerungen in heutiger Zeit, die zur Ausdehnung der Transaktionen auf den Finanzmärkten und besonders zu ihrer Beschleunigung beigetragen haben, so dass fire sale losses wahrscheinlicher werden.[838] Im Falle neuer Informationen sind so schnellere Neubewertungen der Portfolios notwendig, die bei unzureichenden Informationen über Gleichgewichtspreise zu panikartigen Verkäufen und zu einem flight to quality (der Flucht in sichere Anlagen) führen können. Der daraus resultierende Einkommens- und Vermögensverlust ist dabei durch die Zentralbank als LOLR zu minimieren und hat daher die Volkswirtschaft via Offenmarktoperationen mit Liquidität auszustatten. Die Gefahr der fire sale-Verkäufe, der damit verbundenen Realeinkommenseinbrüche und des flight to quality bedingen also die Notwendigkeit eines LOLR; weniger dagegen der Zusammenbruch von Bank-

---

[835] Vgl. Goodfriend (1991), Seite 15f.
[836] Vgl. Goodfriend, (1991), Seite 16.
[837] Vgl. Kaufman (1999), Seite 8.
[838] Vgl. Briault (1999), Seite 30f.

Kundenbeziehungen oder die Rückgänge im Geldangebot, wie es Friedman und Schwartz (1963) proklamierten.[839]

Diese „moderne" Theorie scheint auf der einen Seite zwar konsistent mit traditionellen Gedanken zu sein, wirft aber andererseits neue Probleme und Fragen auf, wie die Möglichkeit zur Unterscheidung von illiquide oder insolvent, die Bagehot zwar erkannte, jedoch aufgrund der Unterstellung der Sicherheiten vernachlässigt hat, oder die Möglichkeit zur Unterscheidung zwischen regulärer Offenmarktpolitik und Offenmarktpolitik als LOLR-Maßnahme.

Diese Problematik führt zur nachfolgenden „neuen" LOLR-Theorie bzw. zu Gedanken, die explizit von Charles Goodhart (u.a. 1985) verfolgt werden.

4.1.2. Der Banking View und seine Erweiterung zu too big to fail:

> „Monetary economists have tended to concentrate, perhaps unduly, on the special nature of bank liabilities: it is, just as much, the special characteristics of bank assets that make the establishment of a central bank essential."
> Goodhart (1985)[840]

Mit dieser Aussage macht Goodhart auf die Problematik aufmerksam, dass es an der Aktivseite der Bankenbilanz, vorwiegend an der fehlenden Marktfähigkeit der Bankendarlehen, liegt, dass Banken für einen Zusammenbruch anfällig werden und dadurch auch Kunden der Zugang zu Krediten erschwert wird, weil Banken dann infolge einer Risikoneubewertung eher in marktfähige, weniger riskante Projekte investieren als Darlehen vergeben; diese Umstände machen die betroffene(n) Geschäftsbank(en) zum potenziellen „Kandidaten" für die Unterstützung durch die Zentralbank. Dabei spielt es keine Rolle, ob ein Bank Run infolge verschlechterter wirtschaftlicher Bedingungen auf Seiten der Kreditnehmer sich dadurch bemerkbar macht, dass eine Vielzahl von Einlegern ihre Depositen in Geld einlösen (Erhöhung des Liquiditätsbedarfs) oder zu anderen Banken transferieren wollen (Liquiditätsbedarf bleibt konstant); wichtig ist nur, dass Depositen deswegen umgeschichtet werden, weil in Krisensituationen der Wert der Vermögenswerte, insbesondere der nicht-marktfähigen Darlehen, in hohem Maße unbekannt ist. Da kein Akteur diesen Wert kennt, entsteht die Vermutung, dass infolge der Insolvenz einer Bank andere Banken mit ähnlichen Darlehen insolvent sein könnten. Derartige Verbindungslinien und Beziehungen hat Bagehot nicht berücksichtigt, vielmehr ging er von der Differenzierungsfähigkeit zwischen Insolvenz und Illiquidität von Banken anhand der als Sicherheiten dargebrachten Wechsel aus – wobei er sowieso nur die illiquiden Banken einer Unterstützung für würdig gehalten hat. Goodhart ist allerdings der Auffassung, dass die Differenzierung in Insolvenz und Illiquidität de facto nicht so vollzogen werden kann; diese Schwierigkeit der Spezifizierung fußt auf der Tatsache, dass aus Illiquidität Insolvenz resultieren kann, und deswe-

---

[839] Einzelne Bank-Kundenbeziehungen seien nicht so bedeutsam, da Bankkunden nicht nur mit einer Bank in Beziehung stehen. Allerdings konnten in der Vergangenheit gerade in bankbasierten Systemen mit unterentwickelten Einlagenversicherungen einzelne Bank Runs auch auf unbetroffene Banken nachgewiesen werden, die auch zum starken Einbruch von Kredit- und Informationsbeziehungen beitrugen. Vgl. Kaufman (1991), Seite 174; Schwartz (1986), Seite 11.

[840] Vgl. Goodhart (1985), Seite 34.

gen die beiden „Zustände“ nicht völlig losgelöst voneinander betrachtet werden können, gerade da der Übergang fließend sei.[841]

Illiquidität und Insolvenz können also stark voneinander abhängen oder Insolvenz kann möglicherweise auch nur ein temporärer Zustand sein, wenn zum Beispiel infolge starker Abschwünge bei Vermögenspreisen eine Paniksituation entsteht. In „normalen“ Zeiten wäre die entsprechende Bank überlebensfähig (nur illiquide) gewesen, in dieser Krisenzeit womöglich aber insolvent. Damit existieren heutzutage aber auch keine reinen Liquiditätskrisen mehr, sondern der Zustand verschleiert nur Solvenzkrisen.[842]

Dass selbst Bagehot heute keine Unterscheidung zwischen insolventen und nur illiquiden Banken bestimmen würde, kann gemäß Goodhart in einzelne seiner Aussagen hineininterpretiert werden.[843] Dadurch, dass zu Bagehots Zeit die Diskontierung von Wechseln die Haupttätigkeit war, Liquidität in den Markt zu bringen, die Qualität dieser Wechsel jedoch nicht den finanziellen Status der Geschäftsbank darstellt, sondern den Zustand des Ausstellers dieses Wechsels verdeutlicht, hing die Kreditvergabe in Krisenzeiten nicht vom individuellen Kreditnehmer, sondern vom Aussteller des Wechsels bzw. vom Wert des Wechsels selbst ab. Diesen Wert konnte dann die Zentralbank als Beleg dafür sehen, ob seine Annahme und die damit verbundene Kreditvergabe an die Geschäftsbank zu einem großen oder nur zu einem kleinen (oder möglicherweise keinem) Verlust führen würde.[844] Angewendet auf heutige Zeit würde zusätzlich die Forderung Bagehots, die Vermögenswerte zu Vorkrisenwerten anzusetzen, bedeuten, dass diese Werte zum Zeitpunkt der Bewertung gesund und noch nicht durch Vermögenspreisblasen verzerrt waren, was jedoch in den meisten Fällen nicht anzufinden ist.[845]

Wie bereits an vorheriger Stelle erläutert, haben Offenmarktoperationen inzwischen diesen Wechseldiskont oder Diskontkredit als Hauptinstrument der Liquiditätsversorgung, sei es in normalen Zeiten oder Krisen, aus Effizienzgründen abgelöst.[846] Gleichzeitig wurden im Zuge der neuen Finanzinstrumente die Kreditmärkte zunehmend transparenter und vollständiger. Dennoch wurden im Zuge dieser Entwicklung Banken- und Finanzkrisen nicht gänzlich abgebaut, gerade weil – wie bereits dargelegt – mikroökonomische und makroökonomische Bedingungen (Krisenauslöser und –verstärker) die Finanzmärkte nicht unbedingt *effizienter* haben werden lassen. Dann aber können individuelle Hilfeleistungen an einzelne Finanzinstitutionen wohlfahrtsfördernd sein, da eine LOLR-Hilfe im Sinne einer Offenmarktoperation gegenüber dem Gesamtmarkt nur unter der Voraussetzung der Annahme effizienter Kredit- und Geld-

[841] Vgl. Diamond, Rajan (2002), Seite 0; Goodhart (1985), Seite 35.
[842] Vgl. Carapelle, Di Giorgio (2004), Seite 2.
[843] Andererseits bestehen in der Wissenschaft konträre Meinungen bezüglich der Interpretation Bagehots. Auch ich bin überzeugt davon, dass gerade die Unterscheidung insolvent und illiquide auch heute noch den größten Stellenwert einnimmt, gerade vor dem Hintergrund der Zunahme von Bankenproblemen aufgrund stärkerer Volatilität im Bereich der Vermögenswerte und des drohenden Verlustes auf Seiten der Notenbanken.
[844] Vgl. Goodhart (1993), Seite 27.
[845] Vgl. Fritz-Gibbon, Gizycki (2001), Seite 7.
[846] Vgl. Rochet, Vives (2002), Seite 3.

märkte selbst effizient wäre[847], da im Falle einer Offenmarktpolitik bei nicht effizienten Märkten in einer globalen, perfekt integrierten Welt die notwendige Liquidität außer Landes fließen würde und nicht bei den betroffenen Banken ankäme.[848]

Würde man effiziente Märkte unterstellen, so können Offenmarktoperationen, die allein der Liquiditätsversorgung in Krisenzeiten infolge eines Vertrauensverlustes in das Bankensystem dienen, als LOLR-Aktivität gewertet werden, was damit der Abgrenzung zu regulären Offenmarktinterventionen bedarf.

Diese Unterscheidung ist in der Realität jedoch kaum durchführbar, es sei denn, eine Zentralbank würde genau darlegen, dass x Prozent der Liquidität des Offenmarktgeschäftes dem normalen Alltagsgeschehen zuzuordnen sind, die restlichen y Prozent aber der Bedienung einer Notfallliquidität dienen. Ohne diese Unterscheidungsmöglichkeit kann aber die Tätigkeit eines LOLR nicht definiert und bestimmt werden.[849]

Um der gesamten Problematik dennoch einigermaßen Herr zu werden, ist eine Kreditvergabe an in Liquiditätsnot geratene Banken durch die Zentralbank unumgänglich und zwar auf individueller Basis, an eine einzelne Bank über das Diskontfenster; erst diese Maßnahme kann damit als LOLR-Politik verstanden werden.[850]

Allerdings können sich Banken in der Regel ihre benötigte Liquidität untereinander selbstständig auf dem Interbankenmarkt verschaffen, vor allem da diese Kredite in der Regel billiger sind als direkt von der Zentralbank.[851] Eine Geschäftsbank wird sich daher im Normalfall für eine Kreditaufnahme immer nur dann an die Zentralbank wenden, wenn sie am Interbankenmarkt keine Liquidität mehr erhält.[852] Normalerweise tritt diese Situation aber nur ein, wenn die jeweilige Geschäftsbank über keine ausreichenden Sicherheiten mehr verfügt und ihr Finanzvertrauen am Markt verloren hat, so dass sie ohne Sicherheiten keine Kredite mehr erhält. Ein ausreichend großer Schock kann dabei dafür sorgen, dass Banken auf dem Interbankenmarkt die Qualität anderer, um Kredit ersuchender Banken auch aufgrund von Koordinationsfehlern nicht mehr richtig einschätzen können und ihre Liquiditätsüberschüsse in weniger riskante Projekte investieren werden, so dass die Gesamtliquidität am Markt sinkt.[853] Eine sich in einer derartigen Situation an die Zentralbank wendende Geschäftsbank steht damit also in der Regel immer im Verdacht, insolvent zu sein, es sei denn, der Gesamtmarkt ist betroffen. Je höher dabei der von der Zentralbank gewählte Zins auf (Notfall-)Kredite ausfällt, desto weniger wahrscheinlich wird es sein, dass sich Geschäftsbanken für Kredite an die Zentralbank wenden. Vielmehr ist es umso verständlicher, dass sich einzelne Geschäftsbanken auf dem Interbankenmarkt ihre Liquidität beschaffen, solange sie noch in der Lage dazu sind bzw. solange die Liquidität des Marktes sichergestellt ist.

---

[847] Vgl. Goodhart (1999), Seite 231.

[848] Vgl. Jeanne, Wyplosz (2001), Seite 22.

[849] Vgl. Goodhart (1999), Seite 231.

[850] Vgl. Fischer (1999), Seite 497.

[851] Zwar kann es in Ausnahmefällen auch dazu kommen, dass die Kreditvergabe über die Zentralbank gleich teuer oder sogar billiger ist (wie im Falle der Fed vor 2003), dies ist aber nicht die Regel.

[852] Vgl. Goodhart (1993), Seite 288f.

[853] Vgl. Goodhart (1987), Seite 10f.; Jeanne, Wyplosz (2002), Seite 3; Rochet, Vives (2002), Seite 34ff.

Dass somit um Kredit bei der Zentralbank ersuchende Banken unter dem allgemeinen Verdacht der Insolvenz stehen, ist verständlich und kann wahrscheinlich bis auf wenige Fälle auch als realitätsnah angesehen werden.[854]

In diesem Zusammenhang dürfte es also (fast) keinerlei individuelle Kredite der Zentralbank an Geschäftsbanken geben, da im Allgemeinen vermutet werden kann, dass die betroffene Bank insolvent ist.[855] Bagehots Regel(n) würde ansonsten gebrochen werden. Um jeglichen Verdacht der Insolvenz zu beseitigen, würden zusätzlich erhebliche Kosten für die jeweilige Informationsbeschaffung entstehen. Auch wenn dies für eine Zentralbank einfacher zu handhaben ist, muss die Gesamtsituation in ihre Überlegungen einbezogen werden, in der allerdings der Übergang von illiquide zu insolvent sehr fließend ist.[856] So wird es Situationen geben, in denen die Zentralbank mit großer Sicherheit behaupten kann, dass die betroffene Bank insolvent ist, wobei dann das entsprechende Kreditgesuch eindeutig gemäß Bagehots Regeln abzulehnen ist, es wird aber ebenfalls Situationen geben, in denen der Zustand der Bank verschleiert bleibt und die Zentralbank nicht eindeutig über den Zustand der Geschäftsbank urteilen kann. Auch der Interbankenmarkt kann dann aufgrund mangelnder Effizienz keine Liquidität bereitstellen, wenn auf ihm selbst nur unvollständige Informationen zur Verfügung stehen und die Geschäftsbanken in Krisenzeiten bei der Bereitstellung von Überschussliquidität mehr Vorsicht walten lassen, so dass die Zentralbank bereitstehen sollte.[857]

Selbst wenn argumentiert werden kann, dass die LOLR-Politik aufgrund der Gefahr, dass insolventen Banken Hilfe geleistet wird, unter Berücksichtigung einer eventuellen Inkonsistenz zu Bagehots Regeln, auf Offenmarktoperationen beschränkt bleiben sollte, so kann in diesem Fall auch eine gegensätzliche Meinung vertreten werden. Denn die von Bagehot aufgestellten Regeln dienen nur dazu, eventuelle Verluste für die Zentralbank zu minimieren, und die Ausweitung der Geldbasis möglichst klein zu halten, um der Gefahr großer Inflationsraten zu entgehen. Bagehots Intention war eben nicht gewesen, die Solvenz des potenziellen Kreditnehmers über die vorgelegten Sicherheiten zu beurteilen.[858]

Durch die Entwicklung der Zentralbanken hin zu heutigen Standards und Beurteilungsmaßstäben muss zudem nicht mehr befürchtet werden, dass die Sicherstellung der finanziellen Stabilität zu drastischen Abflüssen von Goldreserven und damit zu Verlusten der Vermögenswerte auf Seiten der Zentralbankbilanz führen wird. Heutzutage hängt Geld nicht mehr wie zu Zeiten Bagehots von der Kapitalstärke der Zentral-

---

[854] Goodhart selbst führt hier als Beispiel an, dass die Fed 1985 massive Darlehen an die Bank of New York vergeben hat. In diesem Fall stand diese nicht unter dem Generalverdacht der Insolvenz, da die Ursache der Liquiditätsknappheit in einem Computerproblem zu finden war. Der Markt an sich konnte hier keine Hilfe mehr leisten, da der Umfang des Liquiditätsproblems zu groß war und eine konzertierte Hilfsaktion mehrerer Banken notwendig gewesen wäre. Vgl. Goodhart (1999), Seite 232; Jeanne, Wyplosz (2002), Seite 4.

[855] Vgl. Goodhart (1993), Seite 289.

[856] Vgl. Fischer (1999), Seite 494.

[857] Vgl. Freixas, et al. (1999), Seite 31. Als wichtiges Beispiel ist hier die Reaktion der Fed nach den Anschlägen am 11.September 2001 anzuführen, als der Interbankenmarkt unter schweren Koordinationsfehlern zu leiden hatte.

[858] Vgl. Goodhart (1999), Seite 230.

bank ab,[859] sondern von der Stärke der Besteuerungsmacht der dahinter stehenden Regierung, die im Notfall die Verluste der Zentralbank in Krisenzeiten zu übernehmen hat. Wenn aber das Zentralbankkapital nicht unter der Hilfe an einzelne insolvente Banken leidet, wäre es damit auch unbegründet, diesen Banken in Notfällen Hilfe zu verweigern. Diese Sichtweise ist jedoch nicht unproblematisch, denn hierbei wird vergessen, dass die Insolvenz und die daraus folgende Schließung von Banken nur dem Marktprozess folgt und damit ineffektive Strukturen aufgebrochen werden. Dieser „Regel" wird zudem auch im Rahmen der Diskussion um die Notfallhilfe bei insolventen Großbanken (too big to fail-Problematik) nicht entsprochen. Es ist jedoch bereits hier darauf hinzuweisen, dass Goodhart nicht für die Rettung aller insolventen Banken plädiert, oder zumindest nicht der Großen, sondern er es eben nicht als problematisch ansieht, dass unter Umständen auch insolvente Banken mit Notfallkrediten gerettet werden, weil ihre Insolvenz eben nicht mit einer 100%igen Wahrscheinlichkeit nachgewiesen werden kann. So kann zwar angenommen werden, dass die Zentralbank keine besseren Informationen als der Markt besitzt, gleichzeitig ist aber eine schnellere Reaktion möglich; diese ist auch notwendig, um vor dem Hintergrund der enormen Summen an Zahlungsverpflichtungen der Banken ein Übergreifen auf andere Finanzinstitutionen zu verhindern.[860] Dabei sollte auf einen überhöhten Zins verzichtet werden, um eine überhöhte Risikoübernahme auf Seiten der Geschäftsbanken (gambling for resurrection) zu vermeiden, auch weil der Zentralbank infolge ihres Notenausgabemonopols eine schier unendlich große Möglichkeit der Liquiditätsversorgung zusteht.[861] Um zukünftig die Risikoneigung allerdings gering zu halten, empfiehlt sich dann aber nur eine *extrem kurze* (unsterilisierte) Diskontkreditvergabe.[862]

Die in der Vergangenheit auf die Tagesordnung von Regierungen und Zentralbanken gekommene too big to fail-Politik (TBTF) kann durch die mangelnde Unterscheidungsmöglichkeit zwischen Illiquidität und Insolvenz, die Koordinationsprobleme auf dem Interbankenmarkt sowie das Bestreben, dass das Zentralbankkapital in Krisenzeiten nicht in Mitleidenschaft gezogen wird und damit der Zentralbank nicht schwerer Schaden zugefügt wird, begründet werden.[863] Dies bildet jedoch nicht die einzige Grundlage für ihre Begründung; der generelle hinter dieser Politik stehende Gedanke ist, dass Politiker normalerweise dazu neigen, in Not geratene Institutionen „freizukaufen", d.h. in Notfällen ohne Berücksichtigung des tatsächlichen Zustandes (Insolvenz oder Illiquidität) Kredite in entsprechender Höhe zur Verfügung zu stellen, wenn diese von *systemischer Bedeutung* für das Wirtschaftssystem zugeschrieben wird.[864] Dies folgt aus der Debatte um die Übertragung von Bankenkrisen in den Rest des Wirtschaftssystems (contagion), in der angenommen wird, dass bei einem Zusammenbruch einer großen (Finanz-)Institution die Stabilität des gesamten Wirtschaftsgefüges gefährdet ist, weil viele weitere Institutionen oder Wirtschaftssubjekte aufgrund ihrer zu dieser Bank bestehenden Geschäftsverbindungen negativ davon betroffen sind

[859] Vgl. Kapitel 3.
[860] Vgl. Briault (1999), Seite 30f.; Goodhart (1993), Seite 289.
[861] Vgl. Fischer (1999), Seite 496f.; Jeanne, Wyplosz (2001), Seite 19.
[862] Vgl. Flannery (1996), Seite 221.
[863] Vgl. De Bonis, Giustiniani, Gomel (1999), Seite 68f.
[864] Vgl. Belke (2001), Seite 6; Diamond, Dybvig (1983), Seite 409.

und weitere Banken mit in den Zusammenbruch gerissen werden können.[865] Dabei bleibt auch der Gesichtspunkt des Arbeitsplatzerhaltes nicht unberücksichtigt.[866]

Auch wird davon ausgegangen, dass im Falle eines Bank Runs so kurzfristig nicht mehr unterschieden werden kann, ob die betroffene Bank noch existenzfähig ist, oder doch besser liquidiert werden sollte. Gleichzeitig kann eine ordnungsgemäße Liquidation einer Bank eine gewisse Zeit andauern, so dass in dieser Zeit die Möglichkeit offen bleibt, nicht abgesicherte Depositen zu anderen, sicheren Banken zu transferieren, solange die Bank nicht unverzüglich bei den ersten Anzeichen von finanziellen Schwierigkeiten geschlossen wird. Andererseits kann die unterlassene Hilfeleistung an eine illiquide Bank zu ihrer Insolvenz führen.[867]

Dass aber vom Zusammenbruch einer Institution eine Gefahr für die Gesamtwirtschaft ausgeht, ist dabei nur akzeptabel, solange diese Institution eine gewisse wirtschaftliche Größe aufweist. In diesem Zusammenhang ist auch der Begriff too big to fail zu verstehen, da nur Großbanken im benötigten Umfang Kontakte in andere Wirtschaftsbereiche aufweisen, um deren Stabilität zu gefährden. Dies bedeutet allerdings nicht, dass in der Realität nur großen Banken derartige Hilfe gewährt wurde, tatsächlich kaufte die Fed in ihrer Vergangenheit häufiger kleinere Banken frei (Bailout) und dehnte damit den TBTF-Grundsatz auch auf kleinere Banken aus, so dass man *big* eher durch finanziell bedeutsam ersetzen sollte.[868]

An dieser Stelle sei allerdings ausdrücklich darauf hingewiesen, dass TBTF nur auf bestimmte Arten von Ereignissen beschränkt ist. So würde im Falle eines kollektiven Bank Runs oder nach einem makroökonomischen Schock, der das Bankensystem negativ beeinflusst, jede Bank unabhängig von ihrer Größe LOLR-Hilfe von Seiten der Notenbank erhalten.[869] Die Entstehung von TBTF ist damit nicht auf makroökonomischer Seite zu suchen, da nicht erst das Aufkommen makroökonomischer Probleme abgewartet wird, sondern ist ein rein mikroökonomisches Phänomen. Es tritt nämlich allein im Kontext bankengeschäftlicher Probleme auf, die zunächst einmal auf eine/wenige Bank(en) beschränkt sind.[870]

Eine TBTF-Politik besagt damit, dass es für die aufsichtführenden Institutionen kein Problem sein sollte, dem von Schwierigkeiten – beispielsweise durch das Eingehen übermäßiger Risiken oder infolge schlechten Managements – betroffenen, insolventen Finanzinstitut, keinerlei Finanzhilfe anzubieten und es damit in Konkurs gehen zu lassen, solange die Bank nur klein genug ist. In dem Fall bricht möglicherweise eine Bank zusammen, wahrscheinlich, ohne dass es am Markt auch nur bemerkt wird.[871] Größere Banken können sich gemäß dieses Ansatzes aber im Regelfall auf Hilfsmaßnahmen der Zentralbanken oder auch anderer öffentlicher Institutionen verlassen, damit die von vornherein unterstellte, schwere Krise für das Gesamtsystem ab-

---

[865] Vgl. Goodhart, Huang (1999), Seite 25f.
[866] Vgl. Wolgast (2001), Seite 4.
[867] Vgl. Belke (2001), Seite 9.
[868] Vgl. Kaufman (2003), Seite 7f.
[869] Vgl. Phase 2/4 des Krisenverlaufs oder die Fälle Japans, Finnlands oder die Savings and Loan-Krise in den USA.
[870] Vgl. Wolgast (2001), Seite 3f.
[871] Vgl. De Bonis, Giustiniani, Gomel (1999), Seite 65f.

gewendet wird. In diesem Fall werden Politiker auf den drohenden Zusammenbruch der Bank aufmerksam; dabei ist es egal, welcher Partei der Politiker angehört, oder in welchem Land – sei es ein Industrie- oder Schwellen-/Entwicklungsland – das Problem gerade auftritt. TBTF steht in diesem Fall dafür, dass der durch eine – im Allgemeinen vorhandene – Depositenversicherung nicht abgesicherte Teil der Einlagen trotz der Krise nicht für den Einleger verloren geht, anders als im Falle des Bankzusammenbruchs und der damit einhergehenden Schließung eintreten würde. TBTF steht also für eine diskretionäre Hilfsmaßnahme öffentlicher Stellen für ungesicherte Depositoren, die im Normalfall keine automatische Hilfestellung erhalten würden.[872] Diskretionär deshalb, um selbst keine negativen Effekte (Moral Hazard bei Banken) zu erzeugen.[873]

Man muss sich allerdings fragen, was konkret unter *too big* zu verstehen ist, denn obige Aussage ist doch sehr allgemein gehalten und kann daher je nach Belieben ausgelegt werden. Insgesamt kommt es dabei eigentlich nicht auf die reine Größe der in Schwierigkeiten geratenen Bank an, sondern auf das Ausmaß ihrer Verbindlichkeiten auf dem Interbankenmarkt, da damit der Grad der Ausbreitung der Krise von einer Bank auf weitere Banken abgeschätzt werden kann.

Gleichzeitig muss es allerdings nicht immer zu einem Bailout der betroffenen Bank kommen; eine Unterstützung für die Gläubiger des betroffenen Instituts im Interbankenmarkt oder das Auswechseln des Managements käme ebenfalls in Frage, da dadurch ebenso das Übergreifen der Krise von einer Bank zur nächsten unterbunden werden kann.[874]

Allerdings bewahrt die gewährte Hilfe die betroffene Institution nicht vor einer (eventuellen) späteren Liquidation, wie man am Beispiel LTCM gesehen hat.

Seinen Ursprung hatte der TBTF-Ansatz in den USA, indem Sektion 13(c) des Federal Deposit Act der FDIC erlaubte, Banken vor dem Zusammenbruch zu bewahren, solange die Bank als „essential to provide adequate banking service in it's community“ angesehen wurde.[875] Dabei wurde nicht definiert, was unter essentiell verstanden wird, allerdings ist davon auszugehen, dass eine zu generöse Aufgabenerfüllung nicht gemeint war.[876] Man kann davon ausgehen, dass dieser Paragraph dazu dienen sollte, den Zusammenbruch von einzelnen Banken in ländlichen Gegenden zu verhindern, weil aufgrund der Struktur des Bankensystems der USA (Verbot von Zweigstellen etc.) diese speziellen Banken bzw. Regionen von Krisen besonders betroffen waren.[877]

Begonnen hat diese Politik also nicht im Aufgabenbereich einer Zentralbank, sondern im Rahmen einer Depositenversicherung. Bis 1982 bestand diese wenig konkrete Anweisung weiter und wurde in demselben Jahr ergänzt durch die Vorgabe der FDIC, die besagt, dass Zusammenbrüche auf jeden Fall verhindert werden sollen, solange diese notwendigen Maßnahmen billiger sind als die Liquidation der betroffenen

872 Vgl. Freixas (1999), Seite 24f.
873 Vgl. Gale, Vives (2002), Seite 470.
874 Vgl. De Bonis, Giustiniani, Gomel (1999), Seite 64.
875 Vgl. Todd (1993), Seite 19.
876 Vgl. Sprague (1986), Seite 28.
877 Vgl. Hetzel (1991), Seite 6.

Bank.[878] Diese Vorgaben wendete die FDIC zum Teil recht großzügig an, indem sie seit 1971 einige Banken vor der Liquidation bewahrte. Die erste Bank war die Unity Bank in Boston, wobei man sich über die Rettung in der FDIC anfänglich selbst uneinig war; so befürchtete ein Direktor der FDIC eine Einbuße an Reputation und gab zu bedenken, dass die Rettung der ersten Bank schnell weitere nach sich ziehen würde. Diese erste Rettungsaktion kann somit als erster Schritt zur TBTF-Politik verstanden werden.[879]

> "[T]he important precedent was, of course, the irreversible turn we had taken with Unity, away from our historic narrow role of acting only after the bank had failed.... Now we were in the bailout business, how deeply no one could then tell."
>
> Sprague (1986)[880]

Im weiteren Zeitverlauf wurden viele große Banken durch die FDIC gerettet, entweder durch reinen Bailout oder durch von der FDIC arrangierte private Hilfsleistungen, in deren Folge kein Einleger – seien seine Depositen versichert gewesen oder nicht – sein Geld verloren hat.

Allerdings kann man allein der FDIC nicht die Schuld an TBTF zuordnen: So sprach man explizit nicht von TBTF, bis es 1984 zum Fall der Continental Illinois Bank (CI) kam; erst danach kamen die TBTF-Politikmaßnahmen und ihre Diskussion auf die Tagesordnung. Im Zusammenhang mit dieser Liquiditätskrise sprach der zuständige Schatzbeamte (Comptroller of the Currency) am 19.September 1984 aus, dass einige Banken *too big to fail* wären, und dass in diesen Fällen der Schutz für die gesamten betroffenen Depositen gesichert wäre, während die Höhe der Depositenversicherung auf 100.000 Dollar *pro Konto* begrenzt wäre.[881] Gleichzeitig gestand er den 11 größten Banken der USA die TBTF-Politik zu.[882]

Die Continental Illinois Bank kam durch den Bankrott der Penn Square Bank in Oklahoma im Jahre 1982 in arge Bedrängnis, da enge Finanzbeziehungen zwischen diesen beiden Institutionen bestanden hatten: Die Continental Illinois kaufte von Penn Square Darlehen auf Öl und Gas in Höhe von ca. einer Milliarde US-Dollar auf, wobei diese Darlehen durch auf Öl- und Gasförderung bezogene Vermögenswerte gesichert waren. Zum Zeitpunkt dieser Käufe konnte aber niemand mit dem Einbruch des Ölgeschäfts rechnen. Der Zusammenbruch hatte kurzfristig noch keine großen Auswirkungen; erst zwei Jahre später begannen ausländische Depositoren, ihre Gelder aus der Continental Illinois abzuziehen.[883] Im Zuge dieser Entwicklungen stellte die Fed[884] großzügig Darlehen (durch das Diskontfenster) zur Verfügung, deren gesamtes Ausmaß auf ca. 7,6 Milliarden Dollar geschätzt wird. Dies war der erste Schritt, der Bank wieder auf die Beine zu helfen; dennoch trat kein Käufer auf den Plan, der die Bank

---

[878] Vgl. Kaufman (2003), Seite 6f.

[879] Vgl. Sprague (1986), Seite 49; Todd, Thomson (1990), Seite 3.

[880] Sprague (1986), Seite 49.

[881] Vgl. Mishkin (2005), Seite 2; Todd, Thomson (1990), Seite ii.

[882] Diese 11 Banken waren: Bank of America, Bankers Trust, Chase Manhattan, Chemical Bank, Citibank, Continental Illinois, First Chicago, J.P.Morgan, Manufacturers Hanover Trust, Security Pacific und Wells Fargo.

[883] Vgl. FDIC (1997), Seite 241.

[884] Genauer gesagt die Federal Reserve Bank von Oklahoma. Vgl. Wall Street Journal (20.09.1984).

übernehmen wollte. Somit trat die FDIC ein, indem sie entschied, das Bankengeschäft weiter aufrecht zu erhalten. Sie erwarb im Wert von einer Milliarde Aktien der Muttergesellschaft von Continental Illinois, die diese Mittel an Continental Illinois als Darlehen weitergab.

Geschützt wurden damit nicht nur die Kreditoren der Continental Illinois Bank und auch ihrer Muttergesellschaft, sondern auch zu 100% die bei der Continental Illinois lagernden Depositen, obwohl lediglich 10% der Mittel bei der Depositenversicherung abgesichert waren.[885]

Continental Illinois ist ein berühmtes Beispiel für die Anwendung der TBTF-Politik, wohingegen der Zusammenbruch der Penn Square Bank zugelassen wurde. Die Ursache der Untätigkeit der FDIC lag hierbei in der Annahme, dass die in der Vergangenheit von der Penn Square getätigten, fahrlässigen Kreditvergaben derartig immense Gerichtsverfahren nach sich ziehen würden, dass ein Aufkauf unmöglich werden würde. In der Folge wurden weitere Aktionen unternommen wie im Falle der Schließung der National Bank of Washington: Aufgrund von Informationsproblemen konnten Kunden der Nassauer Zweigstelle ihre Depositen noch abziehen.[886] Die bei Schließung noch verbleibenden Depositen wurden dabei durch die FDIC, obwohl nicht gesichert, geschützt. Damit wurde die TBTF-Politik sogar auf sich im Ausland befindliche Zweigstellen von US-Banken ausgedehnt.[887]

In der Folge entwickelte sich der Begriff TBTF ins Gegenteil bzw. wurde entsprechend weiter ausgelegt und eher in *too political to fail* umgewandelt, da immer mehr kleinere Banken unterstützt wurden, aus dem alleinigen Grund, dass ungesicherte Einleger keine Verluste erleiden, was eben bei einem Zusammenbruch der Bank eintreten würde; die Sicherung der Depositoren wurde damit höher geschätzt als die möglichen negativen Folgen aufgrund erhöhter Risikobereitschaft der Depositoren oder Banken.[888]

Zwar wurde in den USA die TBTF-Politik im Jahre 1991 durch eine Veränderung des FDIC-Gesetzes ein wenig eingeschränkt, indem die „vermeintlichen", schwerwiegenden systemischen Probleme, die durch den Zusammenbruch einer Bank auf das Gesamtsystem auftreten können, seitdem durch die FDIC, die Fed und das US-Schatzamt anerkannt werden müssen; jedoch griff diese Maßnahme nicht weit genug, so dass auch später weitere Banken, aber auch andere Finanzinstitutionen wie der hoch spekulative und mit hohem Leverage ausgestattete Hedgefonds Long-Term Capital Management (LTCM), der im Zuge der Abwertung des Rubels 1998 in starke Schwierigkeiten geraten war und mit der Unterstützung der Fed gerettet wurden.[889] Die Ausdehnung der TBTF-Politik bzw. der LOLR-Politik auf weitere Finanzinstitute kann dabei als problematisch angesehen werden; man muss sich fragen, wo die Grenzen derartiger Hilfeleistungen gesetzt werden, und ob hier nicht nur politische Gründe eine Rolle spielen.[890]

---

[885] Vgl. FDIC (1998), Seite 549ff.
[886] Vgl. Quint (3.10.1990).
[887] Vgl. Kaufman (2003), Seite 10.
[888] Vgl. Ennis, Malek (2005), Seite 21f.
[889] Vgl. Kho, Lee, Stulz (2000), Seite 6f.
[890] Vgl. Dowd (1999), Seite 5ff.

Auch in anderen Ländern wurde gerne diese Hilfsmaßnahme angewendet, wie die Finanzkrise in Japan gezeigt hat: Zunächst einmal griffen die Regulierungsbehörden in Japan strenger durch als ihre Mitspieler in den USA, die Abwicklung zusammengebrochener Banken wurde dabei durch das convoy-System durchgeführt.[891] Drohten schwere Folgen möglicherweise eintreten, so wurde die betroffene Bank auf Veranlassung des japanischen Finanzministeriums einfach mit einer finanziell gesunden Bank verschmolzen. Es zeigt sich auf diese Weise schon vor der Krise eine TBTF-Politik, die jedoch eher als eine „es gibt keine Bankzusammenbrüche"-Politik bezeichnet werden könnte. Allerdings konnte diese Politik im Zuge der Finanz- und Bankenkrise in Japan seit 1990 nicht mehr durchgehalten werden, da zu viele Hilfsmaßnahmen und Bankzusammenschlüsse notwendig gewesen wären.[892]

Im Verlauf der Krise „erlaubte" die japanische Regierung zunächst kleineren Banken zusammenzubrechen. In der Folge wurden aber auch Zusammenbrüche von mittelgroßen Regionalbanken und später auch von großen Banken wie der Long-Term Credit Bank (LTCB) zugelassen, so dass das Ende der TBTF-Politik augenscheinlich wurde; aber nur deswegen, weil man sich die Weiterverfolgung dieser Politik nicht mehr leisten konnte, was jedoch nicht bedeutet, dass in den folgenden Jahren nicht einige Banken in Japan großzügig unterstützt wurden und Bailouts stattfanden.[893]

TBTF blieb aber nicht nur auf den Bankenbereich begrenzt. 1971 wurde der US-amerikanische Flugzeugbauer Lockheed durch ein Hilfsprogramm in Höhe von 250 Millionen Dollar gerettet, indem von der US-Regierung Kreditgarantien für die Fertigstellung eines bestimmten Flugzeugs gewährt wurden. Die Rettungsaktion fand statt, weil Lockheed als große und bedeutende Unternehmung im Zusammenhang für die nationale Sicherheit und Verteidigung angesehen wurde, und weil damit ein gewisser Konkurrenzdruck im Bereich des Flugzeugbaus erhalten werden sollte.[894] Auch der Fall Chrysler ist in diesem Zusammenhang zu sehen: Als das Unternehmen kurz vor dem Bankrott stand, bat es die Regierung um Hilfe und erhielt Kreditgarantien in Höhe von 1,2 Mrd. Dollar. Der daraus resultierende Erfolg bestand in niedrigeren Finanzierungskosten, so dass die Finanzschwierigkeiten überwunden werden konnten. Als Begründung für die großzügigen, staatlichen Hilfen dienten die ansonsten anstehenden negativen Effekte auf den Arbeitsmarkt und der Erhalt des Wettbewerbs im US-Automobilgeschäft.[895] In Deutschland kann der Versuch des Ex-Bundeskanzlers Gerhard Schröder als Beispiel angeführt werden, den in Konkurs geratenen Baukonzern Holzmann zu erhalten, um die negativen Folgen zu vermeiden. Anzumerken ist hierbei, dass im Gegensatz zum Bankenbereich, diese Unternehmen tatsächlich von der Größe her unter den TBTF-Grundsatz subsumiert werden können, während – wie bereits an voriger Stelle erwähnt – gerade im Bankenbereich doch viele *kleine* Banken vor der Insolvenz und der Schließung gerettet wurden.[896]

---

[891] Dies sollte sicherstellen, dass die Steuerzahler vom möglichen Verlust nach einem Bankenzusammenbruch verschont blieben.

[892] Vgl. Spiegel, Yamori (2000), Seite 1f.

[893] Vgl. Nakaso (2001), Seite 7ff.; Vattipalli (2004), Seite 3.

[894] Vgl. Time (1971).

[895] Vgl. Walter, Weinberg (2002), Seite 385f.; White (2001), Seite 2.

[896] Vgl. Manager-Magazin (2001).

Insgesamt gesehen muss festgehalten werden, dass TBTF nicht nur ein vorübergehendes Phänomen war, sondern zu einer gängigen Politikmaßnahme wurde, weil sich auch die bisher zur Verringerung des TBTF unternommenen Anstrengungen langfristig eher als ineffektiv herausgestellt haben. Dies bedingt unter anderem eine Verschwendung von Ressourcen, die nicht ihrer effizienten Verwendung zugeführt werden – gerade vor dem Hintergrund der weiteren schwerwiegenden Missachtung der Bagehot-Doktrine –, indem verstärkt Hilfeleistungen ohne entsprechende Sicherheiten vergeben werden, und zwar zu Marktzinsen oder gar darunter.[897]

Aber woher kommt diese Einstellung? Obwohl sie nicht für Beihilfe berechtigt sind, erwarten ungesicherte Depositoren großer und wirtschaftlich bedeutender Banken eine Absicherung ihrer Verluste im Falle des Zusammenbruchs ihrer Bank in heutiger Zeit als direkte Folge der Politik der vergangenen Jahre.[898]

Die Erwartungen einer TBTF-Deckung seitens der Depositoren sind zudem in den letzten Jahren stärker geworden, weil im Zuge der Globalisierung bzw. des Zusammenschlusses vieler Banken „große" Banken häufiger geworden sind und damit eine kleinere Gruppe von Banken einen größeren Teil der Forderungen des Bankensystems kontrolliert und Schlüsseldienstleistungen bereitstellt. Zusätzlich ist aber auch die Komplexität der Bankendienstleistungen gestiegen, was es schwerer macht, mögliche Verluste einer Bankeninsolvenz abzuschätzen. Infolgedessen wird es aber auch schwieriger, eine Absicherung ungesicherter Depositoren abzulehnen.[899] Es ist allerdings notwendig, diese Erwartungshaltung zumindest abzubauen und in die „richtige" Richtung zu lenken, indem geeignete Verpflichtungen für eine gerechte Aufteilung möglicher Verluste festgelegt werden.

Wichtig ist also, die bestehenden Erwartungen der Wirtschaftssubjekte über einen Bailout zu verändern; dazu müssen die Halter ungesicherter Depositen davon überzeugt werden, dass sie selbst den Verlust einer möglichen Bankeninsolvenz (gerade großer Banken) zu tragen haben.[900] Dafür ist eine glaubwürdige und auch verbindliche Änderung der maßgeblichen Politik zulasten der ungesicherten Depositoren durchzuführen; dies kann jedoch nicht ohne die Verringerung der heute bestehenden Anreize vollzogen werden, welche Politiker zu einem Bailout ungesicherter Depositoren verleiten.[901] Dabei ist natürlich die wichtigste Motivation für einen Bailout die Verhinderung des Übergreifens der Insolvenz einer Bank auf weitere Banken bzw. den gesamten Finanzsektor oder die gesamte Ökonomie. Es ist daher notwendig, die Wahrscheinlichkeit eines Überspringens der Krise durch geeignete Maßnahmen abzumildern wie z.B. eine bessere Überwachung der Banken, Prognosemodelle über die Folgen einer Insolvenz einer großen Bank oder eine entsprechende Ausgestaltung des Zahlungssystems zwischen den Banken, indem beispielsweise der geschuldete, offene Maximalbetrag einer Bank gegenüber einer anderen im Interbankenzahlungsverkehr limitiert

[897] Vgl. Bordo (2003), Seite 28.
[898] Vgl. Morgan, Stiroh (2005), Seite 3f.
[899] Vgl. Mishkin (2005), Seite 8f.
[900] Vgl. De Bonis, Giustiniani, Gomel (1999), Seite 73.
[901] Vgl. Cordella, Yeyati (2003), Seite 302; Ennis, Malek (2005), Seite 23.

wird.[902] Zugleich müssen die möglichen Verluste so verteilt werden, dass die Effizienz des Systems erhöht wird, ohne Instabilität in den Markt zu bringen.

Reformen dagegen, die eine Deckung ungesicherter Depositen verbieten, sind dagegen nicht glaubwürdig, da damit die hinter einem Bailout stehenden Interessen nicht berücksichtigt werden.

Es ist jedoch kein unmöglicher Vorschlag, die TBTF-Politik in ausreichendem Maße zu reduzieren. Dies zeigt sich schon daran, dass es zumindest Zentralbanken in Industrieländern geschafft haben, eine glaubhafte Verpflichtung zumindest für den Erhalt einer niedrigen Inflation einzugehen. Es war hier durchaus möglich, die langfristigen Erwartungen der Wirtschaftssubjekte in für die Geldpolitik geeignete Bahnen zu lenken, so dass man auch davon ausgehen kann, die Erwartungen ungesicherter Depositoren in die richtige Richtung gesteuert werden können.

4.1.3. Probleme der Lender of Last Resort-Interventionen

Das Sicherheitsnetz in Form des „Nichtzugrundegehenlassenwollens" von Banken einschließlich aller Sicherheitsmaßnahmen hat das Finanzsystem neuen Formen von Finanzkrisen ausgesetzt. Das bedeutendste Problem aller LOLR-Aktionen, und damit aller Handlungen und Vorgaben, die der Sicherheit der Banken und Depositoren dienen, ist die Moral Hazard-Problematik, der die bereits beschriebene *Informationsasymmetrie* zugrunde liegt, welche bei stärkeren Eingriffen – also vor allem bei einer TBTF-Maßnahme - um so mehr vorzufinden ist.[903]

Moral Hazard kann auf Kreditmärkten entstehen, wenn das Verhalten der Kreditnehmer durch die Festlegungen der Kreditverträge bestimmt wird, also auf Verlangen eines hohen Kreditzinses das Risiko einer Investition erhöht wird, damit der Kredit zurückgezahlt und noch ein Ertrag erwirtschaftet werden kann. Gleichzeitig können sich die Investoren der staatlichen Hilfe sicher sein und so das Risiko bedenkenlos ausblenden. Dies gilt sowohl für LOLR-unterstützte Banken als auch für die Depositoren, da infolge des geringeren Risikos deren Kontrolle zurückgeht.[904]

Stehen mehrere Investitionsprojekte zur Wahl, bei denen das Risiko und der Ertrag in einem negativen Verhältnis zueinanderstehen, so wird generell das riskantere Projekt gewählt, wenn ein LOLR das Risiko für den Finanzintermediär minimiert. Die Bank hat also bei der Auswahl ihrer Projekte allein nur noch Ertragsaspekte zu berücksichtigen, da keine negativen Sanktionen – im Sinne einer Liquidierung der Bank – zu erwarten sind.[905]

Je generöser also eine LOLR-Politik ist, d.h. besonders im Falle von TBTF-Maßnahmen, desto mehr vermindern sich die Kosten der Risikoübernahme der jeweiligen Geschäftsbanken, weil der LOLR den Großteil des Risikos übernimmt. Steht diese Tatsache fest, so werden die Geschäftsbanken ein höheres Risiko bei ihren Kontrakten eingehen, da sich die Gefahr des Bankrotts nun sogar erheblich reduziert hat. Die Portfolios der Banken werden entsprechend umgestaltet, um die durchschnittlichen Erträge zu maximieren. Diese Geschäftspolitik trägt dabei c.p. zu einer Erhöhung fau-

[902] Vgl. Diskussion um die richtige Ausgestaltung des Zahlungssystems (siehe Kapitel 4.2.4.).
[903] Vgl. Bordo (2003), Seite 6; Boyd et al. (2004), Seite 746f.
[904] Vgl. Stern, Feldman (2004), Seite 17f.
[905] Vgl. Walsh (2003), Seite 331ff.

ler, nichteinbringlicher Kredite bei. Gleichzeitig stößt diese Politik an ihre Grenzen, da die schiere Größe der Bailouts die Einbeziehung von Steuermitteln unumgänglich werden lässt.[906] Auch Depositoren werden in dieser Situation ihre Kontrolle über die Geschäftsbanken reduzieren können, da der Schutz an sie weitergereicht wird. So ist es ihnen möglich, Geld nicht nur in sicheren Banken zu deponieren, sondern zu fragileren Banken zu transferieren, die ihnen (möglicherweise) einen höheren Einlagenzins bieten.[907] Das Endergebnis ist also ein fragiles Bankensystem mit geringer Kapitalbasis, wenigen Liquiditätsreserven und übermäßigen, illiquiden und verlustgefährdeten Vermögenswerten.[908]

Im Endeffekt kann Moral Hazard dabei die Stärke und Häufigkeit finanzieller Krisen erhöhen und das Finanzsystem zerbrechlicher machen, weil Banken und Wirtschaftssubjekte sorgloser bezüglich ihres Portfolios werden.[909] Damit steigen auch die Kosten des LOLR an, die letztendlich wiederum der Steuerzahler zu tragen hat. So muss in der Folge befürchtet werden, dass der LOLR seine Liquiditätshilfe zurückfahren wird, da er dem Ausmaß der finanziellen Hilfe nicht mehr Herr wird. Wenn diese Situation eintritt, so ist es unumstößlich, dass Finanzkrisen eher zunehmen, als weniger werden wie intendiert. Andererseits kann aber das Vorhandensein eines LOLR und/oder die Ausübung der LOLR-Funktion auch die Häufigkeit von Finanzkrisen verringern, da die negativen Effekte für die Wirtschaft abgemildert werden und contagion-Effekte ausbleiben.

Die Versicherung durch einen LOLR sollte unter Berücksichtigung positiver und negativer Effekte dahingehend ausgestaltet werden, dass sie in Abhängigkeit der eigenen Fürsorge der Bank bzw. des Investors gegen sein Risiko gewährt wird, wie es im Versicherungsbereich gehandhabt wird. Die Analogie liegt nahe, da der Begriff Moral Hazard seine Anfänge im Versicherungsgewerbe genommen hat, indem eine Gebäudebrandversicherung zu einem laxeren Verhalten der Versicherungsnehmer bezüglich des Brandschutzes geführt hat. So wie der Versicherte bei Versicherungen gegen Feuer angehalten wird, Feuermelder zu installieren, indem die Auszahlung der Versicherungssumme von der Installation eines Feuermelders abhängig gemacht wird, oder die Versicherungssumme vom Einzahlungsbetrag bzw. von den Kosten der Versicherung abhängt, sollte dies auf die Versicherung durch den LOLR ebenfalls angewendet werden.[910] Banken als „Versicherungsnehmer" sollten daher nur in einem begrenzten Umfang Leistungen erhalten. Die abgesicherten Banken sollten dabei nur soweit besichert sein, dass sie immer noch einen Teil des Risikos und einen Teil des möglichen Verlustes selbst zu tragen haben. So kann ein gewisses Maß an Moral Hazard-Verhalten verhindert werden, und es wird sichergestellt, dass sie Risikoaspekte weiterhin in ihre Entscheidungsprozesse implementieren im Sinne der Berücksichtigung von gehaltenen Vermögenswerten und ausgegebenen Verbindlichkeiten, so dass auch Marktdisziplin weiterhin eine nicht zu unterschätzende Rolle spielt.[911] Werden

---

906 Vgl. Bordo (2003), Seite 29.
907 Vgl. Goodhart (1999), Seite 240.
908 Vgl. Moore (1999), Seite 444.
909 Vgl. Niskanen (2002), Seite 7.
910 Vgl. Shavell (1979), Seite 541.
911 Vgl. Nier, Baumann (2006), Seite 356.

nämlich Notfallkredite – als eine Art Bereitstellung von Risikokapital an Banken – gewährt, so geraten alle Einleger in den Genuss dieser Maßnahme und nicht nur durch Einlagenversicherungen geschützte Depositoren.[912] Dies vermindert aber die Anreize der Depositoren sowie auch der Investoren, die finanziellen Bedingungen ihrer Bank weiterhin zu überwachen, da sie in Notfällen stets abgesichert sind, was auch passieren mag.[913] Diese Tatsache war bereits in der traditionellen Theorie bekannt, und es wurde daher befürchtet, dass der Schutz einer schlecht arbeitenden Bank, die sicherste Methode sei, die Gründung von neuen, *effektiv* arbeitenden Banken in der Zukunft zu verhindern.[914] Dies verdeutlicht dabei nicht nur das Problem mangelnder Überwachung der Banken durch Depositoren, sondern hält einem wiederum das Problem vor Augen, dass ineffektive Strukturen konserviert werden und Strukturwandel behindert wird.

In die Überlegung ist jedoch mit einzubeziehen, welche sozialen Wohlfahrtsgewinne durch die Hilfeleistungen des LOLR an Banken entstehen, da der Erhalt der Bank auch zum Erhalt der bestehenden Informationsbeziehungen zwischen Bank und Kunden beiträgt, oder weil mit dem Verlust auf der Habenseite der Bank auch Verluste bei den Depositoren entstehen.

So einfach wie im privatwirtschaftlichen Versicherungsgeschäft verhält es sich nicht, da eine Notenbank als LOLR sozusagen als öffentliche Instanz zur Hilfe zum Wohl der Allgemeinheit „verpflichtet" ist, wobei die Glaubwürdigkeit ihrer Handlung auch auf dem Ausmaß der Mittel beruht, die sie in Notfällen zur Verfügung stellen kann, und hohe Prämien die Sicherheit des Bankensystems nicht unbedingt erhöhen.[915]

Trotzdem kann es nicht Aufgabe der Notenbank sein, die Risiken privater Finanzinstitutionen zu übernehmen, da jedes Geschäft bzw. Unternehmen auf Gewinnerzielung ausgerichtet ist und es in diesem Zusammenhang zunächst einmal seine Risiken selbst zu tragen hat. Hier kommt man auch wieder auf den ursprünglichen Gedanken des LOLR zurück: Er hat die Liquidität am Markt sicherzustellen, um negative Effekte auf die Volkswirtschaft zu verhindern und vor allem pessimistische Zukunftserwartungen und damit möglicherweise deflationäre Tendenzen zu vermeiden. Es sollte daher eben nicht seine Aufgabe sein, einzelne Institutionen am Finanzmarkt – womöglich noch insolvente – zu retten. Unter diesen Umständen ist der von Bagehot verlangte hohe Zins bei Notfallhilfe durch den LOLR auch als Versicherungsprämie zu verstehen, die auch das Ausmaß des Moral Hazard reduzieren könnte.[916] Darüber hinaus sollte wie bereits beschrieben eine Hilfeleistung in voller Höhe nicht stattfinden; die Liquiditätslage verbessern heißt die Devise, aber nicht *sämtliche* Liquiditätsengpässe abbauen. Auch dies fördert den Abbau des Moral Hazard. Gleichzeitig wird die eingeschränkte, partielle Hilfeleistung auch durch die fehlenden Kenntnisse der Zentralbank über die von den Banken gegenüber dem Markt zur Verfügung gestellten Kre-

---

[912] Vgl. Houben et al. (2004), Seite 13.
[913] Vgl. Roth (1994), Seite 44f.
[914] Vgl. Bagehot (1873), Seite 264ff.
[915] Ein privater Lender of Last Resort wie z.B. eine Clearinghaus-Gemeinschaft kann zwar die Liquiditätsnöte einzelner Banken in ihrem Verbund beheben, für eine nationale Liquiditätsnot steht ihm aber zu wenig Mittel und Glaubwürdigkeit zur Verfügung. Das notwendige Ausmaß wird ihm nicht zugetraut.
[916] Vgl. Dale (2000), Seite 13.

dite begründet, da die Zentralbank über den Grad des Moral Hazard keine Informationen besitzt.[917]

Es darf jedoch nicht vergessen werden, dass in heutiger Zeit (vgl. Savings and Loan-Krise in den USA) von den hohen Zinsen auf Notfallhilfe doch abgewichen wird, da diese:

- Bankenkrisen noch verstärken können, da die finanzielle Situation der Banken noch verschlechtert wird (es wird der Bank eine Strafe aufgebürdet, die sie auch vorher kaum bezahlen konnte – ähnlich der Strafen im Wachstums- und Stabilitätspakt, die bereits wirtschaftlich angeschlagenen Defizitländern ein weiteres Defizit aufbürden würden)[918],
- dem Markt das negative Signal aussenden, dass Probleme bei Banken tatsächlich bestehen und so später noch zu einem Run führen,
- die Manager der Banken zur Übernahme eines noch höheren Risikos verleiten, um sich aus ihrer angespannten Situation zu befreien (gamble for resurrection).[919]

Um also die Informationslage zu verbessern und den Grad an Moral Hazard von vornherein zu minimieren, sind daher Kapitalstandards und Ähnliches notwendig, die der Bank ein übermäßiges Eingehen an Risiko gar nicht erst ermöglichen (vgl. Regulierungspolitik). Zudem soll noch darauf hingewiesen werden, dass eine (vorwiegend generös ausgestaltete) Depositenversicherung einem hohen Maß an Moral Hazard ausgesetzt ist, so dass auch derartige Maßnahmen einer genaueren Ausgestaltung bedürfen. Der Moral Hazard-Gedanke ist daher besonders bedeutsam, wenn die Depositenversicherung und TBTF-Politik insolventen Banken Kapital direkt zuschießt und damit die Wahrscheinlichkeit von Bankeninsolvenzen *direkt* beeinflusst. Die traditionelle LOLR-Vorgehensweise führt illiquiden Banken nur Liquidität zu und beeinflusst daher die Wahrscheinlichkeit von Bankinsolvenzen nur *indirekt* über die Beeinflussung der Liquiditätsposition der Banken.[920]

Dass Moral Hazard und die Wahrscheinlichkeit der Insolvenz durch das Ausmaß der Hilfeleistung gefördert werden, macht deutlich, dass eine TBTF-Politik den eigentlich dramatischen Handlungsrahmen darstellt, den eine Zentralbank verfolgen kann. Dass eine derartige Politik in einigen Staaten der Welt dennoch mehr oder weniger stark verfolgt wird, hängt vorwiegend von den politischen Interessen der hinter diesen Entscheidungen stehenden wirtschaftlichen Mächte ab. So ist es gemäß der politischen Ökonomie nicht zu vernachlässigen, dass einige Banken aufgrund Wiederwahlinteressen gerettet werden, um kurzfristig die wirtschaftliche Aktivität und die Zufriedenheit der Wirtschaftssubjekte zu erhalten.[921]

Bei einem Eingriff der Notenbank als LOLR, der einzelne Banken unterstützt, kann es dabei zu Staatsversagen kommen, da der Marktmechanismus unterlaufen wird. Der Zusammenbruch von Banken führt eigentlich dazu, dass ineffiziente Marktstrukturen aufgebrochen werden, weil sich ineffektiv arbeitende Banken am Markt nicht mehr

[917] Vgl. Styrin (2005), Seite 9.
[918] Vgl. Crockett (1996), Seite 351ff.
[919] Vgl. Freixas, Parigi, Rochet (2003), Seite 8.
[920] Vgl. Moore (1999), Seite 450.
[921] Vgl. Belke (2001), Seite 10.

behaupten können.[922] Trifft dieser Zustand zu, werden sie im Konkurrenzprozess vom Markt verdrängt und machen Platz für neue, effektiver arbeitende Unternehmen (Banken). Im Falle einer globalen/nationalen Liquiditätsverknappung, die sämtliche Banken am Markt negativ beeinflusst, kann zudem von einer Marktverzerrung bei Notfallhilfe nicht gesprochen werden, da in diesem Fall allen Banken unter die Arme gegriffen wird und somit keine Bank benachteiligt oder bevorzugt wird.[923]

Gemäß der „modernen“ LOLR-Theorie jedoch wird eine Unterstützung einzelner Banken gefordert. In diesem Fall kommt es tatsächlich zu einer einseitigen Bevorzugung bestimmter Banken, die eigentlich den Markt hätten verlassen müssen. Werden sie allerdings durch die LOLR-Hilfe am Leben erhalten, so werden die an diese Banken geflossenen Kapitalressourcen *ineffektiv* verteilt. Dabei werden vorwiegend gut organisierte Bankengruppen (eben auch Banken, die als zu groß gelten, als dass man einen Zusammenbruch zulassen könnte) mit großen Einlegern gefördert und gegenüber wenig organisierten (kleineren) Banken bevorzugt, wobei letztlich alle für die volkswirtschaftlichen Kosten dieser verzerrten Intervention aufzukommen haben. Wird diese Politik bzw. auch die Kreditvergabe an insolvente Banken – ob groß oder klein – generös gehandhabt, so kommen weitere Forderungen und Erwartungen auf, in Zukunft auch weiterhin so großzügig zu verfahren, so dass diese Maßnahmen zu einem Selbstläufer werden können. Dabei muss die Maßnahme nicht einmal offiziell verkündet oder gesetzlich festgeschrieben sein, es reicht aus, dass die Akteure aus der Vergangenheit ihre Lehren gezogen und ihr Verhalten daran angepasst haben.[924]

Um einerseits den Problemen mit Bankenkrisen sowie Liquiditätsverknappung und andererseits dem Problem der Generierung von Moral Hazard gerecht werden zu können, ist eine genaue Abwägung des Für und Wider unerlässlich, zumal der Interbankenmarkt in modernen Geldwirtschaften solventen Banken noch immer finanzielle Mittel bereitstellen kann, eine frühzeitige Beseitigung von Problemen außerdem soziale und wirtschaftliche Vorteile birgt.[925]

Werden die genannten Problemfelder der Zentralbank bewusst, wird diese versuchen, konkrete Erwartungen über Notfallhilfe in ihren Aussagen zu vermindern. So bleibt die EZB völlig uneindeutig über ihre Rolle als LOLR (constructive ambiguity), während die Fed deutlich macht, dass Entscheidungen bei Vorliegen einer Krisensituation stets diskretionär gefällt werden.[926] Es wird in beiden Fällen versucht, den Eindruck zu erwecken, dass den Banken im Voraus nicht klar ist, ob der LOLR ihnen Hilfe bereitstellt oder nicht, so dass die vorhandene Unklarheit die Banken weiterhin zu vertrauensvollem und umsichtigem Verhalten in ihrer Geschäftstätigkeit veranlasst.[927] Es geht dabei also zum einen um die Unklarheit darüber, ob eine Aktion des LOLR tatsächlich stattfindet, zum anderen aber auch darüber, wann und in welchem Umfang sie stattfindet bzw. welche Kosten dabei auf die Banken zukommen im Sinne von Stra-

---

[922] Vgl. Parker, Wen (2000), Seite 12.
[923] Vgl. Goodfriend, King (1988), Seite 19; Hadjiemmanuil (1996), Seite 20.
[924] Vgl. Hanweck, Spellman (2002), Seite 1ff.; Moe (2006), Seite 6.
[925] Vgl. Delston, Campbell (2002), Seite 3.
[926] Vgl. Niskanen (2002), Seite 7.
[927] Vgl. Freixas (1999), Seite 6; Kindleberger (1978), Seite 171.

fen, die ihnen für die Zukunft auferlegt werden, und im Sinne von Verlusten, die sie in Krisenzeiten selbst zu tragen haben.

Natürlich ist diese Vorgehensweise auf Situationen beschränkt, in denen eine Panik noch nicht um sich gegriffen hat; ist dies jedoch der Fall, ist eine Verdeutlichung der Hilfeleistungen gegenüber der Öffentlichkeit unumgänglich, um die bereits entstandene Unsicherheit zu dämpfen und damit die negativen Effekte auf die Banken einzudämmen. Eine gegensätzliche Politik wäre dann unglaubwürdig.[928]

Allerdings ist dieses diskretionäre Verhalten für den LOLR nicht gerade einfach zu handhaben: Er hat jedes Mal von Neuem darüber zu entscheiden, wem er Hilfe anbietet, in welcher Höhe die Hilfe gewährt wird und wann sie gewährt wird; vor allem hat er sehr schnell darüber zu entscheiden, so dass eine Krise in der Zwischenzeit an ihrer Ausbreitung verhindert wird. Dabei stehen einer effektiven Maßnahme auch Informationsprobleme im Weg. Es wird damit ein Zeitinkonsistenzproblem aufgeworfen, das wahrscheinlich das größte Hindernis dabei darstellt. Es mag vor einer Krise noch im Interesse der Zentralbank liegen, Unklarheit über die Hilfe zu verbreiten, in/nach einer Krise mag es dagegen optimal sein, öffentlichkeitswirksam Hilfe anzubieten. Zudem können die Wirtschaftssubjekte nur ungenau oder gar nicht unterscheiden, welche Notsituationen als gleich angesehen und gleich behandelt werden sollten, und inwieweit sich Hilfsmaßnahmen unterscheiden sollten, weil die Situationen eben nicht miteinander vergleichbar bzw. gleich sind.[929]

Allgemein betrachtet besteht dabei ein kurzfristiger Trade-off zwischen der Stabilisierung der Wirtschaft in Notfällen via angekündigter LOLR-Aktionen und der Vermeidung von Moral Hazard bei den Banken durch Ankündigung, dass Hilfe nicht unbedingt in allen Fällen bereitgestellt wird. D.h., genauer gesagt könnte die Wahl zwischen Instabilitätstendenzen des Bankensystems und Moral Hazard bestehen.

Die Zentralbank möchte dabei einerseits die Stabilität des Bankensystems aufrechterhalten, andererseits jedoch das Moral Hazard-Verhalten der Banken minimieren. Die Stabilität des Bankensystems kann dabei durch eine konkrete Ankündigung zur LOLR-Hilfe direkt gesteuert werden, damit steigt aber auch – wie erläutert – das Moral Hazard-Verhalten der Banken.[930]

Die Zentralbank hat dabei eine Maximierung ihrer Nutzenfunktion durchzuführen, bei der ihre Wohlfahrt steigt, wenn die Instabilitätstendenzen in der Wirtschaft und das Moral Hazard-Verhalten abnehmen. In Anlehnung an die „gewöhnlich" unterstellte Verlustfunktion einer Notenbank könnte eine derartige Funktion auch bezüglich dieser Problemlage aufgestellt werden, indem der Verlust von der Höhe des Moral Hazard und der Höhe der Instabilität bestimmt wird, wobei der gewünschte Grad an Moral Hazard und Instabilität gleich Null sind. Damit wird klar, dass eine ausgewogene Mischung beider Übel als weniger schädlich gilt als extreme Werte.[931]

Man könnte daher mutmaßen, dass die Zentralbank die im Vornherein angekündigte Politik – nämlich in Krisenzeiten nicht unbedingt etwas zu unternehmen, um damit das Moral Hazard-Verhalten zu beschränken – im Krisenfall nicht aufrechterhal-

---

[928] Vgl. Goodfriend, Lacker (1999), Seite 13.
[929] Vgl. Stern, Feldman (2004), Seite 19f.
[930] Vgl. Rochet (2005), Seite 114f.
[931] Vgl. Eijffinger, Hoeberichts (2000), Seite 9.

ten wird, so dass sie ex ante mit einer Hilfeleistung der Politik rechnen werden. Das daraus resultierende Moral Hazard-Verhalten der Banken bzw. Depositoren kann damit als Moral Hazard-Bias benannt werden, weil der Politik aufgrund der Nutzenfunktion bzw. Verlustfunktion der Notenbank die Glaubwürdigkeit fehlt.[932]

Sollten die Wirtschaftsakteure eine Erwartung über die LOLR-Hilfe haben, in dem Sinne, dass gerade keine Hilfe gewährt wird, dann wird ein Moral Hazard-Verhalten nicht auftreten, da jeder Akteur für sein eigenes Risiko Sorge zu tragen hat. Natürlich steht die Notenbank in Krisenzeiten aufgrund der fehlenden Erwartung an Hilfe in Versuchung, diese Situation für sich auszunutzen und durch eine Hilfeleistung die Stabilität des Bankensystems zu erhöhen und Instabilitäten zu minimieren. Die Ankündigung, eine LOLR-Hilfe zu unterlassen, wird damit jedoch zeitinkonsistent und unglaubwürdig.[933] Reagiert wird darauf höchstwahrscheinlich mit einer Erhöhung des Moral Hazard-Verhaltens der Wirtschaftsakteure, in der Erwartung, dass in zukünftigen Krisen die Zentralbank zum Erhalt der Banken- und Wirtschaftsstabilität erneut mit Hilfeleistungen einschreiten wird. Eine regelgebundene Politik wird damit wiederum zur besseren Wahl, wobei darunter verstanden wird, dass exakt festgelegt wird, unter welchen Voraussetzungen, wie und wann die Notenbank als LOLR einschreitet.[934]

Da keine Situation mit der anderen vergleichbar sein und ein effizientes Handeln damit erschwert wird, müssen über die Maßnahmen und Regelungen des LOLR hinaus Vorschriften für Banken (z.B. Kapitalvorschriften) als präventive, begleitende Maßnahmen festgelegt werden, die einerseits Moral Hazard einschränken und andererseits einer Bankenkrise schon vor deren Entstehung entgegentreten (Weiteres Kapitel 4.2.).[935]

Darüber hinaus ist eine Reduktion des Moral Hazard und des unüberlegten Managerverhaltens durch Bestrafung dieser Manager sowie auch der Anteilseigner zu veranlassen; als Beispiel kann hier der Arbeitsplatzverlust der Manager oder der Kapitalverlust der Anteilseigner angeführt werden.

4.2. Alternativen zur Notenbank als Lender of Last Resort

Während man im Zusammenhang mit der LOLR-Funktion, aber auch bei der Einlagenversicherung, bei einer Aufhebung der Konvertibilität und bei öffentlichen Garantien von *protektiven* bzw. kurativen „Regulierungen" spricht, zählen Eigenmittel-, Liquiditäts- und Risikoverteilungsvorschriften sowie Maximalzinssätze für Sichteinlagen, Marktzutrittsbeschränkungen oder andere Restriktionen wie der Narrow Banking-Vorschlag, zu den *präventiven* Maßnahmen. Erstere Maßnahmen greifen damit erst im Falle des Auftretens eines Bank Runs/einer Bankenkrise und versuchen die negativen Folgen abzumildern; letztere Vorschläge und Umsetzungen beziehen sich hingegen auf eine erfolgreiche Verhinderung von Bank Runs/Bankenkrisen im Vorfeld.[936] Unter Einbeziehung der Notenbank als LOLR bildet sich aus diesen Elementen ein finanziel-

---

[932] Vgl. Freixas (1999), Seite 7ff.

[933] Vgl. analog siehe Kydland, Prescott (1977), Seite 473ff.

[934] Vgl. Villar (2006), Seite 109.

[935] Vgl. u.a. Goodfriend, Lacker (1999), Seite 18f.

[936] Vgl. Bordo (2003), Seite 1.

les Sicherheitsnetz, das in seiner Gesamtheit dazu dienen soll, die Effektivität und Stabilität der Kredit- und Zahlungsfunktionen einer Bank und das reibungslose Funktionieren der Ökonomie erhalten zu können.[937] In den meisten Fällen stellen Regierungen unter Einbeziehung eines Systems von Bankenregulierung und Überwachung ein Sicherheitsnetz bestehend aus LOLR und Depositenversicherung bereit. Aber auch aus internationaler Sicht besteht das Interesse an einem Schutz der Depositen und der finanziellen Stabilität, da Finanzmarktstabilität ein öffentliches Gut mit internationalen Auswirkungen darstellt.[938]

4.2.1. Die Depositenversicherung

Der beste und kostengünstigste Weg, die Sicherheit von Einlagen zu gewährleisten, ist bereits den Zusammenbruch von Finanzinstitutionen durch richtiges Management zu verhindern, was durch adäquate, glaubwürdige Regulierung und Überwachung verstärkt werden soll. Im Falle der Insolvenz einer Finanzinstitution bleibt aber vor allem die Frage, wer die Kosten/Verluste zu tragen hat. Gemäß traditioneller Ansicht sollte die Reihenfolge der Verlustübernahme folgendermaßen aussehen: Anteilseigner, weitere Banken, andere Kreditgeber und Beschäftigte (im Falle der Liquidation der Bank) und zuletzt Depositoren.[939] Zum Schutz kleinerer Einleger und zum Erhalt finanzieller Stabilität wurde in vielen Ländern eine Depositenversicherung eingeführt, um die Wahrscheinlichkeit einer Bankenkrise zu vermindern; derartige Programme garantieren normalerweise den Nominalwert und die Liquidität der Depositen bis zu einem bestimmten Wert oder gar in voller Höhe.[940]

So lässt sich ein Run auf die (Sicht-)Einlagen einer Bank – wie auch schon Bryant, beziehungsweise Diamond und Dybvig argumentiert haben – mittels einer staatlichen *Depositenversicherung* unterbinden, die jedermann die Rückzahlung seiner Einlagen garantiert.[941] Dennoch gibt es Länder, in denen keine Depositenversicherung besteht oder Depositensysteme existieren, bei denen eine Partizipation nicht gesetzlich verpflichtend ist. Zusätzlich besteht noch der Unterschied zwischen einer *expliziten*, gesetzlich festgelegten Depositenversicherung gegenüber der *impliziten* Variante des Bailout und der TBTF-Zusicherung ohne gesetzliche Versicherung.[942]

Das Depositenversicherungssystem beruht auf der Fähigkeit der Versicherer, von allen Banken Beiträge/Abgaben auf alle eingelegten Depositen zu einzuziehen, um die möglichen runartigen Abhebungen befriedigen zu können. Dies führt zunächst zu der Annahme, dass der Staat (als Einziger) eine solche Versicherung aufgrund seiner Steuerhoheit glaubwürdig *anbieten* kann, ohne dabei kostenverursachende[943] Reserven[944] halten zu müssen. Aufgrund der Glaubwürdigkeit des Staates bzw. seiner

[937] Vgl. White (2004), Seite 1.
[938] Vgl. Crockett (1997), Seite 9.
[939] Vgl. FAO (1997), Seite 90; Sheng (1991), Seite 231.
[940] Vgl. Kaufman (2003), Seite 1.
[941] Vgl. Chen (1999), Seite 372ff.; Diamond, Dybvig (1983), Seite 413ff.
[942] Vgl. Gropp, Vesala (2004), Seite 11f.
[943] Kosten im Sinne eines im Vergleich zur Marktrendite zu geringen Ertrags.
[944] Der Staat kann eben wegen seiner Steuerhoheit auf Reserven verzichten, ohne dabei unglaubwürdig zu erscheinen. Es steht ihm ja offen, jederzeit eine solche Steuer zu erheben.

Steuermacht wird es erst gar nicht zu einem Run kommen, weshalb dann auch kein Beitrag erhoben werden muss. Solange also die Garantien glaubwürdig abgegeben werden, wird das Vermögen der Depositoren in Banken nicht negativ durch den vorzeitigen Abzug anderer Depositoren beeinflusst – unter der Voraussetzung, dass der gesamte zur Abhebung berechtigte Betrag eines Depositors durch die Versicherung abgedeckt ist. Dies legt eine Superiorität der staatlichen Versicherung gegenüber einer Privaten nahe; Letztere könnte niemals so glaubhaft sein, da ihr die Möglichkeit der Steuererhebung fehlt, wobei dann die Fähigkeit stark eingeschränkt ist, mit weit um sich greifenden Bankenzusammenbrüchen umzugehen. Typischerweise wird daher das Versicherungssystem durch eine staatliche Behörde oder durch eine öffentlich-rechtliche Anstalt oder in einer engen Zusammenarbeit beider geführt.[945] Es existieren allerdings Ausnahmen in der Schweiz, Argentinien und in Deutschland, die das System auf privater Basis organisiert haben. Wichtig ist, wie das Beispiel Deutschlands zeigt, somit allein das Vertrauen, das die Wirtschaftssubjekte gegenüber der Depositenversicherung aufbauen.[946]

Dennoch muss trotz der offensichtlichen Güte einer Depositenversicherung berücksichtigt werden, dass eine Depositenversicherung per se einen Anreiz liefert, höhere Risiken einzugehen (Moral Hazard), welche ja jetzt quasi von der Depositenversicherung übernommen bzw. abgefangen werden. Dabei findet eine „Quersubventionierung" der risikoaffinen Banken zulasten der risikoaversen Institute statt und generiert damit die gleichen Probleme, die eine Zentralbank als LOLR bei Einzelfallhilfen – wie der Hilfe an insolvente Banken und der TBTF-Politik – vorweist. Denn die Depositenversicherung ist dabei nur eine spezifische Form einer staatlichen Intervention in Aktivitäten einer speziellen Gruppe von Finanzmarktinstitutionen, nämlich der Depositen haltenden Banken. Gerade wenn durch die explizite und auch implizite Versicherung alle Depositen abgesichert sind, liegt die Tendenz der Banken nahe, ihre Liquiditätsreserven unter das Optimum zu reduzieren und sichere Vermögenswerte durch riskantere zu ersetzen. Gesamtwirtschaftliche Verluste werden damit unvermeidlich. Gerade diesem Zustand wird die S&L-Krise in den USA zugeschrieben.[947]

Es hat sich dabei gezeigt, dass eine implizite Garantie gegenüber einer expliziten Garantie zu mehr Moral Hazard beigetragen hat, wobei dieser Vorteil durch eine explizite Ausgestaltung mit voller Deckung der Depositen wieder aufgebraucht wird.[948]

Heutzutage ist die Depositenversicherung immer noch der dominante Weg, da die modernen Zahlungssysteme immer auf der Konvertibilität von Bankdepositen beruhen. Damit müssen vorhandene Depositenversicherungen derartig ausgestaltet werden, dass einerseits Moral Hazard vermindert und andererseits die Bankenstabilität erhalten wird, vor allem, da unter allen Maßnahmen innerhalb des finanziellen Sicherheitsnetzes der Gebrauch der Depositenversicherung in den vergangenen Jahren eine erhebliche Steigerung erlebt hat.[949]

---

[945] Vgl. Garcia (2000), Seite 5,
[946] Vgl. Beck (2001), Seite 24; Demirgüc-Kunt, Kane (2001), Seite 20.
[947] Vgl. O'Hara, Shaw (1990), Seite 1587.
[948] Vgl. Cull, et al. (2005), Seite 45.
[949] Vgl. Beck (2003), Seite 3.

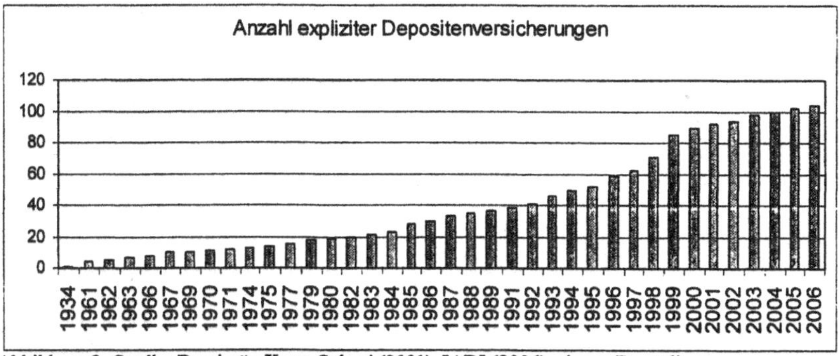

Abbildung 9, Quelle: Demirgüc-Kunt, Sobaci (2001), IADI (2006), eigene Darstellung.

Es kann gezeigt werden, dass seit 1985 sich die Zahl der Länder, die eine *explizite* Depositenversicherung anbieten, fast verdreifacht hat, wobei etliche davon im Zuge einer Krise eingeführt oder auch ausgeweitet wurden.[950] In diesem Zusammenhang hat sich die Einführung einer Depositenversicherung unter Politikern als bevorzugter Rat für die Finanzarchitektur von *Entwicklungsländern* aus der Masse an Vorschlägen herausgehoben. Diese haben vor allem in Zeiten von Finanzkrisen gerne zu diesem Handlungsvorschlag gegriffen und eine Depositenversicherung eingeführt. Dennoch hat der Verlauf der jüngsten Finanzkrisen die Grenzen einer Depositenversicherung auf die systemische Stabilität einer Wirtschaft aufgezeigt.[951]

Land	**Einführung**	**Land**	**Einführung**	**Land**	**Einführung**
Albanien	2002	Jamaika	1998	Portugal	1992
Algerien	1997	Japan	1971	Puerto Rico	1949
Äquatorial Guinea	1999	Jordanien	2000	Republik Kongo	1999
Argentinien	1979	Kamerun	1999	Rumänien	1996
Armenien	2005	Kanada	1967	Russland	2003
Bahamas	1999	Kasachstan	1999	Schweden	1996
Bahrain	1993	Kenia	1985	Schweiz	1984
Bangladesch	1984	Kolumbien	1985	Serbien-Montenegro	2001
Bolivien	1999	Korea	1996	Singapur	2006
Belgien	1974	Kroatien	1997	Slowakei	1996
Bosnien-Herzegowina	1998	Kuwait	1982	Slowenien	2001
Brasilien	1995	Laos	1999	Spanien	1977
Bulgarien	1998	Lettland	1998	Sri Lanka	1987
Chile	1986	Libanon	1967	Sudan	1993
Dänemark	1988	Lichtenstein	1992	Taiwan	1985
Deutschland	1966	Litauen	1996	Tansania	1994

[950] Vgl. Demirgüc-Kunt, Sobaci (2000), Seite 9; IADI (2006).
[951] Vgl. Palvia (2006), Seite 2.

Dominikanische Republik	1962	Luxemburg	1989	Tadschikistan	2004
Ecuador	1999	Malaysia	1998	Thailand	1997
El Salvador	1999	Malta	2003	Trinidad und Tobago	1986
Estland	1998	Marokko	1993	Tschad	1999
Finnland	1970	Marshall Inseln	1975	Tschechische Republik	1994
Frankreich	1980	Mazedonien	1997	Türkei	1983
Gabun	1999	Mexiko	1986	Turkmenistan	2000
Gibraltar	1998	Mikronesien	1963	Uganda	1994
Griechenland	1993	Moldawien	2004	Ukraine	1998
Großbritannien	1982	Nicaragua	2001	Ungarn	1993
Guatemala	1999	Niederlande	1979	Uruguay	2002
Honduras	1999	Nigeria	1988	USA	1934
Hongkong	2005	Norwegen	1961	Usbekistan	2006
Indien	1961	Oman	1995	Venezuela	1985
Indonesien	1998	Österreich	1979	Vietnam	2000
Irland	1989	Paraguay	2003	Weißrussland	1996
Island	1985	Peru	1992	Zentralafrikanische Republik	1999
Isle of Man	1991	Philippinen	1963	Zimbabwe	2003
Italien	1987	Polen	1995	Zypern	2000

Quelle: *IADI* (Länderübersicht), Jahresdaten: Albanien; Algerien; Argentinien; Bahamas; Bahrain; Bangladesch; Belgien; Bosnien-Herzegowina; Brasilien; Bulgarien; Chile; Dänemark; Deutschland; Dominikanische Republik; Ecuador; El Salvador; Estland; Finnland; Frankreich; Gabun; Gibraltar; Griechenland; Großbritannien; Guatemala; Honduras; Hongkong; Indien; Indonesien; Irland; Island; Isle of Man; Italien; Jamaika; Japan; Jordanien; Kanada; Kasachstan; Kenia; Kolumbien; Korea; Kroatien; Kuwait; Lettland; Libanon; Lichtenstein; Litauen; Luxemburg; Malaysia; Malta; Marshall Inseln; Mazedonien; Mexiko; Mikronesien; Nicaragua; Niederlande; Nigeria; Norwegen; Oman; Österreich; Paraguay; Peru; Philippinen; Polen; Portugal; Rumänien; Russland; Schweden; Schweiz; Serbien-Montenegro; Slowakei; Slowenien; Spanien; Sri Lanka; Taiwan; Tansania; Thailand; Trinidad und Tobago; Türkei; Uganda; Ukraine; Ungarn; Uruguay; USA; Venezuela; Vietnam; Zimbabwe; Zypern: *Demirgüc-Kunt et al. (2005), Seite 22.* Äquatorial Guinea; Kamerun Republik Kongo: *Demirgüc-Kunt et al. (2006)*; Marokko; Sudan; Tschad; Tschechische Republik; Zentralafrikanische Republik: *IADI*; Moldawien; Usbekistan: *World Bank (2005, 1997)*; Armenien: *Armenian Deposit Guarantee Fund (2006)*; Laos: *Asian Development Bank (2001)*; Puerto Rico: *Federal Deposit Insurance Corporation (2006)*; Singapur: *Singapore Deposit Insurance Corporation (2006)*; Tadschikistan: *National Bank of Tajikistan (2006)*; Weißrussland: *IMF (2006a).*

Tabelle 5, eigene Darstellung.

Anzumerken dabei ist, dass einige Länder nicht nur eine Depositenversicherung besitzen – wie z.B. Deutschland mit 8 Depositenversicherungen inklusive der privaten Vereinigung Deutscher Banken. Gleichzeitig besitzen mehrere Länder nur eine einzige Depositenversicherung bzw. sind gemeinschaftlich organisiert: So werden die Depositen einzelner Banken von Puerto Rico, den Marshall Inseln und Mikronesien von der Federal Deposit Insurance Corporation der USA abgesichert.[952,953] Daneben stehen Depositenversicherungen in einigen weiteren Ländern in der Planung oder befinden sich grade im schwebenden Zustand der Einführung: Ägypten, Australien, Aserbaidschan, Barbados, China, Costa Rica, Georgien, Kirgisien, Mongolei, Neuseeland, Pakistan, Panama, Südafrika und der Jemen.[954]

Dass sich diese Maßnahme in der Vergangenheit bei Politikern besonderer Beliebtheit erfreut hat, liegt nahe, weil zumindest kurzfristig keine unmittelbaren Budgetmittel dafür reserviert werden müssen, und sie somit eine scheinbar kostenlose Lösung für das Problem der Bank Runs bzw. Bankenpaniken und der potenziellen Verluste auf Seiten der Einleger darstellen.

Durch die Einflussnahme und das Interesse des Staates an einem stabilen Umfeld ist die Depositenversicherung jedoch so auszugestalten, dass sie entsprechend konsistent mit den öffentlichen Zielen einhergeht, um effektiv wirken zu können und nicht beabsichtigte Wirkungen zu vermeiden. Somit ist eine derartige Einflussnahme auf die nationalen Gegebenheiten und Interessen abzustimmen. Dabei bestehen mehrere Interessen an einer Implementierung der Depositenversicherung, wobei zwei davon besonders herausstechen:[955]

- Sie soll einen *Schutz für kleinere Einleger* generieren, indem ein Mechanismus bereitgestellt wird, der die sofortige Auszahlung oder den Transfer der abgesicherten Anteile der Depositen garantiert.
- Das allgemeine Vertrauen und die *systemische Stabilität* sollen erhalten werden durch eine erfolgreiche, finanzielle Abwicklung der Schließung von Banken, um ein Umsichgreifen zu verhindern. Dabei ist es unvermeidlich, eine genaue Definition der geschützten Depositen einzuführen, so dass Transparenz entsteht. Ansonsten bleibt der Aufbau von Vertrauen in der Regel aus.[956]

Trotz dieser hehren Ziele wird das Problem des Moral Hazard oft übersehen und zumeist unrealistische Erwartungen in das neu geschaffene System gesetzt.

Um in diesem Zusammenhang das Moral Hazard-Argument in geeigneter Weise in die Implementierungsphase hineinzubringen, sollten aber zuerst die Kosten berücksichtigt werden, die im Rahmen der Störung des Anreizsystems entstehen.[957] So steigt der Effekt deutlich an, je generöser die Ausgestaltung der Versicherungsleistungen ausfällt. Die Bedeutung des Moral Hazard muss damit eine besondere Berücksichtigung erfahren.

Diese durch Moral Hazard-Verhalten entstehenden wirtschaftlichen Kosten einer schlecht organisierten Depositenversicherung gaben damit der Wissenschaft Anlass, die „richtige" Ausgestaltung zu untersuchen. Bhattacharya et al. (1998) fassen die

[952] Vgl. FDIC (1998a), Seite 31.
[953] Die Absicherung durch die USA bedingt dabei auch das hohe Ausmaß des Verhältnisses von Sicherheitsleistungen zum BIP (siehe Abbildung 10).
[954] Vgl. Demirgüc-Kunt et al. (2006a), Seite 46ff.
[955] Vgl. Garcia (1999), Seite 5.
[956] Vgl. Garcia (1996), Seite 9f., 15f.
[957] Vgl. Demirgüc-Kunt, Detragiache (1999), Seite 3ff.

damit verbundenen wissenschaftlichen Untersuchungen zusammen. Dabei kann allgemein ausgesagt werden, dass im Rahmen des richtigen Umgangs mit Moral Hazard eine geeignete Regulierung der Liquiditätsreserven und der Kapitalanforderungen von Banken und eine Versicherungsleistung von deutlich weniger als 100% der Depositen nicht nur ausreichend, sondern auch für die Stabilität des Bankensystems notwendig ist.[958]

Zur Lösung dieses Problems der übermäßigen Risikoübernahme bietet sich damit auf den ersten Blick eine *anreizkompatible, risikosensible Einlagenversicherung* – mit anderen Worten eine Versicherungsprämie, die dem Risiko der einzelnen Bank entspricht – an.[959] Allerdings stellt es sich in der Praxis aufgrund des Vorliegens privater Informationen bezüglich der Anlagen der Bank[960] als schwer lösbares Vorhaben heraus.

Da die Depositenversicherung das Verhalten der Banken beeinflusst, sollte (zusätzlich) eine *Bankenregulierung* stattfinden.[961] Dabei kommt den Eigenmittelvorschriften eine bedeutende Rolle zu, da Eigenkapital als Haftungsgrundlage fungiert. Es bedarf also – im Hinblick auf die Reduzierung des Konkursrisikos einer Bank – der Vorgabe einer Mindestvorschrift für Haftungskapital, also einer Obergrenze für das Leverage. So wirkt sich einerseits eine Erhöhung eben dieser Haftung positiv auf die Stabilität des Bankensystems aus (buffer effect). Andererseits bleibt es fraglich, ob die Aufstockung des Eigenkapitals einen positiven Effekt auf die Risikostruktur der Anlageportfolios der Geschäftsbanken hat; unstrittig ist sicherlich, dass das moralische Risiko – welches durch die versicherten Einlagen immanent vorhanden ist – sinken wird, da dann relativ weniger Einlagen und mehr (unversichertes) Eigenkapital vorhanden sind (asset substitution effect). Allerdings wird der Anreiz erhöht, die Einlagenversicherung durch eine Restrukturierung des Anlageportfolios hin zu riskanteren Anlagen auszunutzen, um die (erwartete) Eigenkapitalrendite konstant zu halten.[962] Konsequenterweise müssten dann die Regulierungen auch auf die Portfoliozusammensetzung ausgeweitet werden. Umgekehrt kann man argumentieren, dass die Banken das Risiko ihres Anlageportfolios senken, denn ein höherer Eigenmittelanteil/Eigenkapitalquote erhöht zwingend den Anteil an den Verlusten, den die Bankeigner selbst zu tragen haben in Relation zu dem Anteil, der auf den Staat entfällt.[963] Außerdem könnte man daraus ableiten, dass die Manager – soweit sie Anteilseigner ihrer Bank sind – bei einer Erhöhung der erforderlichen Eigenmittel, die zwangsläufig eine Verwässerung ihres Anteils bedingt, weniger Anreize haben, sich nachhaltig für die Solvenz ihrer Institution einzusetzen (dilution effect), was dementsprechend gegen eine Erhöhung

---

[958] Vgl. Bhattacharya, Boot, Thakor (1998), Seite 747ff.

[959] Vgl. Beck (2003), Seite 4ff.; Osborne, Lee (2001), Seite 980.

[960] Da die meisten Anlagen einer Bank nicht auf Märkten gehandelt werden, ist es schwierig, wenn nicht unmöglich, ihre Risiken richtig einzuschätzen. Wären nämlich die Risiken der Kreditnehmer für die Marktteilnehmer problemlos einschätzbar, dann müsste der Kredit nicht über einen Intermediär finanziert werden. Hierbei kommt die Janusköpfigkeit der Informationsasymmetrie zum Tragen, welche gleichzeitig Ursprung für Finanzintermediation, aber auch der Grund für die Unmöglichkeit risikoadäquater Einlagenversicherung ist.

[961] Vgl. Cull, Senbet, Sorge (2003), Seite 11f.; OECD (2002), Seite 187f.

[962] Vgl. Kahane (1977), Seite 207ff.

[963] Vgl. Berger, Herring, Szegö (1995), Seite 408f.; Keeley, Furlong (1990), Seite 70

des Eigenkapitals spricht. Schließlich gefährdet eine erhöhte Haltung von Eigenkapital die Effizienz der Intermediation, da so die Aufnahme von Sichtgeldern eingeschränkt wird.[964,965]

Bislang ist man sich über eine derartige, exakte Ausgestaltung noch im Unklaren; sollten allerdings Anreize für Depositoren gesetzt werden, ihre Banken besser auf Risiko zu überwachen, indem das Ausmaß der Sicherung herabgesetzt wird, kommt der Trade off zwischen einer Bereitstellung von Versicherungen gegen Bank Runs und Überwachungsanreizen ins Spiel.[966]

Scheinbar wird eine Kombination der Ansätze wohl das „bestmögliche" Ergebnis herbeiführen: Die *Depositenversicherung* soll dabei Runs vermeiden, während die *regulierenden Vorschriften* das Moral Hazard-Problem eindämmen sollen.[967] Dennoch sollte nicht außer Acht gelassen werden, dass es durch eine breitere Eigenkapitalbasis zwar – wie gerade ausgeführt – positive Effekte im Sinne der Reduzierung der Konkurswahrscheinlichkeit gibt, denen aber auch negative Wirkungen im Hinblick auf eine weniger effiziente Intermediation entgegenstehen.

Die Praxis der Depositenversicherungen zeigt sich insgesamt in den unterschiedlichsten Ausgestaltungsvarianten, die im Folgenden genauer betrachtet werden sollten:

Das eine Extrem besteht im völligen Schutz aller Ansprüche gegen eine Bank im Sinne einer Pauschalgarantie; solange darauf vertraut wird, wird kein Bank Run entstehen, jedoch werden hier die stärksten Anreize für eine übermäßige Risikoübernahme gesetzt. Dieser Fall ist in der Regel in keinem expliziten System zu verzeichnen, dient jedoch oft der kurzfristigen Verteidigung gegen systemweite Instabilität von Banken. Mexiko, die Türkei und Japan wählten eine 100%ige Absicherung der Depositen im Zustand eines finanziellen Notstandes; dabei sollte eigentlich diese Praxis nur solange aufrechterhalten und dann in ein System mit beschränkter Deckung transformiert werden, solange das Bankensystem nicht effektiv umstrukturiert wurde.[968] Auch andere Länder wie Schweden, garantierten einen vollen Schutz während einer Krise, nahmen dies jedoch danach wieder im finanziell gesunden Zustand zurück.[969]

Das andere Extrem besteht in einer vollkommenen Ablehnung einer Depositenversicherung. Dies braucht nicht näher thematisiert werden, da bei Anwendung dieses Ansatzes einfach auf den Schutz der Einleger verzichtet wird und unterstellt wird, dass systemisches Risiko durch eine Depositenversicherung nicht beeinflusst wird. Eine Abschwächung dieser rigiden Haltung ist die Bevorzugung der Ansprüche der Deposi-

[964] Vgl. Calomiris, Kahn (1991), Seite 497ff.

[965] Vergleicht man die von der Depositenversicherung bereitgestellte Hilfe mit einer europäischen Put-Option (vgl. Merton 1977), kann die Bank den Wert der Versicherung durch Reduktion des Eigenkapitals oder Erhöhung der Asset-Volatilität (also bei höherer Risikoneigung) erhöhen. Daraus folgt, dass die Prämien der Depositenversicherung der Asset-Volatilität und dem Verhältnis von Depositen zu Vermögenswerten angemessen sein sollten, da ansonsten das Moral Hazard-Verhalten der Banken zunimmt.

[966] Vgl. FSF (2001), Seite 23f.

[967] Vgl. Stillhart (2002), Seite 139ff.

[968] Vgl. Önder, Özyildirim (2003), Seite 2.

[969] Vgl. IADI (2003), Seite 2ff.

toren vor allen anderen Anspruchsträgern an eine Bank im Zuge ihrer Liquidierung, um so den Einlegern zumindest einen gewissen Schutz bereitzustellen.[970]

Eine bessere Ausgestaltung bietet die Einteilung von Depositoren in Geschützte und Ungeschützte – beispielsweise nach Größe der Einleger oder nach Art der Einlage.[971] Dies stellt wohl die meist gewählte Form dar. So hängt das Moral Hazard-Problem vom Anteil der ungesicherten Depositoren ab; ist dieser groß, so wird vermutlich das Risiko eines Bank Runs auf diese Bank ansteigen. Solange aber nur ein kleiner Teil ungeschützt bleibt, wird sich die Wahrscheinlichkeit eines Runs in engen Grenzen halten, aber damit auch die Anreize der Depositoren zur Überwachung ihrer Bank. Der Ausschluss des Schutzes bei großen Depositenbeständen eines Wirtschaftssubjektes entspricht dabei dem Ziel des Schutzes für kleine Depositoren. Diese erhalten in der Regel nur ein kleines Einkommen, kennen sich im Bereich der Bankpraktiken sowie ihrer notwendigen Überwachung nicht aus und haben dazu auch nicht die Zeit, weswegen sie unter besonderen Schutz gestellt werden müssen. Große Depositoren haben annahmegemäß diese Probleme nicht und können sich daher eher selbst helfen sowie die Banken überwachen.[972]

Aus diesem Grund sollte die geschützte Summe der Depositen eines Einlegers eher niedrig sein; als vernünftiger Grenzwert wird dabei der ein- bis zweifache Wert des BIP Pro-Kopf angesehen.[973] Dabei sind die Schwankungen zwischen den Ländern jedoch enorm. Länder wie Chile, die Schweiz und Großbritannien wählten eine Absicherung der Depositen, in einer Höhe, die kleiner ist als das BIP Pro-Kopf. Daneben existieren Versicherungen mit einem 50-fachen Deckungsverhältnis (siehe Abbildung 10). Dazu gilt zum Teil noch, dass auch Fremdwährungsdepositen abgesichert werden. Diese Vorgehensweise ist besonders beliebt in den Fällen, in denen Fremddepositen zu Zahlungszwecken genutzt werden, d.h. vor allem in dollarisierten/euroisierten Ländern.[974] Eine weitere Alternative ist, dass alle Gläubiger der Banken am Verlust zu einem gewissen Teil auf alle Depositen partizipieren müssen (coinsurance), wenn die Bank zusammenbricht.[975] Dieser in jüngster Zeit präferierte Ansatz versucht dabei den Ausgleich zwischen der Möglichkeit des panikartigen Abzugs der Depositen und dem Moral Hazard herzustellen, so dass beide Probleme so gering wie möglich gehalten werden können. Der zu tragende Verlust wird dabei oft gesplittet, so dass die erste Tranche zu 90% ausbezahlt wird, die nächste Tranche zu einem geringeren Prozentsatz etc. Da so kleinere Depositoren nicht besonders gut geschützt werden, und damit eines der herausragenden Ziele der Depositenversicherung nicht erreicht wird, wird zumeist die erste Tranche zu 100% ausbezahlt und alle Weiteren dann mit einem kleiner werdenden Anteil, was dazu führen kann, dass Depositoren ihre Einlagen splitten, um einen vollen Schutz zu erlangen.[976]

---

[970] Vgl. Beck (2003), Seite 9f.
[971] Vgl. FSF (2001), Seite 23f.
[972] Vgl. Garcia (2000), Seite 38.
[973] Vgl. Carapelle, Di Giorgio (2004), Seite 5; Demirgüc-Kunt et al. (2006), Seite 5f.
[974] Über die positiven oder negativen Effekte der Einbeziehung derartiger Depositen ist man sich in der Literatur uneinig. Vgl. JDIC (2006); Yeyati, Broda (2003), Seite 5.
[975] Vgl. Hazlett (1997), Seite 453ff.
[976] Vgl. Hane (1999), Seite 7.

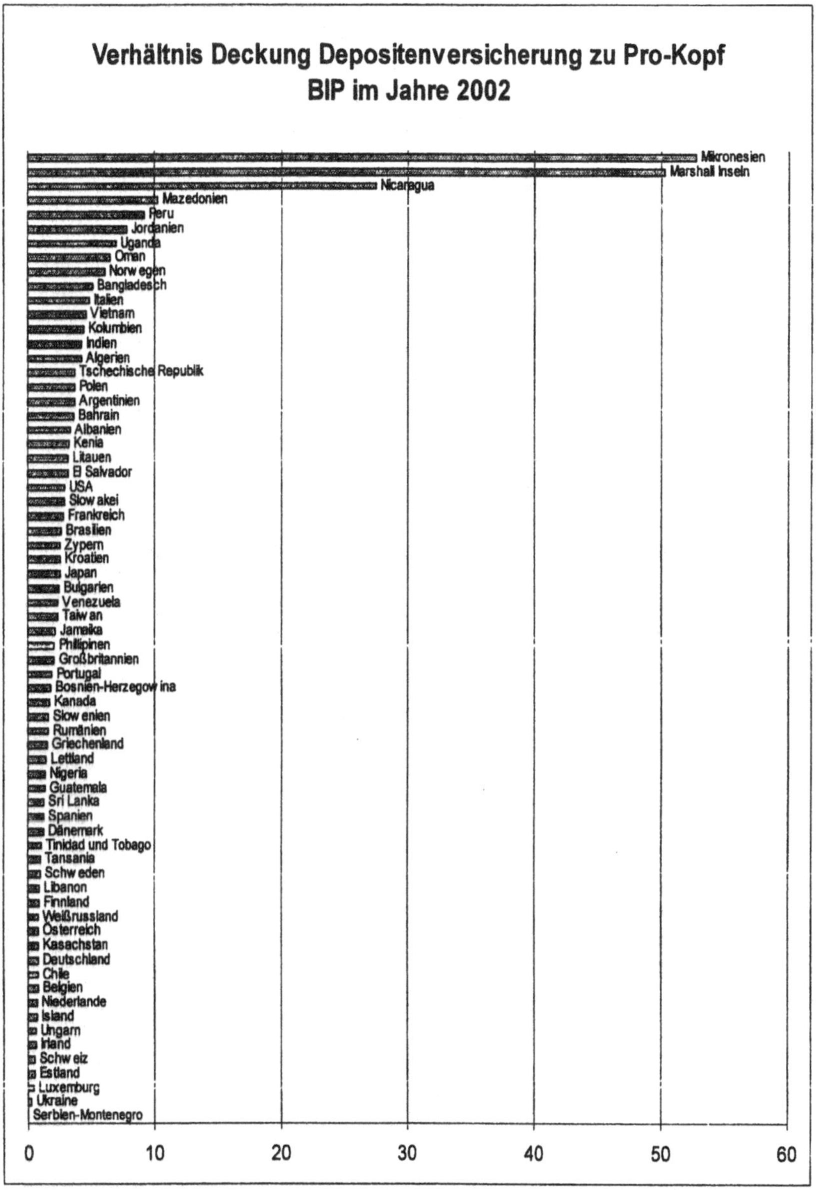

Abbildung 10, Quelle: Demirgüc-Kunt, Kane, Laeven (2006a); eigene Darstellung.[977]

[977] Vgl. Demirgüc-Kunt, Kane Laeven (2006), Seite 32ff.

Neben der begrenzen Risikoübernahme aller Depositoren bis zu einem gewissen Betrag wäre auch eine Begrenzung der Depositenversicherung auf einzelne Banken zu überlegen, so dass nur streng ausgewählte Banken geschützt werden, die Depositoren der anderen Banken jedoch das volle Risiko zu tragen haben. Eine derartige Umsetzung ist auch mit einer freiwilligen Mitgliedschaft denkbar, wobei dann das Problem aufgeworfen wird, dass starke Banken auf eine Mitgliedschaft verzichten und nur schwache Banken um Versicherung bitten. Andererseits kann die freiwillige Mitgliedschaft auch als Marketingargument vorgebracht werden.[978] Besser wäre es möglicherweise, alle Depositen annehmenden Institute in das System aufzunehmen bzw. zum Beitritt zu verpflichten, um das Vertrauen der Sparer in die Sicherheit der Einlagen zu gewährleisten und damit zum Sparen zu verleiten.[979] Darüber hinaus ist eine Trennung in geschützte und ungeschützte Banken nicht geeignet, Bank Runs bei (ungeschützten) Banken zu verhindern, die dann auf Geschützte übergreifen mögen, weil Einleger diese möglicherweise nicht unterscheiden können. Als gewichtigstes Gegenargument kann zusätzlich angeführt werden, dass der unterschiedlich mögliche Zugang zur Versicherung bestimmte Arten von Finanzinstituten bevorzugt, so dass eine Störung des Finanzmarktes möglich ist.[980]

In diesen Rahmen kann auch der ursprüngliche too big to fail-Ansatz im Sinne einer impliziten Depositenversicherung verstanden werden, indem 10 für die (US-) Wirtschaft bedeutende Banken als besonders schützenswert angesehen wurden.[981] Hierbei sollte allerdings der Unterschied zwischen einer expliziten (gesetzlicher Depositenschutz für bestimmte Banken in Höhe von 100%) und einer impliziten Versicherung (keine gesetzliche Festlegung, aber staatliche Garantie über too big to fail) nicht vergessen werden. Lässt man diesen Unterschied außer Acht, liegt der Fokus dieser Maßnahmen auf der Vermeidung systemischer Bankenpaniken mittels des Erhalts der wirtschaftlich bedeutsamsten Banken. Damit ist klar, dass ein derartiger Ansatz einer Depositenversicherung nur auf solche Institutionen effektiv angewendet werden kann, solange diese einen Großteil des nationalen Bankensystems ausmachen. Natürlich wird damit dem Moral Hazard-Verhalten der Großbanken Tür und Tor geöffnet gerade vor dem Hintergrund der Konsolidierungs- und Wachstumspolitik der Banken in heutiger Zeit, so dass im Grunde eine implizite Depositenversicherung abgelehnt werden sollte.[982]

Anhand dieser unterschiedlichen Ansatzpunkte wird deutlich, dass eine effizient ausgestaltete explizite (vertraglich/gesetzlich festgelegte) Depositenversicherung ohne begleitende regulative Maßnahmen kaum effizient umgesetzt werden kann. Nichtsdestotrotz wird auch aufgrund politischer Beschränkungen (beispielsweise im Bereich der Regularien) die Einführung einer impliziten (staatlich garantierten) Versicherung der Banken durch entsprechende Maßnahmen in der Realität angedacht.[983]

---

978 Vgl. IADI (2004), Seite 10f.

979 Dies gilt vor allem noch immer in Schwellenländern und/oder wenn dem Bankensystem kein Vertrauen entgegengebracht wird.

980 Vgl. Talley, Mas (1990), Seite 22.

981 Vgl. Beck (2003), Seite 3.

982 Vgl. Mishkin (2005), Seite 4.

983 Vgl. Cull, et al. (2005), Seite 44; Demirgüc-Kunt et al. (2005), Seite 3ff.

Dabei sollten alle regulativen Maßnahmen nicht als Substitut für eine explizite Depositenversicherung gelten, sondern vielmehr als Ergänzung verstanden werden, was den Gesamtschutz für die Banken deutlich erhöht.

Ohne festgelegte Regeln kann der Staat einen erheblichen diskretionären Spielraum ausschöpfen in Form der Höhe (TBTF) sowie des Zeitpunktes des Schutzes und der Banken, die geschützt werden, was dieselbe Problematik aufwirft wie eine diskretionäre LOLR-Politik.[984] Bei (zunächst) alleiniger Konzentration auf große Banken und geringeren oder keinen Zahlungen für kleine Banken, würde sich zwar die Kosten der Hilfe in Grenzen halten, dennoch können auch schwache Störungen die Wirtschaftstätigkeit negativ beeinflussen (beispielsweise wenn die Ökonomie erst am Beginn eines Wirtschaftsaufschwungs steht oder wenn eine Hausse ihren Zenit überschritten hat), so dass ein Schutz für kleinere Banken vom Staat als angemessen angesehen werden könnte. Tritt dann ein wirtschaftlicher Abschwung ein, verlassen sich alle Wirtschaftssubjekte auf die Sicherung ihrer Einlagen, und eine Änderung des Verhaltens des Staates im Bezug auf impliziten Depositenschutz würde dann die Glaubwürdigkeit der Regierung unterlaufen.[985]

Inwieweit diese Maßnahme zu Moral Hazard führt, hängt also unmittelbar vom Ausmaß dieser impliziten Garantie ab; analog zur expliziten Versicherung verursacht eine selektive Garantie deutlich weniger Moral Hazard als eine Garantie, die Depositen zu 100% zu schützen.[986]

Für eine abschließende Betrachtung der Nutzen von Depositenversicherungen sollte man sich noch einmal kurz die bezweckten Ziele vor Augen halten: Die Vermeidung *systemischer Bank Runs und der Schutz kleiner Depositoren,* wobei diese Ziele – wie dargelegt – teilweise miteinander in Konflikt stehen. Diese Ziele müssen daher in ein geeignetes Verhältnis zueinander gesetzt werden, das sich in einem effektiv ausgestalteten System ausdrückt, das einerseits Kosten-Nutzen-Aspekte und andererseits länderspezifische Aspekte (auch Gedanken der politischen Ökonomie, des Lobbyismus etc.) mit einbezieht.[987] Eine Depositenversicherung sollte daher:

- makroökonomische Stabilität generieren,
- das Gros der Bank Runs verhindern,
- mögliche negative, mikroökonomische Auswirkungen möglichst minimieren,
- keine Subventionierung des Bankensystems sein,
- die Risiken für die Steuerzahler minimieren und
- die Überwachungsfunktion für kleinere Depositoren erleichtern/ersetzen.[988]

Die Allgemeingültigkeit dieser Faktoren macht allerdings eine effektive Ausgestaltung sehr schwierig. Es verdeutlicht dabei nur noch mehr, wie schwierig es ist, die Vermeidung von Runs und den Schutz der Depositoren miteinander zu vereinen. So bleibt die Depositenversicherung noch immer eines der höchst kontroversen Ele-

---

[984] Vgl. Demirgüc-Kunt, Detragiache, Seite 5.
[985] Vgl. Bruni, De Boissieu (2000), Seite 49f.
[986] Vgl. Llanto (2005), Seite 12f.
[987] Vgl. Afolabi (2003), Seite 18ff.
[988] Vgl. Demirgüc-Kunt, Kane (2004), Seite 347.; FSF (2001a), Seite 4.

mente einer wohl überlegten Regulierung der Finanzinstitute. Sicher ist allerdings, dass die Höhe der Versicherungsleistungen auf ein gewisses Maß beschränkt werden sollte, um besonders den Schutz kleinerer Einleger damit zu gewährleisten. Dabei liegt die Einbeziehung aller Banken nicht nur im Interesse der Einleger, sondern auch der Banken selbst, die dies bei einer freiwilligen Teilnahme auch als Marketinginstrument verwenden, wie es in den USA der Fall ist, so dass die Depositenversicherung auch freiwilliger Art sein könnte – auch wenn die Mehrheit der weltweiten Depositenversicherungen verpflichtend sind.[989] Dies zeigt wiederum, dass es kein allgemeingültiges Patentrezept gibt.[990]

Letztlich bedeutet eine Depositenversicherung keine Alternative für einen LOLR, da sie zu spät ansetzt und bei übergreifenden Liquiditätsproblemen keine Lösung bietet, kann aber bei entsprechender Ausgestaltung und in geeigneter Zusammenarbeit als gute Ergänzung fungieren.[991]

4.2.2. Narrow Banking

Im Folgenden soll Narrow Banking als Alternative zu einer Depositenversicherung oder der Notfallhilfe der Zentralbanken (LOLR) in Betracht gezogen werden, wobei der Narrow Banking-Ansatz als Bankenreformierung verstanden werden kann, um die wirtschaftliche Stabilität gefährdende, bankeninhärente Probleme beseitigen zu können.[992] Hierbei ist es der Bank nicht gestattet, liquide Einlagen in illiquide Forderungen umzuwandeln; Narrow Banking ist dabei die Einführung einer 100%igen Reservehaltung von entweder marktfähigen, wenig riskanten Wertpapieren oder Bargeld auf kurzfristig abrufbare Depositen, um infolge eines Bank Runs die Illiquidität bzw. Insolvenz einer Bank zu umgehen bzw. den Bank Run an sich verhindern, da die Bankenbilanz einer reinen Depositenbank dann risikolos wäre, indem alle Abzüge immer befriedigt werden können.[993]

Man könnte dieses Konzept allgemein damit auch als die Einführung von 100%igem Geld bezeichnen, was an sich eine sehr einfache Idee darstellt.[994] Es würde nämlich allen Geschäftsbanken die Buch- bzw. Giralgeldschöpfung verbieten; die Geschäftsbanken könnten das Geldangebot nicht mehr beeinflussen.[995] Die 100% beziehen sich dabei auf die 100%ige Reserveanforderung, die auf alle sofort abrufbaren Depositen notwendig wäre, so dass Geschäftsbanken keine Darlehen ausgeben dürften, solange sie nicht entsprechende Reserven halten. Damit würde kein Wirtschaftssubjekt Geld von einer Bank erhalten, solange nicht ein weiteres Wirtschaftssubjekt auf den Gebrauch und die Kontrolle dieses Geldes verzichtet.[996]

---

[989] Vgl. IADB (2004), Seite 102f.
[990] Vgl. Laeven (2004), Seite 5f.
[991] Vgl. FDIC (2002), Seite 2ff.
[992] Vgl. Miles, Phillips (1995a), Seite 18.
[993] Vgl. Spong (1996), Seite 365.
[994] Vgl. Fisher (1936), Titel
[995] Vgl. Spahn (2006), Seite 16ff.; Bossone (2001), Seite 333f.
[996] Vgl. Phillips (1995a), Seite 27.

Man könnte sagen, dass innerhalb dieser Methodik *illiquid banking* durch *narrow banking* ersetzt werden soll.[997] Im Laufe Zeit kam es infolge des fractional reserve banking oft zu Illiquidität im Bankenbereich, wobei nicht alle Verpflichtungen der Bank gegenüber ihren Depositoren befriedigt werden konnten. Dabei sind Sichtdepositen immer Problem des illiquid banking, weil sie eben den kurzfristigen Abzug von Einlagen stets ermöglichen. Da Banken im Gegenzug aber nur einen Teil des Wertes der vorhandenen Depositen in liquiden Vermögenswerten halten, sehen sich noch heute die Geschäftsbanken mit denselben Problemen (genauer gesagt den Liquiditätsproblemen infolge eines erhöhten Depositenabzugs) konfrontiert.

Es wurde an früherer Stelle bereits deutlich, dass die Absicherung der Depositoren über eine Depositenversicherung aber auch die Liquiditätsbereitstellung in Krisenzeiten über den LOLR Moral Hazard generiert. Dieses doch so bedeutsame Problem abmildern zu können, ist die Idee des Narrow Banking, dem nicht wenige Autoren gefolgt sind.[998]

Irving Fisher, der das Prinzip des 100%igen Geldes nachhaltig vertreten hat, wurde innerhalb dieses Ansatzes zum bedeutendsten Autor seiner Zeit. Dieser Kreuzzug für die Einführung des Konzepts folgte aus seinem persönlichen Pech, das ihn im Verlauf des Aktiencrashs im Jahre 1929 ereilte.

Allerdings wurde diese Theorie bereits viel früher vorgebracht. So sprach sich bereits Thomas Jefferson aus, dass „the issuing power of money should be taken from the banks, and restored to Congress and to the people to whom it belongs. I sincerely believe the banking institutions having the issuing power of money are more dangerous to liberty than standing armies."[999] Auch Abraham Lincoln folgte dieser Ansicht und stellte fest, dass "the government should create, issue and circulate all the currency and credit needed to satisfy the spending power of the government and the buying power of consumers."[1000]

Eine Möglichkeit, um der Fisherschen Maxime bezüglich des Narrow-Gedankens gerecht zu werden, ist die *Einhaltung der Fristenkongruenz*; dieser, auf Adam Smith zurückgehende Gedanke, der später auch unter den Begriffen „Goldene Finanzierungsregel" bzw. „Goldene Bankregel"[1001] in der Literatur Eingang fand (nach Hübner 1854), postuliert eine Übereinstimmung der Fristen von Kapitalbeschaffung und Kapitalverwendung.[1002] Diese Fristenkongruenz hätte aber für die Banken weitreichende Nachteile; eine Finanzierung von langfristigen Krediten durch Sicht- und Kün-

---

[997] Vgl. Peare (2000), Seite 15ff.

[998] Vgl. u.a. Allais (1949), Fisher (1936), Friedman (1960).

[999] Vgl. Jefferson (1815).

[1000] Vgl. Lincoln (1865), Seite 91.

[1001] Dieser Grundsatz sagt aus, dass die von einer Bank gewährten Kredite nach Umfang und Fälligkeit ihren Verbindlichkeiten entsprechen sollen. Vgl. Becker, Peppmeier (2002), Seite 121.

[1002] Dieses Prinzip ist im Management von Liquiditätsrisiken enthalten, wird allerdings nicht derart umgesetzt, sondern durch weitere Normen wie Bodensatztheorie (ein gewisser „Bodensatz" kann zur Vergabe langfristiger Kredite vergeben werden) und Shiftability Theory (Steigerung der Liquidität durch Veräußerung von Aktiva) abgeschwächt. Vgl. Tolkmitt (2004), Seite 134.

digungsgelder wäre faktisch ausgeschlossen und die Kreditgewährung deutlich eingeschränkt.[1003]

Eine zweite Möglichkeit, obige Forderung zu erfüllen liegt in der *Besicherung durch Reserven*; letztlich geht dieser Vorschlag auf Friedman zurück, der einst vorgebracht hatte, dass Banken, die Sichtgelder anbieten, diese zu 100% mit sicheren Reserven decken sollten. Ursprünglich hatte Friedman diesen Vorschlag allerdings weniger als Alternative zur Depositenversicherung, als vielmehr zur besseren Steuerung des Geldangebots hervorgebracht; dem entgegen wurde der Ansatz des Narrow Banking später mit dem Argument des Erhalts der Stabilität des Bankensystems begründet.[1004]

Die auf diesen Vorschlag bezogene Arbeit von Phillips (1995) „The Chicago Plan & New Deal Banking Reform" ist eine der umfangreichsten Ausarbeitungen der 100%-Reservedeckung mit einem Überblick über die Anfänge bis zu modernen Zeiten. Phillips sieht darin die Reservevorschriften als Alternative zu einer Depositenversicherung an, die unter einer 100%igen Reserve nicht mehr benötigt werden würde – und zwar nicht nur in historischer Perspektive sondern auch heutzutage:

> "Our present (ca. 1995, eigene Anmerkung) difficulties stem from the unusual mixture of government and private production of money. The real problem is how to construct financial institutions that do not impede the development of the economy, yet are flexible enough to allow for technological innovation and market discipline. The reforms of the 1930s worked reasonably well for several decades. We will be fortunate if financial reforms in the 1990s endure into the middle of the twenty-first century."
>
> Phillips (1995)[1005]

Der Chicago Plan zur Zeit der frühen Administration von Franklin D. Roosevelt bestand aus einer vollständigen Nationalisierung der Federal Reserve, der Einführung der Noten der Federal Reserve als alleiniges Zahlungsmittel und einer Auflage der 100%igen Reserve auf kurzfristig abrufbare Depositen.[1006] Im Endeffekt hätte diese Maßnahme eine Trennung verursacht; nämlich eine Trennung in der Funktionsweise der Banken, so dass die Geldschöpfung allein in Hand der Zentralbank gelegen hätte, um allgemeine Interessen befriedigen zu können, und die Verwaltung der Kreditfunktion bei einer Art Sparkassengesellschaft angelegt gewesen wäre. Diese Aufspaltung wurde dabei unter dem Namen Narrow Banking bzw. monetäre Dienstleistungsgesellschaft bekannt und hätte eine völlige Umstrukturierung des Finanzsystems bedingt.[1007]

Die daraus resultierende Problematik wird sofort sichtbar, wenn der geforderte Reserveplan mit der Peelschen Akte als vergleichbares Ereignis angesehen wird, welche im Jahre 1844 die BoE in ein Banking- und ein Issue-Department unterteilt hat. Der Chicago Plan stößt nämlich auf ähnliche Problematiken: Während die Peelsche

---

[1003] Als gänzlich negativ dürfte dies allerdings nicht verstanden werden; die Investitionen wären nur auf das Niveau der Ersparnis beschränkt (saving-Argument).

[1004] Allerdings beurteilt Friedman Jahre später auch eine 0%ige Reservedeckung als akzeptabel, so dass jedermann das Eingehen von Bankaufgaben erlaubt sei (siehe Free Banking Kapitel 4.2.3.). Vgl. Friedman (1959); Friedman (1986), Seite 1ff.

[1005] Phillips (1995), Seite 189.

[1006] Vgl. Phillips (1992), Seite 7f., Rieter (1971), Seite 42; White (2003), Seite 68.

[1007] Vgl. Friedman (1959), Seite 69f.; Spong (1996), Seite 369.

Akte allein auf Banknoten Anwendung fand, die Bedeutung der abrufbaren Depositen jedoch ignoriert hatte, sollte sich der Chicago Plan allein auf kurzfristig abrufbare Depositen beschränken, verkannte man zu dieser Zeit die Bedeutung der Zeitdepositen. So forderte Mises, die Prinzipien der Peelschen Bankakte auch auf das gesamte Buchgeld zu übertragen, so dass für Einlagen eine 100%ige Golddeckung vorhanden sein müsse:[1008]

> „Das wichtigste Erfordernis aller Konjunkturpolitik ... lautet Rückkehr zu dem Programm der Currency-Schule, das alle künftige Ausdehnung des Zirkulationskredits und mithin alle weitere Schaffung von Umlaufsmitteln verbieten will. Die Banken werden verpflichtet, den Gegenwert der ausgegebenen Noten und eröffneten Kassenführungsguthaben ... stets metallisch voll zu decken. Das würde eine vollkommene Neuordnung der Gesetzgebung über die Zentralbanknoten bedeuten, die zu den Grundsätzen der Peelschen Bankakte, deren Bestimmungen aber nun auch auf die Giroguthaben auszudehnen wären, zurückkehren müsste."
> Mises (1928)[1009]

Der Narrow Banking-Vorschlag wurde neben Milton Friedman (u.a. 1953, 1959)[1010] und Simons (1948) auch von Maurice Allais (1948) favorisiert:

> „In reality, the ‚miracles' performed by credit are fundamentally comparable to the ‚miracles' an association of counterfeiters could perform for its benefit by lending its forged banknotes in return for interest. In both cases, the stimulus to the economy would be the same, and the only difference is who benefits."
> Maurice Allais (1948)[1011]

Auch in späteren Zeiten (1980er Jahre) wurde dieses Konzept weiter verfolgt, wobei diese Strategie durch Finanzmarktliberalisierung und die Substituierung von Krediten durch handelbare Wertpapiere und auch durch die Savings and Loan-Krise in den USA angestoßen wurde.

So bestärkte auch Tobin (u.a. 1992, 1985, 1987) die Errichtung von „Narrow Banks", um die Kosten einer Depositenversicherung (genauer gesagt war der Vorschlag auf die USA und ihre Federal Deposit Insurance bezogen) zu minimieren und zugleich das Zahlungssystem zu stabilisieren. Seiner Meinung nach wäre eine Trennung von Finanzinstitutionen nach zweierlei Couleur notwendig, denn „heutige" Geschäftsbanken hätten über die Hereinnahme von kurzfristig abrufbaren Depositen/Verbindlichkeiten, die als Zahlungsmittel akzeptiert werden, die Möglichkeit, Geld selbständig in unbegrenztem Maße zu generieren, was anderen Finanzinstitutionen unmöglich wäre, da ihre Verbindlichkeiten durch das Ausmaß der Assets beschränkt seien. Aus diesem Grund sei die Beschränkung dieser Geldschöpfung durch Reservevorschriften unerlässlich:[1012] So muss das Depositengeschäft vollständig von den anderen Finanzgeschäften durch Gründung von unabhängigen Tochtergesellschaften getrennt werden, damit ein Schutz der Bankentöchter infolge der vollständigen Absi-

---

[1008] Diese Aussage soll nicht darüber hinwegtäuschen, dass Mises eigentlich der Free Banking-Schule zugeordnet wird. Darin fordert er ein 100% goldgedecktes Free Banking-System.
[1009] Vgl. Mises (1928), Seite 81.
[1010] Vgl. Friedman (1953), Seite 133ff.
[1011] Maurice Allais (1948) nach Phillips (1992), Seite 1.
[1012] Vgl. Tobin (1963), Seite 408f.

cherung der Depositen zustandekommt. Den Investmenttöchtern muss aus diesem Grund der Handel mit und die Darlehensbeziehung zu den Depositenbanken verboten sein.[1013]

Erstere sind also reine Depositenbanken, die durch die Aufrechterhaltung einer 100%igen Reserve einfach nicht zusammenbrechen können, wenn es aufgrund des Verhaltens der Depositoren zu einem Run kommen sollte, aber im Gegenzug auch kein Geld schaffen oder vernichten können. In dem Sinne können diese Banken auch mit einem Warenhaus verglichen werden, die zwar keine Güter lagern, sondern eben Depositen. Profite aus dem modernen Bankengeschäft würden dabei allerdings auch entfallen; einzig aus einer Übertragung der Mittel durch Schecks oder Ähnliches könnten geringe Einnahmen erzielt werden, also durch die Bereitstellung bestimmter Dienstleistungen. Damit könnten Banken allein durch ihr Serviceangebot ihre Anspruchsberechtigungen erhalten.[1014]

Die zweite Art der Institution, ausgestaltet wie eine Art Investment Trust, würde dagegen die Kreditvergabegeschäfte der bisherigen Banken übernehmen. Die dafür notwendigen Mittel könnten diese vor allem durch den Verkauf eigener, ausgegebener Aktien erzielen, was damit natürlich auch die Grenze für die Kreditvergabe bedingt. Sind die erzielten Emissionserlöse nicht groß genug, findet eine Kreditrationierung statt, die hierbei die Ökonomie wiederum negativ tangiert. Da aber mit der Kreditvergabe noch im Gegensatz zum „Einlagengeschäft" mehr Einnahmen generiert werden könnten, ist eine Schwemme derartiger Unternehmen nicht außer Acht zu lassen.[1015]

Ein weiterer Vorschlag kam von Litan (1987): Er favorisiert die Einführung finanzieller Holdinggesellschaften – also finanziell hoch diversifizierte Zusammenschlüsse – mit zwei Subsystemen: Banken und getrennt angeordnete Darlehensgesellschaften. Prinzipiell können bisher existente Organisationen weiterhin bestehen bleiben, solange sie starke Produktdiversifikationen durchführen. *Banken* sind allein für die Ausübung von Transaktionsdiensten, die Hereinnahme von Depositen und die Investition in hoch liquide, sichere Vermögensgegenstände zuständig. Allein die *Darlehensgesellschaften* können Kredite vergeben, finanziert durch Inhaberpapiere, Aktien oder Ähnliches.[1016]

Pierce (1991, 1993) schlägt eine ähnliche Herangehensweise vor (engstes Prinzip): Geld- und Finanzfunktionen von Banken sollten in einzelne Institutionen getrennt werden. Dabei sollten *Geldinstitutionen* sich allein auf die Bereitstellung von zinstragenden Bankkonten konzentrieren, das Ausmaß der gehaltenen Vermögenswerte soll jedoch beschränkt sein, beispielsweise auf hochrangige Inhaberpapiere. Damit wird die Geldinstitution zu einer Narrow Bank, die bestimmte Dienstleistungen im Zahlungsverkehr bereitstellt, wie das Diskontfenster oder die Einlösung von Schecks. Die *Finanzinstitution* übernimmt dann sämtliche übrigen Geschäfte, einschließlich von Versicherungsdienstleistungen.[1017]

[1013] Vgl. Tobin (1982), Seite 496.; Tobin (1987), Seite 177.
[1014] Vgl. Simons (1948), Seite 319f.
[1015] Vgl. Goodhart (1988), Seite 88.
[1016] Vgl. Kobayakawa, Nakamura (2000), Seite 108; Litan (1989), Seite 165.
[1017] Vgl. Pierce (1993), Seite 10f.

Ein weiterer Vorschlag aus dem betriebswirtschaftlichen Bereich wurde von Bryan (1991) vorgestellt (weitestes Prinzip): Das Prinzip der Core Bank, der allein die Hilfe einer Depositenversicherung zustehen würde, um negative Anreize für das Bankensystem zu verhindern. Die zu errichtenden Dachgesellschaften können dabei versicherte und nicht versicherte Tochtergesellschaften gründen, wobei die (versicherte) *Bankentochter* die Narrow Bank-Funktion übernimmt; ihr sei die Haltung eines breiten Spektrums an sicheren Vermögenswerten und gewisse Darlehensgeschäfte, wie Hypothekenkredite, erlaubt, so dass hier eine Kreditgenerierung möglich ist. Die *Darlehenstochter* stellt im Gegensatz dazu wiederum sämtliche anderen Finanzdienstleistungen bereit.[1018]

Es ist anhand dieser Beispiele ersichtlich, dass über die bestehenden Probleme des Narrow Banking hinaus keine einheitliche Definition von Narrow Banking besteht. So erlaubt ein Autor allein die ausschließliche Investition in kurzfristige, sichere Vermögenswerte (Pierce 1991), ein weiterer gesteht ihr eine gewisse, eingeschränkte Kreditvergabe (jedoch nur an kleine Unternehmen) zu (Bryan 1991). Damit wird aber auch immer unklarer, mit welcher Vorgehensweise dem Problem der Instabilität im Bankensystem aufgrund Illiquiditätstendenzen entgangen werden kann.

Ohne tiefer in die Problematik des Narrow Banking einzutauchen, kann festgehalten werden, dass dieses – wie gerade kurz aufgezeigt wurde – die Banken in ihren zentralen Funktionen weitreichend behindern würde und sie diese nicht mehr wahrnehmen könnten.[1019] Das schwerwiegendste Argument gegen Narrow Banking ist also, dass die besonderen Vorzüge, die eigentlich mit der Möglichkeit, auch illiquide zu werden, verbunden sind, eliminiert werden, also die Generierung von Liquidität am Markt durch die Transformation illiquider Vermögenswerte (Kredite) in liquide Verbindlichkeiten (Sichtdepositen).[1020] Infolgedessen ist anzumerken, dass gegenteilige Argumente wie „Liquiditätsschaffung durch Banken sei vernachlässigbar" oder „100%ige Reservehaltung bewirkt, dass die Wirtschaft ohne Liquiditätsgenerierung durch Banken auskommen kann" nicht aufrechterhalten werden können.[1021]

Im Rahmen der Narrow Banking-Theorie wurde darüber hinaus aus den Augen verloren, dass es gerade bei engen Einschränkungen im Finanz- und Bankenmarkt zur Entwicklung neuer Vermögenswerte kommen kann, die selbst als Geldsurrogat genutzt werden können, so dass die Idee des Narrow Banking unterlaufen wird.[1022] So wäre zwar eine Kontrolle der engeren Geldmenge durch die dafür verantwortliche Zentralbank gegeben, eine weiter angelegte Definition von Geld würde aber nicht kontrolliert werden können, da bei Einengung und Regulierung einer „Geldart" immer neue, von der Deckungsregelung nicht betroffene Geldformen implementiert werden, oder dass die narrow banks Mittel und Wege finden, die 100%ige Reserveanforderung zu unterlaufen.[1023] Daneben besteht auch das Problem, dass im Verlauf des Narrow Banking Institutionen gegründet werden, die – im Gegensatz zu dem gerade beschriebenen

[1018] Vgl. Bryan (1991), Seite 73ff.
[1019] Vgl. Stillhart (2002), Seite 143ff.
[1020] Vgl. Diamond, Dybvig (1986), Seite 403.
[1021] Vgl. Podzena (1991), Seite 2.
[1022] Vgl. Bental, Eden (1998), Seite 28.
[1023] Dies hängt stark davon ab, wie Geld definiert wird.

Problem – eben nicht flexibel genug sind, technologische Innovationen zu generieren, so dass damit die Wirtschaftstätigkeit beschränkt werden könnte.[1024] In dem Sinne kann also nicht vernachlässigt werden, dass neben der Neukreation von Geldsurrogaten auch neue, bislang nicht vorhandene Finanzinstitutionen entstehen könnten, welche die Lücke der vermeintlich nicht mehr existenten illiquid bank füllen. Da diese jedoch nicht unter das alte Konzept der Trennung in Narrow Banken und Finanz-/Darlehensinstitutionen obigen Couleurs fallen (da sie bei der Aufnahme der Neustrukturierung des Geldmarktes nicht bedacht wurden), ist es zudem nicht auszuschließen, dass Illiquidität an diesem Markt als Problem vorhanden bleibt, da diese neuen, nicht der bisherigen Regulierung unterworfenen Unternehmen, weiterhin in hohem Maße Risiken ausgesetzt sind.[1025]

In einer formalen Untersuchung versuchte Wallace (1996) zu klären, ob das Narrow Banking-Prinzip angemessen oder unnötig sei, indem er diese Vorgabe in das Modell des illiquiden Bankensystems/der illiquiden Bank von Diamond und Dybvig einbringt. Er kommt dabei zu dem Schluss, dass ein Bankensystem eine realisierbare und brauchbare Allokation sicherstellt, so dass auf den Narrow Banking-Ansatz verzichtet werden kann.[1026] Denn mit einer Reserve in Höhe von 100%, da nur hierbei alle Abzüge jederzeit vollständig befriedigt werden können, verliert die Bank ihre Daseinsberechtigung, da der Markt in Absenz der Banken genauso effizient arbeitet. Banken sind für den Markt allerdings auch ohne diese Reservehaltung effektiv, da sie den Wirtschaftssubjekten eine Risikoverlagerung erlauben und einen realistischen Ertrag vermitteln, was in Abwesenheit von Banken behindert werden würde. Wallace selbst erklärt treffend den „Unsinn" der Einführung von Narrow Banking zur Behebung des Illiquiditätsproblems im Bankensystem mit einer Geschwindigkeitsbegrenzung auf Null Stundenkilometer, um die Unfallwahrscheinlichkeit im Verkehr zu limitieren. Obwohl das Modell nur unter Einschränkungen auf die Realität übertragen werden kann, steht für ihn dennoch außer Frage, dass Narrow Banking mehr Probleme aufwirft, als beseitigt, und damit als Lösungsansatz nicht in Betracht gezogen werden sollte.[1027]

So bleibt als einziges Pro-Argument für die Einführung von Narrow Banking immer noch, dass auf eine Depositenversicherung verzichtet werden könnte, wobei dieses Argument gegen die Kontra-Argumente jedoch etwas zurückstehen muss.[1028]

4.2.3. Free Banking

Da durch Narrow Banking die Funktion der Geschäftsbank unterlaufen wird, wurde es in der Wissenschaft als notwendig erachtet, ein alternatives Konzept aufzustellen, das einerseits die Instabilität des Bankensystems und damit das Agieren von Notenbanken als LOLR oder das Eintreten von Depositenversicherungen beseitigt und Moral Hazard minimiert, andererseits die Funktionsweise der Banken aufrechterhält. Dieser Ansatz

---

[1024] Vgl. Spong (1996), Seite 371.
[1025] Vgl. Kaufman, Kroszner (1996), Seite 4.
[1026] Vgl. Wallace (1996), Seite 5f.
[1027] Vgl. Wallace (1996), Seite 7ff.
[1028] Vgl. Peare (2000), Seite 2.

könnte durch das Free Banking-Prinzip bereitgestellt werden, indem die öffentliche Bereitstellung von Geld zugunsten privaten Geldes aufgegeben wird.[1029]

Beim Free Banking-Ansatz geht es traditionell um ein vollständig unreguliertes/ungeregeltes Bankensystem. Free Banking bezeichnet damit einen marktbasierten, dezentralisierten Ansatz. Als bedeutendste Charakteristika können im Zusammenhang mit Free Banking genannt werden (1) das Nicht-Vorhandensein einer geldpolitischen Autorität, (2) die Ausgabe von Noten und die Bereitstellung von Depositenkonten durch Privatbanken (damit wird eine Unterscheidung zwischen Innen- und Außengeld hinfällig), (3) die Freiheit, Geschäfte jeglicher Art zu betreiben im Hinblick auf die Herausgabe von Verbindlichkeiten und die Haltung von Vermögensportfolios, (4) keine Kontrolle von Darlehen, Zinsen und Sicherheiten und die Erlaubnis zu Investitionen aller Art, (5) die Eröffnung und Schließung neuer Banken bzw. Zweigstellen ohne jegliche Einschränkung, (6) keine gesetzlichen Reserve- und Mindestkapitalvorschriften und (7) dass Marktkräfte den Schutz der Depositen herstellen, ohne dass (staatliche) Depositenversicherungen notwendig wären.[1030] Ein „reines" Free Banking-System wäre damit ohne jegliche Kontrollen und Regeln ausgestattet.[1031] Empirisch gesehen war kein existentes Free Banking-System durch alle diese Merkmale gekennzeichnet, wie diese Indikatoren an sich bereits implizieren. Wenn man das reine Free Banking-Prinzip als „Laissez-Faire-Prinzip" beschreiben könnte, so zeichnete sich beispielsweise das Free Banking-System der USA in der Zeit von 1837 bis 1863 gerade nicht durch Laissez-faire aus. Allein die Tatsache multipler Notenausgabe begründete damals dabei das Free Banking-Prinzip in den USA.[1032]

Betrachtet man die einzelnen Merkmale genauer, so wird schnell deutlich, dass es innerhalb der Anhängerschaft klare Differenzen gibt, so dass man eigentlich von einer einheitlichen Free Banking-Theorie kaum sprechen kann.[1033] Bei der Ausgestaltung der multiplen Noten(-banken) bestehen inkompatible Meinungen, wie Noten basierend auf einem gemeinsamen Standard (also mit festgelegtem Austauschkurs) mit 100%iger Reservedeckung[1034] bzw. mit fractional reserve-System[1035] oder Noten ohne gegenseitig festgelegten Austauschkurs mit einer fraktionellen Reservehaltung, wie es Hayek propagiert.[1036]

Erste Ansätze gab es schon frühzeitig (vgl. Bagehot, der in den Raum stellte, dass die BoE als Zentralbank nur aus Gründen der Sicherstellung der Finanzierung der Staatsausgaben ihre Monopolstellung erhielt[1037]), aber erst die Krisen der letzten Jahrzehnte haben den Gedanken wieder auf die Tagesordnung gebracht, da er nach Ansicht

---

1029 Vgl. Friedman (1986), Seite 1ff.
1030 Vgl. Sechrest (1993), Seite 3.
1031 Vgl. Selgin, White (1994), Seite 1718.
1032 Vgl. Dwyer (1996), Seite 2ff.; Rolnick, Weber (1982), Seite 1f.; Smith (1990), Seite 42ff.
1033 Vgl. Smith (1990), Seite 144f.
1034 Dieser Auffassung waren Mises und Rothbart; so sprach sich Mises für eine 100%ige Golddeckung im Free Banking-System aus. Vgl. Mises (1912), Seite 269f.; Mises (1928), Seite 81.
1035 Vgl. Kroszner (1995), Seite 6.
1036 Vgl. Block, Garschina (1996), Seite 88; Salerno (1992), Seite 145; Selgin, White (1987), Seite 451ff.
1037 Es werden dieselben Schlussfolgerungen auch für weitere Zentralbanken in Europa und Amerika gezogen. Vgl. Goodhart (1988), Seite 105ff.

zeitgenössischer Autoren zu Unrecht in Vergessenheit geraten ist, weil dem „interventionistischen“ Wirtschaftsgefüge im 19. Jahrhundert der Vorzug gegeben wurde.[1038]

In der weiteren Folgezeit kamen allerdings weitere Kontroversen vor allem vor dem Hintergrund der Weltwirtschaftskrise, der Arbeitslosenzahlen und negativen Wachstumsraten über die Willkürlichkeit der geldpolitischen Autoritäten auf, die in Versuchung waren, über höhere Inflationsraten die Arbeitslosigkeit zu bekämpfen.[1039] Weniger Besorgnis bestand über die Elastizität der Geldmenge und der Notfallkredite an kollabierende Banken. Von diesem Zeitpunkt an begannen damit die Diskussionen um rules versus discretion.[1040] Die Interventionisten gehen im Rahmen dieser Diskussion davon aus, dass die Ökonomie instabil und unvorhersehbar sein und daher schnelle sowie genau austarierte Geld- und Fiskalpolitik benötige, um auf unerwartete Veränderungen diskretionär reagieren zu können. Ihrer Ansicht nach müsse daher den Autoritäten die völlige Freiheit in diskretionären Entscheidungen zugestanden werden. Die Anti-Interventionisten dagegen befürworten eine stabile, vorhersehbare Politik und besonders ein stabiles und vorhersehbares Geldangebot in einer entwickelten, kapitalistischen Wirtschaft, um dementsprechend den Output, die Beschäftigung, die Effizienz und den Nutzen in der Volkswirtschaft zu maximieren. Die Geldpolitik habe daher in ein enges Regelkorsett geschnürt zu sein. Das Problem, dem sich beide Seiten stellen müssen, ist dabei aber ungleich verteilt. Die Verfechter diskretionären Handelns befinden sich dabei in einer besseren Position: Man benötigt nur einen kompetenten, ehrlichen Zentralbanker mit dem generellen Ziel, sein bestes für die Ökonomie zu geben. Die Vertreter der Regelbindung haben es da schon schwerer: Diese Regeln sowie die Vereinbarung etwaiger Änderungen müssen nämlich exakt spezifiziert werden. Dies zeigt sich deutlich schwieriger in der Ausführung.[1041] Da es keine Lösung zu geben schien, kamen einige Autoren zur Einsicht, dass es aussichtslos sei, Regeln weiterhin definieren zu wollen.[1042] Dies würde aber für die Geldpolitik die Abschaffung der Zentralbank als ureigenster Gedanke des Free Banking bedeuten.[1043] Und wenn es für eine Regierung nicht wünschenswert ist, an Märkten zu intervenieren, sollte dies nach Ansicht der Free Banking-Vertreter auch für den Geldmarkt gelten.

Dieses führt bei Hayek (1937) zu folgender Aussage:

> „... Die bisherige Instabilität der Marktwirtschaft ist eine Folge davon, daß der wichtigste Regulator des Marktmechanismus, das Geld, seinerseits von der Re-

---

1038 Vgl. Arnon (1999), Seite 79f.

1039 Vgl. Hayek (1977), Seite 34.

1040 Vgl. Hickson, Turner (2004), Seite 903.

1041 Im Rahmen der historischen Diskussion ging es vor allem um den fehlenden Konsens, wie Veränderungen des Geldangebotes die Zielvariablen beeinflussen. Ein großes Problem bestand dabei in der vorausgehenden Frage um die exakte Definition des Geldangebotes. Dieses Problem ist auch heute nicht zu vernachlässigen.

1042 Vgl. von Mises (2007), Seite 244.

1043 In diesem Zusammenhang wird eine Free Banking-Politik von beiden Seiten der Theorie angegriffen. Interventionisten vertreten, dass Geldpolitik nicht durch Regeln beschränkt werden sollte, geschweige denn sie eliminiert werden sollte. Die andere Theorierichtung spricht sich für eine klare Trennung zwischen Geldpolitik und allem anderen aus und fordert Beschränkungen/Regeln für Finanzinvestitionen.

gulierung durch den Marktprozeß ausgenommen wurde."
Hayek (1937)[1044]

In „Die Verfassung der Freiheit" plädierte Hayek noch für eine unabhängige Zentralbank, um Preisstabilität zu erzielen;[1045] da aber aus historischer Sicht diese aufgrund staatlichen Drucks (durch das Interesse an schuldenbefreiender Inflation) ihr Hauptziel oft nicht nachhaltig verfolgen würde, forderte er später eine vollständige „Entnationalisierung des Geldes".[1046]

Free Banking, wie es in seinen Anfängen des 19. Jahrhunderts manchmal vertreten wurde, bedeutete das Recht der Geschäftsbanken Noten auszugeben, die in einer gemeinsamen nationalen Währung/Güterstandard denominiert wurden. Dies sieht Hayek jedoch als undurchführbar an und wendete sich damit gegen Geld als gesetzliches Zahlungsmittel.[1047]

> „Wie wir gesehen haben, scheint die Erklärung die zu sein, daß man immer angenommen habe, es dürfe in einem Land nur *eine* einheitliche Währungsart geben, und Wettbewerb würde bedeuten, daß deren Menge von mehreren, sie jeweils unabhängig voneinander emittierenden Instituten bestimmt würde. Es ist jedoch offensichtlich nicht praktikabel zu gestatten, daß Noten, die die gleiche Bezeichnung tragen und jederzeit gegeneinander austauschbar sind, im Wettbewerb von mehreren Stellen ausgegeben werden, da niemand in der Lage wäre, ihre Menge zu kontrollieren und damit für ihren Wert Verantwortung zu übernehmen. Die Frage, die wir in Betracht ziehen müssen, ist, ob der Wettbewerb zwischen Emittenten von klar unterscheidbaren und aus verschiedenen Einheiten bestehenden Geldarten uns nicht besseres Geld liefern würde, als wir es jemals hatten, und damit bei weitem die Unbequemlichkeiten aufwiegen würde, die eine ... Konfrontation mit mehr als einer Geldart mit sich bringen würde.
> In dieser Situation würde der Wert der von einer Bank ausgegebenen Währung nicht notwendigerweise durch von anderen Institutionen ... gemachte Angebote an anderen Währungen beeinflußt. Und es sollte in der Macht jedes Emittenten einer gesonderten Währung liegen, ihre Menge so zu regulieren, daß sie für das Publikum zur akzeptabelsten Währung würde – und Wettbewerb würde ihn so zu solchem Handeln zwingen."
> Hayek (1937)[1048]

Was Hayek mit seinem Vorschlag verfolgte, war die Überlegung, übermäßige Geldemission der Zentralbank und Inflation durch einen Wettbewerb unter *mehreren* Geldemittenten in Zaum zu halten, wobei hier nur solche Währungen diesen Wettbewerb überleben würden, die Wertstabilität vorweisen könnten.

Wie wäre jedoch dieser drastische Vorschlag umzusetzen? Hayek selbst gibt hierzu genaue Anweisungen: Die Noten würden dem Publikum im Wege kurzfristiger Kredite oder des Verkaufs gegen andere Währungen[1049] (oder Wertpapiere oder Wa-

---

[1044] Hayek (1977), Seite 94; vgl. Hayek (1937), Seite 102. Vgl. auch Klein (1974). Die übermäßige Ausgabe von Noten durch monopolistische Zentralbanken sollte durch den Wettbewerb mehrerer Anbieter von Außengeld beseitigt werden.
[1045] Vgl. Hayek (1983), Seite 420.
[1046] Vgl. Görgens, Ruckriegel (2005), Seite 2f.
[1047] Vgl. Hayek (1977), Seite 94ff.
[1048] Hayek (1977), Seite 34f.; vgl. Hayek (1937), Seite 90f.
[1049] Dies bedeutet, dass die Bank auch andere Währungen als Einlagen akzeptiert.

ren)[1050] verfügbar gemacht werden, dabei sei es ratsam, dass jede emittierende Institution am Anfang genau das Güterbündel angäbe, zu dem der Wert der Note entsprechend ihrer Zielsetzung in einem konstanten Verhältnis gehalten würde, wobei es dafür keine gesetzliche Norm gibt, denn die Erfahrungen mit der Reaktion der Wirtschaftssubjekte zu konkurrierenden Angeboten würden zeigen, welche Güterkombination den am meisten gewünschten Standard abgäbe,[1051] wobei die beinhalteten Güter weithin gehandelt sein sollten, wie Rohstoffe, Agrarerzeugnisse und gewisse standardisierte industrielle Halbprodukte, die selbst relativ preisstabil seien.[1052] Infolge dieser Ausgestaltung würden dann auch Tarifverträge auf der Grundlage eines Durchschnitts der Rohstoffpreise oder einer ähnlichen Größe abgeschlossen werden.

Als einzige Verpflichtung sollte allerdings die Einlösbarkeit in andere Währungen zu einer bestimmten Untergrenze erfolgen, welche nicht unterschritten werden dürfe, da gleichzeitig die Absicht bekanntgegeben werden sollte, die Kaufkraft der Währung so konstant wie möglich zu halten.[1053]

Die in diesem relativ stabil gehaltenen Verhältnis emittierten Währungen würden dann auch von Kaufleuten gerne akzeptiert werden, solange ihnen der sofortige Eintausch der Währung in eine andere zu einem bestimmten, relativ konstanten Verhältnis sicher ist.[1054] Besondere, noch zu entwickelnde Registrierkassen würden dies gewährleisten, wobei – wenn nur wenige Währungen in einer Region umlaufen würde – zusätzlich alle Güter in allen Geldarten ausgezeichnet würden. Dasselbe gilt natürlich auch für die Bezahlung von Steuern etc.

Klar ist aber, dass es nicht nur emittierende Banken geben wird, daher könnte den Emittenten die Kontrolle über ihre Noten entgleiten; der Schutz des „Markenrechtes" an den Noten müsste daher durch Zwang zu einer 100%igen Reservevorschrift der nicht emittierenden Banken gesichert werden, indem die Emittenten deutlich machen, dass sie die zur Einlösung der Verbindlichkeiten benötigten Noten nicht bereitstellen.[1055]

Durch den Wettbewerbsdruck unter den emittierenden Banken, der durch Verhinderung der Überemission Stabilität erzielen soll und zum Verschwinden schwacher Währungen führt, durch die Tatsache, dass in Notfällen aber jederzeit Noten emittiert werden können, und durch den Zwang zu 100% Reservehaltung nicht emittierender Banken, besteht damit in diesem System kein Liquiditätsproblem. Trotz dieser genauen Vorgaben wird allerdings deutlich, dass das System schnell im Chaos enden könnte.

Das Hayek-Argument wurde von weiteren Autoren (Selgin (1988), Dowd (u.a. 1993) und Sechrest (1992)) weiterentwickelt, wobei auch diese die Vorteile eines Regimes mit privater Notenausgabe und ohne Zentralbank oder anderer regulativer Kontrolle besonders betonten. Innerhalb dieser Autorengruppe besteht die einhellige Mei-

---

[1050] Vgl. Hayek (1977), Seite 45.
[1051] Vgl. Hayek (1977), Seite 30f.
[1052] Vgl. Hayek (1977), Seite 63.
[1053] Vgl. Hayek (1977), Seite 30.
[1054] Würde eine Währung ständig entwerten, so würde sie unter dem herrschenden Wettbewerb schnell vom Markt verschwinden.
[1055] Vgl. Hayek (1977), Seite 51f.

nung, dass der Wettbewerb unter den Banken zur Ausgabe von Noten führt, die in ein Gut – Gold oder einen Warenkorb mit relativer Preisstabilität – eingetauscht werden können, so dass dieses System mit weniger Inflation ausgezeichnet ist als der Durchschnitt moderner Zentralbanken, indem Banken mit einer Überemission an Noten vom Markt bestraft werden.[1056]

Unter Bezugnahme auf die Free Banking-Periode in den USA nehmen *Gegner* des Free Banking insbesondere diesen Zeitraum zum Anlass, die damit entstehenden Probleme zu betonen.[1057] Besonders werden infolge der Anwendung dieses Konzepts die Betrügereien der Banken als Hauptproblem in den Vordergrund gestellt.[1058] Insgesamt werden als betrügerische Probleme Folgende angeführt:

Die Vielfalt an vorhandenen Noten führte zu betrügerischen Handlungen, wobei Konsumenten die Noten zum Nennwert akzeptiert haben, obwohl eine Einlösung nur einen Bruchteil dieses Nennwertes ergeben würde. Gleichzeitig wurden kurzfristig Banken von skrupellosen Akteuren gegründet, die überall im Land zu finden waren. Bankenschwierigkeiten und -zusammenbrüche waren somit in diesem Zusammenhang an der Tagesordnung, so dass andauernd enorme Verluste bei den Depositoren zu verzeichnen waren.[1059] Als Folge behinderte das System die wirtschaftliche Entwicklung und die sinnvolle Verteilung von Finanzkapital, während es doch die Entwicklung hätte fördern sollen. Das System führte zu inflatorischen Tendenzen und zu finanzieller Instabilität, weil es Bank Runs eher förderte, als verhinderte.[1060]

Diesen Argumenten wird von *Anhängern* der Free Banking-These entgegnet, dass es immer noch zu viele Regulierungen gab – wie Kapitalvorschriften oder das Untersagung Zweigstellen zu unterhalten sowie Verbot einer völlig freien Notenausgabe – so dass sich das System nicht ordnungsgemäß hätte entfalten können. Im Falle einer Anpassung an das „reine" Free Banking-System, würden die Vorteile darin bestehen, dass dieses ein Mindest-BIP aufrechterhalte, die Konsumentenpräferenzen bezüglich Zeit und Geldmärkten reflektiere, den Marktzins auf dem Niveau des natürlichen Zinses halte, ein dauerhaftes Geldmarktgleichgewicht aufrechterhalte und schließlich auch noch Konjunkturzyklen vermeide.[1061] Auch käme es nach Meinung der *Befürworter* nicht zu umsichgreifenden Bank Runs, weil anders als Depositenkonten, die keine vollständigen Informationen ermöglichen, die Bildung von Sekundärmärkten, eine genaue Informationsvorsorge über den Zustand aller Banken ermöglicht, so dass ein Clearinghaussystem Informationsasymmetrien beseitigt.[1062] Gerade aber die Clearinghäuser der USA ermöglichten eine gegenseitige Versicherung, indem der Zustand einer einzelnen Bank im System verschleiert werden konnte und so Runs auf einzelne Banken beseitigte. Zudem schufen sie die Clearinghaus-Zertifikate, die gegen Gold substituiert wurden.[1063]

[1056] Vgl. Dowd (1993), Seite 34.
[1057] Vgl. Cagan (1963), Seite 20; Smith (1990), Seite 177f.
[1058] Vgl. Dwyer (1996), Seite 2ff.
[1059] Vgl. Kahn (1985), Seite 881.
[1060] Vgl. Hickson, Turner (2004), Seite 916; Vanhoose (1997), Seite 342.
[1061] Vgl. Dowd (1990), Seite 25; Timberlake (1984), Seite 127.
[1062] Vgl. Glasner (1989), Seite 200; Gorton (1985a), Seite 169.
[1063] Vgl. Smith (1990), Seite 160ff.

Auch wird gerne Schottland während der Jahre 1727 bis 1844 von den *Befürwortern* der Free Banking-Theorie als Beweis für ihr Gelingen angeführt, da in Schottland in dieser Zeit ein Free Banking-System bestand, das von relativer Stabilität mit wenigen Bankenzusammenbrüchen und wenigen Finanzkrisen gekennzeichnet war. Der Grund wurde in den strengen Konkursvorschriften und den fehlenden Kapitalvorschriften angesehen. Dennoch ist nicht zu vernachlässigen, dass sich kleinere schottische Banken in Krisenzeiten an öffentliche schottische Banken und diese wiederum an die BoE als LOLR wenden konnten, was das Pro-Argument doch wieder deutlich abschwächt.[1064]

Die generellen Argumente der *Gegner* des Free Banking-Ansatzes, die über rein betrügerische Merkmale einzelner Akteure hinausgehen, werden gleichzeitig umso bedeutsamer:

Geld gilt als *öffentliches Gut*, das in der Regel von *staatlichen Monopolen* bereitgestellt wird, von dessen Verwendung kein Wirtschaftssubjekt ausgeschlossen werden kann (vom Besitz natürlich schon) und dieses Monopol hat sich jedoch gerade nicht – wie von Anhängern der Free Banking-Schule unterstellt – durch mangelnde Eintrittsmöglichkeiten an den Geldmarkt ergeben, wenn es auch nicht leicht nachzuweisen ist, dass die Produktion von Geld ein natürliches Monopol sei.[1065] Ein öffentliches Gut kann aber auf einem privaten Markt nur unzureichend bereitgestellt werden.[1066]

Geldproduktion sei ein natürliches Monopol, in dem die Kosten mit steigender Ausbringungsmenge und Gebrauch immer kleiner werden. Dabei steigt die Bereitschaft eine bestimmte Art Geld zu halten mit der Bereitwilligkeit anderer Wirtschaftssubjekte, dieses Geld als Zahlungsmittel zu akzeptieren. So sind steigende *Skalenerträge* zu erkennen, so dass die einzelnen Noten mit zunehmendem Gebrauch mehr „wert" werden.[1067]

Es stehen Befürchtungen im Raum, dass der Wettbewerb unter den Noten zu Inflation führt. Übersehen wurde so von Hayek, dass im Wettbewerbsprozess durch nicht wettbewerbsfähige Währungen selbst Inflation entstehen würde, auch wenn diese am Markt in der Folgezeit ausscheiden würden.[1068]

Sicher ist auch nicht, ob die am Markt verbleibenden Währungen für „immer" Stabilität aufweisen, da selbst Notenbanken mit angeblich stabilen Währungen dem Reiz unterliegen können, durch ein übermäßiges Ausgabeverhalten ihre Inflationsgewinne zu erhöhen. Besonders bedeutsam als Gegenargument ist allerdings, dass die Vielzahl der entstehenden Währungen, die Transaktionsfunktion des Geldes unterlaufen würde, da Preise nicht mehr vergleichbar wären.[1069]

Gleichzeitig führt der Wettbewerb zu einem Ausleseprozess, in dem Banken aus dem Markt ausscheiden, also zusammenbrechen. Dies führt wiederum zu Instabilität im Bankensystem und zu wirtschaftlichen Verlusten, so dass wiederum Zentral-

---

1064 Vgl. Cowen, Kroszner (1989), Seite 228; Rothbard (1988), Seite 233.
1065 Vgl. Vaubel (1984), Seite 45; Sharkey (1982), Seite 83.
1066 Vgl. Görmez, Houghton Budd (2004), Seite 69.
1067 Vgl. Brunner, Meltzer (1971), Seite 786; Menger (1892), Seite 250.
1068 Vgl. Huber (1998), Seite 247.
1069 Vgl. Issing (2000), Seite 17f.

banken als LOLR notwendig wären. Als Präzedenzfall kann hier die Gründung der Fed in den USA angesehen werden, mit der nach traditioneller Sicht ein nicht oder nur ungenügend funktionierendes Free Banking-System abgelöst wurde.[1070] Somit entspricht die Entstehungsgeschichte von Zentralbanken einem normalen Entwicklungsverlauf, in dem auch LOLR-Maßnahmen unerlässlich sind.

Die Übermacht der *Gegner* des Free Banking ist aus der bisherigen Diskussion abzuleiten: Es besteht zunächst die grundlegende Befürchtung, dass das Bankensystem inhärent instabil ist und dadurch der Gefahr von Bank Runs unterliegt, unter der Voraussetzung des Illiquiditätszustands der meisten Vermögensanlagen der Banken und der Anreize der Depositoren, im Anzeichen früher finanzieller Schwierigkeiten der Banken, ihre Einlagen vorzeitig abzuziehen. Im Falle finanzieller Notfallsituationen werden Privatpersonen sowie Unternehmen aus Depositen und privat ausgegebenen Noten fliehen und diese in „sichere" Anlagen, also Noten der Zentralbank, eintauschen, so dass Banken auch bei privater Notenausgabe dennoch eines LOLR bedürfen.[1071] *Befürworter* der Free Banking-Theorie machen sich gerade diese Aussage der Gegner zu eigen und erklären, dass die Vielzahl an regulativen Beschränkungen – wie eben auch das Verbot der Ausgabe privater Banknoten – ein bedeutender Faktor der Instabilitäten am Bankenmarkt in vergangener Zeit gewesen war und damit auch die Gefahr eines Bank Runs begründet hat.

Die *Gegner* des Free Banking-Ansatzes dagegen unterstellen, dass genügend historische Evidenz vorliegen würden, welche die natürliche Entwicklung einer Zentralbank basierend auf den LOLR-Funktionen und der Notwendigkeit eines „Anführers" im Zahlungssystem des Interbankenmarktes rechtfertigen.[1072] Genauer gesagt tendieren private Banken zu einer Konzentration ihrer Reserven bei einer zentralen Organisation, um ihre Kosten zu senken.[1073] Darüber hinaus argumentieren die *Gegner* dahingehend, dass sich im Zeitablauf die Ausgabe von Banknoten immer zu einem natürlichen Notenbankmonopol entwickeln würde, weil der Umlauf verschiedener Banknoten stets zu einer Erhöhung der Transaktionskosten beiträgt.

Es wurde zudem angezweifelt, ob Banken auch in einem völlig deregulierten finanziellen Umfeld tatsächlich Verbindlichkeiten ausgeben, die entweder in Güter oder einen Güterkorb eingetauscht werden können, die/der ihrerseits/seinerseits relativ preisstabil bleiben.[1074]

Am Ende dieser Diskussion sollte der bedeutendste Nachweis für die Problematik um Free Banking festgehalten werden: Auch wenn ohne Zentralbank das System von Clearinghäusern als stabil angesehen wird, wird außer Acht gelassen, dass dies nur bei Liquiditätsproblemen einzelner Banken oder einzelner Gebiete funktioniert. Würde die *Gesamtwirtschaft* durch einen Liquiditätsengpass betroffen sein, muss wiederum eine Zentralbehörde einschreiten, die dem Markt als Ganzem Liquidität bereitstellen kann, was den Clearinghäusern nicht gelingt.[1075] Als Lösung dieser

[1070] Vgl. Siklos (2002), Seite 11.
[1071] Vgl. Smith (1990), Seite 185f.
[1072] Vgl. Goodhart (1988), Seite 19ff.
[1073] Vgl. Laidler (1992), Seite 179.
[1074] Vgl. Mafi-Kreft (2003), Seite 479f.
[1075] Vgl. Goodhart (1988), Seite 24.

Problematik würde sich dann möglicherweise ein Free Banking-System unter Anwendung einer 100%igen Reserve auf Depositen anbieten – ganz im Sinne von Mises.

Aber auch wenn heute das staatliche Geldmonopol als Standard angesehen wird, so gibt es dennoch auf verschienen Ebenen eine Konkurrenz: International zwischen Währungen und national mit privatem Geld infolge neuer Technologien, gemeint ist elektronisches Geld (E-Geld) infolge der Zahlungen durch Netzwerkgeld, das im Computerspeicher „gelagert" wird (z.B. Paypal), oder prepayd-Karten. Eine Unterscheidung zu Geld wird so schwierig, da die Zahlungen mit E-Geld im Voraus finanziert werden müssen. So kann unterstellt werden, dass derartige Entwicklungen das staatliche Geldmonopol bereits aufgeweicht haben, auch wenn Bewegungen im E-Geld durch Bankkontenbewegungen und damit Zentralbankreserven (zumindest in Europa) begleitet werden.[1076] Ohne diese Einschränkung im Sinne der Kontenbewegungen würde die Verbindung zwischen wirtschaftlicher Aktivität und Zentralbankgeld deutlich aufgeweicht werden.[1077]

4.2.4. Präventive Maßnahmen

Die an früherer Stelle geführte Diskussion um die Ursache von Finanzproblemen infolge schlechter Geschäftspraktiken und Missmanagement führt zu der Annahme, dass Finanzkrisen erfolgreich durch eine vernünftige Regulierung und eine bankenexterne Überwachung vermieden werden können (solange die Ursache darin zu finden ist, d.h. makroökonomische Ursachen werden ausgeschlossen).[1078] Marktinstabilität zeigte sich dabei im Fehlen klarer und einfach zu erschließender Regeln und angemessener Durchführung. Auch wurde bereits festgestellt, dass eine Finanzmarktliberalisierung ohne vorher bestehende und verbesserte Aufsicht, in einer unkontrollierten Expansion von Krediten und Diversifikation von Kreditinstitutionen enden kann und zur Instabilität beiträgt.[1079]

Der Anspruch dieses Unterkapitels ist dabei anzuführen, welche Maßnahmen eingeleitet werden müssen (wenn sie nicht bereits bestehen), um Instabilitäten im Finanzmarkt im *Vorfeld* zu verhindern.

Auch wurde bereits an voriger Stelle deutlich gemacht, dass übermäßige Konzentration vor Darlehen, connected lending oder Insiderkreditvergabe wie auch Mismatch erhebliche Probleme für die Stabilität einer Finanzwirtschaft aufwerfen, so dass klare und genaue *Vorgaben* getroffen werden müssen, um Stabilität am Markt zu erhalten. Zusätzlich ist ein genaues *Monitoring* notwendig, so dass sichergestellt wird, dass die Vorgaben auch umgesetzt werden. Beispielsweise sind genaue Buchprüfungen, Prüfungsvorschriften, personelle Strafen bei Missbrauch, strafrechtliche Verfolgung von Betrügereien, die Einführung von ethischen Vorgaben/Verhaltens-weisen und das Verbot jeglicher Insidergeschäfte notwendig.[1080]

1076 Vgl. Europäische Zentralbank (2000), Seite 57.

1077 In privaten Zahlungssystemen jedoch werden international öfters mit privatem Geld Zahlungen ausgeglichen.

1078 Vgl. Spong (2000), Seite 7f.

1079 Vgl. Weller (1999), Seite 2ff.; Wyplosz (2001), Seite 4.

1080 Vgl. Brownbridge (1998), Seite 24ff.

Derartige Vorschriften betreffen vorwiegend das interne Bankmanagement, wobei natürlich deren Überwachung extern erfolgen sollte. So muss also der Staat eine Vielzahl an institutionellen *Vorkehrungen* treffen, die im Hinblick auf den Erhalt der Stabilität des Finanzsektors ausgestaltet sein sollten.[1081] Diese schließen typischerweise folgende Merkmale ein:

- Bankgesetze und Bankdienstvorschriften, welche die Grundregeln des Ablaufs der Bankengeschäfte sowie der Zahlungssysteme setzen und Beschränkungen bezüglich einer übermäßigen Risikoübernahme auferlegen.
- Überwachung und Überprüfung der Finanzinstitutionen, um die Einhaltung der Gesetze und Vorschriften sicherzustellen und die Banken vor einer unsicheren und finanziell schädlichen Bankenpraxis zu bewahren.
- *Reaktive* Maßnahmen wie LOLR und Depositenversicherungen, die temporäre Liquiditätsprobleme beheben und den Übergang zu einem Bank Runs bzw. Insolvenz verhindern sollen.

Im Vergleich zu anderen Märkten greift der Staat in Finanzmärkte relativ stark ein, indem er einen Ordnungsrahmen vorgibt (Regelung des Zahlungsverkehrs), das systemische Risiko reduziert (siehe Depositenversicherung, LOLR) und den Konsumentenschutz im Hinblick auf eine Verteilungsgerechtigkeit (siehe Depositenversicherung) nicht außer Acht lässt.

Ein geeigneter *gesetzlicher Rahmen* für finanzielle Geschäfte bildet das Gerüst für die Prävention oder Verringerung von Finanzsektorproblemen. Das Fehlen einer sinnvollen Strategie führte, wie die Empirie zeigte, in manchen Schlüsselbereichen zu Bankeninsolvenzen und systemischer Instabilität, wohingegen die Bereitstellung eines klaren, fehlerfreien und leicht zu beobachtenden Regelwerks für alle Aktivitäten im Finanzbereich Manager von Banken dazu animiert, ihr Unternehmen besser zu führen und Kontrolleuren ihre Aufgaben zu erleichtern.[1082]

Bis in die frühen 1980er Jahre waren geeignete und klare Regulierungsmaßnahmen in vielen Ländern (vorwiegend Entwicklungsländern) kaum zu finden.[1083] In den letzen 20 Jahren wurden allerdings bedeutende Schritte unternommen, ein geeignetes gesetzliches System im Bankenbereich als einen integralen Part struktureller Anpassungsmaßnahmen zu etablieren, und das Management finanzieller Risiken wurde überdacht.[1084] Die Verbesserung der gesetzlichen Rahmenbedingungen umfasste bzw. umfasst heute noch ein breites Feld, wobei die Einschätzung und Kontrolle der Risiken besonders betont wurden:

Kapitalbestimmungen sollen das notwendige, von der Bank zu haltende Kapital in seiner Höhe im Verhältnis zu den riskanten Vermögenswerten festlegen, um ein sicheres Polster gegen unerwartete Verluste zu schaffen und das Risiko des Konkurses der Finanzinstitution zu reduzieren.[1085]

Dadurch, dass das systemische Risiko so bedeutsam ist, ist es notwendig, Anforderungen an die Finanzunternehmen zu stellen, um schon frühzeitig Zusammenbrü-

---

[1081] Vgl. Goodhart et al. (1998), Seite 44ff.
[1082] Vgl. Stevens (2000), Seite 1f.
[1083] Vgl. Fed (2003), Seite 395.
[1084] Vgl. Carey, Stulz (2005), Seite 3f.
[1085] Vgl. Rojas-Suárez (2001), Seite 3f.; Santos (2000), Seite 11ff.

che dieser Institutionen zu verhindern. Unter den Eigenkapitalnormen sticht dabei in seiner Bedeutung der Solvabilitätskoeffizient, also die Festlegung einer Mindestausstattung von Eigenkapital in Relation zu risikobehaftetem Kapital, deutlich hervor.[1086]

Im Zusammenhang mit Moral Hazard und auch mit dem Leverage-Effekt wurde bereits deutlich, dass eine zu geringe Eigenkapitalausstattung zu mehr Moral Hazard im Finanzsektor führt und damit mehr Risiken eingegangen werden, die volkswirtschaftlich hohe Schäden verursachen können. Mit einer angemessenen Risikovorsorge und auch einer Risikobeteiligung im Krisenfall kann jedoch diesem Problem wirksam entgegnet werden. Somit kann mittels dieser Regulierungsmaßnahme ein doppelter, volkswirtschaftlicher Gewinn verbucht werden: Das Ausmaß der moralischen Versuchung geht zurück und gleichzeitig kann das Insolvenzrisiko reduziert und Vertrauen in das Bankensystem aufgebaut werden.[1087] Um diesen Zielen jedoch effektiv gerecht werden zu können, müssen zuerst die Risiken erfasst, dann bewertet und zuletzt normativ festgelegt werden, in welchem Umfang sie mit Eigenkapital unterlegt werden müssen.

Eine derartige Regulierung war bis in die 80er Jahre noch eine reine nationale Angelegenheit, erst im Jahre 1988 wurde ein bei der Bank für Internationalen Zahlungsausgleich (BIZ, BIS) in Basel angesiedeltes koordiniertes Gremium ins Leben gerufen, das erstmals eine weltweit einheitliche *Eigenkapitalnorm*, den Basler Akkord (*Basel I*), vorsah, dessen Empfehlungen bis zum Jahre 1993 von allen Industrieländern der Welt umgesetzt wurden:[1088] Er beinhaltet vor allem die Unterlegung von Aktiva mit 8% haftendem Eigenkapital.[1089]

Dieser Ansatz kam zu dieser Zeit nicht zufällig zustande, sondern muss im Zusammenhang der zunehmenden Bankenkrisen infolge einer Finanzmarktliberalisierung – unter anderem durch größere Kapitalverkehrsfreiheit oder leichtere Niederlassungsfreiheit für ausländische Finanzinstitutionen – und damit einer zunehmenden Internationalisierung der Finanzinstitute auf der Welt angesehen werden (siehe Kapitel 2.4.).[1090] Da die Standortentscheidung besonders von der (De-)Regulierungssituation des jeweiligen Landes bestimmt wird, und mit höherer Regulierung höhere Kosten für das Institut entstehen, (Eigenkapitalkosten bei Eigenkapitalnormen) – infolgedessen dass das eigentliche Bankengeschäft behindert wird – war es klar, dass im Zuge der Internationalisierung Banken gerne in liberalisierten Staaten Geschäfte aufnahmen und damit die Stabilität des Wirtschaftssystems gefährdeten. Um dagegen eine Abwanderung zu vermeiden, muss der Staat sein Regulierungsniveau an das Ausland anpassen, so dass ein internationaler Wettlauf hätte entstehen können. Daher war die internationale Harmonisierung des Kapitalstandards äußerst notwendig.[1091]

[1086] Vgl. Tanaka (2003), Seite 218f.

[1087] Vgl. Dowd (2000), Seite 13; Hellmann, Murdock, Stiglitz (2000), Seite 147f.

[1088] Die deutsche Umsetzung fiel dabei tendenziell restriktiver aus als der Basler Rahmen.

[1089] Die Neuerungen von Basel II schlagen sich im Nenner des Eigenkapitalkoeffizienten (=Solvabilitätskoeffizent) nieder: Vgl. Deutsche Bundesbank.

[1090] Vgl. Stevens (2000), Seite 2; Wood (2005), Seite 52f.

[1091] Vgl. Gischer, Herz, Menkhoff (2005), Seite 117f.

Es wurde allerdings im Basel I-Akkord bis 1996 einzig das *Kreditrisiko*[1092] berücksichtigt. Nicht alle Bankenrisiken sind in die Regulierung mit einbezogen gewesen; die Unterlegung mit Eigenkapital spiegelte in keinerlei Weise die gesamtökonomischen Risiken des Bankengeschäfts wider. Es werden verschiedene Risikoklassen nur rudimentär unterschieden.[1093] Der Akkord war somit nicht in der Lage, der hohen Geschwindigkeit der Entwicklungen an den internationalen Kapitalmärkten Schritt zu halten, insbesondere den vermehrt zustande kommenden Finanzinnovationen. Da die Hinterlegung von Sicherheiten, vorhandene Garantien oder der Einsatz von Kreditderivaten bei der Eigenkapitalunterlegung nicht adäquat berücksichtigt werden, fehlen Anreize, die Kreditrisiken zu reduzieren. Basel I hat letztendlich (nur) das Insolvenzrisiko der Bank und Geringhaltung der Kosten für die Depositoren im Falle des Konkurses der Bank erfasst.[1094]

Schon im Jahre 2001 legte der Ausschuss einen Vorschlag zur Reform des Eigenkapitalakkords von 1988 vor. Dieser Vorschlag wurde bisher unter der Bezeichnung *Basel II* diskutiert.[1095] Kurz gesagt geht es darum, die Kapitalanforderungen an die Banken stärker als bisher an ökonomischen Risiken zu binden. Eine risikoadäquate Eigenkapitalbasis allein kann die Solvenz der Banken und die Stabilität des Bankensystems nicht gewährleisten. Es sollte vielmehr ein Zusammenspiel von effizienter Geschäftsführung, wirksamer Bankenaufsicht und Disziplinierung durch den Markt sein.[1096] Deswegen soll gemäß dem Reformvorschlag die Aufsicht in Zukunft in drei Bereiche – drei sich gegenseitig ergänzende Säulen – gegliedert werden, daher wird Basel II auch als *„Drei-Säulen-Konzept"* bezeichnet. Unbestritten wird es für die Unternehmen in Zukunft schwerer werden, eine Bankenfinanzierung zu erhalten. Neben der schon bekannten Pflicht, Risiken mit Eigenmitteln zu unterlegen (*Mindestkapitalanforderungen*), wird als *zweites* Element ein *aufsichtrechtliches Prüfungsverfahren* hinzugefügt. Dabei handelt es sich um ein qualitatives Element, bei dem Bankenaufsicht überprüfen soll, ob die bankinternen Prozesse und Strukturen den eingegangenen Risiken entsprechen, also ob die Bank letztlich in der Lage ist, diese Risiken auch zu steuern beziehungsweise zu tragen. Der Bankenaufsicht steht es zu, falls zwischen Risiken und Risikomanagement ein Mismatch besteht, die Eigenmittelunterlegungspflichten aufzustocken. Als *drittes* Element soll eine *erweiterte Offenlegung* für eine erhöhte Risikotransparenz und verbesserte Kontrolle durch die Finanzmärkte ermöglichen, was eine Disziplinierung der Banken durch die Marktakteure begünstigt, denn informierte Wirtschaftssubjekte werden eine risikobewusste Geschäftsführung in ihren Kredit- und Anlageentscheidungen entsprechend honorieren bzw. eine riskante Geschäftsführung sanktionieren. Die Banken sollen demnach in regelmäßigen Abständen Angaben zur Eigenkapital- und Risikolage veröffentlichen, wodurch sich für die Ban-

[1092] Damit ist das Risiko des Verlustes gemeint, falls ein Kreditnehmer (z.B. durch Insolvenz) seine Pflichten gegenüber dem Kreditgeber nicht mehr erfüllen kann. Im Jahre 1996 wurden aufgrund der zunehmenden Handelsaktivitäten auch die *Marktpreisrisiken* in die Eigenkapitalunterlegungspflicht miteinbezogen.

[1093] Vgl. Santos (2000), Seite 17f.

[1094] Vgl. Österreichische Nationalbank; Deutsche Bundesbank (2001), Seite 16f.

[1095] Vgl. Thadden (2004), Seite 90f.

[1096] Vgl. Deutsche Bundesbank (2004), Seite 76.

ken selbst ein Anreiz zur effektiven Risikokontrolle und -steuerung ergeben soll. Doch soll auch das *erste*, schon bekannte Element – die *Eigenmittelunterlegungspflichten* – einer Neufassung unterzogen werden.[1097] Der Mindestkapitalkoeffizient von 8% soll erhalten bleiben; die bisher mit Eigenkapital zu unterlegenden Risikoarten *Kreditrisiko* und *Marktrisiko* sollen künftig um das *operationelle Risiko* erweitert werden,[1098] so dass das gesamte systemische Risiko besser erfasst wird. Man könnte allerdings auch behaupten, dass aufgrund der Vermeidung von Risiken es auch zu einer Reduzierung der Kredite an sich kommen könnte, was jedoch nicht belegbar ist.[1099]

Die Erfassung der *Markt(preis)risiken*, die bereits seit 1996 eingezogen werden, bleibt unverändert. Hierbei werden die Ausfallwahrscheinlichkeit der Gegenpartei und die Risiken bei Zinsniveauänderungen und bei Aktienpreisvolatilität ermittelt.[1100]

Dagegen soll die Bemessung der *Kreditrisiken* einer Veränderung unterzogen werden, da diese in der bisherigen Form die Bonität der einzelnen Kreditnehmer nicht differenziert wahrnimmt. Um nun eine stärker bonitätsabhängige Eigenmittelunterlegung zu implementieren, werden zwei Alternativkonzepte vorgeschlagen, die von den Banken ausgewählt werden können:[1101] Ein professionelles Rating, das teuer ist (*externer* Rating-Ansatz), oder die Verwendung bankeigener Modelle (*interner* Rating-Ansatz).

Fällt das Ergebnis der Bonitätsprüfung eher schlecht aus, hat dies neben der höheren Eigenkapitalunterlegung auf Seiten der Bank auch für das entsprechende Unternehmen Konsequenzen: Entweder bekommt das Unternehmen den gewünschten Kredit erst gar nicht oder es muss einen erhöhten Zins bezahlen, was die Finanzierungskosten in die Höhe treiben und seine Bonität weiter verschlechtern würde.[1102]

Allerdings unterscheiden die Ansätze zwischen den Kreditnehmergruppen, den Privatkunden und den Firmenkunden. Beim Privatkundenkreditgeschäft sind die Eigenmittelunterlegungspflichten geringer; außerdem wurde vereinbart, dass alle Kredite bis zu Höhe von einer Million Euro dem Privatkundengeschäft zuzuordnen sind. Wie eingangs erwähnt, wird eine Bankenfinanzierung für Unternehmen mit dem Vorhaben Basel II erschwert, allerdings fallen wohl aber die meisten Mittelstandskredite aufgrund ihrer Höhe unter das Privatkundengeschäft. Damit soll eine ausreichende Liquiditätsversorgung des innovationsträchtigen Mittelstandes gesichert werden.

Basel II ist Ende 2006 in Kraft getreten, wenngleich eine Vielzahl von Banken die in Basel II getroffenen Kriterien bereits vorher bei der Kreditvergabe berücksichtigten.[1103]

Einer der entscheidenden Mankos von Basel II wird wohl die Beibehaltung der schon in Basel I herrschenden additiven Behandlung der verschiedenen Risikogruppen – das Gesamtrisiko errechnet sich demnach aus der Addition von Markt-, Kredit- und

[1097] Vgl. Elizalde (2006), Seite 12ff.
[1098] Es soll unter anderem die Gefahr der Verluste des Versagens von internen Verfahren oder externer Ereignisse bemessen, wie EDV-Pannen, Betrug und Ähnliches. Vgl. Carey, Stulz (2005), Seite 11ff.
[1099] Vgl. Redak, Tscherteu (2003), Seite 70.
[1100] Vgl. Stillhart (2002), Seite 187ff.
[1101] Vgl. Stillhart (2002), Seite 204ff.
[1102] Vgl. Deutsche Bundesbank (2003), Seite 67.
[1103] Vgl. Deutsche Bundesbank (2001); Tolkmitt (2004), Seite 20ff., 155.

operationellem Risiko – lässt die innerliche Verknüpfung von Markt- und Kreditrisiko unberücksichtigt.

Allein die Eigenmittelunterlegung reicht natürlich nicht zum Abbau des systemischen Risikos, weitere Bedingungen sollten für den Erhalt der Stabilität erfüllt werden, wobei einige aber nicht alle auch durch den Akkord erfasst werden: Eine Konzentration der Darlehen auf bestimmte regionale Gebiete, Industrien oder Unternehmen oder auf wenige Sicherheiten sollte reguliert und reduziert werden, also die *Diversifikation* erhöht werden, um das Risiko für die Bank zu beschränken. Die Konzentration des Bankenkapitals auf Kredite an einen oder wenige Kreditnehmern kann eine kleinere Bank in erhebliche Schwierigkeiten bringen, wenn einer dieser großen Kreditnehmer ausfällt oder in Zahlungsverzug gerät. Es sollten daher prozentual gesehen Beschränkungen auf die einzelnen Kreditoren vorgenommen werden.[1104]

Eng damit verbunden ist die Forderung nach Beschränkungen für die Gesamthöhe umfangreicher Kredite (*Großkredite*) auf einen bestimmten Anteil des vorhandenen Kapitals. In Europa sind derartige Großkredite gesondert anzuzeigen, um im Voraus Risiko abzuschätzen, da gerade in den 1980er Jahren die Risikoüberzeichnung an einige wenige Kreditnehmer ein Hauptproblem der internationalen Schuldenkrise war.[1105]

Liquiditätskennzahlen sind für die Zentralbank oder die Kontrollbehörde der Banken wichtiger Bestandteil für die Überwachung der kurzfristigen und langfristigen Liquidität der Banken. Damit soll das Management der Bankenliquidität erleichtert werden.[1106] Es müssen liquide Vermögenswerte gehalten werden, um unvorhersehbare Bedürfnisse ausgleichen zu können. Gleichzeitig können mit den Kennzahlen Missverhältnisse zwischen Erträgen und Zahlungen in der Zukunft angezeigt werden, die durch Darlehen vom Markt ausgeglichen werden müssen.[1107] Diesem Gesichtspunkt werden ebenfalls die Basler Vorschriften gerecht.

Regulative Maßnahmen müssen daher sicherstellen, dass ein gewisses Liquiditätsmaß bei den Banken aufzufinden ist.

Derartige Liquiditätskennzahlen legen den Grundstein für eine ordnungsgemäße Arbeitsweise im externen *Überwachungssystem* für die Durchsetzung und Verstärkung der Arbeit der Banken und die Sicherheit der Sparer. Aber auch das Problem der Unterscheidung von Illiquidität und Insolvenz im Falle von LOLR-Maßnahmen benötigt eine konkrete Regulierung und Überwachung des Bankensystems, damit nur in Ausnahmefällen und unintendiert insolventen Banken geholfen wird.[1108]

Die Überwachung sollte dazu dienen, im Vorfeld einer Insolvenz, Probleme im Bankmanagement und der Darlehensbeziehungen zu orten und die Banken anzuleiten, korrektive Maßnahmen zu ergreifen. Während in Industrieländern diese Praxis seit einigen Jahrzehnten Eingang gefunden hat (siehe auch zweite und dritte Säule des Basel II-Akkord), ist in den meisten Entwicklungsländern noch immer eine schwache Überwachungsbehörde tätig, die viele Bankenverluste noch immer ignoriert und die

---

1104 Vgl. BIS (1991), Seite 1ff.; Neuberger (1998), Seite 184.
1105 Vgl. Llewellyn (2003), Seite 432.
1106 Vgl. Büschgen, Börner (2003), Seite 340.
1107 Vgl. Murshed, Sobagio (2002), Seite 252.
1108 Vgl. Kaufman (1999), Seite 10.

Banken solange am Laufen hält, bis sie möglicherweise endgültig zusammenbrechen. Bereits im Jahre 1992 wurde die kritische Situation erkannt, woran sich bis heute nur wenig verändert hat. Zwar wurden seit den späten 70er Jahren Bemühungen aufgenommen, die Bankenüberwachung zu stärken und zu verbessern, es mangelt aber noch immer an Ressourcen oder Mandaten:

> „In most developing countries bank supervision has focused on the implementation of economic directives, such as credit allocation, to be certain bank lending was in compliance with government directives. Very little attention has been paid to the quality of loan portfolios, the adequacy of capital, and the soundness of bank management. The huge losses now (1992, eigene Ergänzung) in the bank's portfolios in many developing countries are testimony to the poor quality of this oversight function."
>
> Long/Vittas (1992) [1109]

Um noch nicht in ausreichendem Maße vorhandene Standards der Bankenüberwachung zu verbessern, müssen daher einige Bedingungen erfüllt werden, wie ein adäquates Regelwerk, die politische Unabhängigkeit der Überwachungsbehörde, die Bereitstellung ausreichender Mittel und die Autorität der Umsetzung notwendiger Maßnahmen. Daneben sind umfangreiche Informationen notwendig, ohne die keine geeigneten Maßnahmen ergriffen werden können. An diesen Informationen besteht jedoch noch immer ein nicht zu unterschätzender Mangel.[1110]

Zusammenfassend ist festzuhalten, dass Regulierung und Überwachung eine notwendige Voraussetzung ist, um die Möglichkeit der Übertragung eines Bank Runs oder einer Bankenkrise auf andere Banken zu vermeiden und auch den Konsumenten zu schützen, indem die Sicherheit seiner Einlagen gewährleistet wird. *Präventive* Maßnahmen sind dabei den *reaktiven* Maßnahmen überlegen, da bereits vor dem Entstehen einer Krise aktiv entgegengewirkt wird und nicht erst abgewartet werden muss, bis „das Kind bereits in den Brunnen gefallen ist".[1111]

Anhand dieser Beispiele zeigt sich bereits die wesentliche Aufgabe der Regulierung, die darin liegt, Krisen vorzubeugen und im eventuellen Krisenfall, diese mit möglichst niedrigen volkswirtschaftlichen Kosten zu managen. Die Kostenfrage ist hierbei ein entscheidender Gesichtspunkt; Krisen an sich machen noch keine restriktive Regulierung des Finanzmarktes notwendig, vielmehr spielen für die Regulierungstätigkeit wie immer Kosten und Nutzen eine Rolle.[1112]

An den bisherigen Bemühungen um eine Finanzmarktregulierung ist zu erkennen, dass das Hauptaugenmerk eher auf der mikroökonomischen und weniger auf der makroökonomischen Ebene lag. Die Eigenkapitalnorm ist dabei das beste Beispiel des Versuchs der Generierung von Stabilität durch mikroökonomische Anreize. Allerdings sollte nicht in Vergessenheit geraten, dass die Risiken am Finanzmarkt oftmals makroökonomischen Charakter besitzen, wie das Ausfallrisiko, das im Konjunkturzyklus schwankt oder das Marktrisiko, das von den Schwankungen der Finanzmarktpreise

---

[1109] Long, Vittas (1992), Seite 5.
[1110] Vgl. Rojas-Suárez (2001), Seite 21f.
[1111] Vgl. Pomerleano (1999), Seite 204.
[1112] Vgl. Elliehausen (1998), Seite 3f.

bedingt wird. Als grundsätzliche Alternative kann die Regulierung zum LOLR also nicht gesehen werden, auch hier gilt wieder der komplementäre Gesichtspunkt.

Aus diesem Grund ist eine Stabilisierungspolitik der Zentralbank gerechtfertigt, die allerdings konträre Einflüsse auf die Risiken aufweist. So haben steigende Zinssätze zwar eine konjunkturstabilisierende Wirkung und können damit das Ausfallrisiko positiv beeinflussen, gleichzeitig verändern sie das Marktrisiko negativ, indem sie als „Schock" auf dem Geldmarkt auftreten. Inwieweit welche Einflüsse überwiegen, kann an dieser Stelle nicht bestimmt werden; vielmehr ist es wichtig festzuhalten, dass präventive Regulierungsmaßnahmen kein Allheilmittel für die Gewährung von Stabilität sind, aber durchaus wichtiger Bestandteil. Genauso wichtig ist es daher, bei entstehender Instabilität ein Übergreifen auf weitere Banken zu verhindern. Da dies über die Verbindungen zwischen den Banken abläuft, ist eine Sicherung und Kontrolle des Zahlungsverkehrs notwendig:[1113]

Neben der Regulierung des *Bankenmarktes* zeigte sich also schon früh, dass es auch einer besonderen organisationalen Struktur und Ausgestaltung des *Zahlungsverkehrssystems* bedarf, um systemische Stabilität aufrechterhalten zu können;[1114] dies zeigte sich anhand der Herstatt-Krise (siehe Kapitel 2.4. und unten).[1115]

Jeden Tag werden sehr große Mengen an Zahlungen zwischen Haushalten, Unternehmen, dem öffentlichen Sektor und anderen Wirtschaftsakteuren gerade im internationalen Zahlungsverkehr in immer kürzerer Zeit transferiert.[1116] Dies geschieht in Zusammenhang mit dem Kauf von Gütern und Dienstleistungen, Vermögenswerten oder dessen Erträgen. Dabei gehen alle Parteien Risiken ein. Im Vordergrund stehen allerdings diejenigen Risiken, die allein die Banken eingehen im Zuge des Transfers von finanziellen Mitteln zwischen Zahlern und Zahlungsempfängern. Oftmals resultieren diese Transaktionen in Zahlungen und Verbindlichkeiten zwischen den beteiligten Banken durch Bankkarten, Schecks und weiteren bankentechnischen Instrumenten, die helfen, Mittel von einem Bankkunden zum nächsten unbar zu übermitteln. Darunter sind natürlich viele kleinere Transaktionen, es gibt allerdings auch extrem große Transaktionen. Damit übernehmen Banken als Intermediäre ein beträchtliches Maß an Verbindlichkeiten und Ansprüchen im Zusammenhang mit anderen Banken.[1117] Ein spezielles Merkmal dieser Interbankverbindungen ist dabei die Tatsache, dass sie sich vielmehr aus den Zahlungen der Kunden als aus eigenen Transaktionen ergeben. Die Belastung einer Bank durch ihre Verbindungen zu einer anderen Bank könne daher den normalerweise gegebenen Kreditrahmen übersteigen.[1118] Aus diesem Grund wird das Risiko im Rahmen des Zahlungsverkehrs ausgesprochen bedeutsam, besonders unter Berücksichtigung seiner systemischen Ausmaße.[1119]

Sichere und effiziente Zahlungsverkehrssysteme sind damit für ein gut funktionierendes Finanzsystem von zentraler Relevanz als bedeutender Kanal für die Übertra-

---

[1113] Vgl. Diskussion um contagion in Kapitel 2.4.
[1114] Vgl. Mengle (1995), Seite 187; Papademos (2006), Seite 9.
[1115] Vgl. Kodres (1996), Seite 23.
[1116] Vgl. Deutsche Bundesbank (2006), Seite 6ff.
[1117] Vgl. Houben, Kakes, Schinasi (2004), Seite 18f.
[1118] Vgl. Herring, Santomero (1995), Seite 21f.
[1119] Vgl. Crockett (1997), Seite 7f.

gung von Schocks in nationalen und vor allem auch internationalen Finanzsystemen und –märkten und sind daher eine entscheidende Voraussetzung für die Wahrung und Stärkung der Finanzstabilität. Die über diesen Kanal ablaufenden Vorgänge sind dabei von unterschiedlichen Risiken betroffen, wobei im Allgemeinen eine Dreiteilung von Bankenrisiken als Teilnehmer am Zahlungsverkehr (settlement risk) vorgenommen wird in:[1120] Kreditrisiko, Liquiditätsrisiko und systemischem Risiko, Letzteres hängt eng mit den beiden vorgenannten Risiken zusammen, da sie oftmals gemeinsam auftreten.

Das *Kreditrisiko* bestimmt sich analog zu jedem anderen Kreditvertrag, so dass ein Verlustrisiko bei einem Zusammenbruch einer anderen Bank besteht, die ihren Verpflichtungen zum Zeitpunkt der Vertragserfüllung oder auch später nicht mehr nachkommen kann. Es entsteht genauer gesagt aus der Tatsache, dass die Bank ihren Kunden, also auch anderen Banken im Rahmen des Zahlungsverkehrs, ein Guthaben einräumt, bevor sie selbst zur Abwicklung Mittel erhält und zwar solange bis alle Zahlungen abgewickelt sind. Würde eine Bank innerhalb dieses Zeitrahmen in die Insolvenz geraten, hängt dann der Verlust vom Status der Zahlungen von und zu dieser Bank ab.[1121] Wie im Kreditvertrag auch hängt natürlich dieses Risiko von den hinter dem Kreditvertrag im Rahmen des Zahlungsverkehrs stehenden Vertragsentscheidungen ab. Gerade im Bereich der Abwicklung von Zahlungen am internationalen Devisenmarkt kann dieses Risiko besondere Probleme bereiten, da typischerweise die Abwicklung in der jeweiligen Landeswährung erfolgt und damit die einzelnen Transaktionen unabhängig voneinander und oftmals zu verschiedenen Zeiten durchgeführt werden. Es können daher aus ersterem Grund bis zu zwei Tage Unterschied zwischen den Transfers liegen und weitere zwei Tage, bis die beteiligten Banken mit Sicherheit erkennen, dass die Zahlungen tatsächlich auch erfolgt sind, gerade da die verschiedenen Märkte auch in unterschiedlichen Zeitzonen liegen.[1122]

Das *Liquiditätsrisiko*, das auch durch das Zeitzonenproblem beeinflusst wird, bedingt sich durch die Kosten, die durch Verzögerungen der Abwicklungen im Zahlungsverkehr entstehen, möglicherweise durch unzureichende Liquiditätsplanung bei einer Bank oder einem Fehler im oder den Zusammenbruch des Computersystems bzw. der Telekommunikation.[1123] Sollte dabei bei einer Bank große offene Positionen zu anderen Banken bestehen, können Zahlungsprobleme zu einem Einbruch der eigenen Liquidität führen, was wiederum verhindert, dass sie ihren eigenen Zahlungsverpflichtungen nachkommt. Problematisch wird also diese Situation, wenn das Liquiditätsproblem einer Bank auf diesem Wege zu anderen Banken durch den Zahlungsverkehr übermittelt wird und damit das Finanzsystem destabilisiert.

Die Evaluierung *systemischen Risikos* innerhalb eines Zahlungssystems bleibt damit oberste Aufgabe bei der Betrachtung seiner effizienten Ausgestaltung;[1124] gerade vor dem Hintergrund, dass nicht effizient ausgestaltete Systeme die Risiken der Bankenbeziehungen vergrößern wie am Beispiel der Herstatt-Krise nur allzu klar wurde.

[1120] Vgl. Galati (2002), Seite 57.
[1121] Vgl. Furfine (1999), Seite 7f.; Northcott (2002), Seite 12f.
[1122] Vgl. Herring (2002), Seite 6f.
[1123] Vgl. BIS (2005), Seite 30.
[1124] Vgl. Galos, Soramäki (2005), Seite 13ff.

Die Herstatt Bank war am Devisenmarkt in großem Umfang tätig und wurde am 26. Juni 1974 von den verantwortlichen deutschen Behörden geschlossen. An diesem Tag wurden zwar noch große DM-Beträge an Herstatt von ihren Vertragspartnern ausbezahlt, diese erhielten jedoch im Gegenzug keine Dollar mehr, da zur Zeit ihrer Schließung um 15.30 Uhr der amerikanische Finanzmarkt erst eröffnet wurde.[1125] Dadurch, dass keine Dollarzahlungen mehr von Herstatts Seite ausgingen, kam es zu systemischen Problemen durch die Störung des internationalen Zahlungs- und Ausgleichssystems, da die amerikanischen Vertragspartner von Herstatt, die ihrerseits ihre Verpflichtungen eingehalten haben, den vollständigen Wert der Transaktionen verloren, als die New Yorker Korrespondenzbank die Zahlungen von den Konten Herstatts einstellte.[1126] Dies griff weiter um sich, als andere New Yorker Banken Zahlungen auf eigene Rechnung oder für ihre Kunden zurückhielten, solange keine Bestätigung bezüglich des Erhalts der Gegenzahlung vorlag. Als Folge ging der Umfang der durch das Zahlungssystem durchgeleiteten Beträge um fast 60% innerhalb von drei Tagen zurück. Infolgedessen wurde das Ausgleichsrisiko (settlement risk) am Devisenmarkt auch als Herstatt-Risiko bezeichnet.[1127]

Es kam also insgesamt gesehen zu schwerwiegenden Problemen im Zahlungsmechanismus aufgrund einer unvollständigen Abrechnung von Devisentransaktionen. Dies blieb allerdings nicht die letzte derartige Situation; auch die 1990er Jahre waren mit derartigen Problemen konfrontiert, die von den Marktteilnehmern allerdings weniger Aufmerksamkeit erlangten, da sie am Markt nicht so starke Störungen verursachten. So kann beispielsweise der Fall Drexel Burnham Lambert Group angeführt werden, deren in Gold- und Devisentransaktionen engagiertes Londoner Tochterunternehmen im Jahre 1991 liquidiert wurde und als Folge britische und japanische Geschäftspartner negativ beeinflusste. Auch gilt es hier das Beispiel Baring Bank zu erwähnen, dessen Zusammenbruch im Jahre 1995 Probleme im ECU-Clearing Markt verursachte.[1128]

In den letzten Jahren wurden verschiedene Strategien verfolgt, mittels derer es das settlement risk gerade im Bereich des Devisenmarktes zu vermindern galt. Sie umfassen Maßnahmen für einzelne Banken, ihre offenen Positionen besser zu kontrollieren, und regelnde Maßnahmen von Bankengruppen bzw. vielmehr Industriegruppen das Konzept der quid pro quo einzuführen:[1129] Dieses beinhaltet, dass der letztendliche Transfer einer Zahlung nur dann erfolgt, wenn und nur wenn die entgegengerichtete Übertragung eines (anderen) Assets (Devisen, Wertpapiere und Weiteres) erfolgt ist.[1130]

Innerhalb dieser Maßnahmen konnten zwei Unterziele ausgemacht werden. Erstens wurde versucht, die Zahlungsströme zwischen den einzelnen Parteien auf ein Mi-

1125 Dies war ein Fehler der zuständigen Behörden und nicht des Marktes. Vgl. Kaufman, Scott (2000), Seite 11.
1126 Vgl. Lacker (2003), Seite 23.
1127 Vgl. Kodres (1996), Seite 23.
1128 Vgl. Herring (2002), Seite 11ff.
1129 RTGS bei Großzahlungen, delivery-versus-payment bei Wertpapierübertragungen und payment-versus-payment im Devisenverkehr. Vgl. Dale (1998), Seite 256.
1130 Vgl. CPSS (1998), Seite 5ff.

nimum zu beschränken, so dass durch private Initiativen bilaterale und multilaterale Regelungen zur Saldierung der Transaktionen errichtet wurden.[1131] Zweitens galt es, die Dauer der Risikolast zu vermindern, indem die Messung und das Management dieser Risiken bei den einzelnen Banken verbessert sowie der zeitliche Ablauf der Zahlungen verkürzt werden. Gerade aus diesem Grund wurden in der Vergangenheit im Interbankenbereich vorwiegend Real-time Gross Settlement-Systeme (RTGS) eingeführt, die den Ausgleich der Zahlungen in Echtzeit ohne Saldierung der Zahlungen (*Bruttosystem*) sicherstellen.[1132] Die Einführung von RTGS-Systemen wurde dabei damit begründet, dass Nettosysteme (unter Saldierung der Zahlungen) im Interbankenzahlungsverkehr das Risiko nicht vermindern, sondern nur zum Staat als Garantieträger des Zahlungssystems, zu den Depositenversicherungen oder zur Allgemeinheit umverteilen, die Banken dagegen entlastet werden. Grundsätzlich könnte man in diesem Zusammenhang sagen, dass es einen Trade off von Problemen des Systems bei *Netto-*[1133] und *Bruttosystemen*[1134] gibt.[1135]

Die Einführung von Nettosystemen würde dabei die Wahrscheinlichkeit von Leistungsverzug erhöhen und damit auch die damit verbundenen Kosten, wohingegen Bruttosysteme die Kosten ansteigen lassen, die mit der Haltung nicht-verzinslicher Reserven zusammenhängen.[1136] Da insgesamt gesehen die Vermeidung des systemischen Risikos mitsamt seinen Folgen für die Realwirtschaft im Vordergrund steht, sprechen die Argumente dabei für die Einführung eines Bruttosystems.

Zusammenfassend ist festzuhalten, dass derartige Arrangements nicht eine vollständige Vermeidung des settlement risk herbeiführen, da eine gänzliche Simultanität der Endzahlungen nicht hergestellt werden konnte; es gelang jedoch in der Vergangenheit, dieses deutlich zu reduzieren. Dies gelang auch durch innovative Entwicklungen im Bereich der Kostenreduzierung durch Verbesserungen im IKT-Bereich, die eine deutlich schnellere Zahlungsübermittlung erlauben. Dadurch wurden einige der Probleme abgebaut; es führte aber auch zu einer schnelleren Öffnung und Erweiterung von Märkten und zunehmender Innovation von Finanzdienstleistungen, die wiederum Auswirkungen auf das Zahlungssystem aufweisen.

4.3. Das systemische Risiko und der Lender of Last Resort in der Gegenwart

In diesem Abschnitt soll insbesondere auf das Zentralbankwesen in Europa und die Frage nach dem bzw. den richtigen Lender(n) of Last Resort eingegangen werden.

Die Zentralbankpolitik in Europa hat sich sicherlich seit der Auflösung des Bretton Woods-Systems[1137] und vielmehr noch seit den Zeiten Thorntons und Bage-

[1131] Hier aber besteht die Zahlung oft in privatem Geld (vgl. Kapitel 4.2.3.) Vgl. Galos, Solamäki (2005), Seite 5.
[1132] Vgl. Folkerts-Landau et al. (1996), Seite 22; Kahn, McAndrews, Roberds (1999), Seite 28.
[1133] Nettosysteme sind vorteilhafter für Banken.
[1134] Bruttosysteme sind vorteilhafter für das Gesamtsystem und für die Depositoren.
[1135] Vgl. De Bandt, Hartmann (2000), Seite 33.
[1136] Vgl. Kahn, Roberds (1997), Seite 25.
[1137] Im Juli 1944 wurde das Bretton Woods-Abkommen über die Einführung eines Festkurssystems unterzeichnet. Insgesamt schlossen sich 44 Länder dem System an. Aufgrund des Glaubwürdigkeitsproblems infolge der drastischen Ausdehnung der Geldmenge im Ankerland USA hob Deutschland im

hots nachhaltig verändert: Mit dem Ende des Goldstandards sowie des Festkurs-Systems Anfang der 1970er Jahre konnten die nationalen Zentralbanken plötzlich wieder eine autonome Geldpolitik betreiben. Grundsätzlich waren in der Folge die Notenbanken der einzelnen Länder die Geldgeber der letzten Instanz für die jeweilige Nation. Doch diese scheinbar einfache Verteilung der Verantwortung hat spätestens mit dem Inkrafttreten der Europäischen Währungsunion beziehungsweise der Einführung einer gemeinsamen Währung für (zunächst) 11 bzw. 12[1138] Mitgliedsstaaten der EU im Jahre 1999 ein Ende gefunden.[1139]

Es soll daher die Frage geklärt werden, bei wem die LOLR-Verantwortlichkeit im Krisenfalle liegt – bei der EZB oder bei den jeweiligen nationalen Zentralbanken. An dieser Stelle wird sicherlich die Frage auftauchen, in welchem Land denn der Ursprung der Krise liegt. Dabei werden sich im Hinblick auf die zuständige Zentralbank völlig neue Dimensionen aufzeigen in Anbetracht dessen, dass es heute im Zeitalter der Globalisierung kaum mehr Finanzinstitutionen gibt, deren Wirkungskreis auf ihr jeweiliges Heimatland beschränkt ist. Anders gesagt: Wer hilft, wenn eine ausländische Bank im Inland falliert? Springt dann die jeweilige heimische Zentralbank ein, die Zentralbank des Gastlandes oder gar die EZB? Diese Diskussion ist angesichts der zunehmenden internationalen Verflechtung keineswegs akademischer Natur.[1140]

Neben der Frage nach dem/den Geldgeber(n) der letzten Instanz im Euroland, muss auch der Frage nachgegangen werden, ob es bei der gegenwärtigen Struktur des Bankensystems und der Stabilität des Systems in Europa überhaupt noch die Notwendigkeit für einen LOLR gibt.

4.3.1. Veränderungen in der Rolle und Bedeutung von Banken:

An früherer Stelle wurde bereits festgestellt, dass Banken aufgrund ihrer Spezialität einer besonderen Aufmerksamkeit und Sorge bedürfen. Die Frage stellt sich nun, ob sie auch ihre ursprünglichen Besonderheiten, die zur Evolution des LOLR beigetragen haben, über die Zeit hinweg bewahrt oder sich eben im Zeitablauf verändert haben, bzw. inwieweit andere Finanzmarktinstitutionen ähnliche Charakteristiken entwickelten, so dass eben Banken keine spezielle Rolle im Wirtschaftssystem mehr einnehmen.

Während zwar die Rolle von Banken in einigen Industrieländern zurückgeht und der Markt eine größere Rolle spielt (market based economies), spielen sie noch immer in Entwicklungs- sowie Schwellenländern und gar einigen Industrienationen wie Deutschland oder Japan eine bedeutende Rolle (bank based economies), indem sie den Finanzmarkt dominieren.[1141] Bei den Banken selbst sind die Transaktionsdienstleistungen im Rahmen der spezifischen Bankenfunktionen stark zurückgegangen.[1142] Während sich in der Geschichte der Bankenentstehung ein Bankenmonopol aufgrund

---

Mai 1971 die Konvertibilität des Dollars auf und ging zum Floating über. Das endgültige Aus erfolgte, als im März 1973 mehrere europäische Länder den Ausstieg aus dem System verlautbarten. Vgl. Pohl (1993), Seite 27f.

1138 Zunächst auf 11 beschränkt, da Griechenland erst ein Jahr später dazukam.

1139 Vgl. Boot (2006), Seite 7f.

1140 Vgl. Aglietta, Scialom (2003), Seite 9f.

1141 Vgl. Kakes, Sturm (2002), Seite 2077ff.

1142 Vgl. Fama (1980), Seite 47.

superiorer Informationen bei Transaktions- und Zahlungsdienstleistungen entwickelt hat, werden Informationen heutzutage auch durch spezialisierte Provider bereitgestellt, so dass ein derartiges Informationssystem auch unabhängig vom Bankenbereich effizient funktionieren würde.[1143] Die Spezialität der Banken ist nichtsdestotrotz durch andere Faktoren zu begründen: Das Management der Transaktionsdienstleistungen beruht noch immer auf dem Glauben der Klienten, dass diese Transaktionen ordnungsgemäß und vertrauensvoll durchgeführt werden.

Heutzutage haben sich Banken neben ihren traditionellen Geschäftsfeldern ein breites Feld weiterer Finanzmarktaktivitäten erschlossen, indem sie (vorwiegend große, bedeutende Banken) ihre angebotenen Produkte und Dienste unter anderem diversifiziert, Investmentgeschäfte aufgenommen haben oder sich im Versicherungsbereich mit breitem Spektrum engagieren.[1144]

Trotz dieser strukturellen Veränderungen ist ein fundamentaler Charakteristikwechsel im eigentlichen Bankengeschäft zumindest in der EWU nicht unbedingt auszumachen.

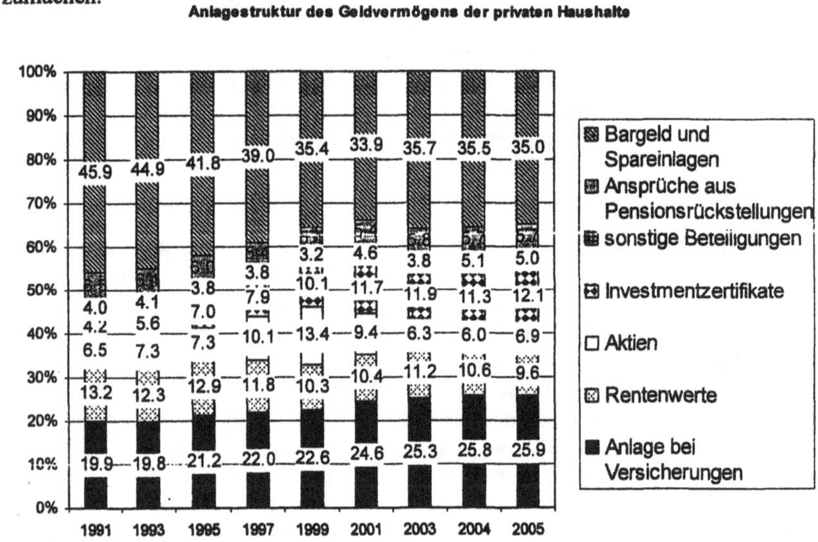

Abbildung 11, Quelle: Deutsche Bundesbank (2005a), eigene Darstellung.

Auf der Passivseite der Banken gab es zwar einige Rückgänge im Hinblick auf den Anteil der von privaten Haushalten gehaltenen Depositen – und damit auch im Marktanteil der Banken als Aufbewahrungsort für liquide Vermögenswerte –, aber diese waren zumeist nur gradueller Art.[1145] In Deutschland beispielsweise nahmen Bankdepositen (einschließlich Bargeld) im Jahre 2004 noch immer 35,5% an der Gesamtstruktur

[1143] Vgl. Gorton, Rosen (1995), Seite 1.

[1144] Vgl. Herring (2002), Seite 2; Koetter et al. (2004), Seite 27.

[1145] Vgl. Belaisch et al. (2001), Seite 26.

des Geld-/Finanzvermögens ein. Im Vergleich dazu waren es fünf Jahre zuvor 35,4% (siehe Abbildung 11).[1146]

Jedoch ist dieser Anteil leicht verzerrt und mit großer Wahrscheinlichkeit zu gering angesetzt, da sich die Anlagestruktur automatisch durch Bewertungsveränderungen des Aktienvermögens verändert. Aus diesem Grund und der Bevorzugung von sicheren Geldanlagen infolge der Aktienpreisschwäche hat der langfristig bis 2001 sinkende Anteil an Bankeinlagen und Bargeld im Jahr 2002 wieder zugenommen (Wert 2001: 33,9%). Und weiter noch: Der überwiegende Anteil der Verbindlichkeiten von Banken hat immer noch die Form ungesicherter kurzfristiger Depositen. Im Gegensatz dazu liegen nur ca. 0,5% der Verbindlichkeiten gegenüber Nichtbanken (Unternehmen und private Personen) aus dem Euro-Währungsgebiet und 1,8% weltweit als gesicherte Repogeschäfte vor.[1147]

Neben der Bedeutung von Banken zur *Geldanlage* der privaten Akteure spielen Banken noch die Hauptrolle im *Zahlungsverkehr*. Zahlungen werden dabei direkt von Bank zu Bank durch Zahlungsanweisungen wie Schecks durchgeführt oder auch indirekt beispielsweise durch den Gebrauch einer Kreditkarte, indem die Zahlungen darauf im Nachhinein mittels eines Bankkontos abgerechnet werden. Selbst wenn durch Disintermediation, d.h. einem Einlagenabzug bei Banken zur Reinvestition in höherverzinsliche Anlagen, wie im Beispiel des Aufkommens von Geldmarktfonds (money market mutual funds) Banken an Einfluss verlieren, so werden die Rechnungen noch immer durch Banken abgewickelt. Das Aufkommen von neuen Geldformen (e-money) hat an dieser Praxis ebenfalls nichts verändert. Auch wenn diese sich außerhalb des herkömmlichen Bankensystems entwickelt haben, so hängt der Zahlungsausgleich noch immer vom Bankensystem ab.[1148] In dem Ausmaß, in dem sich diese neuen Formen weiterentwickeln und damit selbst eine Art Depositen kreieren, stellen sie somit auch eine von der typischen, traditionellen Bank abweichende Form von Bank dar und erhalten somit einen speziellen Status im Wirtschaftsgeschehen. Damit ist aber auch eine Überwachung und Regulierung notwendig geworden, wie sie den althergebrachten Bankendepositen zuteilwird.[1149]

Im Rahmen des Zahlungssystems zwischen Banken wurden allerdings erhebliche Fortschritte im Vergleich zu seinen Ursprüngen erzielt. So wurden Anstrengungen unternommen, im Interbankenmarkt die direkt übertragbaren Gefahren durch die Einführung eines Bruttoechtzeitzahlungs- und Ausgleichssystems in etlichen Ländern (wie das TARGET-System der EU [Trans-European Automated Real-time Gross Settlement Express Transfer] einschließlich der darin inkludierten, teilnehmenden nationalen Zahlungs- und Ausgleichssysteme) oder die Aufrechnung von Fremdwährungszahlungen einzuschränken.[1150]

Aufgrund dieser Veränderungen gilt es nun zu klären, ob sich in Deutschland und in der Europäischen Währungsunion die Risiken systemischer Krisen verändert

[1146] Vgl. Deutsche Bundesbank (2005a), Seite 28.
[1147] Vgl. Deutsche Bundesbank (2006a), Stand Ende 2006.
[1148] Vgl. Deutsche Bundesbank (2006c), Seite 93f.
[1149] Vgl. Bundesanstalt für Finanzdienstleistungsaufsicht (2005), Seite 1.
[1150] Vgl. Deutsche Bundesbank (2006d).

haben, und ob es speziellen Regulierungs- und Organisationsstrukturen von Depositenversicherung und LOLR bedarf, um derartige Gefahren einzudämmen.

4.3.2. Die Ausgestaltung des Sicherungssystems der Banken in Deutschland

Das Wort Bankenkrise beschwur früher und beschwört in Deutschland heute immer noch Böses aufgrund der Erfahrungen, die zu Beginn des 20. Jahrhunderts während der Weltwirtschaftskrise aber auch durch die Herstatt-Krise gemacht wurden. Dabei werden darunter nicht nur wirtschaftliche, sondern auch politische Probleme assoziiert. Aus diesem Grund entwickelte sich die Tendenz zum unbedingten Erhalt sowohl von niedriger Inflation als auch von Stabilität des Bankensystems, welche bis heute die Finanzlandschaft Deutschlands prägt.[1151]

4.3.2.1. Ein Rückblick auf die deutsche Finanzmarkthistorie

Die Folgen des Ersten Weltkriegs destabilisierten den Finanzsektor Deutschlands deutlich, da unter anderem Kredite vom Ausland nur kurzfristig gewährt und bei Fälligkeit revolviert wurden. Zudem war der deutsche Finanzmarkt aufgrund der (Hyper-)Inflation der 20er Jahre stark geschwächt, so dass gerade nur vom Ausland Kredite zu erhalten waren, was den Problemkreislauf schloss, da Reparationen und Importüberschüsse den Devisenbedarf erhöhten. Zudem herrschte eine versteckte Kapitalflucht, da deutsche Großunternehmen Kapital an ihre ausländischen Tochtergesellschaften transferierten, die der Muttergesellschaft diese Mittel wiederum als Kredite zur Verfügung stellten.[1152]

Die Eigenkapitalausstattung der deutschen Banken (vorwiegend der Großbanken) sank in der Folge und wurde weiter eingeschränkt, da dieser Zeitraum auch von Konzentration, Expansionsbestrebungen und der schlechter werdenden gesamtwirtschaftlichen Entwicklung geprägt war, welche durch die sehr engen Verbindungen der Banken zu den Unternehmen das *bankenbasierte* Finanzsystem weiter destabilisierte.[1153] Das Verhältnis von Eigenkapital zu Fremdkapital ging in nur wenigen Jahren (von 1915 bis 1929) bei den Großbanken von ca. 1:3 bis 1:4 auf 1:15 bis 1:16 zurück, und es wurden vermehrt langfristige Kredite mit kurzfristigen Einlagen finanziert, so dass die „Regeln“ der Fristenkongruenz unterlaufen wurden, ohne dass die Reichsbank aufgrund mangelnder rechtlicher Kompetenzen einschreiten konnte. Der Börsenkrach im Jahr 1929 verschärfte die Entwicklung weiter, wie auch die Verpflichtung durch die Gewinnermächte zu einer Goldkernwährung.[1154]

Auch politische Fehler trugen nicht zur Entspannung der Situation bei: Im Jahre 1931 wurde versucht, den Eindruck zu erwecken, dass eine Reparationskrise bevorsteht, um die Reparationsverhandlungen zu erleichtern. Der Kapitalabfluss in Ausland konnte dadurch nicht gebremst werden. Zwar wurde von Seiten der Reichsbank ein deutliches Zeichen durch die Anhebung des Diskontsatzes gelegt, das aber am Markt selbst nicht ausreichend Anerkennung fand. Sie befand sich nämlich in der Zwickmüh-

---

[1151] Vgl. Bundesanstalt für Finanzdienstleistungsaufsicht (2006).
[1152] Vgl. Adalet (2005), Seite 2f.; Ritschl (2002), Seite 108; Wixforth (2004), Seite 58.
[1153] Vgl. Balderston (1991), Seite 556ff.; Guinnane (2002), Seite 76.
[1154] Vgl. Deutsche Bundesbank (1995), Seite 11; Kindleberger (1986), Seite 131ff.; Pontzen (2003), Seite 78.

le, einerseits die ausländischen Geldgeber und die inländischen Sparer zu beruhigen und andererseits die Reparationsverhandlungen der Regierung durch Aufrechterhaltung des Deckungsverhältnisses des Notenumlaufs ausreichend zu unterstützen.[1155]

Dies war der Anfang einer übermäßigen Finanzkrise, die sich bereits im Mai 1931 abzeichnete. Verstärkt wurde dies in hohem Ausmaß durch den Zusammenbruch des Industrieunternehmens Nordwolle und das Überschwappen auf die sie finanzierende Darmstädter- und Nationalbank (Danatbank) – eine der größten Geschäftsbanken zu jener Zeit –, was zu weiteren Kapitalabflüssen beitrug. Folgend auf den Abzug des Kapitals ins Ausland und der damit einhergehenden Abnahme der Währungsreserven kam es zu Barabhebungen der Inländer (Bank Runs).[1156]

Zu guter Letzt verstärkten die Reaktionen der Danatbank diese Entwicklung, so dass die Krise unausweichlich wurde; sie verweigerte nämlich der Stadt Berlin die Revolvierung ihrer Kredite, so dass Spekulationen über ihre Liquiditätssituation in hohem Ausmaß aufkamen. Dies erschütterte natürlich das Vertrauen in die Kreditfähigkeit der Danatbank, was auf weitere Banken überschwappte, besonders auf die Dresdner Bank.[1157]

Daraufhin wurde versucht, mittels Einführung zweier Bankfeiertage nach §48 des Reichsbankgesetzes,[1158] dem einsetzenden Bank Run Herr zu werden. Dies konnte jedoch von der Reichsbank nicht durchgesetzt werden, weil Reichskanzler Brüning von dieser Maßnahme nicht überzeugt werden konnte. So wurde die Danatbank geschlossen.

Diese Entwicklung führte endgültig zu einem Run auf die Einlagen der Geschäftsbanken, so dass sich die Regierung schließlich doch gezwungen sah, eine Schalterschließung anzuordnen. Die Reichbank dagegen reagierte nicht wie im Kaiserreich als LOLR, sondern versuchte allein die Notendeckung zu sichern. Diese Krise hinterließ dabei erhebliches Misstrauen und beträchtliche Spuren im Verhalten und Vertrauen der Wirtschaftssubjekte in Wirtschaft und Politik und musste unter Aufbringung von 1,3 Milliarden Reichsmark abgebaut werden. Darin enthalten waren die Garantie für die Einlagen der Danatbank und die Bereitstellung von 300 Mio. Reichsmark an die Dresdner Bank. Zusätzlich wurde eine Vereinigung beider Banken verfügt.[1159] Gleichzeitig markierte diese Krisenzeit den Beginn der generellen Regulierung des deutschen Bankenmarktes mitsamt des Bankgesetzes von 1934, außerdem kam es von Seiten der Reichbank zu einer großzügigen Diskontpolitik für die sanierten Banken, allerdings erst nach Überwindung der Krise.[1160]

Mit der Währungsreform im Jahre 1948 sowie der Einführung der „DM" begann eine neue Ära einer wieder unabhängigen Zentralbank: Die *Bank Deutscher Län-*

[1155] Die Wahl der NSDAP verstärkte die Kapitalflucht ins Ausland. Vgl. Hetzel (2002), Seite 13f.; James (1984), Seite 69; Morsy (2002), Seite 5.

[1156] Vgl. Pontzen (2003), Seite 83.

[1157] Vgl. Busch (2000), Seite 4ff.; James (1984), Seite 69.

[1158] Dies ist mit der Suspendierung der Konvertibilität der Banknoten bzw. mit einer Kontensperrung für eine gewisse Zeit gleichzusetzen.

[1159] Vgl. BaFin (2006), Seite 1.

[1160] Vgl. Born (1977), Seite 500; Deutsche Bundesbank (2006h), Seite 20; Fischer, Pfeil (2003), Seite 9f.

der wurde ins Leben gerufen als Vorläuferin der *Deutschen Bundesbank*, die im Jahre 1957 an ihre Stelle trat.[1161] Zeitgleich wurde ein Sonderausschuss „Bankenaufsicht" gegründet mit Vertretern der Landesaufsichtsbehörden und der Bank deutscher Länder, um die bestehenden Einzelaufsichten untereinander zu koordinieren, die infolge der Übertragung auf die Bundesländer durch die Alliierten zustande gekommen waren.[1162]

Man hatte allerdings bereits ein Jahrzehnt vorher aus der Krise der 1930 Jahre (vielmehr der Jahre 1913 bis 1931, wie bereits kurz dargelegt) seine Lehren gezogen und die Sicherungssysteme insgesamt stetig erweitert, um den Grundstein für ein stabiles, sicheres und vertrauensvolles Umfeld für die Banken zu schaffen. So hatte man als Erstes eine umfassende staatliche Aufsicht über alle Banken mithilfe der Notverordnung von 1931 („Verordnung über Aktienrecht, Bankenaufsicht und über Steueramnesie") als eine von vielen derartigen Erlassen eingeführt. Damit sollte die bisherige „Gewerbefreiheit" der Banken (einer Epoche des Free Banking im Sinne von mangelnder Bankenüberwachung und Depositenversicherung)[1163] beschränkt und die bislang bestehenden Aufsichtsmaßnahmen vereinheitlicht werden.[1164] Erweitert und ordnungsgemäß eingeführt wurde dies kurze Zeit später (1934) durch das erste Gesetz über das Kreditwesen (KWG).[1165] Darin wird unter anderem bestimmt, was in Deutschland unter einer „Bank" bzw. einem Kreditinstitut zu verstehen ist, was damit auch die Überwachung der Banken und weitere auf Banken bezogene Maßnahmen bestimmt.[1166]

[1161] Vgl. Deutsche Bundesbank (1995), Seite 12ff.; Pohl (1993), Seite 27.

[1162] Vgl. BaFin (2006), Seite 1.

[1163] Vgl. Busch (2000), Seite 2; Vitols (2001), Seite 6ff.

[1164] Vgl. BaFin (2006), Seite 1.

[1165] Weiniger bedeutsam aber nicht unerwähnt sollte bleiben, dass das geschaffene Aufsichtsamt zunächst während des Krieges aufgelöst wurde und nach Kriegsende die Zuständigkeit zunächst auf die neu geschaffenen Bundesländer übertragen wurde, wobei umfassende Überarbeitungswünsche des KWG nicht ausblieben. Vgl. BaFin (2006), Seite 2.

[1166] Nach § 2 Abs. 1 Satz 1 KWG sind *Kreditinstitute* „Unternehmen, die Bankgeschäfte gewerbsmäßig oder in einem Umfang betreiben, der einen in kaufmännischer Weise eingerichteten Geschäftsbetrieb erfordert". § 2 Abs. 1 Satz 2 führt 12 Bankgeschäfte auf. Es bedeutet aber nicht, dass ein Unternehmen nur dann ein Kreditinstitut ist, wenn es alle 12 Bankgeschäfte anbietet. Zu den Bankgeschäften zählen Einlagengeschäft, Kreditgeschäft, Diskontgeschäft (Ankauf von Schecks und Wechseln), Finanzkommissionsgeschäft (Anschaffung und Veräußerung von Finanzinstrumenten – Wertpapiere, Geldmarktinstrumente, Devisen oder Recheneinheiten und Derivate – im eigenen Namen für fremde Rechnung), Depotgeschäft (Verwahrung und Verwaltung von Wertpapieren für andere), Investmentgeschäft, Darlehenserwerbsgeschäft (Eingehung der Verpflichtung, Darlehensforderungen vor Fälligkeit zu erwerben), Garantiegeschäft (Übernahme von Bürgschaften, Garantien und Gewährleistungen für andere), Girogeschäft (Durchführung des bargeldlosen Zahlungsverkehrs und des Abrechnungsverkehrs), Emissionsgeschäft (Übernahme von Finanzinstrumenten für eigenes Risiko zur Platzierung oder Übernahme gleichwertiger Garantien), Geldkartengeschäft (Ausgabe und Verwaltung von elektronischem Geld) sowie Netzgeldgeschäft (Schaffung und Verwaltung von Zahlungseinheiten in Telekommunikationsnetzen). Diese Geschäfte definieren zwar formal-juristisch eine Bank, dennoch wird das Verständnis für Banken im Wesentlichen durch die Eigenschaften derjenigen Unternehmen geprägt, die in der Realität als Banken wahrgenommen werden). Auch *Sparkassen* und *Bausparkassen* sind Kreditinstitute nach § 1 Abs. 1 KWG. Weil diese Institutionen mit dem Begriff „Bank" nicht

Während der Weltwirtschaftskrise kannte man ein System der Einlagensicherung nicht, wodurch viele Kleinanleger deutliche Verluste hinzunehmen hatten; erst in der Folgezeit wurde die Absicherung selbiger gegen Krisen eingeführt. Die Kreditgenossenschaften haben als erste Bankengruppe im Jahre 1937 ohne zwingende gesetzliche Verpflichtung, und obwohl aufgrund ihres rechtlichen Status eine *Nachschusspflicht* und schon damit ein besonderer Schutz für Mitglieder bestand, einen Hilfs- bzw. Garantiefonds – den „Kreditgenossenschaftlichen Garantiefonds des Deutschen Genossenschaftsverbandes" – errichtet, um in Schwierigkeiten geratene Mitgliedsbanken Hilfeleistungen anbieten zu können.[1167] Das private Bankensystem folgte diesem Vorbild mit erheblicher zeitlicher Verzögerung; so richtete der Bundesverband des privaten Bankengewerbes erst 1966 einen überregionalen Hilfsfonds ein– „Gemeinschaftsfonds des privaten Bankengewerbes".[1168] Nur drei Jahre später folgte der Deutsche Sparkassen- und Giroverband diesem Beispiel und rief den „Sparkassenstützungsfonds" ins Leben, obwohl auch diese Institute aufgrund ihrer staatlichen Träger im Rahmen der *Gewährträgerhaftung* (Träger haftet für die Verbindlichkeiten des Instituts) und der *Anstaltslast* (Träger ist zur Bereitstellung der notwendigen finanziellen Mittel verpflichtet) besonders abgesichert waren.

Diese (letzten) beiden Sicherungssysteme entstanden vor dem Hintergrund politischen Drucks infolge der Drohung, ansonsten zur Beseitigung vermeintlicher Wettbewerbsverzerrungen ein staatliches, gesetzliches Einlagensicherungssystem ins Leben zu rufen und aus der Angst, dass die Liberalisierungen im Bankenbereich die systemische Stabilität und den Schutz der Depositoren verringern würde.[1169]

Diese Einlagensicherungssysteme waren und sind jedoch höchst unterschiedlich ausgestaltet: Die Hilfsfonds der Kreditgenossenschaften und der Sparkassen waren

---

erfasst werden, verwendet der Gesetzgeber die Bezeichnung „Kreditinstitut". Deswegen werden im Grunde beide Begriffe synonym verwendet.

Bestimmte Institute betreiben zwar Bankgeschäfte nach 1 Abs. 1 KWG; dennoch sind sie keine Kreditinstitute im Sinne des Gesetzes wie zum Beispiel die *Deutsche Bundesbank* oder *Versicherungsunternehmen*.

Neben den Kreditinstituten gibt es auch noch *Finanzdienstleistungsinstitute*; dies sind gemäß § 1 Abs. 1a KWG Unternehmen, die Finanzdienstleistungen für Dritte erbringen. Sie sind **keine** Kreditinstitute, unterliegen aber wie diese einer strengen Aufsicht. Zu ihnen zählen unter anderem Anlagevermittlung (Entgegennahme und Vermittlung von Geschäften mit Finanzinstrumenten) oder Eigenhandel (Anschaffung und Veräußerung von Finanzinstrumenten im Wege des Eigenhandels für andere; dieser Tatbestand erfasst den Handel mit Finanzinstrumenten im eigenen Namen für eigene Rechnung, und zwar im Auftrag eines Kunden.

Sowohl die *Kreditinstitute* als auch die *Finanzdienstleistungsinstitute* können unter den Begriff *Finanzinstitute* subsumiert werden. Andererseits werden **alle** Unternehmen, die auf dem **Finanzmarkt** tätig sind, als **Finanzinstitute** oder als **Finanzintermediäre** bezeichnet. Dazu zählen daher auch *Finanzunternehmen*; diese betreiben zwar bankverwandte Geschäfte, sind aber weder *Kreditinstitute* noch *Finanzdienstleistungsinstitute*. Zum Hauptgeschäft dieser Unternehmen zählen Anlageberatung, Factoring (entgeltlicher Erwerb von Geldforderungen), Leasing, Ausgabe von Kreditkarten/Reiseschecks oder Ähnliches. Vgl. KWG – Gesetz über das Kreditwesen.

[1167] Vgl. Coleman (1996), Seite 125; Schultze-Kimmle (1974), Seite 10ff.; Schur (2000), Seite 70ff.

[1168] Vgl. Deutsche Bundesbank (1992), Seite 30.

[1169] So wurden die letzten regulativen Zinsvorschriften Mitte der 60er Jahre aufgehoben. Vgl. Busch (2003), Seite 10; Nicklisch (1979), Seite 68ff.

zunächst allein darauf ausgerichtet, ihre Mitgliedsbanken zu schützen[1170] und damit das systemische Risiko zu minimieren, während der private Fonds vielmehr dem Einlagenschutz gerade von Kleineinlegern dienen sollte, indem Spar-, Lohn-, Gehalts- und Rentenkonten mit bis zu 10.000 DM abgesichert waren. Zudem wurde diese Sicherung auf Sicht- und Terminkonten mit bis zu 20.000 DM ausgedehnt und zwar für natürliche Personen, so dass der Schutz der Kleineinleger besondere Berücksichtigung erfuhr, da Beträge darüberhinaus unabgesichert blieben. So ist festzustellen, dass die Entwicklung der Einlagensicherungssysteme in Deutschland durch die vorherrschenden Kreditmarktstrukturen, nämlich die Dreiteilung in die Bereiche öffentlicher Sektor (v.a. sparkassenrechtlich organisierte Institute), privater Sektor und Genossenschaftssektor, geprägt wurde. Die unterschiedlichen Ziele der Einlagensicherung traten also hier deutlich zutage, wie es auch in der theoretischen Betrachtung der Depositenversicherung verdeutlicht wurde. Gleichzeitig konnten die Banken sich mit diesen freiwilligen Sicherungssystemen insgesamt einer gesetzlich vorgeschriebenen Einlagensicherung lange Jahre widersetzen.[1171]

Im Rahmen der *Bankenaufsicht* als weiterer Teil des Sicherungssystems für das Bankenwesen wurde daneben im Jahre 1961 das neue Gesetz über das Kreditwesen (KWG)[1172] als Rahmen für die Sicherstellung der *Stabilität des Finanzsektors* verabschiedet und ein Jahr später in Kraft gesetzt. Demnach unterliegen die Banken (ca. 13.000 Kreditinstitute mit ca. 18.000 Zweigstellen zu damaliger Zeit, heute sehr viel weniger) und Finanzdienstleister Deutschlands *unter Mitwirkung der Deutschen Bundesbank* (§7 KWG) der staatlichen Bankenaufsicht mit ihrer zentralen Aufsichtsbehörde – dem *Bundesaufsichtsamt für das Kreditwesen* –, um wieder eine einheitliche Praxis im gesamten Bundesgebiet zu garantieren.[1173] Diese dient der Sicherung des *Vertrauens* in die Funktionsfähigkeit des Kreditwesens in Deutschland, so dass insbesondere Bankengeschäfte auf ordnungsgemäße Durchführung überprüft werden und Nachteile für die Gesamtwirtschaft und insbesondere Gläubiger vermieden werden, allerdings ohne den Instituten unnötig Regulierungsvorschriften auferlegen zu müssen, da gerade das Vertrauen in das System eines der bedeutendsten Bestandteile des Funktionierens des Bankensystems darstellt.[1174] Da durch den verstärkten Wettbewerb im Bankensystem (Zweigstellenexpansion, verstärkte Werbung, Trennung der Aufgabenteilung, etc.) das Risiko der Insolvenz von Banken höher eingeschätzt wurde, war diese Maßnahme neben der Einführung der *Einlagenversicherungen* für den Erhalt des Einleger- und Bankenschutzes unumgänglich, ebenso wie für die Sicherstellung von Wettbewerb (damit kleine Banken keinen Nachteil gegenüber Großbanken hätten) bzw. die Beseitigung struktureller Wettbewerbsnachteile (da öffentliche Finanzinstitu-

---

[1170] Die Maßnahmen der Gefahrenabwehr bei den Kreditgenossenschaften entsprangen aus ihren Verlusten der Jahre 1913-1931 und den zusammenhängenden Problemen der Insolvenzen und ihrer Auswirkungen auf die Wirtschaft. Vgl. Deutsche Bundesbank (1992), Seite 30.

[1171] Vgl. Beck (2001), Seite 8f.; Papenthin (1999), Seite 21f.

[1172] Im Laufe der Jahre wurde dieses Gesetz veränderten Gegebenheiten angepasst, sowie auch weitere Gesetze erlassen wurden, um die Neuerungen am Markt zu erfassen. Vorwiegend kam es zu Änderungen in der Gesetzgebung infolge von Bankenkrisen (siehe Herstatt-Krise) und durch die Umsetzung der europäischen Richtlinien in nationale Gesetzgebung.

[1173] Vgl. BaFin (2006), Seite 1; Deutsche Bundesbank (2000a), Seite 34f.

[1174] Vgl. Llewellyn (2003), Seite 429.

te einen Sicherheitsvorsprung innehatten [siehe oben]) und für den Erhalt der marktwirtschaftlichen Ordnung im Finanzbereich.[1175]

So setzte durch die unverantwortlichen Devisenspekulationen des Bankhauses Herstatt und seines Zusammenbruches bzw. seiner Schließung ein Bank Run ein, der für das Finanzsystem als ernsthafte Bedrohung eingestuft wurde – obwohl die Herstatt Bank gemessen an ihrer Größe in der Rangfolge nur auf Platz 80 in Deutschland war. Tatsächlich wurden aber von privaten Anlegern, öffentlichen Einrichtungen und Versicherungsunternehmen Einlagen abgezogen, da der angestrebte Versuch der Bundesbank, die Rettung für das Unternehmen zu organisieren (als LOLR), gescheitert war (siehe Kapitel 2.4.).[1176] Infolgedessen kam es zu einer Überarbeitung des Gesetzes über das Kreditwesen im Rahmen einer Sofort-Novelle (1976). Es wurde aufgenommen, offene Devisenpositionen im Verhältnis zu Eigenkapital einer Bank zu begrenzen und ein Vier-Augen-Prinzip einzuführen, das bestimmt, dass jede Bank mindestens zwei Geschäftsleiter haben muss (§33 KWG). Auch die Berechtigung über eine notleidende Bank ein (vorübergehendes) Veräußerungs- und Zahlungsverbot zu verhängen (§46a KWG) oder eine Sonderprüfung durchzuführen (§44 KWG), sowie die Großkreditvorschriften zu verschärfen (§13 KWG), wurden als Neuerungen und Verschärfungen des Gesetzes eingeführt; alles um die Sicherheit des Finanzsystems zu erhöhen.[1177]

Neben diesen Umgestaltungen der Gesetzgebung brachte diese Krise aber auch für die Einlagensicherung Deutschlands eine Neuerung, da diese Situation Kritik an den Regelungen des privaten Bankengewerbes aufkommen ließ. Die Privatbanken, zu denen auch Herstatt zählte, entwickelten daher den Einlegerschutz umfassend weiter und erhöhten den Schutz der (Nichtbank-)Einleger von Sicht-, Termin- und Spareinlagen auf 30% des haftenden Eigenkapitals der betroffenen Bank.[1178]

Die Erweiterungs- und Verbesserungsmaßnahmen der Einlagensicherungsfonds hat nicht verhindert, dass in den folgenden Jahren dennoch einige Banken ihre Schalter schließen mussten, jedoch ohne besonders von der Öffentlichkeit wahrgenommen zu werden und Bank Runs auszulösen.[1179] Die mangelnden Ängste bei Bankenschließungen sind vorwiegend auf den Charakter der geschlossenen Banken als lokale, örtlich begrenzte Banken zurückzuführen, sowie auf das *Vertrauen* in den Schutz der Einlagen, da bis auf wenige Ausnahmen alle Kreditinstitute einem dieser Sicherungssysteme angehörten.[1180]

Ein stabiles Bankensystem ist aus den bereits bekannten Gründen von besonderer Bedeutung: Für die Stabilitätsbedingung müssen allerdings die erforderlichen Mittel oder zumindest Refinanzierungsmittel in ausreichendem Maße zur Verfügung stehen. Man kann davon ausgehen, dass die Fonds diese Mittel zumindest *kurzfristig* auch bereitstellen können. Auf die Bundesbank ist für sie aber kein Rückgriff möglich, da sie in die Einlagensicherung nicht eingeschaltet ist und die getroffenen Maßnahmen

---

1175 Vgl. Deutscher Bundestag (1968), Seite 11; Deutsche Bundesbank (2000), Seite 31.
1176 Vgl. Busch (2000), Seite 8f.; Franke (1998), Seite 297ff.
1177 Vgl. Deutsche Bundesbank (1976), Seite 22; Vitols (1998), Seite 6f.
1178 Vgl. Bundesverband deutscher Banken (2007).
1179 Vgl. Busch (2003), Seite 11.
1180 Vgl. Burghof, Rudolph (1996), Seite 20f.; Busch (2004), Seite 322.

nicht ihres Einverständnisses bedürfen. Zumal sie für die Einlagensicherungssysteme nicht als LOLR zur Verfügung steht.[1181] Da die Fonds bzw. der gesamte Finanzmarkt marktwirtschaftlich organisiert sind, ist es nicht Aufgabe der Zentralbank, insolvent gewordene Banken zu unterstützen; auch wenn sich dies in anderen Ländern anders durchgesetzt hat. Der Bundesbank selbst war/ist dies nicht möglich, da das Bundesbankgesetz allein die Bereitstellung finanzieller Mittel durch den Ankauf werthaltiger Aktiva vorgibt.[1182] Hier kommt dann die *Liquiditäts-Konsortialbank* ins Spiel, durch die die Bundesbank noch solventen Banken mit einwandfreier Bonität Refinanzierungsmöglichkeiten anbieten kann (als *Lender of Penultimate Resort*),[1183] wenn nicht andere Banken oder die Einlagenversicherung einspringen.[1184] Auf diesem Weg werden bei Bankzusammenbrüchen Liquiditätskrisen verhindert. Der Schutz des Bankensystems wurde damit auf Wunsch bzw. Initiative der Deutschen Bundesbank und der Regierung auch durch die Gründung der Liquiditäts-Konsortialbank („Likobank"), an der alle Gruppen des deutschen Kreditgewerbes beteiligt sind, im Jahre 1974 erweitert.[1185] Zusätzlich wurde die Bundesbank mit 30% gehaltener Anteile mitbeteiligt und eine Gesamthaftung aus eigenen Mitteln und Sonderkreditlinien bei der Bundesbank festgeschrieben. Damit wurde ein Kanal für die Bundesbank als LOLR geschaffen, allerdings eher auf privater Basis, da hierbei die Bundesbank nicht *direkt* als Notfallhelfer einspringt. So wurde damit ein System *indirekten* Einlagenschutzes gegründet, da die Likobank Sicherheitsleistungen gegenüber der betroffenen Bank erbringt und gleichzeitig die Einleger schützt. Grundsätzlich war damit Aufgabe der Likobank, die fällige Abwicklung nationaler und internationaler Zahlungen zwischen Banken sicherzustellen, dadurch dass allein gesunde aber kurzfristig illiquide Banken jedoch nicht Banken in „großen Schwierigkeiten" (also Insolvente) unterstützt werden.[1186] Dies bedeutet aber auch, dass die Herstatt Bank sich gerade nicht für die Notfallkredite der Likobank qualifiziert hätte, obwohl diese aufgrund dieses Anlasses erst gegründet wurde. Man könnte daher sagen: Der Fokus der Likobank liegt daher mehr auf dem Bankensystem als gesamter Einheit als auf einer einzelnen Bank.[1187] Trotz dieser Einschränkung hat die Likobank insgesamt gesehen seit ihrer Gründung das Vertrauen der Wirtschaftssubjekte in die Stabilität und finanzielle Gesundheit des Bankensystems scheinbar erhöht, so dass die Märkte sich nach der Herstatt-Krise schnell beruhigten. Scheinbar, da es bis heute nicht ausgetestet wurde, denn die Likobank wurde noch nie

---

[1181] Vgl. Deutsche Bundesbank (1992/2000), Seite 32f./37f.

[1182] Vgl. Deutsche Bundesbank (1995), Seiten 100ff.; Bundesbankgesetz §15, 19, 21.

[1183] Vgl. De Bandt, Hartmann (2000), Seite 17; OECD (2001), Seite 158.

[1184] Die Hamburger Privatbank „Schröder, Münchmeyer, Hengst & Co." wurde durch andere Banken vor dem Konkurs gerettet. Nach geplatzten Krediten in Höhe von 900 Millionen DM an einen (verurteilten) Baumaschinenhändler (Horst-Dieter Esch) ist sie von der britischen Lloyds Bank (und später/1997 von der UBS) übernommen worden. Vgl. UBS (2006), Seite 3ff.

[1185] Vgl. Fischer (1975), Seite 3.

[1186] Vgl. Deutsche Bundesbank (1992): Seite 33f.; Steiger (2004), Seite 23.

[1187] Dies kann auch als kritisch angesehen werden, da die Likobank nicht die finanziellen Mittel besitzt, große Banken zu unterstützen, geschweige denn den Gesamtmarkt. Vgl. Heinsohn, Steiger (2002), Seite 5; Wolgast (2001), Seite 7f.

wirklich in Anspruch genommen. Das der Bundesbank entgegengebrachte Vertrauen wurde über ihre Beteiligung einfach in das Vertrauen in die Likobank übertragen.[1188]

Die Likobank stellt dabei Liquiditätshilfen primär bereit unter Zuhilfenahme ihrer eigenen Mittel und einer besonderen Rediskont-Fazilität. In diesem Rahmen hat die Likobank ihre Mittel so anzulegen, dass eine sofortige Liquidierung der Werte möglich ist. Sie ist damit also berechtigt, sich Geldmarktpapiere anzueignen.[1189]

Die Liquiditätskredite werden dann im Notfall durch ein Kreditkomitee genehmigt, das aus vier regulären und einem beratenden Mitglied(ern), welche die unterschiedlichen Anteilseigner repräsentieren, besteht. Um aber überhaupt an einen Kredit zu gelangen, müssen die Banken detaillierte Informationen über ihren finanziellen Zustand herausgeben.[1190] Wenn sie dann Kredite erlangen, so werden diese zu Marktzinsen und in der Regel gegen Sicherheiten vergeben. Man sollte an dieser Stelle jedoch bedenken, dass es nicht Aufgabe der Likobank ist, Kreditrisiken zu übernehmen. Dies bleibt weiterhin Aufgabe der Depositenversicherung, zumal über die Likobank keine Steuerzahler in Mitleidenschaft gezogen werden.[1191]

Da sich die Likobank insgesamt selbst trägt, bestehen die einzigen laufenden Kosten aus Opportunitätskosten, die die Anteilseigner durch Erträge übernehmen, die unterhalb der Markterträge liegen können, aus dem Grund, dass die Bank eben ihre Mittel in liquiden Werten zu investieren hat. Andere Kosten wie z.B. für Überwachungsaufgaben oder Informationskosten fallen kaum an, da die Likobank an den Informationen der im System enthaltenen Banken, Wirtschaftsprüfern und der Bundesbank partizipieren kann, anstatt die Banken selbst zu prüfen. Zudem ist es ihr möglich, andere Informations- aber auch Mitarbeiterquellen, wie die der Ausfuhrkredit-Gesellschaft mbH (Frankfurt) – AKA –, ein Kreditinstitut, das in der mittel- und langfristigen Exportfinanzierung tätig ist, anzuzapfen.

Fraglich bleibt allerdings bei diesen ganzen unternommenen Anstrengungen zur Gründung einer derartigen Institution, warum die Bundesbank nicht selbst *direkte* Liquiditätshilfen bei Gefahr für die Solvenz des Bankensystems zur Verfügung gestellt hat.[1192] Jedoch verhindert das Bundesbankgesetz, dass die Bundesbank als LOLR für die deutschen Einlagensicherungsmechanismen einspringt, womit einerseits unterbunden wird, dass die Bundesbank aufgrund politischer Zwänge insolvente Banken bei der Fortführung ihrer Geschäftstätigkeit unterstützt, und andererseits sichergestellt wird, dass die Einlagesicherungen sich finanziell selbst tragen müssen. Gleichzeitig konnte mit dieser Regelung verhindert werden, dass die Bundesbank in einen Konflikt zwischen dem Erhalt von Preisstabilität und den Maßnahmen zur Aufrechterhaltung eines finanziell stabilen Bankensystems gerät. Damit wurde aber auch festgeschrieben, dass die Bundesbank nicht zur Lösung eines TBTF-Problems abgestellt ist, wie es durch das Statement der Bundesbank klar ausgedrückt wurde:

> „Wenn ein Bankenzusammenbruch einen Fonds überfordert oder gar das Bankensystem als solches in seinem Bestand gefährdet, ist es Sache der Regierung

[1188] Vgl. Hosch (1995), Seite 581.
[1189] Vgl. Martínez-Resano (2004), Seite 35.
[1190] Vgl. Deutsche Bank (1974), Seite 59.
[1191] Vgl. Binder (2004), Seite 8; Hosch (1985), Seite 580f.
[1192] Vgl. Deutsche Bundesbank (1992), Seite 33.

bzw. des Gesetzgebers zu entscheiden, wie mit dem wirtschafts- und finanzpolitischen Instrumentarium einem "too big to fail"-Problem begegnet wird. Ihr Handeln sollte nicht vorher kalkulierbar sein."
Deutsche Bundesbank (1992)[1193]

Festzuhalten ist, dass Bagehot oder White als Vertreter des Free Banking-Prinzips, diesem quasi-privat organisierten Konzept zugetan wären, wohingegen Goodhart eher abgeneigt sein müsste, da es eines der wenigen privaten LOLR-Konzepte darstellt, das (noch) nicht dem Trend zu TBTF gefolgt ist, der auch insolventen Banken Unterstützung zusichert.[1194] Zugleich spiegelt das deutsche System einen Teil der traditionellen Vorstellungen eines LOLR wider, betrachtet man die Hilfe an den Markt und nicht an einzelne Banken und zwar gegen Sicherheiten.[1195]

Ob diese Vorgehensweise allerdings von mehr Erfolg gekrönt ist als der LOLR anderer Länder oder nicht, kann empirisch an dieser Stelle nicht geklärt werden, da bislang die Likobank nicht aktiv geworden ist und sie ihr Potential zur Rettung in Not geratener, aber noch solventer Banken noch nicht unter Beweis hat stellen können, andererseits spricht dies wiederum für den Erfolg der im Hintergrund stehenden Bundesbank und für das Vertrauen in sie.[1196]

Aus diesem Grund ist eine Einführung einer Bad Bank, also einer mit staatlichen Garantien ausgestatteten Auffanggesellschaft für notleidende Kredite für alle deutschen Kreditinstitute bislang am Willen der Bundesbank, aber auch von Regierungsseite aus gescheitert, wie es von der Deutschen Bank in ein Treffen der deutschen Finanzbranche eingebracht wurde,[1197] aufgrund dessen, dass die deutschen Privatbanken im Gegensatz zu Sparkassen und Kreditgenossenschaften keiner impliziten Staatsgarantie im Sinne von *Gewährträgerhaftung* bzw. *Anstaltslasten* und *Nachschusspflicht* unterliegen.[1198]

[1193] Deutsche Bundesbank (1992), Seite 32.

[1194] Aufgrund dessen, dass angenommen werden muss, dass in der Regel nicht zwischen insolventen und illiquiden Banken unterschieden werden kann. Andererseits leugnet Goodhart nicht, dass auch andere Organisationen als eine Zentralbank als LOLR agieren können, jedoch nur unter der Voraussetzung einer gesicherten finanziellen Basis, die bei der Likobank verneint werden müsste. Vgl. Goodhart (1999), Seite 229ff.

[1195] Vgl. Bordo (1990), Seite 112.

[1196] D.h., sie musste noch nicht im Sinne der Gewährung von Liquiditätskrediten einschreiten. Vgl. Beck (2003), Seite 17; Binder (2004), Seite 8.

[1197] Bislang haben einzelne Banken, wie die NordLB und die WestLB sowie das Bankhaus Hamm als Abwicklungsbank für Problemkredite für genossenschaftliche Kreditinstitute, derartige Bereiche gegründet bzw. auch ausländische Investoren, wie Lone Star, Merrill Lynch oder Morgan Stanley, betätigen sich in diesem Geschäftsbereich, die schlechte Kredite übernimmt. Auf gesamtnationaler Ebene mit staatlicher Garantie ist dies bislang nicht geglückt. Vgl. Dowideit, 30.06.2005; FAZ, 25.02.2003.

[1198] Die Europäische Kommission hat über die Modifizierung der *Anstaltslast* und den Wegfall der *Gewährträgerhaftung* nach einem gestaffelten Zeitplan für die öffentlich-rechtlichen Banken in Deutschland ab dem 18. Juli 2005 entschieden, so dass der anscheinende Wettbewerbsnachteil für Privatbanken abgebaut wird. Wobei die öffentlich-rechtlichen Banken dahingehend jedoch einen zukünftigen Wettbewerbsnachteil aufgrund schlechteren Ratings und damit schlechteren Finanzierungsmöglichkeiten vermuten. Vgl. Hackethal, Schmidt (2005), Seite 1ff.; Sachverständigenrat (2004), Seite 275, Ziffer 357.

Eine derartige Bank hätte aufgrund der unterschiedlichen Aufgabenstellungen parallel zur Likobank agieren sollen, da die Likobank gesamtwirtschaftliche Ziele verfolgt (Abwicklung des inländischen und ausländischen Zahlungsverkehrs), wohingegen in die Bad Bank allein die notleidenden Kredite hätten ausgegliedert werden sollen, wobei auch insolvente Banken durch die staatliche Garantie-Erklärung erhalten werden sollten. Nachteilhaft war diese Ablehnung jedoch eher nicht, da hierdurch das Ausmaß an Moral Hazard weiter in Grenzen gehalten wird.[1199]

Neben ihrer Beteiligung an der Likobank ist die Bundesbank seit 1961 – wie bereits dargelegt – auch in die *Finanzaufsicht* integriert.[1200] Dies hat nicht nur historische Gründe, sondern ist Teil ihres Aufgabenbereichs, da sich Währungs- und Notenaufgaben sowie Bankenaufsicht auf dem Gebiet des Finanzwesens überschneiden, auch wenn die geldpolitischen Entscheidungsprozesse seit 1999 auf das Eurosystem übergegangen sind. Hilfreich ist diese Beteiligung auch für den Erhalt von, für die Beurteilung der Solvenz der Kreditnehmer der Bundesbank (also der Finanzinstitutionen), notwendigen Informationen im Sinne der ESZB und die Sicherstellung der Stabilität im Finanzsystem nach Artikel 105 Absatz 5 EG-Vertrag.

Im Laufe der Zeit wurden weitere Überarbeitungen des KWG vorgenommen, die vor allem Richtlinien der Europäischen Union umsetzten, um den freien Verkehr der Finanzdienstleistungen in Europa sicherzustellen – wie z.B. Mindeststandards bei aufsichtsbezogenen Regelungen auch im zwischenstaatlichen Bereich, Grundsätze für das Eigenkapital, etc.[1201]

Die den Mindestschutz der Einlagen betreffenden EU-Gesetze gelten seit dem 1. August 1998 auch in Deutschland, sind allerdings nicht so weitreichend wie die freiwilligen Einlagensysteme der unterschiedlichen Bankengruppen. Der Mindeststandard schreibt die Sicherung der Einlagen von 90% vor, beschränkt auf einen Gegenwert von 20.000 Euro je Gläubiger, wobei die freiwillige Versicherung von dieser Vorschrift nicht beschränkt wird. Gleichzeitig wurde der Schutz auf Wertpapiergeschäfte von Banken und Finanzinstituten ausgedehnt.[1202]

Auch die Bankenaufsicht muss auf die internationalen Veränderungen im Sinne der zunehmenden Internationalisierung besonders Rücksicht nehmen und mit den Aufsichtsstellen im internationalen Finanzsystem zusammenarbeiten, um eine effektive Bankenaufsicht zu gewährleisten. So muss das Handeln der einzelnen Stellen aufeinander abgestimmt und relevante Informationen ausgetauscht werden, da im Zuge der Globalisierung des Bankengewerbes Filialstellen und Tochtergesellschaften heimischer Banken im Ausland und im Gegenzug ausländischer Banken im Inland errichtet werden, aber auch weil technologische Neuerungen wie das E-Banking immer neue Handlungen und Maßgaben vorgeben.[1203] Dies macht internationale/EU-weite Standards und Regelungen notwendig, wie sie vor allem in den EG-Richtlinien und dem Baseler Eigenkapitalempfehlungen niedergelegt wurden.[1204] Aus diesem Grund ist die

---

1199 Vgl. Theilacker (2004), Seite 265.
1200 Vgl. §7 KWG.
1201 Vgl. Umsetzung von Basel II.
1202 Vgl. Deutsche Bundesbank (2000), Seite 29ff.
1203 Vgl. Garcia, Nieto (2005), Seite 207.
1204 Vgl. Deutsche Bundesbank (2006e), Seite 45.

Bundesbank auch am Baseler Ausschuss, den Gremien der EU-Kommission und allen anderen bedeutsamen Einrichtungen beteiligt.

So ist trotz der Vormachtstellung der EZB mit der Bundesbank als ausführendes Organ in der Europäischen Währungsunion die Bankenüberwachung noch immer in der Hand des Bundesaufsichtsamtes für Finanzdienstleistungen (BaFin) unter Mithilfe der Bundesbank, also in nationaler Hand, wie auch in den anderen Ländern der EU.[1205] Dies macht die Aufgabenstellung jedoch schwieriger, vor allem vor dem Hintergrund, dass im Europäischen Wirtschaftsraum (EWR, d.h. EU einschließlich Island, Lichtenstein und Norwegen) zugelassene Banken in jedem anderen EWR-Mitgliedsland eine Niederlassung errichten können ohne neuerliche Zulassung durch das betroffene Land, wobei für deren Aufsicht weitestgehend ihr Heimatland zuständig ist.[1206] Bilaterale Vereinbarungen waren daher notwendig, um Grundsätze, Verfahrensweisen und die Zusammenarbeit der nationalen Bankenaufsichten genau zu regeln. Dabei sollte festgehalten werden, dass die Unterzeichnung dieser Verträge nicht durch die Bundesbank erfolgt sondern durch die BaFin und die jeweilige zuständige Behörde im Ausland.[1207]

Das Argument der Globalisierung und der damit einhergehenden Probleme bei Bankenaufsicht und LOLR kann dabei nicht die Entwicklung des deutschen Bankensystems außer Acht lassen. Daher folgt nun eine kurze Aufstellung dieses Systems, um die Bedeutung der Globalisierung, der Konzentration auf dem Finanzmarkt und des Eurosystems im Bereich der Finanzstabilität besonders hervorzuheben.

4.3.2.2. Eine kurze Darstellung des deutschen Bankensystems:

Anders als Länder wie Japan, Großbritannien und vor allem die USA steht Deutschland neben der Schweiz seit jeher in der Tradition des *Universalbankensystems*, was nichts anderes bedeutet, als dass jede Bank in der Lage ist, den vollen Umfang an Bankdienstleistungen und auch anderen Dienstleistungen in Finanzbereich anbieten zu können und zwar für Kleinkunden, Großkunden und auch im Bereich des Investmentbanking; darüber hinaus werden auch Wertpapiergeschäfte angeboten, wie sie insgesamt für deutsche Banken im Gesetz über das Kreditwesen definiert sind.[1208] Dies bedeutet natürlich nicht, dass jede Bank in Deutschland diese Leistungen auch anbietet oder gar dazu verpflichtet ist, so dass eben der gesamte Bankenmarkt in Deutschland nicht durch Universalbanken geprägt ist, da auch ein gewisser Anteil spezialisierter Kreditinstitutionen existiert, zu denen Hypothekenbanken, Bausparkassen und andere Spezialbanken zählen.[1209]

Des Weiteren können Universalbanken in verschiedene Typen getrennt werden: Differenziert werden müssen Geschäftsbanken, Sparkassen und Kreditgenossenschaften, die sich aber nicht durch verschiedene Leistungen unterscheiden, sondern nur

---

1205 Vgl. Barth et al. (2002), Seite 49f.

1206 Vgl. Art. 19 Abs. 1 Satz 1 Zweite Bankrechtskoordinierungsrichtlinie – 89/646/EWG; § 24a KWG.

1207 Vgl. Binder (2004), Seite 1; § 7 KWG.

1208 Vgl. Rich, Walter (1993), Seite 289.

1209 Vgl. Koetter, et al. (2004), Seite 27.

durch ihre Eigentumsstrukturen (*Dreisäulensystem*).[1210] Diese Unterscheidung betrifft – wie bereits dargelegt wurde – auch das System der Depositenversicherungen.[1211] Dabei versteht man unter Geschäftsbanken Privatbanken, unter Sparkassen öffentliche Kreditinstitutionen und unter Genossenschaftsbanken eine Kooperative/eine Mischform aus Verein und Kapitalgesellschaft für die Förderung der finanziellen Eigeninteressen und der wirtschaftlichen Förderung ihrer Mitglieder.[1212]

Finanzinstitutionen (2344)													
Universalbanken (2126)							Spezialinstitutionen (218)						
Geschäftsbanken (356)			Kreditgenossenschaften (1295)		Sparkassen (475)		Spezialbanken (68)			andere Finanzinstitutionen (150)			
Großbanken einschließlich Postbank	Regional- und Wertpapierhandelsbanken und sonstige Kreditbanken	Zweigstellen ausländischer Banken und Wertpapierhandelsbanken	genossenschaftliche Zentralbanken	Kreditgenossenschaften und sonstige dem BVR angeschlossene Kreditinstitute	Landesbanken	Sparkassen	Realkreditinstitute	private und öffentliche Bausparkassen	Banken mit Sonderaufgaben	Kapitalanlagegesellschaften	Wohnungsunternehmen mit Spareinrichtung	Wertpapiersammelbanken, Bürgschaftsbanken und sonstige Banken	E-Geld-Institute
5	216	135	2	1293	12	463	24	26	18	81	43	25	1

Tabelle 6, Quelle: Deutsche Bundesbank (2006f), eigene Darstellung.

Geschäftsbanken sind also private Banken, zu denen erstens die fünf folgenden (bis 2004 nur vier) Großbanken[1213] zählen: Deutsche Bank, Dresdner Bank, Commerzbank, HypoVereinbank und Postbank, zweitens Regionalbanken und andere Geschäftsbanken und drittens die Zweigstellen ausländischer Banken, die ihre Vertretungen meistens in Frankfurt angesiedelt haben.[1214]

Zu den Universalbanken zählen des Weiteren die Landesbanken, Sparkassen und Kreditgenossenschaften. Im Gegensatz zu den Landesbanken, die im Hinblick auf ihre Aktiva zu den großen Banken in Deutschland zählen, gibt es eine Vielzahl an Sparkassen in Deutschland, die noch im 19. Jahrhundert vorwiegend von lokalen und regionalen Regierungen gegründet wurden, um den lokalen Unternehmen und Gewer-

[1210] Vgl. Engerer, Schrooten (2005), Seite 23.
[1211] Vgl. Pistelli (1999), Seite 28.
[1212] Vgl. Hackethal (2003), Seite 4f.
[1213] Diese gelten als die Triebfeder der deutschen Industrialisierung und deuteten den Weg in einen bankendominierten Markt an, da der Kapitalmarkt unterentwickelt war. Vgl. Burhop (2006), Seite 39ff.
[1214] Vgl. Deutsche Bundesbank (2006g), Seite 67ff.

betreibenden Kredite zu verschaffen und benachteiligte Gruppen zu fördern, indem von einzelnen Kleinanlegern Depositen aufgenommen wurden. Da hier der öffentliche Gedanke (im Sinne einer Hilfe für Andere, Bedürftige) im Vordergrund stand und steht, unterliegen Sparkassen gewissen engeren Restriktionen und werden – wie bereits gesehen – durch Gewährträgerhaftung und Anstaltslast besonders geschützt.[1215]

Die Kreditgenossenschaften sind, wie der Name bereits darlegt, Organisationen auf Gegenseitigkeit, die von ihren Mitgliedern gehalten werden. Dahinter steht der eigentliche Gedanke, dass bestimmten Geschäften besondere Berücksichtigung gewährt wurde, indem von spezifischen Gruppen Depositen angenommen wurden, die dann in diesem Geschäftsbereich den Unternehmen als Kredit weitergegeben werden (zu Selbsthilfezwecken).[1216]

Bedeutsam sind aber auch die Spezialbanken wie Hypothekenbanken und Bausparkassen: Beide nehmen Depositen herein, geben Kredite aber nur gegen Pfandbriefe aus. Während sie den gleichen Geschäften der Baufinanzierung nachgehen, unterscheiden sie sich dabei nur wiederum durch ihre Eigentümerstrukturen: Während Hypothekenbanken sich gewöhnlich in privater Hand befinden, sind Bausparkassen entweder öffentlich oder als Kooperative organisiert.[1217]

Andere spezialisierte Banken wurden dagegen allein aus einem bestimmten Grund gegründet, darunter auch die Likobank, die Lastenausgleichsbank, die allein den Ausgleich von Vertriebenen sichern sollte, die Kreditanstalt für Wiederaufbau, die 1948 für den Wiederaufbau gegründet wurde und heute Hilfe für Entwicklungsländer abwickelt, und ehemals die Deutsche Postbank vor ihrem Gang an die Börse, die heute zu den Großbanken zählt.[1218]

Diese Aufzählung macht wiederum deutlich, inwieweit das deutsche Finanzmarktsystem noch immer von Banken abhängig ist (banked based economy) und in Zukunft auch noch stark (wenn auch in abnehmendem Ausmaß) abhängen wird.[1219]

Die Trennung des deutschen Bankenmarktes in die Segmente Banken/Kreditinstitute und andere Finanzinstitutionen ist in den letzten drei Jahrzehnten jedoch zunehmend unklarer geworden und zwar aus dreierlei Gründen: Zum Ersten bauten sich die Grenzen für internationale Kapitalströme immer weiter ab, so dass der Prozess der Globalisierung zu immer massiver werdendem Ansteigen der transnationalen Finanzströme führte;[1220] zweitens führte die funktionale Zusammenführung bis dahin getrennter Bereiche finanzieller Aktivität zum Entstehen von Finanzkonglomeraten, welche traditionelle Bankaufgaben mit Wertpapiergeschäften und anderen nichtbankbetrieblichen Geschäften kombinierten. Drittens kam es zu einer drastischen Innovation von neuartigen Finanzprodukten und damit auch neuen Märkten hinsichtlich von Derivaten, die vor dieser Zeit noch nicht existiert haben.[1221]

[1215] Vgl. Börner (1996), Seite 38ff.
[1216] Vgl. Pohl (1984), Seite 22f.
[1217] Vgl. Becker, Peppmeier (2002), Seite 90ff.
[1218] Vgl. Vitols (1998), Seite 10.
[1219] Vgl. Vitols, (2001), Seite 22ff.
[1220] Vgl. Stevens (2000), Seite 1.
[1221] Vgl. Hackethal (2003), Seite 2f.; Krahnen (2006), Seite 4f.

Da sich innerhalb der Banken insgesamt gesehen der Trend zur *Allfinanz* durchgesetzt hat, und sich so die Unterscheidung zwischen Geschäftsbank und Investmentgesellschaft bzw. zwischen Kreditinstituten, Finanzdienstleistungsinsti-tuten, Versicherungsunternehmen und Wertpapierhandelsunternehmen fast gänzlich (zumindest bei den größeren Banken) aufgelöst hat, hat sich die Aufsichtsbehörde diesem Trend angeschlossen, so dass die in der Vergangenheit unterschiedlichen Bundesaufsichtsbehörden – für das Kreditwesen, für Versicherungen und für das Wertpapierwesen – heute in der *Bundesanstalt für Finanzdienstleistungsaufsicht* vereint worden sind.[1222] Damit ist Deutschland eines der wenigen Länder, die Aufsichtsbehörden unter einem Mantel vereint haben. Die Sinnhaftigkeit einer solchen Maßnahme ergibt sich schon allein daraus, dass sich durch obige Entwicklungen zwar die Effizienz der Finanzmärkte hat steigern können und Verbundvorteile für die Banken bzw. Finanzkonglomerate auftraten. Darüber hinaus haben sich aber die Schwierigkeiten für eine effiziente Überwachung und Regulierungen im Hinblick auf die mögliche Finanzinstabilität erhöht, indem neue Märkte auch neue Übertragungskanäle für Schocks finanzieller Art im Inland, aber auch ins Ausland entstanden sind.[1223] Im Zuge dieser Entwicklung ist damit aber auch für Wirtschaftssubjekte die Möglichkeit der Überwachung von Finanzmarktinstitutionen immer schwieriger geworden; auch aus dem Grund, dass sich infolge neuerer Technologien auch die Reaktionszeit auf neue Informationen erheblich beschleunigt hat, so dass auch Überwachungsbehörden vermehrt unter Zugzwang stehen.

Mit dem Zusammenschluss der Regulierungsanstalten unter einem Dach wird damit aber auch von offizieller Seite aus, dem deutschen Bankensystem die Spezialität/besondere Bedeutung für das Wirtschaftssystem unterstellt, denn ginge es nach der Ansicht von Benston und Kaufman,[1224] die heutige Banken aufgrund ihrer veränderten Struktur und gewandelten Aufgaben nicht mehr als speziell ansehen, so wären bankliche Engagements in Nicht-Bankangelegenheiten ohne Einschränkungen zu erlauben. Wenn dagegen banknahe Unternehmen in derselben Weise und mittels ähnlicher Solvenzstandards reguliert und überwacht werden,[1225] gibt man indirekt zu, dass Banken nach wie vor von spezieller Natur sind, da sie noch immer systemischen Risiken unterworfen sind, die auch aufgrund ihres Engagements in nicht-finanziellen und nichtbanklichen Angelegenheiten entstehen.[1226]

Man trägt hier also dem Rechnung, dass im Zuge der Allfinanz von Banken schwerwiegende Probleme auftreten können, wenn die Kosten eines Bankzusammenbruchs in den Wertpapiermarkt übertragen werden, wenn Banken selbst Wertpapiergeschäfte unterhalten, oder zu einer Finanzgruppe gehören, die sich im Investmentbanking-Geschäft engagiert. Auch ist eine Regulierung des Versicherungsgeschäfts notwendig, wenn diese an eine Bank angeschlossen sind, oder Banken derartige Geschäf-

1222 Vgl. Deutsche Bundesbank (2005c), Seite 39f.; Kammel (2006), Seite 7.
1223 Vgl. Wyplosz (1996), Seite 162.
1224 Vgl. Benston, Kaufman (1995), Seite 209ff.
1225 So unterliegen seit 1998 die Finanzdienstleistungsinstitute auch der Solvenzaufsicht nach dem Kreditwesensgesetz, was ähnliche Vorgaben bei Kreditinstituten beispielsweise für angemessene Eigenmittel festlegt. Vgl. §1 Abs. 1a KWG, §10a KWG.
1226 Vgl. Europäische Zentralbank (2006a), Seite 20.

te durchführen, auch wenn der Versicherungsbereich weniger von Bank Runs aber doch von Finanzkrisen beeinflusst wird.[1227]

Die Tendenz zur Allfinanz war allerdings nicht alleinige Ursache, weitere erhebliche Veränderungen waren festzustellen, die ebenfalls auf die Regulierung des Bankenmarktes erheblichen Einfluss hatten.

So kam es zu erheblichen *Konzentrationstendenzen* im Bankensystem, wie deutlich am Rückgang der Zahl der Banken und ihrer Zweigstellen in Deutschland zu erkennen ist. So hat sich innerhalb von 15 Jahren die Zahl der Banken um die Hälfte verringert.[1228] Diese Zahlen bestätigen allerdings nur die Zusammenschlüsse von Banken (*Mergers*) vorwiegend im Bereich der Sparkassen und Kreditgenossenschaften, entstammen aber nicht etwa aus Bankenzusammenbrüchen und Bankeninsolvenzen.[1229]

Die Reduktion der Zweigstellen dagegen kann auch durch die vermehrte Nutzung von Bankautomaten bedingt sein, die kosten- und stellenintensive Filialen unter Umständen redundant werden lassen und gerade für kleinere Institute Skalenerträge ermöglichen.[1230]

Anzahl der Banken in Deutschland (Stand Ende 2005)

	1990	1991	1992	1993	1994	1995	1996	1997
Zahl der Bankinstitute	4.719	4.460	4.200	4.038	3.872	3.786	3.675	3.578
Zahl ihrer Zweigstellen	45.378	45.898	49.186	49.118	48.721	48.224	47.741	47.086
Zahl der inländischen Bankstellen insgesamt	49.378	50.019	53.547	53.317	52.754	52.008	51.415	50.663
Zahl der inländischen Bankstellen einschließlich Postbank	49.599	49.858	53.386	53.156	52.593	71.716	70.338	66.764
Zahl der ausländischen Niederlassungen	391	392	460	505	526	576	560	582

[1227] Vgl. §6 KWG; Schüler (2004), Seite 3ff.

[1228] Dieses bedeutsame Ausmaß der Konsolidierung im Bankenbereich zeigt sich auch in anderen Ländern. Vgl. Herring (2002), Seite 3; Verband deutscher Banken (2005), Seite 2.

[1229] Vgl. Deutsche Bundesbank (2006i), Seite 95f.; Lang, Welzel (1998), Seite 1003ff.; Porath (2004), Seite 2ff.

[1230] Vgl. Koetter (2004), Seite 6.

Anzahl deutscher Banken mit Auslandstöchtern	-	-	-	-	-	-	39	37
Anzahl deutscher Banken mit Auslandsfilialen	-	-	-	-	-	-	61	62
Auslandstöchter deutscher Banken	-	217	261	277	285	324	299	316
Auslandsfilialen deutscher Banken	-	175	199	228	241	255	264	273

	1998	**1999**	**2000**	**2001**	**2002**	**2003**	**2004**	**2005**
Zahl der Bankinstitute	3.404	3.168	2.912	2.697	2.593	2.467	2.400	2.344
Zahl ihrer Zweigstellen	45.227	44.443	43.307	41.297	38.201	36.599	35.760	35.041
Zahl der inländischen Bankstellen insgesamt	48.630	47.610	46.218	43.993	40.793	39.064	38.159	37.384
Zahl der inländischen Bankstellen einschließlich Postbank	63.333	61.714	59.848	56.786	53.461	49.711	47.867	46.444
Zahl der ausländischen Niederlassungen	593	671	706	753	720	726	661	670
Anzahl deutscher Banken mit Auslandstöchtern	37	39	40	46	47	46	45	43
Anzahl deutscher Banken mit Auslandsfilialen	68	66	71	68	60	55	52	54
Auslandstöchter deutscher Banken	310	365	390	434	407	414	368	398
Auslandsfilialen deutscher Banken	290	313	324	329	323	322	303	287

Neudefinition der Zweigstellen durch die Bundesbank ab 1992

Einbeziehung von Kreditbanken zugeordneten Wertpapierhandelsbanken ab 2002

Tabelle 7, Quelle: Deutsche Bundesbank, Verband deutscher Banken, eigene Darstellung.[1231]

Als Ursache dieses Konzentrationsprozesses kann unter anderem die Ertragsschwäche deutscher Banken in den letzten Jahren angeführt werden, die sich allerdings vor allem für die Großbanken von 2004 bis heute wieder deutlich verbessert hat, obwohl die Verwaltungskosten weiter gestiegen sind;[1232] aber auch der verstärkte internationale Wettbewerbsdruck im Zuge der Globalisierung kann als Ursache herangezogen werden.[1233] Aus diesen Gründen wurde auch die Gründung der oben bereits erwähnten Bad Bank auf den Plan geworfen, da die zu Beginn des 21. Jahrhunderts in höherer Anzahl vorhandenen notleidenden Kredite gerade bei den Geschäftsbanken Sorgen hervorgerufen haben, im Wettbewerb zu den durch Gewährträgerhaftung/Anstaltslasten/Nachschusspflicht bevorzugten Sparkassen und Kreditgenossenschaften ins Hintertreffen zu geraten.[1234]

Der verstärkte Konkurrenzdruck ist dabei auf die veränderten internationalen Rahmenbedingungen zurückzuführen: Der Fortschritt bei Informations- und Kommunikationstechnologien wurde durch drastische Veränderungen auf dem Derivatemarkt begleitet und der legislative Rahmen in Europa war durch die Harmonisierung der regulativen Maßnahmen geprägt.[1235] Der stärkere Wettbewerb war zusätzlich durch den Verlust der Deutschen Mark bedingt, die den deutschen Banken in den Jahren/ Jahrzehnten vor der Einführung des Euros einen deutlichen Wettbewerbsvorteil verschaffte.

Die Ertragsschwäche war darüberhinaus durch die schwache konjunkturelle Lage in Deutschland zu erklären: Unternehmensinsolvenzen nahmen zu und die Risikovorsorge der Banken erhöhte sich deutlich, da die Anzahl der uneinbringlichen Kredite anwuchs.[1236] Zugleich leistete die Aktienmarktschwäche international gesehen einen großen Beitrag für die Ertragslage der Banken, da sich beispielsweise von 2001 bis 2002 die Marktkapitalisierung der deutschen Banken halbierte und die Aktienhandelsprovisionen etc. entsprechend zurückgingen.[1237] Zeitgleich ging der Verwaltungsaufwand der Banken nicht entsprechend zurück. Er erhöhte sich sogar in nicht zu vernachlässigendem Ausmaß durch die Intensivierung der Arbeit mit entsprechenden Informations- und Kommunikationstechnologien (auch wenn die Kosten für IKT gesunken sind) und die Intensivierung der Aufgaben im Investmentbankingbereich, wie es bereits an obiger Stelle verdeutlicht wurde (siehe Stichwort Allfinanz).

Anders als im internationalen Rahmen verstärkte sich der nationale Wettbewerbsdruck unter den deutschen Banken kaum, auch wenn die bereits angesprochene

[1231] Vgl. Deutsche Bundesbank (2006f), Verband deutscher Banken (2005), Seite 2ff.
[1232] Vgl. Deutsche Bundesbank (2005b/2004), Seite 65ff./Seite 7; Hackethal, Schmidt (2005), Seite 27f.
[1233] Vgl. Holzhausen, Heise (204), Seite 22f.
[1234] Vgl. Die Zeit (27.02.2003); FAZ (25.02.2003).
[1235] Vgl. Freedman, Goodlet (1997), Seite 6; Holzhausen, Heise (2004), Seite 23; Schober, Störmann (1995), Seite 99; Walkner, Raes (2005), Seite 14f.
[1236] Vgl. Deutsche Bundesbank (2005b), Seite 65ff.; Sachverständigenrat (2004), Seite 272ff.
[1237] Vgl. Deutsche Bundesbank (2007); IMF (2003a), Seite 121.

Konzentration insbesondere bei Sparkassen und Kreditgenossenschaften nicht zu leugnen ist. Dennoch ist das Banken- und Filialnetz noch immer eines der Dichtesten auf der Welt;[1238] in diesem Zusammenhang spricht man daher auch oft von einer „overbanked“ oder „over-branched“ Organisation der Bankenstruktur in Deutschland und von einer immer noch sehr niedrigen Marktkonzentration, wie der folgende Europäischen Vergleich verdeutlicht, der den Anteil der jeweils 5 größten Banken des jeweiligen Landes zu den gesamten Vermögenswerten aufzeigt:

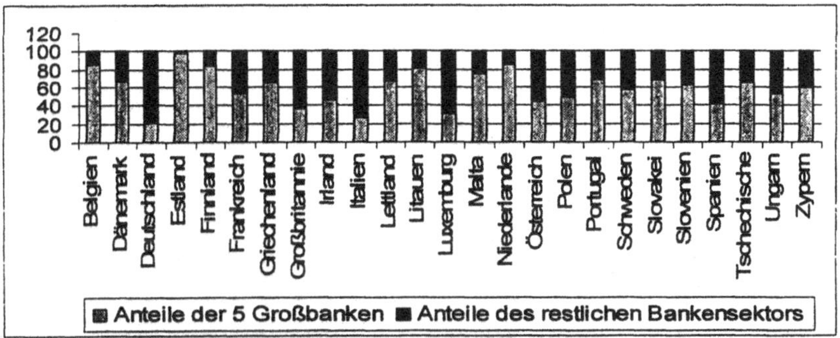

Abbildung 12, Quelle: EZB, eigene Darstellung.[1239]

Insgesamt gesehen aber verbesserte sich die Ertragssituation der deutschen Banken im Jahre 2005[1240] auch durch die Steigerungen der Einkünfte im wieder gewachsenen Wertpapierumsatz deutlich, so dass die Risikovorsorge zurückgefahren werden konnte. Allerdings ist natürlich nicht zu vernachlässigen, dass die verbesserte Kostensituation der Großbanken im Verwaltungssektor vor allem durch massive Entlassungen zurückzuführen ist.

Die im europäischen Vergleich noch immer niedrigere Ertragslage gemessen an Return on Assets bzw. Return on Equity (in % des Tier 1 Kapitals) wird dabei vor allem durch die deutlich niedrigeren Ertragsraten bei mittelgroßen und kleineren Banken bedingt, die niedrigere Erträge als die Großbanken aufweisen. Die Erträge der größeren Banken sind dabei allerdings ebenfalls geringer als in ihrer Größe (Bilanzsumme) vergleichbare Banken im restlichen Europa.[1241] Nachstehende Grafiken verdeutlichen diese Situation:

[1238] Vgl. u.a. OECD (2005).

[1239] Vgl. EZB (2006a), Seite 54.

[1240] Für 2006 lagen bei Ende der Arbeit noch keine eindeutigen Ergebnisse vor, ein ähnlicher Verlauf wie 2005 war allerdings schon abzusehen. Vgl. Deutsche Bundesbank (2006j), Seite 15.

[1241] Vgl. Deutsche Bundesbank (2005), EZB (2006).

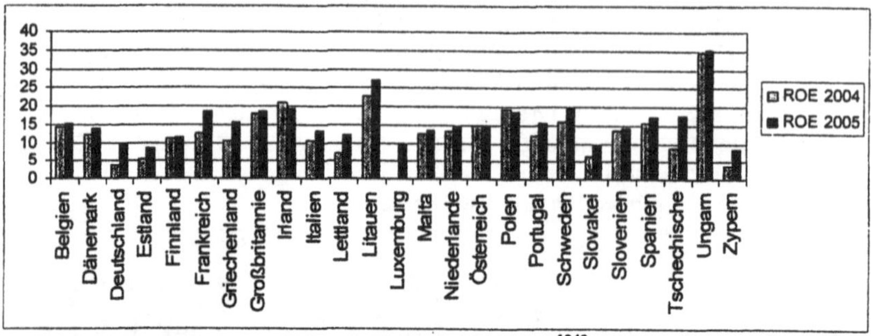

Abbildung 13, Quelle der Daten: EZB (2006), eigene Darstellung[1242]

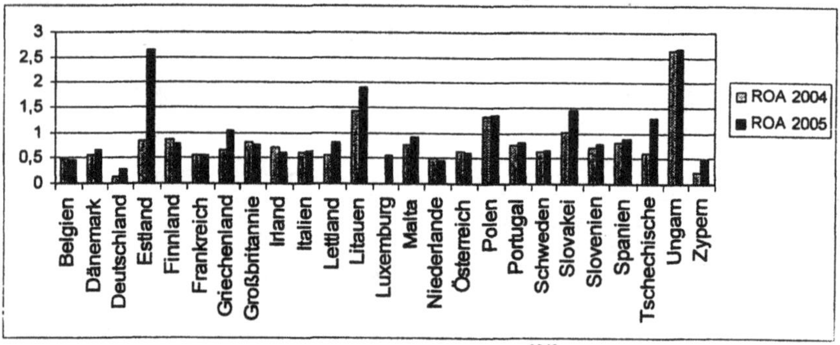

Abbildung 14, Quelle der Daten: EZB (2006), eigene Darstellung[1243]

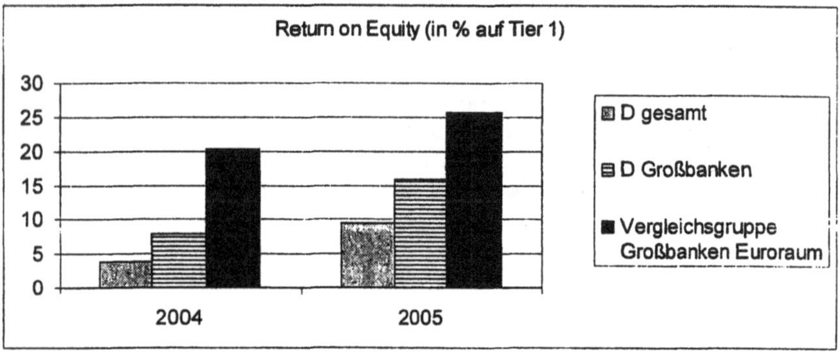

Abbildung 15, Quelle: Bundesbank (2005), EZB (2005/2006), eigene Darstellung.[1244]

[1242] Die Werte der Jahre 2004/2005 sind nur für Belgien, Deutschland, Großbritannien, Österreich, Schweden und Slowenien vergleichbar, da diese Länder noch nicht im Bereich der Bankenüberwachung auf die Meldung von Daten gemäß International Financial Reporting Standards (IFRS) eingeführt haben, auch wenn die nationalen Banken diese Standards bereits anwenden. Da in den übrigen Ländern Europas im Jahr 2005 (oder auch früher) eine Umstellung durchgeführt wurde, sind deren Werte nur bedingt vergleichbar. Vgl. EZB (2005/2006), Seite 51f./Seite 56.

[1243] Siehe analog vorstehende Fußnote.

So wird deutlich, dass die deutschen Banken zwar bezüglich der Ertragsverhältnisse noch immer schlechter dastehen als ihre europäischen Konkurrenten, ein Aufholprozess allerdings zu erkennen ist.

Probleme könnte jedoch die noch immer niedrige Marktkonzentration der Banken in Deutschland aufwerfen.[1245] Es existiert demnach immer noch ein großes Konsolidierungspotenzial besonders im Bereich von Bankenzusammenschlüssen, welches das finanzielle und systemische Risiko negativ beeinflussen kann. Gerade der Zusammenschluss großer Banken wie die geplante, jedoch gescheiterte Fusion von Deutscher Bank und Dresdner Bank im Jahre 2000 oder die Übernahme der Dresdner Bank durch die Allianz AG zeigt deutlich das Bestreben nach Allfinanz bzw. Kombinationstendenzen von Banken und Versicherungen.[1246] Wenn allerdings derartige Fusionen/Übernahmen das neue Gesamtunternehmen zu einer TBTF-Institution werden lassen, können Fehler bzw. Fehlentscheidungen des Unternehmens das gesamte Finanzsystem stören. Dann könnten die zuständigen Behörden geneigt sein einzuschreiten, um weitreichende Probleme für die Realwirtschaft zu unterbinden. Bislang allerdings sind in Deutschland vorwiegend Zusammenschlüsse von Banken in kleinerem Rahmen aufgetreten, d.h., dass Zusammenschlüsse vor allem unter kleineren Banken stattfanden, so dass die Konzentration auf dem deutschen Markt noch immer niedrig ist.[1247] Dies bedeutet allerdings nicht, dass in naher Zukunft nicht bedeutende Bankenmerger eingegangen werden, die die Größe des betroffenen Unternehmens in deutlichem Ausmaß bedrohlich werden lassen.[1248] Problematisch wird dies vor allem, da angenommen wird, dass die Größe einer Bank mit ihrer Risikobereitschaft und damit mit höherer Insolvenzwahrscheinlichkeit korreliert ist.[1249] Inwieweit der nationale Konzentrationsprozess im Vergleich zu anderen europäischen Ländern noch immense Möglichkeiten besitzt, zeigt folgende Darstellung der Anzahl der Kreditinstitute sowie deren Filialen in den europäischen Ländern:

[1244] Vgl. Deutsche Bundesbank (2005), Seite 14, EZB (2005/2006), Seite 51/Seite 60.

[1245] Vgl. Aglietta, Scialom (2003), Seite 9f.

[1246] Derartige Finanzkonglomerate sind dabei einerseits tendenziell stabilisierender als große Banken infolge ihrer Diversifikationsmöglichkeiten, andererseits kann sich die Fragilität des Bankensegments auch auf die anderen Bereiche übertragen. Vgl. De Nicoló, et al. (2003), Seite 18ff.; EZB (2006a), Seite 36; Slijkerman et al. (2005), Seite 21f.

[1247] Vgl. Deutsche Bundesbank (2006i), Seite 95f.; Lang, Welzel (1998), Seite 1003ff.

[1248] Vgl. IMF 148ff.

[1249] Vgl. Hellwig, et al. (2002), Seite 65.

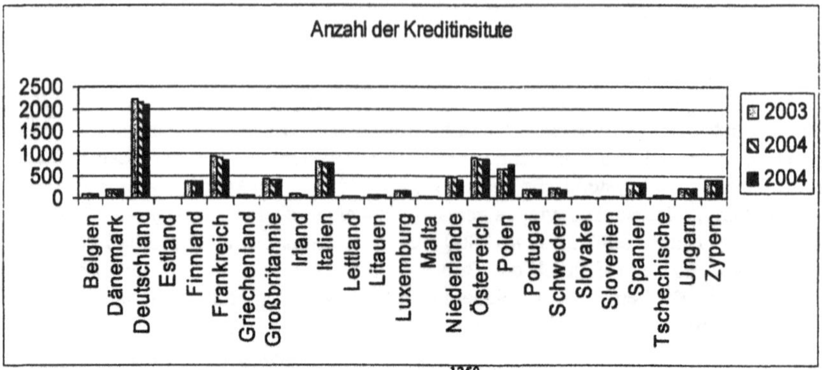

Abbildung 16, Quelle: EZB (2006a), eigene Darstellung.[1250]

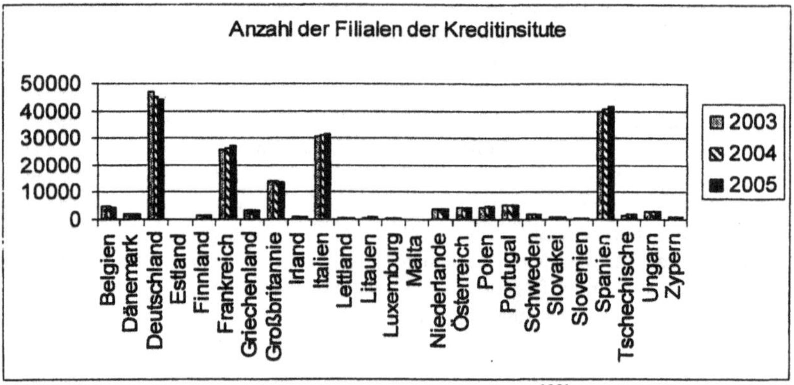

Abbildung 17, Quelle: Deutsche Bundesbank (2006f), EZB (2006a).[1251]

So ist die Deutsche Bank die größte Bank in Deutschland und auch international, was sie in Relation zu anderen deutschen Banken zu einer too big to fail-Insitution, aber möglicherweise auch einer *too big to safe*-Institution für den LOLR und für die Depositenversicherung auf nationaler Ebene werden lässt,[1252] zumal ein Großteil ihrer Aktivitäten auf dem Bankengeschäft liegt, auch wenn das internationale Wertpapiergeschäft in den letzten Jahren deutlich ausgebaut wurde – wie durch die Übernahme der Morgan Grenfell Group im Jahre 1989 durch die Deutsche Bank.[1253] Diese Maßnahme hat weitere Probleme auf internationaler Ebene aufgezeigt. So wurden von der Deut-

---

[1250] Vgl. EZB (2006a), Seite 52.

[1251] Unterschiede in den Werten bezüglich der Anzahl der Kreditinstitute in Deutschland (Werte siehe auch Tabelle 10) ergeben sich zu Tabelle 11 aus der Tatsache, dass in diesem Schaubild allein die nationalen, der Bundesbank berichtenden Kreditinstitute und deren Filialstellen angeführt werden, in Tabelle 11 dagegen alle in Deutschland befindlichen Kreditinstitutionen unter anderem auch Ausländische erfasst wurden. Vgl. Deutsche Bundesbank (2006f), EZB (2006a), Seite 52.

[1252] Vgl. Cifuentes (2002), Seite 4; Goodhart, Schoenmaker (2006), Seite 36.

[1253] Vgl. Hackethal, Schmidt (2005), Seite 5; Kaufman, Kroszner (1996), Seite 6.

schen Bank die Verluste von Morgan Grenfell trotz getrennter Unternehmensstruktur übernommen, um einen Reputationsverlust von Morgan Grenfell nicht auf sie selbst überschwappen zu lassen.[1254]

Die Deutsche Bank ist dabei nicht das alleinige Beispiel wie Banken versuchten, ihr traditionelles Privatkundengeschäft abzubauen, um sich mehr im Investmentbereich zu engagieren in der Hoffnung, größere Skalenerträge ausschöpfen zu können.[1255] Beispielhaft kann hier die versuchte Verschmelzung von Deutscher und Dresdner Bank angeführt werden (siehe auch oben), die sich damit auf das Vermögensmanagement konzentrieren und ihr Privatkundengeschäft abtreten bzw. verkaufen wollten. Mit der verstärkten Konzentration auf das Investmentgeschäft allerdings steigt natürlich auch die Komplexität der Bankenbilanzen, die es dem öffentlichen Sektor um so schwieriger macht, zwischen Illiquidität und Insolvenz unterscheiden zu können, vor allem vor dem Hintergrund, dass dies an sich schon kaum möglich ist – zumindest nicht in dem zeitlichen Rahmen, der notwendig ist, um effektiv und zeitnah systemische Krisen abbauen bzw. vermeiden zu können.[1256]

Neben der auf den deutschen Markt beschränkten Entwicklung sind die Konsolidierungsbestrebungen über die Grenzen hinaus sowohl nach Europa (was für die Arbeit bedeutsamer ist) oder in den Rest der Welt von Interesse für die Feststellung der Frage, ob von diesen Tendenzen die Gefahr des systemischen Risikos auch im Hinblick auf TBTF entweder vermindert oder gar verstärkt wird. Da das deutsche Banken- und Finanzsystem (noch) relativ stabil erscheint, könnten Gefahren durch die Übertragung von Finanzkrisen aus dem Ausland im Zuge der internationalen Verflechtungen ansteigen.[1257] Bislang sind allerdings internationale Zusammenschlüsse oder Übernahmen von Banken noch relativ selten und innerhalb Europas auf kleinere Länder beschränkt, wie im Falle Merita (Finnland) und Nordbanken (Schweden), ING (Niederlande) und BBL (Belgien), BSHC (Spanien) und Champalimaud (Portugal) oder Merita-Nordbanken und Unidanmark (Dänemark mit Versicherungstochter in Norwegen); in den meisten (großen) europäischen Ländern dagegen lagen sie eher auf nationaler Ebene vor.[1258] Das heißt aber nicht, dass in der Zukunft eine derartige Entwicklung vor dem Hintergrund des Willens der Übernahme internationaler Marktmacht nicht eintreten wird. Das bedeutet aber auch, dass aufgrund der Internationalisierungs- und Konsolidierungstendenzen der europäischen Banken vermehrt die Diskussion um die Gefahr des TBTF aber auch der contagion auf internationaler Ebene aufkommt.[1259]

[1254] Die Organisation in getrennte Unternehmensstrukturen wird vor dem Hintergrund vorgenommen, dass Tochtergesellschaften mit getrennter Kapitalbasis das Überschwappen (contagion) von Krisen verhindern könnte. D.h., es werden auch unternehmensintern Versuche unternommen, die nichtbankbetrieblichen Geschäfte so in das Unternehmen einzugliedern, dass die Bankengeschäfte nicht negativ tangiert werden (sollen). In der Praxis jedoch bestehen enorme geschäftliche Verbindungen zwischen diesen Untereinheiten und das Problem der Übertragung von Reputationsverlusten bleibt bestehen.

[1255] Vgl. Dymski (2002), Seite 2.

[1256] Vgl. Ennis, Malek (2005), Seite 21.

[1257] Vgl. Garcia, Niteo (2005), Seite 206.

[1258] Als Ausnahmen können u.a. die M&A von Deutsche Bank (Deutschland) und Bankers Trust (USA) und SEB (Schweden) und BfG (Deutschland) angeführt werden. Vgl. EZB (2000a), Seite 8.

[1259] Vgl. Schröder, Schüler (2003), Seite 1; Wolgast (2001), Seite 3.

Wenn eine deutsche Bank Zweigstellen in kleineren Ländern eröffnet, so bestehen in diesem Falle größere Bedenken für das Gastland, wenn diese Bank zusammenbricht, da diese Zweigstelle(n) in Verhältnis zum gesamten Wirtschaftssystem einen großen Anteil aufweist/en.[1260] Da Deutschland in Europa zu den größten Ländern zählt, wird der umgekehrte Fall – dass eine Bank aus dem europäischen Ausland in dem „kleineren" Land Deutschland Zweigstellen gründet und Deutschland damit systemischem Risiko ausgesetzt wird, weniger zutreffend sein, so dass in diesem Rahmen kaum Bedenken anzumelden sind.[1261] Anschließende Abbildung verdeutlicht in diesem Zusammenhang, welchen Anteil heutzutage Zweigstellen und Tochtergesellschaften am Gesamtaktivabestand des jeweiligen Landes ausmachen. Dabei wird ersichtlich, dass der Anteil ausländischer Banken in Deutschland, sei es aus anderen EU-Ländern oder aus Drittstaaten, noch immer sehr gering ist. Als Grund wird von befragten Banken selbst die typisch deutsche Dreiteilung des Bankensystems angeführt, wohingegen das Marktpotenzial in Deutschland oder die Besteuerung grenzüberschreitender Übernahmen dagegen weniger als Ursachen der noch immer geringen Präsenz ausländischer Banken in Deutschland gilt. Zudem wird für die nächsten zehn Jahre prognostiziert, dass sich der Anteil ausländischer Banken nur unmerklich erhöhen wird, auch wenn die Harmonisierungsbemühungen der EU eine vollständige Integration zu erreichen versuchen. In Deutschland scheint die Entfernung zu diesem Ziel allerdings nicht geringer zu werden.[1262]

Die größeren Bedenken bestehen allerdings gegenüber dem Entstehen einer *paneuropäischen* Bank, die für das Gesamtsystem Europas in finanzieller Hinsicht problematisch werden könnte, wenn sie nur groß genug wäre.[1263]

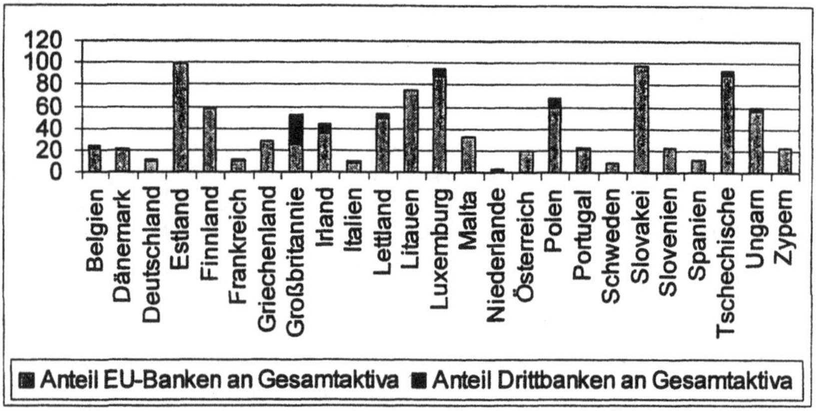

Abbildung 18, Quelle: EZB (2006a), eigene Darstellung.[1264]

[1260] Vgl. Niemeyer (2006), Seite 8f.

[1261] Problematisch könnte dagegen allerdings die Übernahme einer deutschen Bank durch eine Großbank des Auslands werden, weil dann ihr Marktanteil in Deutschland außerordentlich groß werden könnte.

[1262] Vgl. ZEW (2006), Seite 3.

[1263] Vgl. Walkner, Raes (2005), Seite 18.

Noch ist diese Situation nicht eingetreten, der Anteil an Tochtergesellschaften oder Filialstellen ausländischer Banken ist in Deutschland noch immer sehr gering, so dass bislang die Sorgen noch unbegründet sind. Auch in den meisten anderen großen Ländern der EU ist der Anteil von Tochtergesellschaften und Filialstellen ausländischer Banken noch gering, wobei Großbritannien eine Ausnahme darstellt. Es weist einen relativ hohen Anteil auf, wobei dieser im Vergleich zum gesamten Bankensystem dennoch deutlich dahinter bleibt. Kleinere Länder zeichnen sich dagegen schon jetzt durch einen hohen Anteil ausländischer Banken an den Vermögenswerten aus, was potenzielle Gefahren aus der Abhängigkeit zum Ausland aufzeigt, den Anteil zukünftiger Mergers aber klein hält.[1265] Das systemische Risiko des *eigenen* Bankensystems scheint daher in diesen Ländern gering.

Bis heute besteht also noch keine Bedrohung der systemischen Stabilität sei es in Deutschland oder in Gesamteuropa durch regionale Geschäfte einer sehr großen europäischen Bank. Die Betonung – so muss an dieser Stelle noch einmal deutlich hingewiesen werden – liegt aber auf dem Wort noch: Der anhaltende Prozess hin zu einem einheitlichen, übergreifenden Finanzmarkt in Europa, die Globalisierungsbestrebungen und die anhaltenden Versuche der (Groß-)Banken zur Steigerung ihrer internationalen Wettbewerbsfähigkeit durch Konsolidierungsmaßnahmen – wie Zusammenschlüsse (Mergers) und Übernahmen (Acquisitions) nicht nur im nationalen Rahmen – wird wohl in größer werdenden Banken resultieren, und zwar auf gesamteuropäischem Niveau und weniger auf nationaler Ebene.[1266]

Eintreten wird diese Entwicklung wohl in näherer Zeit, aber eher für kleinere Länder Europas, in denen der heimische Bankenmarkt seine Grenzen erreicht hat. In Deutschland wird erwartet, dass – bedingt durch die dreistufige Struktur und damit die Organisationsstrukturen von Sparkassen und Genossenschaftsbanken in öffentlicher bzw. gemeinschaftlicher Hand und in relativ kleinen Einheiten – das Größenpotenzial sich wohl durch *grenzüberschreitende/internationale* Übernahmen und Fusionen so schnell noch nicht nutzen lassen wird, auf nationaler/regionaler Ebene jedoch in hohem Maße.[1267,1268]

Trotzdem ist das systemische Risiko auch für Deutschland nicht zu unterschätzen, da der vorherrschende Konsolidierungs- und Internationalisierungsprozess die Übertragung von Schocks möglicherweise erleichtert hat.[1269] Zumal stehen fiskalpolitische Prozesse und Entscheidungen infolge der Maastricht-Kriterien im Stabilitäts- und Wachstumspakt einer schnellen Beseitigung der Probleme entgegen.[1270] Dabei ist

---

1264 Vgl. EZB (2006a), Seite 53, 61ff.

1265 Vgl. Buch, DeLong (2003), Seite 344.

1266 Vgl. Altunbas, Ibánez (2004), Seite 7f.; Franke (2003), Seite 1.

1267 Vgl. Koetter (2005), Seite IV; Lahusen (2003), Seite 4f.

1268 An dieser Stelle sollte nur kurz angemerkt werden, dass dieses Problem nicht nur auf Europa beschränkt bleibt, sondern sich durch die Entwicklungstendenzen europäischer und deutscher Banken auf außerhalb Europas verstärkt wird. An dieser Stelle soll jedoch allein auf die innereuropäischen Konsequenzen Rücksicht genommen werden.

1269 Vgl. Schüler (2002), Seite 21f.

1270 Unterstellt man, dass zunächst der Staat (und folglich im weiteren Verlauf der Steuerzahler die Kosten) zu tragen hat. Diese Annahme hat sich in der Vergangenheit häufig richtig erwiesen. Vgl. Caprio, Klingebiel (1996), Seite 21ff.; Goodhart, Schoenmaker (1995), Seite 554.

der Prozess der contagion wohl aber eher auf Banken als auf andere Finanzinstitutionen bezogen, da in Deutschland und den meisten anderen europäischen Ländern – wie dargelegt – die Ökonomie noch immer von Bankkrediten abhängt (bank based economy), auch wenn in diesem Zusammenhang Hedgefonds vermehrt ins Gespräch kommen.

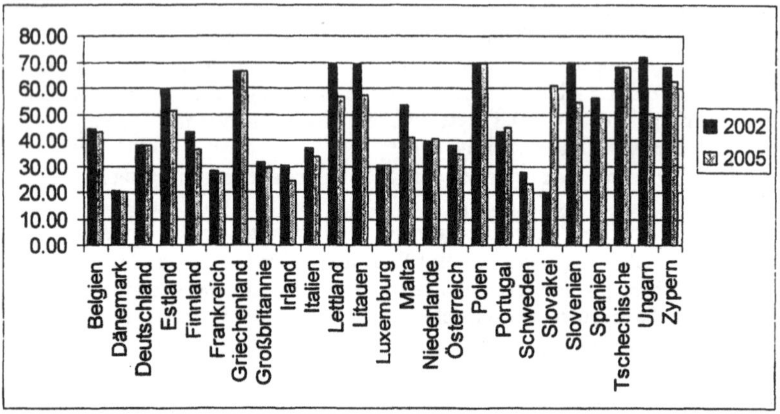

Abbildung 19, Quelle: EZB (2006a), eigene Darstellung.[1271]

So nehmen Einlagen noch immer ein Drittel der gesamten Bilanzsumme der deutschen Banken ein (vgl. Abbildung 19). Dies ist im Vergleich mit wirtschaftlich ähnlichen Ländern noch immer stärker ausgeprägt. Allerdings haben Einlagen bei den mittel- und osteuropäischen Ländern eine noch viel größere Bedeutung, was auch die Gefahren von Runs verstärken könnte. Deutlich ersichtlich wird zudem, dass die Bedeutung der Einlagen in den letzten Jahren in Deutschland im Gegensatz zur Überzahl der anderen europäischen Länder nicht geringer geworden ist.

Daraus folgt, dass der Schutz der Depositoren noch immer eine große Rolle spielt, aber auch die Übertragung zwischen Banken ist durch die Konsolidierungsprozesse nicht kleiner geworden.[1272] Dem entgegen steht allerdings noch immer das relativ generös ausgestaltete System der Depositenversicherungen in Deutschland (siehe oben). Dennoch ist die Gefahr der Bank Runs auf Liquidität nicht vollständig beseitigt: Aufgrund der erschwerten Transparenz der Bankengeschäfte durch die Konsolidierungsmaßnahmen und ihrer zunehmenden Komplexität besteht wohl eine erhöhte Gefahr eines Runs aufgrund von wahren oder auch falschen Erwartungen von heutzutage besser informierten Großkunden über den Zustand der Bank.[1273]

Auch ist zu überlegen, dass im Zuge der Konsolidierung die Zusammenhänge zwischen den bankbetrieblichen und nicht-bankbetrieblichen Bereichen eines einzelnen Finanzmarktinstitutes angestiegen sein könnten, was durch den Drang in nichtbankbetriebliche Aktivitäten der Finanzkonglomerate (wie Versicherungen) bedingt

[1271] Vgl. EZB (2006a), Seite 53, 57.
[1272] Vgl. De Nicoló, Kwast (2001), Seite 1f.
[1273] Vgl. Ely (1999), Seite 245; Kwan (2002), Seite 3.

sein könnte.[1274] Damit würde sich allerdings auch das Ausmaß von Schocks, aber auch ihre Übertragung deutlich verändern. So können heutzutage mit größerer Wahrscheinlichkeit Schocks bei Vermögenspreisen stärkere Auswirkungen haben als in früherer Zeit, als die Trennung der Funktionen in unterschiedliche Organisationen noch deutlicher war, weil große Banken (aber auch Hedgefonds) durch vermehrte Aktivitäten und Investitionen in marktfähige Vermögenswerte gewachsen sind.[1275]

Eine Störung bei derartigen Werten kann dabei die Kreditwürdigkeit des Finanzinstitutes leichter und schneller negativ beeinflussen als eine Störung im Bereich der Darlehen, die nicht marktfähig sind. Das Problem wird allerdings dadurch abgeschwächt, dass sich die Liquiditätsposition der Finanzinstitute durch den Anstieg marktfähiger Vermögenswerte im Portfolio verbessert hat, da diese eben liquidierbar sind und damit Liquiditätsprobleme abgeschwächt werden.[1276]

Ein weiteres Problem der Konsolidierung und Markterweiterung von Banken betrifft darüber hinaus die Fortpflanzung eines idiosynkratischen Schocks.[1277] Wenn die betroffene Bank zur Erlangung von Liquidität ihre marktfähigen Vermögenswerte verkauft, könnten je nach Größe der Bank und Umfang der notwendigen Verkäufe, also mit ihrem Liquiditätsbedarf, deren Preise deutlich an Wert verlieren und damit solchen Instituten Schaden zufügen, die ähnliche oder gleiche Vermögenswerte in ihrem Portfolio halten.

Auch wenn in Deutschland und Europa eine solche Situation noch nicht (oder bislang zunächst unbemerkt) eingetreten ist und derartige Auswirkungen bislang noch nicht wirklich aufgezeigt werden konnten, so ist doch der Fall LTCM, deren Geschäftspartner bedeutend im amerikanischen Wertpapiersegment waren,[1278] oder die erst kürzlich eingetretene Schieflage des Amaranth-Fonds ein mögliches Anzeichen.[1279]

Bereits an früherer Stelle wurde deutlich, welche Bedeutung ein effizientes und geeignetes *Zahlungssystem* für ein Land sowohl national als auch international aufweisen kann. Aus diesem Grund lässt sich eine derartige Diskussion, ob Deutschland und sein Zahlungssystem Risiken aufweisen, nicht von einer gesamteuropäischen Diskussion trennen, so dass an dieser Stelle bereits europäische Entwicklungen angesprochen werden sollten, obwohl der Hauptaugenmerk erst im nächsten Unterkapitel erfolgt.

Sowohl im nationalen sowie im internationalen Zahlungsverkehr stehen den Banken eine Vielzahl von Netzen und Systemen zur Abwicklung ihrer Zahlungen zur Verfügung wie nationale Gironetze, internationale Zahlungssysteme der Banken S.W.I.F.T, RTGS^{plus} oder TARGET.[1280] Diese Netzwerke dienen der Verbesserung und Beschleunigung von Zahlungen zwischen Banken, können aber durch ihre ver-

---

1274 Vgl. De Nicoló (2003), Seite 7f.
1275 Vgl. Group of Ten (2001), Seite 16.
1276 Vgl. Slijkerman, et al. (2005), Seite 22.
1277 Vgl. Caprio, Klingebiel (1996), Seite 22; White (2006), Seite 3.
1278 Gegründet wurde der Fond von John Meriwether, einem Star unter den Bondhändlern. Zusätzlich befanden sich unter seinen Partnern die Nobelpreisträger für Wirtschaft Robert Merton und Myron Scholes, welche ihren Nobelpreis 1997 der Entwicklung einer neuen Methode zur Bestimmung des Wertes von Derivaten verdankten. Vgl. Dowd (1999), Seite 3.
1279 Vgl. Allen, Gale (2002), Seite 27ff.; WiSu (2006), Seite 1457.
1280 Vgl. Weber (2004), Seite 3.

schiedenartige Ausgestaltungsmöglichkeiten mehr oder weniger zu Instabilitäten im Zahlungsverkehr und zu verstärkten contagion-Effekten beitragen, da sie die Abhängigkeiten und Verbindungen zwischen den Banken vergrößern und die Liquiditätslage einer Bank beeinflussen können.[1281]

So wurden nationale Gironetze geschaffen, da jede Bank aus Liquiditätsgründen bestrebt ist, ihre liquiden Mittel so lange wie möglich im eigenen Geschäftsbereich zu halten und Überweisungen daher möglichst Konten ihrer eigenen Bank gutgeschrieben werden sollten. Da dies nur in wenigen Fällen möglich sein wird, sollte die Überweisung zumindest an eine befreundete Bank erfolgen, die sich im selben Gironetz aufhält.[1282]

Bedeutsam für die Liquidität von Banken sind heutzutage vor allem aber Großzahlungen. Hierbei kommt das RTGS^plus^-System, ein Euro-Großzahlungssystem, angeboten von der Deutschen Bundesbank, ins Spiel.[1283] Es handelt sich um ein *Echtzeit-Bruttoverfahren*, in dem Zahlungen erst ausgeführt werden, wenn eine entsprechende Deckung besteht, so dass das Ausfallrisiko verringert wird.

Dieses System ist über eine nationale Interlinking-Komponente an TARGET angeschlossen und steht allen im Europäischen Wirtschaftsraum ansässigen Banken offen. Im RTGS^plus^-System sind liquiditätssparende Elemente integriert, die es den Banken ermöglichen, die Zahlungsabwicklungen individuell zu gestalten. Hierbei zeigt sich, dass der Nachteil der Bruttoverfahren – dass größere nichtverzinsliche Reserven gehalten werden müssen – abgemildert wird, ohne den Nachteil der Nettoverfahren einzubeziehen.[1284]

Auch das TARGET-System ist ein *Bruttozahlungssystem*, wie es der vollständige Name (siehe oben) verrät. Dieses System steht seit der Einführung des Euro im Januar 1999 zur Verfügung und ist seitdem das größte Zahlungssystem in Euro, das länderübergreifend in *Echtzeit* die Zahlungsströme brutto abwickelt. Es ist dabei nichts anderes als ein Verbund der einzelnen nationalen RTGS-Systeme, die durch bereits genannte Interlinking-Komponenten miteinander verknüpft sind. Sind Banken national an das RTGS-System angeschlossen, so besteht gleichzeitig auch der Zugang zum internationalen Zahlungsverkehr.[1285]

Sowohl Interbank- als auch Kundenzahlungen werden normalerweise innerhalb von weniger als 10 Minuten ohne Betragsgrenzen nach oben oder unten abgewickelt, wobei das System vorwiegend für Großzahlungen zwischen Banken am Geld- oder Devisenmarkt gedacht war, andere Akteure jedoch auch teilnehmen können. Trotz der Sicherheit des Systems, in dem Deutschland den größten Teil des TARGET-Systems ausmacht, kann eine Fehlfunktion auf deutscher Seite das gesamte System stören.[1286]

[1281] Vgl. Crockett (1997), Seite 7; Das, et al. (2004), Seite 34; De Nicoló, Kwast (2001), Seite 3.; Schinasi, Teixeira (2006), Seite 75ff.

[1282] Vgl. Deutsche Bundesbank (2006k), Seite 33; Tolkmitt (2004), Seite 95ff.

[1283] Vgl. BIS (2005), Seite 7f.

[1284] Vgl. BIS (2003a), Seite 152ff.

[1285] Vgl. EZB (2002), Seite 5f.

[1286] Vgl. Rosati, Secola (2005), Seite 15f.

4.3.2.3. Systemisches Risiko in Deutschland

Bislang liegt die Verantwortung für finanzielle Stabilität in deutscher Hand. Eine Verlagerung dieser Verantwortung auf die europäische Ebene wäre nur gerechtfertigt, wenn die Einführung des Euro das systemische Risiko deutlich erhöht hätte. Um diese Frage mit einem klaren Ja oder Nein beantworten zu können und vor einer möglichen Begründung der Verlagerung im nächsten Abschnitt, soll daher an dieser Stelle kurz noch einmal zusammenfassend das Ausmaß des systemischen Risikos in Deutschland als Teilnehmer des Euroraumes verdeutlicht und gemessen werden.

- *Zahlungssystem*:

  Innerhalb dieses Systems ist das systemische Risiko so weit wie möglich ausgeschlossen worden, da für die Sicherstellung des Abschlusses jeglicher Zahlungen von und an deutsche(n) Banken Liquidität im System (RTGS^{plus}) vorhanden ist, welches die Teilnehmer am Anfang des Geschäftstages bereitstellten. So wird eine Absicherung gewährleistet.[1287]

  Ein gewisses Maß an systemischem Risiko kann dennoch niemals verhindert werden, in diesem Fall unter anderem durch das Risiko an rein technischem Zahlungsverzug. Jedoch wird das Risiko der Illiquidität eines Kreditinstituts und seines Zahlungsverzugs am Ende des Tages als äußerst gering eingestuft.[1288]

- *Finanzmärkte*:

  In den letzten Jahren wurden die Finanzmärkte für private Emittenten zunehmend attraktiver, gerade vor dem Hintergrund der zunehmenden Rolle institutioneller Investoren wie Pensionsfonds, Versicherer, Hedgefonds, etc., welche die Größe und Liquidität des Marktes durchaus erhöht haben. In diesem Zusammenhang hat der Gebrauch von Derivaten das Risiko ansteigen lassen.[1289]

  Andererseits ist durch Derivate, den Wegfall der Wechselkurse und eine einheitliche Geldpolitik das systemische Risiko in den Euro-Finanzmärkten möglicherweise geringer geworden, so dass eine Gesamtbilanz schlecht gezogen werden kann.[1290]

- *Banken*:

  In den Jahren nach der Einführung des Euros war gerade das deutsche Bankensystem von geringer Profitabilität geprägt; gerade innerhalb der Gruppe kleinerer Banken bestand wenig Wettbewerb, und es gab nur in sehr geringem Umfang internationale Geschäfte und internationaler Tochterunternehmen sowie einer Konsolidierung in kleinem Rahmen.[1291]

  Dies hat sich in den letzten Jahren (nur) leicht gewandelt, dennoch blieb der Bankensektor in Deutschland relativ robust, und die Solvenzverhältnisse haben sich nicht negativ verändert. Die wohl in Zukunft weiter anstehenden Konsolidierungs- und Mergermaßnahmen könnten zu einer Reduktion der Gewinnspannen der Banken führen. Zudem könnte die Ausdehnung der grenz-

---

[1287] Vgl. Kahn, McAndrews, Roberds (1999), Seite 31.

[1288] Vgl. Devriese, Mitchell (2005), Seite 30f.; Upper, Worms (2002), Seite 23f.

[1289] Vgl. Sachverständigenrat (2005), Seite 457ff.

[1290] Vgl. McArdle (2003), Seite 4ff.

[1291] Vgl. Deeg (1998), Seite 95; Esen (2001), Seite 55; Hackethal, Schmidt (2005), Seite 27ff.

übergreifenden Finanztätigkeiten die Abhängigkeiten zu anderen Ländern des Euroraumes erhöhen und das Risiko der Ansteckung steigern.[1292]

Damit ist das systemische Risiko im Bankenbereich zumindest kurzfristig durchaus angestiegen, wohingegen eine Aussage für die lange Frist aufgrund der Uneindeutigkeit der möglichen Entwicklungen nicht getroffen werden kann.

Es deuten also alle Anzeichen darauf hin, dass das systemische Risiko in Deutschland und Europa durch die Entwicklungen und Veränderungen vergangener Jahre nicht stärker bzw. zumindest nicht geringer geworden ist.[1293] Da in Deutschland insgesamt genügend Bestrebungen und Vorsorgemaßnehmen im Bereich der Depositenversicherung und der Liquiditäts-Konsortialbank als sozusagen „vorletzter" LOLR getroffen wurden, um die Risiken einer Finanzkrise und deren Auswirkungen auf die Finanzinstitutionen und die Realwirtschaft abzumildern, gerät die Problematik der Hilfeleistungen für ausländische Banken und deren Aktivitäten in Deutschland ins Visier der Diskussion und bringt einige Fragen bezüglich der Ausgestaltung der öffentlichen Sicherheitsnetze in Europa auf die Tagesordnung.[1294]

Bei der Frage, wer im Falle eines Liquiditätsengpasses in einem Land - zum Beispiel Deutschland - als LOLR einspringen wird, stößt man schnell auf Schwierigkeiten, denn sowohl die innereuropäischen aber auch die weltweiten (die hier nicht weiter betrachtet werden sollten) Verantwortlichkeiten klaffen eindeutig auseinander.[1295]

4.3.3. Bankenüberwachung und LOLR für Gesamteuropa

Das der Bankenaufsicht ist von der Grundidee ideal, da hier die Prävention und nicht die Reaktion im Vordergrund steht; allerdings kommt es bei der praktischen Umsetzung zu (erheblichen) Schwierigkeiten: Das Bankengeschäft beziehungsweise die meisten Formen der Finanzintermediation sind ein internationales Geschäft – heutzutage um so mehr. Wie im vorherigen Unterkapitel bereits deutlich gemacht, haben einige Banken ihren Hauptsitz in einem Land und Tochtergesellschaften in verschiedenen anderen Ländern. Auch das Problem einer paneuropäischen Bank wurde bereits angesprochen, welches zu verschärfter innereuropäischer contagion beitragen könnte.[1296] Dies zeigt bereits die M&A-Aktivität der Banken im Euroraum innerhalb der letzten Jahre.

[1292] Vgl. Hackethal (2003), Seite 21; Koetter, et al. (2004), Seite 55.
[1293] Vgl. White (2004), Seite 13ff.
[1294] Vgl. u.a. Boot (2006), Seite 1ff.; Gulde, Wolf (2004), Seite 2ff.
[1295] Vgl. Niemeyer (2006), Seite 6.
[1296] Vgl. Schoenmaker, Osterloo (2005), Seite 7f.

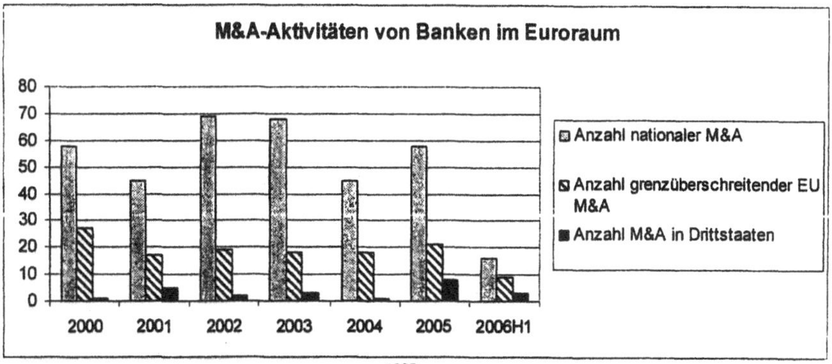

Abbildung 20, Quelle: EZB, eigene Darstellung.[1297]

Das eigentliche Problem dabei liegt heutzutage noch in der Uneinheitlichkeit der jeweiligen nationalen Regelungen bezüglich der *Überwachung* oder der in das nationale Bankensystem Vertrauen schaffenden *Depositenversicherung*, die einen nicht zu unterschätzenden Beitrag für die Stabilität des nationalen Bankensystems erbringt, wie auch der uneinheitlichen Regelung des *Geldgebers der letzten Instanz* auf nationaler Ebene und der fehlenden Regelung auf europäischer Ebene.[1298]

Bereits erkennbar wurde, dass auf rein nationaler Ebene in Deutschland insgesamt gesehen keine allzu großen Bedenken für Instabilität bestehen. Mit der europäischen Wirtschafts- und Währungsunion entstand allerdings eine Art doppelte Trennung in Gesamteuropa, gemessen an der geographischen und funktionalen Aufteilung zwischen geldpolitischen Entscheidungen und Depositenversicherungen, LOLR sowie Bankenüberwachung,[1299] da Letztere weiterhin auf die nationale Ebene beschränkt blieben, auch wenn die jeweiligen nationalen *Depositenversicherungen* in Europa infolge der EU-Richtlinien von 1994 und 1997 auf einen Mindeststandard harmonisiert wurden.[1300] So beträgt der Mindestschutz durch eine verpflichtende Versicherung 90% der Einlagen der Depositoren mit der Höchstgrenze von 20.000 €, was auch auf Wertpapiergeschäfte erweitert wurde. Der darüber hinausgehende Schutz, zum Beispiel der Depositen in deutschen Banken, wird dadurch nicht beschränkt.[1301] Auch ausländische Zweigniederlassungen können am höheren freiwilligen Schutz partizipieren, wenn sie eine Mitgliedschaft beantragen (topping-up). Der Schutz deutscher Banken im EU-Ausland wurde zwar zunächst auf die Höhe des Schutzes im jeweiligen Gastland bis zum Jahr 2000 beschränkt (Exportverbot), heute gilt allerdings das Heimatlandprinzip, so dass ausländische Zweigstellen vom Schutz des Inlandes umfasst werden.[1302]

[1297] Vgl. EZB (2006a), Seite 66.
[1298] Vgl. Heinsohn, Steiger (2002), Seite 3.
[1299] Vgl. Kahn, Santos (2004), Seite 2.
[1300] Vgl. Deutsche Bundesbank) (2000), Seite 31ff.
[1301] Einige andere Länder besitzen ebenfalls eine weitreichendere und generösere Depositenversicherungssysteme wie Deutschland. Vgl. Demirgüc-Kunt, et al. (2005), Seite 30ff.
[1302] Vgl. Brüker (1995), Seite 33f.; Europäische Kommission (2000), Seite 9f.; Garcia, Prast (2004), Seite 27ff.

Die Ausführung auf nationalen Ebenen entsteht wohl aus dem Willen der europäischen Mitgliedsländer, nicht in die Funktionen und Bestimmungen der Depositenversicherung (unter Einschluss ihrer Überwachung) anderer Länder eingreifen zu wollen. Allerdings kann angenommen werden, dass die gesetzliche Vorschrift eines Mindestschutzes ausreichend für Europa sei und keine EU-/EWU-weite Depositenversicherung eingeführt werden müsse. Auch für eine Erhöhung der Mindestversicherung muss nicht plädiert werden, da sie vielmehr dem Schutz kleiner Depositoren dient – was mit der Versicherungshöhe auch gewährleistet wird – als den Schutz des Bankensystems gewähren sollte. Daher ist eine Vertiefung dieses Themas an der Stelle nicht notwendig.

In der weiteren Diskussion müssen daher zwei bedeutende Punkte im Zusammenhang mit der Sicherung der finanziellen Stabilität in der Eurozone bzw. der gesamten Europäischen Union als Folge des Aufkommens großer paneuropäischer Banken berücksichtigt werden. Es ist allerdings wichtig, eine Unterscheidung dahingehend zu treffen, inwieweit EU-übergreifende Maßnahmen notwendig sind oder nicht, falls nur ein Land betroffen ist. Damit wird auch den nationalen Unterschieden der Bankensysteme, der Depositenversicherung, der Ausgestaltung des LOLR oder der Finanzmarktüberwachung Rechnung getragen, so dass die einzelnen Besonderheiten weiter bestehen können. Dies soll bedeuten, dass vor allem bei der Lastenübernahme von Bankenproblemen alleine grenzüberschreitende Aktivitäten EU-weit geregelt werden sollten und ansonsten die an sich (mit kleineren Ausnahmefällen) effizient arbeitenden, nationalen Systeme die Aufgabe übernehmen sollten.[1303]

- Ein gesamteuropäischer Lender of Last Resort
- Ein gesamteuropäischer Überwachungsmechanismus

Gesamteuropäische Überwachungsbehörde:

Auch die *Bankenüberwachung* besitzt noch keinen einheitlichen Standard, was infolge der Konzipierung der EZB als „enge" Zentralbank, d.h. mit der dominierenden Aufgabe der Sicherung der Preisstabilität aber ohne Überwachungsaufgaben, entstanden ist.[1304] Dies kann unter Umständen zu Verwerfungen innerhalb der Aktivitäten des Bankengeschäfts führen, so dass der Mutterkonzern bestimmte Geschäfte bewusst zu Töchtern in Länder verlagert, deren Überwachung als lax und nicht so restringierend angesehen wird, in der Hoffnung, dass die Aktivitäten der Tochtergesellschaft „unter den Tisch fallen". Dieser Gedanke ist gar nicht so abwegig, denn folgende Konstellation kann durchaus vorkommen: Die Bankenaufsicht im Heimatland kann keine Macht im Ausland ausüben, gleichzeitig kann es sein, dass sich die ausländische Behörde im Rahmen ihrer Überwachung gerade bei den Liquiditätsrisiken nicht für ausländische Banken (also für die unterstellten Tochtergesellschaften) interessiert.[1305] Dieser Zustand ruft förmlich nach einer internationalen Koordination der Überwachung vorwiegend vor dem Hintergrund zunehmender Globalisierung und der Möglichkeit paneuropäischer Banken. Zwar sind die Rahmenbedingungen der Überwachungsbehörden in

[1303] Vgl. Goodhart (2004), Seite 12.
[1304] Vgl. Lannoo, Casey (2005), Seite 1; Prati, Schinasi (2000), Seite 86f.
[1305] Anders verläuft dies allerdings bei der Solvenzüberwachung. Vgl. Deutsche Bundesbank (2006h), Seite 95.

Europa ebenfalls harmonisiert worden, die praktische Anwendung kann sich dennoch deutlich voneinander unterscheiden.[1306]

So wird es notwendig, die Entscheidungen, bzw. zuerst die Überwachungsbestimmungen, im Gast- und Heimatland zu koordinieren und zwar in einer europaweiten unabhängigen Behörde oder Kommission, die von betroffenen Ländern nach jeweiliger Situation einberufen werden könnte.[1307] Da nämlich die nationalen Überwachungsbehörden notwendige Informationen über in Schwierigkeiten geratene Banken bereitstellen, muss bei der Betrachtung der Bedeutung paneuropäischer Banken auf EU-Ebene im Sinne der möglichen contagion auch die Verlagerung der Überwachung für derartige Banken entsprechend folgen.[1308] Darüber hinaus wird durch die allgemeine Verlagerung der Überwachung weg von den einzelnen Nationalstaaten erreicht, dass eine Koordination mit den geldpolitischen Funktionen der EZB erleichtert wird,[1309] was zunächst allerdings als Vorbedingung die stärkere Angleichung der Überwachungsorganisationen der einzelnen Staaten hätte. Die haben sich zwar in der Vergangenheit etwas angenähert, weisen aber dennoch bedeutende Unterschiede auf, wie die Bündelung der Überwachungsaktivitäten in der Hand der nationalen Zentralbanken oder die Gründung getrennter Organisationen wie in Deutschland, wobei die Tendenz zu zwei getrennten Organen besteht, und zugleich die ebenfalls beobachtete Konzentration der Überwachung aller Finanzinstitutionen in einer Hand der Lamfalussy-Empfehlung folgt.[1310]

Bislang sind allerdings die bestehenden Koordinationsmechanismen begründet auf einem Komitee[1311] und dem Memorandum of Understanding (MoU) zwischen den einzelnen Überwachungsbehörden noch ausreichend, werden aber in Zukunft im Zuge der Globalisierung immer stärker auf die Probe gestellt werden, zumal diese verzweigten Mechanismen nicht der Geschwindigkeit des Aufkommens von Bankenkrisen standhalten können.[1312] Noch heute berät das CEBS die Europäische Kommission in Bankenfragen und ist bestrebt, die Koordination und Konvergenz der nationalen Bankenüberwachungssysteme innerhalb der Europäischen Union auch auf gesetzlicher Ebene voranzutreiben. In letzter Zeit lag der Fokus auf der Einführung der Direktive über Eigenkapitalvorschriften, die den Gleichlauf von Eigenkapital von Banken und der Risiken von Banken sicherstellen soll.[1313]

Im Rahmen einer gesamteuropäischen Überwachung grenzüberschreitend aktiver Banken könnte die Bereitstellung notwendiger Information durch das Komitee der europäischen Bankenüberwacher durchaus stattfinden, die sich bereits mit diesem Thema beschäftigt haben und in der alle Länder der Europäischen Union vertreten sind. Die rechtzeitige Bereitstellung von Informationen wäre damit durchaus gegeben,

---

1306 Vgl. Schinasi, Teixeira (2006), Seite 7f.

1307 Vgl. Kammel (2006), Seite 8ff.

1308 Vgl. Garcia, Nieto (2005), Seite 211.

1309 Vgl. Borchgrevink, Moe (2004), Seite 162.

1310 Vgl. Gulde, Wolf (2005), Seite 54; Nieto, Penalosa (2004), Seite 3f.

1311 Das Committee of European Banking Supervision CEBS: November 2003 gegründet und im folgenden Jahr zum ersten Mal zusammengetreten; aus deutscher Sicht vertreten durch Bundesanstalt für Finanzdienstleistungsaufsicht und Bundesbank.

1312 Vgl. Kahn, Santos (2004), Seite 4f.

1313 Vgl. EZB (2006), Seite 7.

wobei natürlich die richtige Einschätzung des Ausmaßes des Bankenproblems in den einzelnen Ländern zum Problem werden könnte, da je nach Interessenlage entweder eine zu hohe oder eine zu niedrige Bemessung der Probleme denkbar wäre – man bedenke nur den schwierigen Entscheidungsprozess bei der Schließung von Problembanken. Ein gewisses Maß an Sorgfalt ist daher – wie auch in vielen anderen europäischen Bereichen auch – immer notwendig. Es kann natürlich nicht ausgeschlossen werden, dass bei weiterhin nationaler Zuständigkeit der Überwachung nicht eine gewisse Nachsichtigkeit beim Erhalt der eigenen Banken festgestellt werden kann, was wiederum durch die Zentralisierung der Überwachung in *einer zentralen* Behörde auf EU-Ebene sehr wahrscheinlich abgebaut wird.[1314]

Diese Maßnahme wäre dabei mit nicht allzu großen Schwierigkeiten im Rahmen der gesetzlichen Vereinbarungen verbunden, was nur heißen soll, dass keine gesetzliche Regelungen dem entgegenstehen, da der EU-Vertrag und die ESZB-Satzung es offenlassen, ob die EZB die Verantwortung für die richtige Überwachung der Kreditinstitutionen oder andere Finanzmarktinstitutionen übernimmt oder nicht, wenn man davon absieht, dass Versicherungsunternehmen davon ausgenommen wurden.[1315] Aufgrund der europäischen Tendenz der Separierung in Zentralbanken und Überwachungsorganisationen auch von behördlicher Seite ist die Eingliederung einer europaweiten Bankenüberwachung in das System der Europäischen Zentralbanken jedoch zu überdenken. Wenn allerdings der EU-Rat der EZB diese Aufgabe mit einem Mehrheitsvotum verantworten würde, ist darauf zu achten, dass diese Aufgabe allein unter dem Gesichtspunkt einer gesamtwirtschaftlichen, d.h. EU-weiten Verantwortung steht, da Artikel 5 des EU-Vertrages ein Subsidiaritätsprinzip beinhaltet, das grundsätzlich die Aufgaben in der EU den einzelnen Nationalstaaten zugeordnet werden, sofern die Ziele auf Ebene der Nationalstaaten in ausreichendem Maße erreicht werden können.[1316]

Dass in neuerer Zeit allerdings der europaweiten Zielerreichung mehr Beachtung beigemessen und damit der Übertragung von Aufgaben auf europaweiter Ebene in der Zukunft mehr Raum gegeben wird, wird durch die Aussagen des ECOFIN-Rates bestätigt:

> „ [It] stresses the need for Supervisors, Central Banks, and Ministers of Finance to work together to ensure that for appropriate plans and mechanisms are in place to respond to any developing financial crisis which threatens the stability of the financial system. It also [...] stresses the importance of promoting financial stability and market integrity, through both legislative and practical initiatives [...]"
> EOFIN-Rat (2004)[1317]

Die bestehenden nationalen Depositenversicherungen und die Übertragung der Überwachung paneuropäischer Banken auf eine europaweite Behörde kann die Gefahr systemischer Risiken, die von der Gründung derartiger Banken ausgehen, womöglich deutlich einschränken. Problematisch bleibt dabei dennoch nach wie vor das Gefah-

[1314] Vgl. Mayes (2004), Seite 2.
[1315] Vgl. ESZB-Satzung, Artikel 25 Absatz 2; EU-Vertrag (1992) Artikel 105 Absatz 6.
[1316] Vgl. EU-Vertrag (2006) Artikel 5.
[1317] Vgl. Ecofin 186 EF 25, Seite 3.

renpotenzial, welches davon ausgeht, dass eintretende und nicht durch geeignete Überwachungsmechanismen abzuwehrende europaweite Krisen die Depositenversicherungen überbelasten, so dass die Realwirtschaft in zu starker Weise negativ betroffen wird.[1318] Auf nationaler Ebene ist hier ein Einschreiten des jeweiligen nationalen LOLR notwendig, aber was geschieht auf Europa-Ebene?

Europäischer Lender of Last Resort:

Hierbei dürften mehr Schwierigkeiten entstehen als bei der Reform der Überwachungsorgane, da anders als beispielsweise bei der auch denkbaren Einführung einer paneuropäischen Depositenversicherung (verstanden als reine Versicherungsleistung für beteiligte Banken), deren Kosten von den versicherten Banken selbst getragen werden müssen, der LOLR bei Hilfeleistungen mittels der Gelder von den nationalen Notenbanken, bzw. vielmehr von den Regierungen, und damit letztendlich von den Steuerzahlern finanziert wird.

Bisherige Überlegungen bezüglich des LOLR sahen seine Verantwortung auf Zentralbankebene. So wird besonders betont, dass allein eine Zentralbank die Möglichkeit dazu hat, die Geldbasis im erforderlichen Umfang ausdehnen zu können, um allen Banken beistehen zu können.[1319] Hierbei wirkt die Abkehr von der Golddeckung, in der eine Zentralbank in der Vergangenheit gebunden war, um ihre eigene Liquidität nicht zu gefährden, als Befreiungsschlag gegen ein mögliches Verlustrisiko der Zentralbank selbst.[1320] Heutzutage kann sie dagegen jegliche Liquiditätskrise verhindern, indem sie die Liquiditätswünsche über eine entsprechende freizügige Politik befriedigt, ohne dass sie durch eine entsprechende Einschränkung einer vorgeschriebenen Deckung daran gehindert wird.[1321] Da besonders die Liquiditätsproblematik der Banken auf der Einlösbarkeit der Banknoten beruht, ist es in heutiger Zeit für die Zentralbank kein Problem mehr, diese Liquidität stets zu sichern.[1322] Es ist zwar möglich, dass sämtliche Reserven der Notenbank im Verlauf der Abschreibung uneinbringlicher Kredite der Geschäftsbanken verbraucht werden,[1323] dass daraus ein Problem entsteht, kann aber als fraglich angesehen werden, da an sich der ultimative Kreditgeber immer der Staat mitsamt seiner Steuermacht ist, wie es bereits Bagehot (nur unter anderen Umständen) unmissverständlich verdeutlichte.[1324]

> „The ‚effects of letters of licence' to break Peel's Act has confirmed the popular conviction that the Government is close behind the Bank [of England, eigene Anmerkung], and will help it when wanted."
> Bagehot (1983)[1325]

1318 Vgl. Goodhart, Schoenmaker (2006), Seite 37.

1319 Vgl. Meltzer (1986), Seite 88; Schwartz (2002), Seite 450.

1320 Steigers (2002) Kritik setzt genau hier an, indem er das Zentralbankkapital betont, welches notwendig sei, um die möglichen Verluste der Zentralbank aus LOLR-Aktionen abdecken zu können. Da dieses beschränkt sei, ist auch ihr Einschreiten als LOLR beschränkt. Vgl. Steiger, Seite 4.

1321 Vgl. Riese (2001), Seite 412.

1322 Vgl. Spahn (2001), Seite 50f.

1323 Unter der Annahme, dass im Falle der Notfallhilfe an illiquide Banken, diese sich hinterher als insolvent herausstellen.

1324 Vgl. Fratianni, Pattison (2001), Seite 3; Goodhart (1999), Seite 234.

1325 Bagehot (1873), Seite 20.

So wurde also rein traditionell im Allgemeinen die LOLR-Funktion immer der jeweiligen Zentralbank als Bereitsteller der monetären Basis in einem Währungssystem zugeordnet,[1326] gerade weil andere Institutionen nicht über die dafür notwendigen Mittel in ausreichendem Ausmaß verfügen würden, auch wenn das deutsche Beispiel Likobank auch ein anderweitiges, „funktionierendes" Modell eines *privaten* Kreditgebers der letzten Instanz aufzeigt, der – so muss allerdings auch gesagt werden – nicht unbedingt die finanziellen Mittel in der Hand hat oder auch nur noch nicht hat beweisen können, große nationale Finanzkrisen in den Griff zu bekommen.[1327]

Die landläufige Ansicht weist damit der EZB zusammen mit den im ESZB beteiligten nationalen Zentralbanken eigentlich die Rolle als LOLR zu, da diesen Institutionen in ihrer Gesamtheit, als System der ESZB, gemäß den ESZB-Satzung, die Fähigkeit zur und die Verantwortung für die Bereitstellung von besicherten Krediten an die Banken (zusätzlich zu Offenmarktoperationen) im gemeinsamen Währungsraum zustehen.[1328]

Käme es zu einem starken makroökonomischen Schock im Euroraum, würde dann entweder die EZB selbst zur Krisenlösung einschreiten, oder die nationalen Zentralbanken könnten bei räumlich beschränkten Liquiditätsproblemen kurzfristig finanzielle Mittel nach vorheriger Beschlussfassung des EZB-Rates bereitstellen, wobei infolge der Konzentration auf das Offenmarktfenster kein so wirksames Diskontfenster wie der Fed zur Verfügung steht.[1329] Faktisch liegt ein zentraler, bei der EZB beheimateter, Handlungsrahmen allein bei der Abhilfe eines Versagens des TARGET-Interbankenzahlungsverkehrs.[1330]

Wie exakt in Notsituationen jedoch vorgegangen werden sollte, stellt weder die EU-Verfassung noch die ESZB-Satzung genauer dar; es wird zwar nicht ausdrücklich formuliert, aber auch nicht ausdrücklich ausgeschlossen.[1331] So bestimmt zwar die EU-Verfassung, dass es Aufgabe der EZB sei, das reibungslose Funktionieren des *Zahlungssystems* sicherzustellen, es wird allerdings unerwähnt gelassen, dass auch für *finanzielle Stabilität* zu sorgen ist.[1332] Allein eine etwas ungenaue Bestimmung darüber ist in Artikel 105 Absatz 5 EU-Vertrag enthalten, der lautet: „Das *ESZB* trägt zur reibungslosen Durchführung der von den zuständigen Behörden auf dem Gebiet der Aufsicht über die Kreditinstitute und der Stabilität des Finanzsystems ergriffenen Maßnahmen bei."[1333] Damit werden bei der Ausführung derartiger Funktionen eindeutige Interpretationsfreiheiten vergeben, die der Transparenz und Verständlichkeit der Vorgehensweise nicht unbedingt dienlich sind, zumal der Erhalt finanzieller Stabilität nur ein Nebenziel der EZB darstellt. Innerhalb dieser unbestimmten Vorschriften ist es daher dem EZB-Rat sogar möglich, mittels einer qualifizierten Mehrheit die Beschlüsse nationaler Zentralbanken zu überstimmen und eigene LOLR-Maßnahmen durchzu-

---

[1326] Vgl. Goodhart (2000), Seite 1ff.; Goodhart (2000a), Seite 24; Goodhart, Illing (2002), Seite 13.
[1327] Vgl. Kahn, Santos (2002), Seite 9f.
[1328] Vgl. ESZB-Satzung, Artikel 18 Absatz 1.
[1329] Vgl. Aglietta (2000), Seite 60; Prati, Schinasi (2000), Seite 92.
[1330] Vgl. EU-Verfassung (2006), Artikel 105 Absatz 2.
[1331] Vgl. Buiter (1999), Seite 18f.
[1332] Vgl. EU-Vertrag (2006), Artikel 105 Absatz 2.
[1333] EU-Vertrag (2006), Artikel 105 Absatz 5.

führen, natürlich immer unter der Maxime und dem übergeordneten Ziel des Erhalts der Preisstabilität.[1334] Die EZB ist damit *kein* originärer LOLR für Europa. Da das Ziel der Finanzmarktstabilität nicht immer zumindest kurzfristig mit dem Ziel der Preisstabilität vereinbar ist, sollte man sich hierbei immer wieder die Aussagen Bagehots und Thorntons vor Augen halten, die erkannt haben, dass bei Notfallhilfen eine Verletzung von Preisstabilitätszielen zwar kurzfristig stattfinden kann, auf lange Sicht Finanzstabilität aber unerlässlich für Preisstabilität ist, und daher Letztere Ersterer kurzfristig in Notsituationen untergeordnet werden kann.[1335] Unter dieser Voraussetzung bestünde damit zu jeder Zeit für den EZB-Rat die Möglichkeit, als LOLR einschreiten zu können. Da aus traditioneller Sicht die Vorgehensweise im Vorfeld einer Finanzmarktkrise feststehen sollte, ist eine juristische Darlegung des Eingreifens der EZB anstatt der einzelnen nationalen Zentralbanken dennoch unerlässlich, auch wenn einige Autoren wie Padoa-Schioppa (1999) das bestehende Regelwerk als ausreichend ansehen.[1336]

Praktisch gesehen liegt jedoch die Wahrnehmung der LOLR-Aufgaben noch immer dezentral in nationaler Hand, wobei die notwendige Koordination zwischen den nationalen Notenbanken als LOLR und ihren geldpolitischen Aufgaben zu der Übereinkunft geführt haben, dass der EZB-Rat in jeder Situation über derartige LOLR-Operationen informiert ist und zur Beratung hinzugezogen wird, weil gerade derartige Aktionen doch starke Auswirkungen auf die Geldpolitik im Euroraum haben könnten.[1337] So gesehen ist der LOLR in Europa bzw. im Euroraum noch immer dezentral organisiert, wobei von vielen Autoren einer stärkeren Zentralisation der Vorzug gegeben wird, um zeitnah und effektiv auf europaweite Banken- und Liquiditätskrisen reagieren zu können, zumal in einem globalisierten Europa Überwachungsorganisationen und LOLR einer stärkeren Zusammenarbeit bedürfen.[1338]

Ob eine Zentralisation des LOLR in EZB Hand angesiedelt werden sollte, bleibt dabei trotz der Hoheit über die Geldbasis fraglich, da im Endeffekt der Steuerzahler immer für derartige Mittel aufkommen müsste, so dass letztendlich die Regierungen Gelder bereitzustellen haben. Damit könnte auch ein privater LOLR nach deutschem Vorbild in Frage kommen. Dem Einwand gegen eine Zentralisation des LOLR auf europäischer Ebene kann dabei allerdings nicht stattgegeben werden, wonach eine derartige Organisation dem Bankensystem nicht ausreichend Liquidität bereitstellen könnte, da ihr die Finanzhoheit feht, um möglichen Kreditausfällen der EZB mit Steuermitteln entgegenzutreten.[1339]

Es ist allerdings jederzeit möglich, bei Einführung einer europäischen LOLR-Institution die Länder und ihre Regierungen an ihrer Finanzierung zu beteiligen. Hier kann eine Ausgestaltung mittels eines „Garantiefonds" entweder durch eine *allgemeine* Verteilung der Kosten auf alle Länder im Euroland oder durch die Verteilung der Kosten allein auf die *beteiligten* Länder erfolgen, so dass hier bereits im Vorfeld einer

[1334] Vgl. ESZB-Satzung, Artikel 2.
[1335] Vgl. Bagehot (1873), Seite 173ff.; Thornton (1802), Seite 123f.
[1336] Vgl. Padoa-Schioppa (1999), Seite 1
[1337] Vgl. ESZB-Satzung, Artikel 14, Absatz 4; Schoenmaker (2000), Seite 219.
[1338] Vgl. Aglietta (1999), Seite 31ff.; Bini Smaghi (2000), Seite 41; Bruni, De Boissieu (2000), Seite 55f.; Freixas (2003), Seite 110; Lastra (2000), Seite 203; Prati, Schinasi (1999), Seite 19ff.
[1339] Vgl. Buiter (2004), u.a. Seite 1.

Krise die Lasten explizit verteilt wären. Im Falle paneuropäischer Banken sollten diese anfallenden Kosten auf jeden Fall zwischen den Ländern ausgeglichen und von diesen gemeinsam getragen werden, da das Ziel finanzieller Stabilität in Gesamteuropa an Bedeutung gewinnen wird.[1340]

Dies sollte allerdings frühzeitig bestimmt werden und nicht erst als Folge einer Krise, um die negativen wirtschaftlichen Auswirkungen abzumildern. Eine ex post-Bestimmung der Lastenüberwälzung führt dabei immer zu suboptimalen Ergebnissen, da betroffene Länder aus verständlichen Gründen (Minimierung der Kosten) ihren Anteil am Problem gerne herunterspielen, so dass nach Maßgabe der heutzutage in Europa bestehenden gesetzlichen Basis immer das Heimatland in der Pflicht steht, die Lasten zu tragen oder die Banken zu liquidieren.[1341]

Anhand dieser Überlegung wird klar, dass ein privater LOLR genauso effektiv arbeiten könnte, wenn sichergestellt wird, dass die notwendigen Mittel auch hier durch die Regierungen bereitgestellt werden. Eine gegenteilige Aussage kann daher nicht gelten gelassen werden.[1342]

In diesem Zusammenhang hat allerdings das deutsche Kreditgewerbe den Vorstoß der Bundesbank im Jahre 1999, das Modell der Likobank auf Europa zu übertragen, um Stabilität des Gewerbes auch auf europäischer Ebene nach deutschem Vorbild sicherzustellen, deutlich angelehnt und zwar von allen drei Seiten der deutschen Bankenlandschaft.[1343] Gegen das Modell einer europäischen Likobank, noch solventen Banken mit Liquiditätsproblemen mit kurzfristigen Krediten auszuhelfen und damit die europäische Rolle als LOLR einzunehmen, wurde vorgebracht, dass erstens eine derartige Institution unnötig sei und zweitens es Sache der Europäischen Zentralbank und nicht Deutschlands sei, sich dieser Sache anzunehmen.[1344] Der Bundesbank wäre dieses Modell durchaus gelegen gekommen, da es – wie auch bei der deutschen Likobank – nach dem damaligen Bundesbankpräsidenten Hans Tietmeyer negative Anreizwirkungen durch die Einbeziehung des privaten Sektors minimiert und keine direkte Inanspruchnahme der Notenbank beinhaltet.[1345]

Es bleibt allerdings die Frage bestehen, ob der Ansatz eines LOLR in Form der Likobank auf Europa übertragbar ist. Man könnte sagen, dass der Likobank-Ansatz gerade, bzw. allein, für Länder geeignet ist, in denen die Regierung nicht als der ultimative Garantieträger des Bankensystems betrachtet werden will, da es einer Likobank erlaubt ist, dass sie auch eine Großbank fallen lässt, aber gleichzeitig eine Liquiditätskrise verhindern sollte. So ist es auch verständlich, dass der Ansatz in Ländern, in denen der Staat als ultimativer Garantieträger für das Bankensystem agiert, nicht zum Tragen kommt, weil in diesen Fällen eine Likobank zum Erhalt des Vertrauens in das Finanzsystem nicht notwendig sein würde, da der Staat selbst diese Aufgabe übernommen hat.[1346] Man könnte daher unterstellen, dass vorwiegend in Ländern, in denen

---

[1340] Vgl. Niemeyer (2006), Seite 11f.
[1341] Vgl. Schinasi, Teixeira (2006), Seite 16f.
[1342] Vgl. Goodhart (2004), Seite 5.
[1343] Vgl. Wollgast (2001), Seite 11.
[1344] Vgl. Süddeutsche Zeitung (22.07.1999).
[1345] Vgl. Tietmeyer (1999), Seite 463.
[1346] Vgl. Rogoff (1999), Seite 9f.

die Regierung, die Zentralbank oder eine von offizieller Seite unterstützte Depositenversicherung tätig ist, wohl kaum auf den Ansatz einer Likobank zurückgegriffen werden wird.[1347]

Ist man allerdings der allgemein gültigen Ansicht, dass es notwendig ist, einerseits flexibel in den Hilfsmaßnahmen zu bleiben, also diskretionär und nicht regelgebunden zu handeln, und damit andererseits das Problem des Moral Hazard zu minimieren, sollte eine *konstruktive Ambiguität* behalten werden (beispielsweise bei der Überlegung, welche Bank als TBTF gilt), die durch eine Likobank generell sichergestellt ist und somit das Vertrauen in ein derartiges Verhalten gestärkt wird. Damit könnte ein klares Signal an den Markt abgegeben werden, dass man sich um diese Ambiguität ernsthaft bemüht.[1348]

Damit würde ein effektives System zum Erhalt von Stabilität gegründet werden, komplementär zu anderen Verteidigungslinien im Krisenfall wie der Depositenversicherung. Ob sich allerdings ein derartiges Vorhaben durchsetzen wird, bleibt wohl trotz der bestehenden Vorteile fraglich.

Ganz gleich, wie ein europäischer LOLR auszusehen hat, bleibt zu klären, wie die Finanzierung eines LOLR auf europäischer Ebene durchgeführt werden könnte:

Im Falle einer *generellen Finanzierung* über alle Länder hinweg würde die EZB im Falle einer Bankenkrise bzw. schon bei Anzeichen einer europaweiten Bankenkrise Anleihen emittieren, deren Beträge zusammen das Rekapitalisierungsvolumen der illiquiden Banken umfassen sollte. Die dabei für die Länder anfallenden Kosten im Sinne von Zinsen und möglichen Verlusten bei den Banken sollten dabei allgemein durch die Seignioragegewinne aller in diesem LOLR beteiligten Länder aufgebracht werden und zwar anteilsmäßig zum EZB-Kapitalschlüssel.[1349] Dabei werden alle beteiligten Länder zur Finanzierung herangezogen, unabhängig davon, ob das illiquide Finanzunternehmen regional ihnen zugerechnet werden kann. Damit wird zwar die allgemeine Stabilität des gesamten Währungsraumes – also auch nicht beteiligter und möglicherweise instabiler Länder – erhöht, allerdings ist das Bestreben stabiler Länder, diesem Modell beizutreten, eher gering, da sie vielmehr die Kosten der schwächeren Länder zu tragen hätten; eine allgemeine Verpflichtung zum Beitritt würde diesen Nachteil beseitigen.[1350] Möglich wäre dann eine Übertragung der Verantwortung auf den erweiterten EZB-Rat, um alle europäischen Länder in das Modell einzubeziehen.[1351] Eine Einigung auf diese Lösung stößt jedoch mit großer Wahrscheinlichkeit auf wenig Gefallen bei den Finanzministern, da es bedeutet, Fiskaltransfers an andere Länder zu leisten, zumal eine Ausdehnung auf außereuropäische Länder aufgrund der zunehmenden weltweiten Verzweigung von Finanzunternehmen zum Erhalt finanzieller Stabilität nicht außer Acht gelassen werden sollte.[1352]

So ist eine *speziellere Lösung* geeigneter. In diesem Falle kämen allein diejenigen Staaten für die Rekapitalisierung der von Liquiditäts- oder gar Solvenzproblemen

1347 Vgl. De Bandt, Hartmann (2000), Seite 11.
1348 Vgl. Wollgast (2001), Seite 11.
1349 Vgl. Goodhart, Schoenmaker (2006), Seite 41.
1350 Vgl. Dermine (2002), Seite 39f.
1351 Vgl. Goodhart, Schoenmaker (2006), Seite 44.
1352 Vgl. BIS (1998), Seite 166f.

betroffenen Banken auf, unter deren Rechtsprechung sie fallen.[1353] Damit erhalten diejenigen Staaten einen Nutzen, die auch dafür im Sinne einer Liquiditätshilfe aufkommen müssen.[1354] Der Nutzen könnte dabei der Erhalt der Vermögenswerte der jeweiligen unterstützten, international/europaweit tätigen Bank sein, da diese das Ausmaß potenzieller Wohlfahrtsverluste infolge liquidierter Kredite, eines Preisverfalls bei diesen Vermögenswerten, Bankenzusammenbrüchen und möglicher contagion am besten darstellen können.[1355]

Ungeachtet der Ausgestaltung eines derartigen europaweiten LOLR bleibt festzuhalten, dass das bisherige System im Sinne einer eher improvisierten Koordination sich eine größere Bankenkrise und deren Abhilfe nicht leisten kann, da ihm schlichtweg die Mittel fehlen werden, zumal eine Finanzierung ex post und die Festlegung der Aufteilung von Kosten hinterher zu schwerwiegenderen Problemen und Streits führen wird, als wenn dies bereits im Vorfeld geregelt werden würde.

Auch wenn man über die Ausgestaltung streiten könnte, wäre die speziellere Lösung womöglich von größerem Interesse, da weiterhin die *nationalen* Aufsichtsbehörden im Interesse der Kosten ihre Anstrengungen der Überwachung der Finanzmarktinstitutionen nicht einschränken würden (Moral Hazard in der Finanzmarktaufsicht).[1356]

Dies allerdings führt wieder darauf hin, dass im Falle einer *europaweiten* Überwachungsbehörde, die Koordination zu nationalen Behörden unbedingt verstärkt und darüber hinaus gesondert geregelt werden müsste, um Doppelarbeit zu vermeiden und auch den Informationsfluss zwischen den Verantwortlichen zu verbessern.[1357] Die Aufgaben der nationalen Behörden in einer einzigen gesamteuropäischen Behörde zu bündeln, ist dabei zu unterlassen, da nationale Behörden näher an der Basis sitzen und daher schneller und effizienter Informationen sammeln können.[1358] Auch politische

---

[1353] Einerseits übernimmt die Bundesanstalt für Finanzdienstleitungsaufsicht die Überwachung von Tochtergesellschaften/Zweigniederlassungen ausländischer Banken in Deutschland und stellt dem Ausland bei Bedarf Informationen über den finanziellen Zustand dieser Unternehmung zur Verfügung (vgl. §6, §8 Absatz 4 KWG). Andererseits ist die BaFin nicht für das Insolvenzverfahren dieser Töchter zuständig; dies liegt im Rechtsbereich des Herkunftslandes (vgl. § 46e KWG). Die EU-Verordnung 1346/2000 über Insolvenzverfahren dient der Vereinfachung des Insolvenzrechtes in Europa, indem der Mitgliedsstaat, in dem das Tochterunternehmen/die Niederlassung sitzt, berechtigt ist, ein Insolvenzverfahren über sie zu eröffnen, wobei Finanzinstitute von dieser Regelung ausgeschlossen sind. Die Heranziehung der Rechtsprechung scheint daher nicht anwendbar zu sein.

[1354] Da zum einen das Land, in dem sich die Niederlassung befindet, aufgrund des Reputationsverlustes für das eigene Bankensystem und zum anderen das Herkunftsland der Niederlassung aufgrund der möglichen systemischen Rückwirkungen auf die Muttergesellschaft und damit auf das Heimatland der Bank ein Interesse an der Liquiditätshilfe für das betroffene Institut besitzen, sollten *beide* Nationen an den Kosten anteilig herangezogen werden.

[1355] Vgl. Goodhart, Schoenmaker (2006), Seite 45f.

[1356] Problematisch könnte der Londoner Finanzplatz werden, da der Anteil europäischer Assets in GB größer ist als der Anteil britischer Assets in anderen europäischen Ländern. Nimmt Großbritannien an der Lösung nicht teil, würde man an Effizienz verlieren. Vgl. Goodhart, Schoenmaker (2006), Seite 46.

[1357] Vgl. Kahn, Santos (2004), Seite 5.

[1358] Vgl. Mayes, Nieto, Wall (2006), Seite 7.

Widerstände sind dabei zu berücksichtigen.[1359] Eine gesamteuropäische Überwachung paneuropäischer Großbanken setzt dabei aber eine effektive Vorarbeit für die Behebung von Bankenkrisen voraus und ist daher der erste Schritt in einem effizienten Krisenmanagement; erst als zweiter Schritt setzt die Entscheidung darüber ein, welchen der Banken in Liquiditätsnöten Hilfe angeboten werden sollte. Und erst im dritten Schritt sollte dann entschieden werden, wie die öffentlichen Mittel im Interesse der Steuerzahler verwendet werden sollten.[1360]

So wird deutlich, dass eine unmittelbare Koordination zwischen LOLR und Überwachungsbehörde dringend notwendig ist, da die Verlagerung des LOLR auf die europäische Ebene nicht ohne effektive Überwachung durchführbar ist.

Dass der LOLR entgegen den traditionellen Vorgaben auch individuellen Banken Unterstützung bieten sollte, bleibt dabei unbestreitbar. Infolge der zunehmenden Verzweigung und Vernetzung der einzelnen europäischen Bankensysteme könnte die Übertragung von Bankproblemen einer einzelnen Bank auf andere zunehmend wahrscheinlicher werden, zumal Liquiditätsprobleme am Interbankenmarkt nicht als Solvenzprobleme angesehen werden sollten. Dabei sollte jeder LOLR jedoch jederzeit als Kreditgeber der *letzten* Instanz gelten und erst dann einschreiten, wenn sämtliche anderen Maßnahmen als unzureichend für die Stabilität des Systems angesehen werden.

Man sieht dabei, dass die Aufgaben in Zukunft infolge der verstärkten Internationalisierung der Bankenstruktur zwar immer schwieriger und umständlicher werden und daher eine Änderung der Strukturen im Bereich Finanzmarktüberwachung und LOLR aus Sicht der zunehmenden Finanzmarktintegration und der grenzüberschreitenden Bankenaktivitäten unumgänglich wird, da das bisherige System der Entwicklung bis jetzt noch hinterherläuft.[1361] Dabei ist allerdings eine zunehmende Bürokratisierung oder eine zu starke Konzentration auf supranationaler Ebene in Europa ebenfalls zu vermeiden, um zu starre Regelungen und Institutionen und eine spätere Verkrustung der Strukturen im Vornherein zu verhindern. Vielmehr sind die nationalen Behörden auf die neuen Aufgaben und die verstärkte Zusammenarbeit vorzubereiten.[1362]

Um heftige Streitigkeiten und Konflikte zwischen den Staaten zu minimieren, sollten diese Aufgaben in nächster Zeit angegangen werden, damit nicht erst eine europaweite Bankenkrise zu übereilten und dann möglicherweise falschen Entscheidungen führt. So müssten sich alle Beteiligten bereits heute dieser Verantwortung bewusst werden, bevor es vielleicht zu spät sein könnte. Inwieweit eine Einigung jedoch gefunden wird – man beachte nur die Widerstände der deutschen Kreditwirtschaft gegenüber der Einführung einer europäischen Likobank –, ist auf gesamteuropäischer Ebene jedoch immer noch sehr fraglich. Wenn man die Ablehnung auf deutscher Seite betrachtet, wird wohl die Gegenwehr auf europäischer Seite auch aufgrund der bestehenden unterschiedlichen Interessen noch größer sein. Mit großer Wahrscheinlichkeit wird erst eine europaweite Bankenkrise notwendig sein, um die einzelnen Staaten von einer Verlagerung des bisherigen, nationalen LOLR auf die europäische Ebene zu ü-

[1359] Vgl. Boot (2003), Seite 4ff.
[1360] Vgl. Goodhart, Schoenmaker (2006a), Seite 14f.
[1361] Vgl. Bordo (2003), Seite 5ff.
[1362] Vgl. Borchgrevink (2004), Seite 162; Issing (2002), Seite 11.

berzeugen und die Lastenverteilung auf die nationale Ebene voranzubringen. In Sorge um Wirtschaftswachstum, Beschäftigung, etc. kann man allerdings nur hoffen, dass dieser Fall nicht eintreten wird.

5. Resümée

Die Struktur des Finanzsektors war in den letzten Jahren großen Veränderungen unterworfen. Der Trend zur Konsolidierung hat zum Entstehen einer größeren Anzahl von Großbanken geführt und die Grenzen zwischen Banken und Nichtbanken sind zunehmend unklarer geworden; zudem haben Finanzinstitutionen und Märkte eine globale Ausrichtung erfahren.

So bleibt die Frage, warum Banken noch immer Notfallhilfe durch Zentralbanken erfahren sollten, Nichtbanken aber nicht. Historisch betrachtet waren Banken von zwei bedeutenden Problemen umfangen: Der Verletzlichkeit gegenüber einem Vertrauensverlust ihrer Kunden und den negativen Effekten für die Wirtschaft bei ihrem Zusammenbruch. Der Vertrauensverlust konnte dabei infolge des fractional reserve banking bzw. der Ausübung der Transformationsfunktion der Banken schnell zur Illiquidität der Bank, fire sale Verkäufen ihrer Vermögenswerte und infolgedessen zu einem Überschwappen auf andere, bislang gesunde Banken mitsamt einer möglichen Insolvenz dieser Institutionen führen. Auch ist eine Übertragung der Illiquidität auf andere Banken über den Interbankenmarkt und/oder das Zahlungssystem denkbar. Der Zusammenbruch einer großen Bank oder mehrerer kleinerer Banken zu einer Angelegenheit wurde damit öffentlichen Interesses, um das Zahlungssystem, die Kreditvergabe oder die Funktionsweise der Ökonomie nicht zu gefährden. So führten diese negativen Effekte zur Einsicht, dass Interventionen durch öffentliche Instanzen, wenn nicht gar durch die Notenbank notwendig sind, um die Stabilität des Finanzsystems aufrecht zu erhalten.

Ein derartiges Krisenmanagement wurde dabei zu einem Teil eines größer angelegten Sicherheitsnetzes, welches Depositenversicherungen, Regulierung des Finanzsektors und seine Überwachung beinhaltet. Auf diese Weise hat die Einführung von Depositenversichrungen – zumindest in Industrieländern – die Wahrscheinlichkeit von Bank Runs verringert, wobei Banken dennoch noch immer durch Abzüge ungesicherter Depositoren (vor allem bei Interbankdepositen) verwundbar bleiben, was vorwiegend auf der Ineffizienz des Interbankenmarktes beruht.

Jedoch birgt eine derartige Versicherung nicht nur Vorteile; ein gewichtiger Nachteil besteht in den Auswirkungen auf die Marktdisziplin und Moral Hazard-Verhalten, weil Bankkunden weniger Anreize haben, ihre Bank bezüglich des eingegangenen Risikos zu überwachen, so dass die Kosten dieses erhöhten Risikos von der Finanzkraft der Depositenversicherung zu tragen sind. Folglich ist die Depositenversicherung immer durch eine geeignete Regulierung und Überwachung de Bankensektors zu ergänzen, um einerseits Moral Hazard und andererseits das Risikoverhalten der Banken zu reduzieren, welche selbst systemisches Risiko in ihr Handlungskalkül selbst nicht einbeziehen würden. Weil aber Depositenversicherungen, Regulierung und Überwachung das Risiko systemischer Bankenkrisen allein nicht ausschalten kann, ist ein Maßnahmenpaket notwendig, um illiquiden, aber nicht insolventen Banken eine Notfallhilfe anbieten zu können und damit die finanzielle Stabilität zu erhöhen.

Es ist dabei in letzter Zeit die Tendenz sichtbar geworden, zuerst eine private Lösung unter Einschaltung der Zentralbank zu generieren, da diese allein als allerletzte Instanz (ultima ratio) gelten sollte für die Lösung von Bankenkrisen. Das Ziel dabei ist Steuergelder zunächst nicht zur Problemlösung einsetzen zu müssen, wobei der Koordinationsaufgabe zumeist die Zentralbanken nachgekommen sind (siehe LTCM-Krise), weil diese eben an der Spitze des Geldsystems stehen. Gerade wenn es nur um Gerüchte über die Solvenz einer Bank geht, bietet sich die Zentralbank als Koordinator an, indem sie die Liquiditätsversorgung über den Interbankenmarkt sicherstellt und andere Banken von der Solvenz der betroffenen Bank überzeugt. Es wird allerdings stets schwierig sein, obige Koordinationsprobleme auf dem Interbankenmarkt zu lösen, so dass auch die Überwachungsbehörde, die in vielen (aber nicht in allen) Fällen wohl über bessere Informationen als der Markt verfügt, unbedingt involviert sein sollte.

Existiert dagegen ein echtes Solvenzproblem, so ist es Aufgabe der Notenbank für eine ordentliche Abwicklung der Bank oder eine Übernahme zu sorgen. Oftmals – so kann angenommen werden – bestehen nicht nur Gerüchte über eine mögliche Insolvenz der betroffenen Bank, sondern derartige Annahmen liegen zumeist in tatsächlichen Fakten begründet.

Derartige Lösungen von privater Seite aus sind zumeist in der Historie der Bankenentwicklung zu suchen, wie die Koordinationswahrnehmung der Bank von England bei der Baring-Krise 1890 oder auch das Clearinghaus-System in den USA. Damals schon bestand aber eine deutliche Divergenz zwischen konzertierter, privater Hilfe und Wettbewerb in diesen Bankensystemen. Dieser Wettbewerb ist aber in heutiger Zeit deutlich stärker geworden, so dass derartige Lösungen eher ineffektiver und weniger geworden sind.

Eine bedeutende Ausnahme ist allerdings die Likobank als deutscher Lender of Penultimate Resort, die mit Liquiditätsproblemen kleinerer Banken konfrontiert wird. Allerdings kann davon ausgegangen werden, dass größere Krisen oder größere Banken für derartige Institutionen wohl zu groß zu handhaben sind. So ist wahrscheinlich, dass es unter Umständen für private Lösungen nicht möglich sein wird, Liquiditätsprobleme einzelner Banken (die too big to fail sind) beheben zu können. Wenn damit unter bestimmten Umständen eine private Lösung zu scheitern droht – besonders wenn das Liquiditätsproblem den gesamten Bankensektor erfasst –, indem die Liquiditätsversorgung über den Interbankenmarkt scheitert, werden Zentralbanken normalerweise dem Markt ausreichend Liquidität bereitstellen unter der Voraussetzung, dass kein Solvenzproblem am Markt vorhanden ist.

Heutzutage versorgen Zentralbanken als Monopolist bezüglich der Geldbasis die Geschäftsbanken über Offenmarktoperationen oder auch wenn auch in geringerem Maße über ständige Fazilitäten, wobei diese Geschäfte durch im Voraus bestimmte, gute Sicherheiten abgedeckt sind. Sämtliche Liquiditätsbedürfnisse der Geschäftsbanken werden damit befriedigt, wenn die am Geldmarkt agierenden Geschäftsbanken ausreichend gute Sicherheiten aufweisen, und diese die erhaltene Liquidität an andere Marktteilnehmer weitergeben, die in keinem direkten Kontakt zur Zentralbank stehen. Damit wird ersichtlich, dass die Liquiditätsversorgung um so besser wird, je mehr Sicherheiten akzeptiert werden und je besser der Interbankenmarkt funktioniert, aber nur unter der Voraussetzung, dass eine Bank sich nicht zu oft um ständige Fazilitäten bemüht, da ansonsten die Zentralbank oder die überwachende Institution eine Insolvenz befürchtet und die Liquiditätsversorgung kappt.

So wird deutlich, dass reguläre Geschäfte auf klaren, im Voraus bestimmten Regeln beruht, während Notfallhilfe auf diskretionären Entscheidungen beruht und nur in ungewöhnlichen Umständen gewährt wird, wobei das Problem des Kreditrisikos für die Zentralbank dazu kommt, da die dargebotenen Sicherheiten trotz einer strengen Überwachung nicht unbedingt die anfallenden Belastungen abdecken.

Eine derartige Notfallhilfe, beispielsweise im Falle eines flight to quality, dient dazu die Liquiditätssituation des gesamten Bankensystems temporär zu erhöhen, indem möglicherweise das Ausmaß der akzeptierten Sicherheiten erweitert wird. Diese Hilfe in Notfällen ist dabei natürlich deutlich von der täglichen Liquiditätsversorgung in normalen Zeiten abzugrenzen, wobei allerdings die Grenzen zwischen beiden Maßnahmen fließend sind, da das Instrument in beiden Fällen die Offenmarktpolitik ist. So ist die Unterscheidung zwischen normaler Tagespolitik und LOLR-Hilfe gegenüber dem Markt ein Problempunkt der Untersuchung. Eine Unterscheidung ist daher nur insoweit möglich, da Notfallhilfe an den Markt als temporär gilt und nur in Ausnahmefällen gewährt wird, um nach einem Schock, den Druck vom Markt zu nehmen, während Veränderungen in der regulären Geldpolitik allein dem Erhalt der Preisstabilität dienen.

Aufgrund der mangelnden Unterscheidungsmöglichkeit zwischen illiquiden und insolventen Finanzinstitutionen wird heutzutage jedoch dafür plädiert, individuelle Hilfe an einzelne Institutionen zu gewähren. Wenn nämlich in einem Interbankenmarkt einzelne Geschäftsbanken keine Liquidität mehr erhalten, besteht immer der Verdacht der Insolvenz, weil auch auf entwickelten Finanzmärkten der Interbankenmarkt aufgrund unvollständiger Informationen, größerer Vorsicht in Krisenzeiten oder aufgrund Sorge um den späteren Erhalt eigener Kredite nicht immer reibungslos funktioniert und damit unter Umständen solvente Institutionen keine Möglichkeit mehr haben, Kredite zu erhalten.

Damit wird unter Vernachlässigung einer privaten Lösung die Notfallhilfe der Zentralbank durchaus gerechtfertigt. Nur wenn eine Geschäftsbank eindeutig insolvent ist, sollte sie liquidiert werden. Unter Umständen jedoch werden direkte Interventionen durchaus dringend, vor allem wenn Besorgnis über die Stabilität des Finanzsystems besteht, so dass die Kosten des Erhalts einer Bank als geringer eingeschätzt werden als ihr Zusammenbruch. Als Lösung bot sich in der Vergangenheit der vollständige Bailout der betroffenen Bank (in vielen Fällen nicht durch die Notenbanken sondern durch die Regierungen) an. Eine Begründung dieser Maßnahmen liegt darin, dass die Notenbank einerseits kaum Zeit hat, in Krisenzeiten zu entscheiden, ob eine Bank nur illiquide oder insolvent ist, andererseits eine falsche Entscheidung an Reputation kostet, wenn sich die unterstützte Bank im Nachhinein als insolvent herausstellt. Somit müssen die Kosten der Rettungsaktion mit den Kosten der Instabilität des Finanzmarktes abgewogen werden. Vor diesem Hintergrund wird eine Regierungsgarantie gerne akzeptiert.

Egal aber wie die LOLR-Hilfe gewährt wird, klar ist, dass eine zu freizügige Politik normal angesehen wird und so als Lender of Last Resort-Maßnahme nicht mehr gelten kann. Aus diesem Grund sollten Notfallkredite nach Maßgabe Bagehots nur zu im Vergleich zur Vorkrisenzeit höheren Zinsen angeboten werden, um auch die Notfallkredite zu beschränken und dem Moral Hazard-Verhalten zu entgegen, wobei der höhere Zins auch als gerechtfertigter Preis für die Hilfe gelten kann, der das Risiko der Zentralbank abdeckt. Nicht vernachlässigt werden sollte aber auch, dass es auch zu einem Kampf ums Überleben kommen kann, der bei den Geschäftsbanken zu höherem Risiko führt, oder dass es ein Signal an den Markt generiert, dass ein Bank Run angebracht erscheint. Aus diesem Grund wurde in der Vergangenheit Notfallhilfe ohne entsprechende Prämie gewährt, da dieses Risiko in heutiger Zeit unter der Annahme eines funktionierenden Interbankenmarktes gewachsen ist. Daher wurden von Seiten der Regulierungsbehörden verstärkt Informationen über die Banken verlangt.

Eine weitere Regel Bagehots war die Ankündigung der LOLR-Politik im Voraus von Krisen. Vor dem Hintergrund von Moral Hazard sind jedoch Notenbanken dazu übergegangen, diese Politik nicht mehr im Voraus anzukündigen, sie versuchen vielmehr ein gewisses Maß an Unsicherheit in den Prozess hineinzubringen, damit sich Banken zurückhaltender verhalten, wenn sie nicht wissen, ob ihnen geholfen wird oder nicht. Als Unsicherheitsaspekte werden darunter der Zeitpunkt der Hilfe und die Bedingungen der Hilfe verstanden. Wenn die Krise allerdings bereits eingetreten ist, so ist eine Bekanntmachung der Maßnahmen unumgänglich, um die Erwartungen am Markt zu stabilisieren.

Deutlich wird dabei, dass die Träger der Hilfe ein hohes Maß an Diskretionarität besitzen, welches einem Zeitinkonsistenzproblem unterliegt.

Die bereits angeführte, freizügige Politik kann aber auch an sich zu höherem Risiko bei den Geschäftsbanken führen, da das Risiko des Zusammenbruchs von ihnen genommen wird, aber auch das Risikoverhalten ihrer Kunden sich ändert, weil eine Überwachung aus Angst vor Verlusten unterbleiben kann. Dieses Risiko wurde schon frühzeitig erkannt, weshalb auch der Grundsatz guter Sicherheiten angewendet wird. Diese Regel gilt jedoch nur bei Liquiditätshilfe aber nicht bei Hilfe in Insolvenzfällen. Letztere Maßnahme kann aber unter Umständen wirtschaftlich gerechtfertigt sein, wenn die finanzielle Stabilität des Systems gefährdet erscheint oder wenn eine schnelle Unterscheidung unmöglich ist. Allerdings sind heute durch die Aufgabe des Goldstandards die Zentralbanken eigentlich keinem Liquiditätsproblem mehr unterworfen, weil sie jederzeit Geld dem Markt in unbegrenzter Höhe zur Verfügung stellen kann.

Betrachtet man die angeführten Argumente genauer, so wird aber auch deutlich, dass es unklar wird, wie bzw. ob heutzutage die klassischen Regeln des Lender of Last Resort noch angewendet werden können. Aus diesem Grund und den in heutiger Zeit vorzufindenden Konsolidierungs- und Globalisierungstendenzen galt daher abzustecken, inwieweit ein Lender heute noch notwendig sei bzw. ob er notwendiger ist als in früheren Zeiten, vor allem vor dem Hintergrund der Zunahme von Banken, die als too big to fail gelten könnten.

So kann die Gefahr einer massiven Bankenkrise mitsamt ihrer wohlfahrtsreduzierender Verluste als real angesehen werden, wie auch die Beispiele Finnlands oder Japans deutlich machten. Bezugnehmend auf obige Argumente ist es daher noch immer bedeutsam, dass sich Zentralbanken der wichtigen Aufgabe der Überwindung von Bankenkrisen annehmen, wobei die Berücksichtigung der Weiterentwicklungen des europäischen Finanzmarktes besonders beachtet werden sollte. Gerade Finanzinnovationen, Konsolidierungsmaßnahmen und Internationalisierungstendenzen haben ein (weiter zunehmendes) Netz direkter Verbindungen zu In- und Ausland und die Gefahr der contagion entstehen lassen, wobei auch das Risiko eines Vermögenspreiseinbruches oder auch nur einer steigenden Vermögenspreisvolatilität auf die Bankenbilanz nicht zu unterschätzen ist.

Die spannende Frage bleibt nun, ob die Europäische Zentralbank die bisherige nationale Aufgabe übernehmen sollte, Liquiditätshilfe an einzelne, paneuropäische Institutionen bereitzustellen. Eindeutig ist dabei, dass eine verstärkte Konzentration erfolgen sollte, die sich der drohenden Gefahr des Entstehens paneuropäischen Banken stellt. Dass der Vorschlag einer europaweiten Likobank allerdings deutlich abgelehnt wurde, ist abzusehen, dass eine derartige Aufgabenkonzentration wohl noch auf sich warten lässt. Man kann nur hoffen, dass sich eine Einigung noch vor einer ernsthaften Bankenkrise in Europa erzielen lässt.

Achleitner, A.-K., Behr, G. (2003): International Accounting Standards. Ein Lehrbuch zu internationaler Rechnungslegung; 3. Auflage, München, 2003.

Adalet, M. (2005): Fundamentals, Capital Flows and Capital Flight: The German Banking Crisis of 1931; in: Paper presented at the Sixth European Historical Economics Society Conference; Istanbul, September 2005.

Adie, D.K. (1970): English Bank Deposits before 1844; in: Economic History Review, Vol. 23, Nr. 2, 1970.

Afolabi, A. (2003): Determining the Adequacy of Maximum Deposit Insurance Coverage; in: Paper prepared for Africa Regional Committee's First Conference on Deposit Insurance, Nigeria, Juni 2003.

Aglietta, M. (2000): A Lender of Last Resort for Europe: in Goodhart, C.A.E. (Hrsg.): Which Lender of Last Resort for Europe?; London, 2000.

Aglietta, M., Scialom, L. (2003): The Challenge of European Integration for Prudential Policy; in: Paper prepared for the IADB seminar on financial safety nets, Washington D.C., Juni 2003.

Aharony, J., Swary, I. (1983): Contagion Effects of Bank Failures: Evidence from Capital Markets; in: Journal of Business, Vol. 56, Nr. 3, 1983.

Allen, F., Gale, D. (1998): Optimal Financial Crises, in: Journal of Finance, 53, 1998.

Allen, F., Gale, D. (2000): Financial Contagion, in: Journal of Political Economy, 108, 2000.

Allen, F., Gale, D. (2002): Liquidity, Asset Prices, and Systemic Risk; in: BIS Conference Papers "Risk Management and Systemic Risk", Oktober 2002.

Altunbas, Y., Ibánez, D.M. (2004): Mergers and Acquisitions and Bank Performance in Europe: The Role of Strategic Similarities; in: EZB Working Paper, Nr. 398, Oktober 2004.

Anderson, B.L., Cottrell, P.L. (1975): Another Victorian Capital Market: A Study of Banking and Bank Investors on Merseyside; in: Economic History Review, Vol. 28, Nr. 4, 1975.

Andersson, M.; Viotti, S. (1999): Managing and Preventing Financial Crises – Lessons from the Swedish Experience; in Swedish Riksbank Quarterly Review, 1/1999.

Armenian Deposit Guarantee Fund ADGF (2006): adgf@cba.am.

Arnon, A. (1999): Free (and Not So Free) Banking Theories Among the Classicals or Classical Forerunners of Free Banking and Why They Have Been Neglected; in: History of Political Economy, Vol. 31, Nr. 1, 1999.

Asian Development Bank (2001): Program Completion Report on the Second Financial Sector Program (Loan 1458-Lao [SF]) to the Lao People's Democratic Republic; Download von 04.04.2006 unter:
http://www.adb.org/Documents/PCRs/LAO/in16_02.pdf.

Bagehot (1999): Lombard Street: A Description of the Money Market; New York; Wiederabdruck des Werkes von 1873.

Balderston, T. (1991): German Banking between the Wars: The Crisis of the Credit Banks; in: Business History Review, Vol. 65, Nr. 3, Herbst 1991.

Bank of England (1694): Bank of England Act 1694; Download vom 16.02.04, unter: http://www.bankofengland.co.uk/about/legislation/1694act.pdf.

Bank of England (1844): Bank Charter Act 1844; Download vom 16.02.04, unter: http://www.bankofengland.co.uk/about/legislation/1844act.pdf.

Bank of England (1946): Bank of England Act 1946; Download vom 23.11.05, unter: http://www.bankofengland.co.uk/about/legislation/1946act.pdf.

Bank of England (1997): Memorandum of Understanding between HM Treasury, the Bank of England and the FSA; Download vom 24.11.05, unter:
http://www.bankofengland.co.uk/about/legislation/mou.pdf.

Bank of England (1998): Bank of England Act 1998; Download vom 23.11.05, unter: http://www.bankofengland.co.uk/about/legislation/1998act.pdf.

Bank of Japan (2005): Measures Taken by the Bank of Japan for Financial System Stability; in: Bank of Japan, Financial Stability Report, August 2005.

Bank for International Settlement (1991): Measuring and Controlling Large Credit Exposures; in: BIS Basel Committee Working Paper, Januar, 1991.

Bank for International Settlement (BIS) (1996): Settlement Risk in Foreign Exchange Transactions; BIS Working Paper März 1996.

Bank for International Settlement (BIS) (1997): Real-time Gross Settlement Systems: A Report Prepared by the Committee on Payment and Settlement Systems of the Central Banks of the G10 Countries; BIS Working Paper 1997.

Bank for International Settlement (BIS) (1998): Conclusions: identifying risk and preventive measures; in: BIS Annual Report, Nr. 68, 1998.

Bank for International Settlement (2003): Guide to the International Banking Statistics; in: BIS Papers, Nr. 16, 2003.

Bank for International Settlement (2003a): Payment and settlement systems in selected countries; in: Committee on Payment and Settlement Systems, Red Book, April 2003.

Bank for International Settlement (2005): New developments in large-value payment systems; in: Committee on Payment and Settlement Systems, Report, Mai 2005.

Bank for International Settlements (BIS) (2006): Year Book 2006, Statistical Annex.

Baring, Sir F. (1797): Observations on the Establishment of the Bank of England and on the Paper Circulation of the Country, London, 1797.

Barth, J.R., Nolle, D.E., Phumiwasana, T., Yago, G. (2002): A Cross-Country Analysis of the Bank Supervisory Framework and Bank Performance; in: Office of the Comptroller of the Currency, Economic and Policy Analysis Working Paper 2002-2.

Barton, D., Nevell, R., Wilson, G. (2003): An early warning system for financial crises. An excerpt from Dangerous Markets provides indicators to spot coming storms; in: McKinsey on finance, Frühjahr 2003.

Beck, T. (2001): Deposit Insurance as Private Club. Is Germany a Model?; in: The World Bank Policy Research Working Paper, Nr. 2559, 2001.

Beck, T. (2003): The Incentives Compatible Design of Deposit Insurance and Bank Failure Resolution. Concepts and Country Studies; in: The World Bank Policy Research Working Paper, Nr. 3034, Mai 2003.

Beck, T. Demirgüc-Kunt, A., Levine, R. (2003): Bank Concentration and Crises; in: World Bank Policy Research Working Paper, Nr. 3041, Mai 2003.

Becker, H.P., Peppmeier, A. (2002): Bankbetriebslehre; 5. Auflage, Ludwigshafen, 2002.

Beim, D.O. (2001): What Triggers a Systemic Banking Crisis?; in: Columbia University Working Paper, 2001.

Belaisch, A., Kodres, L., Levy, J., Ubide, A. (2001): Euro-Area Banking at the Crossroads; in: IMF Working Paper, Nr. 01/28, 2001.

Belke, A. (2001): Too Big To Fail – Bankenkonkurs, 'Bailout' und Wählerstimmenkalkül; in: Institut für Europäische Wirtschaft, Diskussionsbeiträge, Nr. 37, 2001.

Benston, G.J. (2004): What's Special About Banks?; in: The Financial Review, 39, 2004.

Benston, G.J., Kaufman, G.G. (1995): Is the Banking and Payments System Fragile?; in: Journal of Financial Services Research, Nr. 9, 1995.

Bental, B., Eden, B. (1998): The Real Effects of Reserve Requirements; in: University of Haifa, Working Paper, 1998.

Berger, A. N., Herring, R. J., Szegö, G. P. (1995): The Role of Capital in Financial Institutions; in: Journal of Banking and Finance, Vol.19, 1995.

Bernanke, B.; James, H. (1991): The Gold Standard, Deflation, and Financial Crisis in the Great Depression: An International Comparison, in: Hubbard, R.G. (Hrsg.): Financial Markets and Financial Crises, Chicago, 1991.

Bernauer, T., Koubi, V. (2004): Banking Crisis vs. Credit Crunch? Cross-Country Comparision of Policy Responses to Dilemmas in Banking Regulation; in: Berkeley Electronic Press, Business and Politics, Vol. 6, Nr. 2, 2004.

Bernstorff, C. von (1996): Finanzinnovationen – Anwendungsmöglichkeiten, Strategien, Beispiele; Wiesbaden, 1996

Bewley, T. (Hrsg.) (1987): Advances in the economic theory; Cambridge, 1987.

Bhattacharya, S., Boot, A.W.A., Thakor, A.V. (1998): The Economics of Bank Regulation; in: Journal of Money, Credit, and Banking, Vol. 30, Nr. 4, 1998.

Bhattacharya, S., Gale, D. (1987): Preference Shocks, Liquidity, and Central Bank Policy, in: Barnett, W., Singleton, K. (Hrsg.): New Approaches to Monetary Economics, New York, 1987.

Bhattacharya, S., Thakor, A. (1993): Contemporary Banking Theory; in: Journal of Financial Intermediation, 3.

Bieg, H. (1983): Bankbilanzen und Bankenaufsicht, München.

Binder, J.-H. (2004): Financial Markets Regulation and Deposit Insurance in Germany; in: Paper presented at the Third Annual IADI Conference, Brunnen, Schweiz, Oktober 2004.

Bini Smaghi, L. (2000): Who takes care of financial stability in Europe?; in: Bini Smaghi, L., Gros, D. (Hrsg.): Open issues in European central banking, London, 2000.

Bisignano, J.R., Hunter, W.C., Kaufman, G.G. (Hrsg.) (2000): Global Financial Crises: Lessons from Recent Events, Norwell/ Massachusetts, 2000.

Blejer, M.I., Feldman, E.V., Feltenstein, A. (1997): Exogenous Shocks, Deposit Runs and Bank Soundness: A Macroeconomic Framework; in: IMF Working Paper, Nr. 97/91.

Blinder, A.S., Wescott, R.E. (2001): Reform of Deposit Insurance: A Report to the FDIC; Washington, Federal Deposit Insurance Corporation.

Block, W., Garschina, K.M. (1996): Hayek, Business Cycles and Fractional Reserve Banking: Continuing the De-Homogenization Process; in: The Review of Austrian Economics, Vol. 9, Nr. 1, 1996.

Board of Governors at the Federal Reserve System (1971): Reappraisal of the Federal Reserve Discount Mechanism; Report of a System Committee; Washington D.C., 1971.

Boot, A.W.A. (2006): Supervisory Arrangements, LOLR and Crisis Management in a Single European Banking Market; in: Paper prepared for the Riksbank workshop on the future regulatory framework for banks in the EU, Februar 2006.

Boot, A.W.A. (2003): Regulatory and Supervisory Arrangements in the EMU: Some Issues; in: Paper presented at the Swedish Riksbank workshop; 2003.

Bordo, M.D. (1986): Financial Crises, Banking Crises, Stock Market Crashes, and the Money Supply: Some International Evidence, 1870 – 1933; in: Capie, F., Wood, G.E.: Financial Crisis and the World Banking System; London, 1987

Bordo, M.D. (1990): The Lender of Last Resort: Alternative Views and Historical Experience; in: Federal Reserve Bank of Richmond, Economic Review, January/February 1990.

Bordo, M.D. (1998): Commentary, in: Federal Reserve Bank of St. Louis Review, Mai/Juni 1998.

Bordo, M.D. (2003): Market Discipline and Financial Crisis Policy: An Historical Perspective; in: Paper presented at the Contemporary Economic Policy Session: Market Discipline in Banking: Theory, and Evidence. Western Economic Association International Meetings, Denver Colorado, 13. Juli 2003.

Bordo, M.D., Eichengreen, B., Klingebiel, D., Martinez-Peria, M.S. (2001): Is the Crisis Problem growing more Severe; in: Economic Policy, Vol. 16, Nr. 32, April 2001.

Bordo, M.D., Wheelock, D.C. (2004): Monetary Policy and Asset Prices: A Look Back at Past U.S. Stock Market Booms; in NBER Working Paper, Nr. 10704, 2004.

Borchgrevink, H., Moe, T.G. (2004): Management of financial crises in cross-border banks; in: Norges Bank, Economic Bulletin, 04 Q4.

Borio, C.E.V. (2005): Monetary and Financial Stability: so close and yet so far?; in: National Institute Economic Review, Nr. 192, April 2005.

Borio, C.E.V., Lowe, P. (2002): Assessing the risk of banking crises; in: BIS Quarterly Review, Dezember 2002.

Borio, C.E.V., White, W.R. (2004): Whither monetary and financial stability? The implications of evolving policy regimes; in: BIS Working Papers, Nr. 147, Februar 2004.

Born, K.E. (1977): Geld und Banken im 19. und 20. Jahrhundert; Stuttgart, 1977.

Börner, C.J. (1996): Entstehung und strukturelle Probleme des deutschen Bankensystems; in: Vortrag gehalten im Rahmen der Veranstaltung „Entwicklungen und Möglichkeiten des deutschen Bankensystems, Köln Juni 1996.

Boyd, J.H., Chang, C., Smith, B.D. (2004): Deposit insurance and bank regulation in a monetary economy: a general equilibrium decision; in: Economic Theory, Vol. 24, 2004.

Bossone, B. (2000): What Makes Banks Special? A Study of Banking, Finance, and Economic Development; in: World Bank, Policy Research Working Paper, Nr. 2408, 2000.

Bossone, B. (2001): A Proposal to Deregulate Banking: Comment on Thomas; in: Cato Journal, Vol. 21, Nr. 2, 2001.

Brandenburg, D. (1993): Die Amerikanische Sparkassenkrise, Bamberg, 1993.

Briault, C. (1999): The Rational for a Single National Financial Services Regulator; in: Financial Services Authority (FSA), Occasional Paper Series, Nr. 2, 1999.

Brownbridge, M. (1998): The Causes of Financial Distress in Local Banks in Africa and Implications for Prudential Policy; in: United Nations Conference on Trade and Development, Discussion Paper, Nr. 132, März 1998.

Broz, J.L., Grossman, R.S. (2004): Paying for Privilege: The Political Economy of Bank of England Charters, 1694-1844; in: Explorations in Economic History, Vol. 41, 2004.

Brüker, G. (1995): Probleme der Einlagensicherung inländischer Filialen ausländischer Kreditinstitute; Berlin 1995.

Brunner, K., Meltzer, A. (1971): The Uses of Money: Money in the Theory of an Exchange Economy; in: American Economic Review, Vol. 61, 1971.

Bruni, F., de Boissieu, C. (2000) : Lending of Last Resort and Systemic Stability in the Eurozone; in: Société Universitaire Européenne de Recherches Financières Working Paper, 2000.

Bryan, L.L. (1991): A Blueprint for Financial Reconstruction; in: Harvard Business Review, Vol. 69, Nr. 3, 1991.

Bryant, J. (1980): A Model of Reserves, Bank Runs, and Deposit Insurance, in: Journal of Banking and Finance, Nr. 4, 1980.

Buch, C. M., DeLong (2003): Determinants of Cross-Border Bank Mergers: Is Europe Different?; in: Herrmann, H., Lipsey, R. (Hrsg.): Foreign Direct Investment in the Real and Financial Sector of Industrial Countries, Berlin, 2003.

Buiter, W.-H. (1999): Alice in Euroland; forthcoming in: Journal of Common Market Studies, Vol. 37, Nr. 2, 1999; revisted version of the Paper presented at the Journal of Common Market Studies Annual Lecture, Dezember 1998.

Buiter, W.H. (2004): A Small Corner of Intertemporal Public Finance – New Developments in Monetary Economics: Two Ghosts, Two Eccentricities, a Fallacy, a Mirage and a Mythos; in: NBER Working Paper, Nr. 10524, 2004.

Bundesanstalt für Finanzdienstleistungsaufsicht (2005): Grundsatz II über die Liquidität der Institute gemäß § 11 KWG: Regelungen für E-Geld-Institute; in: Rundschreiben 5/2005 (BA).

Bundesanstalt für Finanzdienstleistungsaufsicht (2006): Historie, Download von 26.5.2006 unter: http://www.bafin.de/bafin/historie_ba.htm.

Bundesverband deutscher Banken (2005): Überblick über das Bankgewerbe in der Europäischen Union. Mengengerüst, Stand November 2005; Berlin 2005.

Bundesverband deutscher Banken (BdB) (2007): Einlagensicherung der privaten Banken. Antworten auf häufig gestellte Fragen; Download vom 10.01.2007, unter: http://www.bankenverband.de/channel/101832/art/885/index.html.

Burghof, H.-P., Rudolph, B. (1996): Bankenaufsicht – Theorie und Praxis der Regulierung; Wiesbaden, 1996.

Burghof, H.-P- (1998): Eigenkapitalnormen in der Theorie der Finanzintermediation, Berlin, 1998.

Burhop, C. (2006): Did banks cause the German industrialization; in: Explorations in Economic History, Vol. 43, 2006.

Busch, A. (2000): Keeping the state at arm's length: banking supervision and deposit insurance in Germany, 1974-1984; in: Bovens, M., Hart, P., Peters, B.G. (Hrsg.): Success and Failure in Public Governance: A Comparative Analysis, Cheltenham, 2001.

Busch, A. (2003): Institutionen, Diskurse und policy change: Bankenregulierung in Großbritannien und der Bundesrepublik; in: Czanda, R., Zintl, R. (Hrsg.): Politik und Markt; Politische Vierteljahresschrift Sonderheft 34/2003.

Busch, A. (2004): National Filters: Europeanisation, Institutions & Discourse in Banking Regulation; in: West European Politics, Vol. 27, Nr. 2, März 2004.

Büschgen, H.E., Börner, C.J. (2003): Bankbetriebslehre; 4. Auflage, Stuttgart.

Büschgen, H.E. (1998): Bankbetriebslehre, Bankgeschäfte und Bankmanagement, Wiesbaden.

Cabral, I., Dierick, F., Vesala, J. (2002): Banking Integration in the Euro Area; in: European Central Bank, Occasional Paper Series, Nr. 6, 2002.

Cagan, P. (1963): The First Fifty Years of the National Banking System – An Historical Appraisal; in: Carson, D. (Hrsg): Banking and Monetary Studies, Irwing, 1963.

Calomiris, C.W.; Gorton, G. (1991): The Origins of Banking Panics: Models, Facts, and Bank Regulation, in: Hubbard, R.G. (Hrsg.): Financial Crises and Financial Markets, Chicago, 1991.

Calomiris, C.W., Kahn, C. M. (1991): The Role of Demandable Debt in Structuring Optimal Banking Arrangements, in: American Economic Review, Vol. 81, Nr. 3, 1991.

Calomiris, C.W., Mason, J.R. (2000): Causes of U.S. Bank Distress During the Depression; in: NBER Working Paper Series, Nr. 7919, 2000.

Campbell, T.S., Kracaw, W.A. (1980): Information production, market signalling, and the theory of financial intermediation; in: Journal of Finance, No. 35.

Capie, F.H. (1993): History of Banking, Vol. 7; London, 1993.

Capie, F.H. (1998): Can there be an International Lender-of-Last-Resort?; in: Goodhart, C., Illing, G. (Hrsh.): Financial Crises, Contagion, and the Lender of Last Resort, Oxford, 2002.

Caprio, G., Honohan, P. (2002): Banking Policy and Macroeconomic Stability: An Exploration; in: The World Bank Policy Research Working Paper, Nr. 2856, 2002.

Caprio, G. Jr., Klingenbiel, D. (1996): Bank Insolvencies – Cross Country Experience, The World Bank, Policy Research Working Paper, Nr. 1620, 1996.

Carapella, F., Di Giorgio, G. (2004): Deposit Insurance, Institutions and Bank Interest Rates; in: Università LUISS Guido Carli (Rom) Working Paper, 2004.

Carey, M., Stulz, R.M. (2005): The Risk of Financial Institutions; in: NBER Working Paper, Nr. 11442, 2005.

Cargill, T.F. (2000): What Caused Japan's Banking Crisis?, in: Hoshi, T., Patrick, H. (Hrsg.): Crisis and Change in the Japanese Financial System, Norwell/ Massachusetts, 2000.

Carlson, M., Mitchener, K.J. (2005): Branch Banking, Bank Competition, and Financial Stability; in: Federal Reserve Board Finance and Economics Discussion Series, 2005-20.

Carron, A.S., Brumbaugh, R.D. Jr. (1991): The Viability of the Thrift Industry, in: Housing Policy Debate, Vol. 2, Nr.1, 1991.

Caruana, J. (2006): The implementation of basel II; in BIS Conference Papers, Mai 2006.

Cayseele van, P. (2002): Financial consolidation and liquidity: prudential regulation and/or competition policy; in: Paper prepared for the NBB-conference on "Efficiency and stability in an evolving financial system", Brussels, Mai 2004.

Chari, V.V. (1989): Banking without Deposit Insurance or Bank Runs: Lessons from a Model of the U.S. National Banking System; in: Federal Reserve Bank of Minneapolis, Quarterly Review, 1989.

Chari, V.V., Jagannathan, R. (1988): Banking Panics, Information, and Rational Expectations Equilibrium, in: Journal of Finance, 43, 1988.

Charumilind, C.; Wiwattanakantang (2003): Connected Lending: Thailand before the Financial Crisis; in: CEI Working Paper Series 2003-19.

Chen, Y. (1999): Banking Panics: The Role of the First-Come, First-Served Rule and Information Externalities; in: Goodhart, C., Illing, G. (2002): Financial Crises, Contagion, and the Lender of Last Resort, Oxford, 2002.

Chen, Y., Hasan, I. (2006): The transparency of the banking system and the efficiency of information-based bank runs; in: Journal of Financial Intermediation, Nr. 15, 2006.

Cifuentes, R. (2002): Deposit Insurance, Systemic Risk and Banking Concentration; in: Banco Central de Chile, Working Paper, preliminary draft, 2002.

Claassen, E.-M. (1980): Grundlagen der Geldtheorie; 2. Auflage, Berlin, 1980.

Clearing House Interbank Payment System (CHIPS) (2004): CHIPS Annual Statistic from 1970 to 2002; Download vom 21.11.2005, unter: http://www.chips.org./stats.htm.

Coleman, W.D. (1996): Financial Services, Globalization and Domestic Policy Change: A Comparison of North America and the European Union; London 1996.

Collins, M. (1983): Long-term Growth of the English Banking Sector and Money Stock, 1844-80; in: Economic History Review, Vol. 36, Nr. 3, 1983.

Collins, M. (1988): Money and Banking in the UK: A History; London, 1988.

Collins, M. (1989): The banking crisis of 1878; in: Economic History Review, Vol. 42, Nr. 4, 1989.

Collins, M. (1992): The Bank of England as lender of last resort, 1857-1878; in: Economic History Review, Vol. 45, Nr. 1, 1992.

Collins, M. (1995): Banks and industrial finance in Britain 1800-1939; Cambridge, 1995.

Committee on Payment and Settlement Systems (CPSS) (1996): Settlement Risk in Foreign Exchange Transactions, in: Report prepared by the Committee on Payment and Settlement Systems of the Central Banks of the Group of Ten Countries, BIS, März, 1996.

Committee on Payment and Settlement Systems (CPSS) (1998): Reducing foreign exchange settlement risk: a progress report; in: Bank for International Settlement, CPSS Publication, Nr. 26, Juli 1998.

Cordella, T., Yeyati, E.L. (2003): Bank bailouts: moral hazard vs. value effect; in: Journal of Financial Intermediation, 12 (2003).

Coval, J., Stafford, E. (2005): Asset Fire Sale (and Purchases) in Equity Markets; in: The International Center for Finance at the Yale School of Management, Seminar Paper, 2005.

Cowen, T., Kroszner, R.S. (1989): Scottish Banking Before 1845: A Model for Laissez-Faire?; in: Journal of Money, Credit, and Banking, Mai 1989.

Crockett, A. (1996): The Theory and Practice of Financial Stability; in: De Economist, Vol. 144(4).

Crockett, A. (1997): Why Is Financial Stability a Goal of Public Policy?; in: Federal Reserve Bank of Kansas City, Economic Review, Fourth Quarter 1997.

Cull, R., Senbet, L.W., Sorge, M. (2003): Deposit Insurance and Financial Development; in: The World Bank Policy Research Working Paper, Nr. 2682, 2003.

Cull, R., Senbet, L.W., Sorge, M. (2005): Deposit Insurance and Financial Development; in Journal of Money, Credit, and Banking, Vol. 37, Nr. 1, Februar 2005).

Curry, T., Shibut, L. (2001): The Cost of the Savings and Loan Crisis: Truth and Consequences, FDIC Banking Review, 2001.

Dale, R. (1998): Risk Management and Public Policy in Payment, Clearing and Settlement Systems; in: International Finance, Vol. 1, Nr. 2, 1998.

Dale, R. (2000): Deposit Insurance in Theory and Practice; in: Société Universitaire Européenne de Recherches Financières, Working Paper, Amsterdam, 2000.

Das, U.S., Quintyn, M., Chenard, K. (2004): Does Regulatory Governance Matter for Financial System Stability? An Empirical Analysis; in: IMF Working Paper, Nr. 04/89.

Davies, G. (2002): A history of money from ancient times to the present day; 3. Auflage, Cardiff, 2002.

Davies, P.E. (1995): Debt, Financial Fragility, and Systemic Risk; Oxford, 1995.

De Bandt, O., Hartmann, P. (2000): Systemic Risk: A Survey, in: ECB Working Paper, Nr.35; 2000.

De Bandt, O., Hartmann, P. (2002): What is Systemic Risk Today, in: Bank of Japan, IMES Working Paper, 2002.

De Bonis, R., Giustiniani, A., Gomel, G. (1999) : Crises and Bail-Outs of Banks and Countries : Linkages, Analogies, and Differences ; in : World Economy, Vol. 22, Nr. 1, 1999.

De Boyer des Roches, J., Rosales, R. S. (2003): The classical Approaches of the lender of last resort. From Baring to Hawtrey, in: Cahiers d'Economie Politique, Nr. 45, Ed. L'Harmattan; Paris, 2003. Publication of the international conference on The Lender of Last Resort, Paris, September 2002.

De Cecco, M. (1999): The Lender of Last Resort; in: Economic Notes, Vol. 28, Nr. 1, April 1999.

De Juan, A. (1988): From Good Bankers to Bad Bankers; in: Caprio, G., Honohan, P., Vittas, D. (Hrsg.): Financial Sector Policy for Developing Countries: A Reader, The World Bank, 2000.

Dell' Arciccia (1998): Asymmetric Information and the Market Structure of the Banking Industry; in: IMF Working Paper, Nr. 92.

Delston, R.S., Campbell, A. (2002): Emergency Liquidity Financing by Central Banks: Systemic Protection or Bank Bailout?; in: Paper Presented at the IMF Legal Department and IMF Institute Seminar on Current Developments in Monetary and Financial Law, Mai 2002.

Demirgüc-Kunt, A., Detragiache, E. (1997): The Determinants of Banking Crises: Evidence from Developing and Developed Countries; in: IMF Working Paper, Nr. 106, September 1997.

Demirgüc-Kunt, A., Detragiache, E. (1999): Does Deposit Insurance Increase Banking System Stability? An Empirical Investigation; in: The World Bank Policy Research Working Paper, Nr. 2247, 1999.

Demirgüc-Kunt, A., Detragiache, E., Gupta, P. (2000): Inside the Crisis: An Empirical Analysis of Banking Systems in Distress, The World Bank, Policy Research Working Paper, Nr. 2431, 2000.

Demirgüc-Kunt, A., Kane, E.J. (2001): Deposit Insuranc Around the World: Where Does It Work?; in: The World Bank Policy Research Working Paper, Nr. 2679, 2001.

Demirgüc-Kunt, A., Kane, E.J. (2004): Deposit Insurance: Handle with Care; in: Ahumada, L.A., Fuentes, J.R. (Hrsg.): Banking Market Structure and Monetary Policy; Central Bank of Chile, 2004.

Demirgüc-Kunt, A., Kane, E.J., Laeven, L. (2006): Deposit Insurance Design and Implementation: Policy Lessons from Research and Practice; in: The World Bank Policy Research Working Paper, Nr. 3969, 2006.

Demirgüc-Kunt, A., Kane, E.J., Laeven, L. (2006a): Determinants of Deposit-Insurance: Adoption and Design; in: The World Bank Policy Research Working Paper, Nr. 3849, 2006.

Demirgüc-Kunt, A., Karacaovali, B., Laeven, L. (2005): Deposit Insurance around the World: A Comprehensive Database; in: The World Bank Policy Research Working Paper, Nr. 3628, 2005.

Demirgüc-Kunt, A., Sobaci, T. (2000): Deposit Insurance Around the World: A Data Base; in: The World Bank Economic Reciew, Vol. 15 (3), preliminary draft 2000.

De Nicoló, G., Bartholomew, P., Zaman, J., Zephirin, M. (2003): Bank Consolidation, Internationalization, and Conglomeration: Trends and Implications for Financial Risk; in: IMF Working Paper, Nr. 03/158.

De Nicoló, G., Kwast, M.L. (2001): Systemic Risk and Financial Consolidation: Are They Related; in: Paper presented at the Bank of England Conference "Banks and Systemic Risk", Mai 2001.

Deutsche Bank (1974): Geschäftsbericht für das Jahr 1974; Deutsche Bank AG, Frankfurt am Main, 1974.

Dermine, J. (2002): European Banking: Past, Present and Future; in: Paper presented at the Second Central Banking Conference "The Transformation of the European Financial System"; Frankfurt am Main; Oktober 2002.

Deutsche Bundesbank (1976): Die Sofortnovelle zum Kreditwesengesetz; in: Deutsche Bundesbank, Monatsbericht Juli 1976.

Deutsche Bundesbank (1992): Die Einlagensicherung in der Bundesrepublik Deutschland; in: Deutsche Bundesbank Monatsbericht, Juli 1992.

Deutsche Bundesbank (1995): Die Geldpolitik de Bundesbank; Frankfurt am Main, 1995.

Deutsche Bundesbank (1997): Asset-Backed Securities in Deutschland: Die Veräußerung und Verbriefung von Kreditforderungen durch Deutsche Kreditinstitute; in: Deutsche Bundesbank Monatsbericht, Juli 1997.

Deutsche Bundesbank (2000): Einlagensicherung und Anlegerentschädigung in Deutschland; in: Deutsche Bundesbank Monatsbericht, Juli 2000.

Deutsche Bundesbank (2000a): Die Mitwirkung der Deutschen Bundesbank an der Bankenaufsicht; in: Deutsche Bundesbank Monatsbericht, September 2000.

Deutsche Bundesbank (2001): Die neue Baseler Eigenkapitalvereinbarung (Basel II); in: Deutsche Bundesbank Monatsbericht April 2001.

Deutsche Bundesbank (2003): Validierungsansätze für interne Ratingsysteme; in Deutsche Bundesbank, Monatsbericht, September 2003.

Deutsche Bundesbank (2004): Neue Eigenkapitalanforderungen für Kreditinstitute (Basel II); in: Deutsche Bundesbank, Monatsbericht, September 2004.

Deutsche Bundesbank (2004a): Bericht zur Stabilität des deutschen Finanzsystems; in: Deutsche Bundesbank, Monatsbericht, Oktober 2004.

Deutsche Bundesbank (2005): Wirtschaftliche Perspektiven in Deutschland, in: Auszüge aus Presseartikeln, 8.12.2005.

Deutsche Bundesbank (2005a): Vermögensbildung und Finanzierung im Jahr 2004; in: Deutsche Bundesbank, Monatsbericht, Juni 2005.

Deutsche Bundesbank (2005b): Finanzstabilitätsbericht; Frankfurt am Main, November 2005.

Deutsche Bundesbank (2005c): Die Aufsicht über Finanzkonglomerate in Deutschland; in: Deutsche Bundesbank Monatsbericht, April 2005.

Deutsche Bundesbank (2005d): Der Weg zum einheitlichen Euro-Zahlungsverkehrsraum; in: Deutsche Bundesbank Monatsbericht, Dezember 2005.

Deutsche Bundesbank (2006): Statistiken über den Zahlungsverkehr in Deutschland 2001 – 2005, Stand Oktober 2006.

Deutsche Bundesbank (2006a): Bankstatistische Gesamtrechnung in der Europäischen Währungsunion; Deutscher Beitrag; in: Deutsche Bundesbank Monatsbericht Januar 2007.

Deutsche Bundesbank (2006b): Vermögensbildung und Finanzierung im Jahr 2005; in: Deutsche Bundesbank Monatsbericht, Juni 2006.

Deutsche Bundesbank (2006c): Neue Entwicklungen bei Zahlungskarten und innovativen elektronischen Bezahlverfahren; in: Deutsche Bundesbank, Monatsbericht, Dezember 2006.

Deutsche Bundesbank (2006d): Target – Merkmale; Download vom 05.07.2006 unter: http://www.bundesbank.de/zahlungsverkehr/zahlungsverkehr_target_merkmale.php.

Deutsche Bundesbank (2006e): Regulierung von Wertpapiermärkten: Internationale Ansätze; in: Deutsche Bundesbank Monatsbericht, Januar 2006.

Deutsche Bundesbank (2006f): Bankstellenstatistik 2006, Stand 31.12.2005.

Deutsche Bundesbank (2006g): Verzeichnis der Kreditinstitute und ihrer Verbände sowie der Treuhänder für Kreditinstitute in der Bundesrepublik Deutschland; in: Deutsche Bundesbank, Bankgeschäftliche Informationen 2, 2006.

Deutsche Bundesbank (2006h): Die Deutsche Bundesbank. Aufgabenfelder, rechtlicher Rahmen, Geschichte; Frankfurt am Main, April 2006.

Deutsche Bundesbank (2006i): Finanzstabilitätsbericht; Frankfurt am Main, November 2006.

Deutsche Bundesbank (2006j): Die Ertragslage der deutschen Kreditinstitute im Jahr 2005; in: Deutsche Bundesbank Monatsbericht, September 2006.

Deutsche Bundesbank (2006k): Stabilität sichern: Die Deutsche Bundesbank im Europäischen System der Zentralbanken; Frankfurt am Main, August 2006.

Deutsche Bundesbank (2007): Aktienumlauf zu Kurswerten (Marktkapitalisierung)/ Banken (MFIs); in: Deutsche Bundesbank, Zeitreihen-Datenbank, Zeitreihe wu081u, Stand: 01.02.2007.

Deutscher Bundestag (1968): Bericht der Bundesregierung über die Untersuchung der Wettbewerbsverschiebungen im Kreditgewerbe und über eine Einlagesicherung; in: Bundestags-Drucksache, V/3500.

Deutsches Handelsgesetzbuch, 43. Auflage, München, 2005.

De Vries, C.G. (2004): The Simple Economics of Bank Fragility; in: Bundesbank, Conference Papers, 2004.

Devriese, J., Mitchell, J. (2005): Liquidity risk in securities settlement; in: National Bank of Belgium Working Papers Research Series, Nr. 72, Juli 2005.

Diamond, D.W., Dybvig, P. H. (1983): Bank Runs, Deposit Insurance, and Liquidity, in: Journal of Political Economy, Vol. 91, Nr. 3, 1983.

Diamond, D.W., Rajan, R.G. (2002): Liquidity Shortage and Banking Crises; in: IMF Staff Papers, 00-00, 2002.

Diamond, D.W. (1996): Financial Intermediation as Delegated Monitoring: A Simple Example; in: Federal Reserve Bank of Richmond Economic Quarterly, Vol. 82/3, 1996.

Die Zeit (2003): Die Herren des Geldes haben Angst. Spitzentreffen beim Kanzler: Warum die angeschlagenen Banken zur Gefahr für die Konjunktur werden, Artikel vom 27.02.2003.

Donaldson, R.G. (1992): Sources of Panics; in: Journal of Monetary Economics, Nr. 30, 1992.

Dowd, K. (1990): The Case for Free Banking; in: Economic Affairs, August/September 1990.

Dowd, K. (1992): Models of Banking Instability: A Partial Review of the Literature; in: Journal of Economic Surveys, Vol. 6, Nr. 2, 1992.

Dowd, K. (1993): Laissez-faire banking; London 1993.

Dowd, K. (1999): Too Big to Fail? Long Term Capital Management and the Federal Reserve; in: CATO Institute Briefing Papers, September 1999.

Dowd, K. (2000): Bank Capital Adequacy versus Deposit Insurance; in: Journal of Financial Services Research, Vol. 17, Nr. 1, 2000.

Dowideit, A. (2005): Landesbanken gründen "Bad Bank". Gemeinschaftsunternehmen mit japanischer Shinsei Bank und US-Investor Flowers geplant; in: Die Welt, Artikel vom 30.06.2005.

Duffy, I.P.H. (1982): The Discount Policy of the Bank of England During the Suspension of Cash Payments, 1797-1821; in Economic History Review, Vol. 35, Nr. 1, 1982.

Dwyer, G.P.Jr. (1996): Wildcat Banking, Banking Panics, and Free Banking in the United States; in: Federal Reserve Bank of Atlanta, Economic Review, Dezember 1996.

Dymski, G.A. (2002): The Global Bank Merger Wave: Implications for Developing Countries; in: University of California, Working Paper, April 2002.

ECOFIN Council of the European Union (2004): Draft Council Conclusions on the FSC's report on financial integration; in: ECOFIN 186 EF 25, 9799/04, Mai 2004.

Economides, N., Hubbard, R.G., Palia, D. (1999): Federal Deposit Insurance: Economic Efficiency or Politics?; in: The CATO Review of Business and Government, Vol. 22, Nr. 3, 1999.

Edwards, S. (2000): Contagion; in: World Economy, 23(7), 2000; Download vom 02.03.2005 unter:
http://www.anderson.ucla.edu/faculty/sebastian.edwards/world_economy5.pdf.

Ehrmann, M., Gambacorta, L., Martínez-Pagés, J., Semestre, P., Works, A. (2001): Financial Systems and the Role of Banks in Monetary Policy Transmission in the Euro Area; in: EZB Working Paper, Nr. 105, 2001.

Eichengreen, B. (2004): Financial Stability; in: International Task Force on Global Public Goods Working Paper, Januar 2004.

Eichengreen, B., Mitchener, K. (2003): The Great Depression as a credit boom gone wrong; in: BIS Working Papers, Nr. 137, 2003.

Eijffinger, S.C.W., Hoeberichts, M.M. (2000): Central Bank Accountability and Transparency: Theory and Some Evidence; in Deutsche Bundesbank, Economic Research Centre Discussion Paper Nr. 6/00, 2000.

Eilenberger, G. (1995): Überblick über produktbezogene Finanzinnovationen unter Gesichtspunkten der Rechnungslegung; in: BFuP 2/1995

Elgie, R.; Thompson, H. (1998): The Politics of Central Banks; London, 1998.

Elliehausen, G. (1998): The Cost of Bank Regulation: A Review of the Evidence; in: Board of Governors of the Federal Reserve System, Working Paper, 1998.

Elizalde, A. (2006): From Basel I to Basel II: An Analysis of the Three Pillars; in: CEMFI Job Market Paper, 2006.

Engerer, H., Schrooten, M. (2005): Deutschlands Bankensektor. Perspektiven des Dreisäulensystems; Baden-Baden, 2005.

Engle, R.F., Rangel, J.G. (2004): The Spline-GARCH Model for Low Frequency and its Global Macroeconomic Causes; in: Czech National Bank Working Paper, 2004, überarbeitete Version 2005.

Ennis, H.M, Keister, T. (2003): Economic Growth, Liquidity, and Bank Runs; in: Federal Reserve Bank of Richmond Working Paper, 03-01, 2003.

Ennis, H.M., Keister, T. (2006): Banking Policy without Commitment: Suspension of Convertibility taken Seriously; in: 2006 Meeting Papers of the Society of Economic Dynamics, Nr. 464, 2006.

Ennis, H.M., Malek, H.S. (2005): Bank Risk of Failure and the Too-Big-to-Fail Policy; in: Federal Reserve Bank of Richmond, Economic Quarterly Volume 91/2, Frühjahr 2005.

Erlei, M., Leschke, M., Sauerland, D. (1999): Neue Institutionenökonomik; Stuttgart, 1999.

Esen, R. (2001): The transition of German universal banks; in: Journal of International Banking Regulation, Vol. 2, Nr. 4, 2001.

ESZB-Satzung (1992): Protocol on the Statute of the European System of Central Banks and of the ECB; OJ C 191, 29.07.1992; Download vom 23.11.2005 unter: http://www.ecb.int/ecb/legal/pdf/en_protocol_18.pdf.

Europäische Kommission (2000): Bericht der Kommission an den Rat und das Europäische Parlament über die Anwendung von Artikel 7 Absatz 1 ("Nichtausfuhrklausel") der Richtlinie über Einlagensicherungssysteme (97/9/EG), KOM (2000) 81, Brüssel, 16.02.1000; Download vom 09.10.2005 unter: http://europa.eu.int/eur-lex/LexUriServ/site/de/com/2000/com2000_0081de01.pdf.

Europäische Zentralbank (EZB) (2000): Issues arising from the emergence of electronic money; in: EZB Monatsbericht, November 2000.

Europäische Zentralbank (2000a): The Euro: Integrating Financial Services; Frankfurt am Main, 2000.

Europäische Zentralbank (2002): Target Interlinking User Requirements, November 2001 edition; Frankfurt am Main, Juni 2002.

Europäische Zentralbank (EZB) (2005): EU banking sector stability, Oktober 2005.

Europäische Zentralbank (EZB) (2006): EU banking sector stability, November 2006.

Europäische Zentralbank (EZB) (2006a): EU Banking Structures; Oktober 2006.

EU-Vertrag (1992): Treaty on European Union; OJ C 191, 29.07.1992; Download vom 23.11.2005 unter: http://www.ecb.int/ecb/legal/pdf/maastricht_en.pdf.

EU-Vertrag (2006): Konsolidierte Fassung über die Europäische Union und des Vertrags zur Gründung der Europäischen Gemeinschaft; in: Amtsblatt der Europäischen Union, C 321 E/1, 29.12.2006; Download vom 01.02.2007 unter: http://eur-lex.europa.eu/LexUriServ/site/de/oj/2006/ce321/ce32120061229de00010331.pdf.

Falkena, H., Bamber, R., Llewellyn, D., Store, T. (2001): Financial Regulation in South Africa; in: South African Reserve Bank Financial Stability Board, Report, 2001.

Fama, E. (1980): Banking in the theory of finance; in: Journal of Monetary Economics, Nr. 6, 1980.

Food and Agriculture Organization (of the United Nations) (1997): Safeguarding Deposits: Learning from Experience; Agricultural Services Bulletin, Nr 116.

Federal Deposit Insurance Corporation (1997): History of the Eighties: Lessons for the future, Vol. 1, An Examination of the Banking Crisis of the 1980s and Early 1990s, Washington, DC, 1997.

Federal Deposit Insurance Corporation FDIC (1998): The FDIC and RTC experience – Managing the Crisis; Washington D.C., 1998.

Federal Deposit Insurance Corporation FDIC (1998a): A Brief History of Deposit Insurance in the United States; in: Paper prepared for the International Conference on Deposit Insurance, Washington D.C., September 1998.

Federal Deposit Insurance Corporation FDIC (2002): Interrelationship among Safety-Net Participants; in: FDIC Discussion Papers: Guidance for Developing Effective Deposit Insurance Systems, Washington D.C.

Federal Deposit Insurance Corporation FDIC (2006): Historical Statistics on Banking. Index to Notes on Insured Commercial Banks; Download vom 24.02.2006 unter: http://www2.fdic.gov/hsob/HSOBNotes.asp.

Federal Reserve System FED (2003): Capital Standards for Banks: The Evolving Basel Accord; in: Federal Reserve Bulletin September 2003.

Federal Reserve System FED (2004): Fedwire and Net Settlement Statistics: Annual Volume and Value; Download unter:
http://www.federalreserve.gov/paymentsystems/fedwire/annual.pdf.

Federal Reserve System (2007): The Federal Reserve Discount Window and Payment System Risk. Historical Discount Rates; Download vom 13.01.2007 unter :
http://www.frbdiscountwindow.org/historicalrates.cfm?hdrID=20&dtlID.

Federal Reserve Bank of New York (2004): The U.S. Payment System: Putting It All Together; Download vom 12.12.2005 unter:
http://www.ny.frb.org/bankinfo/payments/gi_part6.html.

Financial Stability Forum FSF (2001): Guidance for Developing Effective Deposit Insurance Systems; FSF Final Report, Basel, September, 2001.

Financial Stability Forum (2001a): Working Group on Deposit Insurance. Progress Report, Basel 2001.

Feldstein, M., Hrsg.(1991): The Risk of Economic Crises, Chicago, 1991.

Feinman, J.N. (1993): Reserve Requirements: History, Current Practice, and Potential Reform; in: Federal Reserve Bulletin, Juni, 1993.

Fink, G., Haiss, P.R. (1999): Bank failure and lemming behaviour; in: European Business Journal, 1999.

Fischer, K.-H., Pfeil, C. (2003): Regulation and Competition in German Banking: An Assessment; in: CFS Working Paper, Nr. 2003/19.

Fischer, O. (1975): Funktion und Wirkungsweise der Liquiditäts-Konsortialbank GmbH; in: Österreichisches Bankarchiv, Nr. 1, 1975.

Fischer, S. (1999): On the Need of am International Lender of Last Resort; in: Goodhart, C., Illing, G. (Hrsg.): Financial Crises, Contagion, and the Lender of Last Resort, Oxford, 2002.

Fisher, I.N. (1936): 100% Money, New York, 1936.

Flannery, M.J. (1996): Financial Crises, Payment System Problems, and Discount Window Lending (excerpts); in: Goodhart, C., Illing, G. (Hrsg.): Financial Crises, Contagion, and the Lender of Last Resort, Oxford, 2002.

Folkerts-Landau, D., Garber, P., Schoenmaker, D. (1996): The Reform of Wholesale Payment Systems and its Impact on Financial Markets; in: IMF Working Paper, Nr. 96/37, 1996.

Francis, J. (1848): History of the Bank of England, Volume 1; 3. Auflage, London, 1848.

Francis, J. (1848a): History of the Bank of England, Volume 2; 3. Auflage, London, 1848.

Franke, D. (2003): Großbanken: Internationalisierung ungebrochen; in: Die Bank, Online Ausgabe, Nr. 5/2003.

Franke, G. (1998): Notenbank und Finanzmärkte; in: Deutsche Bundesbank (Hrsg.): Fünfzig Jahre Deutsche Mark. Notenbank und Währung in Deutschland seit 1948; München, 1998.

Frankfurter Allgemeine Zeitung FAZ (2003): Idee einer Auffanggesellschaft für Kredite stößt auf Ablehnung; in: FAZ vom 25.02.2003.

Fratianni, M., Pattison, J. (2001): International Lender of Last Resort: A concept in search of a meaning; in: mimeo.

Freedman, C., Goodlet, C. (1997): The Financial Services Sector: Past Changes and Future Prospects; in: Paper presented at the Ditchley Canada Conference, 1997.

Freixas, X. (1999): Optimal Bail-Out, Conditionality and Creative Ambiguity; in: CEPR Discussion Paper, Nr. 2238, 1999.

Freixas, X. (2003): Crisis Management in Europe; in: Kremers, J., Schoenmaker, D., Wierts, P. (Hrsg.): Financial Supervision in Europe; Cheltenham, 2003.

Freixas, X., Rochet, J.-C. (1997): Microeconomics of Banking, MIT Press, 1997.

Freixas, X., Giannini, C., Hoggarth, G., Soussa, F. (1999): Lender of Last Resort: A Review of the Literature; in: Goodhart, C., Illing, G. (Hrsg.): Financial Crises, Contagion, and the Lender of Last Resort, Oxford, 2002.

Freixas, X, Giannini, C.. Hoggarth, G., Soussa, F. (2000): Lender of Last Resort: What Have We Learned since Bagehot?; in: Journal of Financial Services Research, 18:1, 2000.

Freixas, X., Parigi, B.M., Rochet, J.-C. (2003): The Lender of Last Resort: A 21st Century Approach; in: ECB Working Paper, Nr. 298, Dezember 2003.

Freixas, X., Santomero, A.M. (2003): An Overall Perspective on Banking Regulation; in: UPF, Economic and Business Working Paper, Nr. 664, 2003.

Friedman, M. (1953): A Monetary and Fiscal Framework for Economic Stability; in: Friedman, M. (1953): Essays in Positive Economics; Chicago, 1953. Erstveröffentlichung in: The American Economic Review, Vol. 38, 1948; wiederabgedruckt in: Lutz, F.A., Mint, L.W. (Hrsg.): Readings in Monetary Theory, Homewood, Ill., 1951.

Friedman, M. (1959): A Program for Monetary Stability; New York, 1959.

Friedman, M. (1986): Economists and Economic Policy; in: Economic Inquiry, Januar 1986.

Friedman, M., Schwartz, A.J. (1963): A Monetary History of the United States, 1867-1960; Princeton, 1963.

Fritz-Gibbon, B., Gizycki, M. (2001): A History of Last-Resort Lending and other Support for Troubled Financial Institutions in Australia; in: Reserve Bank of Australia, Research Discussion Paper, 2001-07.

Frydl, E.J., Quintyn, M. (2000): The Benefits and Costs of Intervening in Banking Crises; in: International Monetary Fund Working Paper, Nr. 147, 2000.

Furfine, C.H. (1999): Interbank Exposures: Quantifying the Risk of Contagion; in: BIS Working Papers, Nr. 70, Juni 1999.

Furfine, C.H. (2002): The interbank market during a crisis; in: European Economic Review, Vol. 46.

Furlong, F.T., Keely, M.C. (1989): Capital Regulation and Bank Risk-Talking: A Note, Journal of Banking and Finance, Vol. 13, Nr. 6, 1989

Galati, G. (2002): Settlement risk in foreign exchange markets and CLS Bank; in: BIS Quarterly Review, Dezember 2002.

Gale, D., Vives, X. (2002): Dollarization, Bailouts, and the Stability of the Banking System; in: The Quarterly Journal of Economics, Mai 2002.

Galos, P. Soramäki, K. (2005): Systemic Risk in Alternative Payments System Design; in: ECB Working Paper Series, Nr. 508, Juli 2005.

Garcia, G.G.H. (1996): Deposit Insurance: Obtaining the Benefits and Avoiding the Pitfalls; IMF Working Paper, Nr. 96/83.

Garcia, G.G.H. (1999): Deposit Insurance: A Survey of Actual and Best Practices; in: IMF Working Paper, Nr. 99/54.

Garcia, G.G.H., Nieto, M.J. (2005): Banking crisis management in the European Union: Multiple regulators and resolution authorities; in: Journal of Banking Regulation, Vol. 6, Nr. 3, 2005.

Garcia, G.G., Prast, H. (2004): Depositor and investor protection in the Netherlands: past, present and future; in: De Nederlandsche Bank, Occasional Studies, Vol. 2, Nr. 2, 2004.

Gavin, M. Hausmann, R. (1996): The Roots of Banking Crises: The Macroeconomic Context; in: Inter-American Development Bank Working Paper, Nr. 318.

George, E.A.J (1997): Are Banks still Special?, in: Enoch, C., Green, J.H. (Hrsg.): Banking Soundness and Monetary Policy, Washington D.C., 1997.

Germidis, D., Kessler, D., Meghir, R. (1991): Financial Systems: What Role fort he Formal and Informal Financial Sectors?; OECD Development Centre Studies, Paris, 1991.

Gersbach, H., Wenzelburger, J. (2003): The Workout of Banking Crises: A Macroeconomic Perspective; in: CESifo Economics Studies, Nr. 49, 2/2003.

Gestrich, H.(1957): Kredit und Sparen, Düsseldorf, 1957.

Gischer, H., Herz, B., Menkhoff, L. (2005): Geld, Kredit und Banken. Eine Einführung; 2. Auflage, Berlin, 2005.

Gjedrem, S. (2005): The Macroprudential Approach to Financial Stability; in: Diskussionspapier der 33. Volkswirtschaftlichen Tagung 2005 der EZB.

Glasner, D. (1989): Free Banking and Monetary Reform; Cambridge, 1989.

Gleißner, W., Meier, G. (Hrsg.) (2001): Wertorientiertes Risiko-Management für Industrie und Handel: Methoden, Fallbeispiele, Checklisten; Wiesbaden, 2001.

Gleißner, W., Lienhard, H., Stroeder, D.H. (2004): Risikomanagement im Mittelstand: Planungssicherheit erhöhen, Rating verbessern, Unternehmen sichern; Eschborn, 2004.

Goldstein, M., Kaminsky, G., Reinhart, C.M. (2000): Assessing Financial Vulnerability: An Early Warning System for Emerging Markets, Institute for International Economics, Washington D.C., 2000.

Goldstein, I., Pauzner, A. (2005): Demand-Deposit Contracts and the Probability of Bank Runs; in: Journal of Finance, 60, 2005.

Goodfriend, M. (1991): Money, Credit, Banking, and Payment System Policy; in: Federal Reserve Bank of Richmond, Economic Review, Januar/Februar 1991.

Goodfriend, M. King, R.G. (1988): Financial Deregulation, Monetary Policy, and Central Banking; in: Federal Reserve Bank of Richmond, Economic Review, 5/6 1988.

Goodfriend, M., Lacker, J.M. (1999): Limited Commitment and Central Bank Lending; in: Federal Reserve Bank of Richmond Working Paper 99-02.

Goodhart, C.A.E. (1987): Why Do Banks Need a Central Bank?; in: Goodhart, C.A.E. (Hrsg.): The Central Bank and the Financial System, Cambridge, 1995.

Goodhart, C.A.E. (1988): The Evolution of Central Banks, London, 1988.

Goodhart, C.A.E. (1993): Can We Improve the Structure of the Financial Systems?; in: Goodhart, C.A.E. (Hrsg.): The Central Bank and the Financial System, Cambridge, 1995.

Goodhart, C.A.E. (1999): Myths about the Lender of Last Resort; in: Goodhart, C., Illing, G. (Hrsg.): Financial Crises, Contagion, and the Lender of Last Resort, Oxford, 2002.

Goodhart, C.A.E. (2000): Introduction; in: Goodhart, C.A.E. (Hrsg.): Which Lender of Last Resort for Europe; Central Banking Publications, London, 2000.

Goodhart, C.A.E. (2000a): The Organisational Structure of Banking Supervision; in; Bank for International Settlement, FSI Occasional Papers, Nr. 1, November 2000-10-25.

Goodhart, C.A.E. (2004): Some New Directions for Financial Stability?; in: The Per Jacobsson Lecture at the University of Zurich, Juni 2004.

Goodhart, C.A.E., Hartmann, P., Llewellyn, D., Rojas-Suárez, L., Weisbrod, S. (1998): Financial Regulation. Why, how and where now?; London, 1998.

Goodhart, C.A.E., Huang, W.E. (1999): A Model of the Lender of Last Resort; in: IMF, Working Paper, Nr. 39/99.

Goodhart, C.A.E., Illing, G. (2002): Introduction; in: Goodhart, C., Illing, G. (Hrsg.): Financial Crises, Contagion, and the Lender of Last Resort, Oxford, 2002.

Goodhart, C.A.E., Schoenmaker, D. (1995): Should the Functions of Monetary Policy and Banking Supervision be Separated?; in: Oxford Economic Papers, Vol. 47, Nr. 4, 1995.

Goodhart, C.A.E., Schoenmaker, D. (2006): Burden sharing in a banking crisis in Europe; in: Economic Review, Nr. 2, 2006.

Goodhart, C.A.E., Schoenmaker, D. (2006a): Burden sharing in a banking crisis in Europe; in: London School of Economics, Financial Market Group, Special Paper Nr. 164, 2006.

Görgens, E., Ruckriegel, K. (2005): Die Notwendigkeit unabhängiger Zentralbanken und ihrer institutionellen Abstützung; in: Wirtschaftswissenschaftliche Diskussionspapiere, Universität Bayreuth, Nr. 17-05, 2005.

Görmez, Y., Houghton Budd, C. (2004): Electric Money, Free Banking and Some Implications for Central Banking; in: Central Bank of the Republic of Turkey, Central Bank Review, Nr. 1, 2004.

Gorton, G. (1985): Bank Suspension of Convertibility, in: Journal of Monetary Economics, 15, 1985.

Gorton, G. (1985a): Banking Theory and Free Banking History; in: Journal of Monetary Economics, Vol. 16, 1985.

Gorton, G. (1988): Banking Panics and Business Cycles, in: Oxford Economic Papers, 40, 1988.

Gorton, G., Huang, L. (2002): Banking Panics and the Origin of Central Banking; NBER Working Paper 9137, September 2002.

Gorton, G., Rosen, R. (1995): Corporate Control, Portfolio Choice and the Decline of Banking; in: The Warton School, Financial Institutions Center Working Paper, Nr. 95-09, 1995.

Green, E.J., Lin, P. (2000): Diamond and Dybvig's Classical Theory of Financial Intermediation: What's missing?; in: Federal Reserve Bank of Minneapolis Quarterly Review, Vol. 24, Nr. 1, 2000.

Greenspan, A. (1996): The Challenge of Central Banking in a Democratic Society; Rede vor dem American Enterprise Institute vom 5.12.1996.

Gropp, R., Vesala, J. (2004): Deposit Insurance, Moral Hazard and Market Monitoring; in: ECB Working Paper Series, Nr. 302, Februar 2004.

Grossman, R.S. (1992): Deposit Insurance, Regulation, and Moral Hazard in the Thrift Industry: Evidence from the 1930's; in: The American Economic Review, Vol. 82, Nr. 4, 1992.

Group of Ten (2001): Report on Consolidation in the Financial Sector; in: BIS Special Report, Januar 2001.

Guinnane, T.W. (2002): Delegated Monitors, Large and Small: Germany's Banking System, 1800-1914; in: Journal of Economic Literature, Vol. 40, März 2002.

Guitián, M. (1997): Banking Soundness: The Other Dimension of Monetary Policy, in: Enoch, C., Green, J.H. (Hrsg.): Banking Soundness and Monetary Policy, Washington D.C., 1997.

Gulde, A.-M., Wolf, H.C. (2004): Improving Banking Stability in the Eurozone: Evolution or Revolution; in: Paper presented at the CESifo Area Conference on Macro, Money and International Finance, München Februar 2004.

Gulde, A.-M., Wolf, H.C. (2005): Financial Stability Arrangements in Europe: A Review; in: Österreichische Nationalbank, Workshop "A Constitutional Treaty for an Enlarged Europe: Institutional and Economic Implications for Economic and Monetary Union; Nr. 4, November 2004.

Hackethal, A. (2003): German banks- a declining industry?; in: CESifo Working Paper, Nr. 2003/27.

Hackethal, A., Schmidt, R.H. (2005): Structural Change in the German Banking System?; in: Johann Wolfgang Goethe-Universität Frankfurt am Main, Working Paper Series: Finance & Accounting, Nr. 147, Januar 2005.

Hadjiemmanuil, C. (1996): The European Central Bank and Banking Supervision, in: Essays in International Finance and Economic Law, Nr. 3, 1996.

Hagemann, H. (1993): Hicks' neo-wicksellscher Ansatz in der Geldtheorie, in: Stadermann, H.-J., Steiger, O. (Hrsg.): Der Stand und die nächste Zukunft der Geldforschung, Festschrift für Hajo Riese zum 60. Geburtstag, Berlin, 1993.

Hane, G. (1999): Deposit Insurance Reform: State of the Debate; in: Federal Deposit Insurance Corporation Banking Review, Dezember 1999.

Hanweck, G.A., Spellman, L.J. (2002): Forbearance Expectations and the Subordinated Dept Signal of Bank Insolvency; in: Paper presented at the joint FDIC and Journal of Financial Services Research Conference on "Pricing the Risk of Deposit Insurance", Washington D.C., September 2002.

Hartmann-Wendels, T., Pfingsten, A., Weber, M. (2000): Bankbetriebslehre; 2. Auflage, Berlin, 2000.

Hawtrey, R.G. (1932): The Art of Central Banking, London, 1932.

Hawtrey, R.G. (1938): A Century of bank rate, in: Frank Cass et al., London 1962.

Hayek, F.A. von (1937): Denationalization of Money – the Argument Refined; in: Institute of Economic Affairs, Hobart Paper Special Nr. 70, 2. Auflage, 1978.

Hayek, F.A. (1977): Entnationalisierung des Geldes. Eine Analyse der Theorie und Praxis konkurrierender Umlaufsmittel; Tübingen, 1977.

Hayek, F.A. (1983): Die Verfassung der Freiheit; Tübingen, 1983.

Hazlett, D. (1997): Deposit insurance and regulation in a Diamond-Dybvig banking model with a risky technology; in: Economic Theory, No.9, 1997.

Healey, J. (2001): Financial stability and the central bank: International evidence, in: Brealey, R.A. et al. (Hrsg.): Financial Stability and Central Banks – a global perspective, London, 2001.

Heinsohn, G., Steiger, O. (2002): The Eurosystem and the Art of Central Banking; in: ZEI Working Paper, Nr. B 11, 2002.

Helbling, T.H. (2005): Housing price bubbles – a tale based on hosing price booms and busts; in: Real estate indicators and financial stability, BIS Papers; Nr. 21, 2005.

Hellmann, T.F., Murdock, K.C., Stiglitz, J.E. (2000): Liberalization, Moral Hazard in Banking, and Prudential Regulation: Are Capital Requirements Enough?; in: The American Economic Review, Vol. 90, Nr. 1, 2000.

Hellwig, M. (1998): Systemische Risiken im Finanzsektor; in: Duwendag, D. (Hrsg.): Finanzmärkte im Spannungsfeld von Globalisierung, Regulierung und Geldpolitik; Berlin, 1998.

Hellwig, M. (2002): Conglomeration: Good, Bad, or Unavoidable; in: Schmalenbach Business Review, Special Issue, Vol. 1, 2002.

Herring, R.J. (2002): International Financial Conglomerates: Implications for Bank Insolvency Regimes; in: Paper prepared for the Second Annual International Seminar on Policy Challenges for the Financial Sector in the Context of Globalization, Washington D.C., Juni 2002.

Herring, R.J.. (2005): BCCI & Barings: Bank Resolutions Complicated by Fraud and Global Corporate Structure; in: Wharton School, Working Paper, Nr. 0518.

Herring, R.J., Santomero, A.M. (1995): The Role of the Financial Sector in Economic Performance; in: Wharton School Working Paper, Nr. 95-08.

Herring, R.J., Wachter, S. (2002): Bubbles in Real Estate Markets; in: Paper presented on the Federal Reserve Bank of Chicago and World Bank Group's Conference on Asset Price Bubbles, Chicago, April 2002.

Hetzel, R.L. (1991): Too Big to Fail: Origins, Consequences, and Outlook; in: Federal Reserve Bank of Richmond, Economic Review, November/Dezember 1991.

Hetzel, R.L. (2002): German Monetary History in the First Half of he Twentieth Century; in: Federal Reserve Bank of Richmond, Economic Quarterly, Vol. 88/1, Winter 2002.

Hickson, C.R., Turner, J.D. (2004): Free banking and the stability of early joint-stock banking; in: Cambridge Journals of Economics, Vol. 28, Nr. 6, 2004.

Hildreth, R. (1971): The History of Banks; New York; Wiederabdruck von 1837, Boston.

Hirsch, F. (1977): The Bagehot Problem; in: Goodhart, C., Illing, G. (Hrsg.): Financial Crises, Contagion, and the Lender of Last Resort, Oxford, 2002.

Hiwatari, N. (2000): The Reorganization of Japan's Financial Bureaucracy: The Politics of Bureaucratic Structure and Blame Avoidance, in: Hoshi, T., Patrick, H. (Hrsg.): Crisis and Change in the Japanese Financial System, Norwell/ Massachusetts, 2000.

Hofmann, T., Holzhausen, A. (2005): Der Weg der japanischen Banken aus der Krise; in: Wirtschaft & Märkte, 3/2005.

Hoggarth, G. (2001): Banks and Systemic Risk: Conference Summary; in: Bank of England, Financial Stability Review, Dezember 2001.

Hoggarth, G., Reidhill, J. (2003): Resolutions of banking crises: a review; in: Bank of England, Financial Stability Review, Dezember 2003.

Hoggarth, G., Soussa, F. (2001): Crisis management, lender of last resort and the changing nature of the banking industry; in: Brealey, R.A. et al. (Hrsg.): Financial Stability and Central Banks – a global perspective, London, 2001.

Holstrom, B., Milgrom, P. (1991): Multi task principal agent analyses, in: Journal of Law, Economics, and Organization, Vol.7, 1991.

Holzhausen, A. (2004): Finanzplatz Deutschland; in: Wirtschaft und Märkte, 12/2004.

Holzhausen, A., Heise, M. (2004): Banken in Deutschland: Überblick und internationaler Vergleich; in; Wirtschaft & Märkte, Spezialthemen, 07-08/2004.

Hoppit, J (1986): Financial Crises in Eighteenth-century England; in: Economic History Review, Vol. 39, Nr. 1, 1986.

Horsefield, J.K. (1982): The "Stop of the Exchequer" Revisted; in : Economic History Review, Vol. 35, Nr. 4, 1982.

Hosch, W. (1985): Liquiditäts-Konsortialbank GmbH, in: Die Bank, November 1995.

Hoshi, T., Patrick, H. (2000): The Japanese Financial System: An Introductory Overview, in: Hoshi, T., Patrick, H. (Hrsg.): Crisis and Change in the Japanese Financial System, Norwell/ Massachusetts, 2000.

Houben, A., Kakes, J., Schinasi, G. (2004): Towards a Framework for Safeguarding Financial Stability; in: International Monetary Fund, Working Paper, Nr. 04/101, 2004.

Huber, J. (1998): Vollgeld. Beschäftigung, Grundsicherung und weniger Staatsquote durch eine modernisierte Geldordnung; Berlin 1998.

Hülsmann, J.G. (2004): Legal Tender Laws and Fractional Reserve Banking; in: Journal of Libertarian Studies, Vol. 18, Nr. 3, 2004.

Humphrey, T.M. (1975): The Classical Concept of the Lender of Last Resort; in: Federal Reserve Bank of Richmond Economic Review, Nr. 61, 1975.

Humphrey, T.M. (1982): The Real Bills Doctrine, in: Federal Reserve Bank of Richmond, Economic Review, 9/10 1982.

Humphrey, T.M. (1987): Lender of Last Resort; in: The New Palgrave Dictionary of Money and Finance, Vol.2, London (1987).

Humphrey, T.M. (1993): Lender of Last Resort: The Concept in History; in: Money, Banking and Inflation, Aldershot, U.K. (1993)

Humphrey, T.M. (1989): Lender of Last Resort: The concept in history, in: Economic Review, March/April 1989

Humphrey, T.M., Keleher, R.E. (1984): The Lender of Last Resort: A Historical Perspective; in: Goodhart, C., Illing, G. (Hrsg.): Financial Crisis, Contagion, and the Lender of Last Resort – A Reader, Oxford, 2002.

Inter-American Development Bank IADB (2004): Unlocking Credit. The Quest for Deep and Stable Bank Lending; Washington D.C., 2004.

International Association of Deposit Insurers IADI (2003): International Deposit Insurance Survey: Sweden; verfügbar unter:
http://www.iadi.org/html/App/SiteContent/Incomplete%20Surveys/SDGB%20-%20Sweden%20FullQ1A1.PDF.

International Association of Deposit Insurers IADI (2004): Questions on the Design of a Deposit Insurance System: Summary of Responses; in: IADI, Final Report, 2004.

International Association of Deposit Insurers IADI (2006): Country System List; Download vom 13.12.2006 unter:
http://www.iadi.org/html/Default.aspx?MenuID=103. Listing of Countries with a Deposit Insurance Scheme, worldwide.

International Monetary Fund (1998): Financial Crises: Characteristics and Indicators of Vulnerability, in: Financial Crises: Causes and Indicators, World Economic and Financial Survey, Washington DC, 1998.

International Monetary Fund (2001): Effects of consolidation on financial risk; in: Group of Ten: Report on Consolidation in the Financial Sector, Januar 2001.

International Monetary Fund (2003): When Bubbles Burst; in: Growth and Institutions, World Economic and Financial Surveys, Washington DC., 2003.

International Monetary Fund (2003a): Global Financial Stability Report. Market Development and Issues; Washington D.C., März 2003.

International Monetary Fund (2006): How Do Financial Systems Affect Economic Cycles?; in: Financial Systems and Economic Cycles, World Economic and Financial Survey, Washington, D.C., 2006.

International Monetary Fund (2006a): Republic of Belarus: Financial Sector Assessment Program – Technical Note – Deposit Insurance; in: IMF Country Report, Nr. 06/179, Mai 2006.

Isenberg, D.L. (1988): Is There a Case for Minsky's Financial Fragility Hypothesis in the 1920s?; in: Journal of Economic Issues, Vol. 22, Nr. 4, 1988.

Issing, O. (2000): Hayek, Currency Competition and European Monetary Union; in: The Institute of Economic Affairs; Occasional Paper, Nr. 111, 2000.

Issing, O. (2001): Einführung in die Geldtheorie; 2001.

Issing, O. (2002): Should We Have Faith in Central Banks; in: Institute of Economic Affairs, London, 2002.

Ito, T. (2000): The Stagnant Japanese Economy in the 1990s: The Need for Financial Supervision to Restore Sustained Growth, in: Hoshi, T., Patrick, H. (Hrsg.): Crisis and Change in the Japanese Financial System, Norwell/ Massachusetts, 2000.

Jacklin, C.J., Bhattacharya, S. (1988): Distinguishing Panics and Information-based Bank Runs: Welfare and Policy Implications, in: Journal of Political Economy, 96, 1988.

Jacklin, C.J. (1987): Demand deposits, trading restrictions, and risk sharing; in: Prescott, E.C., Wallace, N. (Hrsg.): Contractual Arrangements for Intertemporal Trade, Minneapolis, 1987.

Jamaica Deposit Insurance Corporation JDIC (2006): Deposit Insurance Schemes: A Comparative Analysis; in: JDIC Library Online, verfügbar unter: http://www.jdic.org/depositinsuranceschemes.htm.

James, H. (1984): The Causes of the German Banking Crisis of 1931; in: The Economic History Review, Vol. 37, Nr. 1, 1984.

Jarchow, H.-J. (2003): Theorie und Politik des Geldes; Göttingen, 2003.

Jeanne, O., Wyplosz, C. (2001): The International Lender of Last Resort: How Large Is Large Enough?; in: IMF Working Paper, Nr. 01/76.

Jefferson, T. (1815): Letter to James Monroe; 1. Januar 1815; verfügbar unter: http://home.c2i.net/espenjo/home/thomas/tmas_01.htm.

Johansen, A., Ledoit, O. Sornette, D. (2000): Crashes as Critical Points; in: International Journal of Theoretical and Applied Finance, Vol. 3, Nr. 2, 2000.

Joseph, E. (1933): Die Lehre vom Kredit in ihrer dogmengeschichtlichen Entwicklung; Halle (Saale), 1933

Kahane, Y. (1977): Capital Adequacy and the Regulation of Financial Intermediaries; in: Journal of Banking and Finance, Vol. 1, 1977.

Kahn, C.M., McAndrews, J., Roberds, W. (1999): Settlement Risk under Gross and Net Settlement; in: Federal Reserve Bank of Atlanta, Working Paper, Nr. 99-10a, 1999.

Kahn, C.M., Roberds, W. (1997): Payment System Settlement and Bank Incentives; in: The Warton School, Financial Institutions Center, Working Paper, Nr. 97-32, 1997.

Kahn, C.M., Santos, J.A.C. (2002): Allocating Lending of Last Resort and Supervision in the Euro Area; in: Paper presented at the Conference "The Euro and Dollarization: Forms of Monetary Union in Integrating Regions" at the Graduate School of Business of Fordham University, 2002.

Kahn, C.M., Santos, J.A.C. (2004): Allocating Bank Regulatory Powers: Lender of Last Resort, Deposit Insurance and Supervision; in: Paper presented at the Bank of Finland Conference: The Structure of Financial Regulation, September 2004.

Kahn, J.A. (1985): Another Look at Free Banking in the United States; in: The American Economic Review, Vol. 75, Nr. 4, September 1985.

Kakes, J., Sturm, J.-E. (2002): Monetary policy and bank lending: Evidence from German banking groups; in: Journal of Banking and Finance, Vol. 26, Nr. 11, November 2002.

Kaminsky, G.L., Reinhart, C.M. (1996): The Twin Crises: The Causes of Banking and Balance-of-Payments Problems; in: Board of Governors of the Federal Reserve System, International Finance Discussion Paper, Nr. 544, März 1996.

Kaminsky, G.L., Reinhart, C.M. (1999): The Twin Crises: The Causes of Banking and Balance-of-Payments Problems; in: American Economic Review, 89(3), 1999.

Kammel, A.J. (2006): Supervision and Regulation of Financial Institutions in Europe – A Way to Prevent Financial Crises?; in: Paper presented at the GARNET Conference September 2006.

Kapstein, E.B. (1994): Governing the Global Economy. International Finance and the State; Cambridge (MA)/London, 1994.

Katz, M., Rosen, H.S. (1991): Microeconomics; New York, 1991.

Kaufman, G.G. (1991): Lender of Last Resort: A Contemporary Perspective; in: Goodhart, C., Illing, G. (Hrsg.): Financial Crises, Contagion, and the Lender of Last Resort, Oxford, 2002.

Kaufman, G.G. (1994): Bank Contagion: A Review of the Theory and Evidence; in: Journal of Financial Services Research, 1994.

Kaufman, G.G. (1995) (Hrsg.): Research in Financial Services: Banking, Financial Markets, and Systemic Risk, Vol.7, Greenwich, CT, 1995.

Kaufman, G.G. (1999): Do Lender of Last Resort Operations Require Bank Regulation?; in: Paper presented at the Conference "Is Bank Regulation Necessary?" at the American Enterprise Institution, Washington D.C., 27. Oktober 1999.

Kaufman, G.G. (2000) (Hrsg.): Banking and Currency Crisis and Systemic Risk: A Taxonomy and Review, in Financial and Markets, Institution & Instruments, Vol.9, Nr.2, 2000.

Kaufman, G.G. (2001): Macro-economic Stability and Bank Soundness; Paper presented at the Conference on Financial Reform and Stability of the IMF, India 2001.

Kaufman, G.G. (2003): Too Big to Fail in U.S. Banking: Quo Vadis?; in: Paper Presented at the Annual Meeting of the Midwest Finance Association in Chicago, März 2002, überarbeitete Fassung 2003.

Kaufmann, G.G. (2003a): Depositor Liquidity and Loss-Sharing in Bank Failure Resolutions; in: Federal Reserve Bank of Chicago, Working Paper, Nr. 2003-02.

Kaufman, G.G., Kroszner, R.S. (1996): How Should Financial Institutions and Market Be Structured? Analysis and Options for Financial System Design; in: Paper presented at the "A Safe and Sound Financial System: What Works for Latin America?" at the Inter-American Development Bank, Washington D.C., September 1996.

Kaufman, G.G., Scott, K.E. (2000): Does Bank Regulation Retard or Contribute to Systemic Risk?; in: London School of Economics Working Paper, Nr. 11/29/00, 2000.

Kaufmann, S., Valderrama, M.T. (2004): Die Rolle der Kreditvergabe in kapitalmarkt- und bankendominierten Finanzsystemen; in: Österreichische Nationalbank, Geldpolitik und Wirtschaft, Q2/04.

Kawai, M. (2004): Japan's Banking System: From the Bubble and Crisis to Reconstruction; Presentation at the Center for Global Partnership Conference, Tokyo, 13.Mai 2004.

Keely, M. C., Furlong, F.T. (1990): A Reexamination of Mean-Variance Analysis of Bank Capital Regulation; in: Journal of Banking and Finance, Vol. 14, 1990.

Kho, B.C., Lee, D., Stulz, R.M. (2000): U.S. Banks, Crises, and Bailouts: From Mexico to LTCM; in: NBER Working Paper, Nr. 7529, 2000.

Kindleberger, C.P. (1978): Manias, Panics, and Crashes. A History of Financial Crises; London, 1978.

Kindleberger, C.P. (1979): Geschichte der Weltwirtschaft im 20. Jahrhundert Band 4, Die Weltwirtschaftskrise; Nördlingen, 1979.

Kindleberger, C.P. (1984): A Financial History of Western Europe; London, 1984.

Kindleberger, C.P. (1986): The World in Depression 1929-1939; 2. Auflage, London, 1986.

King, M.A. (1996): "Lombard Street" und die Bank von England; in; Grüske, K.-D., Hax, H., Heertje, A., Schefold, B. (Hrsg.): Walter Bagehots „Lombard Street"; Düsseldorf, 1996.

Klein, B. (1974): The Competitive Supply of Money; in: Journal of Money, Credit, and Banking, Vol. 6, Nr. 4, 1974.

Knittel, M., Sobczak, S., Spahn, P. (2006): Central Bank and Lender of Last Resort; in Arestis, P., Sawyer, M. (Hrsg.): A Handbook of Alternative Macroeconomics, Cheltenham, 2006.

Kobayakawa, S., Nakamura, N. (2000): A Theoretical Analysis of Narrow Banking Proposals; in: Bank of Japan, Monetary and Economic Studies, Mai 2000.

Kodres, L.E. (1996): Foreign Exchange Markets: Structure and Systemic Risk; in: Finance & Development, Dezember 1996.

Koetter, M. (2004): Evaluating the German Bank Merger Wave; in: Tjalling C. Koopmans Research Institute: Discussion Paper Series, 05-16.

Koetter, M., Nestmann, T., Stolz, S., Wedow, M. (2004): Structures and Trends in German Banking; in: Kiel Working Papers, Nr. 1225, 2004.

Krahnen, J.P.: Die Stabilität von Finanzmärkten: Wie kann die Wirtschaftspolitik Vertrauen schaffen?; in: CFS Working Paper Series, Nr. 2006/05.

Krämer, C. (1930): Bank von England, Reichsbank und Wallstreet; Leipzig, 1930.

Krawczyk, M.K. (2004): Change and Crisis in the Japanese Banking Industry; in: HWWA Discussion Paper, Nr. 277, 2004.

Kroszner, R. (1995): Free Banking: The Scottish Experience as a Model for Emerging Economies, in: World Bank Policy Research Working Paper, Nr. 1536, 1995.

Krugman, P.R. (2001): Die große Rezession: Was zu tun ist, damit die Weltwirtschaft nicht kippt; München, 2001.

Krugman, P.R., Obstfeld, M. (2004): Internationale Wirtschaft: Theorie und Politik der Außenwirtschaft; München, 6. Auflage, 2004.

Krümmel. H.-J. (1968): Liquiditätssicherung im Bankwesen, Teil I; in: Kredit und Kapital, Nr. 1, 1986.

Kupitz, R. (1983): Die Kreditwirtschaft als Wettbewerbspolitischer Ausnahmebereich: ein Beitrag zur ökonomischen Begründung der Regelungen des Gesetzes über das Kreditwesen und des Gesetzes gegen Wettbewerbsbeschränkungen, Köln.

Kwan, S. (2002): The Promise and Limits of Market Discipline in Banking; in: Federal Reserve Bank of San Francisco Economic Letters, Nr. 2002-36, Dezember 2002.

Kydland, F., Prescott, E. (1977): Rules Rather than Discretion: The Inconsistency of Optimal Plans; in: Journal of Political Economy, Nr. 87, 1977.

Lacker, J.M. (2003): Payment System Disruptions and the Federal Reserve following September 11, 2001; in: Federal Reserve Bank of Richmond Working Paper 03-16, 2003.

Laeven, L. (2004): The Political Economy of Deposit Insurance; in: World Bank Policy Research Working Paper, Nr. 3247, März 2004.

Lahusen, R. (2003): Konsolidierung in europäischen Bankensektoren: Große Fortschritte – außer in Deutschland; in: DB Research, EU-Monitor. Beiträge zur europäischen Integration, Nr. 11, Dezember 2003.

Laidler, D. (1992): Free Banking Theory; in: Eatwell, J., Milgate, M., Newman, P. (Hrsg.): The New Palgrave dictionary of money and finance, London, 1992.

Laidler, D. (2002): Two Views of the Lender of Last Resort: Thornton and Bagehot; in: Cahiers d'economie politique, Vol. 45, Vorabdruck, 2002.

Laidler, D. (2004): Central Banks as Lenders of Last Resort – Trendy or Passé?; in: RBC Financial Group, Economic Policy Research Institute, EPRI Working Paper Series, Nr. 2004-8.

Lane, T.D. (1993): Market Discipline, in IMF Working Papers, Vol.40, Nr.1, 1993.

Lang, G., Welzel, P. (1998): Efficiency and technical progress in banking: Empirical results for a panel of german cooperative banks; in: Journal of Banking and Finance, 20(6).

Lannoo, K., Casey, J.-P. (2005): EU financial regulation and supervision beyond 2005; in: Centre for European Policy Studies CEPS Task Force Report Nr. 54, Januar 2005.

Lastra, R.M. (2000): The Role of the European Central Bank with regard to Financial Stability and Lender of Last Resort Operations; in: Goodhart, C.A.E. (Hrsg.): Which Lender of Last Resort for Europe; London, 2000.

Leitner, Frank (2001): Die Entstehung von Runs auf Banken unter verschiedenen Umweltbedingungen, Tübinger Diskussionsbeiträge, Nr. 201, 2001.

Lincoln, A. (1865): Senate Document, Nr. 23, 1865.

Litan, R. (1987) : What Should Banks Do ?; Washington D.C., 1987.

Lindgren, C.-J., Garcia, G., Saal, M.I. (1996): Bank Soundness and Macroeconomic Policy, Washington D.C., 1996.

Llanto, G.M. (2005): Deposit Insurance: Role, Limitations and Challenges; in: PDIC Phillipine Deposit Insurance Corporation, Occasional Paper Nr. 1, 2005.

Llewellyn, D.T. (2001): A Regulatory Regime for Financial Stability; in: Österreichische Nationalbank Working Paper, Nr. 48, 2001.

Llewellyn, D.T. (2002): An Analysis of the Causes of Recent Banking Crises, in: The European Journal of Finance, 8, 2002.

Llewellyn, D.T. (2003): Some Lessons for Bank Regulation from Recent Financial Crises; in: Mullineaux, A., Murinde, V. (Hrsg.): Handbook of International Banking, Cheltonham, 2003.

Long, M, Vittas, D. (1992): Changing the Rules of the Game; in: Vittas, D. (Hrsg.) (1992): Financial Regulation: Changing the Role of the Game, EDI Development Studies, The World Bank, Washington D.C., 1992.

Madiès, P. (2006): An Experimental Exploration of Self-Fulfilling Banking Panics: Their Occurrence, Persistence, and Prevention; in: Journal of Business, Vol. 79, Nr. 4.

Mafi-Kreft, E. (2003): The Relationship Between Currency Competition and Inflation; in: Kyklos, Vol. 56, Nr. 4, 2003.

Manager-Magazin (2001): Missmanagement bei Holtzmann – Baufehler; in: Manager-Magazin, vom 28. August 2001.

Marion, N.P. (1999): Some Parallels between Currency and Banking Crises; in: Journal of International Tax and Public Finance, Vol. 6, Nr. 4, 1999.

Mayes, D.G. (2004): The Role of the Safety Net in Resolving Large Financial Institutions; in: Paper presented at the Federal Reserve Bank of Chicago Conference "Systemic Financial Crises: Resolving Large Bank Insolvencies; Chicago, September/Oktober 2004.

Mertínez-Resano, J.R. (2004): Central Bank Financial Independence; in: Banco de España, Codumento ocasional Nr. 0401 2004.

Marx, K., Engels, F. (1972): Werke, Band 2, Berlin, 1972.

Mayer, L.H. (2001): Testimony to the Subcommittee of Financial Institutions and Consumer Credit of the Committee on Financial Services, House of Representatives, 26.7.2001, BIS Review, 68, 2001.

Mayes, D., Nieto, M., Wall, L. (2006): Multiple Safety Net Regulators and Agency Problems in the EU: Is Prompt Corrective Action Partly the Solution?; in: Paper presented at the ECB-CFS Conference on Financial Integration and Stability in Europe; Madrid, November/Dezember 2006.

McArdle, P. (2003): Eurozone Financial Markets' Integration – "Much Achieved, A Lot More To Do"; in: Fédération Bancaire de l'Union Européene (FBE), Economic Newsletter Extra, Volkswirtschaft und Research, Juni 2003.

McCulloch, J.H., Yu, M.-T. (1998): Government Deposit Insurance and the Diamond-Dybvig Model; in: The Geneva Papers on Risk and Theory, 23, 1998

Melton, F. T. (1986): Sir Robert Clayton and the Origins of English Deposit Banking, 1658 – 1685; Cambridge, NY, 1986.

Meltzer, A.J. (1986): Financial Failures and Financial Policies; in: Kaufman, G., Kormendi, R.C. (Hrsg.): Deregulating Financial Services – Public Policy in Flux; Cambridge, 1986.

Menger, K. (1892): On the Origin of Money; in: Economic Journal, Vol. 2, 1892.

Mengle, D.L. (1995): Regulatory Solutions to Payment System Risk: Lessons from Privately Negotiated Derivatives; in: Journal of Financial Services Research, Vol. 9, 1995.

Merton, R. (1977): An Analytical Derivation of the Cost of Deposit Insurance and Loan Guarantees; in: Journal of Banking and Finance, Vol. 1, 1977.

Michael, I. (1998): Financial Interlinkages and Systemic Risk; in: Financial Stability Review, Vol. 4, Frühjahr 1998.

Michie, R. C. (2000): The Development of London as the Financial Centre, Volume 1: 1700 – 1850; London, 2000.

Miles, W. (2001): Can Narrow Banking Provide a Substitute for Depository Intermediaries?; in: Paper presented at the 1st Annual Conference of the Federal Reserve Bank of St.Louis, Mai 2001.

Miller, V. (1998): Banking Crises, Currency Crises, and Macroeconomic Uncertainty: the Double Drain with a Cross-Border Twist: More on the Relationship Between Banking and Currency Crises; in: AEA Papers and Proceedings, Mai 1998.

Minsky, H.P. (1982): The Financial-Instability Hypothesis: Capitalist Processes and the Behaviour of the Economy; in: Kindleberger, P.; Laffargue, J.-P. (Hrsg.): Financial Crises: Theory, History, and Policy, Cambridge, 1982.

Minsky, H.P. (1986): Stabilizing an Unstable Economy, London 1986.

Mises, L. von (1912): The Theory of Money and Credit; Indianapolis, Wiederabdruck, 1980.

Mises, L. von (1928): Geldwertstabilisierung und Konjunkturpolitik; Jena, 1928.

Mises, L. von (2007): Economic Freedom and Interventionism: An Anthology of Articles and Essays; Indianapolis, 2007.

Mishkin, F.S. (1991): Asymmetric Information and Financial Crises: A Historical Perspective, in: Hubbard, R.G. (Hrsg.): Financial Markets and Financial Crises, Chicago, 1991.

Mishkin, F.S. (1997): International Capital Movements; in: Duwendag. D. (Hrsg.): Finanzmärkte im Spannungsfeld von Globalisierung, Regulierung und Geldpolitik; Berlin, 1997.

Mishkin, F.S. (Hrsg.) (2001): Prudential Supervision: What Works and What doesn't; Chicago,2001.

Mishkin, F.S. (2005): How Big a Problem Is too Big to Fail?; in: NBER Working Paper, Nr. 11814, 2005.

Moe, T.G. (2006): Market discipline issues in cross-border banking. A Nordic perspective; in: Norges Bank, Staff Memo, Nr. 2006/1.

Mohan, R. (2006): Central banks and risk management: pursuing financial stability; in: BIS Review 114/2006.

Moore, G. (1999): Solutions to the Moral Hazard Problem Arising from the Lender-of-Last-Resort Facility; in: Journal of Economic Surveys, Vol. 13, Nr. 4, 1999.

Morgan, D.P., Stiroh, K.J. (2005): Too Big to Fail after All These Years; in: Federal Reserve Bank of New York, Staff Reports, Nr. 220, 2005.

Morsy, H. (2002): International Financial Crisis Contagion; in: ERF Conference Paper on Finance Issues, 2002.

Möschel, W. (1985): Eine Systematik von Bankregulierungszielen; in: Lutter, M. (Hrsg.): Festschrift für Walter Stimpel zum 68. Geburtstag, Berlin.

Moss, D.J. (1981): The Bank of England and the Country Banks: Birmingham, 1827-33; in: Economic History Review, Vol. 34, Nr. 4, 1981.

Müller, W.A. (1981): Bankenaufsicht und Gläubigerschutz: Eine Analyse von Regulierungs- und Aufsichtsvorschriften für Kreditinstitute, Baden-Baden.

Mundaca, B.G. (2003): Optimal bailout during currency and financial crises: A sequential game analysis; in: Oslo University, Department of Economics, Memorandum Series, Nr. 27/2002.

Murshed, A.M., Subagio, D (2002): Prudential Regulation of Banks in Less Developed Countries; in: Development Policy Review, Vol. 20, Nr. 3, 2002.

Nagashima, A. (1997): Problems of Bank Soundness: Japan, in: Enoch, C., Green, J.H. (Hrsg.): Banking Soundness and Monetary Policy, Washington D.C., 1997.

Nakaso, H. (2001): The Financial Crises in Japan During the 1990s: How the Bank of Japan Responded and the Lessons Learnt, Basel, Switzerland, Bank for International Settlements, 2001.

National Bank of Tajikistan (2006): Guarantees on deposits of physical persons, 2003; Download vom 27.05.2006 unter: http://www.nbt.tj/en/?c=7&id=36.

Neal, L. (1997): The Financial Crisis of 1825 and the Restructuring of the British Financial System; in: Working Paper prepared for the 22nd Annual Economic Policy Conference at the Federal Reserve Bank of St. Louis "Lessons from Financial History", Oktober 1997.

Neuberger, D. (1994): Kreditvergabe durch Banken: Mikroökonomische Theorie und gesamtwirtschaftliche Implikationen; Tübingen, 1994.

Neuberger, D. (1998): Mikroökonomik der Bank; 1. Auflage, München, 1998.

Nicklisch, F. (1979): Rechtsfragen der Einlagensicherung im Kreditgewerbe; Frankfurt a.M., 1979.

Niemeyer, J. (2006): The regulatory framework for banks in the EU: An introduction; in: Economic Review, Nr. 2, 2006.

Nier, E., Baumann, U. (2006): Market discipline, disclosure and moral hazard in banking; in: Journal of Financial Intermediation, Nr. 15, 2006.

Nieto, M.J., Penalosa, J.M. (2004): The European architecture of regulation, supervision and financial stability: A central bank perspective; in: Journal of International Banking Regulation, Vol. 5, Nr. 3, 2004.

Niskanen, M. (2002): Lender of last resort and the moral hazard problem; in: Bank of Finland Discussion Papers, Nr. 17, 2002.

Nölling, K. (1994): Die Krise der amerikanischen Sparinstitute: Regulierung, Marktaustrittsbarrieren und Politikversagen, Berlin, 1994.

Nunnenkamp, P. (1999): Die Asienkrise und was daraus zu lernen ist; in: Beitrag für das Jahrbuch Dritte Welt, 1999.

Nuri, V.Z. (2002): Fractional Reserve Banking as Economic Parasitism: A Scientific, Mathematical, & Historical Exposé, Critique, and Manifesto, in: EconWPA, Series Macroeconomics, Nr. 020305.

O'Brien, D.P. (1996): Bagehots "Lombard Street" und die viktorianische Banking Theorie; in; Grüske, K.-D., Hax, H., Heertje, A., Schefold, B. (Hrsg.): Walter Bagehots „Lombard Street" Düsseldorf, 1996.

O`Brien, D.P. (2003): The Lender-of-Last-Resort Concept in Britain, History of political Economy, Vol. 35:1, 2003.

OECD: (2001): Effects on financial risk; in: OECD G10 Report on Financial sector consolidation, Januar 2001.

OECD (2002): Deposit insurance, moral hazard and banking crises; in: OECD Economic Surveys, Turkey, 2002.

OECD (2005): Bank Profitability – Financial Statements of Banks, 1994-2003; Edition 2004, Paris, 2005.

Ogawa, K., Kitasaka, S.-I. (2000): Bank Lending in Japan: Its Determinants and Macroeconomic Implications, in: Hoshi, T., Patrick, H. (Hrsg.): Crisis and Change in the Japanese Financial System, Norwell/ Massachusetts, 2000.

O'Hara, M., Shaw, W. (1990): Deposit Insurance and Wealth Effects: The Value of Being "Too Big to Fail"; in: The Journal of Finance, Vol. 45, Nr. 5, 1990.

Okina, K., Shirakawa, M., Shiratsuka, S. (2001): The Asset Price Bubble and Monetary Policy: Japan's Experience in the Late 1980s and the Lessons, in: Monetary and Economic Studies, Vol. 19, Nr.1-S, 2001.

Önder, Z., Özyildirim, S. (2003): "Too-Big-To-Fail" or Full Deposit Insurance: Evidence from Turkey; in: Paper presented at the Federal Deposit Insurance Corporation, Center for Financial Research Conference "Finance and Banking: New Perspectives" Dezember 2003.

Oort, C.J. (1990): Banks and the Stability of the International Financial System; in: De Economist 138, Nr. 4, 1990.

Osborne, D.K., Lee, S. (2001): Effects of Deposit Insurance Reform on Moral Hazard in US Banking; in: Journal of Business Finance & Accounting, Vol. 28, Nr. 7, September/Oktober 2001.

Österreichische Nationalbank: Die Entstehungsgeschichte von Basel II; Download vom 26.04.2006 unter:
http://www.oenb.at/de/finanzm_stab/basel_II/basisinfo/entstehungsgeschichte/die_entstehungsgeschichte_von_basel_ii.jsp.

Overstone, Lord (bis 1850 Loyd, S.J. (1972): Tracts and Other Publications on Metallic and Paper Currency by Lord Overstone, Wiederabdruck in: Mc Culloch, J. R. (Hrsg.), London 1972.

Padoa-Schioppa, T. (1999): EMU and Banking Supervision; in: Rede gehalten an der London School of Economics, 24. Februar 1999; Download vom 08.04.2006 unter: http://www.ecb.int/press/key/date/1999/html/sp990224.en.html.

Palvia, A.A. (2006): Bank Deposit Pricing and Financial Distress: The Effects of Deposit Insurance and Depositor Segmentation; in: Paper presented at the Federal Deposit Insurance Corporation, CFR Seminar, Juni 2006.

Papademos, L. (2006): Price stability, financial stability and efficiency and monetary policy; in: Rede vor der Third conference of the Monetary Stability Foundation on "Challenges to the financial system – ageing and low growth, Frankfurt am Main, Juli 2006.

Papadimitriou, D.B., Wray, L.R. (1998): The Economic Contributions of Hyman Minsky: varieties of capitalism and institutional reform; in: Review of Political Economy, Vol. 10, Nr. 2, 1998.

Papenthin, W. (1999): Der Zugang zur Einlagensicherung des privaten Bankgewerbes; Hamburg, 1999.

Parker, E., Wen, G.J. (2000): The Asian Financial Crisis and the Lessons for Globalization; in: Paper presented at the ASSA Meetings in Boston, Januar 2000.

Paul, S., Horsch, A., Stein, S. (2002): Diagnose, Therapie und Prophylaxe von Bankenkrisen – Herausforderungen für Finanzaufsicht und Geldpolitik; in: Zeitschrift für das Kreditwesen, Nr. 23, 2002.

Peare, P. (2000): Illiquid Banking vs. Narrow Banking; Aarhus School of Business, Department of Finance, Working Paper 2000.

Peck, J., Shell, K. (2003): Bank Portfolio Restrictions and Equilibrium Bank Runs; in: Society for Economic Dynamics, 2004 Meeting Papers, Nr. 359.

Perridon, L., Steiner, M. (1999): Finanzwirtschaft in der Unternehmung; München, 10. Auflage, 1999.

Phillips, R.J. (1995): The Chicago Plan & New Deal Banking Reform, London, 1995.

Phillips, R.J. (1995a): Narrow Banking Reconsidered. The Functional Approach to Financial Reform; in: The Jerome Levy Economics Institute of Bard College, Public Policy Brief, Nr. 18/1995.

Phillips, R.J. (1997): Rethinking Bank Examinations: A Minsky Approach; in: Journal of Economic Issues, Vol. 31, Nr. 2, 1997.

Pierce, J.L. (1991): The Future of Banking. A Twentieth Century Fund Report, New Haven, 1991.

Pierce, J.L. (1993): The Functional Approach to Deposit Insurance Regulation; in: Paper presented at the symposium "Safeguarding the Banking System in an Environment of Financial Cycles" of the Federal Reserve Bank of Boston, November 1993.

Pistelli, F. (1999): International Deposit Insurance Systems; in: Fondo Interbancario di Tutela dei Depositi, Research Department Working Paper, 1999.

Podena, R.J. (1991): The False Hope of the Narrow Bank; in: Federal Reserve Bank of San Francisco Weekly Letter, Nr. 91-39, 8. November 1991.

Pohl, H. (1984): Wirtschaft und Gesellschaft 1871-1918; in: Jeserich, K., Pohl, H., Unruh, von G.-C. (Hrsg.): Deutsche Verwaltungsgeschichte, Band 3: Das Deutsche Reich bis zum Ende der Monarchie; Stuttgart, 1984.

Pohl, H. (1993): Europäische Bankengeschichte,; Frankfurt a. M., 1993.

Pomerleano, M. (1999): The framework for financial supervision: offsite supervision and credit information; in: BIS Policy Papers, November 1999.

Pontzen, M. (2003): Bankenkrise – ein Wort beschwört Böses; in: Zeitschrift für das Kreditwesen, Nr. 2/2003.

Porath, D. (2004): Estimating Probabilities of Default for German Savings Banks and Credit Cooperatives; in: Discussion Paper Series 2: Banking and Financial Supervision, 6.

Prati, A., Schinasi, G.J. (1999): Financial Stability in European Economic and Monetary Union; in: Princeton Studies in International Finance, International Finance Section, Department of Economics, Working Paper, Nr. 86, August 1999.

Prati, A., Schinasi, G.J. (2000): Financial Stability in European Economic and Monetary Union; in: Goodhart, C.A.E. (Hrsg.): Which Lender of Last Resort for Europe?; London, 2000.

Pressnell, L. S.; Orbell, J. (1985): A Guide to the Historical Records of British Banking; Aldershot, 1985.

Quint, M. (1990): Foreign Depositors Covered by F.D.I.C. at Failed Bank; in: The New York Times, 3.10.1990.

Redak, V., Tscherteu, A. (2003): Basel II, Prozyklizität und Kreditentwicklung – erste Schlussfolgerungen aus der QIS 3; in: Österreichische Nationalbank, Finanzstabilitätsbericht, Nr. 5, 2003.

Redish, A. (2001): Lender of last resort policies: from Bagehot to Bailout; mimeo, 2001.

Ricardo, D. (1810): The High Price of Bullion, A Proof of the Depreciation of Bank Notes, in: The Online Books Page; Download vom 31.01.2004 unter: http://socserv2.socsci.mcmaster.ca/~econ/ugcm/3ll3/ricardo/bullion.

Rich, G., Walter, C. (1993): The Future of Universal Banking; in: Cato Journal, Vol. 13, Nr. 2, Herbst 1993.

Riese, H. (2001): Bagehot versus Goodhart: Warum eine Zentralbank Geschäftsbanken braucht; in: Betz, K., Heine, M., Fritsche, H., Joebges, H., Roy, T., Schramm, J. (Hrsg.): Hajo Riese – Grundlegungen eines monetären Keynesianismus, Marburg, 2001.

Rieter, H. (1971): Die gegenwärtige Inflationstheorie und ihre Ansätze im Werk von Thomas Tooke; Berlin 1971.

Rieter, H. (1996): Walter Bagehot – Politischer Ökonom und Publizist im Viktorianischen Zeitalter; in; Grüske, K.-D., Hax, H., Heertje, A., Schefold, B. (Hrsg.): Walter Bagehots „Lombard Street“ Düsseldorf, 1996.

Rijckeghem van, C., Weder, B. (1999): Financial Contagion: Spillovers Through Banking Centers; in: CFS Working Paper, Nr. 1999/17.

Ritschl, A. (2002): Deutschlands Krise und Konjunktur 1924-1934. Binnenkonjunktur, Auslandsverschuldung und Reparationsproblem zwischen Dawes-Plan und Transfersperre; in: Jahrbuch für Wirtschaftsgeschichte, Beiheft 2, Berlin, 2002.

Roberts, R.; Kynaston, D. (1995): The Bank of England: Money, Power and Influence 1694 – 1994; Oxford, 1995.

Rochet, J.-C. (2003): Why are There so Many Banking Crises?; in: CESifo Economics Studies, Vol. 49, 2/2003.

Rochet, J.-C. (2005): Prudential Policy; in: Monetary and Economic Studies (Special Edition), Oktober 1005.

Rochet, J.-C., Vives, X. (2002) : Coordination Failures and the Lender of Last Resort : Was Bagehot Right After All ?; in: HWWA Discussion Paper, Nr. 184, 2002.

Rockoff, H. (1987): Walter Bagehot and the Theory of Central Banking: in: Capie, F., Wood, G.E.: Financial Crisis and the World Banking System; London, 1987.

Rogoff, K. (1999): International Institutions for Reducing Global Financial Instability; in: NBER Working Paper, Nr. 7265, 1999.

Rojas-Suárez, L. (2001): Can International Capital Standards Strengthen Banks in Emerging Markets?; in: Institute for International Economics, Working Paper, Nr. 01-10, 2001.

Rolnick, A.J., Weber, W.E. (1982): The Free Banking Era: New Evidence on Laissez-Faire Banking; in: Federal Reserve Bank of Minneapolis, Research Department Staff Report, Nr. 80, Mai 1982.

Rosati, S., Secola, S. (2005): Explaining Cross-Border Large-Value Payment Flows: Evidence from Target and Euro I Data: in: EZB Working Paper, Nr. 443, Februar 2005.

Rosengard, J. (2004): Will Bank Bailouts Bust Budgets? Fiscalisation of the East Asian financial crisis; in: Asian-Pacific Economic Literature, Vol. 18, Nr. 2, 2004.

Roth, M. (1994): “Too-Big-To-Fail” and the Stability of the Banking System: Some Insights from Foreign Countries; in: Business Economics, (29), 1994.

Rothbard, M.N. (1988): The myth of free banking in Scotland; in: The Review of Austrian Economics, Vol. 2, Nr. 1, Dezember 1988.

Rudolph, B. (1995) (Hrsg.): Derivative Finanzinstrumente; Stuttgart, 1995.

Sachverständigenrat (2004): Das deutsche Bankensystem; Befunde und Perspektiven; in: Sachverständigenrat, Jahresgutachten 2004/05.

Sachverständigenrat (2005): Kapitalmarkt und Finanzintermediäre: Unternehmensfinanzierung im Wandel; in; Sachverständigenrat, Jahresgutachten 2005/06.

Salerno, J.T. (1993): Mises and Hayek Dehomogenized; in: The Review of Austrian Economics, Vol. 6, Nr. 2, 1996.

Santos, J.A.C. (2000): Bank Capital Regulation in Contemporary Banking Theory: A Review of the Literature; in: BIS Working Paper, Nr. 90, September 2000.

Sappington, D. (1991): Incentives in principal-agent relationships, in: Journal of Economic Perspectives, Vol.5.

Saunders, A. (Hrsg.)(1992): Recent Developments in Finance; Homewood, Illinois, 1992

Schefold, B. (Hrsg.)(2002): Exogenität und Endogenität: Die Geldmenge in der Geschichte des ökonomischen Denkens; Marburg, 2002.

Schinasi, G.J., Teixeira, P.G. (2006): The Lender of Last Resort in the European Single Financial Market; in: IMF Working Paper, Nr. 06/127, 2006.

Schmidt, P.-G. (2001): Ursachen systemischer Bankenkrisen: Erklärungsversuche, empirische Evidenz und wirtschaftspolitische Konsequenzen; in: Jahrbuch für die Ordnung von Wirtschaft und Gesellschaft, Band 52, 2001.

Schober, J., Störmann, W. (1995): Implikationen des zunehmenden Derivatehandels von Kreditinstituten und Nichtbanken aus volkswirtschaftlicher Sicht; in: Bertuch-Samuels, A., Störmann, W. (Hrsg.): Derivative Finanzinstrumente: Nutzen und Risiken, Stuttgart, 1995.

Schoenmaker, D. (1994): A Comparison of Net and Gross Settlement; in LSE, Financial Market Group, Special Paper No. 60, Mai 1994.

Schoenmaker, D. (2005): Central Banks and Financial Authorities in Europe; What Prospects?; in: Masciandaro, D. (Hrsg.): Handbook of Central Banking and Financial Authorities in Europe, Cheltenham, 2005.

Schoenmaker, D., Osterloo, S. (2005): Financial Supervision in an Integrating Europe: Measuring Cross-Border Externalities; in: International Finance, Nr. 8, 2005.

Schröder, M., Schüler, M. (2003): Systemic Risk in European Banking – Evidence from Bivariate GARCH Models; in: ZEW Discussion Paper, Nr. 03-11.

Schüler, M. (2002): The Threat of Systemic Risk in Banking – Evidence for Europe; in: ZEW Discussion Paper, Nr. 02-21.

Schüler, M. (2004): Integrated Financial Supervision in Germany; in: ZEW Discussion Paper, Nr. 04-35.

Schultze-Kimmle (1974): Sicherungseinrichtungen gegen Einlegerverluste bei deutschen Kreditgenossenschaften; Würzburg, 1974.

Schumpeter, J.A. (1965): Geschichte der ökonomischen Analyse, Göttingen, 1965.

Schur, R. (2000): Kreditgenossenschaftliches Frühwarnsystem – Vermeidung. Identifikation und Bewältigung von Krisengefahren bei Kreditgenossenschaften durch Genossenschaftsverbände, Berlin 2000.

Schwartz, A.J. (1986): Real and Pseudo-Financial Crisis; in: Capie, F., Wood, G.E.: Financial Crisis and the World Banking System; London, 1987.

Schwartz, A.J. (2002): Earmarks of a Lender of Last Resort; in: Goodhart, C., Illing, G. (Hrsg.): Financial Crises, Contagion, and the Lender of Last Resort, Oxford, 2002.

Sechrest, L.J. (1988): White' free banking thesis: A case of mistaken identity; in: The Review of Austrian Economics, Vol. 2, Nr. 1, 1988.

Sechrest, L.J. (1993): Free Banking – Theory, History, and a Laissez-Faire Model, London 1993.

Segoviano, M.A. (2005): Portfolio Credit Risk through Time: Measurement Methodologies; PhD Thesis, London School of Economics, Mai, 2005.

Selgin, G.A., White, L.W. (1987): The Evolution of a Free Banking System; in: Economic Inquiry, Vol. 25, Juli, 1987.

Sharkey, W.W. (1982): The Theory of natural monopoly; Cambridge, 1982.

Shavell, S. (1979): On Moral Hazard and Insurance; in: The Quarterly Journal of Economics, Vol. 93, Nr. 4, 1979.

Sheng, A. (1991): The Art of Bank Restructuring: Issues and Techniques, in: Callier, P. (Hrsg.): Financial Systems and Development in Africa; The World Bank, EDI Seminar Series, Washington D.C., 1991.

Siklos, P. (2002): The Chancing Face of Central Banking – Evolutionary Trends Since World War II; Cambridge, 2002.

Simons, H.C. (1948): Economic Policy for a Free Society; Chicago, 1948.

Singapore Deposit Insurance Corporation (2006): SDIC: History; verfügbar unter: http://www.sdic.org.sg/sdic.html.

Slijkerman, J.F., Schoenmaker, D., de Vries, C.G. (2005): Risk Diversification by European Financial Conglomerates; in: Tinbergen Institute Discussion Paper, Nr. TI 2005-110/2.

Smith, A. (1776): An Inquiry into the Nature and Causes of the Wealth of Nations, Download vom 13.08.2004, unter: http://www.econlib.org/library/Smith/smWN0.html. Homepage: The Library of Economics and Liberty.

Smith, V.C. (1990): The Rationale of Central Banking and the Free Banking Alternative, Indianapolis, 1990.

Solow, R.M. (1992): On the Lender of Last Resort; in: Goodhart, C., Illing, G. (Hrsg.): Financial Crises, Contagion, and the Lender of Last Resort, Oxford, 2002.

Spahn, H.-P. (2001): From Gold to Euro: On Monetary Theory and the History of Currency Systems; Berlin, 2001.

Spahn, H.-P. (2006): Geldpolitik. Finanzmärkte, neue Makroökonomie und zinspolitische Strategien; München, 2006.

Spiegel, M.M., Yamori, N. (2000): The Evolution of „Too-Big-to-Fail" Policy in Japan: Evidence from Market Equity Values; in: Federal Reserve Bank of San Francisco, Economic Research Department Working Paper, Nr. PB00-01.

Spong, K. (1996): Narrow Bank: An Alternative Approach to Banking Reform; in: Papadimitriou, D.B. (Hrsg.): Stability in the Financial System, London, 1996.

Spong, K. (2000): Banking Regulation. Its Purposes, Implementation, and Effects; 5. Auflage, Kansas City, 2000.

Sprague, I.H. (1986): Bailout: An Insider's Account of Bank Failures and Rescues; Basic Books, New York, 1986.

Stadermann, H.-J. (1994): Die Fesselung des Midas: Eine Untersuchung über den Aufstieg und Verfall der Zentralbankkunst; Tübingen, 1994.

Staikouras, S.K. (2004): A chronicle of the banking and currency crises; in: Applied Economic Letters, Nr. 11, 2004.

Steiger, O. (2002): Der Staat als "Lender of Last Resort" – oder: Die Achillesferse des Eurosystems; in: ZEI Working Paper, Nr. 22, 2002.

Steiger, O. (2004): Which Lender of Last Resort for the Eurosystem?; in: ZEI Working Paper, Nr. B 23, 2004.

Stern, G.H., Feldman, R.J. (2004): Too Big to Fail: The Hazards of Bank Bailouts; Washington D.C., 2004.

Stevens, E. (2000): Evolution in Banking Supervision; in: Federal Reserve Bank of Cleveland, Economic Commentary, März, 2000.

Stiglitz, J. (2002): Die Schatten der Globalisierung; Siedler-Verlag, Berlin, 2002.

Stillhart, G. (2002): Theorie der Finanzintermediation und Regulierung von Banken; Bern, 2002.

Straub, M. (1998): Inter-Banken-Kredite und systemisches Risiko; in: Schweizerische Zeitschrift für Volkswirtschaft und Statistik, Vol. 134 (2), 1998.

Stuttgarter Nachrichten (2004): Vor Zehn Jahren: Baulöwe Schneider geht pleite; Stuttgarter Nachrichten vom 23.4.2004.

Stützel, W. (1964): Bankpolitik – heute und morgen, Frankfurt a.M.

Styrin, K.A. (2005): X-inefficiency, Moral Hazard, and Bank Failures; in: Economics Education and Research Consortium Russian and CIS, Final Report, 2005.

Süchting, J., Paul, S. (1998): Bankmanagement, 4. Auflage; Stuttgart, 1998.

Süddeutsche Zeitung (1999): Keine Liko Bank für Europa; Süddeutsche Zeitung, Artikel vom 22.07.1999, Nr. 166, Seite 19.

Talley, S., Mas, I. (1992): The Role of Deposit Insurance; in: Vittas, D. (Hrsg.): Financial Regulation: Changing the Rules of the Game, EDI Development Studies, The World Bank, Washington D.C., 1992.

Talley, S., Mas, I. (1990): Deposit Insurance in Developing Countries; in: The World Bank, Policy, Research and External Affairs Working Paper, 1990.

Tanaka, M. (2003): The Macroeconomic Implications of the New Basel Accord; in: CESifo Economic Studies, Vol. 49, Nr. 2, 2003.

Thadden, E.-L. von (2004): Bank capital adequacy regulation under the new Basel Accord; in: Journal of Financial Intermediation, Vol. 13, 2004.

Theilacker, B. (2004): Kaufabwicklung als Profit-Center: Erträge optimieren durch professionelle Verwertung; in: Zeitschrift für das Kreditwesen, Nr. 5, 2004.

Thornton, H. (1811): Manuscript Notes and Speeches on the Bullion Report, Mai 1811; in: An Enquiry into the Nature and Effects of the Paper Credit of Great Britain; Woking, 1939.

Thornton H. (1802): An Enquiry into the Nature and Effects of the Paper Credit of Great Britain; Woking, 1939.

Thornton, H. (1797): Evidence Given before the Committees of Secrecy of the Two Houses of Parliament in the Bank of England, März, April 1797; in: An Enquiry into the Nature and Effects of the Paper Credit of Great Britain; Woking, 1939.

Tietmeyer, H. (1999): The Eurosystem's Approach to Monetary Stability; in: Ekonomisk Debatt, Vol. 27, Nr. 7, 1999.

Tilly, R. (2003): Geld und Kredit in der Wirtschaftsgeschichte; Stuttgart, 2003.

Timberlake, R.H. (1984): The Central Banking Role of Clearinghouse Associations; in: Goodhart, C, Illing, G. (Hrsg.): Financial Crises, Contagion, and The Lender of Last Resort – A Reader, Oxford, 2002.

Time (1971): The Lockheed Bailout Battle; in: Time vom 9. August 1971; Artikel-download vom 31.10.2006 unter: http://www.time.com/time/magazine/article/0,9171,903076-1,00.html.

Tobin, J. (1963): Commercial Banks as Creators of „Money"; in: Cowles Foundation Working Paper, Nr. 159, 1963.

Tobin, J. (1982): The Commercial Banking Firm: a Simple Model; in: Scandinavian Journal of Economics, Vol. 84, Nr. 4, 1982.

Tobin, J. (1985): Financial Innovation and Deregulation in Perspective; in: Bank of Japan Monetary and Economic Studies, 3(2).

Tobin, J. (1987): The Case for Preserving Regulatory Distinctions; in: Federal Reserve Bank of Kansas City, Economic Symposium: Restructuring the Financial System; Kansas City, 1987.

Todd, W.F. (1993): FDICA's Emergency Liquidity Provisions; in: Federal Reserve Bank of Cleveland, Economic Review, 1993(3).

Todd, W.F., Thomson, J.B. (1990): An Insider's View of the Political Economy of the Too Big to Fail Doctrine; in: Federal Reserve Bank of Cleveland, Working Paper, Nr. 9017, 1990.

Tolkmitt, V. (2004): Neue Bankbetriebslehre; Wiesbaden, 2004.

UBS (2006): UBS in Deutschland. Gestern, Heute, Morgen; Frankfurt am Main, 2006.

Ueda, K. (2000): Causes of Japan's Banking Problems in the 1990s, in: Hoshi, T., Patrick, H. (Hrsg.): Crisis and Change in the Japanese Financial System, Norwell/ Massachusetts, 2000.

Upper, C., Worms, A. (2002): Estimating Bilateral Exposures in the German Interbank Market: Is there a Danger of Contagion?: in: Deutsche Bundesbank, Economic Research Centre Discussion Paper, Nr. 09/02.

US Securities and Exchange Commission (2005): Ponzi-Scheme; Download vom 15.08.2005 unter: http://www.sec.gov/answers/ponzi.htm.

Valderrama, D. (2004): After the Asian Financial Crisis: Can Rapid Credit Expansion Sustain Growth?; in: Federal Reserve Bank of San Francisco, Economic Letters, Nr. 2004-38.

Vanhoose, D.D. (1997): Macroeconomic Stability in a Free Banking System; in: American Economic Journal, Vol. 25, Nr. 4, 1997.

Vattipalli, K. (2004): Banking Crisis in Japan; in: ICFAI Business School Working Paper, 2004.

Vaubel, R. (1984): The Government's Money Monopoly: Externalities or Natural Monopoly; in: Kyklos, Vol. 37, 1984.

Villar, A. (2006): Is financial stability policy now better placed to prevent systemic banking crises?; in: Bank for International Settlement, BIS Paper Nr. 28, 2006.

Vitols, S. (1998): Are German Banks Different?; in: Small Business Economics, Vol. 10, Nr. 2, 1999.

Viotti, S. (2000): Dealing with banking crises – proposals for a new regulatory framework; in: Swedish Riksbank Economic Review, Nr. 3, 2000.

Vitols, S. (2001): The Origins of Bank-Based and Market-Based Financial Systems; Germany, Japan, and the United States; in: Wissenschaftszentrum Berlin für Sozialforschung, Discussion Paper, FS I 01-302, 2001.

Vittas, D. (Hrsg.) (1992): Financial Regulation: Changing the Role of the Game, EDI Development Studies, The World Bank, Washington D.C., 1992.

Walkner, C., Raes, J.-P. (2005): Integration and consolidation in EU banking – an unfinished business; in: European Commission Economic Papers, Nr. 226, April 2005.

Wall, L.D., Peterson, D.R. (1990): The effect of Continental Illinois' failure on the financial performance of other banks; in: Journal of Monetary Economics, Nr. 26, 1990.

Wallace, N. (1988): Another Attempt to Explain an Illiquid Banking System: The Diamond and Dybvig Model with Sequential Service Constraint Taken Seriously, in: Federal Reserve Bank of Minneapolis Quarterly Review, Herbst 1988.

Wallace, N. (1990): A Banking Model in which Partial Suspension is Best; in : Federal Reserve Bank of Minneapolis Quarterly Review, Vol.

Wallace, N. (1996): Narrow Banking Meets the Diamond-Dybvig Model; in: Federal Reserve Bank of Minneapolis Quarterly Review, Vol. 20, No. 1, 1996.

Walsh, C.E.: Monetary Theory and Policy; 2. Auflage, Cambridge, Massachusetts, 2003.

Walter, J.R., Weinberg, J.A. (2002): How large is the Federal Financial Safety Net?, in Cato Journal, Vol.21, Nr.3, 2002.

Weber, A. (2004): Vortrag gehalten beim Zahlungsverkehrssymposium der Deutschen Bundesbank; Frankfurt am Main, Juni 2004.

Weller, C.E. (1999): Financial Crises after Financial Liberalization: Exceptional Circumstances or Structural Weakness?; ZEI Working Paper, Nr. 15, 1999.

Weller, C.E., Hagen von, J. (1999): Financial fragility or what went right or what could go wrong in Central European Banking; in: ZEI Working Paper, Nr. 13, 1999.

Wendt, S. (1948): Die Bank von England und das englische Geld- und Kreditwesen; in: Studienbogen, No. A/8, 1948.

White, E.N. (2003): The New Deal and Commercial Banking Lending; in: Kasuva, M. (Hrsg.): Coping with Crisis. International Financial Institutions in the Interwar Period; Oxford, 2003.

White, J. (2001): Two decades after the Chrysler bailout: US auto workers face new assault; in: World Socialist Web Site, 14. Februar 2001.

White, W.R. (2004): Are changes in financial structure extending safety nets?; in: BIS Monetary and Economic Department Working Paper, Nr. 145, 2004.

White, W.R. (2006): Procyclicality in the financial system: do we need a new macroeconomic stabilisation framework; in: BIS Working Papers, Nr. 193, Januar 2006.

Wicker, E. (1996): The Banking Panics of the Great Depression, Cambridge University Press, UK, 1996.

Wicksell, K. (1922): Vorlesungen über Nationalökonomie auf Grundlage des Marginalprinzips; Zweiter Bank: Geld und Kredit, Jena 1922.

Wirtschaftsstudium, Das (WiSu) (2006): Müssen Hedge-Fonds stärker reguliert werden?; in WiSu-Magazin, Heft 12/06.

Wixforth, H. (2004): Banken, Expansion und Kommunikation während des Nationalsozialismus; in: Paper presented at the 45. Historientag, Sektion „Beschleunigung und Ausdehnung – Konturen der Bankgeschichte vom 15.-20. Jahrhundert, Kiel, September 2004.

Wolfson, M.H. (2002): Minsky's Theory of Financial Crises in a Global Context; in: Journal of Economic Issues, Vol. 36, Nr. 2, 2002.

Wolgast, M. (2001): "Too big to fail" – effects on competition and implications for banking supervision; in Deutsche Bank Research, Frankfurt voice, 31.Mai 2001.

Wolter, J. (1917): Das staatliche Geldwesen Englands zur Zeit der Bank-Restriction (1797 – 1821); Straßburg, 1917.

Wood, D. (2005): Governing Global Banking. The Basel Committee and the Politics of Financial Globalization; Aldershot, 2005.

World Bank (1990): Financial Systems and Development, Policy and Research Series 15, The World Bank, Washington D.C., 1990.

World Bank (1997): Uzbekistan. Creating Financial Markets: A Review of the Financial Sector, The World Bank Country Report, Nr. 15430UZ, 1997.

World Bank (2005): Moldova. FSA Financial Sector Assessment; in: The World Bank, Financial Sector Assessment Program, März, 2005.

Wyplosz, C. (1999): International Financial Instability; in: Kaul, I. Grunberg, I., Stern, M.A., (Hrsg.): Global Public Goods; New York, 1999.

Wyplosz, C. (2001): How Risky is Financial Liberalization in the Developing Countries?; in: United Nations Conference on Trade and Development, G-24 Discussion Paper Series, Nr. 14, September 2001.

ZEW (2006): Zentrum für Europäische Wirtschaftsforschung – Finanzmarktreport, September 2006.

Ziegler, D. (1990): Das Korsett der „Alten Dame“: Die Geschäftspolitik der Bank of England 1844 – 1913; Frankfurt a. M., 1990.

Ziegler, D. (1992): The banking crisis of 1878: some remarks; in: Economic History Review, Vol. 45, Nr. 1, 1992.

Zimmermann, H., Bubb, A. (2004): Ansteckungsrisiken im Finanzsystem; Forschungsbericht WWZ Forum, 2004, 9.

Zweite Richtlinie zur Koordinierung der Rechts- und Verwaltungsvorschriften über die Aufnahme und Ausübung der Tätigkeit der Kreditinstitute (89/646/EWG vom 15.12.1989, ABIEG L 386) („2. Bankrechtskoordinierungsrichtlinie“).

HOHENHEIMER VOLKSWIRTSCHAFTLICHE SCHRIFTEN

Band 1 Walter Deffaa: Anonymisierte Befragungen mit zufallsverschlüsselten Antworten. Die Randomized-Response-Technik (RRT). Methodische Grundlagen, Modelle und Anwendungen. 1982.

Band 2 Thomas Michael Baum: Staatsverschuldung und Stabilisierungspolitik in der Demokratie. Zur neoinstitutionalistischen Kritik der keynesianischen Fiskalpolitik. 1982.

Band 3 Klaus Schröter: Die wettbewerbspolitische Behandlung der leitungsgebundenen Energiewirtschaft. Dargestellt am Beispiel der Fernwärmewirtschaft der Bundesrepublik Deutschland. 1986.

Band 4 Hugo Mann: Theorie und Politik der Steuerreform in der Demokratie. 1987.

Band 5 Max Christoph Wewel: Intervallarithmetische Dependenzanalyse in der Ökonometrie. Ein konjekturaler Ansatz. 1987.

Band 6 Heinrich Pascher: Die U.S.-amerikanische Deregulation Policy im Luftverkehrs- und Bankenbereich. 1987.

Band 7 Harald Lob: Die Entwicklung der französischen Wettbewerbspolitik bis zur Verordnung Nr. 86-1243 vom 01. Dezember 1986. Eine exemplarische Untersuchung der Erfassung der Behinderungsstrategie auf der Grundlage des Konzepts eines wirksamen Wettbewerbs. 1988.

Band 8 Ulrich Kirschner: Die Erfassung der Nachfragemacht von Handelsunternehmen. Eine Analyse der ökonomischen Beurteilungskriterien und der wettbewerbsrechtlichen Instrumente im Bereich der Verhaltenskontrolle.1988.

Band 9 Friedhelm Herb: Marktwirtschaftliche Innovationspolitik. 1988.

Band 10 Claus Schnabel: Zur ökonomischen Analyse der Gewerkschaften in der Bundesrepublik Deutschland. Theoretische und empirische Untersuchungen von Mitgliederentwicklung, Verhalten und Einfluß auf wirtschaftliche Größen. 1989.

Band 11 Jan B. Rittaler: Industrial Concentration and the Chicago School of Antitrust Analysis. A Critical Evaluation on the Basis of Effective Competition. 1989.

Band 12 Thomas Märtz: Interessengruppen und Gruppeninteressen in der Demokratie. Zur Theorie des Rent-Seeking. 1990.

Band 13 Andreas Maurer: Statistische Verfahren zur Ermittlung von oligopolistischen Strukturen. 1990.

Band 14 Peter Mendler: Zur ökonomischen und politisch-institutionellen Analyse öffentlicher Kredithilfen. 1992.

Band 15 Heinrich J. Engelke: Die Interpretation der Rundfunkfreiheit des Grundgesetzes: Eine Analyse aus ökonomischer Sicht. 1992.

Band 16 Thomas Fischer: Staat, Recht und Verfassung im Denken von Walter Eucken. Zu den staats- und rechtstheoretischen Grundlagen einer wirtschaftsordnungspolitischen Konzeption. 1993.

Band 17 Stefan Elßer: Innovationswettbewerb. Determinanten und Unternehmensverhalten. 1993.

Band 18 Reinhard Scharff: Regionalpolitik und regionale Entwicklungspotentiale. Eine kritische Analyse. 1993.

Band 19 Karin Beckmann: Probleme der Regionalpolitik im Zuge der Vollendung des Europäischen Binnenmarktes. Eine ökonomische Analyse. 1995.

Band 20 Bernd Nolte: Engpaßfaktoren der Innovation und Innovationsinfrastruktur. Eine theoretische und empirische Analyse für ländliche Wirtschaftsräume in Baden-Württemberg. 1996.

Band 21 Klaus-Rainer Brintzinger: Die Nationalökonomie an den Universitäten Freiburg, Heidelberg und Tübingen 1918 - 1945. Eine institutionenhistorische, vergleichende Studie der wirtschaftswissenschaftlichen Fakultäten und Abteilungen südwestdeutscher Universitäten. 1996.

Band 22 Steffen Binder: Die Idee der Konsumentensouveränität in der Wettbewerbstheorie. Teleokratische vs. nomokratische Auffassung. 1996.

Band 23 Alexander Burger: Deregulierungspotentiale in der Gesetzlichen Rentenversicherung. Reformnotwendigkeiten versus Reformmöglichkeiten. 1996.

Band 24 Burkhard Scherer: Regionale Entwicklungspolitik. Konzeption einer dezentralisierten und integrierten Regionalpolitik. 1997.

Band 25 Frauke Wolf: Lorenzkurvendisparität. Neuere Entwicklungen, Erweiterungen und Anwendungen. 1997.

Band 26 Hans Pitlik: Politische Ökonomie des Föderalismus. Föderative Kompetenzverteilung im Lichte der konstitutionellen Ökonomik. 1997.

Band 27 Stephan Seiter: Der Beitrag Nicholas Kaldors zur Neuen Wachstumstheorie. Eine vergleichende Studie vor dem Hintergrund der Debatte über den Verdoorn-Zusammenhang. 1997.

Band 28 André Schmidt: Ordnungspolitische Perspektiven der europäischen Integration im Spannungsfeld von Wettbewerbs- und Industriepolitik. 1998.

Band 29 Bernd Blessin: Innovations- und Umweltmanagement in kleinen und mittleren Unternehmen. Eine theoretische und empirische Analyse. 1998.

Band 30 Oliver Letzgus: Die Ökonomie internationalen Umweltschutzes. 1999.

Band 31 Claudia Hafner: Systemwettbewerb versus Harmonisierung in Europa. Am Beispiel des Arbeitsmarktes. 1999.

Band 32 Jürgen Kulle: Ökonomie der Musikindustrie. Eine Analyse der körperlichen und unkörperlichen Musikverwertung mit Hilfe von Tonträgern und Netzen. 1998.

Band 33 Michael Ganske: Intertemporale Aspekte von Staatsverschuldung und Außenhandel. 1999.

Band 34 Margit Ströbele: Die Deregulierungswirkungen der europäischen Integration. Das Beispiel der Sondermärkte. 1999.

Band 35 Marion Benesch: Devisenmarktinterventionen in Theorie und Praxis. Eine umfassende Analyse ihrer Zielsetzungen, Wirkungsweisen und wirtschaftspolitischen Bedeutung. 1999.

Band 36 Torsten Gruber: Unterschiedliche geldpolitische Transmissionsmechanismen und Stabilitätskulturen als mögliche Ursachen geldpolitischer Spannungen in der Europäischen Währungsunion. 2000.

Band 37 Bertram Melzig-Thiel: Arbeit in der Informationsgesellschaft. Chancen und Risiken neuer Informations- und Kommunikationstechnologien für die Beschäftigung. 2000.

Band 38 Annette Fritz: Die Entsorgungswirtschaft im Spannungsfeld zwischen Abfallpolitik und Kartellrecht. Eine industrieökonomische Branchenstudie. 2001.

Band 39 Harald Strotmann: Arbeitsplatzdynamik in der baden-württembergischen Industrie. Eine Analyse mit amtlichen Betriebspaneldaten. 2002.

Band 40 Dietrich Benner: Qualitätsungewißheit bei Gütern mit Vertrauenseigenschaften. Entwicklung und Anwendung eines entscheidungstheoretisch fundierten Analyserahmens. 2002.

Band 41 Jürgen M. Schechler: Sozialkapital und Netzwerkökonomik. 2002.

Band 42 Kay-Uwe May: Haushaltskonsolidierung durch Ausgabekürzungen. Restriktionen und Strategien. 2002.

Band 43 Peter Kühnl: Der Wechselkurs als Zwischenziel der Geldpolitik im Aufholprozess. Die monetärkeynesianische Entwicklungsstrategie der Berliner Schule vor dem Hintergrund der makroökonomischen Entwicklung ausgewählter Länder Mittel- und Osteuropas. 2003.

Band 44 Steffen Wirth: Nichtparametrische Analyse von Bildungsertragsraten. Neuere Entwicklungen und Anwendungen. 2003.

Band 45 Bernhard Holwegler: Innovation, Diffusion und Beschäftigung. Die ökonomische Theorie der Technologiediffusion und ihr Beitrag zur Erklärung technologischer Arbeitslosigkeit. 2003.

Band 46 Guntram R. M. Hepperle: Zukunftsorientierte Industriepolitik. Möglichkeiten und Grenzen. 2004.

Band 47 Udo Vullhorst: Stabilisierungspolitik bei supranationaler Geldpolitik und nationaler Fiskalpolitik. Eine spieltheoretische Betrachung. 2004.

Band 48 Matthias Rösch: Die Bedeutung von Investivlöhnen und Gewinnbeteiligungen für Einkommensverteilung und Beschäftigung. 2004.

Band 49 Michael Bubik: Erfolgskriterien für Unternehmenszusammenschlüsse. Eine theoretische und exemplarische Analyse. 2005.

Band 50 Jörg Weltin: Internationale Unternehmensbesteuerung. Allokation der Besteuerungsrechte unter veränderten Rahmenbedingungen. 2005.

Band 51 Susanne Reichart: Zum Konvergenzprozess der mittel- und osteuropäischen EU-Beitrittsländer. 2005.

Band 52 Daniel Hartmann: Geldpolitik und Beschäftigung. Die geldpolitische Strategie der Federal Reserve: Vorbild oder Auslaufmodell? 2005.

Band 53 Marc Peter Radke: Explaining Financial Crises. A Cyclical Approach. 2005.

Band 54 Katja Hölsch: Umverteilungseffekte in Europa. Eine Analyse für ausgewählte Länder. 2006.

Band 55 Ulrike Lehr: Contingent Valuation Daten und Bayes'sche Verfahren. Ein Vorschlag zur Verbesserung von Umweltbewertung und Nutzentransfer. 2006.

Band 56 Jutta Maute: Hyperinflation, Currency Board, and Bust. The Case of Argentina. 2006.

Band 57 Michael Knittel: Geldpolitik und Stabilität des Bankensystems. Das Liquiditätsproblem aus Sicht der Theoriegeschichte und der gegenwärtigen Finanzmarktentwicklung. 2007.

Band 58 Oliver Frör: Rationality Concepts in Environmental Valuation. 2007.

FSC
www.fsc.org
MIX
Papier | Fördert
gute Waldnutzung
FSC® C083411

Kolibri 360 GmbH
Ferdinand-Jühlke-Straße 7
99095 Erfurt, Deutschland
produktsicherheit@kolibri360.de

Druck:
CPI Druckdienstleistungen GmbH
im Auftrag der
Kolibri 360 GmbH
Ferdinand-Jühlke-Str. 7
99095 Erfurt